존 웨슬리의 기독교 해설 2

그리스도와 구원

Copyright ⓒ 2012 by Thomas C. Oden
Originally Published in English as *John Wesley's Teachings 4, Ethics and Society*
by Zondervan, Grand Rapids, Michigan 49530, U.S.A.
All Rights Reserved.

This Korean Edition Copyright ⓒ 2017 by Wesley Renaissance, Bucheon-si,
Republic of Korea

Published by arrangement with Zondervan Corporation L.L.C., a division of
HarperCollins Christian Publishing, Inc. through arrangement of rMaeng2,
Seoul, Republic of Korea.

이 한국어판 저작권은 알맹2 에이전시를 통하여 Zondervan과 독점 계약한 웨슬리 르네
상스에 있습니다. 신저작권법에 의하여 한국 내에서 보호받는 저작물이므로 무단 전제와
무단 복제를 금합니다.

존 웨슬리의 기독교 해설 2

그리스도와 구원

토머스 C. 오든

웨슬리 르네상스

역자 후기

지난 2년 간 「존 웨슬리의 기독교 해설」 시리즈 번역에 전념한 끝에 마침내 전권을 출판하게 되면서 두 마음이 교차합니다. 하나는 국내의 척박한 웨슬리 신학 토양에서 겨우 이 네 권이 무엇을 할 수 있겠는가 하는 안타까움입니다. 해외와 달리 웨슬리 연구 자료가 턱없이 부족한 우리의 현 상황에서, 국내 웨슬리안 교단과 신학교들이 웨슬리 신학 해외 명저의 번역과 출판에 더 관심을 갖게 되기를 간절히 바랍니다.

다른 한편으론 국내 독자들이 이 시리즈라도 접할 수 있게 된 것이 기쁩니다. 개인적으로 저는 박사 과정에서 이 시리즈의 전작인 토머스 오든 교수의 *John Wesley's Scriptural Christianity: A Plain Exposition of His Teaching on Christian Doctrine*을 읽고 큰 유익을 얻었습니다. 이 시리즈는 그것을 네 배로 확장한 후속편으로, 활용방법에 따라 캐낼 수 있는 보화가 다를 것입니다. 부디 독자들께서 이 책을 안내서로 삼아 여기에 소개된 웨슬리 자신의 글들을 직접 읽고 영성의 보화를 발견하시기를 소망합니다.

책의 본문과 각주에서 웨슬리 자료의 출처는 많은 경우 원서 제목을 그대로 옮겼습니다. 아직 번역되지 않은 자료가 많은 데다, 전문 연구자의 편의를 고려한 것입니다. 영어로 표기된 설교의 우리말 자료가 필요한 경우 책의 부록에 있는 '영어 알파벳순 웨슬리 설교 목록'과 '우리말 웨슬리 설교 목록'을 참고해주시기 바랍니다.

번역과 출판을 마무리할 수 있도록 시간과 건강, 여건을 허락해주신 하나님께 감사와 영광을 돌립니다. 함께 시리즈를 번역하며 수고를 다해준 가족들에게는 사랑과 고마움을 전합니다. 또 1권과 2권의 번역비를 후원해주신 서울신학대학교 웨슬리신학연구소 김성원 소장님께 깊이 감사드립니다. 표지를 정성껏 만들어주신 도서출판 토비아의 오인표 목사님과 글을 수정하고 다듬어주신 이주련 전도사님의 수고에도 감사드립니다. 끝으로 여러 모로 웨슬리 르네상스를 후원해주시는 목사님, 교회, 성도님들과, 크라우드 펀딩으로 출판을 후원해주신 모든 분의 따뜻한 마음 늘 잊지 않겠습니다.

2021년 4월
장기영 박사

크리스토퍼 A. 홀(Christopher A. Hall),

마이클 글레럽(Michael Glerup),

조엘 C. 엘로브스키(Joel C. Elowsky)에게

큰 고마움을 표합니다.

이들은 20년을 나와 함께하며
50권이 넘는 아래의 시리즈를
기획 · 집필 · 출판해온 가장 가까운 동료들입니다.

The Ancient Christian Commentary on Scripture Series
The Ancient Christian Doctrine Series
The Ancient Christian Texts Series
The Early African Christianity Series

차례

머리말　17
약어표　21

서론　27

A. 기독교 교리 교육의 매개로서의 설교　27
1. 웨슬리의 가르침의 범위　27
2. 교육적 설교　28
3. 신학 전체의 범위　29

B. 웨슬리의 영적 훈련 연합체　32
1. 연합체　32
2. 오늘날의 웨슬리안 연합체의 범위　33

C. 이 책의 목적　33
1. 웨슬리에 대한 책을 쓰게 된 이유: 개인적 소명　33
2. 분명한 해설　36
3. 원자료에 충실하기　37

D. 역사와 교리　38
1. 현대 웨슬리 연구의 최고의 스승　38
2. 웨슬리는 조직신학자였는가?　40
3. 이 책을 어떻게 활용할 것인가?　43

1장 예수 그리스도　49

A. 성육신하셔서 십자가에서 죽으신 주님　50
1. 그리스도의 인격　50

B. 메소디스트 신조에 나타난 기독론　58
1. 그리스도의 인격 내에서의 신성과 인성의 연합　58
2. 그리스도의 사역　58

C. 성찬 예식에서의 기독론　69

　　1. 1784년판『주일예배서』의 성찬식 순서　69
　　2. 웨슬리가 가르친 그리스도의 사역　74
　　3. 그리스도의 제사장적 사역: 속죄　75
　　4. 타락한 인류를 향한 하나님의 사랑　77
　　5. 하나님은 어떻게 악에서 선을 이끌어내시는가?　79

2장 성경적 구원의 길　85

A. 믿음으로 말미암는 구원　86

　　1. 부정적 정의: 무엇이 구원의 신앙이 아닌가?　86
　　2. 구원의 신앙이란 무엇인가?　90
　　3. 죄와 죽음에서 신앙과 생명으로의 변화에 사용되는 세 가지 시제　91
　　4. 죄는 권세를 잃음　93
　　5. 교리 연회록: 구원의 시작, 지속, 완성　94
　　6. 구원의 교리를 설명한『찬송가』서문　95
　　7. 경계해야 할 율법폐기론의 위험　96

B. 성경적 구원의 길　99

　　1. 구원의 수단은 신앙, 신앙의 목적은 구원　99
　　2. 지금 기대하라!　101
　　3. 성자의 용서와 성령의 능력의 관계　102

3장 칭의　107

A. 믿음에 의한 칭의　108

　　1. 구속사의 배경: 창조, 타락, 구원의 약속　108
　　2. 칭의와 성화의 차이　110
　　3. 칭의의 대상은 누구인가?　113
　　4. 구원의 은혜를 받는 조건　116

B. 칭의에 관한 교리 연회록　118

　　1. 칭의의 정의　118
　　2. 믿음의 정의　121
　　3. 신앙은 어떻게 사랑으로 역사하는가?　123
　　4. 용서를 자각하는 기쁨　124
　　5. 메소디스트 신조 제9조　125
　　6. 그리스도의 순종과 죽음을 통한 의의 전가　126

C. 믿음으로 얻는 의   128

   1. 율법의 의를 의지함으로 초래되는 절망   129
   2. 신앙의 의를 의지하는 지혜   130
   3. 율법적 순종을 통한 잘못된 출발   131

D. 영국 국교회 설교집 발췌문   132

   1. 구원, 믿음, 선행의 교리   132
   2. 인류의 구원에 대하여   133
   3. 참된 기독교 신앙: 야고보와 바울의 상호보완적 가르침   134

E. 우리의 의가 되신 주   135

   1. 그리스도의 능동적 순종과 수동적 순종   136
   2. 신자는 그리스도의 의로 옷 입음   136
   3. 그리스도의 신적인 의와 인간적인 의   138
   4. 전가된 의는 어떻게 실질적 의가 되는가?   139
   5. 전가 교리의 부적절한 사용에 대한 경고   141

F. 그리스도의 의의 전가에 대하여   142

   1. 의의 전가에 대한 부적절한 주장은 율법폐기론으로 기울어짐   142
   2. 그리스도는 우리 대신 회개하거나 믿음을 결정하지 않으심   144

G. 그리스도의 오신 목적   145

   1. 마귀의 일을 멸하러 오심   145
   2. 온전한 구원: 하나님 형상의 회복   146

H. 기독론의 왜곡에 대한 대응   150

   1. 육체를 따라 그리스도를 아는 것에 대하여   150
   2. 그리스도를 바르게 전하는 방법   152
   3. 우리는 십자가에 못 박힌 그리스도를 전하니   155
   4. 신비주의자의 속죄 부인을 논박함   159
   5. 신비주의의 보편구원론과 은혜의 방편 폐기를 논박함   164

4장 성령 하나님   169

   A. 성령의 인격과 사역   170

      1. 우리 안에서 일하시는 성령 하나님   170

B. 성경적인 기독교 174

    1. 성령의 충만함을 받음 174
    2. 성령 충만이란? 176
    3. 성경적 기독교의 시작 178
    4. 점점 퍼져가는 성경적 기독교 181
    5. 땅끝까지 전파되는 성경적 기독교 183
    6. 어조의 변화 184

C. 성령론의 교리적 표준 188

    1. 메소디스트 신조 제4조 188
    2. 메소디스트 신조 제5조 190
    3. 사람을 변화시키는 성령의 사역 193

D. 구원의 확신 194

    1. 교리 연회록: 구원의 확신을 주시는 성령 195
    2. 성령의 선물은 모든 신자에게 주시는 일반적 특권임 196

E. 성령이 친히 우리의 영과 더불어 증언하시나니 197

    1. 성령의 증거 (1) 197
    2. 성령이 우리의 영과 더불어 증언하심 200
    3. 성령의 역사는 인식 가능한가? 202
    4. 성령과 우리 영의 공동 증거의 표징 204
    5. 성령의 증거 (2) 207
    6. 구원의 확신에 대해 가르쳐야 할 의무 211
    7. 우리 자신의 영의 증거 213

F. 성령의 첫 열매 219

    1. 성령을 따라 행하는 사람 220
    2. 결코 정죄함이 없나니 221

5장 구원을 예비하고 이루며 온전하게 하는 은혜 231

A. 은혜의 교리 232

    1. 칭의의 신앙을 위해 준비시키는 은혜 232
    2. 메소디스트 신조 제8조: 은혜와 자유의지의 교리 235
    3. 우리 자신의 구원을 성취함에 있어서 237
    4. 구원의 순서와 은혜 242
    5. 은혜의 수용과 관련된 질문들 247

B. 일반은총과 양심　251

1. 일반은총　251
2. 전통적 종교개혁 교리에 기초한 웨슬리의 은총론　252
3. 은혜와 양심　262

6장 예정　269

A. 웨슬리의 예정과 선택의 교리　270

1. 예정은 설교 주제가 될 수 있는가?　270
2. 칼빈주의와 웨슬리 신학의 접점　271
3. 영국 국교회 신조의 예정론을 삭제함　275
4. 영원한 작정의 역설　277

B. 칼빈과 머리카락 하나 두께 차이　278

1. 하나님은 모든 것을 값없이 주심　278
2. 이중예정론이 초래하는 실질적 유혹　283
3. 이중예정론이 초래하는 여덟 가지 문제　284

C. 웨슬리의 긍정적 예정 교리　289

1. 설교 "예정에 대하여"　289
2. 하나님의 미리 아심　290

D. 예정론에 대한 진중한 고찰　298

1. 하나님의 은혜는 불가항력적인가?　298
2. 이중예정론자들의 글이 스스로 말하게 함　301
3. 하나님의 선택의 조건　303
4. 예지와 예정　306
5. 무조건적 선택의 교리는 성경적인가?　307
6. 부적절한 결정론의 논리를 논박함　310
7. 하나님의 지혜, 공의, 자비, 능력, 신실하심　312
8. 자유의지에 대한 옹호　314
9. 반(半)펠라기우스주의에 대한 웨슬리의 반대　315
10. 구원받은 사람도 다시 타락할 수 있음　317
11. 도르트 종교회의와 웨슬리의 가르침 비교　319

E. 예정론자와 그 친구의 대화　323

1. 이중예정론은 죄를 필연적인 것으로 만듦　323
2. "이중예정론의 부정적 결과에 대한 입증"　327

F. 성도의 견인에 대한 진지한 생각　329

 1. 신자도 믿음에서 파선할 수 있음　329
 2. 신자의 타락　330
 3. 하나님에게서 돌아섬　332
 4. 믿음으로 얻는 구원에 대한 소고　335

7장 믿음으로 말미암는 구원의 교리　341

A. 은혜의 세 단계　343

 1. 자연적 인간, 율법적 인간, 복음적 인간　343
 2. 자연적 인간　348
 3. 율법적 인간: 율법 아래의 삶　352
 4. 복음적 실존: 은혜 아래의 인간　357
 5. 양자의 영　359
 6. 복음적 자유　360
 7. 명목상의 그리스도인과 온전한 그리스도인　363

B. 구원의 조건　367

 1. 하나님 나라로 가는 길　367

C. 믿음으로　372

 1. 믿음에 대하여 (1): 믿음의 종류와 단계　373
 2. 구원의 신앙이 아닌 미숙한 믿음의 형태들　373
 3. 유대교와 이슬람교의 유일신 신앙　375
 4. 초기적 기독교 신앙　377
 5. 구원의 신앙　378
 6. 믿음의 발견에 대하여　380
 7. 보이는 것으로 행하는 것과 믿음으로 행하는 것　383

8장 중생　389

A. 신생　390

 1. 거듭나게 하시는 성령의 역사　390
 2. 하나님의 자녀가 됨　392
 3. 신생　393
 4. 타락하지 않을 수 있으나 타락하기 쉬운 상태　396
 5. 모든 사람이 죽었기에 모두가 거듭나야 함　397
 6. 거듭남의 신비　399
 7. 신생과 세례　403
 8. 은혜로 호흡함　408

B. 신생의 표적   411

    1. 믿음   412
    2. 소망   414
    3. 사랑   415
    4. 신생의 표적에 대한 자각   415

C. 하나님께로부터 난 자의 특권   416

    1. 신분적 변화와 실제적 변화   416
    2. 거듭난 자의 특권: 죄를 이기는 은혜   419
    3. 은혜에서 죄로 떨어지는 과정   421

9장 성화   427

A. 그리스도인의 완전에 대한 평이한 해설   429

    1. 죄의 근절   429
    2. 펠라기우스주의와 마니교의 잘못을 논박함   434

B. 마음의 할례   436

    1. 이면적 유대인이 되려면   436
    2. 날마다 회개, 믿음, 소망, 사랑을 지속함   439
    3. 절반만 그리스도인일 수 있는가?   440

C. 메소디스트의 성격   443

    1. 주장과 반대   443
    2. "순전한 옛 기독교"   447

D. 그리스도인의 완전   449

    1. 내가 이미 얻었다 함도 아니요   449
    2. 그리스도인의 완전이란 무엇인가?   453
    3. 완전에 대하여   457
    4. 죄와 유한성을 혼동하는 것의 위험성   459
    5. 거룩한 삶의 살아 있는 모범이 있는가?   460
    6. 성결의 은혜는 순간적인가 점진적인가?   465

E. 교리 연회록　467

　　1. 성화의 정의　467
　　2. 율법폐기론을 바로잡는 성화의 교리　470
　　3. 이 세상에서 성화가 가능한가?　472
　　4. 완전한 사랑을 반드시 증거해야 하는가?　474
　　5. 신앙고백 제11조　479
　　6. 성화가 감리회개신교회 장정에서 차지하는 교리적 위치　481

10장 칭의 이후에도 남아 있는 죄　485

　A. 신자 안에 있는 죄　486

　　1. 죄는 권세를 잃었으나 남아 있음　486
　　2. 신자 안에 죄가 없다는 주장을 성경, 경험, 전통, 이성으로 논박함　490
　　3. 육과 영의 갈등　492
　　4. 남아 있는 죄와 다스리는 죄의 구분　495
　　5. "죄 없는 완전" 주장의 잘못된 전제　496

　B. 신자의 회개　497

　　1. 죄는 어떻게 신자의 말과 행동에 들러붙는가?　497
　　2. 칭의 이후에도 필요한 회개와 믿음의 조화　499
　　3. 칭의 이후 죄에 대한 치료법　500

　C. 타락한 자들을 부르심　501

　　1. 낙심한 사람을 위한 희망　501
　　2. 과도한 양심의 가책을 극복하라　502

　D. 메소디스트 신조 제12조: 칭의 이후의 죄에 대하여　504

　　1. 메소디스트 신조 제12조　504
　　2. 세 가지 왜곡과 싸우기　505

11장 역사와 종말　511

　A. 복음의 보편적 전파　512

　　1. 현재 세상의 암울한 상태　513
　　2. 복음의 능력이 세상을 변화시킬 수 있는가?　514
　　3. 한 사람 한 사람씩　519

B. "믿음에 대하여 (2)"　522

　　　1. 죽음 이후의 영혼　522
　　　2. 계시와 영적 감각을 통한 신앙의 지식　524

　C. 신앙과 중간 상태　525

　　　1. 아브라함의 품에서　525

　D. 시대의 표적　527

　　　1. 예수님께서 말씀하신 시대와 표적　527
　　　2. 이 시대의 표적　528

12장 최후의 심판과 새로운 창조　535

　A. 대심판　536

　　　1. 최후의 심판의 정황　537
　　　2. 완성　540
　　　3. 최후의 심판이 갖는 도덕적 함의　540

　B. 선한 청지기　541

　　　1. 재판에서의 심문　541
　　　2. 하나님의 자비가 입증됨　544
　　　3. 의인과 악인의 분리　545

　C. 지옥에 대하여　546

　　　1. 악한 자들이 잃을 것　546
　　　2. 악한 자가 당할 고통: 구더기와 불　547
　　　3. 하나님의 심판을 부인한 윌리엄 로를 논박함　549

　D. 새로운 창조　552

　　　1. 새 하늘과 새 땅　553
　　　2. 창조세계의 보편적 회복　553

　E. 결론　556

부록1 - 알파벳순 웨슬리 설교 목록　561
부록2 - 우리말 웨슬리 설교 목록　567

머리말

이 책은 존 웨슬리의 가르침에 대한 독자 안내서 제2권으로, 기독론과 구원론을 다룬다. 무엇보다 그리스도와 구원, 칭의, 신앙, 성령, 은혜, 예정, 중생, 성화, 신자 안에 있는 죄, 하나님의 심판, 새 창조 등 기독교의 기본 교리에 대한 웨슬리의 가르침을 소개한다.

이 책은 「존 웨슬리의 기독교 해설」 시리즈의 제1권 『하나님과 섭리』에 뒤이은 것이며, 제3권과 제4권은 목회와 윤리 연구로 이어진다.

이 안내서는 끊임없이 웨슬리가 직접 쓴 글들을 인용하면서 웨슬리의 가르침을 이해하기 쉽게 설명한다. 내 목표는 존 웨슬리의 모든 중요한 글과 많은 짧은 글에 담긴 핵심 주장을 간결하게 전달하는 것이다.

웨슬리는 엄청난 분량의 저작물을 남겼다. 이 방대한 저작물은 151편의 교육적 설교, 거의 60년치의 출판된 일지(1735-91), 자필 일기(현재 출판되어 있음), 8권 분량의 편지, 신학 논문, 교리에 대한 소책자, 필요에 따라 쓴 글과 서문들이다. 막대한 분량의 찬송은 대부분 동생 찰스 웨슬리가 썼지만, 그것을 편집한 사람은 형 존 웨슬리다. 이 책에서 나는 전문 지식이 없는 독자를 위해 웨슬리가 기독론과 구원론에서 남긴 유산의 요지를 전달하고자 한다. 이 책이 비록 그의 가르침을 총망라하지는 못하더라도, 그의 다양한 장르의 저작물 전체에 담긴 핵심적 통찰을 빠짐없이 담고자 노력했다.

존더반은 1994년에 이 시리즈의 전작인 웨슬리 신학 연구서 *John Wesley's Scriptural Christianity: A Plain Exposition of His Teaching on Christian Doctrine* (약어 '*JWSC*')을 출판했다. 이 시리즈는 그 단행본의 내용을 상당히 개정하고 분량을 네 배로 확장했다.

주요 원자료 버전 표기

이 책에서 가장 중요하게 사용한 학문성이 뛰어난 웨슬리 전집은 옥스퍼드(Oxford)・애빙던(Abingdon) 출판사의 200주년 기념판(옥스퍼드 출판사는 1975-83년, 애빙던 출판사는 1984년 이후)으로, 'B'로 표기할 것이다.[1]

인쇄를 거듭해 가장 많이 출판되었고, 보통 도서관이나 목회자의 책장에서 유일하게 발견되는 전집은 1829-31년에 처음 출판된 토머스 잭슨(Thomas Jackson)판인데, 이는 'J'로 표기할 것이다. 따라서 각주에 'B'나 'J'가 나오면 200주년 기념판(B)이나 잭슨판(J)으로 기억하기 바란다. 이 작업이 필요한 이유는 대부분 두 전집 중 하나만 가지고 있지, 둘 모두를 가지고 있지는 않기 때문이다. 잭슨판은 200주년 기념판보다 훨씬 많이 배포되어 있다.

연구 자료 활용을 위한 핵심 지침은 아래와 같다.

- 아라비아 숫자로 표기된 책은 200주년 기념판을 가리키고, 대문자 로마 숫자로 표기된 책은 잭슨판을 가리킨다.

- 200주년 기념판('B'로 표기)과 잭슨판('J'로 표기) 모두는 검색용 CD나 온라인으로 사용할 수 있다. 200주년 기념판 CD는 아직 불완전하고, 전집의 완성을 위해서는 아직 많은 책을 더 출판해야 한다.

- 잭슨판과 200주년 기념판을 구분하는 것은 쉽다. 첫 번째 숫자가 아라비아 숫자면 200주년 기념판을 가리키고, 대문자 로마 숫자면 잭슨판을 뜻한다. 예를 들어, 'B 4:133'은 200주년 기념판 4권 133페이지, 'J IV:133'은 잭슨판 4권 133페이지를 가리킨다.

- 더 자세한 논의를 위해 새로운 설교를 소개할 경우, 200주년 기념판은 괄호에 'B, 설교 번호, 설교 날짜, 권수, 페이지' 순으로, 잭슨판은 'J, 설교 번호, 권수, 페이

---

[1] 간혹 석든(Sugden)판 웨슬리『표준설교집』(Standard Sermons, 약어 'SS')에서 인용할 경우에는 특별히 그가 주해한 내용을 설명할 것이다.

지'순으로 표기할 것이다.

- 200주년 기념판 설교의 번호와 순서는 간혹 잭슨판과 다르다.[2]

이런 표기를 하는 이유는 서로 다른 버전의 웨슬리 자료를 가지고 있더라도 편리하게 원문을 확인할 수 있도록 돕기 위해서다. 대부분 잭슨판이나 200주년 기념판 중 한 가지만 사용할 것이기 때문이다. 이를 감안해 나는 두 버전을 모두 표기할 것이다. 이 시리즈 각 권 뒤에는 모두 부록으로 '알파벳 순서별 웨슬리 설교 출처, 200주년 기념판 & 잭슨판'을 수록했다. 학술적으로 연구하는 사람이라면 가능한 한 200주년 기념판을 사용하기 바란다.

---

2   예를 들어 "선한 사람들의 괴로움과 쉼"은 200주년 기념판에서는 설교 109번(B #109), 잭슨판에서는 설교 127번(J #127)이다. 두 전집의 설교 번호는 같은 경우가 더 많지만 일부는 다르다.

약어표

ACCS	*The Ancient Christian Commentary on Scripture.* 29 vols. Edited by Thomas C. Oden. Downers Grove, IL: InterVarsity, 1997-2010.
AHR	*American Historical Review.*
AM	*Arminian Magazine.*
art.	article.
AS	*Asbury Seminarian.*
B	Bicentennial edition of *The Works of John Wesley.* Edited by Frank Baker and Richard Heitzenrater. Oxford: Clarendon, and New York: Oxford University Press, 1975-83; Nashville: Abingdon, 1984 - ; in print: vols. 1, 2, 3, 4, 7, 18, 19, 20, 21, 22, 23, 24.
BCP	Book of Common Prayer.
BETS	*Bulletin of the Evangelical Theological Society.*
Bull.	Bulletin.
CCD	"A Clear and Concise Demonstration of the Divine Inspiration of Holy Scripture."
CH	*A Collection of Hymns for the Use of the People Called Methodists,* vol. 7 of the Bicentennial edition.
Chr.	Christian.
ChrCent	Christian Century.
CL	A Christian Library.
COC	*Creeds of the Churches: A Reader in Christian Doctrine.* Edited by John H. Leith. Atlanta: John Knox, 1982.
Confes.	1962 Confession of the Evangelical United Brethren.
CWT	Robert W. Burtner and Robert E. Chiles. *A Compend of Wesley's Theology.* Nashville: Abingdon, 1954.
Diss.	Dissertation.
Div.	Divinity
DOS	*The Doctrine of Original Sin according to Scripture, Reason, and Experience.*
DPF	"Dialogue between a Predestinarian and His Friend."

DSF	"The Doctrine of Salvation, Faith and Good Works Extracted from the Homilies of the Church of England."
DSWT	Thomas C. Oden. *Doctrinal Standards in the Wesleyan Tradition*. Grand Rapids: Zondervan, 1988.
EA	"An Earnest Appeal to Men of Reason and Religion."
ENNT	*Explanatory Notes upon the New Testament.*
ENOT	*Explanatory Notes upon the Old Testament.*
EQ	*Evangelical Quarterly.*
ETS	Evangelical Theological Society.
Ev.	Evangelical.
EWT	Paul Mickey. *Essentials of Wesleyan Theology*. Grand Rapids: Zondervan, 1980.
FA	"A Farther Appeal to Men of Reason and Religion."
FAP	Francis Asbury Press, Zondervan.
FB	Howard A. Slaatte. *Fire in the Brand: Introduction to the Creative Work and Theology of John Wesley*. New York: Exposition, 1963.
FW	Kenneth Collins. *A Faithful Witness: John Wesley's Homiletical Theology*. Wilmore, KY: Wesleyan Heritage, 1993.
FWAT	Mildred Bangs Wynkoop. *Foundations of Wesleyan-Arminian Theology*. Kansas City, MO: Beacon Hill, 1967.
HSP	*Hymns and Sacred Poems.*
Institutes	John Calvin. *Institutes of the Christian Religion*. Philadelphia: John Knox, 1962.
Int	*Interpretation—Journal of Bible and Theology.*
J	Jackson edition of Wesley's Works. Edited by Thomas Jackson, 1829–32. The 1872 edition has been reprinted in many 14-volume American editions (Eerdmans, Zondervan, Christian Book Distributors, et al.); digitally available on Wesley.nnu.edu.
JBR	*Journal of Bible and Religion.*
JJW	*The Journal of John Wesley*. Edited by Nehemiah Curnock. 8 vols.
JTS	*Journal of Theological Studies.*
JWO	*John Wesley*. Edited by Albert C. Outler. Library of Protestant Theology. New York: Oxford University Press, 1964.
JWPH	Robert Monk. *John Wesley: His Puritan Heritage*. Nashville: Abingdon, 1966.

JWSC	Thomas C. Oden. *John Wesley's Scriptural Christianity: A Plain Exposition of His Teaching on Christian Doctrine*. Grand Rapids: Zondervan, 1994.
JWTT	Colin Williams. *John Wesley's Theology Today.* Nashville: Abingdon, 1960.
KJV	King James Version.
LCM	Letter to the Rev. Dr. Conyers Middleton (January 4, 1749).
LJW	*Letters of John Wesley.* Edited by John Telford. 8 vols. London: Epworth, 1931.
LLBL	A Letter to the Right Reverend Lord Bishop of London.
LPC	Letter on Preaching Christ (same as Letter to an Evangelical Layman, December 20, 1751).
LQHR	*London Quarterly and Holborn Review.*
LS	Thomas C. Oden. *Life in the Spirit.* San Francisco: HarperSanFrancisco, 1992.
Mag.	Magazine.
Meth.	Methodist.
MH	*Methodist History.*
Minutes	"Minutes of Some Late Conversations between the Rev. Mr. Wesley and Others."
MLS	*Martin Luther: Selections from His Writings.* Edited by John Dillenberger. New York: Doubleday, 1961.
MM	*Methodist Magazine.*
MOB	William M. Arnett. "John Wesley: Man of One Book." PhD diss., Drew University, 1954.
MPL	*Patrologia latina (Patrologiae cursus completus: Series latina)*. Edited by J.-P. Migne. 217 vols. Paris: 1844-64.
MQR	*Methodist Quarterly Review.*
MR	*Methodist Review.*
NDM	Reinhold Niebuhr. *The Nature and Destiny of Man.* 2 vols. New York: Scribner, 1941, 1943.
NRSV	New Revised Standard Version.
NT	New Testament.
OED	*Oxford English Dictionary.*
OT	Old Testament.
PACP	*A Plain Account of Christian Perfection.*

PCC	"Predestination Calmly Considered."
PM	*Preacher's Magazine.*
Pref.	Preface.
Publ.	Publishing, Publishers.
PW	*Poetical Works of Charles Wesley and John Wesley.* Edited by George Osborn. 13 vols. London: Wesleyan Methodist Conference, 1868–72.
PWHS	*Proceedings of the Wesleyan Historical Society.*
Q	Question.
QR	*Quarterly Review.*
RC	Roman Catholic.
RE	Henry Rack. *Reasonable Enthusiast.* London: Epworth, 1989.
RJW	George Croft Cell. *The Rediscovery of John Wesley.* New York: Henry Holt, 1935.
RL	*Religion in Life.*
SDC	*Sources of Christian Dogma* (Enchiridion Symbolorum). Edited by Henry Denzinger. Translated by R. Deferrari. New York: Herder, 1954.
SS	*The Standard Sermons of John Wesley.* Edited by E. H. Sugden. 2 vols. London: Epworth, 1921; 3rd ed., 1951.
SSM	*Sunday Service of the Methodists of the United States of America* (1784). Edited by Edward C. Hobbs. Nashville: Methodist Student Movement, 1956.
TCNT	Twentieth Century New Testament.
Theo.	Theological.
TIRC	"Thoughts on the Imputation of the Righteousness of Christ."
TJW	William R. Cannon. *Theology of John Wesley: With Special Reference to the Doctrine of Justification.* New York: Abingdon, 1946.
TSF	"Thoughts on Salvation by Faith."
TUN	"Thoughts upon Necessity."
UMC	United Methodist Church.
unpubl.	Unpublished.
WC	John Deschner. *Wesley's Christology.* Grand Rapids: Zondervan, 1989.

WHS	Lycurgus M. Starkey. *The Work of the Holy Spirit*. Nashville: Abingdon, 1962.
WL	Thomas C. Oden. *The Word of Life*. Systematic Theology. Vol. 2. San Francisco: HarperSanFrancisco, 1988.
WMM	*Wesleyan Methodist Magazine*.
WQ	Donald Thorsen. *The Wesleyan Quadrilateral*. Grand Rapids: Zondervan, 1990.
WQR	*Wesleyan Quarterly Review*.
WRE	John W. Prince. *Wesley on Religious Education*. New York: Methodist Book Concern, 1926.
WS	Harald G. A. Lindström. *Wesley and Sanctification*. Nashville: Abingdon, 1946.
WTH	Albert C. Outler. *The Wesleyan Theological Heritage: Essays*. Edited by Thomas C. Oden and Leicester Longden. Grand Rapids: Zondervan, 1991.
WTJ	*Wesleyan Theological Journal*.
XXV	Twenty-Five Articles. Adapted from the Sunday Service of 1784.
XXXIX	Anglican Thirty-Nine Articles of Religion.

서론

A. 기독교 교리 교육의 매개로서의 설교

웨슬리는 1771년 전집의 독자 서문에서 자신의 교육적 설교의 대략적인 순서를 미리 설명했다. "나는 이 설교들에 적절한 제목을 붙여 분류한 후, 유사한 주제끼리 함께 묶고, 한 설교가 다른 설교의 의미를 더 분명히 밝혀주도록 순서를 정해 체계화했다. … 자주든 가끔이든 실천적 주제와 논쟁적 주제를 포함해 신학의 중요한 주제들 중 다루지 않은 것은 거의 없다."[1] 우리는 웨슬리가 자신의 글에 주의 깊게 순서를 매겨 조직신학적으로 체계화한 것에 기초해 우리의 작업을 진행해나갈 것이다.

1. 웨슬리의 가르침의 범위

웨슬리는 기독교의 주요 교리 중 어느 것도 경시하지 않는다. 그는 놀라운 내적 일관성을 가지고 전통적 신학의 핵심 주제들을 다룬다. 내 목표는 웨슬리의 다양한 가르침에 흐르는 내적 일관성을 제시하는 것이다.

웨슬리가 쓴 많은 설교와 논문에서는 순서에 대한 직관적 감각이 드러난다. 나는 웨슬리의 가르침을 그의 신학 체계에 부합하면서도, 그에게 영향을 끼친 고전적 기독교 전통과 조화를 이루도록 체계적으로 정리하고자 한다. 웨슬리는 초기 기독교의 가르침에 체계적으로 정리되어 있던 구원의 순서를 감사하는 마음으로 상속받았을 뿐, 이 순서를 만들어낸 사람이 아니다. 이 구원의 순서는 니케아 공의회의 결정문에도 함축적으

---

1 1774년에 출판한 12절판 32권에 대한 독자 서문, "Preface to the Third Edition," J I:3.

로 나타나고, 예루살렘의 키릴로스(Cyril of Jerusalem), 다마스쿠스의 요한(John of Damascus), 토마스 아퀴나스(Thomas Aquinas), 존 칼빈(John Calvin) 등의 문헌에서도 공통적으로 나타난다. 영국 신학자로는 토머스 크랜머(Thomas Cranmer)나 존 주얼(John Jewel), 존 피어슨(John Pearson) 등에게서 두드러지게 나타난다. 나는 웨슬리의 많은 글이 전통적 신학 논제(신학의 요점) 전체를 빠짐없이 다루고 있음을 보여줄 것이다. 그러나 사람들은 웨슬리의 설교를 읽으면서도 그것들이 온전한 조직신학 체계를 형성하고 있음을 쉽게 알아차리지 못한다. 한 성경 본문을 집중적으로 풀어나가는 방식의 교육적 설교의 성격 때문이다. 많은 신학 논제 중에서 이제까지 역사적으로나 조직신학적으로 충분히 연구가 이루어진 주제는 원죄나 구원의 방법 같은 몇몇 주제뿐이다.

웨슬리는 글을 쓸 때 과거 리처드 후커(Richard Hooker)처럼 교회의 신학을 포괄적으로 저술하거나, 존 피어슨처럼 신조 해설서 저술을 목적으로 삼지 않았다. 그는 자신이 만든 영적 훈련 연합체[2]의 구성원을 위해 기독교가 가르쳐온 모든 중요한 주제를 할 수 있는 한 쉽게 설명하고자 했다.

2. 교육적 설교

웨슬리는 출판된 설교를 통해 메소디스트 연합체를 가르쳤다. 그중 초기 설교들은 『표준설교집』(Standard Sermons)으로 묶여 (48개, 52개, 53개 등 다양한 편집본으로) 자주 출판되었다.

---

2 오래전 영국에서 '연합체'(connexion)라는 용어는 모범적인 회원을 지칭했다. 이 용어는 영국의 전통적 메소디스트들 외에는 잘 사용하지 않았다. 현대 독자에게는 이 용어가 어색할 수 있기에 나는 이 용어를 고집하지는 않을 것이다.

18세기 영국 국교회 신학자들이 기독교 교리를 가르친 방법은 로코코 양식의 두꺼운 책들이 아니라 출판된 교육적 설교를 통해서였다. 웨슬리는 이렇게 설교로 신자를 지도한 영국 국교회의 중도주의(via media) 신학 전통에서 태어나고 자라났다.

권위를 인정받아 신뢰할 만한 것으로 전해 내려온 설교들을 엮은 설교집을 교회의 교리적 표준으로 삼는 경향은 토머스 크랜머, 란슬롯 앤드루스(Lancelot Andrewes), 존 주얼, 매튜 파커(Matthew Parker) 등을 따르는 영국 국교회 전통의 익숙한 방식이었다. 영국 국교회 설교집은 회중에게 기독교의 표준 교리를 가르치려는 목적으로 내용이 충실한 교육적 설교들을 주제별로 엮은 것이었다.[3] 웨슬리가 겸허한 태도로 자신의 교육적 설교를 통해 자신의 연합체에 속한 사람들의 영적 성숙을 도모한 것은, 영국 국교회의 이러한 200년 된 전통을 따른 것이었다.[4]

3. 신학 전체의 범위

우리는 존 칼빈이나 프란시스코 수아레스(Francisco Suárez), 또는 필립 멜랑히톤(Philip Melanchthon)에게서처럼 웨슬리에게서 신학 주제들을 종합적이고 체계적으로 구성한 완성된 조직신학을 전수받지는 못했다. 그에게서 받은 것은 상황적 필요에 따라 작성된 교육적 설교들로, 그중 많은 것은 그가 영국, 스코틀랜드, 아일랜드를 장기간 순회하면서 수

---

3 LJW 1:305, 312; 3:382; 4:125–26, 379–81; JWO 119–33, 204–6, 417; FA, B 11:175, 279를 참고하라. 또 존 코신(John Cosin)과 제레미 테일러(Jeremy Taylor)를 보라.

4 '설교'(homily)의 어원은 'homos'로, 같은 어원에서 'homogeneity' 'homogenize' 'homoousian' 등의 용어가 파생되었다. 'homilios'는 회중을, 'homilia'는 모인 회중을 향한 의도적이고, 사려 깊으며, 신중한 가르침을 말한다. 많은 사람이 위협적·율법주의적 주정주의(emotivism)에 반감을 가진 나머지 '설교'(sermon)라는 말 자체를 싫어하므로, 나는 현대의 더 기술적인 용어로 '교육적 설교'(teaching homily)라는 말을 선호한다. FW 11–14를 참고하라.

없이 되풀이해 설교한 것들이다. 비록 그 설교들은 조직신학 자체는 아니지만 교리적 표준을 가르치기 위해 저술되었고, 이후에도 참고할 수 있도록 출판되었으며, "신학의 전체 범위"를 포괄하는 복음주의 연구의 전체 커리큘럼에 대한 정보를 분명하게 제공하기 위해 의도된 것이다.[5]

웨슬리는 평생 자신에게 쏟아진 다양한 비난[6]에 세세하게 응답했는데, 그중에는 롤란드 힐(Roland Hill)이 웨슬리는 "복음에 관한 모든 근본 교리에서 전적으로 불안정"하며, "어느 학파의 두 사람이 논쟁을 하더라도 웨슬리가 자기 자신과 충돌하는 것과 같지는 않을 것"[7]이라며 비난한 데 대한 응답도 있었다. 웨슬리는 상세하고도 흥미로운 내용으로 롤란드 힐, 코니어스 미들턴(Conyers Middleton), 조지 라빙턴(George Lavington) 같은 혹평자들에게 편지를 써, 자신이 일생 가르쳐온 것에 일관성이 있음을 주장했다. 즉, 내적으로 모순된 주장을 해왔다는 비난에 대해 스스로를 변호하면서, 다른 사람들이 발견해냈다고 생각하는 불일치점들은 18세기 독자들의 경솔한 허위 진술 때문이거나 자신의 의도를 파악하지 못했기 때문임을 간곡히 설명했다.[8]

웨슬리나 그의 계승자들은 웨슬리의 저서를 전통적 조직신학의 일반적 순서에 따라 계획적으로 출판한 적이 없다.[9] 나는 웨슬리 설교와 신

---

5   LJW 4:181; 5:326.
6   사람들은 특히 자기모순, 불일치(B 9:56, 375), 회피(B 9:374–75), 위선(B 9:304) 등을 이유로 웨슬리를 비난했다.
7   "Some Remarks of Mr. Hill's 'Review of All the Doctrines Taught by Mr. John Wesley,'" J X:377에서 롤란드 힐의 말을 인용함.
8   "Some Remarks of Mr. Hill's 'Review of All the Doctrines Taught by Mr. John Wesley,'" J X:381. 웨슬리는 힐에 대한 응답으로 24개의 제목 아래 101개의 구체적인 주장을 펼쳐 끈기 있게 논박했다. 옥스퍼드 대학교의 능숙한 논리학 교수였던 그는 자신이 "교묘하게 뒤섞인 진리와 거짓을 바르게 분리해 문제를 해결"할 수 있다는 자신감을 가지고 있었다.
9   웨슬리 연구의 역사가 오래되어 많은 자료가 쌓였음에도, 지금까지 어떤 학자도 이 시리즈처럼 웨슬리의 주요 작품 전체를 살피되 그의 글을 하나하나 자세히 다루면서, 그가 사용한 언어로 그의 가르침의 핵심 내용을 쉽게 설명하려는 시도를 하지 않았다는 것이 놀랍다.

학 논문들이 얼마나 체계적으로 연결되어 있는지와 그 범위를 보여주고자 한다. 이 작업이 수십 년 전에 이루어졌다면, 사람들은 일반적으로 19세기 웨슬리 학자들이 그랬던 것처럼 웨슬리를 실용적 조직가라는 고정관념으로만 이해하지 않고, 더 일찌감치 그를 매우 중요한 개신교 신학자로 인정했을 것이다.

나는 웨슬리에게 체계적으로 사고하는 능력이 부족했다고 생각하는 이들[10]에게, 웨슬리의 교육적 설교들은 이를 더욱 보완하는 신학 논문, 일지, 서문, 편지들과 함께 전통적 기독교의 모든 중요한 가르침을 망라하고 있으며, 거기서 발견되는 실수나 부조화는 최소한일 뿐임을 보여줄 것이다.[11] 50년이 넘는 오랜 기간의 저술 활동을 통해 웨슬리는 신론, 기독론, 구원론, 교회론, 목회와 윤리 등 사실상 기독교 신학의 모든 핵심 주제를 빠짐없이 다루었다. 기독교 교리의 주요 주제 중 그가 부적절하게 경시한 주제는 찾아보기 힘들다.

앞으로 살펴보겠지만, 웨슬리나 대다수 영국 국교회 자료는 17세기 루터교나 개혁주의의 정통교의학 서적처럼 두껍고 무거운 외형을 가지진 않았으나, 신앙의 어떤 본질적 조항도 다루지 않은 것이 없다.[12]

---

10 웨슬리의 기독론에 대한 최고의 연구서를 저술한 존 데쉬너(John Deschner)는 이렇게 주장한다. "웨슬리는 칼빈이나 슐라이에르마허처럼 교리를 체계적으로 정립하지는 않았다. 그러나 열정을 가지고 기독교의 핵심 메시지를 일반 대중이 이해할 수 있도록 쉽게 정리했다"(*WC* 14). 참고. Albert C. Outler, "John Wesley: Folk-Theologian," *Theology Today* 34 (1977): 150–66; 조지 크로프트 셀(George Croft Cell), 알버트 아우틀러(Albert Outler), 토머스 랭포드(Thomas Langford), 존 데쉬너, 리처드 하이첸레이터(Richard Heitzenrater), 도널드 톨슨(Donald Thorsen) 같은 저명한 웨슬리 해석자들은 웨슬리가 조직신학자였다는 주장을 불편해한다. 그들은 웨슬리를 교의학자나 조직신학 교사, 꼼꼼한 교리문답 교사로 여기는 것을 지나친 상상력의 산물로 생각한다. 그러나 나는 웨슬리를 조직신학자로 여기는 것이 매우 합리적임을 보여주고자 한다.
11 *LJW* 5:326.
12 메소디스트 교리를 요약한 내용은 JWO 183–85, 386 이하를 보라.

B. 웨슬리의 영적 훈련 연합체

1. 연합체

'웨슬리의 연합체'에 소속되어 있다는 것은, 영적 성숙을 위해 그를 의지한다는 것을 의미한다. 18세기와 19세기에는 사람에 따라 정도의 차이는 있었으나 수십만 명의 신자가 충성스럽게 이 연합체 안에 있었다. 초기 메소디스트 운동 전체는 자발적이고도 직접적으로 이 놀랄 만한 목회적 지침의 지도를 받았다. 웨슬리는 신자들의 영적 성숙을 위해 영국, 아일랜드, 웨일즈, 스코틀랜드의 무수한 마을을 쉴 새 없이 여행하면서 수천 명을 목회적으로 돌보는 일에 자신을 던졌다.

오늘날에도 많은 사람이 여전히 웨슬리의 복음적 연합체에 머물러 있거나, 시간과 역사적인 면에서 더 거리가 있는 이후의 단체들에 소속되어 간접적인 관계를 맺고 있다. 웨슬리의 사역으로 태어난 교회들에 여전히 헌신적인 사람들 중 일부는, 지금 자신들이 어떻게 웨슬리의 지혜, 그의 메시지에 담긴 진리, 기쁨을 주는 그의 신학적 사고의 통전성으로 다시금 교회를 새롭게 할 수 있을지 방법을 모색하고 있다. 복음주의 교회 중 웨슬리안 대가족에 속하지 않은 다른 사람들은 웨슬리에게서 특별한 영적 능력을 가진 경건한 지도자의 모범을 봄으로 유익을 얻을 것이다.

근대의식에 전적으로 몰두해 있는 사람들이 웨슬리의 글이나 설교뿐 아니라 그가 도움을 받은 원천들, 특히 교부 전통, 영국 국교회 전통, 성결 전통, 개혁주의 전통을 연구하면서 여전히 웨슬리의 조언에서 유익을 얻고자 노력하는 것은 놀라운 일이다. 지구상의 무수한 사람이 심지어 의식하지 못하면서도 웨슬리의 정신에 직접적 영향을 받으며 살아 왔다.

2. 오늘날의 웨슬리안 연합체의 범위

웨슬리의 사역으로 생겨난 교회 가족은 거대하고 전 세계에 퍼져 있다. 여기에는 신자 수가 8백만 명으로 미국의 루터교와 성공회 신자들을 합친 수보다 많은 연합감리교회(United Methodist Church)뿐 아니라, 메소디스트 성결 부흥 운동에서 분리되어 나온, 뚜렷한 정체성을 가진 전 세계 다수의 교단이 포함된다.

이 그룹에 속하는 주된 교단은 웨슬리안 교단(The Wesleyan Church), 자유감리교회(The Free Methodist Church), 나사렛교회(The Church of the Nazarene), 구세군(The Salvation Army), 아프리카 감리교 감독 교회(The African Methodist Episcopal Church), 아프리카 감리교 감독 시온 교회(The AME Zion Church) 등이다. 세계적으로 이보다 더 많은 신자를 가진 그룹으로는 완전성화와 확신, 거룩한 삶을 가르치는 많은 은사주의 및 오순절주의 교단이 있다. 그중에서도 특히 아프리카에서 일어난 아프리카 독립교회(The African Initiated Churches) 운동은 웨슬리의 가르침에 크게 영향을 받았다. 웨슬리의 가르침은 현대 세계 복음주의 신학의 가장 중요한 본보기가 되었다. 세계 복음주의 사상사를 진지하게 설명하려면 누구도 웨슬리를 빼놓을 수 없다.

C. 이 책의 목적

1. 웨슬리에 대한 책을 쓰게 된 이유: 개인적 소명

나의 개인적 소명을 기술하는 일은 독자들이 내가 이 연구에 헌신하게 된 동기를 이해하는 데 어느 정도 도움이 될 것이다. 1970년 이후 내 소명은 고대 기독교, 특히 교부 시대 초기의 가르침을 회복하는 데 초점이 맞추어져 있었다. 오랫동안 그 소명의 중요한 일부는 이 전통 안에서 목사 안수 후보자들을 가르치는 일이었다. 이 일은 더 넓은 웨슬리안 교단과 복음주의 전반, 그중 특히 자신들의 가장 중요한 역사적 뿌리를 되찾으려 노력하는 이들을 위해 학문적 자료를 공급하는 일로 확대되었다.

이것이 내가 이 책을 저술하는 이유다. 이 일은 내게 단지 부수적인 소명이 아니다. 또 최근 몇 년간 포스트모던 정통주의와 고대의 일치된 기독교에 집중해온 나의 소명과 무관하지 않다.[13]

1980년대와 1990년대 초, 나는 고전적이고 역사적인 기독교의 가르침에 기초한 조직신학을 꾸준히 연구했다. 그때 쓴 세 권의 책이 지금은 전반적 개정을 거쳐『고전적 기독교: 조직신학』(*Classic Christianity: A Systematic Theology*) (San Francisco: HarperCollins, 2009)이라는 제목의 단권의 책으로 나와 있다. 1979년 이후 나는 내가 제시하는 신학의 어떤 요소도 그것이 마치 사도들의 가르침과 그에 대한 초기 기독교의 해석보다 훨씬 발전된 독창적인 것인 양 하지 않을 것을 독자들에게 진지하게 약속해왔다.

교부 문서에 초점을 맞춘「교부들의 성경 주해」(*Ancient Christian Commentary on Scripture*, 분도출판사) 시리즈[14]를 17년 동안 편집한 후, 나는 다시 동일한 고전적 기독교 계보의 18세기 복음주의 형태에 관한 연구로 돌아갔

---

13 나는 대초원에서 자란 사람으로서 35년 동안이나 뉴욕 지역에서 가르쳐왔지만 여전히 오클라호마 평원의 먼지는 내 안검 아래에 남아 있다. 전형적인 국제 도시에서 일하면서 나는 개신교에서 두 번째로 큰 교단에서 목사 안수를 받았고, 일류 교육 기관에서 가르치고 있다. 나는 이를 인간의 계획을 초월하는 하나님의 숨겨진 섭리로 느낀다. 그것은 나에게 웨슬리뿐 아니라 현재의 감리교회에 충성해야 한다는 무거운 도전과 함께 그렇게 할 수 있는 기회도 부여한다.
14 Thomas C. Oden, ed., *Ancient Christian Commentary on Scripture*, 29 vols. (Downers Grove, IL: InterVarsity, 1993–2010).

다. 고전적 기독교 신앙의 현대적 표현은, 내가 그 안에서 태어나고 세례 받고 목사가 된 신앙 공동체다. 나는 목사가 되고 나서도 오랜 시간이 지난 후에야 거듭나 이 신앙을 갖게 되었다.

나는 어떻게 그 교부 전통의 한 특별한 지류인 웨슬리 신학이 고대 기독교의 보편적 가르침이라는 동일한 근원에서 발원해 자라날 수 있었는지를 보여주고자 한다. 18세기의 웨슬리 운동은 고대 4세기에 보편적 합의를 이룬 기독교의 가르침과 그대로 일치한다. 웨슬리의 가르침은 그 자신이 소문자로 '보편적 정신'(catholic spirit)이라고 불렀던 그 기독교 전통에서 돋아났다.[15]

나는 교부들의 기독교 해설과 웨슬리의 설교라는 두 가지 연구 과제가 서로 충돌하는 것이 아니라 서로를 보완한다고 생각한다. 고대 기독교의 보편적 가르침을 재발견하는 일과, 점점 발전해가는 웨슬리안 전통에 고전적 기독교를 회복시키는 일, 이 두 과제는 모두 내 소명의 핵심이다.[16] 이 둘의 연관성은 지금까지의 연구서들에서 간과되어왔다. 많은 초현대적 웨슬리 해석자들은 웨슬리를 현대의 청중에게 적합한 방식으로 적용하는 데 주안점을 둔다. 그중 어떤 이들은 해방 신학이나 과정 신학, 여성 신학 연구 등을 위해 웨슬리를 완전히 다르게 변형시켜, 그를 매우 모호한 인물로 만들어버린다. 나는 웨슬리 자신이 자신의 언어로 현대의 신자에게 말하게 하고자 한다.

---

15 나는 『조직신학』(Systematic Theology)에서 독자들에게 아르미니우스주의나 웨슬리안, 또는 개신교 사상을 조금도 자의로 변경하지 않겠다고 약속했다. 즉, 전통적 기독교의 지혜를 뒤엎고 새로운 것을 가르치지 않겠다고 말했다. 이 시리즈에서도 그 약속은 유효하다.

16 나는 지금 내가 고대에 일치를 이루었던 기독교의 현대적 표현으로서 나 자신이 속한 웨슬리안 전통에 다시 집중하고 있다는 이유로, 독자들이 내가 오랫동안 전념해온 교부 전통에 관한 연구를 그만두었다는, 내 의도와 다른 결론을 도출하지 않기를 바란다.

2. 분명한 해설

나는 이 책에서 웨슬리의 글에 나타난 사상을 사전에 미리 짜놓은 신학의 체계적 순서에 끼워 넣지 않고, 그의 글이 어떤 순서를 요구하는지 질문할 것이다. 그의 글의 순서에 따라 체계를 세우는 이 방법은 연역적이기보다 귀납적이다. 나는 웨슬리의 글 자체로 시작해 그 본문이 어떻게 자연스럽게 순서를 형성해나가는지 질문할 것이다. 주제의 진행 순서는 미리 짜놓은 순서를 본문에 억지로 적용하지 않고, 웨슬리가 교육적 설교 및 논리 전개와 언어 사용을 통해 보여준 그 자신의 지침을 더 중요하게 따를 것이다.

18세기 청중을 위해 쓰인 본문과 그 본문이 여전히 말을 걸고 있는 우리의 현대 언어 환경이라는 두 세계관은 끊임없이 연결되어 있다. 나는 웨슬리 자신의 글에 충실하도록 신중히 설명하되, 웨슬리의 가르침을 오늘날의 언어로 현재적으로 해석하고 설명하고자 한다.

만약 귀납적인 해설 방법을 택한다면, 그 고유한 순서는 자연히 체계적일 수밖에 없다. 나는 겸허하게 단지 웨슬리의 글들을 고대 기독교 저자들이 주로 사용하던 고전적 순서로 배열하고 해설하되, 웨슬리 자신의 우선순위나 구어적 표현과 관용구, 그가 유달리 중시한 요소를 특별히 드러나게 하고자 한다.[17] 여기서 '고전적 순서'라는 말은, 이레나이우스(Irenaeus)와 예루살렘의 키릴로스에서 다마스쿠스의 요한과 토마스 아퀴나스를 거쳐 존 칼빈과 존 피어슨에 이르기까지 기독교 전통에서 보편적

---

[17] 전통적 순서에 따라 웨슬리의 글을 살펴보면, 반복이 거의 없는 것이 놀라울 정도다. 이는 저술가와 편집자로서 그가 실속을 매우 중시했기 때문이다.

으로 발견되는 일련의 신학적 논리를 의미한다.[18]

3. 원자료에 충실하기

이 연구를 위해 나는 의도적으로 원자료에 초점을 맞추고, 웨슬리가 당시의 사회적 정황에서 어떤 신학적 변화를 겪었는지 그의 일대기에서 발전적 요소를 추적해나가는 일은 다른 사람, 특히 웨슬리에 관해 조직신학적 관심보다 역사적 관심을 가진 사람들을 위해 남겨두고자 한다.[19] 세밀한 심리적, 사회적, 역사적 접근이 아무리 내게 흥미를 불러일으켰더라도 그런 연구만으로는 심오한 신학적 통찰을 산출해낼 수 없었다. 이러한 신학적 통찰은 웨슬리가 강조한 것처럼 신앙의 유비(analogy of faith)에 기초한 검증된 해석 방법론을 필요로 한다. 그 방법론은 사도적·정경적 증언의 내적 통일성과 일관성, 지속성, 그리고 절충적(conciliatory) 태도라는 기준을 적용한다. 이 연구에 사용한 해석학적 방법론은 웨슬리의 신학적 발전의 역사보다는 원자료 자체의 본문 간 관계에 내재된 신학적 진리와 더 씨름하는 것이다.[20]

---

18 지금까지의 연구는 성경 해석 방법론을 웨슬리의 글에 철저히 적용하지는 않았다. 알버트 아우틀러, 프랑크 베이커(Frank Baker), 리처드 하이첸레이터 같은 가장 훌륭한 웨슬리 해석자들은 현명하게 그를 역사적 맥락에서 이해했고, 그의 성경 해석 방법론은 간결하게 설명해 아직 미해결 상태로 남겨두었다. 웨슬리 신학에 대한 전반적 해설을 시도한 학자들에 관해서는 서론 끝부분에 있는 '더 깊은 이해를 위한 독서 자료'를 참고하라.
19 특히 랜디 매닥스(Randy Maddox), 케네스 콜린스(Kenneth Collins), 시어도어 러년(Theodore Runyon), 윌리엄 아브라함(William Abraham) 같은 학자는 웨슬리 신학에 대해 매우 의미 있는 연구를 진행하고 있다. 그들은 웨슬리 신학의 타당성을 드러내는 광범위한 제2차 자료를 다루는 일에 능숙하며 그 일에 전념하고 있다. 이는 이 시리즈에서는 시도하지 않으나 매우 가치 있는 일이다.
20 비록 내가 제2차 문헌을 다루는 동료 학자들의 책을 추천하기는 하지만, 그런 책은 읽으면 읽을수록 지나친 역사주의의 한계를 드러낸다. 이를 보완하려면 현대 역사학자들의 글보다 웨슬리 자신이 쓴 글에서 신학 주제들에 대한 해설을 직접 들으며 그와 공감하는 것이 필요하다. 이 시리즈는 의도적으로 웨슬리 자신의 글에 초점을 맞춘다.

이 방법론은 웨슬리 자신의 글을 충분히 읽어보지도 않고 (웨슬리의 분명한 바람과는 정반대로) 그를 펠라기우스주의자 또는 올바른 은총의 교리를 가르치지 않은 사람으로 비난하는 일부 칼빈주의자의 주장과 충돌한다. 어떤 루터란들은 웨슬리가 은혜에 의해 믿음으로 얻는 칭의의 진리를 굳게 붙들었다는 사실을 믿지 못한다. 또 일부 영국 국교회주의자는 웨슬리에 대해 단 하나만 기억하는데, 곧 웨슬리가 마음으로 꺼리면서도 결국 메소디즘이 영국 국교회에서 분리되는 것을 허락했다는 것이다. 그들은 웨슬리 자신이 평생 영국 국교회 성직자로 남아 있었으며 온 힘을 다해 그 분리를 막고자 노력했다는 사실은 잊어버린다. 무엇보다 웨슬리 자신의 글들은, 그의 실천적 재능은 지나치게 감성적·이상적으로 다루면서 그가 독립적 사상가였다는 사실은 진지하게 받아들이지 않는 웨슬리안들을 반대한다.

D. 역사와 교리

1. 현대 웨슬리 연구의 최고의 스승

이 연구 시리즈는 내 최고의 스승이신 알버트 아우틀러의 연구 업적에 감사를 표현하기 위한 것으로, 그의 연구에 공감하며 이를 보완한다. 나는 초기 기독교에 뜨거운 관심을 가진 조직신학자로 학자의 삶 대부분을 보냈다. 반면 아우틀러는 고대와 현대 기독교의 일치된 진리에 열정적 관심을 가진 역사신학자로 평생을 살았다. 내 연구 방법이 주로 조직신학적이라면, 아우틀러의 방법은 주로 역사신학적이다. 이 두 연구 방법은 상호 보완적이다.

이 연구의 기초가 되는 신학방법론은 건전한 역사적 연구의 전제로서 하나님의 계시를 훨씬 비중 있게 다룬다. 보편적 역사의 의미는 매우 중요한 신학 훈련의 주제라 할 수 있기 때문이다. 아우틀러의 방법론은 신학적 함의를 간과하지 않으면서도 역사적 문제를 더 비중 있게 다루는 것이었다. 이것이 내가 아우틀러의 위대한 공헌에 언제나 감사하면서도, 일반적으로 증거에 관해 협소한 관점을 지닌 세밀한 역사적 방법론에 쉽게 얽매이지 않는 이유다. 1970년대 이후 내 모든 글에서 나는 증거의 범위를 (판넨베르크가 주장한) '역사로서의 계시'를 포함하는 데까지 확장시키고자 했다. 이것이 웨슬리의 가르침과 일치하는 방법론임에도, 나는 대(大)키릴로스(Cyril the Great)를 읽기 전까지는 이를 충분히 깨닫지 못했다.

이 연구는 웨슬리의 사상을 응집력 있게 종합적이고 체계적으로 배열하려는 시도다. 그러나 이는 내 소중한 스승 알버트 아우틀러가 열망하지도 않았고, 사실 다소 경시한 작업이기도 하다.

아우틀러는 웨슬리를 철저히 그가 속한 역사적 상황에 위치시켜 그를 형성한 원천들을 보여주고, 그의 사상을 당시의 역사적이고 자서전적 발전 과정 속에서 정확히 기술하고자 했다. 그리고 그는 이 일을 훌륭하게 해냈다. 나는 그가 이룬 이러한 학문적 업적을 바탕으로 겸허하게 이 연구를 시도한다. 나는 아우틀러의 연구와 그가 웨슬리 연구의 '제3단계'로 묘사한 최근의 다른 역사가들의 연구를 토대로 작업을 했는데, 이 3단계 연구 방법론은 비록 훌륭한 학자들임에도 성경을 평이한 의미로 해설한 웨슬리의 타당성을 인정하려 하지 않았던 역사가들에 의해 좌우되어 왔다.[21]

---

21   나는 웨슬리를 진지하게 신학자로 여기지 않는 역사학자와, 그가 속했던 역사적·지성적 배경에서 그를 이해하려 하지 않는 신학자 모두에 대해 마음이 편하지 않다.

2. 웨슬리는 조직신학자였는가?

나는 사람들이 엘리 할레비(Élie Halévy), 비비안 휴버트 하워드 그린(V. H. H. Green), 리처드 하이첸레이터를 주로 역사가로 여기는 것 같은 의미에서 역사가가 되기를 열망한 적은 없다. 그럼에도 고전 문헌에 관한 정통주의 학자로서 역사적 지혜에 일평생 관심을 가져왔음을 당당히 말할 수 있다. 나는 오늘날 우리가 계시 신학으로 부르는 모든 것의 토대를 형성한 고전적 기독교의 주석 방법론에 따라 연구해온 것을 부끄러워하지 않는다.[22] 때때로 역사가들이 그런 작업을 그럴듯하지 않거나 심지어 불가능한 것으로 여겨왔다면, 나는 그것이 특별한 신학의 장, 웨슬리의 가르침에서는 가능함을 보여주고자 한다.[23] 알버트 아우틀러는 웨슬

---

[22] 만약 누군가 내가 웨슬리를 지나치게 조직신학자로 주장하려는 것으로 오해한다면, 나는 내 의도를 좀 더 온건하게 표현하고자 한다. 웨슬리는 자신의 광범위한 자료가 응집력과 일관성이 있는지에 대해 끊임없이 지적 관심을 가진 복음적 설교자였다. 그 점에서 웨슬리는 아퀴나스, 칼빈, 바르트만큼은 아니었으나, 루터나 뉴먼(Newman)보다는 체계적이었고, 크랜머나 에드워즈와는 유사한 정도의 체계성을 보인다.

[23] 이 시리즈의 방법론은 역사적 지식을 과학적·경험적 증거에 한정해 계시에 대한 모든 논의를 배제하려는 강한 경향에 반대한다. 웨슬리는 그런 방식으로 역사적 증거를 축소하지 않는 옥스퍼드 역사학자의 가르침을 받았다. 현대의 일부 역사학자는 정통 기독교 교사들에 대해 산더미같이 많은 증거를 무시하고, 복합적인 발전적 요소를 알아차리는 데 실패하며, 당시의 상황이 끼치는 영향을 간과한 채 언제나 성급하게 결론을 내리는 사람들인 양 왜곡하는 경향이 있다. 정통 기독교 교사들은 역사적 지식을 경험적·과학적 지식으로 한정하지 않았기 때문에 현대 역사가들보다 광범위한 자료를 활용할 수 있었다. 현대 역사가들은 자주 순간적 증거의 파편에 집착하면서 더 큰 그림을 보지 못해, 한 사람의 변화하는 관점이 어떻게 여러 돌연변이 속에서도 일관성을 지니는지에 대해 판단 내리기를 주저한다. 어떤 학자는 배경의 특정한 요소에 지나치게 집착한 나머지, 본래 그 역사적 인물을 중요하게 여기게 만든 요소가 무엇이었는지 분별력이 흐려진다. 웨슬리 연구에서 나는 알버트 아우틀러, 프랑크 베이커(Frank Baker), 리처드 하이첸레이터, 알란 K. 왈츠(Alan K. Walz), 그리고 드루 대학교의 존경받는 동료들인 케네스 E. 로우(Kenneth E. Rowe)와 찰스 이리고옌(Charles Yrigoyen)같이 철저한 역사학자들의 탁월한 업적을 존경한다. 그러나 보편적 역사를 바르게 이해하려면 신적 계시와 사도들의 권위 있는 가르침이 필요하다는, 웨슬리가 매우 중요하게 여긴 신학적 전제에 따르면, 그들의 눈부신 업적은 여전히 더 확장된 증거 제시를 필요로 한다.

리안들이 웨슬리를 '대중 신학자'(folk theologian)로 이해할 수 있게 해주었다. 나는 비웨슬리안들이 웨슬리를 명철한 전통적 기독교의 스승으로 이해할 수 있도록 하기 위해 노력할 것이다.

나는 웨슬리 신학이 시간이 흐름에 따라 어떻게 발전하고 변화되었는가 하는 흥미로운 질문을 거부하거나 무시하지 않으면서 질문을 달리할 것이다. 즉, '웨슬리가 신학적으로 공헌한 것이 있다면, 그 전체 골자는 실용적이고 체계적인 개념과 목적으로 어느 정도까지 일관성을 나타내고 있는가' 하는 것이다.[24]

처음부터 그러한 일관성이 전혀 없다고 주장하려는 사람들은 웨슬리의 글 자체에서 그것을 입증할 수 있어야 할 것이다. 그러나 만약 그것이 아니라면, 웨슬리 해설자는 그의 글에 참으로 일관된 가르침과 견고한 핵심이 있음을 원문으로 입증할 의무가 있다.[25] 이것이 바로 내 과제다.

사람들은 웨슬리의 글이 주로 상황적 필요에 따라 쓰였고, 방법론적으로도 체계적으로 배열되지 않았다는 이유로 섣불리 그를 비체계적이라고

---

24 웨슬리의 가르침을 연구한 제2차 문헌에서 조직신학적으로 가장 간과되어온 요소는, 메소디스트 영적 훈련, 성례전, 목회적 실천, 도덕적 추론 전체를 포괄하는 웨슬리 신학의 삼위일체적 구조다. 나는 이 책 중 삼위일체를 다루는 부분(3장 A. 2.)에서 삼위일체적 구조가 웨슬리에게 얼마나 중요했으며, 어떻게 삼위일체적 사고가 성부 하나님, 성자 하나님, 성령 하나님에 대한 교리를 포함해 그의 신학 체계 전체에 스며들어 있는지 드러낼 것이다.

25 반드시 요구되는 중요한 질문들은 다음과 같다. 웨슬리의 가르침은 오늘날 복음적 목회 사역의 의미를 명백히 밝혀주고 있는가? 웨슬리 신학에서 창조, 섭리, 삼위일체 하나님, 신학 방법론, 죄와 은혜, 칭의와 성화, 말씀과 성례, 종말에 관한 교리는 얼마나 발전되어 있는가? 웨슬리가 신학 분야 중 구원론, 교회론, 성령의 역사와 같은 특정한 분야에 특별한 관심을 보였다는 사실은 학자들이 일반적으로 인정하지만, 기독교 교리 전반에 대한 신뢰할 만한 인도자라고 해도 좋을 만큼 충분히 넓은 영역의 신학적 질문을 다루고 있는가? 웨슬리의 논문이나 설교, 그 외 상황적 필요에 따라 작성한 글들을 전통적 조직신학의 교리적 범주에 따라 구분해 그 내용을 간결하게 살펴보는 것이 가능한가?

결론 내린다.[26] 이에 나는 상황적 필요에 따라 저술한 그의 모든 글이 분명히 일관성이 있고 은연중 체계적 핵심을 지니고 있음을 드러내고자 한다. 공정한 자세로 이를 점검하고자 한다면 누구나 그 핵심을 문헌적으로 확인할 수 있다.

웨슬리는 특별한 부류의 조직신학자로, 서로 밀접하게 연결되어 있는 그의 사상의 단편들은 그가 적극적으로 관여한 광범위한 목회활동에서 직접적으로 비롯된 것이다. 이 사실은 특히 그의 편지에서 잘 드러나는데, 그의 편지들은 목회적·도덕적 조언과 영적 권고로 가득하면서도, 그 모든 조언과 권고를 종합하면 신중한 생각이 서로 연결된 형태를 이룬다. 목회에 탄탄한 기초를 둔 조직신학자를 찾으려 한다면, 표면적으로는 실제보다 더 조직신학적으로 보이는 프리드리히 슐라이어마허나 칼 바르트보다 웨슬리에게서 필요한 것을 더 많이 발견할 것이다. 이 시리즈의 다른 책들은 사실상 웨슬리의 가르침 중 목회적·도덕적 요소들에 할애할 것이다.

한편, 흔히 사람들은 웨슬리가 지나치게 진지하고 유머가 없다고 상상하지만, 나는 그의 번득이는 위트와 재치 있는 생각이 드러나는 많은 재밌는 대목을 발견했다. 나는 그것들을 유머란에 따로 구분해 모으기보다, 독자들이 예기치 않게 발견하도록 본문에 그대로 놔두기로 했다. 내가 웨슬리를 연구하며 발견한 한결같은 기쁨, 그중에서도 특히 하나님이 직접 찾아오시는 복음을 누리는 즐거움을 적극적으로 독자들과 나누려는 것보다 나에게 더 큰 동기는 없다.

---

26 웨슬리가 특별한 도전에 응답해 상황적 필요에 따라 글을 썼더라도 그것이 다른 문헌 전반과 조화를 이룬다면, 그 사실이 그의 생각에 일관성이 있었음을 부정하는 근거가 되지는 않는다.

3. 이 책을 어떻게 활용할 것인가?

서문에서는 이 책이 어떤 실제적 활용도나 도덕적 타당성을 갖는지를 대략적으로 설명하는 것이 일반적이다. 예를 들어, 이 시리즈는 경건을 위한 독서나 도덕적 연구, 주제 설교 준비 등을 위한 실제적인 활용이 가능하다. 나아가 웨슬리의 사상과 생각의 범위를 알아보기 위한 참고 도서로도 활용 가능하다. 색인과 '더 깊은 이해를 위한 독서 자료'는 생태 회복, 도덕적 상대주의, 열광주의, 포용주의, 신앙적 체험, 낙원, 최종적 칭의, 섭리, 또는 그 외의 수없이 많은 주제 중 특정 주제에 특히 관심 있는 독자들을 위한 지침이 될 수 있을 것이다. 이러한 주제들은 이에 관심 있는 사람들의 흥미를 끌고, 경건한 사람들에게 영감을 주며, 선한 일을 하다 지친 사람들에게 용기를 줄 것이다.

웨슬리의 가르침은 중독 행동, 가난, 펑크 허무주의(punk nihilism) 등 현대 사회의 많은 시급한 문제에 유익하게 적용될 수 있다. 그러나 이 책에서 가장 유익을 얻을 수 있는 내용은 웨슬리의 건전한 판단력과 실천적 지혜, 비사변적인 현실적 사실주의 같은 것이다.

더 깊은 이해를 위한 독서 자료

웨슬리 신학 개요

Baker, Frank. "The Doctrines in the Discipline." In *From Wesley to Asbury: Studies in Early American Methodism*, 162–82. Durham, NC: Duke University Press, 1976.

Burwash, Nathaniel. *Wesley's Doctrinal Standards*. Introduction. Toronto: William Briggs, 1881; reprint, Salem, OH: Schmul, 1967.

Campbell, Ted A. *Methodist Doctrine: The Essentials*. Nashville: Abingdon, 1999.

Cannon, William R. *Theology of John Wesley: With Special Reference to the Doctrine of Justification*. New York: Abingdon, 1946.

Cell, George C. *The Rediscovery of John Wesley*. New York: Henry Holt, 1935.

Coke, Thomas, and Francis Asbury. *The Doctrines and Discipline of the Methodist Episcopal Church in America*. Philadelphia: Henry Tuckniss, 1798.

Collins, Kenneth J. *A Faithful Witness: John Wesley's Homiletical Theology*. Wilmore, KY: Wesleyan Heritage, 1993.

_____. *The Theology of John Wesley: Holy Love and the Shape of Grace*. Nashville: Abingdon, 2007.

_____. *Wesley on Salvation*. Grand Rapids: Zondervan, 1989.

Harper, Steve. *John Wesley's Message for Today*. Grand Rapids: Zondervan, 1983.

Lee, Umphrey. *John Wesley and Modern Religion*. Nashville: Cokesbury, 1936.

Mickey, Paul. *Essentials of Wesleyan Theology*. Grand Rapids: Zondervan, 1980.

Norwood, Frederick A. "Roots and Structure of Wesley's Theology." In *The Story of American Methodism*, chap. 3. Nashville: Abingdon, 1974.

Outler, Albert C. "John Wesley as Theologian: Then and Now." *MH* 12, no. 4 (1974): 64–82.

_____. "Toward a Reappraisal of John Wesley as Theologian." *Perkins School of Theology Journal* 14, no. 2 (1961): 5–14.

_____, ed. *John Wesley*. Introduction, 3–33. Library of Protestant Theology. New York: Oxford University Press, 1964.

Pope, William Burt. *A Compendium of Christian Theology*. 3 vols. London: Wesleyan Methodist Book-Room, 1880.

Ralston, Thomas N. *Elements of Divinity*. New York: Abingdon, 1924.

Slaatte, Howard A. *Fire in the Brand: Introduction to the Creative Work and Theology of John Wesley*. New York: Exposition, 1963.

Sugden, Edward H. *Wesley's Standard Sermons*. London: Epworth, 1921; 3rd ed., 1951. 서문과 주해를 참고하라.

Summers, Thomas O. *Systematic Theology*. 2 vols. Edited by J. J. Tigert. Nashville: Methodist Publishing House South, 1888.

Watson, Philip. *The Message of the Wesleys*. New York: Macmillan, 1964.

Watson, Richard. *Theological Institutes*. 2 vols. New York: Mason and Lane, 1836, 1840; edited by John M'Clintock, New York: Carlton & Porter, 1850.

Williams, Colin W. *John Wesley's Theology Today*. Nashville: Abingdon, 1960.

웨슬리 신학에 기초한 조직신학

Banks, John S. *A Manual of Christian Doctrine*. 1st American edition. Edited by J. J. Tigert. Nashville: Lamar & Barton, 1924.

Binney, Amos, with Daniel Steele. *Theological Compend Improved*. New York: Phillips and Hunt, 1875.

Burwash, Nathaniel. *Manual of Christian Theology*. 2 vols. London: Horace Marshall, 1900.

Gamertsfelder, S. *Systematic Theology*. Harrisburg, PA: Evangelical Publishing House, 1952.

Merrill, Stephen M. *Aspects of Christian Experience*. New York: Methodist Book Concern, 1862.

Miley, John. *Systematic Theology*. Reprint, Peabody, MA: Hendrickson, 1989.

Miner, Raymond. *Systematic Theology*. 2 vols. Cincinnati: Hitchcock and Walden, 1877–79.

Outler, Albert C. *Theology in the Wesleyan Spirit*. Nashville: Tidings, 1975.

Pope, William Burt. *A Compendium of Christian Theology*. 3 vols. London: Wesleyan Methodist Book-Room, 1880.

Ralston, Thomas N. *Elements of Divinity*. New York: Abingdon, 1924.

Summers, Thomas O. *Systematic Theology*. 2 vols. Edited by J. J. Tigert. Nashville: Methodist Publishing House South, 1888.

Tillett, Wilbur. *Personal Salvation*. Nashville: Barbee and Smith, 1902.

Watson, Richard. *Theological Institutes*. 2 vols. New York: Mason and Lane, 1836, 1840; edited by John M'Clintock, New York: Carlton & Porter, 1850.

Weaver, Jonathan. *Christian Theology*. Dayton, OH: United Brethren Publishing House, 1900.

Wynkoop, Mildred Bangs. *Foundations of Wesleyan-Arminian Theology*. Kansas City, MO: Beacon Hill, 1967.

웨슬리의 생애와 신학

Clarke, Adam. *Memoirs of the Wesley Family*. London: J. & T. Clarke, 1823.

Coke, Thomas, and Henry Moore. *The Life of the Rev. John Wesley*, A.M. London: G. Paramore, 1792.

Gambold, John. "The Character of Mr. John Wesley." *MM* 21 (1798).

Green, Vivian H. H. *The Young Mr. Wesley*. London: Edward Arnold, 1961.

Heitzenrater, Richard P. *The Elusive Mr. Wesley*. 2 vols. Nashville: Abingdon, 1984.

_____. *Mirror and Memory: Reflections on Early Methodism*. Nashville: Abingdon, 1989.

Schmidt, Martin. *John Wesley: A Theological Biography*. 2 vols. in 3. Nashville: Abingdon, 1963–73.

Tuttle, Robert. *John Wesley: His Life and Theology*. Grand Rapids:

Zondervan, 1978.

Tyerman, Luke. *The Life and Times of the Rev. John Wesley*. 3 vols. New York: Harper, 1872.

웨슬리 문헌 목록

Baker, Frank, comp. *A Union Catalogue of the Publications of John and Charles Wesley.* Durham, NC: Duke University Press, 1966.

_____. "Unfolding John Wesley: A Survey of Twenty Years' Study in Wesley's Thought." *QR* 1, no. 1 (1980).

Bassett, Paul M. "Finding the Real John Wesley." *Christianity Today* 28, no. 16 (1984).

Green, Richard. *The Works of John and Charles Wesley: A Bibliography*. 2nd ed. New York: AMS, 1906.

Jarboe, Betty M. *John and Charles Wesley: A Bibliography*. Metuchen, NJ: Scarecrow, 1987.

Jones, Arthur E. *A Union Checklist of Editions of the Publications of John and Charles Wesley: Based upon the "Works of John and Charles Wesley: A Bibliography" by Richard Green*. Madison, NJ: Drew University, 1960.

Rowe, Kenneth E. *Methodist Union Catalogue*. Metuchen, NJ: Scarecrow, 1975–.

웨슬리의 유머

Crawford, Robert C. "John Wesley's Humour." *WMM* 157 (1934): 313–15.

Foster, Henry J. "Wesley's Humour." *WMM* 126 (1903): 446–49.

Page, W. Scott. "Wesley and the Sense of Humour." *MR* (1906): 13.

Perkins, J. P. "The Humour of John Wesley." *WMM* 143 (1920): 697–98.

1장

예수 그리스도

1장 예수 그리스도

A. 성육신하셔서 십자가에서 죽으신 주님

웨슬리는 메소디스트들이 그리스도에 대해 사도들의 증언보다 더 "발전"했거나 혁신적인 교리를 가졌다는 잘못된 태도에 빠지지 않도록 기도했다.[1] 그는 어떤 경우에도 초기 기독교에서 합의를 이룬 기독론을 더 순화하거나 발전시키거나 뜯어고칠 필요가 있다는 암시를 준 적이 없다.[2] 관료후원적 종교개혁자들 역시 마찬가지였다. 종교개혁자들은 초기 기독교에서 합의를 이룬 사도적 교회의 가르침을 기쁘게 수용했고, 웨슬리 역시 그들을 따랐다.

그리스도에 관한 교리(기독론) 연구는 두 부분으로 이루어지는데, '하나님인 동시에 인간'(*theantropos*)이신 그리스도의 인격에 대한 연구와, 인류의 구원을 위한 중재자이신 그리스도의 사역에 대한 연구다.

1. 그리스도의 인격

웨슬리에 의하면, 우리가 "기독교 신앙의 가장 깊은 신비"를 만나는 곳은 신약성경이다. 거기서 우리는 "인간이 날조해낸 모든 거짓된 가르침을 멀리하고", "더 좋은 언약의 보증"(히 7:22)이 되신 중재자 그리스도에 대해 성경이 말씀하게 해야 한다.[3]

---

[1] 웨슬리는 신학 전반에서 새로운 가르침이라고 주장하는 것을 불신했고, 특히 전통적 기독론을 존중했다. B 2:181, 550; 3:106–9, 193, 235, 524–25; 4:183, 394를 보라.
[2] *LJW* 5:334.
[3] 안나 마리아 반 슈르만(Anna Maria van Schurmann)을 참고한 내용은 Letter to William Law, 2. 3, *LJW* 3:353–55를 보라; 참고. B 2:379–85, 421.

웨슬리는 다음과 같이 자신의 생각을 요약했다. "성령 하나님은 성부 하나님께서 성자 하나님의 공로를 통해 죄인을 받아주셨음을 먼저 증거하신다. 그러면 사람은 성령의 증거를 받아들여 성자 하나님과 복되신 성령 하나님, 나아가 성부 하나님께 영광을 돌린다. … 그런 일이 있기 전에는 누구도 그리스도인이 될 수 없다."[4]

a. 그리스도의 두 본성: 참 하나님, 참 인간

성경은 예수 그리스도께서 참 하나님이신 동시에 참 인간이심을 가르친다. 웨슬리는 확신을 가지고 칼케돈 공의회가 확정한 "참 인간으로서 참 하나님"[5] "완전한 하나님이자 완전한 인간" "하나님의 아들이자 사람의 아들"[6] "하나님의 본성과 사람의 본성을 취하심"[7] 등의 용어를 사용했다.

성자와 성부는 신성(divine essence), 본성(nature), 본질(substance), 영광(glory)에서 일치하신다. 성부 하나님의 모든 속성은 성자 하나님에게서 동일하게 나타난다. 웨슬리는 요한복음 14:10의 예수님의 말씀을 "나는 성부 하나님과 본질에서 하나이며, 말하고 행동하는 것에서 하나다"[8]라는 다른 표현으로 바꾸어 설명했다. 성부 하나님께서는 예수님께 "유일하고 공유 불가능한(incommunicable) 방식으로" 아버지가 되신다. 그러나 "예수님을 통해 우리에게는 모든 피조물에게 가능한 방식으로" 아버지가 되신다.[9] 즉, 신적 속성은 "공유 불가능"하기에 하나님의 영원한 성자 예수님의 유일한 본성이 유한한 피조물인 인간에게 전수될 수는 없으나, 사람

---

4   "On the Trinity," B 2:385, sec. 17; 요 5:23.
5   *ENNT* 빌 2:6; "On Knowing Christ after the Flesh," B 4:98–101.
6   *ENNT* 히 2:10.
7   *ENNT* 눅 22:70; 참고. *WC* 15; 3:90–95; 4:97–106.
8   *ENNT* 요 14:10.
9   *ENNT* 요 20:21.

은 믿음을 통해 "모든 피조물에게 가능한 방식으로" 그의 아들 됨에는 참여할 수 있다는 것이다.¹⁰ 성자께서는 비록 분리될 수 없도록 성부 하나님과 연합되어 있음에도 여전히 성부와 구별된 인격이며, 그러면서도 그 구별은 단연코 성부와 성자의 본질적 일치 안에서의 구분이다.¹¹ 성자 "그리스도는 하나님"이시기에 예배받으시기에 합당하다.¹²

b. 그리스도의 신성

웨슬리는 종종 예수님을 단순히 "하나님"¹³ 또는 로마서 9:5에 표현된 비교 불가능한 분으로서 '호 온'(ὁ ὤν, 출애굽기 3:14의 "나는 스스로 있는 자"에 기초한 신약적 표현-역주), "만물 위에 계셔서 세세에 찬양을 받으실 하나님"으로 불렀다. 여기서 그리스도의 두 본성에 대한 전통적 관점이 명확히 드러난다. 즉, "그리스도께서 '만물 위에 계셔서 세세에 찬양 받으실 하나님'이신 것은, 그가 지존자, 영원자로서 '인성에서는 성부보다 못하시나 신성에서는 성부와 동등하시기' 때문이다."¹⁴

예수님은 산상설교에서 '호 온', 즉 누구도 필적할 수 없는 "모든 존재의 근원, 여호와, 스스로 존재하시는 분, 지존자, 만유 위에 계신 하나님"¹⁵으로서 말씀하신다. 그분은 1인칭을 사용해, 출애굽기 3:14에서 하나님께서 자신의 이름을 말씀하실 때의 "나는 … 이니라"라는 화법으로 말씀하신다(요 8:24, 27-28, 58). 영원하신 그분은 모든 피조물과 구별되신다.

---

10 *ENNT* 요 1장..
11 *ENNT* 요 1:1; 8:16–19.
12 *ENNT* 고전 1:2; 살전 3:11; 5:27; 계 20:6.
13 *ENNT*의 여러 곳, 참고. 요 12:41; 골 1:17; 계 1:4.
14 "The Lord Our Righteousness," B 1:452, sec. 1. 1; 참고. "Upon Our Lord's Sermon on the Mount, I," 서문 9; 아타나시우스 신조, BCP.
15 "Upon Our Lord's Sermon on the Mount, I," B 1:474, 서문 9; 참고. B 4:61; *CH*, B 7:121–26, 403–4.

"그는 성부 하나님의 모든 자연적·본질적 속성 … 완전한 신적 본성을 지니신다."[16]

고대 교회는 성부 하나님의 모든 신적 속성을 영원한 성자께도 돌리는 것을 당연하게 여겼다. 그들은 그리스도께 "하나님의 모든 속성과 사역"을 돌렸다. "따라서 우리는 그를 성부 하나님과 동일한 영광 중에 계시며, 영원히 함께 통치하시는 하나님 중의 하나님, 빛 중의 빛, 하나님 그 자신으로 선포하는 데 일말의 거리낌도 느낄 필요가 없다."[17]

성육신은 하나님의 속성들 사이의 조화, 특히 죄인을 벌하셔야 하는 하나님의 정의와, 역사적 사건으로서 십자가 사랑을 통해 죄인과 화해하시려는 하나님의 자비 사이의 절묘한 조화를 드러낸다.[18] 성육신과 속죄를 통해 우리는 "하나님의 주권만이 아니라 정의, 자비, 진리를 바르게 아는 것이 얼마나 중요한지" 깨닫는다.[19]

c. 그리스도의 인성

"때가 차매 하나님께서는 인간이 되어 인류의 또 다른 수장, 전 인류의 두 번째 부모와 대표자가 되셨다."[20] 하나님께서 "육신"을 입어 완전한 인간이 되셨는데, 이는 단지 몸만이 아닌 인간성에 해당하는 모든 것을 입으신 것이다.[21]

그는 "다른 사람과 똑같은 참 사람", 심지어 "탁월함이나 뛰어난 용모도 없는 평범한 사람"으로서 지치기도 하고 울기도 하셨으며, 비록 죄를

---

16 *Compend of Natural Philosophy*, J V:215; *LJW* 1:118; 2:67; 참고. *CH*, B 7:313, 316, 382, 386, 391.
17 "Spiritual Worship," B 3:91, sec. 1. 1.
18 *ENNT* 요일 4:8; 롬 3:25–26; 또 B 1:186; 2:479; *CH*, B 7:235, 534, 707을 보라.
19 PCC J X:235; *ENNT* 롬 9:21; 막 3:13.
20 "Justification by Faith," B 1:185–86, sec. 1. 7.
21 *ENNT* 요 1:14; 참고. 3:201–2.

짓지는 않으셨으나 우리와 똑같이 시험을 받으셨고, "인간적 본성에 따라" 지혜가 자랐고, 다른 사람과 동일하게 다양한 성장 과정을 거치셨으며, 시간의 제약과 인간의 유한성, 주어진 환경에서의 제한된 지식 속에서 사셨다.[22]

웨슬리는 예수님의 기질, 심리적 역학, 대인관계, 용기에 대해 자유로이 견해를 밝히면서도, 그분은 참 인간이자 참 하나님이시기에 인성과 신성 중 어느 것도 배제해서는 안 된다는 전제를 벗어나지 않는다. 웨슬리의 기독론에서는 그리스도의 육신을 부정하는 가현설적 경향이 조금도 보이지 않는다.[23] 그리스도의 인성은 무엇보다 죽음과 장사되심에서 드러난다. "그분은 십자가에 달리자마자 자신의 몸을 떠나실 능력이 있었지만 그렇게 하시지 않고 잔인한 살인자들에게 자신을 내맡겨 무감각한 주검이 될 때까지 단호한 결단으로 계속 몸 안에 머물러 계셨다."[24] 그리스도께서 육체를 가진 채 승천하실 때 하나님께서는 "그를 인성 안에서 높이셨다."[25]

d. 동정녀 탄생과 성자의 인성

"나는 그리스도께서 사람이 되심으로 인성과 신성이 한 인격 안에서 연합되었고, 오직 성령으로 잉태되어 동정녀 마리아에게서 나셨음을 믿는다."[26] "삼위일체의 제2위이신 그리스도께서는 동정녀에게서 나시기 전에도 계셨으나"[27] 이는 영원 전부터 선재하신 성자로 계셨다[28]는 것이지 육

---

22 *ENNT* 막 6:6; 눅 2:40, 43, 52; 요 4:6; 빌 2:7–8; 히 2:17; 참고. B 1:337; 3:273; *LJW* 8:89–90.
23 *ENNT* 복음서의 여러 곳; 참고. *WC* 27, 28.
24 *ENNT* 마 27:50; 참고. *WC* 32.
25 *ENNT* 엡 1:20; 눅 24:51.
26 Letter to a Roman Catholic, JWO 494, sec. 7.
27 *Compend of Natural Philosophy*, B 5:215.
28 *CH*, B 7:505.

체로 선재하셨다는 의미가 아니다. 웨슬리는 육체의 선재 주장을, 성자가 성부와 동등한 신성을 가지셨고 성부와 영원히 공존하신다는 사실을 손상시키는 "매우 위험한" 생각으로 여겼다.[29]

동정녀 잉태에서 "하나님의 능력은 그 일을 직접적으로 수행하신 성령에 의해 나타났다."[30] "하나님의 지혜는 그리스도께서 동정녀에게서 나게 하셨을 뿐 아니라 그 진리가 옹호되게 하셨고, 사람들의 비난을 막기 위해 존경받는 육신의 아버지를 갖게 하셨다."[31]

마리아는 "그리스도를 낳기 전과 마찬가지로 그 후에도 순결하고 흠 없는 동정녀로 살아갔다."[32] 찰스 웨슬리의 성탄 찬송들은 동정녀 잉태 및 탄생의 신학을 훌륭하게 증거한다.

그럼에도 천사의 인사말에는 "동정녀를 경배하는 듯한 요소가 전혀 나타나지 않는다."[33] "마리아는 자신만의 특별한 영예인 그리스도의 육신의 어머니가 된 것보다 그리스도를 믿는 믿음으로 구원 얻기를 소망하면서 더욱 기뻐했는데, 그것은 모든 참된 신자가 동일하게 누리는 축복이다. … 그 같은 방식으로 그리스도께서는 비천한 우리를 돌아보셨고, 오셔서 마리아와 우리를 구원하셨다."[34]

---

29 "The End of Christ's Coming," B 2:478–79, sec. 2. 2. 웨슬리는 이러한 경향을 아이작 왓츠(Isaac Watts)에게서 발견했다. 그는 자신이 "성자께서 성부와 동등한 신성을 지니시고 동등하게 영원한 분이심을 믿을 수 없다는 이유로" 하나님께서 노하지 말아 주시기를 간청했다. Isaac Watts, *A Solemn Address to the Great and Ever Blessed God* (1745)를 보라; 참고. WC 29.
30 *ENNT* 203 눅 1:35.
31 *ENNT* 202 눅 1:27.
32 Letter to a Roman Catholic, J X:81, sec. 7; JWO 495; *ENNT* 18 마 1:25.
33 *ENNT* 203 눅 1:28.
34 *ENNT* 204 눅 1:47.

e. 인격적 연합의 신비

하나님이시며 인류의 중재자이신 그리스도는 우리의 인간성을 지니시는 한 마지막 심판 날을 아실 필요가 없다. 예수님은 "사람이 되어" 혈과 육을 가지고 한정된 시간을 사시는 동안 우리가 손으로 만져볼 수 있는 온전한 인간이셨기 때문이다. 하나님이신 분이 한정된 시간 동안 어떻게 그런 모습으로 지내실 수 있었을까? 그러나 신성에 따르면, "그는 모든 상황을 다 알고 계신다."[35]

신성에 속하는 모든 것이 인성에서 드러났다. 인성에서 나타난 모든 것이 신성에 속하는 것이었다. 이런 방식으로 웨슬리는 속성의 공유 또는 '페리코레시스'(perichoresis,[36] 주로 삼위일체 내 삼위 간 관계로 상호 내주 또는 상호 상통을 가리킴-역주)를 가르친 전통적 교리를 분명히 확언했다. 이는 "신성과 인성 사이의 속성의 교류로서, 신성에 적합한 것이 인성과 관련되어 언급되고, 인성에 적합한 것이 [요한복음 3:13에서처럼] 신성과 관련되어 언급된다."[37]

예를 들어, 웨슬리는 "하나님의 독생자의 피"를 말한다. 여기에 전제된 것은, 인간 예수님의 인간적 속성이 신인(the God-man)이신 예수 그리스도의 하나의 인격에 참여하고 있다는 것인데,[38] 이는 "놀라운 연합"[39]이다. 데이비드 러치(David Lerch)는 『존 웨슬리의 구원과 성화』(Heil und Heiligung bei John Wesley)에서 바로 이 연합을 웨슬리의 기독론의 핵심으로

---

35   *ENNT* 막 13:32; "Christian Perfection," B 2:103, sec. 1. 6.
36   라틴어로는 'communicatio idiomatorum'이다.
37   *ENNT* 312.
38   *ENNT* 479 행 20:28.
39   *ENNT* 330 요 6:57.

제시한다.[40] 페리코레시스에 대한 가르침은 웨슬리가 고대 기독교의 정통 교리를 따르고 있음을 보여준다.

참 하나님과 참 인간이 그리스도의 인격 안에서 연합된 "신인"[41]은 동시에 "인간이시며 중재자"이시기도 하다. 하나님은 "첫째는 독생자이신 그리스도의 신성에 대해, 둘째는 그리스도의 인격 내에서 신성과 연합된 인성에 대해 그의 성부이시다."[42] 웨슬리는 초기 기독교 공의회의 가르침을 따라, 성자는 "인성으로 말하면 아버지가 없고, 신성으로 말하면 어머니가 없으시다"[43]라고도 언급한다. 신약성경에서 보듯 성자께서는 성부께 복종하셨다. 그렇더라도 성자는 신성에서 성부보다 열등하시지 않다.

온전한 인간이신 그리스도는 제자들에게 "성부께 기도할 것을 명령"하셨으나, 그들이 영원한 성자이신 "자신에게 기도하는 것 역시 결코 금하지 않으셨다."[44]

---

40 David Lerch, *Heil und Heiligung bei John Wesley* (Zürich: Christliche Vereinsbuchhandlung, 1941), 70. 프란츠 힐데브란트 역시 유사하게 설명한다. Franz Hildebrandt, *From Luther to Wesley* (London: Lutherworth, 1951), 40.
41 *ENNT* 435 행 10:36.
42 *ENNT* 702 엡 1:3.
43 *ENNT* 827 히 7:3, 데쉬너는 이 설명을 웨슬리가 주해에서 오류를 범한 것으로 설명한다. 그가 다른 곳에서는 "하나님은 예수 그리스도의 인성의 아버지도 되신다"고 가르쳤기 때문이다, *WC* 42. 그러나 웨슬리가, 그리스도는 "인성으로 말하면 아버지가 없다"고 가르친 것은 옳고, 초기 기독교의 합의를 이룬 전통(참고. *WL* 109–10), 특히 제11차 톨레도(Toledo) 공의회의 결정과도 일치한다. 톨레도 공의회는 "성자는 어머니가 없이 만세 전에 아버지에게서 나셨고, 세상 끝날에는 아버지 없이 어머니에게서 나셨다"고 고백했다[Jacques Dupuis, ed., *The Christian Faith: In the Doctrinal Documents of the Catholic Church* (New York: Alba House, 1982), 170; 참고. *SCD* para. 282–86, 110–11].
44 Letter to Samuel Sparrow, October 9, 1773, *LJW* 6:46.

B. 메소디스트 신조에 나타난 기독론

1. 그리스도의 인격 내에서의 신성과 인성의 연합

웨슬리의 기독론을 가장 잘 표현한 주요 교리 문서는 성자 하나님에 대해 가르치는 메소디스트 신조 제2조다. 제2조의 두 문구는 그리스도의 인격과 사역을 구분해 설명한다.

우리는 한 보완적 문장에서, 성부와 함께 선재한 로고스이자 성부에 의해 보냄을 받은 하나님의 말씀, 성부와 동일 본질을 지닌 참된 하나님, 인간의 본성을 입고 복된 동정녀에게서 나심으로 참 인간과 참 하나님의 두 본성이 한 인격 내에서 나뉘지 않도록 연합되신 참으로 영원하신 성자에 대한 요약된 가르침을 볼 수 있다. 성자는 하나님의 말씀이며, 성부보다 열등하지 않은 성부와 동일한 하나의 본질(*homoousios*)을 지닌 분이시다.

하나님께서 마리아의 태에서 인성을 취하심으로, 성자 안에서 두 온전하고 완벽한 본질인 신성과 인성이 한 인격을 이루셨다. 이 한 분 그리스도의 인격에서 우리는 반신이나 반인, 또는 아리우스의 주장처럼 거의 신적인 존재나 부분적 하나님이 아니라, 고대의 기독론 전통이 가르친 대로, 하나님과 인간의 두 본성이 한 인격 안에서 결코 분리될 수 없도록 연합된 분을 만난다.[45]

2. 그리스도의 사역

a. 그리스도께서 하고자 하셨던 사역

지금까지 말한 것이 그리스도의 참 모습이라면, 이 유일하신 분은 하

---

[45] 칼케돈 공의회, *COC* 35–36; XXV, art. 2; "Spiritual Worship," B 3:90–95, sec. 1.

나님의 성자 되심을 입증하는 어떤 일을 하셨으며, 왜 그렇게 하셨는가? 이 신인이신 중재자는 죄인인 우리 각 사람을 위해 중요한 일을 행하셨다. 그의 사역은 그가 우리를 위해 고난받아 십자가에 못 박혀 죽고 장사되심으로 이루신 속죄 행위에서 정점에 이른다(메소디스트 25개 신조 제2조).

그리스도의 낮아지심이라는 주제는 하나님께서 우리를 향한 사랑을 나타내시기 위해 우리의 인간성에 참여하셨으며, 그리스도의 죽음과 부활을 통해 거룩하신 하나님과 타락한 인간 사이의 먼 거리를 다시 이어주셨음을 가리킨다.

b. 하나님과 인간의 화해를 위한 대속의 죽음

그리스도께서 삶에서 이룬 사역은 그의 죽음을 통한 속죄의 행위에서 정점에 이르는데, 이는 우리가 죄의 역사에서 물려받은 원죄의 죄책뿐 아니라 우리 자신의 자유로운 결정과 공모의 결과인 자범죄도 덮고 속량하는 희생의 죽음이다.[46]

그분은 왜 죽으셔야 했는가? 우리와 그의 아버지를 화해시키기 위해서다.[47] 죽음을 통한 화해는, 만약 성자의 중재가 없었다면 성부와 우리 사이의 화해가 절대 불가능했다는 데 초점이 맞춰져 있다. 하나님의 진노와 인간의 죄를 화해시키는 것이 그분의 사역이다. 그리스도의 사역에 대한 가르침은, '그분이 누구신가' 하는 가르침과는 구분되는 것으로, 그분이 무엇을 행하시는가에 대한 것이다.

---

46   니케아 신조, BCP.
47   니케아 신조의 기독론 조항은 그리스도의 세례, 지상 사역, 설교, 가르침, 예언적 사역, 기적 등에 대해 전혀 언급하지 않는다.

c. 우리 죄를 위해 죽으심

참 하나님이신 그리스도는 참 인간이 되어 참으로 고통당하셨다. 따라서 성부께서 수난당하신 것이 아니므로 성부 수난설은 인정받지 못한다. 성육신하신 성자 하나님께서 고난받으셨고, 우리를 위해 십자가에서 죽어 장사 되셨다.[48] 이것이 회개하고 믿는 모든 사람이 죄에서 구원받음에 대해 짧게 설명하는 방법이다.

이 용서는 유전된 죄와 자범죄, 사회적인 죄와 개인적인 죄, 원죄와 역사적인 죄 등 모든 죄를 망라한다. 죄인은 자연적 자유의지에서 비롯된 어떤 행동으로도 인간이 처한 왜곡되고 절망적인 상황에서 스스로를 구할 수 없다. 세상에 태어난 모든 사람은 죄의 역사 속으로 들어온 것이다. 우리 각자는 상속받은 죄의 짐을 지고 있을 뿐 아니라, 스스로의 의지적 결정에 의해 죄의 역사에 능동적으로 참여한다.

성자의 대속은 비통한 죄의 역사에 함께 참여하고 있는 모든 개인을 위한 것으로, 죄인 각각을 위해 충분하게 베풀어진다. 유아기를 벗어나 스스로의 결정에 책임질 나이에 도달한 모든 사람은 회개하고 믿을 때 그리스도의 대속이 효력을 발휘한다. 아직 책임질 나이가 되지 않은 유아나 스스로 책임지는 것이 불가능한 사람에게는, 그들이 활용 가능한 (기도, 말씀, 예배 등) 은혜의 방편을 활용한다는 것을 전제로, 구원의 통로가 되는 은혜의 방편으로 이끄시는 충분한 은혜가 선행적으로 역사한다. 이 은혜가 언제나 충분하게 주어지더라도, 그 은혜를 받으려는 우리 자신의 선택에 의한 자기 결정 의지는 부족할 수 있다.

---

[48] LJW 3:353–54.

d. 죽은 자 가운데서 부활하심

메소디스트 25개 신조 제3조는 그리스도의 부활이 그분의 죽음을 이해하는 데 결정적으로 중요한 사건임을 다음과 같이 고백한다. "그리스도께서는 참으로 죽은 자 가운데서 부활하셔서, 육체와 함께 완전한 인성에 해당하는 모든 것을 취하셨고, 하늘에 오르셔서 마지막 날 만민을 심판하기 위해 재림하실 때까지 그곳에 앉아 계신다."

이 첫 번째 문구는, 그리스도께서 참으로 죽은 자 가운데서 실제의 몸, 즉 인성에 해당하는 모든 것을 경험한 영화 된 몸을 가지고 부활하셨다는 구속사의 중심 진리를 증거한다. 성부의 현존 앞에서 죄인을 대표하시는 분은 그리스도시다. 그는 하늘에 오르셔서 성부의 오른편에 앉아 계시면서 우리를 위해 중보하시다 마지막 날에 다시 오실 것이다.[49] 부활은 예수님의 지상 사역과 십자가에서의 대속을 포함해 그의 사역 전체의 유효성을 입증하는 핵심적 구원 사건이다.[50]

e. 음부 강하

웨슬리의 『주일예배서』에는 "음부에 내려가사"라는 표현이 없지만, 웨슬리가 기독론을 다룬 다른 곳들에서는 음부 강하[51] 주제가 광범위하게 나타나고 있음을 보여주는 강력한 증거가 있다.

> 성부의 영원한 말씀은 성육신하셔서 죽으셨고
> 죽으신 후 장사되셨으며
> 장사 된 후 음부에 내려가셨다.

---

49   *CH*, B 7:155, 696; 참고. 1:121.
50   B 4:102–3.
51   '케노시스'(*kenosis*)에 대해서는 B 3:201–2; *CH*, B 7:315–16, 323을 보라.

그 후에는 부활이라는 엄청난 반전이 있다.

> 그리스도께서는 죽은 자 가운데서 부활하사
> 하늘에 오르시어 성부 하나님의 우편에 앉으셨고
> 영광으로 재림하사 산 자와 죽은 자를 심판하실 것을 약속하셨으니,
> 그의 나라는 영원무궁할 것이다.

그리스도의 낮아지심과 높아지심의 각 단계를 이해하는 것은 웨슬리 기독론의 정수를 파악하는 데 꼭 필요하다. 그중 가장 주의 깊은 설명이 필요한 단계는 음부 강하에 관한 내용이다.

(1) 지옥으로의 강하

(a) 왜 『주일예배서』에는 그 내용이 생략되었는가? 웨슬리가 1784년에 작성해 미국 메소디스트들에게 보낸 『주일예배서』에는 그리스도께서 지옥으로 내려가셨다는 언급이 생략되었다. 영국 국교회의 39개 신조 제3조 "그리스도의 지옥 강하에 대하여"에는, "그리스도께서 우리를 위해 죽으시고 장사되신 것처럼 그가 지옥에 내려가셨음을 믿어야 한다"라는 내용이 포함되어 있다.

그러나 웨슬리는 미국 메소디스트들에게 보낸 『주일예배서』에서 이 조항을 삭제했다. 그것을 삭제한 동기나 의미에 대한 자세한 설명 없이 단지 그 문구만 삭제한 것이다.

웨슬리가 그리스도의 음부 강하를 언급하지 않은 주된 이유는, 그것이 성경적 기반이 없어서가 아니라, 당대 학자들 사이에서 이미 논쟁의 여지가 있는 가설로 여겨졌기 때문일 것이다. 그는 영국 국교회 39개 신조를 메소디스트 24개 신조로 간추리면서, 기독교 신앙을 확증하는 데 반드시 필요한 내용을 가능한 한 누구나 동의할 수 있도록 간단명료하게 진술하

고자 노력했다.

(b) 논점

그러나 이 생략으로 인해 웨슬리가 음부 강하 주장의 근거가 되는 성경 본문을 무시했다고 쉽게 결론 내려서는 안 된다. 그는 그 주장에 담긴 성경 해석의 여러 문제를 충분히 알고 있었기에, 그런 문제가 자신이 간략한 형태로 만든 복음적 신앙고백서에 영향을 미치기를 원치 않았을 뿐이다.

사도행전 2:27을 주해하면서 웨슬리는 "이 구절은 주님이 음부에 내려가셨음을 언급하는 것으로 보이지 않는다. 그의 영혼은 몸과 분리된 후 음부가 아닌 낙원으로 가셨다(눅 23:43)"[52]라고 기록했다. "그의 몸은 무덤에 놓여 있었고, 그의 영혼은 육체를 떠난 영들의 처소로 가셨다."[53]

데쉬너는 웨슬리가 그렇게 가르친 의도는, "이 세상에서 회개하기를 거부한 사람에게 두 번째 기회가 있는 것처럼 암시하는 어떤 가르침도 거부"하는 데 있었다고 주장한다.[54] 따라서 눈에 띠지는 않으면서도 성가신 문제인 '지옥 강하' 주제는, 근래에 이르기까지 그것을 논박하려는 어떤 시도도 없이 웨슬리안 예배 전통에서 대체로 다루어지지 않았다.

1989년에 미국연합감리교에서 출판한 찬송가에서는 그 문구가 "그가 지옥에 내려가셨다"가 아닌 "죽은 자들에게 내려가셨다"라는 수정된 형태로 다시 등장했다.[55]

---

52 *ENNT* 399.
53 Letter to a Roman Catholic, JWO 495, sec. 8. 지옥 강하 주해 문제에 대한 더 분명한 논의는 *CC*를 보라.
54 *WC* 51. 데쉬너가 의존한 주요 본문인 설교 141번 "성령에 대하여"는 웨슬리가 아닌 존 갬볼드(John Gambold)의 설교라는 점에 유의할 필요가 있다. 참고. B 4:547.
55 United Methodist Publishing House, *United Methodist Hymnal* (Nashville: Abingdon, 1989), 7; 참고. B 4:189.

f. 하늘에 오르심, 하나님 우편에 앉으심, 중보하심

성자께서는 인간의 일상적인 삶에 참여하시기 위해 내려오셨다. 십자가 대속의 사역을 마치신 후에는 하늘에 올라 성부께 돌아가셔서 우리를 변호하신다. 웨슬리는 그리스도의 사역의 바른 결론은 다음 세 가지 중요한 내용에 대한 신앙고백이어야 한다고 가르쳤다.

그는 하늘에 오르셔서 성부 하나님께로 돌아가셨다.
그는 성부 하나님 우편에 앉아 계신다.
그는 우리를 위해 중보하신다.

하늘에 오르신 것은, 우리를 위해 중보하시고 새롭게 시작된 하나님 나라를 다스릴 합법적 권한을 부여받으시기 위해서다. 하나님의 통치는 이미 시작되었고, 마지막 날에 완성될 것이다. 예배 공동체는 마지막 날 그리스도께서 재림하셔서 인간이 스스로 선택한 모든 행위에 대해 심판하실 것을 고대한다.

(1) 하늘에 오르심

그리스도께서 하늘에 오르신 사실은 사복음서 모두를 비롯해 사도행전, 바울 서신, 일반 서신도 증거한다. 그는 몸과 함께 시공간과 물질의 제약을 받는 세상을 떠나 성부 하나님이 계시는 하늘에 오르셔서 신자들을 위해 중보하고 계신다.[56]

이 사건은 그가 성부 하나님께로 높이 들림 받아 우리를 위해 중보하실 뿐 아니라 자신의 신적 통치를 확립하고 완성하실 것임을 나타낸다. 그의 지상 사역은 완성되었고, 천상 사역이 시작된 것이다.

---

56 *ENNT* 히 1:3; 4:14; 9:24; 벧전 3:18–22; 계 12:5; 19:11.

(2) 하나님 우편에 앉으심

하나님 우편에 앉으셨다는 것은 하나님의 통치에 전적으로 참여하심을 의미한다.[57] 그리스도는 만물의 통치자로서 능력, 은혜, 영광의 나라에서 영원히 다스리신다. 예수님의 이름은 모든 이름 위에 높임을 받아, 그 이름 앞에 모든 무릎이 꿇어 절하고 모든 혀가 그분이 주님이심을 고백할 것이다.[58] "이 제사장은 죄를 위해 한 영원한 제사를 드리시고, 하나님 우편에 앉으셨다. 그 후 그는 원수들을 자기 발등상이 되게 하실 때까지 기다리시는데, 이는 그가 거룩하게 된 자들을 한 번의 제사로 영원히 온전하게 하셨기 때문이다."[59]

(3) 중보하심

그리스도는 죄인을 위해 변호하시는 분으로, 하나님 우편에서 중보 사역을 시작하셨다. 그리스도 안에서 "우리는 아버지 앞에서 우리를 변호하시는 분이 있다."[60] 신자는 그리스도의 희생이 능력이 있음을 알기에,[61] 그분의 공로로 인해 자신의 기도를 들어주시고 악에 빠지지 않도록 지켜주시는 성부 하나님께 영원히 나아갈 수 있다는 사실에서 위로를 얻는다.[62]

우리는 주님의 이름으로 기도하라는 명령과 그렇게 할 수 있는 특권을 받았다(요 14:13-14). 그리스도의 중재 사역의 본질적인 방식은 요한복음 17장에 나오는 대제사장적 기도에서 예견되었다. 예수님은 신자들이 "나 있는 곳에 나와 함께 있게"(요 17:24) 해주시기를 간구하셨다.

---

57 *ENNT* 마 24:30; 25:31; 눅 22:69; 히 1:3.
58 *ENNT* 빌 2:6–11.
59 *ENNT* 히 10:12–14.
60 *ENNT* 요일 2:1.
61 *ENNT* 히 9:23–24.
62 *ENNT* 요 17:15.

g. 메소디스트 신조: 속죄에 대하여

메소디스트 25개 신조는 여전히 미국 메소디스트 연합체의 교리적 표준으로 자리 잡고 있어,[63] 교단 헌법 자체를 수정하는 개연성 낮은 과정을 통해서가 아니라면 수정이 불가능하다.[64] 이 책에서 아직 다루지 않은 여러 웨슬리 설교는 칭의, 확신, 신생, 성화 등의 주제를 충분히 해설하면서 그리스도의 개인 구원 사역을 더 분명히 다룬다.

(1) 제20조: 속죄

만약 죄가 우리에게 제2의 본성 같은 것이 되었고 우리가 원의에서 매우 멀어졌다면, 하나님은 우리를 구원하시기 위해 무엇을 행하셨는가?

그 대답은 "그리스도께서 십자가에서 단번에 드려진 희생 제물이 되심에 대하여"라는 제목의 제20조[65]에 가장 간결하게 정리되어 있다. 기독교는 "단번에 드려진 그리스도의 희생제사"에 대해 말하는데, 그 외에 다른 배상은 가능하지도, 필요하지도 않다. 십자가에서 일어난 일은 단순히 선한 사람의 죽음이 아니라, 성부 하나님과 우리를 화해시키기 위해 사명을 감당하신 성자 하나님의 죽음이다.[66]

오직 참 인간이신 분만이 성부 하나님 앞에서 인류의 대표자가 되실 수

---

63 몇 가지 예외를 제외하고 *DSWT* 81–173를 보라.
64 복음주의연합형제교회(The Evangelical United Brethren Church)의 신앙고백 역시 웨슬리 기독론의 모든 핵심을 아우른다. "우리는 예수 그리스도는 참 하나님과 참 인간으로, 그 안에서 신성과 인성이 온전하고 분리될 수 없도록 연합되어 있는 분이심을 믿는다. 그분은 육신이 되신 영원한 말씀, 곧 성령의 능력으로 동정녀 마리아에게서 나신 성부 하나님의 독생자시다. 그분은 섬기는 종으로 사셨으며, 십자가에서 고난을 받고 죽으셨다. 그는 장사 되었고, 죽은 자 가운데서 다시 살아나 하늘에 오르셔서 성부와 함께 계시며, 거기로부터 다시 오실 것이다. 그분은 영원한 구원자이자 우리를 위해 중보하시는 중재자이시고, 모든 사람을 심판하실 것이다."
65 참고. 영국 국교회 39개 신조 제31조, "그리스도께서 십자가에서 완성하신 단번의 희생에 대하여."
66 *LJW* 2:320.

있었다. 오직 참 하나님이신 분만이 모든 인류의 죄를 사하는 데 적합한 희생을 드릴 수 있었다.[67]

이 유일한 신인(神人) 그리스도의 자기희생으로 "온전한 속죄와 화해와 배상"이 이루어졌다. 그것은 죄인을 구원하는 데 전적으로 충분했다. 또 그것은 완전하고 전적인 희생으로, 죄에 대한 하나님의 거부 및 하나님의 공의에 대한 만족 모두를 온전히 충족시키는 중재였다.[68]

(2) 죄를 위해 단번에 드려진 최종적 희생

우리는 은혜에 의해, 믿음을 통해 성자의 의의 옷을 입는 자비를 얻었다. 하늘 보좌에서의 하나님의 거룩하심이 십자가에서의 하나님의 사랑과 만난 것은, 죄인들로 하나님의 거룩한 사랑에 의해 하나님과 화해하게 하시기 위함이다. 메소디스트 신조에서 해방의 언어를 찾는 사람은 제20조에서 얻을 수 있다. 우리가 죄의 속박에서 구원을 받는 것은 십자가를 통해서이기 때문이다.[69] "온 세상의 모든 죄를 위한" 속죄의 행위는 이미 완전히 이루어졌다.[70] 그러나 모든 사람이 사랑으로써 역사하는 믿음을 통해 바르게 응답함으로 그 효력이 발휘되는 조건에 순응하지는 않는다.

그리스도께서 단번에 최종적 희생을 치르셨다는 이러한 가르침은, 그리스도의 반복적 희생을 주장한 중세 가톨릭의 가르침과 대조된다. 16세기 영국 국교회 전통은 국교회 신조에서 단번에 드려진 최종적 희생을 언급함으로, 미사를 통해 그리스도의 희생이 계속 반복된다는 중세 스콜라

---

67 "The End of Christ's Coming," B 2:478–80, sec. 2.
68 "On Working Out Our Own Salvation," B 3:199–202, 서문; Letter to William Law, January 6, 1756, *LJW* 3:353.
69 참고. *LJW* 6:89, 94.
70 XXV, art. 20.

주의의 성례에 관한 주장에 반대했다. 그들이 반대한 것은, 미사를 드리는 것이 그리스도의 희생을 반복하는 것이라는 주장으로, 아우크스부르크 신앙고백과 영국 국교회 신조 모두는 그것을 거부했다. "그러므로 일반적으로 사제가 산 자와 죽은 자의 고통이나 죄를 제거하기 위해 그리스도를 바치는 것이라고 알려진 미사의 희생제사는 신성모독적인 꾸며낸 이야기이자 위험한 기만이다."

이 조항은 중세 가톨릭의 성례론과 트리엔트 공의회의 성례 남용에 대한 강한 비판을 내포하고 있어 현대 에큐메니컬 시대를 살아가는 개신교인들에게는 시대착오적으로 보일지도 모른다. 따라서 우리는 1968년 이후 미국연합감리교회의 『교리와 장정』(Discipline)을 통해 메소디스트 신조의 의도에 대한 교회 일치 운동 관점에서의 유익한 설명을 참고해, 그 신조가 작성될 당시의 역사적 문맥과 편견뿐 아니라 오늘날의 교회 일치를 위한 노력을 함께 고려하면서 신조의 내용을 이해해야 한다.[71] 이는 신조에 담긴 논쟁적 의미를 무시해도 좋다는 것이 아니라, 역사적 맥락을 고려할 때 그 의미를 가장 잘 이해할 수 있다는 뜻이다.

h. 웨슬리의 니케아 기독론 찬양

웨슬리안 전통은 영국 국교회 및 초기 기독교 전통처럼, 전통적 기독론의 모범으로 니케아-콘스탄티노플 신조를 의존해왔다.[72]

웨슬리는 영국 국교회 목회자로서 자신의 일상적 직무에서 그 신조를 정기적으로 암송하고 소중히 여겼다. 따라서 우리가 하나님의 독생자, 영원히 성부에게서 나신 주 예수 그리스도를 고백하는 그 신조의 내용을 중

---

71 1970년 총회 결의문, *Journal*, 254–55; 참고. 1968년 연합감리교회 총회 결의문집.
72 B 2:256n; 3:91n, 460–61; 4:33, 63, 199; 참고. *CH*, B 7:387n, 661n.

요하게 다룬다고 해서 웨슬리 연구를 벗어나는 것은 아니다.

성자는 피조물이 아니라 영원히 성부에게서 나신 성자, 빛에서 나신 빛, 참 하나님에게서 나신 참 하나님으로, 창조되지 않고 나시고 성부와 하나이시며, 그를 통해 모든 것이 창조되었다. 우리와 우리의 구원을 위하여 그분은 하늘에서 내려오셔서(강하·자기비하의 주제) 성령으로 동정녀 마리아에게서 육신을 취하심으로 참으로 사람이 되셨다.

우리는 결코 인간성을 제대로 지닌 적이 없는 반신반인을 이야기하는 것이 아니라, 우리를 위해 본디오 빌라도에게 고난을 받아 십자가에 못 박혀 죽으시고 성경대로 장사한 지 사흘 만에 다시 사신 참 하나님이시며, 하나님이기를 멈추지 않으시면서도 참 인간이신 분에 대해 말하고 있다. 그는 하늘에 오르셔서 하나님 우편에 앉아 계시고, 산 자와 죽은 자를 심판하기 위해 영광 중에 다시 오실 것이며, 그의 나라는 다함이 없을 것이다.[73] 웨슬리는 이러한 신경의 각 문구를 설교를 통해 반복적으로 확증했다.

C. 성찬 예식에서의 기독론

1. 1784년판 『주일예배서』의 성찬식 순서

a. 성찬 받는 사람을 위한 질문

웨슬리 기독론의 핵심을 빠르게 파악할 수 있는 방법으로, 그가 1784년에 기독론적 논증을 집약해 웨슬리안 성찬 예식서로 집필한 『주일예배서』 (Sunday Service of the Methodists of the United States of America)의 성찬식 순서를 살펴보는 것만한 것은 없다. 기본적인 질문은 명쾌하고 직선적이다.

---

73 BCP; CH, B 7:155, 584, 696.

성찬으로의 부름은 누구를 위한 것인가?

신앙고백은 누구를 위한 것인가?

용서받는 사람은 누구인가?

나는 그것이 진리임을 어떻게 확신할 수 있는가?

그리스도의 죽음이 어떻게 내 죄를 대신하는가?

그의 죽음은 내 구원을 위해 충분한가?

구원받기 위한 유일한 조건은 무엇인가?

나에게는 어떤 자발적인 의무가 주어지는가?

빵과 포도주를 통해 나는 어떻게 신성한 성품에 참여하는가?

나를 위해 일하시는 중보자는 누구인가?

성자 하나님께서는 나를 위해 무엇을 행하셨는가?

하나님께서는 왜 나를 위해 고난받고 죽임당하셨는가?

웨슬리안 성찬 예식의 방식은 영국 국교회의 『공동예배서』(*The Book of Common Prayer*)를 따르면서 미미한 수정을 가했을 뿐이다. 순서는 자기 죄를 참되고 진지하게 회개하는 모든 사람을 성찬으로 초대하는 것으로 시작한다.

b. 성찬으로의 부름과 죄의 고백

성찬으로의 부름은 진지한 신앙생활을 하지 않거나, 자기 삶을 피상적으로만 점검하거나, 회개하지 않는 자들을 위한 것이 아니라, 회개를 통해 영적으로 준비되어 깊이 참회하는 가운데 그리스도의 임재를 기대하는 사람을 위한 것이다.[74]

---

74 *SSM* 131.

성찬은 회개하면서 이웃에게 사랑과 자비를 베풀고, "하나님의 명령을 따라 그의 거룩한 길로 행하며 새로운 삶을 살고자 하는" 사람에게 베풀어진다. 그들은 신앙으로 하나님 앞에 나아가 겸손히 무릎 꿇고 자신의 죄를 고백하면서 성찬을 위로로 삼는 사람들이다.[75]

죄의 고백은, 우리 마음이 스스로를 선하다고 착각했고, 우리 입이 진리를 굽게 했으며, 우리의 행실이 해악을 끼쳤음을 기억하면서 전능하신 하나님께 드리는 것이다.[76] 이러한 죄는 단지 우리의 더 나은 자아나 피해를 입은 이웃만이 아니라, "하나님의 위엄"에 대하여 행한 것이므로 거룩하신 하나님과 관련된다.[77]

c. 용서와 확신

그리스도의 용서는 모두를 위한 것이지만, 용서를 받고자 준비하는 사람은 진지하게 용서를 받아들이는 회개의 방식에 주의해야 한다. 복음은 "그 누구도 아닌 오직 회개한 사람에게만 용서의 확신"을 준다.[78] 갈급함으로 주의 만찬으로 향하는 사람은, 하나님께 자비를 베푸시기를 간구하고, 과거에 지은 모든 죄를 용서해주시기를 기도하며, 이제부터는 새로운 삶으로 하나님을 섬겨 기쁘시게 해드릴 수 있도록 은혜 베풀어주시기를 간구하면서 뉘우치는 마음으로 나아간다.

우리는 그러한 죄의 자백을 통해 하나님의 은혜로 용서해주시기를 간구할 준비를 갖춘다. 즉, 죄인을 용서하고 죄에서 구원해내시며 회개한 자를 모든 선으로 강건하게 하시는 하나님께 진정 어린 회개와 참된 신앙을

---

75 같은 곳.
76 *LJW* 3:327.
77 *SSM* 132.
78 Letter to His Mother, February 28, 1730, *LJW* 1:48.

가지고 돌이키는 모든 사람을 용서해주시기를 간구하게 된다.[79] 사면의 행위는, "누가 죄를 범하여도 아버지 앞에서 우리에게 대언자가 있으니 곧 의로우신 예수 그리스도시라"(요일 2:1)라는 말씀같이, 하나님의 용서를 선언하는 성경의 위로의 말씀을 통해 이루어진다. 그가 우리의 죄를 씻어주셨다는 신뢰할 만한 말씀을 전달하는 사람은 안수 받은 목회자다. 그리스도께서 우리를 대신해 죄인이 되셨다는 말씀은, 그분의 생명이 우리를 위해 주어졌음을 의미한다.

용서를 받아들이는 것은 신앙을 조건으로 한다. "만일 우리가 우리 죄를 자백하면 그는 미쁘시고 의로우사 우리 죄를 사하시며 우리를 모든 불의에서 깨끗하게 하실 것이요"(요일 1:9).[80]

d. 성만찬

성찬상으로 나아가며 겸손히 드리는 기도는 우리를 부활하신 주님과의 살아있는 교제로 한 걸음 가까이 나아가게 한다. 이 성찬을, 부활하신 주님께서 교회의 삶에 임재하셔서 우리를 개인적으로 그분의 식탁으로 초청하시는 종말론적 잔치의 식탁이라고 생각해보라.

우리는 우리 자신의 의로움이 아니라 하나님께서 베풀어주신 수없이 많고 큰 자비를 신뢰함으로 이 잔치로 나아간다. 우리 자신의 상태로는 식탁 아래 떨어진 부스러기를 먹을 자격도 없다. 그러나 하나님께서는 언제나 자비를 베푸신다. 신자 각각은 새로운 삶을 살면서 언제나 하나님 안에 거해야 한다. 이는 진지한 신앙의 행위다. 그것을 무시한다면 성찬으로 나아가는 태도가 온전할 수 없다.

---

79 *SSM* 131–35.
80 *SSM* 132–33.

그리스도와의 사귐은 그가 흘리신 피를 마시고 그의 찢긴 살을 먹음으로 이루어진다. 우리가 진정으로 자신을 드리는 것은, 하나님께서 먼저 자신을 우리에게 주신 데 대한 응답이다.[81] 바른 응답은 단지 그의 죽음을 기념하는 것만이 아니라, 우리 자신을 드려 그리스도의 고난과 죽음에 참여하는 것이다. 그것은 세례 시 우리에게 주어진 약속을 재확인하면서, 우리의 일상생활에서 그리스도의 십자가와 부활에 참여하는 것이다.

e. 성찬 기도

그다음에는 자신의 성자를 온전히 내어주셔서 우리의 구원을 위해 십자가에서 고난받게 하신 성부 하나님의 깊은 자비에 감사하는 성찬 기도가 뒤따른다.[82] 그리스도께서 성만찬을 제정하심으로 베푸신 것은 이 위대한 구원이며, 그는 자신이 다시 오실 때까지 자신의 희생의 죽음을 영원히 기억하라고 명령하셨다. 우리는 그리스도의 이러한 자신을 드림이, 우리 죄와 온 세상의 죄를 속하기에 충분한 희생임을 찬양한다.[83]

성만찬에서 우리는 그리스도께서 우리를 위해 당하신 고난, 죽음, 부활을 기억하면서, 그를 통해 "신성한 성품에 참여하는 자"(벧후 1:4)가 되도록 은혜 주시기를 기도한다. 그러나 성만찬은 단지 그리스도의 삶, 죽음, 부활을 기억하는 데서 그치는 의식이 아니다. 더 중요한 것은 성찬을 통해 유한한 우리가 할 수 있는 대로 최대한 신성한 성품에 참여하는 데 있다.[84] 빵과 포도주는 우리를 위해 주신 새 언약의 증거로 그리스도의 살

---

81 *SSM* 135.
82 *CH*, B 7:107–11, 113, 228–29, 269–70, 337–38.
83 *SSM* 136.
84 B 1:56, 73, 75, 99, 150, 398–99, 498.

과 피로 성별된다.[85]

성찬에 관한 이 1784년판 『주일예배서』는 웨슬리가 메소디스트 연합체에 가르친 어떤 내용보다 웨슬리의 기독론을 더 잘 이해할 수 있게 해준다. 그는 기회만 된다면 가능한 한 자주 성찬을 받을 것을 권고했다. 그의 권고는 세계적으로 널리 수용되었고, 웨슬리안 연합체에 속한 사람들은 이 권고를 거의 변경하지 않고 받아들였다.

2. 웨슬리가 가르친 그리스도의 사역

a. 예언자, 제사장, 왕으로서의 그리스도의 삼중 직분

웨슬리는 "로마 가톨릭 교도에게 보내는 편지"에서 예언자, 제사장, 왕으로서의 구원자 메시아의 사역에 관한 기독교의 전통적 가르침을 다음과 같이 요약했다.

> 나는 나사렛 예수께서 세상의 구원자이자 오래전 예언된 메시아로서 성령으로 기름부음 받은 분이심을 믿는다. 즉, 그분은 예언자로서 하나님의 모든 뜻을 우리에게 계시하셨다. 또 제사장으로서 인류의 죄를 위한 희생 제물로 자신을 드리셨고 지금도 죄인을 위해 중보하신다. 그리고 왕으로서 하늘과 땅의 모든 권세로 다스리시며 만물을 자신에게 복종시키실 것이다.[86]

b. 자기 점검 질문: 그리스도 안에서 생명을 얻었는가?

우리는 이곳에서 설교 "관용의 정신"에 언급된 예수 그리스도에 대한 날카로운 질문을 다시 떠올리는 것이 유익할 것이다.[87]

---

85 *SSM* 136–37.
86 Letter to a Roman Catholic, JWO 494, sec. 7; 참고. 1:121; 2:37–38, 161; 4:433.
87 "Catholic Spirit," B 2:87, sec. 1. 13.

- 당신은 자신의 모든 행위와 의를 전적으로 부인하고 "그리스도 예수를 믿는 믿음으로 얻는 하나님의 의에 자신을 맡겼는가?"(빌 3:9)
- 당신은 "그분 안에서 자신의 의가 아닌 믿음으로 말미암는 의를 발견했는가?"(갈 2:16)
- 당신은 그분을 통해 "믿음의 선한 싸움을 싸우고 영생을 취하였는가?"(딤전 6:12)
- 당신은 "만물 위에 계셔서 세세에 찬양을 받으실 하나님"(롬 9:5)이신 주 예수 그리스도를 믿는가?
- 당신의 영혼에 주께서 "나타내신 바 되었는가?"(요일 2:28)
- 당신은 "예수 그리스도와 그가 십자가에 못 박히셨음을 아는가?"(고전 2:2)
- 그분은 "당신 안에, 당신은 그분 안에 거하고 있는가?"(요일 4:13)
- "당신의 마음에는 믿음으로 그리스도의 형상이 이루어졌는가?"(갈 4:19; 엡 3:17)

이런 개인적 질문은 부주의하게 답할 수 없는 것들이다. 이 질문들은 진지하게 질문하고 답하게 하기 위해 의도적으로 구성한 것이다. 이 질문들에 긍정적으로 답하는 것은, 응답자가 그리스도인의 코이노니아에 참여하고 있을 때만 가능하다.

3. 그리스도의 제사장적 사역: 속죄

그리스도의 제사장적 사역은 배상이나 속전을 지불하는 것으로 이해할 수 있다. 모든 죄인은 스스로는 갚을 수 없는 빚더미로 옥죄어 있다. 그리스도의 사역은 그 모든 빚을 대신 갚아주시는 것이다. 그는 온 인류를 위해 고난받고, 우리의 형벌을 담당하셨으며, 우리의 죗값을 지불하셨다. 따라서 우리가 하나님께 제시할 수 있는 것은 오직 그리스도의 공로뿐이며, 이 외의 다른 것은 아무런 효력이 없다.

웨슬리의 이러한 가르침은, 성자의 사역이 성부의 의를 만족시킴으로 속죄가 가능하다는 영국 국교회의 "구원 설교"(Homily of Salvation)를 따른 것이다. 또 이 가르침은 터툴리아누스, 키프리아누스, 캔터베리의 안셀무스에게서 더 온전하게 발전된 라틴 기독교의 속죄론을 계승한 것이다.[88] 이 동일한 대속론을 다른 각도에서 보면 악한 권세에 대한 그리스도의 승리로도 볼 수 있다. 그리스도께서 대속을 통해 죄라는 강한 자의 권세를 묶으셨기 때문이다.[89]

그리스도의 인성과 신성 모두는 대속의 사역에 반드시 필요하다. 그리스도는 "'사람 가운데서 택함받아 하나님께 속한 일에 사람을 위해'(히 5:1) 일하시는 우리의 위대한 제사장이시므로, '자신의 피로 우리를 하나님과 화목하게 하시고'(고후 5:18; 롬 5:9-10) '항상 살아 계셔서 그들을 위하여 간구하신다'(히 7:25)."[90]

속죄 사역을 행하신 분은 "참 하나님과 참 인간이신 유일하신 그리스도"[91]시다. 십자가에 달리신 그분은 신-인이신 중재자로서, "본래 신성을 가지셨으나, 대속의 사역을 위해 반드시 필요한 인성을 입으셨다. 대속은 그의 죽음을 통해 이루어지기 때문이다."[92] 웨슬리는 요한복음 14:19을 다음과 같이 설명했다. "나는 신성 안에서는 영원히 사는 자이며, 인성 안에서는 다시 살아나 하늘에서 영원히 살 것이다. 그러므로 너희는 세상에서는 믿음과 사랑의 삶을 살고, 그 후로는 영광의 삶을 살게 될 것이다.'[93]

---

88 *WC* 56–70.
89 "The Spirit of Bondage and of Adoption"; 참고. Gustaf Aulen, *Christus Victor* (New York: Macmillan, 1940), 20–24.
90 "The Law Established through Faith, II," B 2:37, sec. 1. 6; 히 5:1; 7:25; *CH*, B 7:114–15, 364, 529–31.
91 XXV, art. 2; *ENNT* 빌 2:8.
92 *WC* 167.
93 *ENNT* 366.

4. 타락한 인류를 향한 하나님의 사랑

설교 "타락한 인류를 향한 하나님의 사랑"의 성경 본문은 로마서 5:15의 "이 은사는 그 범죄와 같지 아니하니"라는 말씀이다 [설교 #59 (1782), B 2:422–35; J #59, V:231–49].

a. 복된 죄(felix culpa)

만약 하나님께서 아담의 타락의 결과를 미리 내다보셨다면, 그것을 미리 막으시는 것이 더 지혜로운 일 아닌가? 우리는 교만하게도 하나님께서 실수를 저질렀고, 심지어 '나라면 더 잘했을 텐데'라고 상상하려는 유혹을 받는다.

그러나 만약 인류의 타락의 길이 전적으로 가로막혔다면 온 우주는 더 나은 세상이 되었을까? 웨슬리는, 하나님은 사람이 타락할 것을 미리 내다보셨지만, 그로 인해 인간이 겪게 될 악보다 타락 이후에 베푸실 구원으로 인해 인간이 누리게 될 선이 훨씬 위대할 것을 아셨다고 단호하게 답한다. 돌이켜 보면 구원의 은혜의 역사가 깊은 의미를 갖게 된 것은 그 전에 타락의 역사가 있었기 때문임을 우리는 이제 알 수 있다.[94]

웨슬리는 구원의 은혜로 문제가 해결된 결과적 관점에서 보면, 타락이 역설적으로 '펠릭스 쿨파'(felix culpa) 즉 복된 타락, 복된 죄, 복된 재앙이 된다는 시각으로 창조와 속죄를 이해하는 견해를 따랐다.[95] 타락에서 비롯된 불행으로 인해 구원이 주어졌기에, 이 구원은 인류가 하나님의 선하심과 은혜를 저버린 잘못된 역사 없이는 불가능했을 것이다.

---

94 "God's Love to Fallen Man," B 2:423–24, 서문.
95 초기 기독교의 라틴어 부활절 찬송가는 "오 복된 죄여, 너로 말미암아 우리가 위대한 구세주를 얻게 되었도다"(O felix culpa quae talem et tantum meruit habere redemptorem)라고 칭송한다. 참고, WL 115 (CC를 보라).

하나님은 당연히 인간의 불순종을 미리 막을 수 있으셨음에도, 그분의 절대적인 결정으로 타락을 막는 손쉬운 방법을 택하지 않으셨다. 그것은 인간의 자유의 행사를 근원적으로 무효화시킬 것이기 때문이다. 하나님께서는 비록 기뻐하거나 의도하지는 않으셨더라도, 인간이 자유를 잘못 행사해 불순종하는 것을 허용하는 것이 최선의 길임을 아셨다. 그로 인해 어떤 결과가 발생하더라도 그것에서 인간을 구원하기로 작정하셨기 때문이다. 하나님께서는 타락에서 더 유익한 것, 즉 인류의 구원을 빚어내시기 위해 타락을 허용하셨다.[96]

b. 하나님은 타락을 예지하시고 더 큰 선을 계획하심

모든 것을 예지하시는 하나님은, 타락에서 초래된 악은 "구원으로 인한 유익과는 … 비교할 가치조차 없음"을 아셨다. 따라서 "첫 번째 사람의 타락을 허용하시는 것이 인류 전체에게 훨씬 유익할 것이다." "아담의 타락에 의해 인류는 … 아담이 타락하지 않았을 경우보다 더 큰 성결과 행복에 이를 가능성을 얻었다."[97]

인간의 자유가 타락하지 않았다면, 구원받아야 할 "상황"도, "하나님 앞에서 우리의 대언자 … 곧 의로우신 예수 그리스도"(요일 2:1)도 필요하지 않았을 것이다. 성자께서 "죽기까지 복종"(빌 2:8)하시는 일이나, "세상을 사랑하시는 하나님께 대한 믿음"도 필요하지 않았을 것이며, 따라서 칭의도, 구원도 없었을 것이다.[98] 아담의 타락이 없었다면 우리는 "우리 존재를 만드신 분을 … 창조주와 보존자로서는 사랑했을 것이나 … 친히 나무에 달려 그 몸으로 우리 죄를 담당하신'(벧전 2:24) 분으로는 사랑할 수 없

---

96 B 2:424–35; 4:26.
97 "God's Love to Fallen Man," B 2:424, 서문.
98 "God's Love to Fallen Man," B 2:425–26, sec. 1. 1, 2; 참고. 3:201–2.

었을 것이다."⁹⁹

"그렇다면 우리는 타락에서 말할 수 없는 유익을 이끌어낼 수 있게 되었음을 알 수 있다." "만약 아담이 타락하지 않았다면 … '하나님이 이같이 우리를 사랑하셨은즉 우리도 서로 사랑하는 것이 마땅하도다'(요일 4:11)라는 명령의 말씀은 결코 주시지도 않았을 것이다."¹⁰⁰

5. 하나님은 어떻게 악에서 선을 이끌어내시는가?

a. 수동적 은혜의 기초가 되는 고난

"하나님께서는 이 악에서 얼마나 많은 선을 계속해서 이끌어내시는가! 고난에서 얼마나 많은 성결과 행복을 이끌어내시는가!"¹⁰¹ "인간의 언어에서 고난이라 불리는 것이 하나님의 언어로는 축복이다." "아무런 고통이 없었다면 기독교 자체가 존재하지 않았을 것이다. 고난이라는 토대 위에 … 우리가 얻는 모든 수동적 은혜가 다져진다. … 고통이나 위험 같은 것이 존재하지 않는다면 우리가 하나님을 의지했겠는가?" "수동적 은혜"란 우리의 선한 행위가 아니라, 우리가 타인의 견디기 힘든 행위를 인내한 결과로 이루어지는 덕스러운 성품을 말한다.

"세상에 자연적 또는 도덕적 악이 없다면 인내, 온유, 친절, 오래 참음과 같은 것이 존재할 수 있겠는가? … 그런 성품을 더 많이 훈련할수록 우리가 이미 받은 은혜는 더욱 굳건해진다."¹⁰²

"하나님께서 아담의 타락을 허락하신 것은, 그의 모든 후손에게 수많

---

99 "God's Love to Fallen Man," B 2:427, sec. 1. 3; 벧전 2:24; 참고. *Arminian Magazine*, 1778, vol. 1에 수록된 Samuel Hoard, "God's Love to Fallen Mankind," 1633의 발췌문.
100 "God's Love to Fallen Man," B 2:428, sec. 1. 5; 참고. *CH*, B 7:517–18, 530–31.
101 "God's Love to Fallen Man," B 2:428, sec. 1. 5, 6.
102 "God's Love to Fallen Man," B 2:429–30, sec. 1. 7, 8.

은 고난의 계기를 가져왔고, 그로 인해 성결과 행복 모두를 증진시킬 모든 수동적 은혜를 훈련할 기회도 제공했다. 따라서 그것은 셀 수 없이 많은 선을 행할 기회 역시 부여한다. … 하나님께서 타락을 허락하지 않으셨다면, 얼마나 많은 선행, 연민, 하나님이 행하시는 것 같은 자비를 행할 기회가 근원적으로 차단되었겠는가?"[103]

"만약 아담으로 인해 모두가 함께 죽지 않았다면, 사람의 모든 자녀는 하나님 앞에서 각자 스스로에 대해 책임져야 했을 것이다. … 그렇다면 하나님의 자비의 언약 아래에서 현재 자신이 누리고 있는 은혜를 누가 마다하겠는가?"[104]

b. 아담을 통한 타락 및 그리스도를 통한 구원의 보편성

로마서 5장에서 은혜의 보편성은 아담의 타락의 보편적인 결과와 연결되어 있다. 만약 인간이 처한 곤경이 보편적인 것이 아니라면, 신-인이라는 보편적인 치료약은 필요가 없었을 것이다. 아담이 타락하지 않았다면, 우리에게 그리스도 역시 필요하지 않았을 것이다. 한 사람의 죄가 모든 사람에게 죽음을 가져왔으나, 감사하게도 한 사람 예수 그리스도 안에서 하나님의 은혜는 더욱 넘쳤다(롬 5:15). 하나님께서 본래 처음부터 모든 사람의 구원을 바라셨다는 것이, 하나님께서 우리의 자유가 유혹 받을 가능성 자체를 없애셨음을 의미하지는 않는다. 하나님께서 모든 사람이 구원받는 것을 원하셨다는 본래적 의미에서 하나님의 예정은 보편적이다. 그러나 온 인류가 공동의 책임을 져야 하는 인류 역사에 만연한 인간의 고의적인 죄로 인해 모든 사람이 구원받지는 못한다. "사람은 누구

---

103 "God's Love to Fallen Man," B 2:430, sec. 1. 9.
104 "God's Love to Fallen Man," B 2:432–33, sec. 2. 12.

도 자기 스스로의 선택에 의해서가 아니면 구원을 상실하지 않고, 또 그럴 수도 없다."[105]

웨슬리는 성경이 현재적 칭의와 마지막 날 결정될 최종적 칭의를 구분하고 있다고 설명했다. "칭의는 때로 마지막 심판에서의 우리의 무죄 선언을 의미한다. 그러나 … 우리가 신조와 설교에서 가르치는 칭의는 하나님의 현재적 용서와 용납을 의미한다. 현재적 칭의에서 하나님께서는 우리가 과거에 지은 죄를 용서하심으로 자신의 의로우심과 자비로우심을 선언하신다."[106] 따라서 "사도 바울과 우리 신조가 가르치는 칭의는 오직 하나다. … 그러나 나는 마지막 날에 (우리 주님께서 말씀하신) 또 하나의 칭의가 있음을 부인하지 않는다."[107]

---

105 "God's Love to Fallen Man," B 2:434, sec. 2. 15.
106 Letter to Thomas Chuurch, February 2, 1745, *LJW* 2:186; B 1:121; 2:156.
107 Some remarks on Mr. Hill's "Farrago Double-Distilled," J X:430; 최종적 칭의에 대해서는 *LJW* 3:244, 250을 보라. "칭의 전에는 어떤 선도 행할 수 없다. 그러나 나는 (그 사실과 아무 모순이 없이) 최종적 칭의는 '조건으로서의 행위'(works as a condition), 즉 신앙에서 비롯된 행위인 회개에 합당한 열매(마 3:8; 눅 3:8; 행 26:20)가 있었는지의 여부를 고려해 이루어질 것임을 믿는다. '너희가 여기 내 형제 중에 지극히 작은 자 하나에게 한 것이 곧 내게 한 것이니라'(마 25:40)"(J X:432).

더 깊은 이해를 위한 독서 자료

웨슬리의 기독론

Collins, Kenneth J. *The Scripture Way of Salvation: The Heart of John Wesley's Theology*. Nashville, Tennessee: Abingdon, 1997.

Deschner, John. *Wesley's Christology*. Dallas: SMU Press, 1960; reprint with foreword, Grand Rapids: Zondervan, 1988.

Harper, Steve. *John Wesley's Theology Today*. Chap. 4 on converting grace. Grand Rapids: Zondervan, 1983.

Hildebrandt, Franz. *Christianity according to the Wesleys*. London: Epworth, 1956.

_____. "Wesley's Christology." *PWHS* 33 (1962): 122–24.

Kirkpatrick, Dow, ed. *The Finality of Christ*. Nashville: Abingdon, 1966.

Lerch, David. *Heil und Heiligung bei John Wesley*. Zürich: Christliche Vereinsbuch-handlung, 1941.

Mason, C. E. "John Wesley's Doctrine of Salvation." Master's thesis, Union Theological Seminary, 1950.

McIntosh, Lawrence. "The Nature and Design of Christianity in John Wesley's Early Theology." PhD diss. Drew University, 1966.

Outler, Albert C. "Offering Christ: The Gist of the Gospel." In *Theology in the Wesleyan Spirit*, 35–65. Nashville: Discipleship Resources, 1975.

Rack, Henry. "Aldersgate and Revival." In *Reasonable Enthusiast*, 137–81. London: Epworth, 1989.

Rattenbury, J. E. *The Evangelical Doctrines of Charles Wesley's Hymns*. London: Epworth, 1941.

Schilling, Paul. "John Wesley's Theology of Salvation." In *Methodism and Society in Theological Perspective*, 44–64. Nashville: Abingdon, 1960.

Scott, Percy. *John Wesleys Lehre von der Heiligung vergleichen mit einem Luther-isch-pietistischen Beispel.* Berlin: Alfred Topelmann, 1939.

Verhalen, Philippo A. *The Proclamation of the Word in the Writings of John Wesley.* Rome: Pontificia Universitas Gregoriana, 1969.

Wilson, Charles R. "John Wesley's Christology." In *A Contemporary Wesleyan Theology,* edited by C. W. Carter, 342-50. Grand Rapids: Zondervan, 1983.

웨슬리 이전 기독론

Cushman, Robert Earl. "Salvation for All: John Wesley and Calvinism." In *Methodism,* edited by W. K. Anderson, 103-15. New York: Methodist Publishing House, 1947.

Green, Vivian Hubert Howard. *The Young Mr. Wesley.* New York: St. Martin's, 1961.

Heitzenrater, R. P. "John Wesley's Early Sermons." PWHS 31 (1970): 110-28; also in R. P. Heitzenrater, *Mirror and Memory,* 150-62. Nashville: Kingswood, 1989.

Hildebrandt, Franz. *From Luther to Wesley.* London: Lutterworth, 1951.

Knox, Ronald. *Enthusiasm.* New York: Oxford, 1950.

Outler, Albert C., ed. *John Wesley.* Library of Protestant Theology. New York: Oxford University Press, 1964.

Sermons and Homilies Appointed to be Read in Church in the Time of Queen Elizabeth of Famous Memory (1547-71). Oxford: Clarendon, 1802.

Wood, A. Skevington. *The Burning Heart: John Wesley, Evangelist.* Exeter: Paternoster, 1967.

2장

성경적 구원의 길

2장 성경적 구원의 길

A. 믿음으로 말미암는 구원

"여러 경우에 행한 설교들"(*Sermons on Several Occasions*)이라는 제목을 붙인 『표준설교집』(웨슬리 전집 원본 중 첫 네 권)은 웨슬리의 핵심적 가르침을 담은 설교집이다. 그중 가장 먼저 수록된 설교가 "믿음으로 말미암는 구원"이다. 설교의 성경 본문은 에베소서 2:8의 "너희는 그 은혜에 의하여 믿음으로 말미암아 구원을 받았으니"라는 말씀이다 [설교 #1 (1738), B 1:117-30; J #1, V:7-17].

이 설교는 옥스퍼드 대학교의 성 마리아 대성당에서 한 것으로, 웨슬리가 죄 용서를 확신함으로 인생에서 큰 변화를 겪은 올더스게이트 체험이 있은 지 18일째 되던 날 작성한 것이다. 이 신앙적 돌파구의 강력한 힘에 깊은 영향을 받은 그는 이 설교에서 기독교 신앙의 정수를 "하나님의 은혜는 구원의 원천, 신앙은 구원의 조건"[1]이라는 말로 설명했다. 『표준설교집』의 다른 모든 설교도 구원은 값없이, 즉 우리 편에서의 아무런 공로 없이 주시는 하나님의 선물이며, 이 선물은 성자의 속죄 사역을 신뢰함으로 받을 수 있다는 사실을 중심 주제로 하고 있다.

1. 부정적 정의: 무엇이 구원의 신앙이 아닌가?

구원의 신앙의 특징은 무엇이 구원의 신앙이 아닌지를 설명함으로 잘 묘사할 수 있다. 구원의 신앙은 자연적 인간이 갖는 일반적 종교성과 다르

---

1 "Salvation by Faith," B 1:118, 서문 3.

고, 그리스도의 주 되심을 알아보고 절망하는 마귀의 지식과도 다르며,[2] 경험적·역사적 연구를 통한 이성적 지식 형태의 믿음과도 다르다.[3]

a. 구원의 신앙은 일반적 종교성과 다름

웨슬리는 구원의 신앙을 자연적 인간의 도덕적 의식 내에 존재하는 일반적 종교성과 구분했다. 죄에서 구원하는 신앙은, 세상의 일반적인 신뢰의 경험에서 생겨나는 믿음과 다르다. 자연적 인간에게는 진실한 양심으로 도덕적인 덕을 행하고자 하는 종교성이 있다. 그러나 그런 일반적 종교성이 하나님의 용서를 가져오지는 않는다. 18세기에는 그런 정도의 신앙을 때때로 "이교도의 신앙"으로 지칭했다. 18세기에 '이교도'라는 단어는 반드시 비하의 의미를 내포한 것은 아니며, 대체로 히브리어의 '*goi*'(이방인)[4]나 헬라어의 '*ethnos*'(민족, 국가)와 유사한 의미로 사용되었다. 이 용어는 이스라엘의 하나님이나 예수 그리스도를 예배하지는 않더라도, 하나님의 존재와 속성에 대해 이성적으로 생각할 수 있고, 미래에 심판이 있을 것이라는 소망을 가진 사람들을 지칭했다. 그들은 정의, 사랑, 자비의 행위로 자신에게 그런 믿음이 있음을 나타낼 수도 있다. 인간의 자유가 타락했음에도 자연적인 신뢰와 인간이 가진 희망에 대한 이러한 증거는, 그들이 구원의 신앙을 갖도록 준비하게 하는 역할을 한다. 그러나 그런 것들만으로는 성자 하나님의 대속의 사역과 사죄하시는 능력을 신뢰하는 신앙, 곧 하나님의 은혜로 얻는 구원의 신앙에는 미치지 못한다.[5]

---

2 이는 마귀의 세력이, 메시아가 자신의 권세를 끝내실 것과 어떤 판결이 내려질 것인지를 앎에서 오는 절망이다. 마귀의 세력이 접근 가능한 최대한의 신앙은, 진리로 인해 유죄 판결이 내려질 것을 알고 절망하는 신념뿐이다.
3 "Salvation by Faith," B 1:118, 서문 3.
4 "On Faith (히 11:6)," B 3:493–95, sec. 1.
5 "The Almost Christian," B 1:131–32, sec. 1. 1–3.

b. 구원의 신앙은 "마귀의 신앙"과 다름

구원의 신앙은 그리스도의 주 되심을 알아보고 절망하는 마귀의 지식과도 다르다. 웨슬리는 이를 "마귀의 신앙"으로 지칭하는데, 이 신앙은 이교도들이 하나님에 대해 아는 정도만이 아니라, "예수 그리스도께서 하나님의 아들, 그리스도, 구원자이심"을 안다(눅 8:28; 약 2:19).[6]

신약성경에서 마귀의 세력은 그리스도를 정확히 알아보면서도 그의 주 되심을 인정하지 않는다. 귀신들은 예수님께서 그리스도이심을 진지하고도 절실하게 알고 있다. 그들이 예수님의 계시를 두려워하는 것은, 그것이 자신들의 잘못된 삶에 해가 될 것을 알기 때문이다. 귀신들은 그리스도와 마주치자 그가 하나님의 아들이심을 즉시 알아채고 흩어진다. 그들은 돼지 떼에게 들어가 그것들이 비탈로 내리달아 바다에 빠져 죽게 만든다.[7] 그들은 그리스도께서 주님이심을 알았음에도 그의 약속을 신뢰하지 않는다. 오히려 혼란에 빠져 그분에게서 도망친다. 마귀가 가진 지식은 구원의 신앙이 아니다.

구원의 신앙은 그리스도를 주님으로 받아들인다. 그분은 자신의 목소리를 듣는 각 사람이 그를 신뢰함으로 하나님 나라에서의 삶을 준비할 것을 요구하신다. 천국을 구하는 사람은 그분의 말씀에 자신의 모든 것을 던지고, 비할 데 없이 신뢰할 만한 그분을 신뢰해야 한다.[8] 이것이 우리를 죄에서 구원하는 신앙이다.

---

6   "Salvation by Faith," B 1:119, sec. 1. 2; "The Way to the Kingdom," sec. 1. 6.
7   막 5:12–17; 참고. Sören Kierkegaard, *The Concept of Anxiety* (Princeton: Princeton University Press, 1981).
8   "마귀의 세력도 그리스도께서 동정녀에게서 나셨고, 모든 종류의 기적을 행하셨으며, 우리를 영원한 죽음에서 구원하시기 위해 가장 고통스러운 죽음을 겪게 될 것을 믿습니다. … 그럼에도 그들은 마귀의 세력일 뿐입니다." Letter to Thomas Church, June 1746, *LJW* 2:269.

마귀의 세력은 단지 그리스도를 알아보았을 뿐 자신의 우상숭배적 죄악을 포기하지 않았다. 그들이 예수님이 그리스도이심을 알아보기만 한 것은, 모든 우상을 버리고 신앙으로 그분께 돌이키는 것과 전혀 다르다.[9]

c. 구원의 신앙은 이성적 사변이나 경험적 연구에 기초하지 않음

구원의 신앙은 사실을 자연적으로 관찰함으로 갖게 되는 확신과는 다르다. 사람들은 과학적인 방법에 의해 자연 법칙과 자연적 과정의 신뢰성, 원인과 결과의 연관성, 창조세계의 합리적 질서를 신뢰하게 된다. 그러나 그것이 우리를 죄와 죽음에서 구원하는 신앙은 아니다. 구원의 신앙은 "단지 사변적이고 합리적인 것, 냉랭하고 생동감 없는 동의, 머릿속에서 이루어지는 관념의 연속만이 아니라, 마음의 기질을 포함한다."[10]

신자는 이 마음의 기질을 얻기 위해 사실의 올바른 관찰에도 주의를 기울여야 한다. 그러나 구원의 신앙의 입구로 나아가기 위한 가장 중요한 관찰은, 자신이 회개하고 구세주를 개인적으로 신뢰해야 하는 이유를 발견하는 것이다.[11] 예수님의 제자들은 예수님을 따르기 위해 모든 것을 버렸고, 다가올 하나님 나라를 선포하며 병을 고쳤지만, 여전히 구원의 신앙을 온전히 경험하지는 못했다. 도마의 의심, 베드로의 양면성, 가룟 유다의 배신이 이를 보여준다. 구원의 신앙은 그들 속에서 단지 싹트기 시작했을 뿐이며, 그 신앙이 더 온전하게 된 것은 부활하신 주님을 만나 믿은 이후다.

---

9   "Salvation by Faith," B 1:119, sec. 1. 2.
10 "Salvation by Faith," B 1:120, sec. 1. 4.
11 "The Scripture Way of Salvation," B 2:156–63, sec. 2. 3.

2. 구원의 신앙이란 무엇인가?

우리는 신앙을 가졌기에 하나님의 은혜를 받는 것이 아니라, 하나님의 은혜를 받았기에 신앙을 갖게 된다. 신앙을 가졌기 때문에 은혜를 받았다고 생각하는 것은, 구원의 순서를 완전히 거꾸로 뒤집는 것이다. 오히려 신앙이 생겨나게 하는 것이 하나님의 은혜다. 신앙은 하나님의 은혜를 즐거이 수용하는 온 마음과 지성과 힘과 의지의 성향이다. 사도들은 신앙이 구원의 유일한 조건이라고 설교했다. 신앙을 가진 사람은 누구나 구원을 받기 때문이다.[12]

"그렇다면 그리스도인의 신앙은, 그리스도의 복음 전체에 대한 동의일 뿐 아니라, 그리스도의 보혈을 전적으로 의지하고 그의 삶과 죽음과 부활의 공로를 신뢰하는 것이며, 그분을 우리를 위해 자신의 생명을 주시고 우리 안에 살아 계시는 우리의 대속과 생명으로 의지하는 것이다."[13]

구원의 신앙은 "그리스도의 공로를 통해 자신의 죄가 용서받았고, 자신이 하나님의 사랑으로 회복되었다는 사실을 하나님 안에서 확고히 신뢰하는 것이다. 그리고 그 결과 그리스도를 우리의 '지혜, 의, 성화, 구속', 즉 우리의 구원으로 여겨 가까이하고 붙드는 것이다."[14]

구원의 신앙은 부활하신 그리스도를 통해 드러난 진리에 자신의 삶 전체를 던지는 전적인 신뢰이며, 십자가에서 죽으신 성자의 공로를 굳게 붙드는 마음의 성향이다. 우리는 하나님의 은혜에 의해, 이 적극적 신뢰와 의존을 통해 구원받는다.[15]

---

12 "On Faith (히 11:6)," B 3:497–98, sec. 1. 10–13.
13 "Salvation by Faith," B 1:121, sec. 1. 5.
14 같은 곳; 참고. "An Earnest Appeal," B 11:68–69, sec. 59.
15 "Salvation by Faith," B 1:121–22, secs. 1. 5–2. 2.

3. 죄와 죽음에서 신앙과 생명으로의 변화에 사용되는 세 가지 시제

구원의 신앙은 우리와 시간의 관계를 새롭게 한다. 시간에는 과거, 현재, 미래라는 세 가지 시제가 있다. 구원의 신앙은 과거와 현재와 미래 모두를 바꾸어놓는다. 즉 신앙은

현재적 죄의 능력에서 구원하고,
과거의 죄의 책임에서 구원하며,
미래의 형벌에 대한 두려움에서 구원한다.

신앙은 모든 죄에서 구원한다.[16]

a. 신앙은 죄에서 현재적으로 구원함

하나님의 용서는 신자를 죄의 현재적 권세에서 구원해낸다.[17] 하나님의 용서는 습관적 죄와 고의적 죄 뿐만 아니라 우리의 유한함에서 비롯되는 모든 현재적 죄에 적용된다.

구원의 신앙은 신자가 현재와 갖는 관계를 변화시킨다. 첫째, 신자를 습관적인 죄에서 구원한다. 따라서 습관적인 죄는 비록 신자에게 잠재된 채 남아 있더라도 더는 그를 다스리지 못한다. 둘째, 신자를 고의적인 죄에서 구원한다. 의지적으로 신앙 안에 머무는 한, 신자는 "죄를 치명적인 독으로 여겨 혐오함으로 모든 죄" 또는 죄로 향하는 강박적 욕구에 "철저히 대항한다." 이는 은혜가 우리 안에서 악한 욕구가 솟아나지 못하도록 제어하기 때문이다. 따라서 하나님에게서 난 사람은 습관적으로나, 강박적 욕구에 의해서나, 심지어 연약성에서 비롯되는 여러 죄에서 해방된

---

16 "Salvation by Faith," B 1:121–25, sec. 2; 참고. B 1:383; 3:179; 4:26.
17 "Salvation by Faith," B 1:121; 참고. 2:156.

다.[18] 우리가 피조물이기에 갖는 유한성에서 비롯되는 연약성은, 의지적 동의에 의한 것이 아니기에 "적절히 말하면 죄가 아니다." 계속 좋지 못한 결과를 초래하는 죄의 역사 속에서 우리에게는 여전히 남은 죄들이 있다. 그럼에도 우리는 죄의 지배에서는 현재적으로 구원을 받았다.[19]

b. 신앙은 모든 죄의 책임에서 구원함

구원의 신앙은 과거에 지은 죄의 책임에서 우리를 구원한다. 그리스도께서는 "우리를 거스르는 불리한 증서", 판결, 죽음의 선고를 "제하여 버리사 십자가에 못박으셨다"(골 2:14). 신앙으로 인해 우리에 대한 정죄는 기록에서 삭제되었다. 용서받은 우리는 자신의 과거와 새로운 관계가 되기에, 죄책의 짐을 짊어지고 있을 필요가 없다.[20]

c. 신앙은 미래의 형벌에 대한 두려움에서 구원함

구원의 신앙은 미래의 형벌에 대한 두려움, 즉 마지막 심판 날에 있을 하나님의 거룩한 심판에 대한 모든 염려에서 구원한다. 미래는 신앙의 피난처로 옮겨진다. 신자는 신앙에 머무는 한, 하나님께서 미래에 자신의 죄를 심판하실 것이라는 두려움을 계속 떠안지 않는다. 두려움은 극복되고 정복된다. 미래는 그리스도 안에 있는 생명에 지속적으로 참여하는 안전한 장소로 옮겨진다.

구원의 신앙은 하나님과의 관계를 두려움 없는 새로운 관계로 변화시킨다. 이 관계는 더는 선한 창조세계를 타락시킨 것으로 인해 하나님의 진노의 공포에 사로잡히지 않는다. 이 공포는 십자가에 못 박혔다.

---

18 "Salvation by Faith," B 1:124, sec. 1. 6.
19 "Salvation by Faith," B 1:121–23, sec. 1. 5–7.
20 "Salvation by Faith," B 1:121–22, sec. 1. 1–3.

신앙으로 행하는 사람은 마지막 날 하나님의 심판의 선고에 대한 두려움으로 얼어붙지 않는다. 그는 자신과 화해하시고 누구도 빼앗을 수 없는 평안을 주신 하나님이 자신의 아버지이심을 안다.[21] 또 그는 비록 가능성이 전혀 없지는 않더라도, 하나님의 은혜에서 떨어져나갈지 모른다는 두려움에서도 구원받는다."[22]

4. 죄는 권세를 잃음

a. 하나님께로부터 난 자마다 죄를 짓지 아니하나니(요일 3:9; 5:18)

사도 요한은 이러한 약속의 말씀을 기초로, 이미 받은 신생이 하나님의 은혜에 의해 믿음을 통해 유지된다는 전제 아래, "하나님께로부터 난 자는 다 범죄하지 아니하는 줄을 우리가 아노라"(요일 5:18)라고 말씀한다. 그 믿음에 의해 "하나님께로부터 나신 자가 그를 지키시매 악한 자가 그를 만지지도 못하기" 때문이다(요일 5:18).

칭의는 죄를 정복한다. 죄는 날마다 믿음 안에서 살아가는 사람을 지배할 권세가 없다. 신자는 "나는 죄를 지은 적이 없다"고 말해서는 안 된다. 그러나 구원의 신앙 속에서 살아가는 한 언제나 하나님께서 자신을 용서하셨다는 사실을 신뢰할 수 있다.[23]

현재는 죄를 짓지 말라는 명령이 내려진 유일한 순간이다. 믿음이 있다면 미래의 모든 순간도 전적으로 용서의 은혜 안에 있게 될 것이다.

구원은 단지 이론이 아니다. 그것은 모든 종류의 죄에서 건짐받는 실제적인 경험이다. 구원의 은혜는 우리의 현재의 삶과 미래를 변화시키기

---

21 "Salvation by Faith," B 1:122, sec. 1. 4.
22 PCC, sec. 74; "On Perfection," 서문; 참고. *LJW* 3:100–1.
23 "Salvation by Faith," B 1:124, sec. 2. 6.

에 충분하다. 이것이 하나님께서 우리를 어떤 수준까지 구원하시는지에 대한 근본적인 이해다. 칭의란 "그리스도의 대속이 이제 그분을 믿는 죄인의 영혼에 실제로 적용되어 그가 죄책과 형벌에서 구원받고, 또 그의 마음에 그리스도의 형상이 이루어져 죄의 권세에서도 구원받는 것"[24]을 말한다.

b. 그리스도 안에서의 거룩한 삶을 지향하는 구원

신자는 성령으로 거듭남으로 "그리스도와 함께 하나님 안에 감추어진"(골 3:3) 새 생명에 들어가, 기쁨으로 "순전하고 신령한 말씀의 젖"을 먹고 믿음에서 믿음으로, 은혜에서 은혜로 점점 성장해, 마침내 온전한 구원을 얻는다. 즉, 그는 "온전한 사람을 이루어 그리스도의 장성한 분량이 충만한 데까지"(엡 4:13; 참고. 롬 1:17) 이른다.[25]

신자는 신생에서 시작해 하나님의 말씀을 먹고 강건하게 되어, 은혜에 의해 믿음 안에서 온전한 사랑을 향해 성장해간다. 하나님의 구원 활동은 그의 전(全) 자아를 고의적 죄, 죄 된 욕망, 습관적 죄에서 벗어나게 하고, 하나님을 전적으로 신뢰하게 함으로 신자의 삶 전체를 새롭게 개조하기 위한 것이다. 이제 그의 마음은 세상의 우상을 떠나 하나님께서 주시는 선물들로 향한다.[26]

5. 교리 연회록: 구원의 시작, 지속, 완성

웨슬리는 교리 연회록에서 구원의 전 과정을 다음과 같이 설명한다.

---

24 "Salvation by Faith," B 1:124, sec. 2. 7; *CH*, B 7:290–92.
25 "Salvation by Faith," B 1:124, sec. 1. 7.
26 "Salvation by Faith," B 1:125–30, sec. 3; 참고. "Spiritual Worship," J VI:430, sec. 2. 5-6.

"우리가 믿음으로 말미암아 구원을 얻는다는 것은, 1. 행함을 낳는 믿음에 의해 죄 용서를 받고(구원의 시작), 2. 사랑으로써 역사하는 믿음에 의해 거룩하게 되며(구원의 지속), 3. 이 신앙의 결과로 천국을 얻게 되는 것(구원의 완성)을 의미한다."[27]

교리 연회록은 이후 웨슬리안 전통의 교리적 표준이 되는 가장 초기 메소디스트 헌법의 핵심 내용을 구성한다. 그 내용은 웨슬리와 부흥운동 초기의 설교자들이 메소디스트 연회에서 다듬은 것이다.

6. 구원의 교리를 설명한 『찬송가』 서문

존 웨슬리와 찰스 웨슬리 형제는 1740년에 출판한 『찬송가』(*Hymns and Sacred Poems*) 서문에서 구원을 '무엇에서의'(from) 구원과 '무엇을 위한'(for) 구원으로 구분해 설명했다. 즉, "하나님께로부터 난 자는 다 범죄하지 아니하는 줄을 우리가 아노라 하나님께로부터 나신 자가 그를 지키시매 악한 자가 그를 만지지도 못하느니라"(요일 5:18)라는 말씀 그대로, 신자는 하나님과 화평하게 되었으므로 두려움에서 구원을 얻고, 성령의 증거를 통해 확신을 갖게 되었으므로 의심에서 구원을 얻으며, 의의 종이 되었으므로 죄에서 구원을 얻는다.

그들은 자기 고집에서 벗어나 오직 하나님의 뜻만을 소원한다. 또 악한 생각에서 벗어나 "하나님으로 충만해진 영혼에는 더는 그것이 자리할 곳이 없다." 그들은 "죄와 비통함을 낳는 거대한 뿌리인 교만"에서 벗어나 "자신의 모든 만족은 하나님에게서 말미암음을 느낀다."

"그들은 앞으로 이루어야 할 것이 있기에 '이미 이루었다'고 말할 수 없

---

27 Minutes, 1746, May 13, Q3, JWO 159.

고, 그런 의미에서는 '이미 온전하다'고 말할 수 없다. 그러나 그들은 날마다 힘을 얻고 더 얻어 '거울을 보는 것같이 주의 영광을 보매 그와 같은 형상으로 변화하여 영광에서 영광에 이르게'(고후 3:18) 될 것이다."[28]

7. 경계해야 할 율법폐기론의 위험

a. 믿음으로 말미암는 구원은 방종을 부추기는가?

믿음에서 비롯되지 않은 모든 것은 하나님께 반응할 수 없기에 죄와 죽음의 그늘 아래 있다. 이때 하나님의 선물은 거부당한다.

하나님께서는 자신이 직접 우리에게 비추어주신 길을 통해 우리가 자신에게 나아오기를 바라신다. 또 우리가 스스로 고안해낸 방법을 더 낫다고 생각하는 것이 아니라, 하나님께서 직접 세우신 값진 구원의 계획을 신뢰하기를 원하신다.[29]

마음에 부패성이 남아 있는 죄인은 스스로의 행위로는 그 죄성을 씻을 수 없다. 하나님의 은혜를 떠난 상태에서 행한 행위에는 어떤 공로도 있을 수 없다. "신앙의 중요성을 설교하지 않는 모든 사람은 율법을 폐하는 자다. … 우리는 율법의 온전한 범위와 영적인 의미를 제시하고, 모든 사람을 그 생명의 길로 초청해, '율법의 의'가 그들에게서 성취되게 함으로 '율법을 굳게 세운다.'"[30]

b. 율법과 복음

우리가 하나님께서 십자가에서 우리를 위해 행하신 일을 신뢰하지 않

---

28 *HSP* (1740), 서문 4–7, J XIV:323–25.
29 "Salvation by Faith," B 1:125–30, sec. 3.
30 "Salvation by Faith," B 1:125, sec. 3. 2; 참고. *LJW* 6:122.

으면 율법의 어떤 부분도 제대로 성취할 수 없다. 칭의의 신앙은 율법을 헛되게 하지 않고 성취한다. 따라서 율법은 신앙에 의해 굳게 세워진다 (롬 3:31).[31]

신앙을 가진 사람 중 일부는, 은혜를 더하게 한다는 핑계로 죄를 계속 범하려는 유혹을 받을 수 있다(롬 6:1). 그러나 하나님의 은혜를 바르게 아는 사람은, 방종이 아닌 회개와 자비의 행위로 나아간다.[32] 신앙이 마음을 느슨하게 만들어 선행을 그치게 만든다면, 그것은 참된 신앙이 아니다.[33]

참된 신앙은 언제나 당면한 상황에서 합당한 선을 행한다. 예수님의 십자가 우편의 강도는 신앙을 가졌기에 낙원을 약속 받았으나, 선행으로 자신의 신앙을 표현할 기회를 갖지 못했다. 그는 십자가에 달린 사람으로서 가능했던 자비의 행위를 했을 뿐이다. 바른 신앙을 가진 사람은 책임성 있게 선을 행하며 모두에게 유익을 끼치는 삶을 살아간다. 우리는 율법과 복음을 함께 선포해야 한다. 그럴 때 신앙은 복음을 방종으로 전락시키지 않는다.[34]

c. 믿음으로 말미암는 구원이 교만과 절망을 일으키는가?

사람의 가장 훌륭한 동기조차도 교만으로 이끄는 유혹이 될 수 있다. 구원의 신앙은 끊임없이 "사랑으로써 역사"(갈 5:6)하기를 힘쓴다. 이 "사랑으로써 역사하는 믿음"이 교만과 자기 자랑에 대한 치료약이다. 칭의의

---

31 "The Original, Nature, Property, and Use of the Law," B 2:16, sec. 4. 23.
32 "Dialogue between an Antinomian and His Friend," J VIII:266–84.
33 "Salvation by Faith," B 1:126–27, sec. 3. 4.
34 Minutes, 1745, August 2, J VIII:284–85. 이는 "만군의 하나님의 투사"로 칭한 루터가 발견한 것과 같다, "Salvation by Faith," B 1:129, sec. 3. 9. 웨슬리는 그로부터 겨우 18일 전에 누군가가 루터의 『로마서 주석』 서문을 낭독하는 것을 듣던 중 "마음이 이상하게 뜨거워지는 것을 느꼈다." 이후 1749년에는 루터의 전기를 출판했다.

신앙은 우리의 교만을 깨뜨리는 능력을 지닌 은혜의 선물을 기뻐한다.[35] 우리는 언제나 겸허하게 주의 만찬으로 나아가야 한다. 겸허함이 없는 성찬 참여는 진실하지도, 유효하지도 않다.[36]

어떤 의미에서 회개는 우리가 바른 태도를 형성해 믿음 안에서 더 성장하게 하기 위해 일시적으로 우리 자신의 자격 없음에 대해 절망을 일으킬 수도 있다. 우리에게는 스스로를 구원해낼 수 있는 타고난 능력이 없다. 이 사실에 대한 자각은 우리로 하나님의 구원 사역을 더 온전히 신뢰하도록 이끈다. "누구도 자신을 철저히 부인하지 않으면 그리스도의 공로를 신뢰할 수 없기 때문이다."[37] 따라서 더 깊은 신앙으로 나아가게 하는 이런 건설적인 절망에는 구원의 요소가 있다.[38] 사람은 자기 자신에게 절망하기 전에는 누구도 하나님의 의를 신뢰할 준비가 되어 있지 않다.[39]

어떤 사람은 칭의가 굴욕적이고 불편하며 자존감을 깎아내리는 자학적 요소를 지닌 교리가 아닌지 우려한다. 그러나 구원의 신앙은 오히려 낮은 자존감을 다시 회복시킨다고 이해하는 것이 옳다. 구원의 신앙은 참된 자기 긍정과 자기 가치 회복을 위한 견고한 토대를 제공한다. 우리를 가장 사랑하실 뿐 아니라 사랑받기에 가장 합당하신 분에게서 우리가 적극적인 사랑을 받고 있음을 깨닫게 하는 것이 신앙이기 때문이다. 구원의 신앙은, 하나님께서 죄인에게 자비를 베푸시고 용서하신다는 진리를 붙들어 우리에게 깊은 위로를 준다.[40]

---

35 "Walking by Sight and Walking by Faith," B 4:56–58, secs.16–19.
36 "Salvation by Faith," B 1:126, sec. 3. 3.
37 "Salvation by Faith," B 1:127, sec. 3. 5.
38 "A Call to Backsliders," B 3:210–6.
39 "Salvation by Faith," B 1:127–28, sec. 3. 5-6.
40 영국 국교회 신조 제11조.

그러나 이렇게 불안하고 위험한 내용을 모두에게 무차별적으로 가르쳐도 되는가? 웨슬리는 그것을 반드시 죄인, 즉 "모든 사람", 특히 "복음을 들을 특별한 자격을 지닌" 가난한 사람들에게 선포해야 한다고 답한다.[41] "오늘날처럼 이 교리를 전하기 좋은 때는 없었다. … 교회의 많은 오류를 하나씩 바로잡으려면 끝이 없을 것이다. 그러나 믿음으로 말미암는 구원의 교리는 그 모든 오류의 근원을 공격한다."[42] "그래서 믿음으로 말미암는 구원이 선포되면 원수가 그렇게 격노하는 것이다."[43]

B. 성경적 구원의 길

설교 "성경적 구원의 길"의 성경 본문은 에베소서 2:8의 "너희는 그 은혜에 의하여 믿음으로 말미암아 구원을 받았으니"라는 말씀이다 [설교 #43 (1765), B 2:153–69; J #43, V:43–54].

1. 구원의 수단은 신앙, 신앙의 목적은 구원

기독교는 인간 삶의 가장 중요한 목표인 구원을 오직 신앙이라는 수단으로만 얻을 수 있다고 가르치는 분명하고 단순한 종교다.[44] "신앙의 목적이 한마디로 구원이라면, 그 목적을 이루는 수단은 신앙이다."[45] 이 목적과 수단에 의해 "우리는 우리를 둘러싼 모든 것이 영적인 세계임을 안다. 그러나 우리의 자연적 능력만으로는 마치 그 세계가 존재하지 않는 양 아무

---

41 "Salvation by Faith," B 1:128, sec. 3. 7.
42 "Salvation by Faith," B 1:128–29, sec. 3. 8.
43 "Salvation by Faith," B 1:129, sec. 3. 9.
44 B 1:120–21, 138–39; 3:497–98.
45 "The Scripture Way of Salvation," B 2:156, 서문 1.

것도 알 수 없다."[46] "우리가 예언자, 제사장, 왕으로서 모든 직분을 행하시는 … 그리스도를 받아들이는 것은 … 이 신앙을 통해서다."[47]

"신앙은 필연적으로 확신", 즉 자신이 하나님의 자녀가 되었다는 내적 증거에 대한 인식을 "포함한다"(참고. 롬8:16). "사람은 자신이 하나님의 자녀가 되었음을 깨닫기 전에는 어린아이와 같은 믿음으로 하나님을 신뢰할 수 없다."[48]

"이 신앙에 의해 우리는 구원받고, 의롭다 함을 얻으며, 성화된다."[49] 하나님께서 죄인을 기꺼이 용서하기 원하신다는 사실을 드러내는 하나님의 판결인 "칭의의 유일한 조건"은 신앙이다.[50] "우리가 의롭다 함을 받을 뿐 아니라 성화 되는 것도 신앙에 의해서다."[51]

"회개와 그에 합당한 열매 모두는 어떤 의미에서 칭의에 필요하다. 그러나 그것들이 신앙과 '같은 의미'(in the same sense) 또는 '같은 정도'(in the same degree)로 필요한 것은 아니다. 신앙과 '같은 정도'로 필요하지 않다는 것은, 그런 열매는 단지 시간과 기회가 허락되는 한에서 조건적으로 필요하기 때문이다. … 신앙과 '같은 의미'로 필요하지 않다는 것은, 신앙은 칭의 뿐 아니라 성화를 위해 즉각적이고 직접적으로 필요한 데 비해, 회개와 그에 합당한 열매는 그 신앙을 지속하고 강화하기 위해 간접적으로 필요하기 때문이다."[52]

---

46 "The Scripture Way of Salvation," B 2:160–61, sec. 2. 1.
47 "The Scripture Way of Salvation," B 2:161, sec. 2. 2; CH, B 7:314–15.
48 "The Scripture Way of Salvation," B 2:161–62, sec. 2. 3.
49 "The Scripture Way of Salvation," B 2:162, sec. 2. 4.
50 "The Scripture Way of Salvation," B 2:163, sec. 3. 2.
51 "The Scripture Way of Salvation," B 2:163, sec. 3. 3.
52 "The Scripture Way of Salvation," B 2:163, 167, sec. 3. 2, 13.

2. 지금 기대하라!

칭의의 신앙이 "어떤 사람에게는 점진적으로 생겨날 수 있다." 이런 경우 신자는 하나님의 은혜에 온전히 반응하는 상태에 이르기까지 점진적으로 성장했기 때문에 "죄가 멈춘 특별한 순간"을 알아차리지 못할 수도 있다. 그러나 웨슬리는 "그것이 한순간 … 눈 깜짝할 사이에 즉각적으로 이루어지는 것이 훨씬 더 바람직하다"고 적었다.[53] 이런 일은 부흥운동에서 자주 일어났고, 그것을 경험한 사람들이 반복적으로 증언한 것이다.

"다음의 징표를 통해 당신은 구원을 믿음으로 얻고자 하는지 행위로 얻고자 하는지를 확실히 알 수 있다. 만약 행위로 얻고자 한다면, 당신은 그것을 얻기 위해 먼저 무엇인가를 행하려 할 것이다. 그러나 믿음으로 얻고자 한다면, 당신은 있는 모습 그대로 그 은혜 주시기를 기대할 것이다."[54] 구원의 은혜를 받을 준비가 되었는지 여부를 아는 것은 어렵지 않다. 준비가 되었다면 지금 주실 것을 기대하라.

행위에 의한 거짓 구원과 믿음으로 말미암는 참된 구원 사이에는 선명한 구분선이 있다. 만약 행위에 의한 거짓 구원이라면, 당신은 은혜를 받기 전에 스스로 무엇인가를 행해야 한다고 생각할 것이다. 믿음으로 말미암는 참된 구원이라면, 당신은 죄인인 자신에게 은혜가 역사하기를 기대하면서 있는 모습 그대로 나아갈 것이다.

"믿음으로 구원 얻기를 기대하라! 있는 모습 그대로 구원 얻기를 기대하라! 지금 얻기를 기대하라! 이 세 가지 사이에는 결코 분리할 수 없는 연관성이 있다."[55]

---

53 "The Scripture Way of Salvation," B 2:168–69, sec. 3. 18.
54 "The Scripture Way of Salvation," B 2:169, sec. 3. 18.
55 같은 곳.

3. 성자의 용서와 성령의 능력의 관계

a. 칭의 시 점진적 성화가 시작됨

성화의 은혜는 신자로 죄 된 본성의 행위를 죽이는 것을 가능하게 한다. 은혜는 온전한 응답을 요구하는데, 그 목표는 완전 성화 즉 온전한 구원으로, 온전한 사랑이 신자의 마음을 가득 채워 죄가 더는 존재하지 않게 하는 것이다.[56]

앞으로 성화의 교리를 더 자세히 살펴보겠지만, 여기서는 칭의와 성화의 관계를 명확히 할 필요가 있다. "우리가 칭의 되는 그 순간 동시에 성화가 시작된다."[57] 성화가 시작된다는 것은, 완성되지는 않았음을 의미한다.

웨슬리는 하나님께서 우리를 위해 행하시는 일과, 하나님께서 우리 안에서 행하시는 일을 중요하게 구분 지었다. 칭의는 하나님께서 우리를 자녀 삼아 새로운 관계로 받아들이신 관계적 변화를 말한다면, 성화는 우리가 "하나님의 능력으로 내면이 새롭게 되는" 실제적 변화를 의미한다.[58] 하나님의 용서는 우리와 하나님의 관계를 변화시킨다. 하나님의 성령은 우리 영혼 속에서 일하심으로 우리의 행동을 실제적으로 변화시켜, 우리 속에 있는 하나님의 형상을 더 온전히 나타내게 하신다.

"우리가 거듭나는 순간부터 성화의 점진적 사역은 시작된다. 성령께서는 우리에게 능력을 부어 육체와 악한 본성의 행위를 죽이게 하신다. 우리가 죄에 대해 더 죽으면 죽을수록 하나님께 대하여는 점점 더 살아난다. 우리는 계속 은혜에서 은혜로 나아간다."[59]

---

56 "The Scripture Way of Salvation," B 2:162–69, sec. 3.
57 "The Scripture Way of Salvation," B 2:158, sec. 1. 4.
58 같은 곳.
59 "The Scripture Way of Salvation," B 2:160, sec. 1. 8.

칭의의 은혜는 거룩한 삶을 사는 새 생명을 시작하게 한다. 그 순간부터 성화의 은혜는 신자의 마음에서 성령의 사역을 온전케 하기 위해 역사한다.

"어느 누구도 믿기 전에는 성화 될 수 없다. 모든 사람은 믿음을 통해 성화 되기 때문이다."[60] 비록 실수할 수는 있으나 온전히 믿는 한, 그는 하나님의 은혜를 입어 하나님께서 거하시는 성전이 된다.

b. 죄는 힘을 잃을 뿐 완전히 소멸되지는 않음

신생에서는 죄가 완전히 파괴되지는 않으나 그 권세를 잃는다. 죄의 영향력은 "일시적으로 중지된다." 그러나 "유혹이 다시 찾아오고 죄가 다시 살아나는 것은, 죄가 힘을 잃었을 뿐 완전히 소멸되지는 않았음을 보여준다. 신자는 자신 속에 성령을 거스르는 육체의 소욕, 하나님의 은혜를 반대하는 타락한 본성이 남아 있어, 서로 상반된 두 세력이 공존하고 있음을 느낀다."[61]

그러는 중에도 성령께서는 신자가 하나님의 자녀임을 증거하신다. 웨슬리는, "1400년 전" 사막 교부 마카리우스(Macarius)가 초신자들은 "현재 자신에게 더는 죄가 없다고 생각"하는 오류를 범할 수 있다고 가르친 사실을 알았다. 그러나 신앙생활에서 더 경험이 많고 신중한 사람들은, 자신에게서 죄 된 욕망이 "5~6년 동안 … 사라져 … 죄에서 완전히 자유를 얻었다고 생각했을 때 자신 속에 숨어 있던 죄가 새롭게 요동친" 사실을 안다.[62] 그러나 성령께서는 우리를 실족한 상태에 내버려두시지 않고 계

---

60 "The Scripture Way of Salvation," B 2:164, sec. 3. 3.
61 "The Scripture Way of Salvation," B 2:159, sec. 1. 6; 갈 5:17.
62 같은 곳; '영국 국교회의 한 성직자'가 번역한 *The Spiritual Homilies of Macarius the Egyptian* (1721), 159n.를 보라.

속 우리를 돌보셔서 하나님의 은혜에 온전히 반응하는 성숙한 상태로 점점 나아가게 하신다.

c. 죄는 남아 있으나 지배하지 못함

이처럼 칭의 받은 신자에게는 죄가 남아 있기에 칭의 이후에도 계속 회개할 필요가 있다. 이 주제는 10장 "칭의 이후에도 남아 있는 죄"에서 더 자세히 다룰 것이다. 웨슬리는 다음과 같이 말했다. "칭의 이전뿐 아니라 이후에도 회개가 필요한데 … 칭의 이후의 회개는 이전의 회개와 매우 다르다." 칭의 이후의 회개는 "비록 더는 다스리고 지배하지는 못하더라도, 여전히 우리 마음에 남아 있는 죄에 대해, (영국 국교회의 가르침대로) 심지어 거듭난 신자 속에도 여전히 남아 있는 육적인 마음에 대해 성령께서 일으키시는 자각"[63]이다.

죄는 신앙생활 중에도 남아 있을 수 있으나, 신자를 지배할 수는 없다. 죄는 신자를 마음대로 좌우할 권세를 잃었다. "우리를 성화시키고, 죄에서 건져내며, 사랑 안에서 온전하게 만드는" 신앙은, 하나님께서 성경에서 이 새로운 삶을 약속하셨다는 사실에 대한 신적 증거와 확신이다. 하나님의 약속은, 그분이 능히 우리를 온전케 하실 수 있으며, 또 지금 그렇게 하기를 원하신다는 것이다. 그리고 그는 참으로 "그렇게 행하신다."[64]

아우틀러에 의하면, "웨슬리의 모든 기록된 설교 중 구두로 가장 많이 선포된 역사를 가지고 있을 뿐 아니라, 웨슬리가 가르친 구원의 순서를 가장 훌륭하게 요약하고 있는 설교가 바로 이 '성경적 구원의 길'이라는 설교다."[65]

---

63 "The Scripture Way of Salvation," B 2:165, sec. 3. 6.
64 "The Scripture Way of Salvation," B 2:166–68, sec. 3. 13–17.
65 "Order of Salvation," JWO, 서문; "The Scripture Way of Salvation," B 2:154.

3장

칭의

3장 칭의

A. 믿음에 의한 칭의

웨슬리의 매우 중요한 설교 "믿음에 의한 칭의"의 성경 본문은 로마서 4:5, "일을 아니할지라도 경건하지 아니한 자를 의롭다 하시는 이를 믿는 자에게는 그의 믿음을 의로 여기시나니"라는 말씀이다 [설교 #5 (1746), B 1:181-99; J #5, V:53-64].

웨슬리의 다른 어떤 설교보다 이 설교는 바울과 종교개혁자들이 가르쳐온 전통적 칭의 교리의 정수를 제시한다. 이 설교는 십자가에서의 성자의 자기희생을 통해 가능케 된 하나님의 법적 결정을 다룬다. 웨슬리는 먼저 칭의를 십자가로 이어지는 죄의 역사와 관련지어 설명한 후 성화와의 관계, 칭의의 대상과 조건을 다룬다.[1]

1. 구속사의 배경: 창조, 타락, 구원의 약속

a. 창조와 타락

인간의 본래 상태는 하나님으로부터의 소외가 아니라 수용적 신뢰 속에서 하나님과 교제하고, 인격적 대화를 나누며, 하나님의 선하심을 순수하게 반영하는 것이었다.[2] 하나님께서 어떤 악도 알지 못하시고 사랑 그 자체이신 것처럼, 하나님의 형상으로 만들어진 사람은 거룩했고 사랑으로 충만했다. 하나님께서는 (타락하기 전) 죄 없는 인간에게 단순한 순종

---

[1] 칭의에 관하여는 *LJW* 1:248; 2:107; B 1:182-99, 320-21; *CH*, B 7:11, 80, 142; 참고. *LJW* 5:96; 6:296; *JJW* 5:194를 보라.

[2] "The Image of God." 웨슬리의 이 설교는 구원을 하나님 형상의 회복의 관점에서 설명한다; "Salvation by Faith," para. 1; "Original Sin," sec. 3. 5.

을 요구하는 완벽한 율법을 주셨으며, 불순종은 허용되지 않았다. 첫 인류는 "명령 받은 의무를 충분히 감당할 수 있었고, 언제나 선한 언행을 할 수 있는 충분한 능력을 가지고 있었다."[3]

인간은 자유를 잘못 사용함으로 그 본래의 상태에서 벗어나 추악한 불순종과 타락에 빠져 죄의 역사가 시작되었고, 인류 역사 전체는 하나님에게서 멀어졌다. 죄와 죄책과 죽음이 타락한 인류에게 만연하게 되었다.[4]

이 부끄러운 역사가 칭의 교리의 배경이다. 죄가 없었다면 칭의의 은혜 역시 필요하지 않았을 것이다. 처참한 역사는 죄에서 시작되었다.[5]

b. 그리스도께서 자신을 영원한 화목제물로 드리심

하나님께서는 타락한 인류에게 자신의 아들을 보내 온 세상의 죄를 위해 단번에 드려진 영원한 희생제물이 되게 하셨다. 성자는 십자가의 죽음을 통해 우리의 선행이나 공로가 없어도 하나님께서 죄인을 용서해 주신다는 사실을 구체적으로 보여주셨다. 그분은 성부 하나님과의 화해로 우리를 초청해 우리가 본래의 성결과 행복으로 돌이킬 수 있게 하셨다.

하나님께서 행하신 이 화해의 행위에서 우리의 칭의가 비롯된다. 즉, 우리는 스스로 행한 무엇이 아니라, 하나님께서 십자가에서 우리를 위해 행하신 일을 통해 하나님 앞에서 의롭게 되는 것이다. "일하는 자에게는 그 삯이 은혜로 여겨지지 아니하고 보수로 여겨지거니와 일을 아니할지라도 경건하지 아니한 자를 의롭다 하시는 이를 믿는 자에게는 그의 믿음을 의로 여기시나니"(롬 4:4-5). 이로써 성자의 의로움이 우리의 것이 된다.

---

3   "Justification by Faith," B 1:184, sec. 1. 1-3.
4   "God's Approbation of His Works," B 2:397-98, sec. 2. 1.
5   "Justification by Faith," B 1:184-87, sec. 1. 1-9.

c. 십자가 대속의 은혜로 성취되는 칭의

죄인은 그리스도께서 우리를 위해 행하신 십자가 대속의 은혜에 의해 하나님 자신의 의로 의롭게 된다. 이는 법률적 행위로, 십자가 사건을 통해 발생한 심판자 하나님의 행위다.

"인류 공동의 조상이자 대표"인 아담 안에서 죽음은 모든 사람에게 전해졌다. "그러나 인류의 대표자로서 두 번째 아담이 인류의 죄를 속하기 위해 드린 희생제사로 인해 하나님께서는 세상과 화해하시고 그들에게 새 언약을 주셨다."[6] 십자가가 하나님을 세상과 화해하시게 한다. 그리스도의 은혜와 자비만이 세상을 하나님과 화해하게 한다.

하나님 편에서는 칭의를 위해 필요한 모든 것이 십자가에서 완성되었다. 우리 편에서 필요한 것은 행위가 아닌 믿음이다. 구원의 신앙은 우리를 의롭다 하시는 하나님의 칭의의 행위에 우리가 신뢰로 응답하는 것이다. 성령 하나님은 우리의 행동이 변화되어 열매를 맺게 하기 위해 우리의 내면에서 일하신다.[7] 웨슬리의 칭의 교리는 루터, 칼빈, 개혁주의, 현대 복음주의를 포괄하는 관료후원적 종교개혁 교리의 정수와 맞닿아 있다.

2. 칭의와 성화의 차이

a. 하나님께서 성자를 통해 우리를 위해 행하시는 사역과, 성령을 통해 우리 안에서 행하시는 사역

칭의는 "하나님께서 성자를 통해 '우리를 위해'(for us) 행하시는 사역"이라면, 성화는 하나님께서 "성령을 통해 '우리 안에서'(in us) 행하시

---

6 "Justification by Faith," B 1:185-87, sec. 1. 5-9; *CH*, B 7:120, 210.
7 "Justification by Faith," B 1:186-87, sec. 1. 7-9; 참고. B 1:642.

는 사역"⁸이다. 이는 웨슬리의 가르침에서 매우 중요한 구분이다. 이 구분은 성자와 성령을 분리하려는 것이 아니라, 한 분 삼위일체 내에서의 성자 하나님과 성령 하나님의 사역의 차이를 드러내기 위한 것이다. 성자는 태어나 십자가에서 죽음을 당하고 장사 되셨으며 부활하셨다. 성령은 신자의 마음에 역사해 성자의 사역을 내적으로 받아들이게 하신다.

하나님께서 성자를 통해 우리를 위해 행하시는 사역은, 성령을 통해 우리 안에서 행하시는 사역을 위한 준비가 된다. 즉, 칭의의 은혜를 받아들임으로 신생을 얻게 한다. 그리스도의 사랑으로 새롭게 거듭난 우리는, 성화의 은혜에 의해 믿음에서 믿음으로 더욱 성장할 수 있게 된다.⁹

b. 칭의는 하나님의 법적 판결임

칭의는 법적 선언, 즉 하나님께서 우리를 위해 내리시는 법적 판결이다. 만약 행동의 변화라는 기준으로 평가한다면, 칭의라는 법적 판결이 그것을 듣는 사람의 행동을 즉각적으로 의롭게 하지는 않는다. 그 행동의 변화는 칭의에서 이루어진 것을 점차 완성시키기 위해 일하시는 성령의 사역에 해당한다. 성령은 우리 안에서 역사해 신앙의 삶을 온전하고 성숙하게 구현해낼 수 있도록 도우신다.¹⁰

c. 성화는 칭의의 내적·외적 열매임

성화는 "칭의의 즉각적 열매"로, 칭의와 "구별되는 하나님의 은혜"다. 성화가 칭의와 구분되는 것은, 마치 성장이 출생과 관련되지만 구분되는 것과 같다. 웨슬리는 성경이 '의롭게 함'(justification)이라는 용어를 "성화

---

8   "The New Birth," B 2:187, sec. 1; "The Great Privilege of Those That Are Born of God," sec. 1. 1.
9   "Justification by Faith," B 1:187, sec. 2. 1.
10 JWO 201-2.

를 포함하는 포괄적인 의미"로 사용할 때가 있음을 알고 있었다. "그럼에도 사도 바울과 성령의 영감을 받은 성경의 다른 저자들은 일반적으로 둘을 충분히 구분하고 있다."[11] 회심하는 순간 신자는 "칭의의 즉각적 열매"를 경험한다.

칭의는 중생의 객관적 토대이자, 이후의 영적 성장 과정으로 이어지는 신생의 시작이다. 칭의가 신생을 가능하게 한다면, 성화는 계속적인 성장 과정을 가져온다. 누구도 태어나기 전에 성장할 수는 없다. 마찬가지로 누구도 칭의의 은혜 없이 성화의 과정에 들어갈 수는 없다.[12]

d. 구원의 교리의 토대가 되는 삼위일체의 교리

한 분 하나님 안에서의 삼위 각각의 구분된 역할은 이러한 개인의 구원 과정 전체의 토대가 된다. 칭의를 성자의 사역으로, 성화를 성령의 사역으로 돌리는 것은 웨슬리의 매우 중요한 가르침이다. "주는 영[성령]이시니"(고후 3:17)라는 말씀처럼, 하나님이 한 분이시며 서로 분리될 수 없으시기에, 성자와 성령의 사역은 하나로 연결되어 있다. 그러나 성령의 일이 참 인간이자 참 하나님이신 성자의 사역을 온전하게 하신다는 의미에서, 성자와 성령의 사역은 구분 가능하다.

칭의는 양심의 역할을 축소시키거나 도덕법의 올바른 사용에 반대하지 않는다. 그보다는 은혜로 사람과 율법의 관계를 바꾸어 놓는다.

"칭의는 하나님께서 자신이 의롭다 칭한 사람을 실제로 의로운 것으로 착각하거나", 죄인을 죄인이 아닌 것처럼 생각하신다는 의미가 아니다.[13]

---

11 "Justification by Faith," B 1:187, sec. 2. 1.
12 "Justification by Faith," B 1:187-90, sec. 2.
13 "Justification by Faith," B 1:188, sec. 2. 4.

"칭의의 분명한 성경적 개념은 사면, 즉 죄 용서다. 그것은 성자께서 자신의 피로 드리신 화목제물로 인해 우리가 '과거에 지은 죄를 간과하심으로 자기의 의로우심(그리고 자비)을 나타내시는'(롬 3:25) 성부의 행위다."[14] 하나님께서는 믿음에 의해 의롭다 하심을 받은 사람에게는 "죄를 전가해" 정죄하지 않으신다(롬 4:7-8, 참고. B 1:189 각주). '전가하다'(impute)라는 말의 법적 정의는, 누군가가 상호 관계에 끼친 피해에 대해 그에게 책임을 지우는 것이다. 마치 그리스도께서 우리의 죄에 대해 책임을 지신 것과도 같다. 개신교 신학에서 '전가'는 죄를 용서한다는 판결을 내리는 것을 의미한다. 하나님께 사면의 은혜를 받은 죄인은 정죄 받지 않는다.

"그가 과거에 생각과 말과 행위로 지은 모든 죄는 '덮이고' 소멸되어 마치 존재하지 않았던 것처럼, 더는 그에게 불리하게 기억되거나 언급되지 않는다. 하나님의 사랑하시는 아들이 그를 위해 고난받으셨으므로, 하나님께서는 그에게 마땅한 고통을 주지 않으시는 것이다."[15] 칭의는 신자가 생각과 말과 행위로 지은 모든 죄를 덮는 포괄적(총체적) 사면이다.

3. 칭의의 대상은 누구인가?

a. 오직 죄인만 용서를 필요로 함

칭의의 은혜는 누구를 대상으로 하는가? 바로 경건하지 않은 자들이다! 오직 죄인만이 용서를 필요로 하고 또 용서받을 수 있다.[16] 목자는 회개

---

14 로마서 3:25를 보라; 참고. B 1:189n. 웨슬리는 존 뉴턴에게 보내는 1765년 5월 14일 자 편지에 다음과 같이 썼다. "나는 지난 27년간 언제나 한결같이 생각해온 대로, 그리고 칼빈이 생각한 그대로 칭의에 대해서 생각합니다. 칭의에서 나는 그와 머리카락 하나 두께 차이도 나지 않습니다." 그러나 아우틀러가 지적한 것처럼, 칼빈은 "칭의에서 신앙은 단지 수동적"이라고 주장한 반면 (『기독교강요』, 3.20.5), "웨슬리는 칭의의 믿음을 '능동적'인 것으로 생각했다"(B 1:189n.).
15 "Justification by Faith," B 1:189-90, sec. 2. 5.
16 "Justification by Faith," B 1:190, sec. 3. 1.

하는 가운데 자신이 잃어버린 자임을 아는 사람을 찾고 구하기 위해 신속하게 반응한다.[17] 의사는 건강한 사람이 아니라 죄라는 질병으로 고뇌하는 사람을 찾아가 그를 고친다.[18]

이 점은 우리가 신학적 사고의 순서를 정하는 데 영향을 끼친다. 십자가에서의 성자의 사역이 성령의 능력 있는 사역의 길을 예비하듯, 칭의는 성화의 길을 닦는다.

마치 온전하게 된 사람만 칭의 받을 수 있는 것처럼 주장해 칭의보다 성화를 앞세우는 오류처럼, 구원의 순서를 뒤바꾸면 안 된다. 사람은 칭의의 자격을 얻기 위해 먼저 거룩하게 되어야 하는 것이 아니다.[19] 그것은 사실상 웨슬리가 미국 조지아주에서 선교하는 동안 거의 빠질 뻔했던 오류, 즉 사람이 칭의의 은혜 받을 준비를 갖추려면 거룩하기 위해 최선을 다해야 한다는 주장이다.[20] 그가 정말 그렇게 믿었는지에 대해서는 논란의 여지가 있다. 그러나 칭의에 대한 이 설교를 할 무렵이 되어서는, 성화의 사역과 성화의 은혜에 대한 반응이 있기 위해서는 먼저 칭의가 전제되어야 한다고 명확히 순서를 정한 것이 분명하다.[21]

과거 웨슬리의 멘토였던 윌리엄 로(William Law)는 성화, 그리스도의 삶을 따름, 십자가를 짊어짐, 경건의 본질로서 죄에 대해 죽음 등을 칭의

---

17 "Justification by Faith," B 1:191, sec. 3. 3.
18 "Justification by Faith," B 1:191-92, sec. 3. 3-4.
19 "Justification by Faith," B 1:191, sec. 3. 2.
20 제레미 테일러의 거룩한 삶 전통은 "회개에 합당한 행위"(행 26:20)가 칭의, 특히 마지막 심판 날에 신자가 최종적 칭의를 위해 준비되었는지 여부를 입증하는 증거로서 일반적으로 요구된다는 점을 강조했다. Taylor, *Unum Necessarium Deus justificatus*, 6장, "Works" (London: Brown, Green, and Longmans, 1850), 2:598-99를 보라.
21 영국 국교회 신조 제12조; "구원, 믿음, 선행의 교리," sec. 2. 6.

에 반드시 필요한 조건으로 여겼다.[22] 웨슬리는 1738년 5월에 로에게 보낸 편지에서, 로의 생각은 율법주의에 대한 치명적 굴복이며, 그리스도의 대속을 믿는 믿음만이 칭의에 반드시 필요한 조건이라고 언급했다. 성화는 칭의의 "원인이 아닌 결과"라는 것이다.[23]

b. 오직 신앙에 의해 죄 용서를 받음

칭의를 받는 데 유일한 조건은 무엇인가? 한 마디로 신앙이다. 신앙은 '신뢰'(*pistis*)를 의미한다. 신자는 하나님께서 십자가에서 하신 말씀을 신뢰한다. 신앙은 우리의 육신의 눈으로는 볼 수 없는 진리에 대한 신적 증거이자 확신이다.[24]

칭의의 신앙은 하나님께서 그리스도 안에 계셨다는 관념적 확신이 전부가 아니며, 그보다 더 중요한 것이 그리스도께서 나를 위해 죽으셨음을 확신하는 인격적 신뢰다.[25] 여기서 웨슬리는 루터가 두드러지게 강조했던 '나를 위해'라는 주제를 재강조한다. 웨슬리는 올더스게이트 체험을 간증할 때도 "심지어 나에게도!"라는 표현을 사용해 그 순간 칭의의 은혜가 "나 자신을 위한" 것임을 놀랍게 깨달았다고 기록했다. 웨슬리가 "마음이 이상하게 뜨거워지는" 경험을 한 곳은 올더스게이트 거리의 한 작은 방이었다. 거기서 그는 이 신적 증거를 받았다.

신앙은 "칭의의 유일한 조건"[26]이며, 사실상 "단 한 가지 절대적으로 필

---

22 William Law, *Serious Call to the Devout and Holy Life* (London: J. M. Dent, 1728), 112-13, 165, 219; *WS* 56.
23 *HSP* (1739), J XIV:320, 서문. 2. 윌리엄 로에 대한 추가적 설명은 B 1:34-35, 476-77; 3:328-30, 504-7; *LJW* 1:161; 3:215, 332, 370을 보라.
24 "Justification by Faith," B 1:191, sec. 3. 2.
25 "Justification by Faith," B 1:194, sec. 4. 2.
26 "Justification by Faith," B 1:197, sec. 4. 6. 다른 곳에서 웨슬리는 신앙과 회개를 연결한다. "The Repentance of Believers," sec. 2. 6; Minutes, 1745; "Principles of a Methodist Father Explained," 6. 4.

요한 조건"²⁷이다. 신앙이 없는 사람은 누구나 율법의 저주 아래 있다. 하나님은 신앙을 신자의 의로 여겨주신다(창 15:6; 롬 4:3, 22-24; 약 2:23).²⁸

4. 구원의 은혜를 받는 조건

a. 단지 회개하고 믿으라

"하나님께서 타락한 인간을 용납하시는 조건은 회개와 믿음이다. '회개하고 복음을 믿으라'(막 1:15)라는 말씀 그대로다."²⁹ 모든 사람은 회개하고 믿어야 한다. 회개는 죄에서의 돌이킴이라면, 믿음은 은혜로 향하는 돌이킴인데, 이는 하나의 돌이킴이다. 아직 믿을 수 있는 지적 능력이 없는 유아의 경우는 어떻게 되는가? 웨슬리는 다음과 같이 조심스레 답한다.

> 영국 국교회는 아직 스스로 회개하거나 믿을 능력을 갖지 못한 유아의 경우는 세례 시 칭의의 은혜를 받는다고 가정한다. 그러나 회개하고 믿을 수 있을 만큼 성숙한 나이가 되어 세례를 받는 사람에게는 분명하게 회개와 믿음을 요구한다. 따라서 영국 국교회는, 칭의가 오직 믿음에 의한 것임을 진지하게 가르쳐온 것과 마찬가지로, 믿음 이전에 회개 및 "회개에 합당한 열매"(마 3:8; 눅 3:8; 참고. 행 26:20)가 필요하며, [종말에 있을] 최종적 칭의를 위해서도 보편적인 거룩함이 필요하다고 가정한다.³⁰

b. 그리스도의 의로 인해 신자가 의롭다 칭함 받음

의는 죄인이 은혜에 의해 갖게 된 신뢰를 통해 하나님의 자비에 자신을

---

27 "Justification by Faith," B 1:195-96, sec. 4. 4-5.
28 "The Scripture Way of Salvation," B 2:153-69.
29 Letter to James Hervey, *LJW* 3:375.
30 FA, pt. 1, 2. 4; B 11:111.

의탁하는 그 순간에 부여된다. 이 온전한 의탁을 통해 신자가 순간적으로 죄 용서를 받는다는 사실에 누가 의문을 품을 수 있겠는가?

칭의는 성자께서 십자가에서 온 세상의 죄를 담당하심으로 우리가 하나님 앞에서 의로운 자로 여겨진다는 사실을 설명하기 위한 법정적 비유다. 이는 비록 모든 사람이 받아들이지는 않더라도 모두를 위한 것이다. 칭의라는 이 법적 행위는 예수 그리스도를 믿고 그를 주로 영접하는 모든 사람을 완전히 사면해,[31] 죄의 형벌을 전적으로 면하게 해준다.[32]

하나님은 우리의 교만을 방지하기 위해 신앙을 칭의의 방법으로 택해, 우리가 우리의 선함이 아닌 오직 하나님의 선하심만 드러내면서 하나님 앞에 나아갈 수 있게 하셨다.[33] 죄인이 스스로의 영혼을 파멸시키지 않으려면 자기 의를 내세우지 말고 자기 죄를 대신 짊어지신 그리스도의 십자가만 바라보아야 한다.

"이 말씀을 듣거나 읽는 악인이여! 부도덕하고 무력하며 비참한 죄인이여! 모든 사람의 심판자이신 하나님 앞에 당신의 모든 악한 모습 그대로 똑바로 나아가라. 자신의 의를 조금이라도 주장함으로 영혼을 파멸시키지 않도록 주의하라. 전적으로 불경건하고, 죄가 많으며, 잃어버린 바 되고, 파괴된 모습 그대로 나아가라. … 당신은 그런 사람이다! 나는 주님을 대신해 당신이 믿어 하나님의 자녀가 되기를 촉구한다!"[34]

---

31 *LJW* 3:371; B 1:189, 585-87; 2:157-58; JWO 197, 202, 273.
32 성령과 구원론에 대한 영국 국교회 신조를 참조하라.
33 "The New Birth," B 2:190, sec. 1. 4.
34 "Justification by Faith," B 1:198-99, sec. 4. 9.

B. 칭의에 관한 교리 연회록

1. 칭의의 정의

이제 우리는 웨슬리의 구원 교리의 핵심에 도달했다. 그 핵심은 누구나 오분이면 읽을 수 있도록 다섯 페이지로 압축된 문서에 담겨 있다.[35]

a. 1744년 연회록의 교리적 중요성

웨슬리는 매년 한 번씩 모이는 메소디스트 연회를 설립했는데, 첫 연회는 메소디스트 지도자들이 함께 모여 메소디스트 교리와 실천을 논의하기 위한 목적으로 1744년에 개최되었다. 이 연회에서 웨슬리는 웨슬리안 교리를 최전방에서 전파해온 사람들과의 논의를 통해 공식적인 웨슬리안 교리를 정의했다. 이 논의의 결과물이 첫 삼년인 1744~47년 연회의 기록물로, 흔히 '교리 연회록'(The Doctrinal Minutes)으로 부르는 것을 묶은 '대연회록'(The Larger Minutes)에 남아 있다.

그 논의의 기록은 초기 모든 메소디스트 설교자의 교리 설교의 핵심 자료가 되었고, 이후에는 '교리와 장정'(Disciplines)에서 "우리의 교리"로 지칭하게 되었다. 이 내용은 "존 웨슬리 목사와 메소디스트 설교자들의 최근 논의에 관한 연회록"(Minutes of Some Late Conversations between the Rev. Mr. Wesley and Others)이라는 제목으로 출판되었다.[36]

연회록 출판은 새롭게 시작된 메소디스트 부흥운동의 교리와 실천의 핵심, 특히 칭의, 확신, 성화에 관한 것을 명확히 정리하기 위한 것이었다. 연회록은 제기된 질문과 모두가 합의한 답변의 형식으로 기록되었다.

---

35 JWO 136-49.
36 J VIII:275-98.

b. 첫 번째 질문: 칭의란 무엇인가?

칭의 교리를 정의하는 데 가장 중요했던 순간은, 최종적으로 『교리와 장정』[37]에 수록된 첫 번째 연회의 연회록 기록을 시작할 바로 그때였다. 그것은 웨슬리가 의제로 삼은 첫 번째 질문으로 시작한다.

1744년 6월 25일에 웨슬리는 칭의 교리를 정확한 언어로 제시하기 위한 목적으로 메소디스트 부흥운동의 핵심 사역자들과 모임을 가졌다. 이때 이후 연회록은 "웨슬리 신학의 방식과 내용을 수록한 가장 중요한 문서가 된다."[38] 연회의 목적은 중요한 조언자들을 모아 자신들이 (1) 무엇을 가르치고, (2) 어떻게 가르치며, (3) 자신들의 "교리, 규율, 실천을 규정하기 위해 무엇을 해야 하는지"를 물어보기 위해서였다.

첫 번째 연회는 "하나님의 존전에서 모든 것을 배우고자 하는 어린아이와 같이 순전한 마음으로 만나, 모든 것을 기초부터 점검해" 문제를 "자세히 살피고" 확실히 해결하기 위한 목적으로, 기본적 교리에 초점을 맞추었다.[39] "자세히 살핀다"(to bolt to the bran)는 것은 곡식에 섞여 있는 겨

---

[37] 이 문서는 매우 중요함에도 출처를 특정하는 것이 쉽지 않다. 완전한 내용을 가장 쉽게 찾을 수 있는 곳은 Albert Outler, *John Wesley* (New York: Oxford University Press, 1964)이며, 약간 편집된 형태로는 잭슨판, VIII:275–78에서 볼 수 있다. 안타깝게도 현재까지 출판된 200주년 기념판 웨슬리 전집에서는 이 글에 대한 특별한 소개도 없고, 본문(B 9:20, 여기서 전통적 메소디스트의 대표적인 교리임을 충분히 설명했어야 했다) 해설이나 학문적 장치에서 최소한의 도움밖에 받을 수 없을 뿐 아니라, 색인조차 거의 생략돼 사장되다시피 수록되어 있다. 이후의 모든 공식적인 메소디스트 교리와 장정을 만들고 확장시키는 계기가 된 선례로서 1744년 6월 25일의 연회록이 갖는 중요성을 다루는 현대의 제2차 문헌도 충분한 관심을 갖지 못한 것은 애석한 일이다. 다른 면에서는 매우 모범적으로 편집된 200주년 기념판 전집이 가장 초기의 매우 중요한 이 연회록을 소홀히 다루어 책의 편집이나 원문, 또는 신학적 해설과 색인에서도 참고할 만한 요소를 거의 찾을 수 없게 된 것은 매우 당혹스러운 일이다. 다섯 페이지로 된 원문에 충분한 해설을 덧붙였다면 200주년 기념판 전집을 훨씬 가치 있게 만들었을 것이다. 이 점은 현대 메소디즘이 칭의에 대한 가르침을 문제가 될 정도로 경시하고 있는 현실을 시사한다.
[38] JWO 135.
[39] JWO 136.

(bran)를 키질해 분리하듯 우수한 것에서 조악한 것을 분리해 중요한 모든 진리를 찾아내고 잘못된 것과 분리하기 위한 목적으로 철저히 정제하고 순화하며 점검하는 것을 의미한다.

첫 번째 질문은 가장 중요한 것으로, "의롭다 함을 받는다는 것(to be justified)은 무엇인가?" 하는 것이었다. 메소디스트 교리 중 가장 중요한 질문이 처음부터 '칭의'였다는 것은 매우 의미심장하다. 이 질문은 모든 웨슬리안 가르침의 본질적 출발점에 초점을 맞춘다.[40]

c. 칭의는 하나님의 죄 용서임

칭의란 "죄를 용서받아 하나님의 사랑으로 받아들여지는 것"이다. 용서는 정죄 받지 않는다는 법적 판결이다. 용서의 선언은 하나님께서 행하시는 일이며, 용서받는 사람은 하나님의 사랑과 은혜로 받아들여진다. 하나님께서는 이 한 번의 영원한 용서를 매우 확고하게 베푸시므로 "우리가 그 안에 계속 머물기만 하면 우리는 최종적 구원을 받는다."[41] 웨슬리가 직접 손으로 기록한 대로, 이 정의는 충분한 논의를 거쳐 참여자 전원이 동의함으로 합의에 의해 확정되었다.

하나님의 용서는 인간 편에서의 수용을 요청하고 필요로 한다. 그 용서의 판결을 계속해서 수용하는 사람은 정죄에서 구원받는다.[42]

신앙은 유일한 "칭의의 조건"이다.[43] 하나님의 약속이 십자가에서 성취되었음을 믿는 사람은 의롭다 하심을 받고 정죄 받지 않는다.

---

40 Q1, JWO 136-37.
41 Minutes, 1744, June 25, Q1, JWO 137.
42 Q2, JWO 137.
43 Minutes, 1744, June 25, Q2, JWO 137.

d. 회개는 어떻게 신앙보다 앞서는가?

회개는 신앙보다 앞선다. 누가 진정한 회개도 없이 하나님의 용서를 받을 준비를 갖출 수 있겠는가? 따라서 회개는 반드시 "신앙보다 앞선다."

사람은 마음 깊이 "죄를 자각"하고 회개함으로 거룩하신 하나님 앞으로 나아간다. 이 회개는 "할 수 있는 한 하나님께 순종하겠다"는 의도를 통해 입증되어야 한다. "할 수 있는 한"이라는 말은, 칭의의 은혜는 무관심이나 피상적인 결심이 아니라 진지한 의도를 전제하고 있음을 의미한다.

웨슬리는 회개를 "낮은 [또는 예비적] 단계의 신앙으로서, 죄에 분노하시는 하나님께 대한 초자연적 자각"으로 지칭하고, "칭의의 신앙은 그리스도 안에서 세상을 자신과 화해하게 하시는 하나님께 대한 초자연적 내적 감각 또는 시각"으로 설명한다.[44]

성화의 역사가 이제 막 시작되었다면, 그것이 실제로 드러나는 것은 신앙을 통해 하나님께 순종하려는 진실한 의도에서다. "회개에 합당한 열매"(마 3:8; 눅 3:8)는 하나님께 순종하고, 이웃을 용서하며, 선을 행하고, 하나님의 규례에 참여하며, "우리가 이미 받은 능력에 따라 하나님의 규례를 사용하는 것" 등이다.[45] 이 규례에는 기도, 성경 읽기, 예배 참여, 믿음으로 세례 받음, 지속적 성찬 참여 등이 포함된다(질문 3).

2. 믿음의 정의

a. 보이지 않는 것들의 증거

"믿음이란 무엇인가?"(질문 4). "일반적으로 믿음은 하나님께서 주시는 초자연적인 증거(*elenchus*)"로, "보이지 않는 것, 즉 과거나 미래, 또는 영적

44　Minutes, 1744, June 25, Q4, JWO 137.
45　Minutes, 1744, June 25, Q3, JWO 137.

인 것들에 대한 증거이며, 하나님과 그분의 일들에 대한 영적 시력이다."[46]

"보이지 않는 것들"은 무엇을 말하는가? 현재를 살고 있는 우리는 과거를 볼 수 없다. 과거는 오직 기억을 통해서만 접근할 수 있다. 시간 안에서 살아가는 우리는 미래에 있는 것도 볼 수 없다. 미래는 상상력, 가능성, 추측으로 접근할 수 있을 뿐, 볼 수는 없다. 현재의 시공간에 살고 있는 우리는 하나님의 은혜가 없이는 영적 감각을 일깨울 수 없다. 성령은 실험실에서 볼 수 있는 사물들처럼 실증적으로 인식 가능하거나 형체를 가진 물질과 달리 눈에 보이지 않게 활동하신다. "보이지 않는 것들"에 대한 증거는 하나님의 선물이며, 타락한 본성에서 나올 수 있는 것이 아니다. 신앙은 우리의 "영적 감각"에 의해 일깨워진 "영적 시각"으로 "하나님의 일들"을 본다.[47] "하나님의 일들"은 은혜, 용서, 신앙과 같이 하나님 안에서의 삶에 관한 모든 것을 말한다.

하나님께 죄 용서를 받을 때 인식하거나 "보이는" 것은 무엇인가? "칭의의 신앙은, 하나님께서 그리스도를 통해 세상을 자신과 화해시키셨음에 대한 초자연적인 내적 감각이나 시각이다. 첫째, 신자는 그 감각을 받는 순간, 자신이 믿음에 의해 용서받고 의롭다 칭함 받았음을 확신한다. 성령께서 즉각적으로 그것을 증거하시기 때문이다"(롬 8:16). 이렇게 받은 용서가 "구원의 신앙이며, 이를 통해 하나님의 사랑이 그의 마음에 부어진다."[48]

b. 죄 용서 받았음을 명확히 알게 하시는 성령의 증거

다섯 번째 질문은 "칭의를 받고도 모를 수 있는가?" 하는 것이다.

---

46 JWO 137.
47 같은 곳.
48 같은 곳.

대답은 "칭의를 받고도 알지 못하는 사람은 없다"이다. 이는 성령께서 그 내면에서 용서받은 사실을 증거하시기 때문이다. 성령의 증거는 "고통을 겪은 후 편안해지는 것, 고생 후 안식하는 것, 어둠 후에 빛이 비치는 것"과 같이 분명하게 경험된다.[49]

칭의의 신앙의 열매는 "평안, 기쁨, 사랑, 모든 외적 죄를 이기는 능력과 모든 내적 죄를 억제하는 능력"이다. 이 영적 감각은 "믿음, 사랑, 순종의 본질이자, 이런 것들과 갈라놓을 수 없는 특성이다."[50]

c. 고의로 범하는 죄는 칭의의 신앙과 양립할 수 없음

칭의 받은 자에게는 어떤 고의적인 죄도 "칭의의 신앙과 양립하지 않는다." "만약 신자가 고의로 죄를 범하면, 그로 인해 용서를 상실하므로" 그는 새롭게 회개해야 한다.[51] 그러나 다시 정죄 받을 필요는 없다. 일반적으로 신자가 "잘 알지 못하거나 부주의한 경우가 아니라면 그렇게 되는 일은 없을 것이다." "그러나 사실 첫 기쁨이 오래 지속되는 경우는 매우 드물고, 그 후에는 일반적으로 의심과 두려움이 뒤따르며, 하나님께서는 대체로 마음의 큰 괴로움을 허용하신 후 자신을 널리 나타내신다."[52]

3. 신앙은 어떻게 사랑으로 역사하는가?

신앙은 "사랑으로써 역사"(갈 5:6)하므로, 신앙에는 사랑의 행위가 뒤따른다. 신앙의 상실은 "행위의 부족"이 아닌 불순종에서 초래되는 반면, 신앙이 온전하게 되는 것은 사랑의 행위에 의해서다(약 2:22). "우리가 신

---

49 JWO 137.
50 JWO 138.
51 Q9, JWO 138.
52 Q10, JWO 138.

앙의 실천에 힘쓸수록 신앙은 더욱 온전하게 된다"(질문 13).

그러나 "사도 바울은 아브라함이 행위에 의해 의롭다 하심을 받지 않았다고 말씀하는 데 반해, 야고보는 그가 행위로 의롭다 하심을 받았다고 말씀한다(약2:24). 그렇다면 이 두 말씀은 서로 모순되지 않는가?" 그렇지 않다. 바울은 (이삭이 태어나기 전) "아브라함이 75세 때 의롭다 하심을 받은 것에 대해 말하고 있고", 야고보는 "아브라함이 이삭을 제단에 바쳤을 때 의롭다 하심을 받은 것에 대해 말한다. … 바울이 신앙 이전의 행위를 말했다면, 야고보는 믿음에서 비롯된 행위를 말한다는 것이다"(질문 14).

4. 용서를 자각하는 기쁨

웨슬리의 편지들은, 칭의는 하나님의 은혜로운 행위이며, 하나님께서는 이를 통해 모든 죄책을 사면해 죄의 형벌을 전적으로 면제해주심으로 회개하는 죄인을 의로운 자로 받아들여주신다는 사실을 확고히 한다.[53]

"죄를 용서해주시는 것과 의로운 자로 받아들여주시는 것은 구분할 수는 있으나 분리할 수는 없다."[54] 예수 그리스도를 믿고 그를 주님과 구원자로 영접하는 모든 사람은 구원을 받는다. 하나님을 향한 의도의 성실성은 필수적이지만, 그것만으로는 구원에 충분하지 않다. 칭의에 충분한 조건이 되는 것은 오직 회개하는 신앙이다. 그래서 회개하고 믿어야 한다. 죄의 자각인 회개와, 하나님께서 나를 위해 죽으심으로 자신의 사랑을 나타내셨음을 확신하는 신앙은, 모든 거룩함과 선행의 기초다.[55]

---

[53] 웨슬리는 1739년 "브리스톨 주교와의 대화"(Conversation with the Bishop of Bristol)에서 "칭의의 신앙"을 "성령께서 사람의 마음에 새기시는 확신으로, 그리스도께서 그를 사랑하셔서 그를 위해 자신을 주셨으며, 그리스도로 인해 그의 죄가 사해졌음을 믿는 것"으로 정의했다. J XIII:499.

[54] Letter to James Hervey, LJW 3:377.

[55] Minutes, 1744, June 25, Q4-7, JWO 137-38.

죄 용서의 자각은 메소디스트 부흥운동 정신의 중심에 있다. 이는 올더스게이트 체험 이전의 규율 중심의 옥스퍼드 홀리클럽 운동에서, 이후 은혜 충만한 부흥운동으로의 의식의 전환을 보여준다. 옥스퍼드 홀리클럽에서는 거룩한 삶을 살겠다는 강한 결단과 전적인 헌신이 있었다. 그러나 은혜에 의해 믿음으로 얻는 칭의에 대한 철저한 이해가 부족했고, 웨슬리가 그 진리를 온전히 깨달은 것은 1738년의 올더스게이트 체험에서였다. 이는 올더스게이트 이전에는 웨슬리가 칭의를 전혀 가르치지 않았다는 것이 아니라, 그의 가르침에 아직 이후에 갖게 된 개인적 경험의 강력함과 정서적 능력이 담기지 않았다는 것이다. 용서를 자각하는 데서 오는 기쁨은 곧 부흥운동의 가장 중요한 에너지가 된다. "현재 우리의 교리가 과거 우리가 옥스퍼드에서 가르쳤던 것과 어떻게 다른가? 주로 두 가지 점에서 다르다. 그때 우리는 칭의에서 신앙으로 의롭게 됨을 알지 못했고, 신앙 그 자체가 죄 용서의 자각임도 알지 못했다."[56]

5. 메소디스트 신조 제9조

하나님께서는 그리스도를 통해 세상을 자신과 화해하게 하셨다. 메소디스트 25개 신조 중 제9조는 칭의에 대해 다음과 같이 고백한다. "우리가 하나님 앞에 의롭다고 여겨지는 것은, 오직 우리 주 예수 그리스도의 공로로 인해 믿음으로 말미암은 것이지 우리 자신의 행위나 자격 때문이 아니다. 그러므로 우리가 믿음으로 말미암아 의롭다 함을 얻는다는 것은 가장 유익하고 위로가 넘치는 교리다."[57] 우리는 십자가에서의 성자의 공로로 하나님의 앞에서 "의롭게" 된다. 우리가 하나님의 사랑을 받게 된 것은 오

---

56 Minutes, 1746, May 13, Q4, JWO 160.
57 XXV, art. 9.

직 성자의 공로로 인한 것이다. 칭의는 은혜에 의해 믿음을 통해 받는다.

우리는 우리의 최선의 행위조차도 얼마나 욕심으로 오염되어 있는지 안다. 그럼에도 우리는 아무런 공로 없는 우리에게 하나님께서 육체로 오셔서 십자가에서 보이신 그 선하심을 찬양할 수 있다. 복음은 은혜 없이 율법을 성취하려는 우리의 노력에는 절망이 따름을 가르쳐주고, 하나님 자신이 우리를 위해 율법을 성취하셨다는 사실을 의지하게 한다.

모든 신자의 특권은 율법의 속박에서의 자유, 죄책과 불안에서의 자유, 죄를 뉘우치고 자백하며 회개에 합당한 열매를 맺음을 통한 모든 죄에서의 자유다. 그리스도의 의는 모든 신자에게 전가된다. 모든 신자는 회개와 신앙을 통해 법적으로 아담의 죄책에서 깨끗하게 된다.

이것은 율법의 쇠망치로 사람들을 부수는 율법주의의 무거운 멍에와 반대되는 "가장 유익한 교리"로서, 회개하는 사람을 교훈하고 격려한다. 1738년 이후 웨슬리는 '오직 믿음'(sola fide), '오직 은혜'(sola gratia), '오직 성경'(sola scriptura)을 외친 전통적인 종교개혁의 가르침을 강하게 옹호했다. 이러한 주제는 루터, 칼빈, 크랜머에게서 풍성하게 나타난다.[58]

6. 그리스도의 순종과 죽음을 통한 의의 전가

a. 의의 전가

우리를 위해 행하신 그리스도의 순종과 죽음을 통해 우리는 "하나님과 다시 연합"함으로 "신성한 성품에 참여하는 자"가 된다. 아담 안에서 모든 사람이 죽었다는 의미에서, 아담의 죄는 모든 인류에게 전가되었다. "그리스도의 공로에 의해 모든 사람은 아담의 자범죄의 죄책에서 씻음받았

---

58 "Principles of a Methodist," J VIII:361-63, secs. 2-7.

다." 그리고 "그리스도의 순종과 죽음을 통해 … 신자는 하나님과 다시 연합해 신성한 성품에 참여하는 자가 된다."[59]

따라서 "우리를 의롭게 하기 위해 신앙이 우리에게 전가된다." 바울은 "한 사람이 순종하지 아니함으로 많은 사람이 죄인 된 것같이 한 사람이 순종하심으로 많은 사람이 의인이 되리라"(롬 5:19)라고 말씀한다.[60]

b. 율법폐기론의 위험성

이 의의 전가 교리는 율법폐기론("믿음으로 율법을 필요 없게 만드는 교리")으로 치우치는 경향이 있는가? 그렇다. 따라서 그런 잘못된 추론을 주의해야 한다. 율법폐기론은 "그리스도께서 도덕법을 폐기하셨으므로, 그리스도인은 그것을 준수할 의무가 없다. 그리스도인의 자유는 하나님의 계명을 준수할 의무에서의 자유다. 무엇이 명령되었다는 이유로 행하는 것은 속박이다. … 신자에게는 하나님의 규례를 사용하는 것이나 선행이 의무가 아니다. 설교자는 선행을 권면해서는 안 된다"[61]고 가르친다.

바울은 "할례를 받고 모세의 율법 전체를 지키지 않으면 누구도 구원받을 수 없다"고 주장하는 사람들의 도전에 대한 응답으로 갈라디아서를 썼다. 거기서 그는 "도덕법이든 의식법이든 율법의 행위로는 누구도 의롭다 함이나 구원을 받을 수 없으며", "모든 신자는 율법의 행위 없이 그리스도를 믿는 믿음으로 말미암아 의롭다 하심을 받는다"는 사실을 명확히 했는데, 여기서 그가 말한 율법의 행위란 "그리스도를 믿는 믿음에서 비롯되지 않은 모든 행위"를 말한다.[62] 그리스도께서 폐하신 것은 "모세의 의

---

59 Minutes, 1744, June 25, Q16, JWO 139; *LJW* 3:379.
60 롬 5:19; Minutes, Q16.
61 Minutes, Q17-20.
62 같은 곳.

식법"이지, 그것의 토대가 되는 도덕법이 아니다.

c. 보상은 우리의 선행 때문이 아님

웨슬리는 "엄밀히 말해 그리스도의 피의 공로 외에는 어떤 공로도 있을 수 없고 … 구원은 행위의 공로에 의한 것이 아니다"라고 주장하면서도, 동시에 그리스도의 직접적인 가르침을 따라 "우리는 우리의 행위에 '따라'(according to) 보상을 받지만(참고. 마 25장) … 그것은 보상이 우리의 행위 '때문'(for the sake of)이라는 말과는 다르다"고 설명했다.

"모든 말에서 각 용어는 … 적절한 의미로도, 부적절한 의미로도 이해될 수 있다. 내가 '비록 믿음에 뒤따르는 행위라 하더라도 그 행위가 공로가 된다는 주장은 인정할 수 없다'고 말한다면, 나는 행위의 의미를 성경적으로 바르게 이해한 것이다. 그러나 누군가가 부적절하게 이해한다면 인간의 행위 자체를 보상할 만한 가치를 지닌 것으로 여길 것이다."[63]

C. 믿음으로 얻는 의

웨슬리의 『표준설교집』에서 여섯 번째로 수록된 설교는 "믿음으로 얻는 의"이다.[64] 이 설교는 율법에 의한 의와 믿음에 의한 의를 대조하는 로마서 10:5-8에 초점을 맞추고 있다.[65] 본문은 그중 8절, "말씀이 네게 가까워 네 입에 있으며 네 마음에 있다 하였으니 곧 우리가 전파하는 믿음의 말씀이라"라는 말씀이다 [설교 #6 (1746), B 1:200-16; J #6, V:65-76].

---

63 "Some Remarks on Mr. Hill's 'Farrago Double-Distilled,'" J X:434.
64 웨슬리는 엡워스(Epworth)의 아버지의 묘지에서 이 본문을 설교할 때, "몇몇 사람은 죽은 듯이 쓰러졌고, 나머지 사람들 중에서는 죄인이 신앙의 의를 바라고 번민하면서 내는 울음소리로 내 목소리는 거의 들리지 않게 되었다"고 기록했다. *JJW*, June 12, 1742..
65 B 1:127, 196, 201-16, 592; 2:28-29; 참고. *LJW* 3:82, 375; 5:222-23, 263.

1. 율법의 의를 의지함으로 초래되는 절망

율법은 종을 가혹하게 부리는 주인과 같다. 웨슬리는 그런 율법의 요구를 매우 냉혹하게 묘사한다. 율법은 조금도 부족함을 허용하지 않고 철저하게 요구한다.[66] 만약 우리가 하나님의 자비가 아니라 그의 명령 아래에서 살기로 결정한다면, 우리는 그 명령을 끊임없이 완벽하게 행하지 않으면 율법의 엄격함에 의해 심판받을 것이다.

행위 언약은 모든 사람이 모든 의를 행하되, 의를 행하는 정도에서도 완벽할 뿐 아니라 한순간도 단절됨 없이 행할 것을 요구한다.[67] 이 요구에 미치지 못하는 어떤 상태라도 양심을 죄로 물들인다. 율법은 "순종과 죽음" 사이에서 분명한 양자택일을 요구한다. "율법은 어느 누구에게도 순종을 요구하면서 동시에 죽음을 요구하지 않는다. 만약 누군가가 완벽하게 순종했다면, 그는 죽지 않을 것이다."[68]

율법은 우리 자신의 의에 대한 절망을 일으킴으로 하나님의 의를 의지하도록 준비시킨다. 우리는 율법을 성취할 수 없다. 그렇다면 왜 율법을 선포해야 하는가? 율법의 엄격성이 우리로 복음을 듣게 만들기 때문이다. 율법은 간접적으로 우리에게 우리 자신의 의를 의지하지 말고 하나님의 의를 의지하라고 가르친다.

웨슬리는 "이성적이며 종교적인 사람들에게 보내는 추가적 호소"(A Farther Appeal)에서, "나는 할 수 있는 한 모든 사람을 당신이 또 다른 종류의 광기로 표현할지도 모르는 상태로 몰아넣기 위해 노력하고 있음을 인

---

66 *LJW* 3:82, 375; 5:222-23, 263.
67 율법의 계약은 마치 타락한 인간에게 완성된 완전이 이론적으로 가능한 것처럼 지나치게 확신하는 경향을 보이지만, 그것은 오직 칭의와 성화의 은혜를 통해서만 가능하다. "The Law Established through Faith, I," sec. 2. 3-4.
68 Letter to James Hervey, *LJW* 3:277.

정한다. 그것은 구원의 은혜를 받기 위한 준비로서 '회개'나 '죄의 자각'으로 부르는 것이다"[69]라고 인정했다. 그러면서도 그는 사람들을 일부러 절망에 빠지게 함으로 신앙에 이르게 하려는 노력을 탐탁지 않게 여겼다.[70]

루터처럼 웨슬리는 율법대로 살려고 하는 사람은 언제나 절망의 가장자리에서 자신이 얼마나 부족한지를 느끼며 매우 심각한 상태로 살 수밖에 없다고 주장했다. 그러나 하나님께서 그의 아들을 통해 죄를 용서해주심에도 그렇게 사는 것은 어리석은 일이다.[71]

2. 신앙의 의를 의지하는 지혜

그것이 어리석다면 지혜로운 것은 무엇인가? 지혜는 하나님께서 선언하시는 의를 믿는 믿음으로 사는 것이다. 또 은혜를 통해 우리로 그리스도의 의를 의지하게 하시는 성령의 도움을 받는 것이다.[72] 은혜 언약은 칭의 이전에는 어떤 행위도 요구하지 않고, 단지 하나님께서 십자가에서 우리를 위해 행하신 일을 신뢰할 것을 요구한다. 죄인이 예수님을 주님으로 믿는 순간 그는 과거에 지은 죄로 인한 저주, 죄책, 형벌에서 구원받고, 그 시간 이후로 참된 거룩함 속에서 하나님을 섬길 능력을 부여받는다. 인류가 하나님의 은혜와 형상을 되찾고, 하나님의 생명을 받으며, 하나님에 대한 지식과 사랑으로 회복되는 조건은 신앙이다.[73]

은혜 언약은 타락한 인간이 하나님의 의에 대해 죽어 악하고 불행하

---

69 FA, pt. 1, 7. 12, B 11:196.
70 "On Faith (히 11:6)"; 참고. B 11:196-99, sec. 1. 11-12.
71 SS 1:131-34; 2:65.
72 SS 1:138-39.
73 "Salvation by Faith."

게 됨으로 절망 속에서 살아간다는 사실을 전제한다.[74] 이는 타락 이전 인류의 흠 없는 상태와 대조된다. 오직 은혜만이 율법에 의한 의를 신뢰하는 것이 어리석음을 드러낸다. 그 어리석음은 현재 인간의 상태를 마치 타락하지 않은 것처럼 오해한 데서 비롯된다.[75] 잃어버린 하나님의 은혜와 형상을 되찾는 유일한 방법은 믿음으로 약속된 의의 선물을 받는 것이다.[76]

"'믿음에 의한 의'라는 말은 하나님께서 자신의 독생자의 공로와 중재를 통해 타락한 인간에게 주시는 (현재적 구원과 우리가 끝까지 견딜 때 얻게 될 최종적 구원의 결과로서) 칭의를 얻는 조건을 말한다. 이 조건은 타락 직후 아담에게 부분적으로 계시되었는데, 하나님께서 아담과 그 후손에게 주신, '뱀의 머리를 상하게' 할 여인의 후손에 대한 약속에 담겨 있었다."[77]

3. 율법적 순종을 통한 잘못된 출발

하나님의 은혜를 회복하기 원하는 사람은 마음으로, "나는 먼저 이것을 해야 해. 나는 먼저 모든 죄를 이기고, 모든 악한 말과 행동을 그치며, 모든 사람에게 모든 선을 행해야 해. 또 먼저 교회에 가서 성찬도 받고, 설교도 듣고, 더 많이 기도해야 해"라고 말하지 않는다. 그렇게 하는 것은 하나님의 의를 알지 못하기 때문이며, 여전히 "하나님과 화목하기 위한 기초로 '자기 의를 세우려' 하는 것이기 때문이다. 당신은 하나님과 화목하기 전

---

74 그러나 양심의 토대가 되는 예비적 은혜는 결코 부족하지 않다. "On Working Out Our Own Salvation," J VI:508, sec. 3. 4.
75 "On the Wedding Garment," sec. 19; Minutes, May 13, 1746; *ENNT* 히 8:8.
76 "The New Birth," sec. 3. 1.
77 "The Righteousness of Faith," B 1:205, sec. 1. 7. 이 설교에서 웨슬리는 '이중적 칭의'를 가르친다. 초기적 칭의는 십자가에서의 그리스도의 속죄를 믿는 신앙으로 현재적으로 받는다면, 최종적 칭의는 마지막 심판 때 확정된다. "Justification by Faith," sec. 2. 5; Letter to Thomas Church, February 2, 1745.

에는 죄를 범하는 것 외에 아무것도 할 수 없다는 것을 알지 못하는가? 왜 당신은 먼저 이것을 행해야 하며, 그런 다음 믿어야 한다고 말하는가? 그렇지 않다. 먼저 믿으라."[78]

"나는 충분히 선하지 않기에 하나님께 용납될 수 없다"고 주장하는 것은 터무니없다. 어느 누구도 하나님의 속죄하시는 사랑을 받을 가치가 있을 만큼 충분히 선하지는 않다. 그리스도께 나아가기 전에 먼저 무엇을 더 행해야 한다거나 더 진실한 자가 되기를 기다려야 한다고 말하는 것도 해롭기는 마찬가지다. "진실함에 무언가 선한 것이 있더라도, 신앙 그 자체가 참으로 선하고 거룩한 모든 것의 유일한 근원이라면, 왜 신앙을 갖기 전에 그 진실함을 기대하는가?"[79]

D. 영국 국교회 설교집 발췌문

1. 구원, 믿음, 선행의 교리

웨슬리는 미국 조지아주에서 영국으로 돌아온 직후인 1738년 2월 1일에 (크랜머, 에드워드, 엘리자베스 시대의 다양한 설교를 모은) 『영국 국교회 설교집』[80] 발췌문을 출판하는 작업에 착수했다. 이 설교집은 에드워드 6세 시대 영국 국교회의 공식적 가르침으로, [존 합스필드(John Harpsfield)와 에드먼드 보너(Edmund Bonner)의 설교 각 한 편씩을 제외하면] 대부분 토머스 크랜머가 작성한 것이며, 엘리자베스 여왕 시대에 [존 주얼과 다른

---

78 "The Righteousness of Faith," B 1:214, sec. 3. 1.
79 "The Righteousness of Faith," B 1:214-16, sec. 3. 2-5. 참고. "The Almost Christian," sec. 1. 9.
80 *Certain Sermons or Homilies Appointed to be Read in Churches in the Time of the Late Queen Elizabeth*, 1603; repr., Oxford, 1840.

사람이 쓴] 스물한 편의 설교가 더 추가된 것이다.[81]

웨슬리는 메소디스트 연합체를 가르치기 위해 이 설교집을 축약했다. 즉, 그들에게 정보를 제공하고 그들을 지도하기 위한 목적에 맞도록 18세기 편집자들이 널리 사용하던 규칙에 따라 본문을 실용적으로 편집했다.

웨슬리가 편집한 설교문 시리즈는 18세기에 널리 읽혔고, 메소디스트 연합체는 그것을 19판이나 재인쇄했다. 웨슬리는 자신의 설교나 목회, 교회 화합을 위한 노력에서 흔히 이 설교들을 언급하곤 했고, 자신의 구원, 칭의, 신앙, 선행의 가르침은 영국 국교회가 추구해온 초기 기독교의 일치된 전통의 가르침과 다르지 않다고 주장했다. 그는 비방자들이 자신이 새로운 칭의 교리를 교묘하게 만들어낸 것처럼 오해하지 않기를 바랐다.

2. 인류의 구원에 대하여

칭의의 신앙은 그리스도께서 십자가에서 행하신 대속의 사역을 토대로 하며, 우리는 하나님의 은혜에 의해 산 믿음으로 그 사역에 반응할 수 있게 된다. 이 과정은 삼위일체적이다. 즉, 성부 하나님은 우리에게 은혜로우시고, 성자께서는 십자가에서 그 은혜를 나타내시며, 성령은 우리를 위한 그 은혜의 사역을 믿음을 통해 받아들일 수 있게 하신다.[82]

신자는 회개나 선행으로 칭의를 받는 것이 아니다.[83] 자신을 의롭게 하는 믿음의 행위를 함으로 자기 스스로 칭의를 붙잡는 것도 아니다. 칭의는 나를 의롭게 하시는 그리스도의 대속의 사역을 통해 하나님께서 베푸시는 자비며, 나는 신앙으로 그 칭의의 은혜를 수용하는 것이다.

---

81 CC 230-65; *Certain Sermons* … ; 참고. B 1:139, 193n; 11:443-44, 451-53; *JJW* 2:101, 275.
82 DSF, secs. 1-5, JWO 124-25; 참고. B 4:24; 1:349-50.
83 DSF, secs. 6-9, JWO 125-27.

하나님께서 인격적으로 주시는 약속의 말씀을 붙든다는 것은, 하나님의 약속에 단지 지적으로 동의하거나 몇 가지 전제를 수용함으로 우리가 구원받는다는 것이 아닙니다.[84] 그보다는 누구와도 비교할 수 없는 분께서 십자가에서 우리에게 주신 용서의 말씀을 인격적으로 받아들이고, 거짓이 아닌 참된 말씀으로 신뢰하는 것을 말한다.[85]

3. 참된 기독교 신앙: 야고보와 바울의 상호보완적 가르침

바울과 야고보가 서로 반대되지 않음은 앞서 1744년 연회록에서 이미 살펴보았다. 웨슬리는 이 주제를 설명할 때 엘리자베스 시대의 설교집을 활용했다. "이 설교들은 칭의를 다룬 후 신앙과 행위의 관계에 대해 설명하면서, 은혜에 의해 믿음을 통해 칭의를 받는다는 바울의 가르침과 행위가 없는 믿음은 죽은 믿음이라는 야고보의 가르침을 연결한다."

웨슬리는 믿음과 행위 두 가지 모두를 함께 붙들고자 노력했다. 영국 국교회 설교들은 그 둘 사이의 내적 연관성을 가장 명확하게 언급하고 있었다. 선행 없는 신앙은 참되고 살아 있는 신앙이 아니다.[86] 신앙의 삶을 사는 사람은 이웃 사랑에 능동적으로 참여해, 하나님의 사랑을 이웃 사랑을 통해 나타내면서 자신의 신앙을 행동으로 살아낸다.[87] 회개하는 믿음을 유일한 조건으로 삼는 칭의는 믿음의 열매를 결코 결여하지 않으며, 열매가 있는 믿음에 의해 신자는 성령께서 자신 속에서 일하심을 확신한다.[88]

웨슬리는 세심한 주의를 기울여 바울과 야고보가 서로 모순되지 않음

---

84 DSF, sec. 14, JWO 128.
85 DSF, secs. 7-14, JWO 126-29.
86 *LJW* 7:302; *JJW* 2:354-56; B 1:689, 695; 2:164-66; 3:400-5; 9:94-99, 318-19, 325-28, 357-58.
87 DSF, sec. 8, JWO 131.
88 B 11:456-57.

을 보여준다. 신앙이 없으면 선을 행하는 것이 불가능하다.[89] "신앙 없이 뛰어나게 선을 행하는 자들은 마치 훌륭하고 값비싼 무덤에 죽어 있는 자와 같다."[90] 우리는 신앙 이전에 신앙의 행위를 하는 것이 아니다. 선행은 신앙의 열매와 결과다. 신앙의 열매인 선행에는 하나님의 명령에 대한 순종, 말씀을 바르게 읽음, 자신을 하나님께 전적으로 드림, 모든 것을 통해 하나님을 사랑함, 하나님을 사랑하기에 모든 사람을 사랑함, 바르게 세워진 권위에 순종함 등이 포함된다.[91]

웨슬리는 영국 국교회의 예전, 신조, 설교집에 담긴 칭의 교리의 "전반적인 취지"를 다음과 같이 간결하게 요약했다. "(1) 적절히 말해 어떤 선행도 칭의를 앞설 수 없다. (2) 진정한 성화는 칭의를 앞설 수 없다. (3) 칭의의 공로적 원인이 그리스도의 삶과 죽음이라면, 칭의의 조건은 신앙, 오직 신앙이다. (4) 이 신앙을 뒤따르는 내적·외적 성결은 최종적 칭의의 일반적·명시적 조건이다."[92]

E. 우리의 의가 되신 주

이 설교는 예레미야 23:6의 "그의 이름은 여호와 우리의 공의라 일컬음을 받으리라"라는 말씀에 초점을 맞춘다 [설교 #20 (1765), B 1:444-65; J #20, V:234-46].

89　DSF, sec. 9, JWO 132.
90　DSF, sec. 11, JWO 132.
91　DSF, sec. 12-13, JWO 133, 272-73, 362, 365, 373-74.
92　'오직 믿음으로'(*sola fide*)라는 주제에 관해서는 FA, pt. 1, B 11:115, sec. 2. 8, 라빙턴(Lavington) 주교에 대한 응답은 *LJW* 3:321, 윌리엄 로에 대한 응답으로 안나 마리아 반 슈르만(Anna Marie van Schurman)을 인용한 내용은 *LJW* 3:351을 참고하라. 칭의의 형식적 원인과 공로적 원인의 구분에 관해서는 FA, B 11:112-15를 보라; 참고. 11:447-48; 1:78, 80-83, 382-83, 455-60; 2:157-58.

1. 그리스도의 능동적 순종과 수동적 순종

예수님의 순종은 비할 데 없는 선한 행위를 하신 것(능동적 순종)뿐 아니라 타인을 위해 비할 데 없는 고통을 감내하셨음(수동적 순종)을 의미한다. 성경은 예수님께서 세상에 오신 때로부터 '친히 나무에 달려 그 몸으로 우리 죄를 담당'(벧전 2:24)하시기까지 하나님의 모든 뜻을 온전히 행하셨다"고 말씀한다.

그리스도의 사역은, 율법을 적극적으로 성취하신 능동적 순종과, 죄인들의 율법 성취를 가능케 하기 위해 그들을 위해 죽으신 수동적 순종 모두를 필요로 한다. 그러나 이 두 종류의 순종은 구분할 수는 있으나 결코 분리할 수 없다. 그는 선한 일을 행하셨고, 죽음에는 수동적으로 복종하셨다.[93] "그리스도의 능동적 · 수동적 의를 결코 분리할 수 없듯, 우리는 말에서든 생각에서든 그 둘을 결코 분리할 필요가 없다." 이 분리되지 않는 의가, 우리가 "우리의 의가 되신 주"를 언급할 때의 바른 의미다.[94] 그리스도의 삶과 죽음에 참여한다는 것은, 그분의 능동적으로 행하심과 수동적으로 고난받으심 모두를 통한 순종에 참여하는 것이다.

2. 신자는 그리스도의 의로 옷 입음

하나님의 칭의의 은혜를 받을 때 우리는 전가된 의를 선물로 받는다. 그 선물은 오직 은혜로 우리를 위해 값없이 주어진다.

'전가'(imputation)는 법적인 비유다. 행동을 변화시키는 과정이라는 측면에서 보면 그것은 시작에 불과하다. 만약 법정에서 판사가 "당신은 자

---

[93] *WC*, 여러 곳을 참고하라.
[94] "The Lord Our Righteousness," B 1:452-53, sec. 1. 1-4.

유다"라고 말하며 망치를 내리치면, 그것이 법을 위반한 것에서 자유롭다고 선언하는 전가다. 그러나 그 선언 자체가, 그 사람이 이후에 책임성 있게 행동하도록 결정하는 것은 아니다.

그리스도의 의가 전가되었다는 것은, "하나님께서 모든 신자의 죄를 용서하시고 그들을 용납하신 것은, 그들에게 현재 있거나 과거에 있었던 무엇 또는 그들이 행한 무엇 때문이 아니라, 전적으로 그리고 오직 그리스도께서 그들을 위해 행하시고 고난받으신 것 때문"임을 의미한다.[95] "이것은 내가 지난 28년 동안 한결같이 믿고 가르쳐온 교리다. 나는 1738년에 이 교리에 대한 책을 세상에 출판했고, 그 후 12판까지 출판이 거듭됐다."[96] 의를 위해 전가되는 것은, 우리 자신이 시작한 믿음이 아니라 "그리스도의 의를 믿는 믿음"이며, 이로써 신자는 자신의 의를 입는 것이 아니라, 자신의 의라는 "더러운 누더기를 벗고" 그리스도의 의라는 영광스러운 옷을 입는다.[97]

그리스도의 의는 우리가 믿을 때, 즉 믿는 순간 전가되므로 "믿음과 그리스도의 의는 분리할 수 없다."[98] 신자는 그리스도의 의에 실제로 동참한다는 점에서는 모두가 동일하더라도, 죄를 용서받은 사실을 표현하는 방법은 매우 다양할 수 있다.[99]

---

95 "The Lord Our Righteousness," B 1:455, sec. 2. 5; 참고. LJW 3:248-49, 373, 385; 5:5; JJW 4:103; 6:173; B 2:153.
96 그의 영국 국교회 설교를 요약한 내용은 "The Doctrine of Salvation," "Faith and Good Works," sec. 1. 5; "Justification by Faith," sec. 1. 8을 보라. 그가 존 굿윈(John Goodwin)의 "칭의에 대한 논문"(Treatise on Justification)을 요약한 내용은 B 9:406, 410를 참고하라.
97 "The Lord Our Righteousness," B 1:458, sec. 2. 11.
98 "The Lord Our Righteousness," sec. 2. 1; 참고. B 1:567-71; 4:219.
99 웨슬리는 심지어 벨라르미노(Bellarmine)도 "그리스도의 공로를 신뢰함이 가장 안전하다"고 말했음을 언급한 후, "'그가 잘못된 견해를 가졌다고 해서 그리스도의 의에 참여할 수 없다'고 누가 주장할 수 있겠는가?"라고 덧붙인다. "The Lord Our Righteousness," B 1:452-53, sec. 1. 1-4.

3. 그리스도의 신적인 의와 인간적인 의

a. 그리스도의 신적·인간적 의, 내적·외적 의, 능동적·수동적 의

존 데쉬너는 웨슬리의 설교 "우리의 의가 되신 주"의 개요를 다음과 같이 체계적으로 분석했다.[100]

그리스도의 의는 두 부분으로 이루어짐
- 신적 의 [하나님으로서 지니신 본질적 의].
- 인간적 의: 이 의가 온전히 사람에게 전가됨

그리스도의 인간적인 의는 두 부분으로 이루어짐
- 내적 의: 그리스도께서 지니신 하나님의 형상
- 외적 의: 그리스도의 순종

그리스도의 순종은 다시 두 부분으로 이루어짐
- 능동적 순종: 그리스도께서 행하신 일로, 두 가지로 구분할 수 있음
  - 소극적 순종: 죄를 범하지 않으심
  - 적극적 순종: 하나님의 뜻을 완전하게 행하심
- 수동적 순종: 그리스도께서 고난받으심

b. 중보자를 통해 드러난 의

그리스도의 신적 의는 하나님으로서 지니신 본질적 의를 말한다. 성부와 성자는 하나이시기 때문이다. 그리스도의 인간적 형상은 그분의 신적인 의의 본보기 또는 복사본이다. 또 인간이 하나님의 의에 점진적으로 순응해가는 과정에서 따라야 할 모범이다.[101]

---

100 WC 157-58.
101 "The Lord Our Righteousness," B 1:452, sec. 1. 2; 참고. WC 158-59.

그리스도의 죽음은 율법을 재차 확립하셨다. 십자가에서 죽으시고 부활하신 그리스도께서 자신의 인성을 통해 모든 율법의 의미를 결정적으로 드러내셨기 때문이다. 새 계명은 추상적인 사랑만이 아니라 그리스도의 고난을 통해 그 의미가 구체적으로 드러난 사랑이다. … 율법 그 자체는 인성을 지니신 그리스도와 함께 죽고 다시 살아난다. … 따라서 부활하신 그리스도를 통해 율법은 칭의의 조건이 아닌 결과와 약속으로서 신자를 마주한다. … 부활하신 그리스도를 통해 율법은 약속으로 변화되어, 부활하신 그리스도께 참여하는 신자에게 전가된다.[102]

중보자의 의는 내적 의(어떤 결함이나 악도 섞이지 않은 채 그분의 영혼의 모든 능력과 기능에 새겨진 하나님의 형상)와 외적 의(소극적으로는 어떤 외적인 죄도 범하지 않고, 적극적으로는 모든 선한 일을 행함)로 구분할 수 있다.[103]

4. 전가된 의는 어떻게 실질적 의가 되는가?

웨슬리는 전가된 의를 받은 신자에게 실제적 의가 심겨져 그것이 행동으로 드러나게 되는 과정에 특히 관심을 가졌다.[104] "나는 하나님께서 그리스도의 의를 전가해주신 모든 사람 속에 실제적 의를 심어주신다고 믿는다."[105] 의를 심는다는 것은 생명과 관련된 유기적이고 원예적인 비유로서, 선언적이고 법적인 비유와는 매우 다르다.[106] 의를 심는 것은 법정에서 망치를 한 번 내리치는 것과 달리 매일의 양육을 필요로 한다. 그것은 하나님

---

102 WC 159-60.
103 "The Lord Our Righteousness," B 1:452-53, sec. 1. 1-4.
104 1765년에 웨슬리는 특히 유익하다고 생각한 존 굿윈의 "칭의에 대한 논문"(1642)을 발췌해 출판했다. LJW 4:274, 279-80, 287; B 1:83n.; 4:7n을 보라.
105 "The Lord Our Righteousness," sec. 2. 12; 전가된 의에 관해서는 B 1:63, 294, 445, 452-63; 4:142-43을 보라.
106 전가된 의에 관한 비유는 B 1:63, 80, 643; 4:144; JWO 217-18, 274, 348을 보라.

께서 우리를 받아주신 은혜의 열매이지, 그 원인이 아니다.[107]

그리스도의 의의 전가는, 그의 불변하는 거룩함이라는 신적 본성이 직접 우리에게 전가된다는 의미가 아니다. 전가되는 의는 하나님의 아들이자 참 인간(*theanthropos*)이신 그분의 것이다. 그분은 하나님과 인간의 유일한 중보자로서 자신의 의를 우리에게 돌리시고, 또 그 사실을 나타내기 위해 우리 안에서 역사하신다. 전통적 교의학은 이것을 신인(神人)이신 성자의 인간적 의로 지칭해, 그분의 신적 본성에 해당되는 의와 구분한다.[108]

이런 방법으로 그리스도의 대속을 통해 하나님 자신의 의는, 하나님께서 우리 안에서 우리를 의롭게 만드시는 선물로서의 의가 된다(롬 1:17).[109]

그리스도의 의를 전가 받은 사람은, 성령의 사역에 의해 단지 이론적으로가 아니라 실제로 의로워진다. 그들의 행위가 실제로 의로워지는 것은 은혜에 의한 것이다. 그들은 하나님의 형상으로 새롭게 되어, 내적으로는 거듭난 태도와 외적으로는 사랑의 행위를 통해 평생 하나님의 거룩한 사랑을 자신의 행위로 나타내고자 한다.[110]

마음과 삶의 거룩함은 칭의의 "원인이 아닌 결과"다. "하나님께서 우리를 받아주시는 유일한 이유는 … 하나님의 율법을 성취하시고 우리 대

---

107 "그리스도의 의의 전가 교리를 나는 부정하지 않는다"("우리의 의가 되신 주", B 1:458, sec. 2. 14). 이 점에서 웨슬리는 로버트 바클레이(Robert Barclay)와 퀘이커교도의 입장과 자신의 입장을 구분했다(B 1:460, sec. 2. 16). 그러나 동시에 그는 '의의 전가 교리에서 명확하지 않은 사람이라고 해서 그리스도인으로서의 경험을 전혀 하지 못했다고 누가 주장할 수 있겠는가?'라고 덧붙였다 (sec. 2. 16). 웨슬리는 그리스도의 의의 전가라는 용어 사용에 대한 서로 다른 견해에 대해 "자신의 생각이 있듯, 타인도 달리 생각할 수 있도록 허용하는 것"이 최선이라고 말한다(B 1:464, sec. 2. 20). 참고. "The Way to the Kingdom" (B 1:217-18, sec. 1. 6).
108 "On Working Out Our Own Salvation," sec 4. 롤란드 힐의 비판에 대한 논박으로 웨슬리는 "그리스도의 인간적 의"라는 말로 "하나님께서 인간의 본성에 주신 중재적 의"를 의미했음을 밝힌다. "Some Remarks of Mr. Hill's 'Review of All the Doctrines Taught by Mr. John Wesley,'" J X:384.
109 *ENNT* 롬 1:17; 빌 3:9.
110 웨슬리는 이렇게 신자의 마음에 심겨져 자라나는 과정에 있는 의를 "본성적 의"로 지칭했다.

신 죽으신 그리스도의 의와 죽음 때문이다."[111]

5. 전가 교리의 부적절한 사용에 대한 경고

"다른 면에서는 문제가 없는 선의를 가진 사람들 중 … 한동안 '전가된 의'라는 문구를 너무 자주 부적절하게 사용함으로 오류와 완고함에 빠지는 사람이 있다."[112] 사람의 인격과 행동의 변화에 대해서는 최소한의 축소된 의미를 지닐 뿐인 그리스도의 의의 전가를 반복해 말하면서 지나치게 강조하는 사람들은 율법폐기론으로 기울어질 수 있다.[113] 전가된 그리스도의 의는 "불의를 감추는 방패"나 변명거리로 사용되어서는 안 된다.[114]

웨슬리 시대에 일부 사람들은 누군가가 선행을 말하기 시작하면 마음이 불편해졌다. 그들은 그런 말을 들은 사람들이 칭의의 신앙보다 선행이 앞선다고 생각하게 될까 봐 두려워했다.[115] 웨슬리는, 선행은 신앙에서 흘러나오지 신앙보다 앞설 수 없다는 그들의 주장에 동의했다. 그러나 설교의 초점이 십자가에서의 성자의 구원 행위만을 강조한 나머지, 우리 마음에서 행하시는 성령의 사역과 신자의 삶이 변화되는 과정을 경시한다면, 성경의 비유들 사이의 균형이 중심에서 이탈한다.[116]

---

111 *HSP* (1739), 서문 2, J XIV:320.
112 Letter to John Newton, February 28, 1766, *LJW* 5:5.
113 JWO 301-2, 377-78; *LJW* 3:248-49, 373, 385; 5:5; *JJW* 4:103; 6:173; B 2:153.
114 "The Lord Our Righteousness," B 1:462, sec. 2. 19.
115 "우리의 의가 되신 주"라는 설교(20번)는 과거 제자였던 제임스 허비(James Hervey)에 대한 웨슬리의 응답이라 할 수 있다. 허비가 쓴 『테론과 아스파시오』(*Theron and Aspasio*)는 아르미니우스주의자와 칼빈주의자의 차이를 보여주는데, 그들 모두에게 그리스도의 전가된 의는 칭의의 중심적 특징이었다. 아우틀러는 이 설교를, 웨슬리가 예수회주의(Jesuitism)와 벨라르미노주의(Bellarminism)의 추종자라는 비난을 막아내면서도, 칼빈주의자들의 도르트 회의(The Synod of Dort)와 아르미니우스주의적 구원론 사이의 미묘한 차이를 주의 깊게 설명한 "기념비적 설교"로 보았다.
116 "The Original, Nature, Property, and Use of the Law"와 "The Law Established through Faith, I, II"를 보라.

F. 그리스도의 의의 전가에 대하여

웨슬리는 "그리소도의 전가된 의에 관한 생각"[Thoughts on the Imputed Righteousness of Christ (J X:312-16); 우리말 번역본은 한국웨슬리학회 편역, 『존 웨슬리 논문집 (I)』(서울: 한국웨슬리학회, 2009), 211-16에 수록됨-역주]과 1756년 10월 15일 제임스 허비(James Hervey)에게 보낸 편지(LJW 3:371-88)[117]에서 그리스도의 의 전가 교리를 더 명확히 설명한다.

1. 의의 전가에 대한 부적절한 주장은 율법폐기론으로 기울어짐

복음에는 하나님의 의가 계시되어 있다(롬 1:17). "하나님이 죄를 알지도 못하신 이를 우리를 대신하여 죄로 삼으신 것은 우리로 하여금 그 안에서 하나님의 의가 되게 하려 하심이라"(고후 5:21). 여기서 "하나님의 의"란 하나님께서 죄인을 의롭게 하시는 방법을 말한다.[118]

그러나 웨슬리는, 성경에서는 "그리스도의 전가된 의"라는 특정한 표현을 찾을 수 없다고 말한다. 따라서 "나는 감히 누구에게도 그 표현을 사용해야 한다고 주장하거나 요구하지 않는다. … 나 자신은 그 표현의 사용을 자제하는데, 이는 그것이 너무나 자주, 그리고 너무나 끔직하게 오용되어 왔고, 오늘날에는 율법폐기론자들이 가장 혐오스러운 주장을 정당화하기 위해 그 표현을 사용하기 때문이다."[119]

예를 들면, 사람들은 "술주정뱅이들에게 절제가 전가되는가? 행음하는 자들에게 순결이 전가되는가?"라고 묻는다. 친첸도르프(Zinzendorf)의

---

117 이 편지는 존 굿원의 "칭의에 대한 논문" 서문에 포함되어 있다. J X:316-46.
118 "Thoughts on the Imputed Righteousness of Christ," J X:313.
119 "Thoughts on the Imputed Righteousness of Christ," J X:315.

주장에 의하면, 순종은 이같이 잘못된 방식으로 "불신앙의 증거"가 되고, "불순종은 신앙의 증거"가 된다. "그러나 그런 주장은 잘못된 것이다. 신자는 실제로 순결하며 또 절제한다. 그리고 그것은 그가 내적으로도 거룩하기 때문이다."[120]

웨슬리는 전가된 그리스도의 의라는 "특정 문구"는 오해를 불러일으키기 쉽다고 생각했다. 사람들은 실제로 거룩한 삶을 사는 노력을 피하기 위한 핑계로 그 문구를 사용했고, 그로 인해 본래의 의도와 달리 많은 사람에게 "엄청난 해를 끼쳤다."[121] 이 특정 "표현 방식"은 태만에 대한 변명거리로 사용되면 "언제나 위험하며, 자주 치명적인 결과를 초래한다."[122] "이것이 내면적 성결에 대해 얼마나 깊은 반감을 절로 만들어내는가!"[123]

웨슬리는 그리스도께서 "우리 대신 고통의 형벌을 받으셨으나", 하나님의 은혜에 반응해 사랑과 순종의 행동을 하는 것까지 우리를 대신하신 것은 아님을 주장했다.[124] "그리스도 안에서 온전"하다는 것은 단지 은혜의 작용에 의한 칭의만이 아니라, 하나님의 은혜와 그에 대한 반응 모두를 통한 성화도 의미한다. "하나님은 그리스도를 통해 먼저 우리를 의롭게 여기시고, 다음으로는 우리를 실제로 의롭게 만드신다."[125] 그러므로 삶이 실제로 성화되는 과정을 진지하게 고려하지 않은 채 경솔하게 전가를 언급해서는 안 된다.

그리스도께서는 모든 사람을 위해 죽음을 맛보셨다(히 2:9). 그러나 웨

---

120 "An Extract from A Short View of the Difference between the Moravian Brethren (so Called,) and the Rev. Mr. John and Charles Wesley," J X:203.
121 *LJW* 3:371-72.
122 Letter to James Hervey, *LJW* 3:381.
123 Letter to James Hervey, *LJW* 3:384.
124 *LJW* 3:373.
125 Letter to James Hervey, *LJW* 3:384.

슬리는 그 말씀을 확대 해석해, 우리를 의롭게 하는 의의 행위는 이미 "수행되고 완성되었으며 … 종결"되었다고 주장하는 것을 "헛된 철학"으로 보았다. 그 결과로서의 "전가된 의라는 교묘한 형이상학적 교리는 사람을 회개가 아닌 방종으로 이끈다."[126] "하나님만이 참으로 의로우시며, 그를 믿는 믿음은 '사랑으로써 역사'(갈 5:6)한다"[127]는 사실을 기억한다면, 하나님의 의란 "하나님께서 죄인을 의롭게 하시는 방법을 의미한다."[128]

2. 그리스도는 우리 대신 회개하거나 믿음을 결정하지 않으심

칭의의 은혜를 받는 유일한 조건은 "회개하고 믿는 것"이다. 그러나 그리스도께서 우리를 대신해 회개하거나, 우리 없이 우리가 믿도록 결정하지는 않으신다. 그런 식으로 부정확하게 말하는 것은 무법이 "파도처럼 밀려들도록" 유혹하는 것이다.[129]

허비가 신자에 대해, "그들 스스로는 여전히 악명 높은 범죄자"지만 "그리스도 안에서는 죄 없는 순종을 소유하고 있다"고 주장하자, 웨슬리는 다음과 같이 사려 깊게 답했다. "아! 이 얼마나 매혹적인 노래인가! (메소디스트 부흥운동에서 떨어져 나간 주요 율법폐기론자인) 제임스 휘틀리(James Wheatley), 토머스 윌리엄스(Thomas Williams), 제임스 렐리(James Relly)가 매우 즐거워할 것이다!"[130] "우리는 율법폐기론자들에게 사방으로 둘러싸여 있다. 그런데도 당신은 그들의 수를 더하기 위해 수고

---

126 *LJW* 3:373.
127 *LJW* 3:375.
128 Letter to James Hervey, *LJW* 3:382.
129 Letter to James Hervey, *LJW* 3:379.
130 *LJW* 3:379; 참고. JWO 235, 377-78.

하는가?"¹³¹ "율법폐기론의 정수"는 그리스도께서 행위로나 윤리로나 "나를 대신해 율법의 요구를 만족시키셨다"며 안일하게 생각하면서,¹³² 그것을 자신 안에서 행하시는 은혜의 역사와 연결짓지 않는 것이다. 사랑으로써 역사하는 믿음을 나타내지도 않으면서 율법의 모든 요구가 이미 우리를 위해 이루어졌다고 말하는 것은, 친첸도르프의 "가면을 벗은 율법폐기론"으로 곧바로 되돌아가는 것이다.¹³³

G. 그리스도의 오신 목적

설교 "그리스도의 오신 목적"의 성경 본문은 요한1서 3:8의 "하나님의 아들이 나타나신 것은 마귀의 일을 멸하려 하심이라"라는 말씀이다 [설교 #62 (1781), B 2:471-84; J #62, V:267-77].

죄의 딜레마에 대해 자연철학은 오직 "부러진 갈대, 거품, 연기"밖에 제공하지 못한다. "자연은 병을 가리킬 뿐, 치료약을 주지 못한다."¹³⁴

1. 마귀의 일을 멸하러 오심

인간은 본래 의와 거룩함을 지닌 하나님의 도덕적 형상¹³⁵과 자유로운 자기 결정 능력을 지닌 하나님의 자연적 형상¹³⁶으로 창조되었다. 창조된

131　Letter to James Hervey, *LJW* 3:385.
132　Letter to James Hervey, *LJW* 3:386.
133　허비는 "우리가 현재 누리는 복에는 죄에서 자유롭게 되는 것이 포함되어 있지 않다"고 주장했다. 이에 웨슬리는 "죄로부터 해방되어 의에게 종이 되었느니라"(롬 6:18)라는 사도의 가르침에 기초해 "그것도 참으로 포함된다고 생각한다"고 답한다(*LJW* 3:380).
134　"The End of Christ's Coming," B 2:473, 서문 3.
135　"The End of Christ's Coming," B 2:475-76, sec. 1. 7-9.
136　"The End of Christ's Coming," B 2:474-75, sec. 1. 3-6.

본래의 상태에서 인간은 "꼭 그래야 하는 것은 아니지만, 실수할 수도, 거짓에 속을 수도 있었다."[137] 이제 죄로 가득해 악하고 불행해진 인간은 하나님의 도덕적 형상을 거의 상실한 상태가 되었다.

그리스도께서 오신 최종적 목적은 "죄와 그 열매", 그리고 원수의 모든 역사를 멸하시기 위해서다.[138] 성육신하신 성자는 온 세상의 죄를 위해 자신을 전적이고 완전하며 충분한 희생과 배상으로 드림으로 이미 악한 세력을 속박하기 시작하셨다.[139] 성령께서는 믿음이 사랑으로 역사할 수 있게 하시고, 그로 인해 성결과 의로 하나님의 도덕적 형상을 회복시키신다.[140]

2. 온전한 구원: 하나님 형상의 회복

삼위일체 하나님의 구원의 활동은 단지 죄책과 형벌에서의 자유를 선언하는 법적 행위를 뛰어넘어, 거룩함을 행위로도 나타내고 구체화하는 과정으로 이끄는 성화의 은혜를 제공해 "죄의 세력과 뿌리"에서 자유롭게 하시는 것을 포함한다. 이 갱신이 일어나는 과정은 복음 전파의 과정과도 유사하다. 신앙은 하나님께서 그리스도를 통해 세상을 자신과 화목하게 하신다는 사실을 신뢰한다. 이것이 교만과 자기 고집을 파괴하고, 회개와 신앙을 가능케 한다.[141]

그러나 이것이 단순히 사람을 즉각적으로 모든 죄에서 완전하고도 쉽게 갱신하게 한다거나, 아무런 노력을 하지 않아도 죄를 파괴한다고 주장

---

[137] "The End of Christ's Coming," B 2:474, sec. 1. 3.
[138] "The End of Christ's Coming," B 2:478, sec. 2. 1; *CH*, B 7:410, 443-44; *LJW* 4:122.
[139] "The End of Christ's Coming," B 2:478-79, sec. 2. 1-5.
[140] "The End of Christ's Coming," B 2:480, sec. 2. 6-7.
[141] "The End of Christ's Coming," B 2:480-84, sec. 3.

하는 것은 아니다. 모든 신자에게 육체와 영의 싸움은 아직 남아 있다. 하나님의 아들은 "사람이 이 세상에 사는 동안에는 마귀의 모든 일을 완전히 멸하지는 않으신다. 즉, 육신의 연약함, 질병, 환난, 혈과 육에 따르는 수 없이 많은 결함을 아직 멸하지 않으신다. 또 영혼이 부패하기 쉬운 육신에 거하는 데서 오는 자연적 결과인 이해에서의 우둔함을 멸하지도 않으신다." 이 모든 것은 죽음으로 멸하며, 죽음 자체는 부활로 극복된다.[142] 신자에게 죽음이 가져오는 큰 유익은, 인간의 한계성에서 비롯된 잔존하는 죄를 완전히 멸한다는 것이다.

"참된 기독교"는 "하나님의 은혜로의 회복만이 아니라 하나님의 형상으로의 회복이며, 단지 죄에서의 구원만이 아니라 하나님의 모든 충만하신 것으로 충만케 되는 것을 포함한다." 그러나 "세상이 창세 이래로 지금처럼 지혜로웠던 적은 없었다는 것을 당연하게 받아들이는 오늘날 같은 계몽된 시대에는" 이런 일이 얼마나 드문가! "우리가 지금까지 발견한 이 모든 것에도 이 진리를 아는 사람이 누군가?" 그것은 성경을 "하나의 연결된 고리처럼" 조화롭게 이해할 때 가장 잘 발견할 수 있다. 신앙의 유비(analogy of faith), 즉 "성경의 모든 부분이 그 외 다른 부분과 조화를 이루도록 이해"할 때, 사랑으로써 역사하는 믿음이 우리를 "모든 내적이고 외적인 성결"로 나아가게 한다.[143]

하나님께서는 모든 신자 속에서 모든 죄를 멸하실 수 있고, 또 그렇게 하기를 원하신다. 죄는 하나님께서 창조하신 인간에게 본연적인 것이 아닌 기형적인 상태로, 하나님께서 치료하시는 과정에 있는 인류의 질병이다.

---

142 "The End of Christ's Coming," B 2:482, sec. 3. 3.
143 "The End of Christ's Coming," B 2:482-84, sec. 3. 5-6; 참고. B 1:118, 495-96.

더 깊은 이해를 위한 독서 자료

대속

Clifford, Alan C. *Atonement and Justification. English Evangelical Theology, 1640–1790: An Evaluation*. Oxford: Clarendon, 1990.

Deschner, John. *Wesley's Christology: An Interpretation*. Dallas: Southern Methodist University Press, 1985. Reprint of 1960 edition with a new foreword by the author.

Lindström, Harald G. *Wesley and Sanctification*, 105ff.; atonement, justification, 55ff.; the law, 75ff.; justification and sanctification, 83ff. Nashville: Abingdon, 1946.

칭의

Bolster, George R. "Wesley's Doctrine of Justification." *EQ* 24 (1952): 144–55. Brockwell, Charles W., Jr. "John Wesley's Doctrine of Justification." *WTJ* 18, no. 2 (1983): 18–32.

Cannon, William R. *The Theology of John Wesley: With Special Reference to the Doctrine of Justification*. New York: Abingdon, 1946.

Collins, Kenneth J. "The Doctrine of Justification: Historic Wesleyan and Contemporary Understandings." In *Justification: What's at Stake in the Current Debate*, edited by Mark Husbands and Daniel J. Treier. Downers Grove, IL: InterVarsity, 2004.

_____. "Justification by Faith." In *Wesley on Salvation*. Grand Rapids: Zondervan, 1989.

Cushman, R. E. "Salvation for All." In *Faith Seeking Understanding*. Durham, NC: Duke University Press, 1981, 63–74.

Gunter, W. Steven. *The Limits of Divine Love: John Wesley's Response to Antinomianism and Enthusiasm*. Chap. 4, "Via Salutis: Wesley's Early Steps"; chap. 6, "Faith Alone," and chap. 7, "Faith Alone Misunderstood." Nashville: Abingdon, Kingswood, 1989.

Hildebrandt, Franz. *From Luther to Wesley*. London: Lutterworth, 1951.

Monk, Robert. "Justification by Faith." In *John Wesley: His Puritan Heritage*, 75ff. Nashville: Abingdon, 1966.

Prince, J. W. "Repentance" and "Justification by Faith and Regeneration." In *Wesley on Religious Education*, 44ff. New York: Methodist Book Concern, 1926.

Rees, A. H. *The Doctrine of Justification in the Anglican Reformers*. London, 1939.

Smith, Harmon L. "Wesley's Doctrine of Justification: Beginning and Process." *LQHR* 189 (1964): 120–28. Also Duke Divinity School Bulletin 28 (1963): 88–98.

Starkey, Lycurgus M. "Order of Redemption" and "Justification and Faith." In *The Work of the Holy Spirit*. Nashville: Abingdon, 1962.

Tavard, George. *Justification*. New York: Paulist, 1983.

Wynkoop, Mildred Bangs. "The Function of Faith" In *Foundations of Wesleyan Arminian Theology*, 222ff. Kansas City: Beacon Hill, 1967.

회심

Abraham, William J. *Aldersgate and Athens: John Wesley and the Foundations of Christian Belief*. Waco, TX: Baylor University Press, 2009.

Collins, Kenneth J. "The Conversion of John Wesley: A Transformation to Power," in *Conversion*. Edited by John Hong. Bucheon City, Kyungki-Do, South Korea: Seoul Theological University, 1993. Published in Korean.

_____. *A Real Christian: The Life of John Wesley*. Nashville: Abingdon, 1999.

_____. *Wesley on Salvation*. Chap. 2, "Convincing Grace and Initial Repentance." Grand Rapids: Zondervan, 1989.

Koerber, Carolo. *The Theology of Conversion according to John Wesley*. Rome: Neo-Eboraci, 1967.

H. 기독론의 왜곡에 대한 대응

1. 육체를 따라 그리스도를 아는 것에 대하여

설교 "육체를 따라 그리스도를 아는 것에 대하여"의 성경 본문은 고린도후서 5:16, "그러므로 우리가 이제부터는 어떤 사람도 육신을 따라 알지 아니하노라 비록 우리가 그리스도도 육신을 따라 알았으나 이제부터는 그같이 알지 아니하노라"라는 말씀이다 [설교 #123 (1789), B 4:97-106; J #107, VII:291-97].

웨슬리는 이 중요한 주제를 명확히 다룬 자료가 거의 없는 데다, 이 성경 본문이 몇몇 경건주의 형태를 띤 종파에 의해 매우 곡해되고 있음을 발견했다. 웨슬리는 같은 본문을 앞 절과 함께 다음과 같이 직접 번역했다. "그가 모든 사람을 대신해 죽으심은 살아 있는 자들로 하여금 다시는 그들 자신을 위하여 살지[자신의 명예, 이익, 쾌락을 구하지] 않고 그분을 위하여 살게 함이라 그러므로 우리가 [즉, 신앙을 통해 그분을 바르게 아는 우리가] 이제부터는 어떤 사람도 육신을 따라 알지 아니하노라." 영어 새국제성경(NIV)에는 "그러므로 우리가 이제부터는 누구도 세상적인 관점으로(from a worldly point of view) 보지 아니하노라"라고 되어 있다. 즉, 세상적 기준에 의한 외적 삶에 기초해 단지 사람이 보는 방식으로만 보지 않겠다는 것이다. "비록 우리가 그리스도도 육신을 따라 알았으나 이제부터는 그같이 알지 아니하노라 그런즉 누구든지 그리스도 안에 있으면 새로운 피조물이라"(롬 5:16-17). 웨슬리는 "이 흔치 않은 표현은 … '우리는 사람을 국적, 재산, 권세, 지혜 등 그의 과거의 상태가 아니라 오직 그의 영적 상태로 평가한다'는 의미일 것이다"라고 설명했다. 만약 우리가 그리스도를 "육신을 따라 앎으로 … 자연적 애정을 가지고 그를 인간으로 사랑한다면,

그의 신성을 놓치는 것이 된다. 그리스도는 하나님이시기 때문이다."[144]

그리스도를 육신을 따라 아는 이단의 표본으로는 "그리스도를 성부보다 열등하다"고 생각한 아리우스주의자들과, 속죄를 부인하고 "그리스도께서 가장 높은 하나님이심을 부인"한 소치니 교도들(Socinians)을 들 수 있다. 이 경향은 "큰 존경심을 가지고" 예수님을 "매우 훌륭한 사람"으로 대하면서도, 그분의 신성을 부인해 간접적으로 비하한 유니테리언 존 테일러(John Taylor)에게서도 나타난다. 웨슬리가 특히 싫어한 것은 그리스도를 지나치게 친근하게 대함으로 그의 신성을 경시하는 경향을 띤 감상주의적 찬송이었다.[145] 웨슬리는 "모든 인간적 애정의 표현"과 특히 '친애하는'(dear)이라는 부적절한 표현을 하나님께 사용하는 것을 삼갈 것을 조언했다. 그는 "나는 그 단어를 글이든 시든 기도든 설교든 어디에도 사용하지 않는다. … (심지어 내 동생의 훌륭한 찬송을 부를 때도) 자주 '그 사랑하는 상하신 얼굴' 또는 '내 마음에 떨어지는 당신의 뜨거운 피' 같은 화려한 표현을 사용하는 것에 거리낌이 있을 때가 있다"고 말한다.[146]

그 외에도 "큰 고함, 무섭고 기괴한 괴성, 같은 말을 20~30번 반복하는 일, 2~3피트를 뛰어오르는 일, 남녀가 팔다리를 떨며 진동하는 동작 등 종교는 고사하고 일반적인 품위에 비추어보더라도 충격적인 방식으로" 과도한 열정과 감정을 표출하는 것은 그리스도의 주님 되심을 격하시킨다.[147] 사람들은 그저 이들이 무슨 일을 하는지 이상하게 여길 것이다. 웨슬리는 그런 것이 "하나님에 대한 부적절한 친밀함"을 드러내는 것이라

---

144 "On Knowing Christ after the Flesh," B 4:98-99, secs. 1-3.
145 "On Knowing Christ after the Flesh," B 4:100-1, secs. 4-7; 웨슬리는 이런 경향을 모라비아교도들의 찬송과 심지어 아이작 왓츠의 찬송가 *Horae Lyricae*에서도 발견했다.
146 "On Knowing Christ after the Flesh," B 4:101-3, secs. 8-10.
147 "On Knowing Christ after the Flesh," B 4:103, sec. 11.

고 생각했다.

웨슬리는 교부들이 가르친 '페리코레시스'(*perichoresis*) 개념을 통해 그리스도의 한 인격 속에서 신성과 인성이 상호 교류한다고 가르쳤기에, 경건주의적 감성주의와 인간적 친숙함의 과도한 표현이 그리스도의 인성에 치우쳐 있음을 발견했다. 이 모든 것의 해결책은, 우리가 "성부를 높이는 것과 똑같이 성자를 높이는" 엄격한 전통적 기독론의 입장을 취하는 것이다. "우리는 성부 하나님을 예배하는 것과 동일하게 그리스도를 예배해야 한다. 온 마음과 영혼으로 그분을 사랑해야 하며, 소유와 존재 전체, 생각하고 말하고 행하는 모든 것을 성부, 성자, 성령이신 삼위일체 하나님께 드려야 한다."[148]

2. 그리스도를 바르게 전하는 방법

a. 신앙에 뒤따르는 의를 가르침으로 율법폐기론에 대처해야 함

1964년에 알버트 아우틀러는, 웨슬리의 "복음적 평신도에게 보내는 편지(1751년 12월 20일)"(B 26:482-89)[149]를 "그리스도를 설교하는 방법에 대한 편지"라는 제목 하에 「개신교 신학 총서」(Library of Protestant Theology)에 수록했다. 이 편지의 핵심은 복음과 율법의 관계에 관한 것이다.

디트리히 본회퍼(Dietrich Bonhoeffer)가 "값싼 은혜"에 관해 쓴 글을 읽은 사람이라면 웨슬리가 율법폐기론에 반대한 이유를 즉시 이해할 수 있을 것이다. 많은 사람이 십자가 없는 그리스도, 구원 이후의 거룩한 삶이

---

148 "On Knowing Christ after the Flesh," B 4:106, sec. 16.
149 이는 잭슨판과 아우틀러판에 "그리스도를 설교하는 방법에 관한 편지"라는 제목으로 수록된 것과 동일한 문서로, 웨슬리가 자신을 율법주의자로 비난한 한 익명의 개인에게 쓴 것이다. JWO 232-37; J XI:486-92.

없는 복음, 바른 응답을 결여한 용서, 거룩함이 없는 사면, 사면에 대한 인간의 책임이 없는 하나님의 자비를 선포하고 있다.[150]

b. 율법무용론자와 그의 친구 간의 대화

웨슬리는 "율법무용론자와 그의 친구 간의 대화"[A Dialogue between an Antinomian and His Friend (J X:266-76), 우리말 번역본은 한국웨슬리학회 편역, 『존 웨슬리 논문집 (I)』(서울: 한국웨슬리학회, 2009), 151-63에 수록됨-역주]에서 율법폐기론의 위험성을 인식하고 그것이 신앙 자체를 파괴한다는 사실을 경고했다.[151] 복음을 선포하는 사람은, 복음으로 인해 신자가 도덕적으로 느슨해지는 것이나, 율법 또는 하나님, 자신, 이웃에 대한 의무를 경시해도 된다는 잘못된 환상에 대처해야 한다. 설교를 "부드러운 말"로 바꾸어 "의미를 모호하게 함으로 청중이 건전한 가르침을 듣지 못하게 하고, 말씀을 대하는 태도를 망친 나머지 설교가 유익한 자양분이 될 수 없게 하는 것은 매우 위험하다. 그런 설교는 말하자면 청중에게 단 것만 먹임으로 하나님 나라의 참된 포도주에서 전혀 맛을 느끼지 못하게 만드는 것이나 다름없다."[152]

c. 복음적 설교는 복음과 율법의 관계를 바르게 제시해야 함

우리는 복음의 맥락에서 하나님의 요구를 명확히 제시하는 방식으로 율법과 복음을 서로 밀접하게 연결 지어 선포해야 한다.[153] "어떤 사람은 율법만, 어떤 사람은 복음만 선포해야 한다고 생각한다. 그러나 율법과 복

---

150 "A Dialogue between an Antinomian and His Friend," J X:266-76.
151 B 9:370-72.
152 LPC, sec. 9, "Letter on Preaching Christ," J XI:491는 "To an Evangelical Layman," B 26:487와 내용이 동일하다.
153 B 1:304-5, 551-55; 2:20-43; JWO 232-37.

음 중 어느 하나를 빼고 다른 하나만 선포해서는 안 되며, 둘 모두를 함께 적절하게 가르쳐야 한다. 모든 설교에서는 아니더라도, 모든 곳에서 그렇게 해야 한다."154 "가장 우선적이고 중요한 계명"은 "주 예수 그리스도를 믿으라"는 것이다.155

이것이 제임스 휘틀리가 나타나 자신은 "오직 그리스도만" 설교한다고 자랑하면서 율법과 복음의 밀접한 연관성을 훼손하기 전까지 모든 메소디스트가 선포한 것이다. 웨슬리가 보기에 그의 이런 태도는 막대한 피해를 끼쳐, 뉴카슬(Newcastle)의 여러 설교자가 사역을 그만두게 했고, 메소디스트 신도회를 혼란에 빠뜨렸다. 웨슬리는 이에 비해 복음과 율법의 밀접한 관련성을 철저히 가르친 요크셔(Yorkshire)주 신도회 회원들은 "구원자이신 하나님을 믿고 사랑하고 찬양하면서 영혼이 살아 있고 강건하며 활기찬" 것을 발견했다. 그들은 "그리스도께서 당신을 위해 죽으셨다. 그러므로 당신은 죄에 대해 죽어야 한다"는 말에 담긴 직설법과 명령법 사이의 밀접한 관계를 이해하고 있었다. "그렇게 바르게 선포한 율법은 영혼에 통찰력을 주고 강건하게 하며 … 양육하고 가르쳐 … 신자의 영혼의 인도자, '양식, 치료약, 버팀목'이 된다."156

복음을 설교하는 것은 하나님의 사랑을 죄인에게 선포하는 것이다.157 율법을 설교하는 것은, 복음의 열매로서 하나님께서 요구하시는 삶을 명확히 가르치는 것을 의미한다.158 이러한 하나님의 말씀의 원형은 십계명에서 들을 수 있고, 산상설교에서 가장 온전하게 들을 수 있다. 복음 없이

---

154 LPC, sec. 7, J XI:486; B 26:483.
155 LPC, sec. 18, J XI:489; B 26:483; 참고. 행 16:31.
156 LPC, sec. 18, J XI:489; B 26:485.
157 LJW 1:158; 5:259, 292; B 1:229, 347-50.
158 LJW 3:82.

계명만 설교하는 사람은 율법주의에 빠진다. 복음을 설교하면서도 그것에 내포된 하나님의 요구를 선포하지 않는 사람은 율법폐기론이라는 비탈길로 떨어질 위험이 있다.[159]

루터처럼 웨슬리는 평신도들을 양 극단 모두에서 보호하기 위해 노력했다. 하나님의 용서에 대한 확신을 너무 성급하게 설교하는 것은 죄의 깊은 상처를 지나치게 가볍게 다루는 것이다. "누군가에게 오직 복음만을 선포해야 할 때는, 자기 죄를 철저히 자각한 죄인에게" 일대일로 개인적으로 조언할 때다.[160]

복음의 빛에서 바르게 이해하면 주님의 율법은 영혼을 회심하게 하고, 지혜롭게 하며, 마음에 기쁨이 있게 하고, 도덕적인 깨달음이 열리게 한다(시 19:7-9). 율법과 복음의 올바른 균형은 청중을 바르게 가르치는 기초다. 복음을 하나님의 요구와의 적절한 연관성 속에서 선포하면, 그 결과 신자들은 사랑으로 역사하는 믿음을 더 깊이 나타내고, 공동체 안에서 의지의 훈련이 얼마나 필요한지를 더 크게 자각하게 된다.[161] 웨슬리는 자신이 책임지고 이끄는 메소디스트 공동체에서 이것이 경험적으로 입증되고 있다고 생각했다.[162]

3. 우리는 십자가에 못 박힌 그리스도를 전하니

웨슬리의 설교 "우리는 십자가에 못 박힌 그리스도를 전하니"의 성경 본문은 고린도전서 1:23-24, "우리는 십자가에 못 박힌 그리스도를 전하

---

159 B 1:347, 554-55; 2:125; 4:220.
160 LPC, sec. 9, J XI:487; B 26:483.
161 Letter to Ebenezer Blackwell, December 20, 1752, B 3:79-85.
162 LPC, B 26:482-88; J XI:489-92.

니 유대인에게는 거리끼는 것이요 이방인에게는 미련한 것이로되 오직 부르심을 받은 자들에게는 유대인이나 헬라인이나 그리스도는 하나님의 능력이요 하나님의 지혜니라"라는 말씀이다 [이는 웨이크필드(Wakefield)의 새 예배당 개관식에서 윌리엄슨(Williamson) 씨가 받아 적은 웨슬리 설교다(1774), B 4:519-24 (부록)]. 설교의 주제는 성자 하나님의 용서와 성령 하나님의 내주하심 사이의 밀접한 관계다.

a. 하나님의 용서와 성령의 내주하심의 관계

십자가에 못 박힌 그리스도를 설교하는 것은, "하나님께서 그리스도의 피를 믿는 신앙을 의로 여겨주심으로 말미암아 얻는 칭의"와, 위로부터 거듭난 자가 "처음 거듭날 때와 같이 위대한 변화가 필요함"을 깨닫는 성화를 밀접하게 연결 지어 설교하는 것이다.

우리의 본성은 "성령의 역사로 변화되어 (그리스도와 함께 하나님 안에 감추어진) 새 생명으로 거듭나 … 마지막 날 하나님 앞에 설 때까지 은혜에서 은혜로 계속 자라가야 한다."[163]

자신이 지혜롭다고 생각하는 사람은 그것을 어리석게 여기겠지만, 부르심을 받은 자에게 그것은 하나님의 능력과 지혜다.

b. 하나님의 용서는 자기 의의 장애물이 됨

자기 의를 내세우는 자에게 복음은 장애물과도 같다. 그들은 자신이 행위에 의해 구원받을 것이라고 기대하면서, 스스로 그럴 정도로 충분히 의롭다고 생각한다. "모든 기독교 국가에는" 행위로 말미암는 의를 주창

---

163 "We Preach Christ Crucified," B 4:521.

하는 자들이 항상 넘친다.[164] 자기 의를 내세우는 자들은 죄를 자각하지 못하기 때문에, 하나님의 용서를 받을 필요가 없다고 생각한다.

율법폐기론자들이 빠지기 쉬운 정반대의 시험은 "외적인 의로움을 가지고서 그것으로 타인을 무시하는 것이다." 그들은 사랑 없이 신앙만 내세운다.

c. 인간의 지혜는 하나님의 용서를 어리석게 여김

나아가 자기 지혜를 내세우는 자에게 복음은 어리석게 보인다. 몸과 영혼의 접점이나 도덕적 책임성의 더 깊은 토대를 설명할 수 없음에도 "자신의 지혜를 자랑하면서 … 모든 것을 이성으로 이해하려는" 사람들은, 칭의와 성화를 밀접하게 연결 짓는 설교를 경시한다.

해부학자 윌리엄 헌터(William Hunter)나 유니테리언 존 테일러에게 그런 이야기를 한 후 그들이 그런 가르침을 얼마나 어리석게 여기는지 보라. 테일러는 "시간이 지나면 나는 더 나은 사람이 될 것이다"라고 할 것이고, 헌터는 "사람은 결코 다른 사람의 의로 의로워지지는 않는다"라고 할 것이다.[165] 십자가에 못 박히신 그리스도를 전하는 것이 도덕주의자들에게는 거리낌이 되고, 하나님 없이도 인간의 지성과 행동의 능력만으로 충분하다고 생각하는 자들에게는 어리석게 보인다. 바울의 글에서 이들은 '이방인'(the Greeks)으로 지칭된다.

d. 하나님의 지혜와 인간의 지혜

그러나 하나님의 부르심을 받은 자는 하나님의 용서와 성령의 인도하

---

164 "We Preach Christ Crucified," B 4:521.
165 "We Preach Christ Crucified," B 4:522.

심을 선포할 때 율법과 복음을 함께 붙든다. 신자에게 이러한 균형감각은 하나님의 지혜로 경험된다. 인간의 지혜보다 뛰어난 하나님의 지혜는 "그분의 모든 속성과 완전성이 조화를 이루며, 정의와 자비가 함께 만나는" 하나님의 성품 그 자체에서 비롯된다. 하나님은 육신을 복종시킬 능력을 신앙에 부여하신다.

율법과 복음을 균형 있게 유지하는 설교는 또한 "성화를 이루시는 하나님의 능력"으로 경험된다. 은혜가 죄를 이긴다. "그때 당신은 죄가 더는 자신을 지배하지 못한다는 사실을 발견했다. 형제여, 그것이 당신에게 이루어진 성화의 순간이다."[166] 여기서 "순간"이라는 말은, 하나님의 능력이 죄를 이기는 것을 인식하는 시점을 말한다. 그 순간은 경험적으로 인식 가능하다. 어떤 경험이든 시간적 출발점이 있다.

"그때 당신은 위로부터 능력을 덧입는다. 그리고 그 때부터 육체의 행위를 죽이고 세상에 대한 모든 사랑을 이길 권세를 갖게 된다. 그 후로 하나님 나라는 겨자씨 한 알과 같이 점점 자라나 당신의 마음에 오직 사랑 외에는 어떤 것도 남지 않게 된다."[167]

e. 신자의 외적·내적·효과적 부르심

"성공이나 역경 중에 있을 때 하나님의 섭리로 기막힌 반전"을 경험한 사람은 그것을 통해 죄를 버리고 하나님께 돌이키라는 "외적인 부르심"을 받은 것이며, "의인의 죽음을 죽기 원하는 소원"을 경험한 사람은 은혜의 삶으로 내적인 부르심을 받은 것이다. 또 죄 용서를 받을 수 있는 기회를 현재적으로 부여받은 사람은 하나님의 은혜에 의해 효과적 부르심을 받

---

166 "We Preach Christ Crucified," B 4:523.
167 "We Preach Christ Crucified," B 4:523-24.

은 것이다.[168] 외적 부르심, 내적 부르심, 효과적 부르심에 의해 신자는 하나님의 은혜로 거룩한 삶을 살 수 있게 하는 능력을 경험한다. 이것이 선하고 행복한 삶이다.

4. 신비주의자의 속죄 부인을 논박함

이제 웨슬리가 1756년 1월 6일에 쓴 "윌리엄 로에게 보내는 편지"(Letter to William Law)라는 길고 중요한 글을 소개해야 할 시점이다 (*LJW* 3:332-70; J IV:466-509).

a. 그리스도의 죽음의 필연성 부인을 논박함

웨슬리가 볼 때, 후기의 윌리엄 로는 대속을 단지 자아도취와 유사한 주관적 사건으로 여겼다. 웨슬리가 과거 멘토로 여기며 추종하고 존경했던 윌리엄 로는 내적 조명이라는 헛된 주관주의에 빠져들었다. 그것은 기독론을 축소해 마치 "그리스도께서 구원자로서 행하시는 유일한 사역이 인간의 내면에서 꺼져버린 천국의 불꽃을 다시 일으키는 것뿐인 양" 하는 것이다.[169] 웨슬리는 그것을 철저한 주관주의로 보았다.

로의 주장대로라면 하나님이 그 자녀를 징계할 능력도 갖지 못하므로 "성경적 칭의 교리란 있을 수 없다." 웨슬리는, "만약 하나님의 아들이 우리의 죄를 속하기 위해서가 아니라면 무엇을 위해 죽으셨는가?"라는 질문에 윌리엄 로가 바르게 답할 수 없다고 생각했다.[170] 웨슬리는 형벌만족설의 관점에서 속죄론을 개진하면서 그리스도의 죽음은 기독교 신앙의 전

---

168 "We Preach Christ Crucified," B 4:523.
169 Letter to William Law, sec. 2. 3, *LJW* 3:351.
170 Letter to William Law, sec. 2. 2-3, *LJW* 3:345-57.

체 구조에 필연적이라고 주장했다. 웨슬리는 이 무렵의 로가 "'칭의'라는 용어의 의미조차 모르는 것 같다"고 생각했다.

b. 안나 마리아 반 슈르만의 속죄론을 추천함

웨슬리는 로의 오류에 대한 해결책으로 안나 마리아 반 슈르만(Anna Maria van Schurmann, 1607-78)의 속죄에 대한 평이한 설명을 추천했다. 슈르만의 묵상은 그녀의 일지[171]와 자서전[172]에서 볼 수 있다.

안나 마리아 반 슈르만은 예술, 언어, 철학 등에 많은 재능을 가진 여인으로, 노년에는 프랑스 개혁주의 신학에 대해서도 깊은 조예가 있었다. 그녀는 쾰른에서 독일인 어머니와 네덜란드인 아버지 사이에서 태어났다. 아버지에게 교육을 받다 그가 일찍 죽자 어머니와 함께 독일을 떠나 네덜란드의 위트레흐트(Utrecht)로 갔다. 그곳에서는 1636년 위트레흐트 대학 설립에 중요한 역할을 함으로, 커튼 뒤에 숨어 수업을 들을 수 있도록 허락을 받았다. 이후 프랑스 개혁교회 설교자 장 라바디(Jean Labadie)를 따르기 위해 위트레흐트를 떠났다. 라바디가 죽은 후에는 다른 네덜란드 신학자 기스베르트 보에티우스(Gisbert Voetius, 1589~1676)가 지도하는 그룹에 소속되었다. 슈르만은 다양한 언어로 광범위하게 글을 썼다. 속죄에 관한 묵상에서는 웨슬리가 중요하게 여긴 훌륭한 주장들을 펼쳤고, 웨슬리는 윌리엄 로를 논박할 때 그것을 활용했다. 웨슬리가 요약한 내용은 다음과 같다.

---

[171] Anna Maria van Schurmann, *Journal*, 1:435d; Anna Maria van Schurman and Fridericus Spanhemius, *Nobilis, Virginis Annae Maria à Schurman: Opuscula, Hebraca, Graeca, Latina, Gallica* (1648 Latin ed.)를 보라.

[172] Anna Maria van Schurmann, *Eukleria*, pt. 11:118; 그녀의 자서전, *Euclera seu melioris partis electio* (autobiography), 2 vols., 1673을 보라. 참고. Letter to William Law, sec. 2. 3, *LJW* 3:353-56.

1. 그리스도는 "오직 자신이 행하신 배상과 공로로" 우리가 영생을 누릴 수 있는 권리를 획득하셨다. "우리의 회개도, 회심도 죄를 속하는 배상이 될 수는 없다." "우리는 오직 그리스도의 피로 말미암아 속량 곧 죄 사함을 받는다"(엡 1:7). 하나님은 "우리 죄를 속하기 위하여 화목 제물로 그 아들을 보내셨다"(요일 4:9-10). "모든 사람을 위하여 자기를 대속물로 주신"(딤전 2:6) 주님이 "우리의 의"가 되신다(렘 23:6). 죄인은 "부분적이고 불완전한 순종으로" 하나님께 배상할 수 없다. "그리고 하나님께 모든 것을 빚진 우리는, 하나님께 어떤 것도 요구할 자격이 없다. 따라서 우리는 주권자 하나님께 행한 엄청난 잘못을 바로잡기 위해 … 그 백성을 대신해 고난받고, 자신의 공로로 우리에게 용서와 성결과 영광을 얻게 해주실 중재자를 필요로 한다."[173]

2. 그리스도를 본받는 것은 "우리를 위하여 죽으심으로 … 그의 피로 말미암아 의롭다 하심"을 받게 하시며(롬 5:8-9), 우리에게 "본을 끼쳐 그 자취를 따라오게 하려"(벧전 2:21) 하신 십자가에 못 박히신 그리스도를 믿는 믿음에 달려 있다.[174]

3. "우리의 구원의 원천과 원인은, 그 아들의 피로 우리를 구원하기 원하신 성부 하나님의 형언할 수 없는 사랑, 자신의 뜻에 의해 우리의 저주를 담당하시고 자신의 복과 공로를 우리에게 주신 성자의 은혜, 그리고 성부의 사랑과 성자의 은혜를 우리 마음에 전달해주시는 성령이시다."[175]

4. 바로 이 지점에서 우리는 "기독교의 가장 깊은 신비"에 도달한다. 여기서 우리는 "인간이 날조해낸 모든 거짓된 가르침을 멀리하고", 성경이

---

173 Letter to William Law, sec. 2. 3에서 인용한 안나 마리아 반 슈르만의 글, *LJW* 3:335; 참고. FA, B 11:108; B 1:608-9.
174 Letter to William Law, sec. 2. 3에서 인용한 안나 마리아 반 슈르만의 글, sec. 2. 3, *LJW* 3:354.
175 같은 곳.

"더 좋은 언약의 보증"(히 7:22)이 되신 중재자에 대해 말씀하게 해야 한다.

> 그는 실로 우리의 질고를 지고 우리의 슬픔을 당하였거늘 … 그가 찔림은 우리의 허물 때문이요 그가 상함은 우리의 죄악 때문이라 그가 징계를 받으므로 우리는 평화를 누리고 그가 채찍에 맞으므로 우리는 나음을 받았도다 … 여호와께서는 우리 모두의 죄악을 그에게 담당시키셨도다 … 그가 살아 있는 자들의 땅에서 끊어짐은 마땅히 형벌 받을 내 백성의 허물 때문이라 … 그는 강포를 행하지 아니하였고 그의 입에 거짓이 없었으나 그의 무덤이 악인들과 함께 있었으며(사 53:4-9)

5. 그러나 이 모든 것은 "영광스러운 승리의 서막에 불과했다." 그리스도께서는 부활하심으로 자신과 함께 우리를 살리셨고, "많은 사람의 죄를 짊어지시고 … 죄인들을 위해 중보하셨다."[176]

6. 그리스도는 단지 우리의 모범만이 아니라, "새 언약의 보증으로서, 자기 백성의 죄를 위한 희생이자 산 제물이시다."[177] "이 예수를 하나님이 그의 피로써 믿음으로 말미암는 화목제물로 세우셨으니 … 자기도 의로우시며 또한 예수 믿는 자를 의롭다 하려 하심이라"(롬 3:25-26). "예수 그리스도의 몸을 단번에 드리심으로 말미암아 우리가 거룩함을 얻었노라 … 그가 거룩하게 된 자들을 한 번의 제사로 영원히 온전하게 하셨느니라"(히 10:10-14). "고대의 모든 예표와 상징에서는 '피 흘림이 없으면 사함이 없었다'(히 9:22). 이는 그것들이 예표하는 위대한 원형이신 분의 피, 즉 그리스도께서 '성문 밖에서' 드린 위대한 속죄의 희생 없이는 죄 용서가 있을 수 없음을 보여주기 위한 것이다."[178]

---

176 Letter to William Law, sec. 2. 3에서 인용한 안나 마리아 반 슈르만의 글, sec. 2. 3, sec. 2. 3, *LJW* 3:354-55; 참고. *CH*, B 7:290-92.
177 같은 곳.
178 Letter to William Law, sec. 2. 3에서 인용한 안나 마리아 반 슈르만의 글, sec. 2. 3, *LJW* 3:356.

7. 이런 방식으로 고난의 메시아는 그 백성의 죄를 대속하시고 그들을 하나님의 은혜로 회복시키신다. "그리스도께서 우리를 위하여 저주를 받은 바 되사 율법의 저주에서 우리를 속량하셨으니"(갈 3:13). "친히 나무에 달려 그 몸으로 우리 죄를 담당하셨으니 이는 우리로 죄에 대하여 죽고 의에 대하여 살게 하려 하심이라"(벧전 2:24). "그리스도에게서 그의 제사장 직분이라는 가장 중요한 부분을 빼앗고 단지 우리를 위해 기도로 중보하는 역할만 남겨놓은" 소치니 교도들은 이를 부인한다.[179] 그와 유사하게 윌리엄 로의 기독론 역시 "이신론"으로 축소되었다.[180]

웨슬리는 칼빈주의 전통의 탁월한 한 여성의 주장을 끌어와 윌리엄 로의 모호한 신비주의 속죄론을 반박했다. 안나 마리아 반 슈르만의 주장은 명확하고 성경적인 데 비해, 로의 생각은 모호하고 사변적이었다.

c. 신비주의의 신생, 세례, 신앙관 논박

윌리엄 로는 중생을 "우리가 처음 가졌던 천사의 영과 몸을 다시 얻는 것"으로 축소시켰다. 그리고 신앙을 단지 "하나님께 나아가려는 열망"으로 보았는데, 이는 하나님과의 연합에 대한 신비주의적 열망을 반영한다.

웨슬리는 "열망"이라는 단어의 문제점을 다음과 같이 지적한다. "내가 경험을 통해 알게 된 것은 그것과 정반대다. 나는 심지어 구원의 신앙이 무엇인지 깨닫기 전에도 오랫동안 그런 열망을 가지고 있었다."[181] 신앙은 그런 것이 아닌 "(열망과는 전혀 다른) 엘렝코스(*elenchos*), 즉 '보이지 않는 것에 대한 증거 또는 확신'으로, 하나님께서 말씀을 통해 계시하신 대

---

179 Letter to William Law, sec. 2. 3에서 인용한 안나 마리아 반 슈르만의 글, sec. 2. 3; *CH*, B 7:441-42.
180 Letter to William Law, sec. 2. 3, *LJW* 3:357.
181 Letter to William Law, sec. 2. 4, *LJW* 3:359; 참고. *RJW* 94-129.

로 … 하나님의 아들이 나를 사랑하셔서 나를 위해 자기 자신을 주셨다는 사실에 대한 신적 증거이자 확신이다. 이 신앙을 가진 사람은 누구나 하나님에게서 난 자다."[182]

로가 기도의 뜨거움과 차가움에 대해 기묘한 주장을 하도록 이끈 것은, 신앙을 그렇게 주관주의적이고 신비주의적인 것으로 변질시켜 이해한 것이었다. 그런 신앙 개념에 기초해 인간의 영혼은 먼저 "뜨거움"을 통해 하나님과의 최고의 연합을 추구한 후, 다음으로는 역설적으로 차가움을 통해 더 높은 단계의 연합을 추구한다는 것이다. 로가 "영적 여정에서 차가움은 유익할 수 있다"고 주장한 반면, 웨슬리는 그런 영적 냉담함은 신자로 "영혼을 잃어버릴 위험"에 처하게 한다며 반박했다.[183]

5. 신비주의의 보편구원론과 은혜의 방편 폐기를 논박함

a. 보편구원론이 초래하는 영적 위기

윌리엄 로는 신비주의 전통을 따라 모든 사람의 영혼에 그리스도께서 "무감각과 죽음의 상태로" 거하고 계신다는 모호한 주장을 했다. 이에 대해 웨슬리는 어떻게 그리스도께서 "우리의 마음 문 밖에 서서 두드리고 계시면서"(참고. 계 3:20) 동시에 죽음의 상태로 우리 속에 살아 계실 수 있는지 의아해했다.

이러한 주장은 로를 ("모든 사람 속에 그리스도께서 계신다"고 주장하는) 온건한 보편구원론으로 이끌었다.[184] "전혀 믿지 않는 자들"마저 안일한 자세를 갖게 만들었다. 웨슬리는 이 보편구원론을 논박했다. "그리스도께서

---

182 Letter to William Law, sec. 2. 4, *LJW* 3:359.
183 Letter to William Law, sec. 2. 4, *LJW* 3:359-61.
184 Letter to William Law, sec. 2. 5, *LJW* 3:361.

모든 사람을 위해 죽으셨다"(고후 5:15; 히 2:9)는 말씀은 보편구원론(결국에는 구원받지 못할 사람이 아무도 없다는 주장–역주)을 의미하지 않는다. 보편구원론의 결론은 "유대인, 이슬람교도, 이신론자, 이교도 모두가 그리스도의 교회의 일원이라는 것이다. 그렇다면 왜 마귀는 포함시키지 않는가?" 잘못된 "포용주의"는 지나치게 관대하게 "온 세상마저 받아들인다."

죄에 잠들어 있는 사람에게 '그리스도께서 당신의 마음에도 계신다. 당신은 지금 성령의 영감을 가지고 있다'고 말하는 것보다 더 "혈과 육을 가진 죄인이 좋아하는 교리는 하늘 아래 없을 것이다. 또 그것만큼 사람들이 죄를 자각하지 못하도록 직접적으로 방해하는 교리는 없을 것이다." "당신이 그들의 영혼에 이 베개를 만들어주는 순간, 그들은 죽음의 잠에 빠져들 것이다."[185]

b. 외적인 은혜의 방편은 중요하지 않은가?

윌리엄 로의 더 심각한 문제는, 신자 개인을 지나치게 낙관적 시각으로 보아 그들이 필요한 능력을 충분히 지닌 것으로 판단한 데 있었다. 웨슬리는 이를 신앙에 위험한 태도로 여겼다. 그는 로가 "성경도 필요 없고, 다른 사람의 가르침도 필요 없으며, 어떤 외적인 수단도 필요 없이 모든 사람이 자신의 능력만으로 충분히 홀로 설 수 있을 만큼" 너무나 쉬운 구원의 방법을 제시했다는 사실을 분명하게 알아차렸다.

웨슬리는 로의 "구원에 이르는 손쉬운 방법"을 반박했다. 그것은 "단지 마음을 돌이키기만 하면 쉽게 그리고 즉시" 이루어진다. 그러나 그 모든 주장은 "수없이 많은 오류를 만들어낸다."[186] 그중 특히 잘못된 것은 "모

---

185 Letter to William Law, sec. 2. 5, *LJW* 3:361-64.
186 J IV:502.

든 자발적 활동을 멈추고, 모든 일을 그만둔 채로 침묵하면서 수동적인 태도로 겸손하게 내적인 빛에 주의를 기울이라"는 로의 조언이었다. 그것은 행위에 의한 의와 정적주의(quietism)를 뒤섞은 영적 선동에 불과했다.[187]

만약 우리가 자연적 인간의 의식 속에 언제나 "제사장, 교회, 제단"을 지니고 있다면, 교회는 필요하지 않고, "그 어떤 성찬, 예배, 성직자, 제단도 마찬가지다." 그러나 "우리가 내적인 은혜를 받을 수 있는 오직 하나뿐인 성경적인 길은 하나님께서 지정하신 외적인 수단을 활용하는 것이다."[188]

웨슬리는 그리스도와 성경이 서로 대립하게 만드는 로의 경향에 반대해, 계시된 말씀과 기록된 말씀이 서로 일치한다는 전통적 개신교의 가르침을 재확인했다. "성경과 경험에 의해 우리는 하나님의 말씀과 성령은 함께 일하신다는 사실을 알고 있다."[189]

---

[187] Letter to William Law, sec. 2. 6, *LJW* 3:364-68; 참고. B 1:376.
[188] Letter to William Law, sec. 2. 6, *LJW* 3:367.
[189] 같은 곳; J IV:505.

4장

성령 하나님

4장 성령 하나님

A. 성령의 인격과 사역

1. 우리 안에서 일하시는 성령 하나님

웨슬리의 성령론의 요점은 "로마 가톨릭 교도에게 보내는 편지"(A Letter to a Roman Catholic)[1] 중 지혜가 담긴 한 문장에 잘 요약되어 있다. 웨슬리는 예리한 통찰력으로 성령의 인격과 사역에 대해 자신이 믿는 내용을 "나는 믿습니다"로 시작하는 신앙고백 형식으로 요약했다.

이 고백은 열다섯 개의 간략한 문단으로 되어 있는데, 첫 번째 단락은 성령의 인격을, 두 번째 단락은 성령의 사역을 설명한다. 그 내용을 순서 대로 살펴보자.

a. 성령의 인격

우리는 하나님의 은혜로운 구원 사역을 성취하시는 성령 하나님을 어떻게 적절히 표현할 수 있는가? 거룩하신 성령은 누구신가? 그분을 설명하는 문단의 첫 절반을 옮기면 다음과 같다. "나는 무한하시고 영원하신 하나님의 성령을 믿는다. 그분은 성부 및 성자와 동등하시며, 그분 자신이 온전히 거룩하실 뿐 아니라, 우리의 모든 거룩함의 직접적 원인이 되신다." 이 신앙고백에는 다음 일곱 가지 내용이 분명하게 담겨 있다.

1. 성령 하나님께 대한 신앙고백은 "나는"으로 시작한다. 신앙고백은 놀라운 목적을 지닌 인격적 행위다. 이는 내면적으로 마음으로부터의 신실한 믿음을

---

1 Sec. 8, JWO 495.

드러낸다. 오직 "나"라는 특별한 이름을 가진 특별한 사람이 신앙고백을 할 수 있다. 그러나 "나"는 혼자가 아니라, 성경이 증거하듯 사도 시대로부터 같은 신앙을 고백하는 신앙 공동체에 신자로서 속해 있다.

2. 성령 하나님은 언어의 한계를 초월하는 분이시다. 그분은 무한하시며, 유한한 사물을 측정하듯 측정할 수 없는 분이시다.

3. 성령 하나님은 시간 전에도 계셨고, 시간 안에도 계시며, 시간이 끝난 후에도 계실 것이다. 그분은 영원하시며 시간을 초월하신다.

4. 이분은 누구신가? 성령께서 행하실 때 누가 역사하시는가? 참 하나님이 직접 역사하신다. 성령 하나님은 하나님의 모든 속성을 지니고 계신다.

5. 성령 하나님은 성부 하나님께서 성자 하나님을 통해 베푸시는 구원의 자비를 계시하신다. 그분은 신성의 충만함을 지니시고 삼위일체 내에서 영원한 교제를 나누신다. 또 성령께서는 신성에서 성부와 성자와 동등하시다.

6. 성령 하나님은 본성적으로 온전히 거룩하시다. 신자의 거룩함은 인간의 유한성이라는 한계 내에서 가능하지만, 하나님의 거룩하심은 그런 한계를 초월한다. 성령의 거룩하심은 모든 인간적 거룩함을 뛰어넘는 무한한 것이다.

7. 성령 하나님은 "우리의 모든 거룩함의 직접적 원인"이 되신다. 그분은 우리의 거룩함의 간접적 원인이 아닌 직접적 원인이 되는 행위자이자, 우리의 마음에 거하면서 우리의 의지를 통해 협력적으로 일하시는 능력으로서, 신자에게 친밀하고도 즉각적으로 임재하신다.

이것이 웨슬리가 성령 하나님이 어떤 분이신지를 설명하는 내용이다. 우리가 성령 하나님께 응답할 때 우리는 이 모든 의미를 담아 그분께 응답하는 것이다. 성령께서는 비록 우리의 언어적 한계를 초월하시지만 그럼에도 이러한 신앙고백을 그분께 돌려드리는 것은 마땅하다. 이제까지의 내용은 웨슬리가 성령에 대해 가르친 문단의 첫 절반에 해당한다. 계속되는 문단의 또 다른 절반은 성령 하나님께서 우리의 내면, 즉 마음에서 어떤 일을 행하시는지를 요약한다.

b. 성령의 사역

성령께서는 어떤 종류의 일을 행하시는가?

> 우리의 '이해'는 밝히시고,
> '의지'와 '정서'는 바로잡으시고,
> '본성'을 새롭게 하셔서,
> 그리스도와 '연합'하게 하시고,
> 우리가 하나님의 '자녀' 되었음을 '확신'하게 하시며,
> 우리의 행동을 '지도'하시고,
> 영과 육을 '정화'하고 성화시켜 하나님을 영원토록 온전히 '향유'하게 하신다.[2]

같은 문단의 다른 반쪽에 해당하는 이 고백은 성령의 사역에 대해 매우 중요한 다음 아홉 가지의 내용을 담고 있다.

1. 성령께서는 우리 내면의 가장 친밀한 거처에 거하시면서 우리의 '이해'를 도우신다. 그분을 통해 우리는 하나님의 은혜의 빛을 본다.

2. 성령 하나님은 우리의 '의지'에 강제력을 행사하지 않고도 우리를 하나님의 뜻으로 가까이 나아가도록 이끄시고, 잘못된 길로 가지 않도록 막으시며, 인내로 우리의 저항을 이겨 우리로 순응하게 하신다. 또 우리의 뒤틀린 의지를 바르게 하신다.

3. 성령의 능력에 의해 우리의 '정서'는 죄책에서 용서로, 죄에서 순종으로, 소외

---

[2] Letter to a Roman Catholic, sec. 8, JWO 495.

에서 하나님과의 화해로 변화된다. 우리는 이 변화를 경험적으로 느낀다. 마음의 정서가 완전히 변화된다. 성령 하나님은 "사람의 의지와 정서에 역사하셔서 그들이 죄를 그치고 선으로 향하게 하시며, 선한 생각을 품도록 영감을 불어넣으신다."[3]

4. 성령은 신앙을 통해 우리의 '본성'을 새롭게 하신다. 이로 인해 우리는 하나님의 형상으로 지음 받은 본래의 본성으로 거듭난다. 나아가 우리를 매우 불행하게 만들었던 타락한 본성은 제거된다.

5. 성령은 우리로 그리스도와 인격적인 교제를 나누게 하신다. 우리의 생명은 그리스도 안에 감추어진 바 된다. 우리의 본성이 그리스도와 '연합'되었기에, 우리의 삶은 그리스도 안에서의 삶이 된다.

6. 성령께서는 우리의 영 안에서 우리가 하나님의 '자녀' 되었음을 증거하신다. 그 결과 우리는 시민권이 하늘에 있음과 이 세상에 살면서도 하나님의 가족에 속해 있음을 온전히 '확신'한다.

7. 성령께서는 우리 마음에 거하신다. 구원받은 새로운 성품을 통해 우리의 행동을 '지도'하신다.

8. 성령께서는 하나님께 온전히 반응하는 완전한 삶으로 우리를 회복시키고자 하신다. 거룩하신 성령은 우리가 바르게 응답하기만 하면 우리를 그분의 충만한 '거룩함'으로 이끄신다. 그 결과 우리의 몸과 영혼은 온전히 거룩한 삶을 살게 된다.

9. 우리는 하나님과 함께하는 삶을 현재뿐 아니라 영원히 향유한다. 우리는 거룩하신 하나님의 임재 안에서 행복한 삶을 살게 된다. 이 세상에서의 행복은, 우리가 영원 속에서 하나님과 함께함으로 경험할 온전한 '행복'을 미리 맛보는 것이다.

---

3   FA, pt. 1, B 11:108, sec. 1. 6.

B. 성경적인 기독교

웨슬리의 설교 중 가장 많이 인용되는 것 중 하나는 『표준설교집』에 네 번째로 수록되어 있는 "성경적인 기독교"다. 이 설교는 당시 시작된 대대적인 부흥운동의 실제 모습이 어떠했는지를 시사한다. 설교의 성경 본문은 사도행전 2:4의 "그들이 다 성령의 충만함을 받고"라는 말씀이다 [설교 #4 (1744년 8월 24일),[4] B 2:159–80; J #4, V:37–52]. 설교의 초점은 '성령께서 어떻게 우리를 충만케 하시는가?'에 있다.

웨슬리는 옥스퍼드 대학교의 가장 오래된 교회당의 화려하게 장식된 높은 강단에서 전력을 다해 이 말씀을 선포했다.

1. 성령의 충만함을 받고

a. 설교의 배경

이 설교는 웨슬리의 인생에서 매우 가슴 아픈 순간에 행한 것으로, 그가 무엇을 주된 소명으로 여겼는지를 보여준다. 설교의 내용은 그가 옥스퍼드 대학교 동료들과의 관계를 어떻게 재설정했는지를 함축하고 있다.

"성경적 기독교"는 웨슬리가 옥스퍼드 대학교 교수로서 대학교에서 한 마지막 설교다. 이 설교를 읽는 사람은 누구나 왜 그가 이 설교를 했는지 알 수 있다. 그는 옥스퍼드 대학교의 청중을 너무 잘 알고 있었다. 그곳에서 오랜 시간 동안 학생과 교수로 지냈기 때문이다. 그는 그들과 함께 연구했고, 그들 중 많은 사람을 가르쳤다. 그는 링컨 대학(Lincoln College)

---

[4] 이 설교는 성 바돌로매 축일에 행해졌는데, 이날은 과거 파리의 대학살 사건(1572)이 발생한 날이기도 하고, 영국 비국교도들에게 대추방령(1662)이 내려져 웨슬리의 친가와 외가의 조부들 역시 추방을 당할 수밖에 없었던 날이기도 하다.

교수의 직책을 오랫동안 유지했고, 이후 그곳 출신 중 가장 유명한 사람이 된다. 그러나 당시에 그런 미래를 예상하기는 힘들었다.

이후 그는 이 설교에 대해 가슴 아파하며 다음과 같이 기록했다. "그 설교가 성 마리아 교회당에서의 마지막 설교가 되었다. 그러나 어쩔 수 없었다. 나는 그들의 피에 대해 깨끗하다. 내 책임을 다했기 때문이다."[5]

옥스퍼드 중심부 하이 스트리트에 있는 동정녀 성 마리아 대학 교회는 옥스퍼드 대학교의 교구 교회로서, 본래 13세기에 세워져 앵글로색슨 시대 이후 교회로서의 역할을 수행해왔다. 교회의 탑은 1280년에 세워졌다. 많은 역사적 사건이 이곳에서 일어났는데, 그중 하나가 1550년경 개신교 신앙을 가졌다는 이유로 옥스퍼드 순교자들이 화형을 당한 사건이다. 토머스 크랜머가 교황에 대한 복종을 거부한 곳이 이곳이다. 웨슬리는 1741년에 이곳에서 그 유명한 설교 "명목상의 그리스도인"을 전했다. 그로부터 3년 후, 웨슬리가 대학교의 주요 인사들의 신앙적 해이를 맹렬히 책망한 이 설교를 한 곳 역시 이곳이다. 이 설교로 인해 그는 다시는 옥스퍼드 대학교의 강단에 초청받지 못했다.

b. 옥스퍼드의 위선을 폭로한 예언자적 외침

이 설교에서 웨슬리의 어조는 상당히 격앙되어 있다. 옥스퍼드 대학교에서 기독교 공동체의 모습을 보고자 기대했으나 그렇지 않은 모습에 실망했기 때문이다.

그는 옥스퍼드 대학교와의 관계를 끊는 것을 고려하고 있었으며, 이 설교는 그것을 공적으로 선언하는 계기가 되었다.

그가 이 설교를 했을 당시에는 출판까지 계획하지는 않았다. 그러나

---

[5] "Short History of the People Called Methodist," sec. 30; *JJW* 1:470, August 24, 1744.

"악의적이고 거짓된 소문"에 대처하기 위해 설교문을 출판하게 되었다.

에스겔이 "백성에게 경고하되 그들이 나팔 소리를 듣고도 정신차리지 아니하므로 그 임하는 칼에 제거함을 당하면 그 피가 자기의 머리로 돌아갈 것이라"(33:3-4)라고 경고한 것처럼, 웨슬리는 자신의 옥스퍼드 대학교 동료들에게 그들의 어리석음을 경고해야 한다고 느꼈다.

c. 옥스퍼드 대학교 마지막 설교에서의 소명 선언

웨슬리는 이 시기에 더는 옥스퍼드 대학교 교수로 가르치지 않고 순회 전도자로서 사역하겠다는 돌이킬 수 없는 소명적 결단을 내렸다. 젊은 교수로서 이룬 성공과 성취에도 그는 전혀 다른 소명을 느끼고 있었다. 그가 옥스퍼드 대학교 청중을 향해 경고의 말씀으로 선포한 설교가 "성경적인 기독교"다.

그는 초대 교회의 실체를 성령의 충만함으로 설명했다. 그러나 옥스퍼드 대학교는 그 자신으로 충만했다. 그는 특히 당시 메소디스트 부흥운동에서 일어나고 있던 일들을 그들에게 알려주고자 했다. 그러나 그와 대조적으로 옥스퍼드의 동료들에게서 보았던 것은 경건의 능력이 아닌 모양뿐이었음을 말하지 않을 수 없었다.

설교는 은혜로운 분위기로 시작한다. 그러나 설교의 끝부분에서는 옥스퍼드 대학교의 구성원들이 그리스도인으로서 바르게 살아가고 있다는 일반적인 통념을 깨뜨리는 질문을 쏟아낸다.

2. 성령 충만이란?

사도행전 4:31은 성령께서 임하신 오순절 직후의 제자들의 모습을 보여준다. 그들은 "다 성령이 충만하여 담대히 하나님의 말씀을" 전했다. 웨슬리 역시 담대히 하나님의 말씀을 전해야 한다고 느꼈다.

a. 오순절의 은혜: 성령으로 충만케 됨

오순절의 은혜는 모든 신자를 위한 것으로 "모든 시대 모든 그리스도인이 반드시 받아야 하는 은혜다." 이는 그리스도의 마음을 부어주고, 성령의 열매를 맺게 하며, 그리스도께서 사셨던 삶을 살아가게 한다. 오순절의 은혜는 모든 신자가 성령으로 충만한 삶을 살아야 함을 보여주는 표본이다.[6] 모든 시대에 존재해온 성경적 기독교의 본질이 바로 이것이다.[7]

성경적 기독교가 부흥하는 곳마다 교회는 성령으로 충만해진다. 성경적 기독교는 신자들이 그리스도의 마음으로 성령의 열매를 맺고 신앙의 길로 행하는 곳에 존재한다.[8] 이러한 삶은 개인에게서 시작되고, 박해에도 말씀과 모범적 삶을 통해 전파되어, 전능하신 하나님께서 역사 내에서와 역사를 초월해 최종적으로 완전히 승리하실 것을 바라는 가운데 온 세상에 가득해진다.[9]

b. 성령 충만의 일반적인 결과

주의해야 할 것은, 신자를 성령으로 충만하게 하시는 목적이 특별한 은사를 행하게 하는 데 있지 않다는 사실이다. 성령 충만은 오직 모든 신자에게 그리스도의 마음을 부어주심으로 모든 일에서 성령의 열매(갈 5:22-24)를 맺게 하기 위한 것이다.

오순절에 일어난 일은, 성령께서 신자의 삶에 가득하실 때 언제나 일어나는 일을 보여주는 모형이다. 이 충만함은 신자에게 주시는 특별한 은사가 아니라, 신앙 공동체에 일반적으로 주시는 은혜다. 웨슬리는 자신의

---

6 "Scriptural Christianity," B 1:160, 서문 3.
7 LCM (January 4, 1749) *LJW* 2:312 이하.
8 "The Witness of the Spirit, I," B 1:283, sec. 2. 12; *CH*, B 7:508–9.
9 "Scriptural Christianity," B 1:161, 서문 5.

설교를 듣는 청중에게 "성령의 특별한 은사에 관한 호기심으로 헛된 논의에 몰두하지 말고", 신자에게 지속적으로 주시는 일반적인 열매에 관심을 가져야 한다고 권고했다.[10]

따라서 "성령 충만"은 일반적인 신자가 누릴 수 있는 은혜다. 웨슬리는 성령의 은혜는 지금도 계속 교회에 부어지고 있고, 여전히 사도행전의 기록과 유사한 방식으로 신앙 공동체를 변화시키고 있다고 가르쳤다.

3. 성경적 기독교의 시작

a. 개인에게서 시작됨

오순절날 베드로의 복음 선포에 신앙으로 응답한 모든 사람은 담대하게 자신의 내면에 주어진 성령의 증거를 간증하면서 믿음, 하나님과 이웃에 대한 사랑, 죄에 대한 승리, 선행에 대한 열심을 나타냈다.

성령께서 임하시는 것은 죄인에게 그리스도의 마음을 부어주시려는 "더 탁월한 목적"을 위한 것이다. 이 내면적 변화를 통해 신자들은 "모든 외적인 의로움을 성취"할 능력 역시 부여받았기에, 신생을 통해 내면에서 비롯된 본질적이고 광범위한 행동의 변화가 있게 되었다.[11] 성령으로 말미암아 우리 마음에 하나님의 사랑이 부은 바 된 것이다(롬 5:5).[12]

하나님의 사랑을 받은 사람들은 말과 행동과 진실함으로 서로를 사랑한다. 그들은 교만하지 않고,[13] 온유하며, 오래 참는다. 또 사랑이 삶의 동기가 되므로 다른 사람에게 고의로 해를 끼치지 않는다. 성령을 받은 사람

---

10 "Scriptural Christianity," B 1:160, 서문 5; J #89 "The More Excellent Way," sec. 2; 참고. B 3:263–66; 9:353–54.
11 "Scriptural Christianity," B 1:161–62, sec. 1. 1–2.
12 "Scriptural Christianity," B 1:163, sec. 1. 4–5.
13 "Scriptural Christianity," B 1:163, sec. 1. 6.

은 단지 악한 일을 범하지 않는 것만으로 충분하지 않고, 끊임없이 선을 행해야 한다는 사실을 깨닫는다.[14] 각 사람에게 하나님의 용서하심을 알게 하고 능력을 부으시는 것은 성령의 사역이다. 은혜를 부어주시는 것은 신앙 공동체에서 이루어지는 사회적 과정이면서도, 동시에 공동체의 각 개인 한 사람 한 사람에게 주어진다.

b. 개인에게서 개인에게로 전파됨

하나님의 말씀은 한 사람씩 각 개인에게 주어진다. 성령께서는 개인의 증언을 통해 끈기 있게 일하신다. 이는 한 사람씩 만나주시는 것이 공동체에 영향을 끼치지 않는다는 것이 아니라, 먼저 개인에게 깊은 내면적 변화가 있을 때라야 그것이 예배 공동체와 사회에까지 영향을 끼치게 됨을 의미한다.

웨슬리는 예배 공동체와 외적 상황을 무시하는 개인주의 성향의 복음 전도자도, 사회 구조부터 바꾸어야 한다고 주장하는 정치 철학자도 아니었다. 모든 변화는 마음에서 비롯되어야 하는 것이다.

성경적 기독교가 사회를 변화시키는 것은, 언제나 개인의 회심에서 시작되어 그 사회적 영향력을 확대해가는 방법을 통해서지, 사회의 변화를 위한 이론적 전략을 먼저 수립하는 합리주의적인 방법으로가 아니다.

이것이 프랑스의 계몽사상과 메소디스트 부흥운동 전통의 역사 이해 사이의 결정적 차이다. 프랑스 혁명은 이론적이고 합리주의적인 사상에서 비롯된 시민 봉기로, 혁명을 지지한 사람들은 먼저 이상적인 사회가 어떤 것인지를 바르게 이해하기 위해 노력했다. 이에 비해 영국과 미국의 메소디스트 부흥운동은 연역적인 혁명주의 이상이 아니라, 인간 변화에 관

---

14 "Scriptural Christianity," B 1:164, sec. 1. 9.

해 역사적으로 형성되어온 유기적·발전적·인격적 이해에서 비롯되었다. 웨슬리는 사도행전에 기록된 사도들의 가르침에서 볼 수 있듯, 역사의 변화는 한 사람 한 사람씩 변화되어가는 과정을 통해 발전적이면서도 유기적으로 이루어진다고 보았다.[15]

c. 사람을 변화시키는 은혜의 능력

하나님의 은혜에 의한 개인의 회심에서 성령께서 먼저 역사하시는 장소는 사람의 마음이다. 은혜는 인간의 자아가 주도적인 결정을 내리기 전부터 역사한다. 즉, 사람에게 죄에 대한 자각과 회개를 일으켜 하나님의 복음을 받아들이도록 준비시킨다. 성령께서는 그리스도를 통해 선포된 하나님의 말씀을 신뢰할 수 있게 하신다. 그리고 때가 되면 새로 거듭난 신자를 하나님의 가족 공동체에 소속되게 하신다.

이 과정이 신생, 즉 영적 생명으로 거듭나는 것이며, 이를 통해 신자는 성결과 행복으로의 첫 걸음을 내딛는다. 하나님의 가족이 되게 하는 양자의 영은 죄 용서에 대한 확신과 이웃에 대한 사랑, 절제, 순전함, 그리스도의 몸 안에서 모든 것을 함께하는 생기 넘치는 공동체, 그리스도와의 연합(갈 2:20), 하나님과의 평화로 신자를 이끈다.[16]

이것이 기독교가 처음 시작되었을 때의 모습이다. "기독교가 처음 시작되었을 때" 사람들은 갑자기 순간적으로 성령으로 충만하게 되어, 한마음 한뜻으로 한결같이 하나님께 부르짖었고, 세상에 대하여는 죽었으며, 사도들의 가르침을 받았고, 함께 떡을 떼고, 기도하고, 나누어 어떤 것도 부족하지 않았다.[17]

---

15 "Scriptural Christianity," B 1:161–64, sec. 2. 1–9.
16 "Scriptural Christianity," B 1:162, sec. 1. 2.
17 "Scriptural Christianity," B 1:165, sec. 1. 10.

4. 점점 퍼져가는 성경적 기독교

a. 한 사람에게서 퍼져나감

복음으로 실질적 변화를 받은 사람은 그것을 증거해야 함을 느낀다.[18] 이 복음은 한 사람에게서 다른 사람에게로, 마음에서 마음으로 전해진다. 모든 사람은 신앙을 갖고, 사랑을 통해 그 신앙대로 살아내며, 자신이 믿는 이유를 증거하도록 권면을 받는다. 사랑이 증언의 형태를 띠는 것이다. 각 사람은 영적으로 잠든 사람을 일깨우고, 일깨움 받은 사람을 섬기며, 신앙 공동체에 가입한 사람들을 양육하고자 힘쓴다. 그들은 큰 소리를 내 잠자는 자들을 깨운다. 그리고 죄를 깨달은 사람은 하나님과의 화해로 이끌어주고, 불신자에게는 믿어야 하는 이유를 설명해주고, 신자는 격려하면서 끊임없이 자비의 일을 행한다.

그들의 노력은 효력을 발휘해 사람들은 은혜 안에서 성장해 간다. 각 사람은 저마다 다른 특별한 필요를 가지고 있기에, 그들은 각 사람에게 개인적 관심을 갖고 양육한다.[19]

b. 성경적 기독교의 사회적 영향력

신자는 세상의 빛과 소금과 누룩이다. 이 성경적 기독교를 바르게 가르치면, 그것은 세상의 불행에 대해 하나님의 아파하시는 마음을 나타냄으로 사명을 다하는 변화된 삶을 낳는다. 세상을 바꾸어놓는 사람의 수가 점점 많아진다. 성령께서 함께하시므로 그들의 수고는 헛되지 않다.[20]

웨슬리는 '성경적 기독교'라는 말로 단지 복음 선포만이 아니라, 복음

---

18 "Scriptural Christianity," B 1:165, sec. 2. 1.
19 "Scriptural Christianity," B 1:165–67, sec. 2. 1–4.
20 "Scriptural Christianity," B 1:167, sec. 2. 5.

의 삶을 구체적으로 살아내는 것을 의미했다. 또 '성경적 성결'로는 복음에 순종하며 살아가는 변화된 삶을 의미했다. 이것이 성령 충만한 사람의 삶으로, 그에게 일어난 변화는 핍박과 어려움에 직면하고 고통을 당해도 인내하면서 사람에게서 사람에게로 퍼져나가 마침내 온 땅을 뒤덮는다.[21]

c. 자기만족에 빠진 자들이 복음에 분노함

그러나 세상은 성경적 기독교에 분노한다. 과도하게 쾌락, 평판, 소유, 완고한 생각에 사로잡혀 살던 사람들은 복음에 대항한다. 특히 (자기목적을 위한 도구로 종교를 이용한 자기만족에 빠진 세속적 종교인이라는 의미에서) 종교적인 사람들이 분노한다.

기독교는 세계에 널리 전파되었다. 그러나 곡식을 심은 곳에 "어찌 그리도 빨리 가라지가 생겨났는가!"[22] 경건의 비밀이 역사한 곳에 불법의 비밀 역시 얼마나 빨리 역사했는가. 거짓의 아비 마귀가 얼마나 빨리 하나님의 전에 자리를 틀었는가. 그러나 이런 타락에도 하나님의 나라는 퍼져나갔다.[23]

교회가 사명을 감당해나가는 모든 곳에서 복음은 승리만큼 분노 역시 일으켰다. 성경적 기독교가 확장될수록 신자에 대한 핍박 역시 거세어졌다. 그러나 그들은 충성했고, 하나님의 나라는 더욱 확장되었다. "그들이 당하는 고통이 온 세상에 오히려 복음의 신뢰성을 드러냈기 때문이다." 웬즈베리(Wednesbury) 폭동에서처럼 웨슬리 자신도 핍박의 시기를 거쳤다. 사역자가 더 능력 있게 승리할수록 "분노 역시 더 크게 일어났다."[24]

---

21 *CH*, B 7:476–87.
22 "Scriptural Christianity," B 1:169, sec. 2. 9.
23 "Scriptural Christianity," B 1:167–68, sec. 2. 5–7.
24 같은 곳.

5. 땅끝까지 전파되는 성경적 기독교

성경적 기독교는 개인에게서 시작되어, 헌신되고 훈련된 공동체로 확장되며, 고통받는 온 세상에 전파된다. 강력한 변화를 일으키는 사역자가 각 공동체에서 활동하면, 그들은 얼마 지나지 않아 조용히 사회에 영향을 끼치게 된다.

우리에게는 지금까지 경험한 것보다 더 위대한 일이 약속되어 있다. 하나님의 나라는 더욱 왕성할 것이다. 하나님은 자신이 다스리는 모든 곳에서 만물을 복종시켜 모든 사람의 마음에 사랑이, 모든 입술에 찬양이 넘치게 하실 것이다.

이 사역은 성경의 약속이 이루어져(사 2:1-4; 11:6-12) 복음이 온 땅을 덮을 때가 오기를 고대한다.[25] 그때는 평화가 임하고, 가난과 압제가 끝나며, 의와 궁극적 정의가 실현될 것이다.

구원은 이런 방법으로 이방인과 모든 민족에게 미칠 것이다.[26] 극복할 수 없는 장애물이나, 모든 사람이 복음을 듣지 못할 이유는 본질적으로 존재하지 않는다. 복음의 보편적 전파를 방해하는 어떤 필연성도 존재하지 않는다. 죄의 역사가 제공하는 어떤 장애물도, 사랑으로써 역사하는 믿음을 일으키는 은혜로 극복할 수 있다.

약속된 미래는 새롭게 변화된 창조세계로, 그곳에서는 모두가 복을 받고, 자비가 정의의 뒤를 이으며, 어떤 악한 말도 없을 것이다.[27] "그들의 '사랑에는 거짓이 없고'(롬 12:9), 그들의 말은 자신의 마음을 숨김 없이 표현하므로, 누구든 그들의 마음속에 오직 사랑과 하나님만 계심을 알게 될

---

25 "Scriptural Christianity," B 1:168; J V:45, sec. 3. 1.
26 "Scriptural Christianity," B 1:169, sec. 3. 2.
27 "Scriptural Christianity," B 1:171, sec. 3. 5.

것이다."[28] 메소디스트 부흥운동에서 볼 수 있는 것처럼, 신자들은 이미 이런 미래의 삶을 살고 있었다. 교회의 사명은 성경적 기독교를 세계에 전파하는 것이다.[29] 주 예수를 자기 하나님으로 삼는 백성은 복이 있다(시 144:15).[30]

6. 어조의 변화

a. 문제를 직면하기 위해 태도를 바꿈

지금까지의 설교 내용은 나무랄 데 없이 성경적이다. 설교의 방식은 옥스퍼드 대학교의 훌륭한 관례를 따랐고, 그 내용은 믿을 수 없을 정도로 긍정적이고 희망적이다. 부정적인 어조나 설교의 흐름을 방해할 만한 것이 전혀 없다. 이 지점에서 누가 이 설교가 앞으로 옥스퍼드 대학교의 분노를 격발한 설교로 기억될 것이라고 상상할 수 있었겠는가?

그러나 웨슬리는 준비작업을 했을 뿐 아직 설교를 마친 것이 아니었다. 지금까지 설교한 내용을 아직 옥스퍼드 청중에게 적용하지 않았던 것이다. 그는 양심적인 사람이었기에, 설교 단상에 올라 말씀을 전해야 하는 의무를 방기할 수 없었다. 또 그는 매우 드문 기회를 얻고도 그것을 농담으로 낭비하는 것을 신실하지 못한 태도로 여겼다. "그들이 다 성령의 충만함을 받고"라는 성경 본문에 비추어 그는 설교를 듣는 청중을 안이하고 자기만족에 빠져 거만해진 상태로 내버려둘 수 없었다.

b. 문제를 드러내 정면으로 다룸

설교의 끝부분에서 그는 청중에게 다음과 같이 질문한다. '성경적 기

---

28 "Scriptural Christianity," B 1:171, sec. 3. 5; 참고. "An Israelite Indeed," sec. 2. 10; "On Dissimulation."
29 "Scriptural Christianity," B 1:169–71, sec. 3. 1–5.
30 "Scriptural Christianity," B 1:172, sec. 3. 6.

독교가 옥스퍼드에 존재합니까?' 그는 옥스퍼드 대학교 청중을 향해 그들이 가장 훌륭한 기독교의 모습을 볼 수 있을 것으로 생각했던 이곳에 기독교가 존재하지 않는다고 말했다.[31]

문제를 돌파하기 위해서는 직설적인 말이 필요하다. 이후에 키에르케고르가 '모든 사람이 세례를 받고 세례증서를 가지고 있으나, 아무도 그 의미를 알지 못하는 이곳 덴마크에 기독교란 존재합니까?'라고 물었던 것과 같다. 웨슬리의 설교를 읽으면서 혹자는, 비록 루터가 95개조 반박문을 썼지만 그것을 통해 그가 말하고자 한 것은 단 한 가지 곧 기독교 세계에 기독교를 소개하려는 것뿐이었다고 말한 키에르케고르의 『기독교 세계에 대한 비판』(Attack on Christendom)을 떠올릴 수도 있을 것이다.

웨슬리는 자신이 말씀을 전하고 있는 청중에게서 진정한 회개와 신앙, 성령의 충만함을 입증하는 증거를 거의 찾을 수 없다고 생각했다. 그는 가장 훌륭한 교육을 받은 사람들, 가장 경건해 보이는 사람들, 심지어 성직자들을 보더라도 살아 있는 신앙을 입증하는 증거가 빈약하다고 말했다.[32] 이처럼 이 설교는 의도적으로 공격적인 어조로 끝맺는다. 웨슬리의 옥스퍼드 대학교 교수로서의 생활은, 옥스퍼드 공동체의 신앙에 심각한 문제가 있음을 엄중하게 지적하는 강한 어조의 설교와 함께 마무리되었다.

c. 맹렬한 질문 세례

웨슬리는 어안이 벙벙해진 청중에게 다음과 같은 도전적 질문들을 퍼부었다.[33]

---

31 "Scriptural Christianity," B 1:172–74, sec. 4. 1–4.
32 "Scriptural Christianity," B 1:175–76, sec. 4. 6.
33 "Scriptural Christianity," B 1:175, sec. 4. 5.

이 공동체는 성령으로 충만한가?

젊은이들로 선한 성품과 양심을 갖게 하기 위해 부르심 받고 권한을 부여받은 여러분은 성령으로 충만한가?[34]

교수로 부르심 받은 여러분은 사랑과 믿음과 정절에서 다른 사람들에게 진지한 도덕적 모범이 되고 있는가?(딤전 4:12)

목회자가 되기 위한 안수 지망생들은 하나님께 가르침을 받아 다른 사람을 가르칠 준비가 되어 있는가?[35]

여러분은 목회를 위해 자신을 아낌없이 내어줄 준비가 되어 있는가?

학생들은 겸손하게 가르침을 받으며, 자신을 새로운 삶으로 인도할 배움과 훈련을 기꺼이 받아들이고 있는가?

학생들은 경건의 능력과 모양을 가지고 있으며, 온전한 사랑으로 나아가고 있음을 나타내는 증거를 제시할 수 있는가?

여러분은 자신이 해야 할 일들을 감당하기 위해 날마다 기도와 선행으로 힘을 얻고 있는가?[36]

우리는 "경박한 세대에 속해 하나님께 대한 경박함, 서로에게 대한 경박함, 자신의 영혼에 대한 경박함"을 가지고 있지 않은가?[37]

우리에게 회개를 위해 주어진 시간이 길지 않을지도 모른다. 유한한 우리에게 회개를 위해 주어지는 기회는 무한하지 않다.

---

34 "Scriptural Christianity," B 1:175, sec. 6. 참고. *JJW*, 1736년 2월 8일, 스팡겐베르크(Spangenberg)와의 대화.
35 "Scriptural Christianity," B 1:177, sec. 4. 8; BCP, 사제의 서품(Ordering of Priests).
36 "Scriptural Christianity," B 1:178, sec. 4. 9; 참고. B 4:389–407; J #150 "Hypocrisy in Oxford."
37 "Scriptural Christianity," B 1:179, sec. 4. 10.

d. 성경적 기독교의 회복을 바라시는 하나님

성경적 기독교를 어떻게 회복할 수 있는가? 우리에게는 안수 받은 교회 지도자들의 역할을 기대할 권리가 있다고 웨슬리는 주장한다. 그러나 그것이 불가능한 경우, "젊고 잘 알려지지 않았으며 별로 중요하지 않은 사람들"이 기독교계에 나타나 성경적 기독교를 회복시키는 데 중요한 역할을 할 수도 있다.[38] 그러나 옥스퍼드 대학교는 성령께서 예비하신 이 대안을 받아들일 준비가 되어 있지 않다고 웨슬리는 생각했다.

옥스퍼드의 분위기와 달리 당시 성경적 기독교는 새롭게 회복되고 있었다. 그것은 하나님께서 직접 택하신 도구와 수단을 통해 행하시는 사역이었다. 기존의 교회들은 하나님이 행하시는 일과 택하신 도구에 놀랐다.

누가 성경적 기독교를 회복시킬 수 있는가? 오직 하나님만이 하실 수 있다. 우리가 성령을 탄식하시게 하면, 그 변화는 문화의 위기, 기근, 전염병을 통해 올 수도 있다. 그러므로 하나님께서 그런 방법을 쓰시지 않도록 우리가 지금 살아 계신 하나님께 무릎을 꿇는 것이 더 낫다.[39] 웨슬리는 성경적 기독교에 관한 설교를 그렇게 마무리한다.

e. 메소디스트 부흥운동에서 재현된 성경적 기독교

현재 우리의 주제는 성령의 역사에 대한 웨슬리의 가르침이다. 지금까지 살펴본 설교는 성령의 역사에 대한 웨슬리의 생각을 이해하는 데 가장 중요한 자료다. 그는 성령께서 메소디스트 부흥운동에서 구체적으로 역사하고 계신다고 생각했다. 그의 메시지는 성령으로 충만해 적극적이고 계획적이며 성경적이었고, 표현을 고상하게 꾸미는 것 없이 단도직입적이었다.

---

38 "Scriptural Christianity," B 1:179, sec. 4. 11.
39 "Scriptural Christianity," B 1:179–80, sec. 4. 11.

이 책 시리즈에서 우리는 웨슬리가 어떻게 구원에 관한 기독교 교리의 핵심을 주의 깊게 가르쳤는지를 살펴보고 있다. 이 설교는 여러 주제를 다루는 순서에서 매우 중요한 위치를 차지하는데, 이는 한 사람에서 시작해 온 세상으로 구원을 확장해가시는 성령의 사역을 강조하기 때문이다. 설교는 망가진 개인과 사회 모두를 변화시키기 원하시는 성령에 대한 열정적 믿음과, 설교를 지식적으로는 쉽게 받아들이면서도 그것을 자신에게 적용하는 것에는 반감을 갖는 무사안일한 청중을 향해 도전하는 열정을 담고 있다.

이제부터는 메소디스트 신조와 기본적인 교리 연회록들에 담긴 성령에 관한 공식적인 교리의 내용을 살펴볼 것이다.

C. 성령론의 교리적 표준

웨슬리의 성령론은 메소디스트 신조와 가장 초기 교리 연회록들에 명확히 진술되어 있다. 메소디스트 신조는 미국 감리교 헌법에 정식으로 기록되었으며, 연회록은 성령에 관한 전통적 메소디스트 교리의 핵심을 형성했다.

1. 메소디스트 신조 제4조[40]

a. 초기 기독교의 일치된 성령론

웨슬리가 작성한 메소디스트 신조 제4조는 초기 기독교와 함께 다음과 같이 고백한다. "성령은 성부와 성자에게서 나오시는('발출하시는' 또는

---

40 성령에 관한 메소디스트 신조의 내용은 최소한의 문법적 수정을 제외하면 영국 국교회 신조의 내용과 동일하다. 메소디스트 신조는 1784년 미국 메소디스트 교회 창립을 위해 모인 크리스마스 연회에 제안되었고, 그 후로도 여전히 미국연합감리교회뿐 아니라 사실상 세계의 많은 범 웨슬리안 교단 헌법에서 교리적 표준으로 남아 있다. 메소디스트 성령론에 관한 더 자세한 내용은 DSWT, 7장 127–73을 보라.

'출래하시는'–역주) 분으로, 그 본질과 위엄과 영광에서 성부 및 성자와 동일하시고, 참되고 영원하신 하나님이시다." 성령의 인격에 관한 교리는 이런 방식으로 초기 기독교가 일치를 이루었던 내용을 반영한다.

성령은 성부와 성자에게서 나오시며, 동시에 성부와 성자와 하나이시다. 이 표현은 메소디스트 성령론이 성령의 발출에 대해 서방 교회의 입장에 서 있음을 보여준다. 비록 웨슬리는 동방 교회 전통을 매우 높이 평가하고 메소디스트 연합체에도 추천했지만, 성령의 발출에 관해서는 오늘날 개신교가 받아들인 서방 교회 입장과 다르지 않았다.

성부의 위엄과 성령의 위엄은 동일하다. 성부의 영광과 성령의 영광도 동일하다. 성령은 영원하신 하나님이시다.

성자의 위엄과 성령의 위엄은 동일하다. 성자의 영광과 성령의 영광은 동일하다. 성령 하나님은 다른 어떤 분도 아닌 참된 하나님, 또는 초기 기독교의 용어로 "하나님 자신"[41]이시다.

따라서 우리가 성령께 기도하면 하나님께 기도하는 것이다. 성령 하나님은 성자 하나님과 마찬가지로 영원하시고 전지하시며 비할 데 없이 선하신 생명의 수여자시다. 성령은 성부와 성자에게서 나오실 뿐 아니라, 성부 및 성자와 하나이시다. 성령은 성부와 본질에서 일치하시고, 성자와도 본질에서 일치하신다. 즉, 성부 및 성자와 동일본질(consubstantial)이시다. 이는 메소디스트 교리가 아리우스주의 및 초기 기독교의 성령에 대한 다른 이단의 범주에서 전적으로 벗어나 있음을 보여준다. 아리우스주의는 성령께서 하나님과 본질에서 일치하신다는 사실을 부인한다. 이러한 성령론적 용어와 정의들은 첫 5세기 동안의 초기 기독교 공의회들을 상기

---

41 CH, B 7:279–80, 502–3, 532–36, 623–25, 708–9.

시킨다. 웨슬리는 성령의 신성을 확언했고, 이를 통해 전통적 기독교 교리를 재확인했다.

b. 메소디스트 신조 제4조에 내포된 성령의 사역

영국 국교회 신조를 따르는 메소디스트 신조 제4조 자체는 성령의 사역에 대해 구체적으로 언급하지 않으나, 우리는 이 조항에서 사도행전이나 바울서신 같이 성령의 활동에 대해 말씀하고 해석하는 성경 구절에 함축된 내용을 논리적으로 이끌어낼 수 있다.

성령의 사역은 성자의 사역과 직무를 우리 마음에 적용하시는 것이다. 성령은 성부께서 성자를 통해 우리를 위해 행하신 일이 무엇인지 분명히 깨달을 수 있도록 우리의 의식을 통해 말씀하신다. 성령은 성자의 사역을 성취하고 완성하기 위한 목적으로 주어진다. 성자의 사역은 십자가에서 이미 이루어지고 완성되었음에도, 여전히 시간 속에서 사람이 그것을 수용해 은혜 안에서 자라가는 과정을 필요로 하기 때문이다. 이것이 성령께서 시간 속에서 계속 일하셔야 하는 이유다. 성령은 우리 삶을 변화시키기 위해 가장 가까이 우리 속에 들어와 계시는 거룩한 하나님이시다.[42]

2. 메소디스트 신조 제5조

a. 초기 기독교의 신앙고백과 성경으로 확증됨

메소디스트 신조 제5조 "구원을 위한 성경의 충족성"은 다음의 다섯 가지 요점을 선언한다.

1. "성경은 구원에 필요한 모든 것을 담고 있다."

---

42 B 1:75–76; 2:191; 4:284.

2. "무엇이든 성경에서 볼 수 없는 것이나 성경으로 입증할 수 없는 것은 누구에게도 믿으라고 요구해서는 안 된다." 성경에서 발견되지 않는 어떤 견해나 해석을 믿으라고 요구하는 사람은 메소디스트 연합체 내에서 진리에 관해 대화하지 못하도록 금지되었다. 그런 것은 구원에 필수적이지 않기 때문이다.

3. 성경에 없는 내용은 "신조로서 믿음의 대상이 되어서는 안 된다."

4. 성경에 없는 것은 "구원에 필수적인 것으로" 생각해서는 안 된다.

5. 성경이라는 말은 "교회가 그 권위를 결코 의심한 적이 없는 구약과 신약의 정경을 가리킨다." 비록 현대 역사학자들이 정경에 대해 논쟁을 벌인다 하더라도, 역사적 교회는 현재 우리가 가지고 있는 정경만을 인정한다는 점에서 합의를 이루어왔다.

b. 성경의 영감 및 이해를 돕는 사역

성령께서 성경을 기록하도록 영감을 불어넣으셨으므로, 이 다섯 가지 요점은 신앙을 일으키는 성령의 사역과도 관계된다. 메소디스트 신조 제5조에 더 분명히 표현되지는 않았으나, 앞서 성령은 성경의 영감, 의미의 전달, 해석 모두에 적극적으로 참여하고 계심을 살펴보았다.

성령 하나님은 사도들이 성부와 성자에 관해 증거하도록 그들에게 역사하셨다. 동일하신 성령이 사도들의 증거에 믿음으로 반응하도록 사람들을 일깨우셨다. 사도들이 성경을 기록하기 전에도 성령은 그들의 설교를 통해 일하셨다. 설교 자체가 '성령에 의한' 사역이기 때문이다. 나아가 성령께서는 구두로 선포되던 말씀이 기록되게 하는 일에 결정적으로 관여해, 그 기록된 증거가 합의에 의해 모든 기독교 교리의 표준으로 받아들여지게 하셨다.

사도들을 이끌어 말씀을 증거하게 하신 분은 성령이시기에, 사도들은 성령께서 부어주신 능력으로 진리를 오류 없이 전할 수 있었다. 성령께서는 이런 방식으로 말씀 기록 과정의 신뢰성과 기록된 말씀의 유효성을 보증하신다.

기록된 말씀이 참됨을 보증한다는 것은, 신뢰할 만한 인간의 연구나 역사적 기준이 아니라 성령의 사역을 확언하는 것이다. 신자가 성경을 신뢰하는 것은, 성령 하나님께서 우리의 구원에 충분하도록 성경을 우리에게 주셨음을 신뢰하기 때문이다. 만약 성령께서 참으로 하나님이시라면, 성령의 인도하심으로 기록된 말씀은 확실히 하나님의 말씀이기 때문이다.

성경이 우리의 구원을 위해 충분하다는 것은 역사적 논쟁에서 이끌어 낸 결론이 아니다. 이는 선험적 논증에 해당한다. 선험적 가정은 성령 하나님께서 구원에 충분하도록 진리를 증거하실 수 있다는 것이다.

c. 성령께서 말씀이 기록되게 하심

중요한 전제는 성령께서 말씀하시는 것은 무엇이든, 신앙 공동체가 신앙의 유비에 따라 해석한 성경과 조화를 이룬다는 것이다. 성경은 성령의 영감으로 기록된 하나님의 말씀이다. 성경에 기초하지 않는다면 가장 훌륭해 보이는 가정도 설교를 위한 권위를 갖지 못한다. 이는 이성, 경험, 전통을 경시하기 때문이 아니라, 그 각각의 지식의 원천이 기독교 교리의 근본적 기준인 성경이 증거하는 하나님의 자기 계시에서 파생되었을 뿐 아니라, 그 계시에 근거해서만 존재할 수 있음을 알기 때문이다.[43]

성령 하나님은 말씀이 기록되게 하시고, 그 기록된 말씀을 교회의 합의를 통해 받아들이고 세대를 이어가며 전한 구체적인 역사에 관여하신

---

43 "Of the Church," B 3:45–57.

다. 정경의 권위 및 정경화 과정이라는 개념 전체는 신앙의 진실성과 명료성을 확보하기 위한 성령의 사역이다. 말씀을 보존하기 위해서는 기록하셔야 했다. 말씀을 전파하기 위해서는 보존하셔야 했다. 따라서 신학 체계에서 기록된 말씀의 유효성이라는 주제는 성경의 권위를 확립하는 방법론에 관한 진술 못지않게 성령의 사역에 관한 진술에 해당된다.[44]

성경의 권위에 관한 질문은, 어떻게 성령께서 기록된 말씀이 역사 속에서 오류 없이 정확하게 전해지게 하실 수 있는지를 묻는다. 정경의 신뢰성을 보증하실 수 있는 분은 오직 하나님의 성령뿐이시다. 삼위일체 하나님의 경륜에서 성경의 진리를 우리 마음에 확증하시는 분은 성령이시기 때문이다. 우리가 신뢰할 만한 정경을 받았다는 사실을 어떻게 확신할 수 있는가? 그 속에 심각한 오류가 없다는 것을 어떻게 알 수 있는가? 예수님을 죽은 자 가운데서 일으키신 성령께서 기록된 말씀을 불완전한 상태로 우리에게 주지 않으실 것을 신뢰하기에 우리는 그것을 안다. 우리가 시간의 흐름 속에서 기록된 말씀을 보호하시는 성령의 돌보심을 전제하지 않는다면 정경의 신뢰성을 말할 수 없게 된다. 우리가 가진 것은 신뢰할 만하며 충분한 증언이다. 우리는 하나님의 진리를 분명하게 드러내 주시도록 성령 하나님을 의지한다.[45]

3. 사람을 변화시키는 성령의 사역

성령께서는 신앙과 실천의 규범과 안내자로서 말씀을 기록하게 하셨을 뿐 아니라, 그 말씀을 해석하는 공동체가 존재할 수 있도록 생명과 사

---

[44] 개혁주의 신앙고백서는 주로 성경에 관한 교리를 교리 강해의 맨 앞에 두곤 한다. 이에 비해 영국 국교회와 메소디스트 신조는 일반적으로 성령의 교리를 성경에 관한 교리 이전에 둔다. 영국 국교회 신조를 옹호하고 수정한 웨슬리도 이 순서를 따른다.

[45] Letter to "John Smith," March 25, 1747, *LJW* 2:90.

명을 부여하신다.

오순절 이전까지 교회는 성령의 약속으로만 존재했다. 그러나 오순절 이후 성령께서 약속을 이루어 교회가 생겨나게 하셨다. 이 사역은 말씀 선포와 성례 베푸는 일을 반복해 그리스도의 살아 있는 몸이 유지되게 하는 수단을 제공함으로 계속된다. 성경의 권위와 관련된 모든 것은 성령의 은혜에서 비롯된다. 우리는 지금 웨슬리안 영적 훈련의 심장부에 있는 것이다.

평신도의 개인적·사회적 능력 함양에 대한 기독교의 가르침의 핵심을 알고자 하는 사람은 죄를 자각하게 하고, 인도하며, 위로하고, 보존하시는 성령의 사역에서 그 답을 찾을 수 있을 것이다. 성령께서는 먼저 우리를 진지하게 율법과 심판 아래 서도록 도우심으로 우리가 지은 죄를 자각하게 하신 후, 때가 되면 복음을 깨닫게 하신다. 또 신앙 공동체로 향하도록 우리를 이끄셔서, 성자의 복음을 필요로 하고, 복음에 온전히 반응하게 하신다.[46] 나아가 신자에게 능력을 부으시고, 그들을 점점 더 온전한 진리로 인도해가신다.[47]

D. 구원의 확신

1744년 연회록은 칭의와 내주하시는 성령의 사역이라는 핵심 교리뿐 아니라 웨슬리의 가르침의 중심적 특징인 구원의 확신 교리를 정의했다.

---

46   B 2:53–58; 4:288–89, 357; FA, B 11:258–59; 9:199–200.
47   메소디스트 영적 훈련 연합체에 소속된 사람은 자신이 배우는 성령의 교리를 변경하거나 발전시키려 하지 못하도록 제한된다. 이 제한 규정이 있어 이후의 입법 기관이 메소디스트 신조를 수정하지 못한다.

1. 교리 연회록: 구원의 확신을 주시는 성령

초기 메소디스트 설교자들의 연회록 모음집인 "1744년부터 1789년까지, 웨슬리 목사와 다른 설교자들 간에 이루어진 다양한 논의를 담은 연회록"[Minutes of Several Conversations between the Rev. Mr. Wesley and Others, from the Year 1744 to 1789, 우리말 번역본은 한국웨슬리학회 편역, 『존 웨슬리 논문집 (I)』(서울: 한국웨슬리학회, 2009), 508-559에 수록됨-역주]은, 성령의 증거에 관한 교리가 얼마나 중요한지 잘 보여준다.[48] 연회록은 사람이 신앙을 발휘해 하나님의 화목하게 하시는 말씀을 신뢰하는 순간 성자에 의해 의롭게 되고, 성령은 그 사실을 확신할 수 있도록 내면에서 증거하신다고 가르친다. 성령은 모든 죄에서 깨끗케 하시는 은혜의 능력을 내적으로 나타내 죄로 망가진 삶을 전적으로 새롭게 하신다.

메소디스트 부흥운동은 신자에게 칭의와 성화의 은혜가 실제임을 확신시키는 성령의 능력에 대한 자각에서 비롯되었다. 모든 구도자는 자신의 삶을 점검해 "사랑으로써 역사하는 믿음"(갈 5:6)이라는 열매를 통해 자신에게 새 생명의 증거가 있는지 확인할 수 있다.

첫째, "죄인이 성령에 의해 '그리스도께서 나를 사랑하셔서, 나를 위해 자신을 주셨음'을 깨닫는다." 둘째, "그 순간 동일한 성령께서는 '그분의 피로 네가 죄 사함을 받고 구원받았다'고 증거하신다."[49] 성령께서는 이러한 용서를 매우 강력하고도 확실하게 증거하시므로, 누구도 그것을 경험하고도 알지 못할 수는 없다.[50] 셋째, 성령께서는 신앙의 열매를 맺도록 역사하신다. "칭의의 신앙의 즉각적인 열매는 화평, 희락, 사랑, 모든 외적인

---

48 LJW 3:136–37; 5:170, 202, 262; J VIII:275–339.
49 Minutes, 1744, June 25, Q4, JWO 137; 참고. CH, B 7:195–96; B 1:274–75, 405.
50 Minutes, 1744, June 25, Q5, JWO 137.

죄를 이기는 능력과 모든 내적인 죄를 억제하는 능력이다."[51]

죄에서 신앙으로 옮겨가는 이 세 가지 움직임 모두는 성령 하나님의 내적인 인도하심과 권면으로 이루어진다.

2. 성령의 선물은 모든 신자에게 주시는 일반적 특권임

웨슬리는 성령의 선물은 모든 신자가 누리는 일반적인 특권이 아니라는 주장에 반대해, 신앙을 가진 모든 사람 곧 하나님의 자녀라면 누구나 누리는 혜택이 성령의 선물임을 가르쳤다. 성경은 이렇게 말씀한다. "오직 이것을 기록함은 너희로 예수께서 하나님의 아들 그리스도이심을 믿게 하려 함이요 또 너희로 믿고 그 이름을 힘입어 생명을 얻게 하려 함이니라"(요 20:31). 비록 선한 성품을 가지고 도덕적으로 훌륭한 삶을 살더라도, 자신이 성령의 증거를 받았는지에 대해 상반된 생각이 공존하는 사람은, 여전히 회개한 사람을 칭의의 은혜로 인도하시려는 성령의 은혜를 받기 위해 씨름하는 것일 수 있다.

신생 이후에 의도적으로 완고하게 죄를 범하는 것은, 신앙으로 인한 유익을 스스로 내던져버리는 것이다. 신자는 신앙을 상실하지 않고도 일정 기간 의심에 빠질 수 있으나, 그렇더라도 하나님의 의에 대한 신뢰를 잃지 않는다면 신앙 자체를 상실한 것이 아니다. 그럴 때는 회개하고 은혜의 방편을 활용함으로 신자에게 사랑을 불러일으키는 은혜를 새롭게 갱신해 신앙을 회복할 수 있다.

이것이 구원의 확신에 대해 가르치는 메소디스트의 핵심적 교리 문서의 내용이다. 다음으로 이러한 것이 신자에게 실천적으로 무엇을 의미하는지 안내하는 설교를 살펴볼 차례다.

---

51 Minutes, 1744, June 25, Q7, JWO 138.

E. 성령이 친히 우리의 영과 더불어 증언하시나니

웨슬리의 성령론의 중심적 특징은, 성령께서 우리 마음에서 끊임없이 내적으로 증거하신다는 사실을 강조한 데 있다.[52] "성령의 증거에 관한 교리는 초기 웨슬리 설교의 거의 모든 부분에서 나타난다."[53]

그것이 가장 집중적으로 발견되는 곳은 『표준설교집』 중 특히 "성령의 증거 (1)", "성령의 증거 (2)"와 그 후속 설교인 "우리 자신의 영의 증거"다 [잭슨판에서 웨슬리의 설교로 잘못 수록된 성령에 관한 두 편의 설교 중 "성령을 근심하시게 하는 것에 대하여"(On Grieving the Holy Spirit)는 윌리엄 틸리(William Tilly),[54] "성령에 대하여"(On the Holy Spirit)는 존 갬볼드[55]의 것이다].

1. 성령의 증거 (1)

설교 "성령의 증거 (1)"의 성경 본문은 로마서 8:16, "성령이 친히 우리의 영과 더불어 우리가 하나님의 자녀인 것을 증언하시나니"라는 말씀이다 [설교 #10 (1746), B 1:267-84; J #10, V:111-23].

성령께서 증거하시는 사역의 결과는 신생, 확신, 성령의 열매, 하나님께 대한 철저한 굴복으로 나타난다.[56] 이는 시간 순서가 아닌 영적 친밀도에 따라 순서를 매긴 것이다.

---

52   *CH*, B 7:196-97, 502.
53   *SS* 1:199.
54   B 4:531; *CH*, B 7:485-92.
55   B 4:524; *CH*, VII:508-20.
56   B 1:194, 267-99; 2:160-61, 206.

a. 성령론의 첫 번째 오류: 사적(私的) 계시와 '열광주의'

웨슬리는 1746년까지 부흥사들의 무절제함을 충분히 목도한 결과, 성령을 받았다고 주장하는 많은 사람이 단지 자신이 만들어낸 환상에 빠진 것임을 알게 되었다. 광신주의자들은 바른 분별력을 상실한 채 세속적 기대나 절망의 자연적 표출을 무비판적으로 성령의 계시로 오해했다. 오늘날 우리가 영계와의 소통(channeling), 심상화(imaging), 심령적 직관(psychic intuition) 등으로 부르는 뉴에이지 시대에 잘 알려진 믿지 못할 현상들은, 웨슬리가 "열광주의"[57]로 부른 것의 지겨운 반복에 불과하다.

열광주의자들은 자기 자신의 영을 하나님의 영원하신 성령과 혼동해 잘못된 구원의 확신에 빠질 수 있다. 더 나쁜 경우에는 악한 영을 하나님의 영으로 착각할 수 있다. 그들은 프로이드가 예상한 것같이, 자신의 영적 에너지에 불과한 것을 하나님께 투사해 그것이 하나님에 의한 것인 양 착각할 수 있다. 또 성급하게 자신이 성령을 가졌다고 생각해, 성령께서 자신의 영과 더불어 증거하시는 온전한 증거를 보고 경험할 수 없게 된다.

웨슬리 시대의 '열광주의자들'은 성령의 계시와 관계없는 사적 영감을 성령에 의한 것으로 주장하곤 했다. 그들은 성령을 지나치게 감정적이고 개인적인 것으로 이해했다. 어떤 사람은 공동 기도, 성경 읽기, 성찬 참여 등 하나님께 드리는 예배의 일반적 은혜를 통해서는 성령께서 적극적으로 역사하시지 않는 것으로 생각하기도 했다. 열광주의는 편협한 자기중심적 사고에 빠져 자연, 역사, 섭리를 통한 하나님의 전능하신 사역을 경시하는 경향을 지니고 있었다.[58]

---

57 "The Nature of Enthusiasm," B 2:44–60.
58 "The Witness of the Spirit, I," B 1:269, 서문 1.

b. 정반대 극단: 합리주의적 회의론

이와 정반대 극단에는 사람이 하나님을 알 수 있는지에 의혹을 품고, 성부와의 화해를 상상조차 하지 못하는 합리주의적 회의론자들이 있었다. 그들은 성경의 영감에 대한 주장은, 올바른 지식이 아닌 무분별한 추측으로 생겨났다고 생각했다. 만약 이들이 옳다면, 혹 하나님이 사람을 구원하시더라도 유한한 존재는 그것을 확실히 알 수 없다. 그런 주장은 본질적으로 입증 불가능하고, 따라서 지식의 대상이 될 수 없기 때문이다.

합리주의적 환원주의자들은 '영적 감각' 없이 영적인 것을 말하기 때문에, 성령께서 인식 가능하도록 활동하실 수 있다는 사실을 믿으려 하지 않고, 자신이 보고 경험한 좁은 세계에 갇히고 만다. 그들은 용서, 확신, 신앙, 신앙의 열매를 입증하는 증거에 대해 들으려는 자세가 되어 있지 않다. 그들 중 다수는 지나치게 성급하게 성령의 열매를 자연주의적, 심리적, 사회학적, 정치적, 신체적 원인에 기인한 것으로 치부한다.

c. 성령께서 제시하시는 바른 길

웨슬리는 개인의 경험을 지나치게 강조하는 태도와, 다른 한편으로 환원주의적 합리주의라고 하는, 오늘날 우리 중에도 있는 해로운 양극단 사이에서 바른 길을 찾고자 했다. 감정적 환원주의는 성경 본문, 역사적 전통, 예배 공동체가 무엇을 말하든 개인의 경험을 하나님이 자신에게 최종적으로 말하는 것이라고 생각하는 경향이 있다. 자연적 환원주의는 검증 가능한 경험에 부합하지 않는 모든 지식을 배제하는 경향을 띤다.

웨슬리는 양극단의 잘못된 태도를 조화시키려 하지 않았다. 그는 성령께서 가장 내면적인 체험을 통해 우리에게 개인적으로 말씀하실 수 있음을 부인함으로 극단적 회의주의에 빠진 합리주의자와, 계시의 실제 역사

에 대한 바른 이해 없이 사적 계시를 지나치게 확신하는 "열광주의자" 모두에 반대했다.[59]

2. 성령이 우리의 영과 더불어 증언하심

a. 성령의 증언에 우리 영이 응답함

우리는 자신이 하나님의 자녀가 된 것을 어떻게 아는가? 우리 자신의 영이 그것을 증거하기 때문이다. "하나님의 은혜에 의해 성령의 증거가 주어지면 당신은 그것을 가슴으로 확실히 안다. 당신의 양심이 매일 그것을 알게 할 것이다."[60] 이 양심의 내적 증거와는 "다른 증거이자, 그것과 연결되어 있는" 것이, 우리가 하나님의 자녀가 되었음을 증거하시는 성령의 직접 증거다. 바울은 로마서 8장에서, 성령 하나님께서 우리 마음에 직접 증거하심으로 우리가 구원받은 사실을 알려주시는 방법을 신중하게 설명한다. 하나님께서 우리 내면에서 직접적으로 증거하시는 성령을 통해 우리에게 속삭이시는 내용과, 그 결과 우리 자신의 마음이 우리에게 알려주는 내용은 서로 일치한다. 하나님의 영은 우리 자신의 영적 지각 능력의 한계와 스스로의 초월성을 부인하시지 않고도 우리의 영 안에서 역사하실 수 있기 때문이다.[61]

그외에 우리는 하나님의 자녀가 되었기에 새로운 삶을 살고 죄에서 자유를 누릴 수 있다는 사실을 어디서 배우는가? 신앙 공동체에서 은혜의 방편으로 양육을 받으며 배운다. 따라서 성령의 증거는 우리의 영이 스스로를 억지로 설득하는 것이 아니며, 생각이나 감정적 반응 없이 하나님이 독

---

59 "The Witness of the Spirit, I," B 1:270, 서문 2.
60 "The Witness of the Spirit, I," B 1:270–76, sec. 1. 1–9.
61 "The Witness of the Spirit, I," B 1:275–76, sec. 1. 7–9.

단적으로 선언하시는 것도 아니다. 창조적 긴장관계 속에서 성령의 직접적 증거와 우리 편에서의 응답 모두가 있어야 한다.[62]

로마서 8:16은 역사 속에서 하나님께서 말씀하시는 음성과 우리 영이 스스로에게 말하는 음성을 구분해야 함을 말씀한다. 성경은 성령과 인간의 영 사이의 교감에 대해 알려준다. 구원의 확신에 관한 웨슬리의 가르침의 핵심에는, '성령의 증거와 우리 영의 증거가 함께 역사해 서로를 확증하는가?' 그리고 '그 두 증거는 내가 하나님의 자녀라는 사실에 대해 신뢰할 수 있을 정도의 내적 인상을 영혼에 새기는가?'라는 질문이 있다.[63]

b. 두 증거가 함께 역사함

성령의 증거는 언제나 우리 자신의 영의 증거보다 앞서는 동시에, 우리 자신의 영의 증거라는 반향을 허용하고 일으켜 그 증거가 진실된 것임을 확증한다. 하나님께서 먼저 우리 마음에서 증거하시면, 다음으로는 우리가 그 증거가 실제임을 확증하는 것이다. 이 두 증거가 함께 역사해 우리는 자신이 하나님의 자녀가 되었음을 알 수 있으며, "태양이 빛나는 것을 의심하지 않는 것과 같이 자신이 하나님의 자녀가 되었다는 사실을 더는 의심하지 않게 된다."[64]

"신앙과 '신앙의 충만한 확신'(the full assurance of faith)은 다르다. … 많은 그리스도인이 전자의 신앙만 가지고 있어, 신앙에 의심과 두려움이 뒤섞여 있다. 반면 어떤 그리스도인은 신앙의 충만한 확신을 가져, 자신이 현재 하나님께 죄를 용서받은 상태임을 온전히 확신한다. 그러나 그런 사람도 '소망의 충만한 확신'(the full assurance of hope), 즉 하나님께서

62　Letter to "John Smith," March 25, 1747, *LJW* 2:100–3.
63　B 2:153–54, 161–62; 9:374–76; *CH*, B 7:58; FA, B 11:132–37, 398–99.
64　"The Witness of the Spirit, I," B 1:276, sec. 1. 12.

'천국에 이를 때까지 끝까지 붙들어주실 것을 결코 의심하지 않는 신앙'(a full conviction of their future perseverance)은 갖지 못할 수 있다."⁶⁵ "우리가 신자라면 누구나 반드시 가져야 한다고 가르치는 신앙"은 현재 죄 사함을 받았음을 온전히 확신하는 신앙이다. "온전한 확신을 갖지 못한 신앙도 있을 수 있다. 이러한 낮은 단계의 신앙은 의심을 내쫓지 못한다. … 온전한 확신은 의심의 여지 없이 성령에 의해 우리 속에 생겨난다. 그러나 다른 모든 정도의 참된 신앙 역시 성령께서 일으키신 것이다."⁶⁶

3. 성령의 역사는 인식 가능한가?

구원의 확신의 비결은 성령과 우리 영의 내적 교감에 있다. 성령의 확신하게 하시는 사역 없이 지속적인 신뢰나 확신의 느낌을 만들어낼 방법은 없기 때문이다. 성령께서는 진리를 증거하실 뿐 아니라 확신을 선물로 주신다. 이 확신의 선물은 하나님께서 자신을 우리에게 주신 것과 같다.⁶⁷ 성령은 성부께서 성자를 통해 베푸신 선물을 증거하신다.⁶⁸

a. 성령의 증거에 대한 자기 점검

성령의 확신하게 하시는 사역에서는 독특한 종류의 영적 추론이 이루어진다. 이 추론은 우리가 개인의 간증을 통해 자신의 영의 증거를 정확히 말하고 공개적으로 분명히 표현해 정직하게 점검하는 과정에서 발생한다.

---

65 Second Letter to Bishop Lavington, B 11:398, sec. 20; J IX:32; 참고. JWO 50–52, 159–60, 165–66, 188–89, 363–64.
66 Letter to Richard Tompson, February 5, 1756, LJW 3:161. 온전한 죄 용서와, 온전한 용서를 받는 단계의 구분에 대해서는 LJW 3:374를 참고하라. 신앙의 충만한 확신에 대해서는 B 2:153–54, 161–62. Letter to Dr. Rutherforth, B 9:374–76; CH, B 7:58; FA, B 11:132–37, 398–99; 9:61, 100, 376; JJW 2:49를 보라.
67 B 1:149–55; 2:268, 410; 3:263–66; CH, B 7:583.
68 "The Witness of the Spirit, I," B 1:271–72, sec. 1. 2–4.

기록된 성경을 통해 주시는 성령의 음성은, 개인이 과장된 진술을 하지 않도록 바로잡는 역할을 한다. 성령께서는 신자의 주관적 경험에서 발생한 일을 이해할 수 있도록 조명하신다. 우리는 양심에 귀 기울이고, 우리가 신뢰할 만하다고 생각하는 타인과의 대화를 통해 자신을 점검함으로 우리 자신의 영의 증거에 대해 알게 된다.[69]

우리는 그것이 공상이나 마귀의 세력이 내면에서 역사한 것이 아님을 어떻게 알 수 있는가? 이는 성경, 전통, 이성, 경험에 기초해 신앙 공동체 안에서 영들을 점검함으로 가능하다.

우리에게는 영들을 점검할 수 있는 교회라는 실험실이 있다. 이 시리즈 제1권에서 신학 방법론에 대해 살펴본 내용처럼, 하나님께서는 교회를 통해 실제적으로 역사하신다.[70] 성경, 전통, 이성, 경험이라는 '사변형의' 기준은 영적 감각을 점검하기 위한 실제적 지침이 된다.

영 분별은 예배 공동체에서 일어난다. 대화에 참여하는 신자들은 사변형의 기준에 따라 성령의 증거가 나타나고 있는지 점검한다. 그 기준들은 웨슬리의 설교에서 분명하게 나타난다.[71]

b. 자신의 체험을 말함: 메소디스트들의 간증

신앙 공동체에서 각 사람은 자신의 영의 증거 및 하나님의 자기 계시에 대한 사도적 증언 모두에 대해 자신의 신앙을 간증할 기회가 주어진다. 이 찬양과 묵상과 나눔의 공동체에서 각 사람은 느리지만 확실하게 자신이 하나님의 아들이 되어 하나님의 가족으로 받아들여졌음을 깨달을 수 있다.

웨슬리는 신자가 이러한 조건을 따르고 이러한 약속을 신뢰한다면 성

---

69 "The Witness of the Spirit, I," B 1:270–74, sec. 1. 1–6.
70 "The Witness of the Spirit, I," B 1:270–73, sec. 1. 1–6.
71 "The Witness of the Spirit, I," B 1:282–83, sec. 2. 11–13.

령께서 실망시키지 않으신다는 사실을 확신했다. 이 자기 점검은 엄격히 말해 자연이나 물리 시험 같은 것이 아니라 대화와 삶을 통한 점검이다. 이를 통해 우리는 성경을 안내자로 삼고, 우리의 이성을 과도한 자기중심주의를 자제하는 울타리로 삼는 가운데, 신앙 공동체와 공적 예배라는 환경에서 영을 분별해야 한다. 웨슬리는 이러한 점이 강조되지 않아 자기중심적 흥분을 일방적으로 성령 받은 것으로 착각하는 것에 우려를 표했다.[72]

이러한 전제 아래 우리는 함께 모여 삶을 나누고 예배하는 공동체의 다른 구성원과 함께 성령의 증거에 대한 진리를 바르게 드러낼 수 있다.[73] 우리는 이성을 사용해 성경의 진리는 물론, 동료 그리스도인과 자기 자신의 마음의 증거를 분별하도록 노력해야 한다. 이러한 증거는 매우 경험적인 것이다. 그러나 경험은 성경의 권위 아래 있고, 사도 시대로부터 오랜 기간 축적된 신자들의 증언과 일치해야 한다. 메소디스트 신도회 모임은, 사람들을 만나 상호작용하고 자신을 노출하며 인격적으로 마음을 여는 집중적 집단과정이었다.

4. 성령과 우리 영의 공동 증거의 표징

예배 공동체에서 성령께서 우리 영과 더불어 공동으로 증언하시는 증거는 하나님의 은혜와 인간의 자유 모두를 존중한다. 만약 하나님의 주권으로 강제된다면, 구원의 신앙은 인간의 것이라 할 수 없다. 그것은 인간의 본성을 묵살하는 것이 되고 만다. 만약 인간의 손에만 맡긴다면, 구원은 결코 이루어질 수 없다. 그런 생각은 하나님께서 인류를 구원하시는 방법을 경시하는 태도다.

72　"The Witness of the Spirit, I," B 1:274–76, sec. 1. 7–12.
73　*CH*, B 11:468.

이러한 은혜와 자유의 공동의 증거는, 인간의 자연적 이성의 사적이고 은밀한 추측과 전혀 다르다. 우리 영이 성령의 증거를 일으키는 것이 아니라, 성령께서 우리 영 안에서 먼저 증거하시기 때문이다.[74]

성경은 한 사람이 하나님의 자녀가 되었다고 하는 신뢰할 만한 표징이 무엇인지 가르쳐준다. 뚜렷한 표징 중 특히 다섯 가지를 꼽자면 회개, 신앙, 행동의 변화, 고요한 기쁨, 하나님의 계명에 순종하는 것이다.[75]

a. 회개의 증거

사람이 죄를 자각하고 경건한 슬픔 속에서 믿음으로 하나님께로 향하며 진정으로 회개한다면, 자신이 하나님의 구원하시는 사랑의 수혜자가 될 수 있는지에 대해 절망하며 염려할 필요가 없다. 계속적으로 회개에 대한 반감을 느끼는 사람도 성령께서 우리 영과 더불어 증거하시는 일에 참여하는 기쁨을 주시도록 기다려야 한다.[76]

b. 신앙의 증거

신앙은 하나님의 용서를 신뢰한다. 이 용서는 그리스도의 십자가 대속에 기초한다. 신앙은 심판하시는 하나님께 핑계 대지 않으며, 아무 공로 없는 자에게 주시는 은혜의 선물을 받아들인다. 마음으로 하나님께 감사하는 것 외에는 달리 할 일이 없다.

c. 행동 변화의 증거

참된 회개는 행동에 근본적 변화를 일으켜 사랑의 행위를 통해 신앙의

---

74 "The Witness of the Spirit, I," B 1:275–77, secs. 1. 11–2. 2.
75 "The Witness of the Spirit, I," B 1:277–84, secs. 2–5.
76 "The Witness of the Spirit, I," B 1:278, sec. 2. 4.

열매를 맺도록 행동의 실제적 전환을 가져온다. 성령과 우리 영의 공동의 증거에는 도덕적·행위적 변화라는 뚜렷한 결과가 따른다. 통회하는 마음은 더는 예전과 동일한 삶을 살아갈 수 없게 한다.

사람은 누구나 이렇게 자문할 수 있다. '나는 내 악한 행동이 이같이 변화된 것이 영이 새롭게 태어났기 때문이라고 말할 수 있는가?' 만약 그렇지 않다면, 성령의 증거를 받을 수 있도록 먼저 회개의 은혜를 간구하라.[77]

d. 기쁨으로 하나님의 임재를 느낌

새로운 삶에는 성령의 열매 중 하나인 기쁨이 동반된다. 우리는 자신이 하나님의 명령에 순종하는 가운데 기쁨으로 하나님의 임재와 주님 안에서의 행복을 경험하고 있는지 자문할 수 있다. 메소디스트 설교는 언제나 성령을 받는 기쁨을 강조해왔다. 만약 그 기쁨이 없다면 구원의 확신의 징표 중 하나가 결여된 것이다.[78] 그 기쁨이 있다면 순종하면서 겸손하게 기뻐하는 자기 영혼의 상태를 인식하는 것은 어렵지 않다.

e. 믿음으로 인한 순종

새로운 삶은 하나님께 순종하면서 사랑을 통해 이웃을 적극적으로 섬긴다. 누구나 '나는 성경의 계명을 얼마나 기꺼이 지키고 있는가? 나는 십계명을 따라 살고, 진리를 말하며, 거짓된 우상을 섬기지 않고, 간음하지 않고 있는가?'라고 자문해볼 수 있다. 이 질문에 정직하게 답할 수 없다면 다시 출발점인 회개로 돌아가야 한다.[79]

이러한 것들이 신생의 증거다. 일반적으로 회개는 성령의 증거보다 시

---

77 "The Witness of the Spirit, I," B 1:274–76, sec. 1. 6–12.
78 "The Witness of the Spirit, I," B 1:279–80, sec. 2. 6.
79 "The Witness of the Spirit, I," B 1:280, sec. 2. 7.

간적으로 앞선다. 성령의 증거에는 신앙과 기쁘게 하나님의 임재를 자각하는 것과 성령의 열매가 동반되며, 순종의 삶이 뒤따른다. 죄의 유혹은 남아 있어도, 유혹을 이기게 하는 은혜보다 더 강한 힘을 갖지는 못한다.

웨슬리는 우리가 자신의 신앙을 간증하고 자신의 상태를 공개하는 책임성 있는 공동체 내에서 스스로를 이와 같이 정직하게 점검할 때, 신뢰할 만한 판단을 내릴 수 있음을 확신했다. 사람이 자신의 구원의 확신에 관해 아무것도 알지 못한 채 있어야 할 필요는 전혀 없다. 이러한 것이 하나님의 자녀가 된 것에 대한 명확한 징표기 때문이다.[80]

5. 성령의 증거 (2)

"성령의 증거 (1)"을 출판한 지 20년이 지난 후, 웨슬리는 같은 성경 본문을 사용해 같은 주제인 성령과 우리 영의 공동 증거에 대한 또 다른 설교를 작성했다. 성경 본문은 동일하게 로마서 8:16, "성령이 친히 우리의 영과 더불어 우리가 하나님의 자녀인 것을 증언하시나니"라는 말씀이다 [설교 #11 (1767), B 1:285–98; J #11, V:123–34]. 이 설교는 일반적으로 "성령의 증거 (2)"로 칭한다.

a. 성령과 우리 영의 이중적 증거

이 설교에서 웨슬리는 성령의 증거를, "성령께서 즉각적이고 직접적으로 내 영혼에 새기시는 내적 인상으로, 그것을 통해 내가 하나님의 자녀가 되었고, 예수 그리스도께서 나를 사랑해 나를 위해 자신을 주셨으며, 내 모든 죄가 씻겨 나, 심지어 나 같은 사람도 하나님과 화목하게 되었음

---

80 "The Witness of the Spirit, I," B 1:278–80, sec. 2. 4–7.

을 증거해주시는 것"으로 다시금 요약해 정의했다.[81]

성경을 연구하는 모든 사람은 성령의 내적 증거가 있음을 안다. 성령께서는 그 내적 증거를 통해 사랑으로 역사하는 믿음을 일으켜 성령의 열매를 맺게 하신다.

이 모든 내용은 철저히 개신교적이다. 그러나 웨슬리는 개신교의 가르침이 구원의 과정의 한 측면인 구원의 확신에 대해서는 충분히 관심을 기울이지 못했다고 생각했다. 구원의 확신이라는 하나님의 탁월한 선물이 그동안 경시되어온 것이다. 그러나 하나님은 성령의 증거와 우리 자신의 영의 증거가 온전히 일치되는 경험을 허락해주신다. 이것은 결코 새로운 가르침도, 비밀도 아니다. 로마서 8:16이 이를 분명히 말씀한다. "성령이 친히 우리의 영과 더불어 우리가 하나님의 자녀인 것을 증언하시나니."

b. 신뢰할 만한 성경적 증언을 들을 평신도의 권리

하나님에게서 난 사람의 위대한 특권은, 자신이 하나님의 은혜로 구원받았음을 확실히 알 수 있다는 것이다. 모든 신자는 자신이 이 내적 증거를 인식 가능한 과정을 통해 신뢰할 수 있을 만큼 듣고 수용함으로 인격적으로 받아들일 수 있다는 사실을 알 권리가 있다.

이 내적 증거는 사람이 불완전하게나마 직관적으로 알 수 있으나, 구원의 은혜를 명확히 느끼지는 못할 수도 있다. 또 내적 증거는 양심에 의해 소극적인 방식으로도 알 수 있고, 비평적 이성으로 관찰하고 분석할 수도 있다. 그러나 성령과 우리 영의 협력적 증거를 온전히 확증하기 위해서는 기록된 말씀의 증거를 필요로 한다.

성경 본문은 누구든 살펴볼 수 있다. 그러나 성령과 우리 영의 이중적

---

81 "The Witness of the Spirit, II," B 1:286–88, sec. 2. 2.

증거를 온전히 인식하는 것은, 회개와 믿음을 통한 성령의 역사로만 가능하다. 그리고 자신의 경험을 진실한 태도로 점검해야만 성경의 약속이 자신에게 이루어졌는지 여부를 확인할 수 있다. 하나님께서 자신을 구원하셨다는 사실을 깨닫는 것은 모든 진실한 신자의 특권이다.[82]

웨슬리는 확신이라는 요소는 구원 사건에 본질적으로 내포된 것이어서, 회개하고 복음을 믿어 하나님의 은혜로우신 사랑을 신뢰하는 모든 사람은, 자신이 하나님과 화해되었다는 사실을 알게 된다고 생각했다.[83] 신자는 하나님께서 자신에게 구원의 은혜를 베푸셨는지에 관해 마치 광야를 헤매듯 방황할 필요가 없다.[84]

c. 성경에 귀 기울여 배우기

구원의 은혜를 받았음을 간증하는 사람 중에 양심의 증거와 이성적 숙고를 포함하는 간접적 증거가 있음을 부정하는 사람은 거의 없다. 그러나 웨슬리는 성령과 우리 영의 이중적 증거를 구원의 신앙과 회심에 본질적인 것으로 여겼다.

우리는 이 위로와 부르심의 음성을 어떻게 바르게 들을 수 있는지 배워야 한다.[85] 그렇게 하기 위해서는 성경을 연구할 뿐 아니라, 성례와 기도 등 은혜의 방편을 활용하는 훈련을 받아야 한다. 성령께서는 이 모든 수단을 통해 우리에게 말씀하시기 때문이다. 웨슬리의 이 설교는 사람들로 그 내적 증거를 듣는 법을 배우도록 돕기 위한 것이다. 누구도 다른 사람 대신 그것을 해줄 수 없다. 각 사람은 스스로 들어야 한다.

---

82 "The Witness of the Spirit, II," B 1:286–88, sec. 2.
83 B 9:61, 100, 376; *JJW* 2:49.
84 EA, J VIII:22–25.
85 "The Witness of the Spirit, II," B 1:287–88.

d. 잘못된 가르침에 대처하기

확신을 주시는 성령의 사역도 조작, 위조, 왜곡이 가능하다. 웨슬리는 자신의 청중에게 성령의 내적 증거를 끊임없이 기록된 성경 말씀에 비추어 점검하고 정직한 양심으로 검증해야 함을 상기시켰다.[86] 그러나 그렇게 하더라도 자기기만의 가능성을 낮출 뿐 전적으로 제거하지는 못한다.[87]

하나님께서는 이러한 기만에 빠지지 않게 하시기 위해 성령의 직접적 증거와 우리 영의 간접적 증거라는 이중적 증거를 주신다.[88] 이는 우리가 하나님의 자녀가 되었음을 확신하게 하기 위함이다.[89]

개인적 경험만으로는 충분한 증거가 될 수 없다. 그리스도인의 삶에서 경험은, 성경과 반대된 무엇을 만들어내는 것이 아니라 성경 말씀을 확증하는 역할을 한다.[90] 어떤 사람은 자신이 경험하지도 않은 것을 경험했다고 상상할 수 있지만, 그것 때문에 은혜의 방편들을 충분히 활용하는 사람들이 잘못을 범하는 것처럼 치부해서는 안 된다. 누군가 잘못된 간증을 했다는 사실이 참된 성령의 증거에 대한 간증을 무효화하지 못한다.[91]

성령의 참된 증거를 받은 사실은 사랑과 희락과 화평이라는 열매를 통해 알 수 있다. 이런 열매가 없다면, 그것은 그 증거가 신뢰할 만하지 않거나 간헐적인 것이기 때문일 수 있다.[92] 그러므로 "누구도 성령의 열매가 따르지 않는, 상상에 의한 성령의 증거에 안주하지 않도록 주의해야 하며",

---

86 "Heavenly Treasure in Earthen Vessels," B 4:161–62; J VII:345.
87 Letter to "John Smith," March 25, 1747, *LJW* 2:100–5.
88 "The Witness of the Spirit, II," B 1:288–96, secs. 3, 5.
89 "The Witness of the Spirit, II," B 1:297, sec. 5. 2–3.
90 "The Witness of the Spirit, II," B 1:287–90, secs. 2. 5–3. 5.
91 "The Witness of the Spirit, II," B 1:296–97, sec. 5. 1–2.
92 "The Witness of the Spirit, II," B 1:297–98, sec. 5. 3–4; 거짓 선지자도 그들의 열매로 알 수 있다, *SS* 2:16.

"성령의 증거가 없는, 상상에 의한 성령의 열매에도 안주하지 않도록 주의해야 한다."[93]

6. 구원의 확신에 대해 가르쳐야 할 의무

a. 초기 기독교의 확신에 대한 가르침

웨슬리는 사도들과 가장 초기 그리스도인들을 참된 기독교 간증의 척도로 활용해, 신약시대 이후 일치된 기독교 전통이 지속적으로 확신에 대해 증언했음을 밝힌다. 초기의 신자들은 확신에 대해 알고 있었고, 그것을 기록으로 남겼다. 그들은 박해 속에서도 확신을 경험했고, 또 선포했다.

웨슬리는 "첫 몇 세기 동안 기독교 교회 전체는 확신을 누렸다. 비록 니케아 이후 교부들이 남긴 소수의 글에는 확신에 대한 명쾌한 교리적 가르침이 별로 나타나지 않지만, 로마의 클레멘스나 이그나티우스, 폴리캅, 오리게네스와 같은 초기 교부들을 주의 깊게 읽은 사람이라면 누구도 그 저자들이 확신을 소유했고, 또 그들이 참된 그리스도인으로 언급한 모든 사람이 확신을 소유했음을 의심하지 않을 것"[94]이라고 확신했다.

웨슬리는 이 저자들 목록에 알렉산드리아의 클레멘트, 사막의 안토니우스(Anthony of the Desert), 아타나시우스, 알렉산드리아의 키릴로스 역시 포함시킬 수 있었을 것이다. 웨슬리는 "또는 그 외의 다른 사람들"이라는 말을 써도 될 정도로 헬라어와 라틴어로 된 초기 기독교 자료들을 충분히 읽었기 때문이다. 처음 몇 세기의 기독교 성경 주해를 읽어보면, 저자들이 그리스도인의 삶을 이해하는 데 확신이 얼마나 중요한 요소였는지

---

93 "The Witness of the Spirit, II," B 1:297–98, sec. 5. 3–4.
94 Letter to Richard Tompson, July 25, 1755, *LJW* 3:137.

쉽게 알아차릴 수 있다.[95]

특히 메소디스트 연합체에 속한 신자들은 확신의 교리에 대해 명확히 알 필요가 있다. 이 교리는 온 인류에게 "증거하게 하시기 위해 하나님께서 그들에게 위탁하신 중대한 진리"기 때문이다. 참으로 메소디스트들을 통해 "오랜 세월 동안 거의 잃어버린 바 되고 잊혀진 이 위대한 복음적 진리가 회복되었다."[96]

웨슬리의 많은 찬송가는 확신이라는 주제를 담고 있다. 웨슬리는 신자에게 확신을 주시는 성령의 증거에 관한 교리를 그 이전 개신교는 충분히 가르치지 못했다고 생각했다. 확신의 교리는 오해를 받아왔기에 웨슬리는 새롭게 회복된 그 교리를 전 세계 교회에 전파하는 것을 메소디스트 신도회의 숙명으로 여겼다.

b. 웨슬리의 핵심 교리

신자에게 확신을 주시는 성령의 증거 교리는 웨슬리의 핵심 교리다. 확신의 교리가 메소디스트 공동체만 가르쳐온 전유물은 아니다. 그럼에도 웨슬리 이후 3세기 동안 웨슬리안들은 이 교리를 매우 중시해 자신들의 가르침 사역의 중심 요소로 여겼다. 메소디스트 설교 전통은, 하나님께서 우리에게 십자가에 달리신 성자를 통해 칭의의 은혜라는 자비로운 선물을 주실 뿐 아니라, 성령을 통해 성자의 사역의 의미를 깨닫게 하시고, 그 사역이 온전히 실현되게 하신다는 사실을 분명히 했다.[97]

많은 사람이 이중예정론의 영향으로 구원에 개인의 어떤 응답이나 의

---

95 이는 요한 서신, 사도행전, 로마서 5–8장과 다른 바울 서신 주해에서 분명히 드러나며, ACCS의 해당 성경 구절들을 통해 확인 가능하다.
96 "The Witness of the Spirit, II," B 1:285, sec. 1. 4.
97 B 1:81; 3:210; CH, B 7:532, 535, 687.

지적 신앙이 반드시 필요한 것은 아니라고 생각하는 상황에서 성령의 능력 부으심에 대한 이러한 깨달음은 특히 필요하다. 이 신학적 결정주의에 상응하는 세속적 사고는 자연주의적 결정주의다. 이중예정을 옹호하는 사람들은, 자신의 구원이 영원 전에 미리 결정되었고, 우리 영혼에서 일어나는 일은 사소하지는 않더라도 전적으로 부차적인 문제일 뿐이라며, 신자들에게 주관주의자들의 내향적 독백에 연루되지 말라고 충고하곤 한다. 우리는 이 책 제6장에서 은혜와 예정에 대한 웨슬리의 가르침을 살펴볼 것이다. 성령에 관한 이 장에서는 확신에 초점을 맞추고자 한다.

확신의 교리를 경시하는 사람은, 교회를 의미 있게 만드는 성령 안에서의 새로운 삶의 경험 없이 그저 신앙을 교회에 다니는 습관으로 변질시킬 수 있다. 이 증거를 받았다고 주장하면서도 여전히 사랑이 없고 오만한 사람은, 자신이 말로 한 증언을 자신의 행위로 부정하는 것이다.

7. 우리 자신의 영의 증거

성령의 증거 교리의 일부는 우리 자신의 영의 증거에 대한 가르침이다. 웨슬리는 고린도후서 1:12, "우리가 세상에서 특별히 너희에 대하여 하나님의 거룩함과 진실함으로 행하되 육체의 지혜로 하지 아니하고 하나님의 은혜로 행함은 우리 양심이 증언하는 바니 이것이 우리의 자랑이라"라는 말씀을 본문으로 이 주제에 대한 별도의 설교를 작성했다 [설교 #12 (1746), B 1:299–313; J #12, V:32–44].

구원의 은혜를 지속적으로 깨닫는 것은 양심이 제공하는 특별한 형태의 증거 여부에 달려 있다. 선한 양심은 예비적 은혜와 칭의의 은혜에 신실하게 반응했는지에 대해 내적으로 증거한다. 그리스도인의 기쁨의 근거는, 우리가 하나님 앞에서 순수하고 성실했으며, 육적인 지혜나 세상적 간계나 기민함이 아닌 하나님의 은혜로 행했음을 확인해주는 선한 양심의 증거에서 비롯된 평온함과 믿음, 소망, 사랑이다.[98]

a. 자연적 양심

로마서 1장과 2장에서 바울은 이성을 지닌 모든 사람은 양심으로 불리는 자기 자각을 가지고 있다고 분명히 가르친다. 우리가 지금까지 살펴본 경험적 신앙은 "양심의 증거"로 확증된다.

양심은 우리가 스스로를 도덕적으로 변호하거나 정죄하게 하는 일종의 자각이다. 웨슬리는, 양심이라는 말은 "사람은 생각할 수 있기에 누구나 자신이 행한 일을 되돌아보면 그것이 선했는지 악했는지 자각할 능력이 있음을 의미한다"[99]고 설명했다. 모든 사람은 이 양심을 가지고 있다.

어떤 이성적 존재도 양심 없이 살아갈 수는 없다. 그것은 인간의 자기 평가 기준과도 같은 것이다. 모든 이성적 존재는 양심에 따라 자신이 바르게 행하고 있는지 아닌지 알 수 있는 능력을 가지고 있다. 또 자신이 하고 있는 일이 수용할 만한 일인지 아닌지를 스스로에게 알려주는 자각 역시 가지고 있다. 바울에 따르면 그것은 모든 사람에게 주어진 도덕적 감각이다. 이 감각은 자신의 행동의 올바름, 진실성, 적절함에 대한 도덕적 판단을 내리는 자기 자각의 본질적 요소다.[100]

b. 그리스도인의 양심의 척도는 성경임

다른 사람들과 마찬가지로 그리스도인은 자신이 하고 있는 일이 옳지

---

98 "The Witness of Our Own Spirit," B 1:300–1, secs. 1–4.
99 EA, B 11:49, sec. 14.
100 "The Witness of Our Own Spirit," B 1:301–2, secs. 3–5.

못함을 양심이 말하면 그것을 알아차린다. 양심은 인간이 보편적으로 가진 기능이지만, 그리스도인은 말씀과 성례의 인도를 받는 특별한 방식으로 양심과 조화를 이룬다.

양심은 모든 사람에게 이따금씩 고통을 주지만, 그리스도인은 특별한 방식으로 고통을 받는다. 이들은 역사와 성경의 증언을 통해 하나님께서 요구하시는 것과 베푸시는 은혜로 형성된 양심을 지니고 있기 때문이다.[101] "선과 악에 대한 그리스도인의 기준은 하나님의 말씀, 즉 구약 성경과 신약 성경의 기록이다. … 이 말씀이 그리스도인의 발을 비추는 빛이며 … 모든 일에서 그 양심을 지도하는 완전하고 유일한 외적 기준이다."[102]

그리스도인의 양심은 어떻게 작용하고 형성되는가? 그리스도인의 양심은 구원의 역사로 형성되고, 날마다 성경을 읽음으로 연마된다. 바울이 말씀한 거리낌이 없는 선한 양심은, 하나님께서 구원의 역사를 통해 증거하신 말씀에 의해 결정적으로 형성된 양심을 의미한다. 구원의 역사는 성경에 분명히 기록되어 있다. 예수 그리스도를 통해 주신 하나님의 말씀에 대한 성경의 증언으로 형성되지 않은 그리스도인이라면, 선과 악에 대한 어떤 이해도 적절한 것이라 할 수 없다.[103]

c. 거리낌이 없는 거듭난 양심

그리스도인의 거리낌이 없는 양심은, 그리스도의 대속이라는 유일한 토대 위에서[104] 자신을 점검하고 하나님 앞에서 가식 없이 자기 죄를 고백하면서, 계시되고 기록된 말씀의 인도를 받아 믿음으로 살아가는 양심이

---

101 B 2:125; 3:11, 118.
102 "The Witness of Our Own Spirit," B 1:302–3, sec. 6.
103 *LJW* 6:19.
104 "The Witness of Our Own Spirit," B 1:304–5, sec. 8.

다. 그러한 사람의 양심은 실제 자신의 도덕적 행동이 자신의 진실한 신앙 및 공적인 신앙고백과 일치함을 증거한다.[105]

양심은 살아 계신 그리스도, 성경, 신앙 공동체, 말씀의 선포, 하나님과의 교제의 영향으로 변화를 받는다. 웨슬리는 모든 사람이 지닌 자연적 양심과, 성경, 은혜, 하나님의 구원의 역사로 인도받는 그리스도인의 양심을 날카롭게 구분했다. 구원의 공동체에서 우리는 신앙과 경험을 나누고, 성령께서 우리 안에서 역사하시는 방법을 다른 사람에게 드러내며, 역사 전체를 통한 하나님의 계시를 더 잘 분별하기 위해 이성을 사용하고 성경에 귀 기울인다.[106]

거듭나 그리스도를 닮은 양심은 우리로 가볍게 행동하지 않게 만든다. 그것은 우리 자신에 대해 참된 것을 말한다. 우리가 진실하게 양심에 귀 기울이면, 양심이 우리의 무죄를 확인하거나 정죄하는 음성을 들을 수 있다. 만약 그것이 전혀 불가능하다면 바울이 거리낌 없는 양심(행 24:16)에 대해 말하지 않았을 것이다. 양심의 자각은 우리 자신을 평가하는 우리 영의 증거에 본질적이다. 책임성 있는 신앙 공동체 내에서 우리의 영은 양심이 하나님의 거룩하심을 거스르지 않았음을 증거한다.[107]

d. 은혜로 살아가는 매일의 삶

당신은 거리낌 없는 양심을 지녔거나, 또는 계속 당신을 불편하게 하는 양심을 지녔을 것이다. 바울은 사람의 행위는 언제나 그리스도의 대속 사역을 통해 하나님께 받아들여질 수 있다는 사실을 전제로, 우리가 하나님의 율법을 거스르지 않고 매일매일을 살아야 함을 가르친다. 대속의 은

---

105 *LJW* 7:209; *SS* 1:226.
106 *SS* 1:221.
107 B 1:270–74, 299–313.

혜 없이 사람이 선한 양심을 가질 수 있는 길은 없다. 하나님의 용서의 말씀이 없이는 어떤 그리스도인도 거리낌 없는 양심을 가질 수 없다. 그러나 우리는 하나님의 용서하시는 은혜를, 방종이나 마치 자신이 율법 위에 있는 것처럼 착각하는 잘못된 태도에 문을 열어놓는 것으로 만들어서는 안 된다.[108]

우리는 세상은 물론 예배 공동체이자 도덕적 책임성을 지닌 신앙 공동체에서 육적인 지혜가 아닌 하나님의 은혜로 행동해야 한다. 세상에서의 우리의 삶, 즉 매일의 행동은 은혜에 의한 삶, 즉 오직 하나님 앞에서 나뉘지 않은 순전한 마음으로 하나님의 구원하시는 사랑을 의지하는 가운데 마음의 순수함과 순결함, 신앙적 성실함을 나타내는 삶이어야 한다.[109]

e. 은혜 충만으로 인한 순전함, 마음의 순결, 거룩함, 경건한 성실함

그리스도인의 기쁨의 토대는 자격 없는 자에게 주시는 하나님의 은혜다. 이를 통해 신자는 순수한 의도를 가지고 일상적 행동에서 은혜롭고 전능하신 하나님께 응답하게 된다.[110] 그것이 '순전한 삶'(simple life)이다.

비록 그것이 세상에서 우리 삶을 복잡하게 만들 수 있지만, 반대로 하나님께 순전하게 응답하는 삶이 복잡한 많은 것을 쉽게 만들기도 한다.[111] 이 순전함은 "하나님께 영광을 돌리고, 그분의 복된 뜻을 행하고, 그것을 위해 고난도 무릅쓰겠다는 순수한 의도"[112]를 말한다.

'마음의 순결'은 이 순전함의 다른 표현이다. 그것은 하나님을 다른 어

---

108 *LJW* 7:209; 참고. *LJW* 6:19; *SS* 1:226.
109 B 3:271–72; 4:375–76.
110 "On a Single Eye," B 4:120–30.
111 "The Witness of Our Own Spirit," B 1:306–8, secs. 11–13.
112 "The Witness of Our Own Spirit," B 1:307, sec. 12; "A Single Intention," B 4:371–77.

떤 것보다 사랑함으로 모든 것에서 하나님을 갈망함을 말한다. 이것이 하나님의 은혜가 인간의 한계에 스며들어 하나님의 거룩함을 반영하는 거룩한 삶을 사는 것을 가능하게 한다. 이러한 삶은 경건한 성실함과 그것을 통해 하나님의 도덕적 형상을 회복하는 데서 가능해진다.[113] '경건한 성실함'은 더럽혀지지 않은 의도를 가지고 하나님께 모든 소원을 아뢰며 모든 일을 하나님의 영광을 위해 행하게 한다.[114]

"순전함이 의도에 관한 것이라면, 성실함은 의도의 실행에 관한 것으로 … 순전한 의도가 목적하는 것을 실제로 이루도록 … 모든 행동을 한결같이 이 위대한 목적에 부합하게 하고, 우리의 생활 전체에서 하나님을 향해 똑바로 나아가되, 그것이 계속되게 한다."[115] "순전하게 되기를 힘쓰라. 그러면 아무 유익이 없는 생각들로 어려움 겪는 일이 훨씬 줄어들 것이다."[116]

순전한 삶을 살아가는 것은 고난 중에도 기쁨을 가져오는데, 이 기쁨은 신앙으로 순종의 삶을 살아가는 데서 비롯된다.[117] 성령께서는 양심을 통해 우리를 한 걸음 한 걸음 인도해 은혜를 수용하는 삶을 살게 하고, 하나님의 사랑에 대한 우리의 저항을 날마다 극복하게 하신다.

f. 성결과 행복

성결과 행복은 본질적으로 연결되어 있다. 행복하게 살기 원하는 사람은, 그 비결이 날마다 유혹과 싸우고, 행복이라는 열매를 가져오는 하나님

---

113 "An Israelite Indeed," B 3:286, sec. 2. 4.
114 "The Witness of Our Own Spirit," B 1:309–10, sec. 16; 참고. 1:134–35, 207–8, 263–64, 288–89, 207–8; 3:286.
115 "The Witness of Our Own Spirit," B 1:307, sec. 12.
116 Letter to Miss Bishop, June 12, 1773, J XIII:24.
117 *CH*, B 7:94–95, 308–98, 494–96.

앞에서의 순전함으로 살아가는 것임을 알아야 한다. 웨슬리는 전혀 복잡하지 않은 행복의 개념을 가르쳤는데, 그것은 바로 성결이다.[118]

그리스도인의 삶에서 우리가 누리는 기쁨은 우리 자신의 영의 증거로 확인할 수 있다. 그리스도인의 양심은 율법만이 아니라 복음을, 또 하나님께서 심판주로서 우리에게 요구하시는 것만이 아니라 우리로 그 요구를 성취하게 하시는 그리스도의 사랑을 끊임없이 증거한다. 행복은 경제적이거나 심리적(육체적인) 지혜가 아니라, 양심에 의해 확증된 성령의 내적 증거에서 비롯된다.[119] 우리는 오직 이 기초 위에서 참된 기쁨을 얻는다.

그리스도인은 세상에서 시들어버리고 냉담해진 양심과 자연적 기쁨이 아니라, 하나님의 은혜에서 비롯된 순종의 기쁨으로 살아가는데, 이 기쁨은 세상이 만들어낼 수 없다.[120]

F. 성령의 첫 열매

바울은 예수 그리스도를 믿어 하나님께 죄를 용서받은 사람에게는 결코 정죄함이 없음을 가르쳤다. 웨슬리는 신앙이 수반되는 한 이러한 하나님의 용서가 어떻게 과거와 현재와 미래의 죄에 적용되는지를 보여준다. 심지어 우리의 결함조차도 우리를 하나님께 더 가까이 나아가도록 돕는다. 이는 우리의 연약함이나 스스로 바꿀 능력이 없는 일들은, 성령 안에서 우리가 누리는 기쁨을 감소시키지 않는다는 것을 의미한다.

설교 "성령의 첫 열매"는 성령께서 우리 영과 더불어 증거하시는 이중적 증거에 대한 웨슬리의 가르침을 더 확장한 것이다. 설교의 성경 본문은

---
118 "The Witness of Our Own Spirit," B 1:309–13, secs. 16–20.
119 "The Witness of Our Own Spirit," B 1:308, sec. 14.
120 "The Witness of Our Own Spirit," B 1:310–13, secs. 17–20.

로마서 8:1, "그러므로 이제 그리스도 예수 안에 있는 자에게는 결코 정죄함이 없나니"라는 말씀이다 [설교 #8 (1746), B 1:233–47; J #8, V:87–97]. 설교의 내용을 미리 요약하면 다음과 같다.

결코 정죄함이 없는 것	하나님의 명령
과거의 죄	죄책을 떨쳐버리라
현재의 죄	새로이 죄를 범하지 말라
내적인 죄 (남아 있는 부패성)	마음의 악 깨닫는 것을 두려워하지 말라
하나님께 가까이 나아가게 만드는 결함	결함으로 인해 낙심하지 말라
연약성	원수가 이기지 못하게 하라
스스로 바꿀 능력이 없는 일	범죄했다면 그 문제를 가지고 주님께 나아가라

1. 성령을 따라 행하는 사람

a. 육체를 따라 행하지 않음

그리스도께 접붙임을 받아 그 안에 거하며 그와 연합된 사람은 육체를 따라 행하지 않는다. 여기서 '육체'는 "타락한 본성을 의미한다."[121] 그리스도께 속한 사람은 "육체와 함께 그 정욕과 탐심을 십자가에 못 박았다" (갈 5:24). 그들은 비록 "자신 속의 쓴 뿌리를 느끼지만, 그럼에도 그것을

---

[121] "The First-Fruits of the Spirit," B 1:235, sec. 1. 2.

발 아래 짓밟기 위해 하늘로부터 끊임없이 힘을 부여받고 있기에" 더는 죄에 매이지 않는다.[122]

성령에 의해 "그들은 모든 거룩한 열망과 하나님을 닮은 하늘의 성품으로 인도를 받아, 마침내 그 마음에서 일어나는 모든 생각이 '여호와께 성결'(출 28:36)한 것이 된다." 그들은 "항상 은혜 가운데서 소금으로 맛을 냄과 같이" 말하고, "하나님을 기쁘시게 할 일만" 하려고 애쓰기에, "모든 말과 행동을 통해 … 성령의 참된 열매인 '사랑, 희락, 화평, 오래 참음, 자비, 양선, 충성, 온유, 절제'를 나타낸다."[123]

b. 결코 정죄함이 없음

하나님께 죄 용서를 받은 사람은 죄의 종 된 상태에서 자유를 얻어 속박에서 벗어난다. 구원자 그리스도는 종 되었던 그를 위해 모든 빚을 갚으셨다. 그리스도와 함께 십자가에 못 박히고 그와 함께 사는 사람은, 그와 함께 부활해 성령을 따라 행하며 성령의 열매를 맺는다.[124]

이제 그리스도 안에 있는 그들은 과거의 죄나 현재의 죄, 내면에 남아 있는 죄성, 결함, 연약성, 비의도적 실수에 의해서는 결코 정죄를 받지 않는다. 이 사실에 뒤따르는 여섯 가지 명령은 위 도표에 요약되어 있다.

2. 결코 정죄함이 없나니

a. 과거의 죄에서 해방되었다면 죄책을 벗어버리라

과거에 지은 어떤 죄에 대해서도 결코 정죄함이 없다. 그리스도 안에

---

122 "The First-Fruits of the Spirit," B 1:236–37, sec. 1. 2–3.
123 "The First-Fruits of the Spirit," B 1:236–37, sec. 1. 4–6; 슥 14:20–21; 갈 5:22–23; 골 4:6.
124 "The First-Fruits of the Spirit," B 1:235–37, sec. 1; 참고. FA, B 11:292; 1:160–65, 283–88; 11:171–72, 178, 197.

감추어진 삶을 사는 사람은, 자신이 전에 지은 도덕적 빚과 참된 가치의 부정을 강박적으로 떠올리는 암울한 고통을 더는 받을 필요가 없다. 인간의 자유가 왜곡한 어떤 것도 하나님과의 화해의 대상에서 제외되지 않는다. 과거 죄책의 원인이 되었던 어떤 행위도 하나님께서는 용서하실 수 있다.

하나님께서는 우리의 과거의 죄를 기억하지 않으시므로, 우리 자신도 그것들을 기억하지 않아도 된다. 이미 빚을 갚았는데도 계속 빚 속에 살아가는 것은 어리석은 일이다. 우리는 그리스도의 평강이 우리 마음을 주장하게 함으로(골 3:15) 어떤 정죄도, "어떤 죄책이나 공포도" 느끼지 않아야 하며, 또 그럴 수 있다.[125]

신자가 믿고 성령을 따라 행하는 한 하나님도, 그들 자신의 마음도 그들을 정죄하지 않는다. 죄책과 정죄는 하나님의 구속하시는 사랑을 믿으며 살고, 믿음으로 그리스도의 죽음과 부활에 참여하는 사람에게 더는 마땅한 것이 아니다. 우리가 하나님께서 계시하신 의를 신뢰하기에, 신앙은 우리를 괴롭혔던 과거의 모든 도덕적 얼룩을 지워버린다.[126]

b. 현재적 죄에서 해방되었다면 새로운 죄를 짓지 말라

"그리스도께서 우리를 자유롭게 하려고 자유를 주셨으니 그러므로 굳건하게 서서 다시는 종의 멍에를 메지 말라"(갈 5:1). 죄를 짓지 말라는 도덕적 명령은, 하나님께서 우리를 죄에서 자유롭게 하셨다는 복음적 직설법에서 파생된다.

만약 우리가 모든 '현재적 죄'에서 자유롭다면, 우리는 새로이 죄를 범하지 말아야 한다. 그것은 은혜를 간구하고 그 은혜를 진실로 받기 원해야

---

125 "The First-Fruits of the Spirit," B 1:237, sec. 2. 1–2; *JJW* 2:250.
126 "The First-Fruits of the Spirit," B 1:243–44, sec. 3.

만 이루어질 수 있는 명령이다. 우리가 완고함 속에서 계속 유혹을 즐기기로 결정한다면, 우리는 스스로의 선택에 의해 다시 정죄 아래의 삶으로 되돌아가는 것이다. 우리가 계속 죄를 짓는 한, 우리는 회개의 은혜를 새롭게 간구해야 한다.[127]

c. 여전히 남아 있는 내적 죄성으로 인해 정죄 받지 않음

죄의 뿌리는 캐내어 근절할 수 있다. 우리는 그리스도 안에서의 새 생명으로 우리의 고질적인 죄 된 삶의 기초로 나아가 그 행동과 의도를 변화시켜야 한다. 타락한 인간의 부패한 본성이 "믿음으로 하나님의 자녀가 된 사람에게조차 남아 있다"는 것은 "부인할 수 없도록 너무나 분명"하다. 그 내면에는 "교만, 허영, 분노, 정욕, 악한 욕망의 씨앗"이 여전히 남아있다.[128]

옛 아담의 부패성은 비록 남아 있으나 신자를 다스리지는 못한다. 그리스도 안에서의 새 생명은 우리를 내적인 죄의 속박에서 자유롭게 했다. 이것이 성령께서 우리 안에 내주해 우리의 내면과 외적 행동을 다스릴 때 일어나는 내면의 변화다. 성령께서는 이러한 변화를 통해 우리가 하나님의 사랑과 선하심을 반영할 수 있게 하신다. 이는 오직 은혜로 가능하다.

바울은 이런 신자들을 "그리스도 안에서 어린아이들"(고전 3:1)이라고 부른다. 그러나 이 모든 것에도 그들은 정죄 받지 않는다. 비록 그들이 "자신의 '마음이 거짓되고 심히 부패'했음을 날마다 점점 더 깊이 느끼더라도, 그것에 굴복해 마귀에게 자리를 내주지 않는 한 … 하나님께서는 그들의 불완전하지만 진실한 순종을 기뻐하신다."[129]

---

127 "The First-Fruits of the Spirit," B 1:238, 244, secs. 2. 4, 3. 3.
128 "The First-Fruits of the Spirit," B 1:239, sec. 2. 5.
129 "The First-Fruits of the Spirit," B 1:240, sec. 2. 6; 렘 17:9.

d. 신자를 향한 명령

웨슬리는 신자에게 해당되는 명령을 다음과 같이 제시했다. "악한 것이 마음에 아직 남아 있더라도 그로 인해 초조해하지 말라. 당신이 여전히 하나님의 영광스러운 형상에 미치지 못한다고 해서 불평하지 말라." "당신 마음에 있는 모든 악을 발견해, 하나님께서 당신을 아시는 것같이 스스로를 알게 되는 것을 두려워하지 말라."[130] 하나님은 우리가 스스로의 상태를 정확히 알게 되기를 바라신다.

> 타고난 죄의 깊이를
> 내 영혼이 감당할 수 있을 정도로만 보여주옵소서
> 내 안에 감추어진 교만을
> 모든 불신이 외치는구나![131]

하나님의 자녀가 된 사람은, 하나님께서 "어떤 선한 것도 아끼지 않고 주시는"(참고. 롬 8:32) 분이심을 신뢰해야 하며, 그 믿음의 방패를 내던져 버리지 않는 한 자신의 결함을 깊이 깨닫는 일을 두려워할 필요가 없다는 권고를 받는다.[132]

e. 하나님께 가까이 나아가게 하는 결점들로 인해 정죄 받지 않음

심지어 신자가 "자신이 하는 모든 일에 죄가 들러붙어 있음을 끊임없이 확신한다 하더라도 … 여전히 그들에게는 하나님에게서든 자신의 마음에 의해서든 결코 정죄함이 없다. 이러한 많은 결함은 그들이 언제나" 자신들을 위해 중보하시는 십자가에 달리신 중보자를 "필요로 한다는 사

---

130 "The First-Fruits of the Spirit," B 1:245, sec. 3. 4.
131 Charles Wesley, HSP (1742), 209; PW 2:263.
132 "The First-Fruits of the Spirit," B 1:245–46, sec. 3. 4.

실을 더 깊이 깨닫게 할 뿐이다." "이 결함들은 그들이 믿어온 하나님에게서 그들을 내쫓기는커녕 하나님께 더 가까이 나아가게 만든다."[133]

f. 연약성으로도 정죄 받지 않음

"나는 '연약함의 죄'(sins of infirmity)라는 말로 비의도적 실수를 지칭한다. 즉, 우리가 사실이라고 믿었던 일이 실제로는 그렇지 않은 경우로 판명 나거나, 전혀 알지도 못하고 그럴 마음도 없이, 그리고 오히려 좋은 일을 하고자 했음에도, 이웃의 마음을 아프게 하는 것과 같은 실수를 말한다. 이런 비의도적 실수는, 비록 하나님의 온전하신 뜻대로 행하려는 목표에서는 벗어난 것이더라도, '그리스도 예수 안에 있는 사람'의 양심에 죄책을 가져오지는 않는다."[134]

심지어 "사랑 안에서 온전한 사람도 … 그 사랑을 지속하기 위해서는 시시각각으로 주님을 필요로 하며, 또 그의 중보를 필요로 한다. 그뿐 아니라, 우리 마음이 사랑으로 충만하더라도 … 우리는 여전히 연약성으로 둘러싸여 있기에 실수를 범하기 쉽다. … 가장 훌륭한 성도라도 그가 육체에 거하는 동안에는 언제나 '주님, 저는 매 순간 당신의 죽으심의 공로를 필요로 합니다'라고 고백할 수밖에 없다."[135]

따라서 이러한 신자에게 부합하는 명령은, 자기 스스로 비의도적 실수에 대해 너무나 잘 알고 있다는 사실로 인해 원수가 유리한 자리를 차지하지 못하게 하는 것이다. 즉, 자신의 연약함이나 어리석음을 약점 잡아 자신이 "자녀로서 하나님께 드려온 그 신뢰"를 원수가 흔들지 못하게 해야

---

[133] "The First-Fruits of the Spirit," B 1:240, sec. 2. 7; 히 7:25.
[134] "The First-Fruits of the Spirit," B 1:241, sec. 2. 8.
[135] To James Hervey, *LJW* 3:380.

한다. "자신의 연약함으로 인해 괴로워하고 슬퍼하면서 거기에 쓰러져 있지 말라. … 자리를 박차고 일어나 다시 걸으라."¹³⁶

g. 자신의 힘으로 어찌할 수 없는 일로 인해 정죄 받지 않음

"신자는 내면적인 것이든 외적인 것이든, 무엇을 행해야 하든 하지 않고 내버려두어야 하든, 자신의 힘으로 어찌할 수 없는 일로 인해서는 '결코 정죄함이 없다.' … 그들에게는 선택의 여지가 없기에 죄책도 없다."¹³⁷

부지불식간의 죄(sins of surprise)는 은밀히 또는 의식하지 못한 채 짓는 죄를 말한다. 웨슬리는 만약 누군가가 죄로 향하는 행동에 공모하거나 협조하거나 동의했다면 그 정도에 비례해 죄의 책임이 있음을 인정한다. 그럴 경우 하나님께 용서를 구해야 한다. 그리스도인의 삶이 온전한 성숙을 향해 나아가는 것인 동시에 역설적으로 날마다 회개하는 삶이어야 하는 것은 이 때문이다.¹³⁸ 심지어 "당신의 영혼이 혐오하는 죄에 별안간 빠지게 되었더라도" 만약 당신이 "그런 잘못을 저지를 수밖에 없도록 내몰린 것이라면, 주님 앞에서 통회하라. … 당신의 심정을 그분께 쏟아놓으라."¹³⁹

이것이 모든 사람을 위한 성령의 약속이다. 그리스도인의 양심은 자연적 양심이 행하는 기능을 느슨하게 만들지 않고, 은혜의 능력을 통해 변화 받는다.

---

136 "The First-Fruits of the Spirit," B 1:246–47, sec. 3. 5.
137 "The First-Fruits of the Spirit," B 1:241, sec. 2. 9.
138 "The First-Fruits of the Spirit," B 1:242, sec. 2. 11.
139 "The First-Fruits of the Spirit," B 1:247, sec. 3. 6.

더 깊은 이해를 위한 독서 자료

Banks, Stanley. "Witness of the Spirit." *AS* 14, no. 1 (1960): 48–60.

Bence, Clarence Luther. "Salvation and the Church: The Ecclesiology of John Wesley." In *The Church*, edited by Melvin Dieter and Daniel Berg, 297–317. Anderson, IN: Warner, 1984.

Burtner, Robert W., and Robert E. Chiles. *A Compend of Wesley's Theology*, 89ff., 168ff. Nashville: Abingdon, 1954.

Collins, Kenneth. *A Faithful Witness: John Wesley's Homiletical Theology*, 57–82. Wilmore, KY: Wesleyan Heritage, 1993.

_____. "New Birth and Assurance." In *Wesley on Salvation*. Grand Rapids: Zondervan, 1989.

Howard, Ivan. "The Doctrine of Assurance." In *Further Insights into Holiness*, edited by K. Geiger. Kansas City: Beacon Hill, 1963.

Jones, Howard Watkins. *The Holy Spirit from Arminius to Wesley*. London: Epworth, 1929.

Jones, Ivor H., and Kenneth B. Wilson, eds. *Freedom and Grace*. London: Epworth, 1988.

Kirkpatrick, Dow, ed. *The Holy Spirit*. Nashville: Tidings, 1974.

Langford, Thomas. *Practical Divinity: Theology in the Wesleyan Tradition*. Chap. 6, "Holiness Theology." Nashville: Abingdon, 1982.

McDonald, William. *John Wesley and His Doctrine*. Boston: McDonald and Gill, 1893.

McGonigle, Herbert. "Pneumatological Nomenclature in Early Methodism." *WTJ* 8 (1973): 61–72.

Noll, Mark. "John Wesley and the Doctrine of Assurance." *Bibliotheca Sacra* 132 (1974): 195–223.

Oswalt, John N. "John Wesley and the Old Testament Concept of the Holy Spirit." *RL* 48 (1979): 283–92.

Slaate, Howard. *Fire in the Brand.* Chap. 7. New York: Exposition, 1963.

Smith, Timothy L. "The Doctrine of the Sanctifying Spirit in John Wesley and John Fletcher." *PM* 55, no. 1 (1979): 16–17, 54–58.

_____. *Whitefield and Wesley on the New Birth.* Grand Rapids: Zondervan, 1986.

Starkey, Lycurgus M. "The New Birth." In *The Work of the Holy Spirit.* Nashville: Abingdon, 1962.

Watkin-Jones, Howard. *The Holy Spirit from Arminius to Wesley.* London: Epworth, n.d.

Williams, Colin. "New Birth and Assurance." In *John Wesley's Theology Today*, 98ff. Nashville: Abingdon, 1960.

Wynkoop, Mildred Bangs. *Foundations of Wesleyan-Arminian Theology*, 302ff. Kansas City: Beacon Hill, 1967.

_____. "Theological Roots of Wesleyanism's Understanding of the Holy Spirit." *WTJ* 14, no. 1 (1979): 77–98.

Yates, Arthur S. *The Doctrine of Assurance, with Special Reference to John Wesley.* London: Epworth, 1952.

Young, Frances. "The Significance of John Wesley's Conversion Experience." In *John Wesley: Contemporary Perspectives*, edited by John Stacy, 37–46. London: Epworth, 1988.

5장

구원을 예비하고
이루며
온전하게 하는 은혜

5장 구원을 예비하고 이루며 온전하게 하는 은혜

A. 은혜의 교리

웨슬리의 은혜의 교리는 매우 아우구스티누스적이다. 구원의 과정 전체에 하나님의 은혜가 역사한다고 보기 때문이다. (1) 일반은총은 인간의 모든 선택의 행위에 앞서 자연과 역사 전체에 임한다. (2) 구원의 은혜는 예수 그리스도를 통해 주어지며, 오직 신앙에 의해 받을 수 있다. (3) 온전하게 하는 은혜는 성령을 통해 주어지며, 신앙생활을 훈련해 거룩한 삶이 되게 한다.

아우구스티누스의 『고백록』에서와 같이 웨슬리는 칭의 이전부터 역사해 칭의로 인도하는 은혜, 성자 하나님을 믿어 영혼을 회심하게 하는 구원의 은혜, 성령의 지속적인 돌보심으로 깨어진 삶을 온전하게 변화시키는 성화의 은혜를 찬양한다.

1. 칭의의 신앙을 위해 준비시키는 은혜

a. 하나님은 어떻게 잘못된 의지를 용서로 이끄시는가?

예비적 은혜는 신앙으로 나아가도록 돕는 은혜다. 이 은혜는 구도자가 회개로 나아가게 하지만, 그가 회개하고 믿음을 갖기까지 구원하는 능력은 없다. 구원의 은혜까지 얼마가 걸리든 구도자는 언제나 구원의 은혜를 간구하고, 또 자신이 그 은혜에 바르게 반응할 수 있게 해주시기를 간구해야 한다. 그럼에도 예비적 은혜로는 구원받지 못한다. 이 장에서는 예비적 은혜와 구원의 은혜의 뚜렷한 구분점을 명확히 할 것이다.

하나님의 준비시키시는 은혜에 의해 죄인의 의지는 점차 구원의 은혜로 다가간다. 그는 자유로이 점점 더 칭의의 조건인 회개와 신앙을 향해 능동적으로 나아간다.

b. 한 분 하나님의 하나의 은혜가 다양한 형태를 취함

죄는 최선의 유익을 위해 행동하는 자유의지의 기능에 파괴적 결과를 가져온다. 이에 반해 은혜는 신생으로 나아가는 가장 초기의 표징들 속에서 조용히 역사한다.

하나님은 한 분이시며, 은혜도 하나님의 은혜 하나뿐이다. 은혜는 하나님의 매우 중요한 속성으로, 하나님은 은혜에 의해 아무런 공로 없는 죄인에게 사랑을 베푸신다. 죄인을 죄로 극심하게 파괴된 상태에서 시작해, 하나님의 구원하시는 행위로 나와, 최종적으로는 거룩한 삶을 통한 은혜의 완성으로 나아가게 하는 것은, 세 종류의 서로 다른 은혜가 아니라 오직 하나의 은혜다. 이 하나의 은혜가 우리에게는 서로 구별되는 은혜와 작용으로 경험될 뿐인 것이다. 그리고 이는 죄인을 구원하시는 하나님의 은혜의 역사에서 가장 풍성하게 나타난다.

자유의지의 역할은 구원의 각 단계에서 더 증가한다. 예비적(또는 선행적) 은혜는 무력한 사람을 움직이게 하는 동력 전달 체계의 가장 낮은 기어와 같아서 사람이 조금씩 속도를 내게 만든다. 우리가 죄로 죽어 있을 때는 스스로를 새로운 삶으로 끌어올릴 방법이 없었다. 예비적 은혜는 이 기적이 가능하게 한다. 비록 희미하게 상상할 수 있을 뿐이지만, 결정적인 새로운 단계가 가능할 수도 있을 것이라는 첫 인식을 가져다주는 것이 이 예비적 은혜다.

c. 죄인을 구원 이전의 신앙으로 이끄시는 은혜

타락한 피조물 중 누구도 "그리스도를 통해 주시는 하나님의 선행적(preventing) 은총", 즉 우리보다 앞서 역사하시는 은혜 없이는 하나님이 기뻐하실 만한 선을 행할 능력이 없다.[1] 은총은 언제나 우리보다 앞서 일하시며, 그로 인해 "우리가 선한 의지를 갖게 되었을 때는 우리와 함께 일하신다." 이로써 우리는 언제나 새롭게 베풀어주시는 은혜에 반응할 수 있게 된다. 오늘날에는 'prevent'라는 용어를 방해하거나 멈추게 한다는 의미로 사용한다. 그러나 라틴어로는 '준비시키다' '앞서다' '선행(先行)하다'의 뜻을 지닌다(라틴어 어원 'prevenire'는 '방해하다'가 아닌 '앞서다'라는 뜻이다).

자유의지가 타락해 영적으로 죽은 사람은 누구도 진정한 선을 선택할 능력이 없다. 그럼에도 사람들은 여전히 스스로를 통제할 수 있는 "어느 정도의 의지의 자유"를 지니고 있는데, "그렇지 않다면 우리는 기계나 나뭇조각, 또는 돌과 다름없을 것이다."[2] 그러나 이 자율성도, 사람이 스스로의 힘으로 하나님께 돌이키게 하지는 못한다. 성령 하나님은 우리의 타락한 의지에 역사하셔서 우리를 구원으로 이끌어가신다.

성령의 이러한 사역은 은혜의 한 형태로, 웨슬리는 이를 "앞서 행하시는 은혜" 또는 "선행은총"(prevenient grace)으로 불렀다. 라틴어 어원은 이 의미를 더 명확히 한다. 선행은총은 메소디스트 신조에서 별도의 한 조항으로 다룰 정도로 중요하다. 선행은총은 죄인이 그 영향을 인식하기 전부터 이미 그들이 충만한 은혜로 나아갈 수 있도록 이끌고 있다.

---

1   XXV, art. 8.
2   "Heavenly Treasure in Earthen Vessels," B 4:163, sec. 1. 1.

'선행은총'이라는 용어가 고어에 해당하고, 신학 논쟁의 역사로 오해의 여지가 있기에, 나는 아우구스티누스의 가르침과 전적으로 일치하고 웨슬리가 그것을 수정해 사용한 '예비적 은혜'(preparatory grace)라는 용어의 사용을 선호한다. 어떤 용어를 사용하든 누구도 선행은총만으로는 구원받지 못한다는 사실을 언제나 전제한다. 구원은 예비적 은혜가 기대하는 구원의 은혜로 나아갈 때 가능하다.

d. 은혜가 지닌 힘

죄인은 자유로 은혜에 저항할 수 있을 뿐, 은혜를 일으키지는 못한다. 선행은총은 은혜로 향하게 하는 예비적인 선한 의지를 일으킨다면, '협력적 은혜'(cooperating grace)는 잘못되어 있는 인간의 의지를 돌이키고 구원해 하나님의 선하신 뜻에 반응할 수 있게 한다.

죄인에게 회개의 가능성을 열어주는 것은 하나님의 거룩한 사랑이다. 이 사랑에 적절하고 바르게 반응하도록 끊임없이 이끌어주시는 하나님의 은혜의 힘을 바르게 이해하지 못하면, 성경적으로 충분히 죄의 깊이를 이해하는 것 역시 불가능하다. 타락한 의지는 저절로 방향을 돌이켜 선한 것을 바랄 수 없기 때문이다.[3]

2. 메소디스트 신조 제8조: 은혜와 자유의지의 교리

메소디스트 신조 제8조 "자유의지에 대하여"는 더 정확히 "은혜와 자유의지"로 그 명칭을 변경해도 좋을 것이다. 그 내용은 다음과 같다. "아담의 타락 후 인간의 상태는, 자신의 자연적 능력과 노력으로는 스스로를

---

3 "Praying for a Blessing," *CH*, B 7:178–88.

돌이키고 준비함으로 신앙에 이르러 하나님의 이름을 부르지 못하게 되었다. 그러므로 그리스도로 말미암아 우리보다 앞서 행하심으로 우리로 선한 의지를 갖게 하시고, 그 후 우리가 선한 의지를 갖게 되면 우리와 함께 행하시는 하나님의 은혜가 없이는, 우리는 하나님께서 기뻐하시고 받으실 만한 선을 행할 능력이 없다."

이는 종교개혁뿐 아니라 영국 국교회와 메소디스트가 동일하게 가르친 내용이다. 특히 미국 감리교 헌법은 이를 변경할 수 없는 교리로 명시하고 있다. 죄인은 자연적 능력으로는 신앙을 가질 수 없다. 이에 반해 신앙이 가능하다고 주장한 이들이 펠라기우스주의로 불리는 최악의 이단으로, 아우구스티누스와 전통적 서방 교회는 이에 반대해 싸웠다.

은혜 없이는 누구도 회개할 수 없다. 은혜 없이는 어떤 선행도 하나님께서 받으실 만하지 않다. 우리를 하나님께로 이끄시는 분은 하나님 자신이시다. 하나님께서 죄인을 이끄시는 일은 신앙을 갖기 전부터 이루어진다. 은혜는 신앙을 갖고자 하는 소원을 일깨우는 데 반드시 필요하다. 이는 성령의 사역으로 우리로 선한 의지를 갖게 하기 위한 것이며, 선한 의지는 구원의 은혜에 달려 있다. 예비적 은혜는 우리와 함께 역사해, 우리가 신앙에 이른 후에는 하나님께서 받으실 만한 선한 의지를 갖게 한다.

인간의 의지보다 앞서 행하시는 은혜는, 우리가 더 큰 은혜를 받아들이도록 돕는 은혜다. 그 은혜는 우리가 먼저 심각한 곤경에 처해 있음을 알게 하는데, 바울은 그 상태를 죽음의 무력함에 비유했다. 우리는 오직 이 은혜로만 하나님과 이웃에 대한 사랑으로 살게 하는 신앙 이전에 회개할 수 있게 된다.[4]

---

4   PCC 43–47, J X:228–31.

3. 우리 자신의 구원을 성취함에 있어서

초기 메소디스트 설교 중 많은 사랑을 받았던 것이 웨슬리의 "우리 자신의 구원을 성취함에 있어서"라는 설교다. 이 설교는 타락한 인간의 의지에 하나님의 은혜가 역사하는 방법을 가장 잘 가르쳐준다. 성경 본문은 빌립보서 2:12-13의 "항상 복종하여 두렵고 떨림으로 너희 구원을 이루라 너희 안에서 행하시는 이는 하나님이시니 자기의 기쁘신 뜻을 위하여 너희에게 소원을 두고 행하게 하시나니"라는 말씀이다 [설교 #85 (1785), B 3:199–209; J #85, VI:506–13].

a. 우리의 행함의 비결은 우리 안에서 행하시는 하나님의 역사임

웨슬리는 설교 제목의 "성취함"(working)이라는 말을 우리의 자의적 행위가 아닌 하나님께서 우리 안에서 행하신 결과로 설명한다. "우리 자신의"라는 말은 우리가 주도하거나 창안한 것이 아니라, 하나님께서 역사하셔서 "우리 자신의" 것이 되게 하심을 의미한다.

예비적 은혜는 웨슬리의 은총의 교리에서 매우 중요한 역할을 한다.[5] 웨슬리는 다른 어떤 글보다 "우리 자신의 구원을 성취함에 있어서"와 "양심에 대하여"라는 두 설교에서 이 중요한 교리를 집중적으로 설명한다.

하나님께서 우리 안에서 예비적으로 일하심은, 우리가 하나님과 협력하는 것보다 시간적으로 앞서고, 또 그것을 가능하게 한다. 은혜가 의지를 불러일으킨다는 것이 모순처럼 보일 수 있으나, 이는 행위의 원천이 무엇인지 입증하는 행위를 하라는 부르심이다. 우리가 행할 수 있는 것은 하

---

[5] "이 은혜가 하나님을 기쁘시게 하려는 소원과 하나님의 뜻에 대한 첫 번째 이해의 빛", 그리고 우리가 하나님 앞에 죄인이라는 경미한 첫 자각을 "일으킨다." United Methodist *Book of Discipline* (Nashville: Abingdon, 1988), para. 68, 46.

나님께서 우리 안에서 행하시기 때문이다.[6] 아우구스티누스의 글을 읽은 사람이라면 웨슬리가 이 가르침에서 그를 따르고 있음을 즉시 알아차릴 것이다.

하나님의 선행은총은 모든 사람 안에서 조용히 역사한다. 성령께서는 비록 하나님의 말씀이 선포되는 신자들의 활력이 넘치는 공동체에서 가장 강력하게 역사하시는 것이 사실이지만, 모든 사람과도 함께하시기 때문이다. "누구나 하나님의 은혜를 전혀 받지 못해서가 아니라, 받은 은혜를 활용하지 않기 때문에 죄를 짓는다."[7] 모든 사람은 더 큰 은혜를 받을 수 있도록 자신이 이미 가지고 있는 은혜의 불꽃을 북돋우어야 한다.

예비적 은혜는 원죄가 작용하는 모든 영역에서 역사한다. 인간의 의지의 결함이 이미 제공되고 있는 충분한 은혜를 무효로 만들지 못한다. 하나님의 은혜는 심지어 거부당할 때조차도 하나님의 목적을 이루어 가는 일에 결코 부족하지 않다. 웨슬리가 『원죄의 교리』(The Doctrine of Original Sin)에서 상세히 설명한 인간이 처한 심각한 곤경의 깊이를 고려하면, 하나님의 은혜가 없이는 하나님께로 향하는 가장 작은 몸짓 하나도 불가능하다.[8]

b. 하나님께서 우리에게 소원을 두고 행하게 하심

하나님께서는 자신의 기쁘신 뜻을 위하여 우리에게 소원을 두고 행하게 하신다. 이는 "인간의 공로에 대한 모든 공상을 제거한다. … 우리에게 모든 선한 의욕을 불어넣으셔서 그것이 선한 결과를 가져오게 하시는 분

---

6 "On Working Out Our Own Salvation," B 3:199–201, 서문.
7 "On Working Out Our Own Salvation," B 3:207, sec. 3. 4.
8 "On Working Out Our Own Salvation," B 3:202–3, sec. 1.

은 하나님이시기 때문이다."⁹

하나님께서는 우리 안에서 역사하셔서 우리의 내면적 삶에 적극적으로 현존하심으로 우리의 외적 행동을 가능하게 하신다. 은혜는 내면에서 역사해 하나님과 이웃을 사랑할 수 있도록 우리의 의욕을 변화시키고 조정한다. 이러한 변화를 통해 우리는 신앙의 열매로 선을 행하게 된다.¹⁰

구원의 모든 단계가 은혜로 채워져 있기에, 구원받은 신자는 은혜에 의해 소원을 품고 또 행할 수 있게 된다. 웨슬리는 빌립보서 2:13이 소원과 행함을 구분한 것에 근거해 신자의 내적 행위와 외적 행위를 구분했다. 내적 종교(마음의 거룩함)는 하나님께서 우리 안에서 역사해 "소원을 품게" 하심에 기초해 있고, 외적 종교(삶의 거룩함)는 하나님께서 우리에게 그분의 선하신 뜻을 "행할" 수 있도록 능력을 부여주심에 근거한다.¹¹ 이 능력은 하나님께서 "우리 안에서 역사해 모든 의로운 성품을 일으키시고, 우리로 모든 선한 말과 일을 할 수 있도록 구비되게 하심"에서 비롯된다.¹²

c. 은혜 없이는 아무도 행할 수 없음

바울이 "너희 구원을 이루라"고 말씀한 것은, 사람이 하나님의 예비적 은혜 없이는 행할 수 없다는 의미가 아니라, 예비적 은혜만으로는 행할 수 없음을 의미한다. 그러나 본래 은혜의 계획에 포함되어 있는 '협력'(*sunergia*, cooperation)은 우리의 의지적 응답을 요구한다. 이 의지의 응답을 통해 우리 안에서 우리로 하나님의 기뻐하시는 뜻을 소원하고 행하

---

9   "On Working Out Our Own Salvation," B 3:202–3, sec. 1. 1–2.
10 "On Working Out Our Own Salvation," B 3:202–3, sec. 1. 3.
11 "On Working Out Our Own Salvation," B 3:202, sec. 1. 1–2.
12 "On Working Out Our Own Salvation," B 3:203, sec. 1. 3.

도록 함께 역사하시는 분은 하나님이시다.[13]

구원의 신앙의 어떤 단계, 구원으로의 가장 경미한 움직임조차도, 인간이 이룬 공로나 주도적으로 행한 선으로는 불가능하다. 하나님께서 우리에게 역사하시는 것은 우리에게 공로가 있어서가 아니다. 그분이 역사하시는 시점은 우리에게 아무 공로가 없을 때, 정확하게는 "우리가 아직 죄인 되었을 때"(롬 5:8)다. 하나님은 우리를 도와 예비적 은혜를 통해 선한 것을 소망하게 하시고, 그 후에는 선한 의지를 주셔서 선한 행위라는 결과를 낳을 수 있게 하신다.[14]

하나님은 종의 모습을 취해 인간에게 인격적으로 다가오신다.[15] 복음의 기쁜 소식은 듣는 각 사람에게 "근본 하나님의 본체시나 하나님과 동등됨을 취할 것으로 여기지 않으신" 그리스도 예수의 마음을 품을 것을 요구한다(빌 2:1-6).

핵심적인 기독론을 담고 있는 이 본문은 "두렵고 떨림으로 너희 구원을 이루라"는 명령으로 이어지지만, 이는 우리의 행위로 구원이 이루어진다는 의미를 조금도 내포하지 않으며, 단지 우리가 은혜에 바르게 반응해야 함을 의미한다. 하나님께서 우리가 행할 수 있도록 우리 안에서 역사하고 계시므로 우리가 행해야 한다는 것이다.

d. 두렵고 떨림으로 너희 구원을 이루라

우리는 하나님께서 우리를 위해 먼저 행하신 일을 매우 신중하게 고려하면서, 두렵고 떨림으로 우리 구원을 이루어감으로 하나님의 은혜에 응답해야 한다.[16] 이 응답은 신앙의 삶에서 일상적으로 끊임없이 이루어진

---

13 "On Working Out Our Own Salvation," B 3:202-3, sec. 1.
14 "On Working Out Our Own Salvation," B 3:202-3, sec. 1. 2.
15 *CH*, B 7:468.
16 B 4:523; *LJW* 5:257; 6:258.

다. 복음을 들은 각 사람에게 이 응답은 개인적 의무다. 은혜는 사람이 수용하거나 거부할 수 있는 씨앗을 뿌린다. 구원의 은혜는 사람이 협력하든 거부하든 개의치 않는, 단순하고 일방적이며 절대적인 명령이 아니다.[17]

e. 하나님께서 일하시니 우리도 일할 수 있음

하나님께서 우리 안에서 일하시므로 우리는 은혜의 사역에 응답함으로 동참해야 한다. 은혜가 우리에게 응답의 기회를 부여하기 때문이다. 모든 것을 아시는 하나님께서는 우리가 어느 정도까지 응답할 수 있을지에 대해 우리보다 더 잘 아신다. 은혜는 우리의 상황에 부합하는 방식으로 다가온다. 하나님께서는 우리의 의지를 강제하시지 않으면서 우리의 의지를 촉발하고 인도하며 능력을 부으신다. 의지를 조명하고 설득하며 내면에서 죄를 깨닫게 하시는 것은, 하나님께서 행하시는 일이다.[18]

이 모든 자극과 격려는 시간이 지나면 회개와 신앙의 열매를 맺는다. "신앙은 하나님께서 일으키시지만, 믿는 것은 여전히 사람의 의무다. 모든 사람은 믿고자 하면, 비록 자신이 원하는 시간에는 아니더라도 믿음을 가질 수 있다. 하나님께서 정하신 바른 방법으로 신앙을 갖기 위해 노력한다면, 곧 하나님의 능력이 임하고, 하나님께서 역사하셔서 그분의 능력에 의해 믿음을 갖게 될 것이기 때문이다."[19] 은혜는 때를 기다린다. "하나님께서 정하신 바른 방법"이 무엇인지는 분명하다. 성령의 도우심으로 성경을 읽고, 기도하며, 공적인 예배에 참여해 선포되는 말씀에 귀 기울이는 것이다.

---

17 "On Working Out Our Own Salvation," B 3:204–5, sec. 2. 2.
18 "On Working Out Our Own Salvation," B 3:204, sec. 2. 1.
19 Letter to Isaac Andrews, January 4, 1784, *LJW* 7:202.

f. 하나님께서 일하시니 우리도 일해야 함

은혜의 직설법은 순종의 명령법으로 이어진다. 하나님께서 우리를 위하신다면, 우리는 하나님께서 우리 안에서 행하시는 사역에 반응해 일해야 한다. 하나님께서 일하시므로 우리도 일해야 하는 것이다. 하나님께서 행하시는 일이 우리로 행할 수 있게 하기 때문이다.

하나님께서 우리 안에서 일하시므로, 우리는 우리 안에서 행하시는 그분의 사역에 협력해야 한다.[20] 우리는 "순전한 마음과 … 최고의 열심, 모든 주의력과 신중함, 그리고 최고의 근면함과 속도, 꼼꼼함, 정확성"을 가지고 은혜에 반응해야 한다.[21]

웨슬리는 구원의 은혜를 소극적이고 태만하며 무기력하고 정적인 것으로 생각하지 않았다. 구원의 은혜의 수용은 적극적인 반응, 간절한 기도, 성령의 조명을 받는 성경 연구, 적극적인 선행과 함께 이루어져야 한다. 구원은 우리의 반응도 없이 하나님께서 재빨리 은혜를 주시고 끝내는 방식으로 이루어지지 않는다. 하나님의 선행은총은 그 이후에 주시는 모든 은총에 대한 반응이 뒤따라야 함을 전제하고 있으며, 인간의 자유로운 반응을 일으키고 요구한다.[22]

4. 구원의 순서와 은혜

메소디스트 연합체 회원들은 선행은총, 죄를 깨닫게 하는 은혜, 칭의의 은혜, 성화의 은혜와 같이 구원의 순서에 따라 은혜의 사역을 체계적으로 이해했다. 이 순서는 초기 기독교의 일치된 전통에서 가져온 것으로,

---

20 "On Working Out Our Own Salvation," B 3:201, 서문 4.
21 "On Working Out Our Own Salvation," B 3:205, sec. 2. 2.
22 "On Working Out Our Own Salvation," B 3:208, sec. 3. 7.

풍부한 자료가 남아 있다. 인간은 본래의 의로운 상태에서 타락했지만, 그 타락한 상태에서도 은혜는 역사해 우리를 죄책과 죄 자체에서 자유롭게 하신다. 은혜의 다양한 역사는 다음의 네 단계로 구분할 수 있다.[23]

a. 선행은총

하나님의 구원 사역은 우리가 먼저 관심을 가졌기 때문에 시작되는 것이 아니라, 우리를 돌보셔서 우리로 구원에 관심을 갖게 하시는 하나님의 은혜에 의해 시작된다. 그 핵심은 우리가 상상하는 것처럼 우리가 협력의 주도권을 쥐고 반응을 구하며 하나님께 나아가는 데 있지 않다. 정반대로, 주도권은 우리가 하나님의 자비와 거룩함에 대해 각성하기 전부터 우리를 준비시키신 하나님의 은혜에 있다.[24] 은혜는 우리의 저항에 저항한다.

예비적 은혜(또는 선행은총)는 "하나님을 기쁘시게 하고자 하는 최초의 소원, 그분의 뜻에 대한 최초의 깨달음, 하나님 앞에서 범죄한 사실에 대한 최초의 미미하고도 일시적인 자각"[25]을 준다. 은혜는 우리보다 먼저 역사해 우리를 신앙으로 이끌며, 우리 안에서 그 일을 시작한다.

죄를 처음으로 희미하게나마 직감하고, 우리에게 하나님이 필요하다는 사실에 대해 첫 암시를 느끼는 것은 예비적 은혜의 역사로, 우리를 점점 더 하나님을 기쁘시게 하고자 하는 바람으로 이끌어간다. 은혜는 소망과 욕구를 통해 조용히 역사한다. 더 시간이 지나면 우리는 자신의 의에 절망하게 될 수도 있다. 우리의 왜곡된 의지가 하나님의 은혜에 저항하는 일을 점진적으로 멈추도록 우리의 완고한 기질에 대항할 수도 있다.

은혜는 우리의 의지가 타락했기에, 회개를 통한 전반적인 역전이 필

---

23 "On Working Out Our Own Salvation," B 3:203, sec. 2. 1; "Principles of a Methodist," J VIII:373–74.
24 B 1:35, 57, 74–76, 80–81; 2:156–57; 3:203–4.
25 "On Working Out Our Own Salvation," B 3:203, sec. 2. 1.

요함을 깨닫게 한다. 성경은 이를 죽음에서 생명으로의 전환에 비유하는데, 이러한 대전환은 오직 십자가에서 우리를 만나주시는 하나님의 칭의의 은혜로만 가능하다. 그리고 우리는 적절한 때가 되면 이를 깨닫는다.

구원의 각 단계에서 우리는 점점 더 깊은 은혜를 받고, 또 반응해야 한다. 예비적 은혜는 칭의를 받게하지는 않으나, 받을 수 있게 준비시킨다. 이에 신앙을 갖고자 하는 바람을 일으킨다. 신앙은 칭의의 유일한 조건이다. 예비적 은혜의 주된 기능은, 그 이후에 주어질 은혜에 저항하지 않는 상태로 사람을 이끄는 것이다. 선행은총은 우리보다 앞서 역사해 더 큰 은혜를 받을 수 있도록 우리를 준비시키는 은혜이자, 사람이 구원의 은혜를 향해 첫 걸음을 뗄 수 있게 하는 은혜다.[26]

b. 죄를 깨닫게 하는 은혜

선행은총은 죄를 깨닫게 하는 은혜로 인도하는데, 죄에 대한 깨달음은 우리 자신이 주도한 회개의 결심이 아니라, 회개할 수 있도록 각성시키는 은혜에 의해 시작된다.[27] 이 선행은총은 우리 자신이 죄에 책임이 있다는 사실에 주의를 기울이도록 우리를 이끌어간다. 또 회개에 합당한 행위를 요구한다. 이는 회개를 입증하는 행위가 우리로 칭의 받게 한다는 의미가 아니다. 어떤 행위도 칭의의 원인은 될 수 없기 때문이다. 우리는 회개를 통해 단지 그동안 거부했던 은혜의 입구로 들어갈 뿐이다.[28]

죄를 깨닫게 하는 은혜는 사람이 얼마나 하나님에게서 멀어져 있었는지를 알게 함으로, 죄인인 자신에 대한 더 깊은 인식과 회개에 가까워지게 한다. 또 이 은혜는 죄인이 율법 아래에서 자신의 의에 대해 절망하게 함

---

26 "On Working Out Our Own Salvation," B 3:203–4, sec. 2. 1.
27 B 1:200–1, 291–92, 350–52, 477–81; 2:22–23; *CH*, B 7:180–84, 210–34.
28 B 3:204; *SS* 1:185–86.

으로 사람의 의도를 변화시키는 회개로 이끈다.29

c. 칭의의 은혜

웨슬리는 칭의와 성화의 차이를 다음과 같이 쉽게 설명한다. "우리가 칭의에 의해 죄책에서 구원받고 하나님의 사랑으로 회복된다면, 성화에 의해서는 죄의 권세와 뿌리에서 구원받아 하나님의 형상으로 회복된다."30 이 설명은 기억할 만한 가치가 있다. 그 의미를 아는 사람은 구원에 대한 웨슬리의 가르침의 정수를 깨달은 것이다.

칭의를 통해 하나님께서는 우리를 위해 역사하심으로 우리를 용서하신다. 칭의의 은혜는 우리에게 십자가에서 우리 죄를 담당하신 분을 신뢰할 것을 요구한다.31 하나님께서는 칭의의 은혜를 통해 우리를 위해 역사해, 자신의 사랑이 우리에게 개인적으로 주어졌음을 알게 하신다. 우리는 그의 약속의 말씀에 단순히 신뢰함으로 응답한다. 이는 하나님의 은혜에 지속적으로 반응함으로 은혜 안에서 점점 성장해가는 과정으로 이어지는데, 그것이 바로 성화다.32

우리는 죄의 역사가 얼마나 깊고 교묘하며 완고한지 고려하지 않고는 은혜를 진지하게 생각할 수 없다. 그러나 웨슬리안 전통은 인간의 죄의 역사가 얼마나 부패하고 악에 심각하게 연루되었는가 하는 것뿐 아니라, 성령께서 어떻게 인간의 역사에 개입하셔서 인간이 처한 곤경을 바로잡기 위해 반응을 일으키시는지를 설명하는 일에도 깊은 관심을 갖는다.33

---

29 "On Working Out Our Own Salvation," B 3:203–4, sec. 2. 1.
30 B 3:204; J VI:509.
31 B 1:381; 2:583–84.
32 *LJW* 4:201.
33 "On Working Out Our Own Salvation," B 3:203–4, sec. 2. 1.

d. 성화의 은혜

성화의 은혜에 의해 우리의 구원은 도덕적 변화와 풍성한 행위의 열매를 맺는 것으로 이어진다. 성화를 통해 우리는 죄의 뿌리에서 구원받아 하나님의 형상으로 회복된다. '형상'(image)을 설명하는 최선의 방법은, 인간의 한계 내에서 하나님의 선하심을 묘사하고 반영하는 '거울'에 비유하는 것이다.

성화의 은혜는 단지 (칭의의 은혜인) 하나님의 용서를 아는 것만이 아니다. 이 은혜는 죄의 근원까지 적극적으로 파 내려가 점진적이든 순간적이든, 톱질을 하든 싹둑 자르든, 그 뿌리를 잘라버리는 것이다.

이 은혜는 신자로 하나님의 자녀가 갖는 영광스러운 자유를 실제로 누리며 살게 한다.[34] 또 하나님의 가족 안에서의 새로운 삶을 누리게 한다. 죄의 근절에는 지금까지 의지적으로 선택해온 죄의 습관을 완전히 뿌리 뽑는 것이 필요한데, 죄의 습관을 이기는 것은 성화 이전에 이미 구원의 은혜를 통해 신앙을 갖게 되었을 때 공식적으로나 법적으로 이루어졌다.

이와 같이 성화의 은혜는 죄의 뿌리 자체를 다룸으로 행위와 실천에서의 죄를 근본에서부터 뿌리 뽑아, 신자를 거룩함의 길로 인도한다.[35] 이것이 본질적 웨슬리안 교리다. 성령께서는 우리를 칭의의 은혜에만 내버려 두어 방종으로 유혹받게 하시지 않고, 우리의 깨어진 삶 전체를 실제적으로 회복시키기를 원하신다. 이 회복은 개인적 삶과 사회적 삶 모두에 영향을 끼친다.[36]

죄는 하나님의 알려진 계명에 대한 의도적 위반이기에, 인간이 가진

---

34 *LJW* 3:189; 7:152; 8:147.
35 B 2:582–84; 3:53–54.
36 "On Working Out Our Own Salvation," B 3:203–4, sec. 2. 1.

자연적 한계와 육체의 연약성은 엄격히 말해 죄는 아니다. 따라서 성화의 은혜는 인간의 한계나 육체의 질병과 연약성을 끝내는 것을 목적으로 하지 않는다. 그러한 것들은 오히려 믿음, 소망, 사랑을 더하게 하는 자극이나 수단이 될 수도 있다.

5. 은혜의 수용과 관련된 질문들

웨슬리는 자신을 비난하는 사람들이 제기한 많은 질문에 주의 깊게 답하고자 노력을 기울였다.

a. 은혜의 역사는 점진적인가 순간적인가?

은혜는 점진적으로도, 순간적으로도 역사한다.[37] 웨슬리는 메소디스트 부흥운동에서 많은 사람이 성령의 역사가 홍수처럼 밀려와 순간적으로 온전하게 하는 은혜를 분명히 경험했다는 사실을 부인할 수 없었다.[38] 은혜가 한 번의 철저한 경험을 통해 삶을 근본적으로 변화시킬 정도로 강력하게 역사할 수 있음을 알게 된 후로는 그 은혜를 결코 경시할 수 없었다. 그 점은 메소디스트 부흥운동의 역사에서 부인할 수 없는 사실이기 때문이다.[39] 그는 사랑으로써 역사하는 신앙의 열매로 많은 사람의 마음이 놀랍도록 순결하게 변화되는 것을 지켜보았기에, 은혜의 순간적 역사를 부인할 수 없었다.

웨슬리는 또한 은혜가 다루기 힘든 인간의 자유의지 속에서 일정 기간에 걸쳐 조용하게 점진적으로 끈기 있게 역사한다는 사실 역시 부인하지 않았다. 그는 자신을 포함해 많은 사람이 오랜 과정을 통해 점점 더 은혜에

---

37 LJW 2:280; 7:267.
38 B 11:368–69; JJW 1:454–55; JWO 53–54; SS 1:298; 2:239.
39 LJW 2:280; 7:267.

서 성장해왔음을 알았다. 올더스게이트에서는 그 성장이 시작되었을 뿐이며, 그는 전 생애를 통해 은혜 안에서의 삶을 지속했다.

그러한 성장의 과정에서 신자들은, 은혜의 역사를 증거하는 성경을 연구하고, 더 큰 은혜를 전달하는 성찬에 참여하며, 양심의 소리에 귀 기울이고, 공동 기도와 경건한 가르침과 좋은 조언이 있는 모임에 참여하는 등 은혜의 방편을 활용함으로 날마다 은혜에 협력하는 법을 배운다.[40]

b. 자유는 인과관계에 매여 있는가?

우리가 정말로 자유로운 존재인지, 아니면 인과관계의 사슬에 매여 있는지 묻는 것은 질문의 전제 자체가 잘못된 것이다. 자연적 인과관계에 역사해 인간의 자유를 가능하게 하는 것이 은혜이기 때문이다.[41] 은혜의 교리는 사실상 인간의 자유를 옹호하는 논증이다. 만약 하나님께서 값비싼 대가를 치러 우리를 자유롭게 하셨다면, 그럼에도 우리가 여전히 로봇이나 꼭두각시 같은 존재로 남아 있는 것이 더 터무니없는 일일 것이다.[42] 만약 우리가 처음부터 자유의 가능성을 지닌 존재로 창조되지 않았기에, 비록 죄로 타락했더라도 은혜로 구원받아 새롭게 될 수 없다면, 하나님께서는 우리를 자유롭게 하기위해 우리 안에서 역사하지 않으실 것이다.

웨슬리의 주장의 핵심은 "하나님께서 당신 안에서 일하시니, 당신도 일할 수 있다. 하나님께서 당신 안에서 일하시니, 당신도 일해야 한다"는 가르침에 담겨 있다. 우리에게는 하나님께서 주신 은혜에 응답해 우리도 행해야 한다는 도덕적 명령이 주어져 있다. 칭의는 우리에게 철저히 선물로 주어지지만, 그 후에는 우리의 온전한 응답을 요구한다. 만약 우리가

---

40 "On Working Out Our Own Salvation," B 3:204, sec. 2. 1.
41 "A Thought upon Necessity," J X:474-80.
42 "The Deceitfulness of the Human Heart, B 4:150-52, 서문.

구원을 위해 칭의와 성화의 은혜에 협력하는 것이 가능하게 되었다면, 우리는 그렇게 해야만 한다. 만약 성자 하나님께서 자신을 온전히 우리에게 주셨다면, 우리는 그분께 온전히 응답해야 한다.

하나님은 일방적 지시로써가 아니라, 우리 역시 구원을 바라고 하나님께 협력함으로 반응하는 가운데 우리를 구원하기를 원하신다. 만약 하나님께서 우리 안에서 일하셔서 우리로 일할 수 있게 하셨다면, 우리는 일해야 한다.[43]

c. 정적주의(quietism)에 대한 반대

웨슬리는 "우리 없이 우리를 만드신 하나님은, 우리 없이 우리를 구원하기를 원하지 않으신다"[44]라는 아우구스티누스의 말을 인용하면서 설교를 마무리한다. 하나님은 우리의 의지적 동의도 없이 우리를 구원하기를 원하지 않으신다는 것이다.

웨슬리는 율법폐기론 못지않게 정적주의에도 반대했다. 그는 모라비아교도들과의 대화에서 대단히 큰 유익을 얻었으나, 그들을 더 잘 알고 난 후에는 그들에게 자신이 받아들이기 힘든 한 가지 요소가 있음을 알게 되었다. 그것은 하나님께서 우리를 위해 행하실 것이니, 우리는 그저 가만히 앉아 아무것도 하지 말아야 한다는 정적주의였다.

웨슬리는 어디서도 매우 긴 시간 동안 앉아 있지 않았다. 그는 끊임없이 움직였고, 많은 시간을 말 위에서 보냈다. 어떤 사람은 그가 평생 말을 타고 이동한 거리를 총 40만 킬로미터로 추정했다.

하나님께서는 아무도 존재하지 않았을 때 우리 자신의 어떤 협력도 없

---

43 "On Working Out Our Own Salvation," B 3:208–9, sec. 3. 7.
44 "On Working Out Our Own Salvation," B 3:208, sec. 3. 7; Augustine, Sermon 169, 11. 13.

이 우리를 무(無)에서 창조하신 것처럼, 영적으로 죽어 응답조차 할 수 없는 타락한 상태에서 우리를 건져내 우리의 자유를 재창조하심으로 사랑하게 하신다. 자연적 출생이 철저히 선물이듯, 새로운 삶의 방식인 신생도 전적인 선물이다. 그러나 하나님께서는 이 신생의 선물을 우리가 아무런 반응도 하지 않는 가운데 주시기를 원하지 않으신다.

d. 은혜 아래 사는 신자를 위한 율법의 세 가지 기능

예비적 은혜는 다른 형태의 은혜에 대한 우리의 저항을 허문다. 또 더 민감하고 폭넓게 은혜를 수용하는 태도를 갖게 한다. 예비적 은혜는 율법 아래에서 우리 자신의 의에 절망하게 함으로, 은혜 없이는 율법의 요구를 바르게 수행할 수 없음을 깨닫게 한다.[45]

율법은 다음 세 가지 기능을 한다. (1) 우리의 타고난 죄성을 억제한다. 인간의 자기주장에 대해 "더는 안 돼. 이웃을 해롭게 하지 않으려면 이 선을 넘지 마"라고 말한다. (2) 우리 자신의 의에 대해 절망하게 한다. 만약 우리가 은혜 없이 율법만 가지고 있다면, 우리는 전적으로 불행할 수밖에 없다. (3) 우리를 그리스도와 온전히 함께하는 삶으로 인도한다.[46]

예비적 은혜는 이 모든 방식으로 율법을 통해 역사한다.[47]

45　"On Working Out Our Own Salvation," B 3:206–9, sec. 3. 이 점에서 웨슬리는 종교개혁의 가르침, 특히 전통적 영국 국교회의 공식적인 가르침을 의존한다.
46　"On the Origin, Nature, Properties, and Use of the Law," B 2:4–19.
47　"On the Origin, Nature, Properties, and Use of the Law," B 2:1–19.

B. 일반은총과 양심

1. 일반은총

a. 하나님께서 자연과 역사에서 우리를 위해 행하시는 일

웨슬리는 성경에 기초해 다음과 같이 가르쳤다.

> 하나님의 존재와 속성, 도덕적 선악의 구별 같은 매우 중요한 진리는 이교도 세계에도 어느 정도 알려져 있다. 그 증거는 모든 나라에서 볼 수 있다. 어떤 의미로 "사람아 주께서 선한 것이 무엇임을 네게 보이셨나니 여호와께서 네게 구하시는 것은 오직 정의를 행하며 인자를 사랑하며 겸손하게 네 하나님과 함께 행하는 것이 아니냐"(미 6:8)라는 말씀은 모든 사람에게 해당한다. 하나님께서 이러한 진리로 "세상에 태어난 모든 사람"을 어느 정도 깨우쳐주셨다고 할 수 있다.[48]

종교의 역사 및 세계 종교에 관한 신학, 특히 칼빈에서 카이퍼(Kyuper)에 이르기까지의 개혁주의 일반은총 전통과 웨슬리 신학 사이의 결정적 접촉점이 여기서 나타난다.

웨슬리는 코란(Quran) 영역본과 베다(Vedas, 힌두교의 경전—역주)를 읽었고, 불교에 대해서도 지식을 가지고 있었다. 비교 종교학에 대한 그의 생각은 대체로 교부들의 주해의 관점에서 이해한 성경을 토대로 형성되었다. 그러나 매우 다방면의 책을 읽었던 그는 18세기에 널리 알려진 종교사 분야의 중요한 책 대부분을 읽었다. 오늘날 우리가 알아야 하는 것을 그가 알지 못했다는 것이 그를 비난할 이유가 될 수는 없다.

웨슬리는 다른 종교에서도 역사하는 일반은총과 선행은총이, 희미하고도 결함이 있는 형태로 길과 진리와 생명 되시는 예수 그리스도를 암시

---

48 "On Working Out Our Own Salvation," B 3:199, 서문; 참고. *ENNT* 행 17:24; 롬 1:19–20.

한다고 생각했다. 그는 전 세계의 종교라는 무대를, 성육신을 통해 우리를 만나주시는 하나님의 은총의 바깥 영역으로 생각하지 않았다. 삼위일체 하나님은 구원의 신앙을 일으키시기 위해 역사를 통틀어 예비적으로 역사하시기 때문이다.

b. 무소부재하신 하나님의 은혜는 모든 곳에서 역사함

일반은총은 인간의 모든 환경에 함께한다. 은혜는 인색하지 않아 사람이 있는 모든 시간과 장소에 함께하며, 보편적으로 역사해 사람이 살아가고, 분투하는 모든 곳에서 회개를 명령한다. 은혜는 조용히 사람의 의지, 상상력, 이성에 역사하며, 나아가 죄가 끊임없이 세대를 초월해 사회적으로 전파되는 중에도 역사한다. 일반은총은, 비록 역사하는 방법이 다르더라도, 주관적인 신앙의 힘을 느끼기 전이든 후든, 신앙의 영역 밖에서든 안에서든, 모든 나라와 자비를 실천하는 모든 사람에게 매 순간 역사한다.

하나님의 선물은 매우 다양하기에 모든 사람이 똑같은 은혜를 받는 것은 아니다. 성령께서는 긴급한 필요에 따라 각기 다른 사람에게 각기 다른 은사를 배분하신다.[49] 하나님께서는 우리에게 주시지 않은 은혜에 대해서는 묻지 않으시고, 오직 우리에게 주신 은혜에 바르게 응답했는지 여부만을 물으신다.[50]

2. 전통적 종교개혁 교리에 기초한 웨슬리의 은총론

웨슬리의 은총론을 바르게 논의하려면 청교도와 개혁주의 전통에 속했던 웨슬리의 가계를 조사해 보아야 한다.

49　B 1:149–55; 2:268, 410; 3:263–66; *CH*, B 7:583.
50　"On Working Out Our Own Salvation," B 3:206–9, sec. 3.

a. 외가를 통해 웨슬리에게 전해진 청교도와 개혁주의의 영향

웨슬리의 은총론은 부적절하게 개혁주의의 가르침과 대조되어왔기에, 그 자신이 쓴 글을 통해 이런 잘못된 그림을 바로잡을 필요가 있다. 가장 좋은 방법은, 웨슬리의 글을 은총이라는 주제에 대한 아우구스티누스, 칼빈, 16~18세기 개혁주의 신학과 연결 지어 설명하는 것이다.

웨슬리의 가르침 중 개혁주의 전통과 맥을 같이하는 많은 요소는 훌륭한 어머니 수잔나(Susannah)에게서 물려받은 것이다. 수잔나는 유명한 청교도 가족 애니슬리 가문(Annesleys)의 딸이었다. 그녀의 가족은 크롬웰(Oliver Cromwell)의 청교도 혁명이 끝나고 왕정이 복고되자 핍박을 받았다.

웨슬리는 일찍부터 지속적으로 칼빈을 읽었는데, 매우 주의 깊게 읽었을 것이다. 나아가 그는 많은 온건한 칼빈주의자들과 칼빈에게서 결정적 영향을 받은 영국 청교도 신학자들의 글을 읽는 데도 몰두했다.

존 칼빈은 웨슬리 바로 전 세기에 영국 전체의 종교적 담론과 분위기에 큰 영향을 끼쳤다. 웨슬리가 중요하게 여기며 독서한 청교도나 개혁주의자들에는 존 오웬(John Owen), 필립 도드리지(Phillip Doddridge), 리처드 백스터(Richard Baxter), 존 굿윈, 윌리엄 퍼킨스(William Perkins), 제레미 테일러(Jeremy Taylor), 란슬롯 앤드루스, 조셉 홀(Joseph Hall)과 같은 영국 국교회 신학자들이 있었다.

그러나 개혁주의 신학을 통해 그들보다 훨씬 큰 영향을 지속적으로 끼친 사람은 웨슬리의 부모로, 그들은 모두 장로교와 비국교도적 배경을 지녔다. 이것이 웨슬리의 은총론과 예정론을 이해하는 배경이 된다. 웨슬리의 외조부모는 개혁주의 청교도 신학과 밀접한 관계가 있었다. 그의 외조모는 크롬웰의 장기 의회(Long Parliament) 대의원으로 일한 명성 있는 청교도 변호사의 딸이었다. 존 웨슬리의 모친 수잔나 애니슬리는 충실한 청교도 가문 출신이었던 것이다. 그녀의 부친 새뮤얼 애니슬리는 클리프(Cliffe) 교구의 장로교 목사로서, 영국 의회 설교자였다. 그는 옥스퍼드 대학교에서 민법으로 박사학위를 받았고, 찰스 1세와 크롬웰의 재위 기간 동안 둘 모두에게서 반대자(Dissenter)로 규정되는 드문 기록을 남겼다.

수잔나의 부친은 1662년에 통일령(Act of Uniformity)이 시행되자 영국 국교회에 대한 강압적 충성 서약을 거부했다. 통일령은 많은 청교도 목사에게 국교회에서 재서임(再敍任) 받을 것을 요구해, 대박해의 시작을 알렸다. 애니슬리 가족은 극심한 고통을 당했다. 애니슬리 목사는 다른 많은 청교도 목사와 함께 목회지에서 추방되었다. 많은 핍박을 당한 후 수잔나의 부친은 1672년에 스피탈필즈(Spitalfields)에서 장로교 목사로서 다시 자격을 인정받아, 1696년 죽음을 맞기까지 "그리스도와 성결, 성결과 그리스도"에 대한 칼빈주의와 개혁주의 교리를 가르쳤다. 이처럼 수잔나는 청교도 비국교회주의의 핵심 지도자들의 신앙고백의 울타리 안에서 자라났다. 그들 중 대부분이 지금은 전통적 장로교의 특징적 교리가 된 웨스트민스터 신앙고백을 지지했고, 그들 모두는 칼빈의 영향을 받은 교사들이었다.

수잔나 자신은 청교도 신학자들을 책을 두루 읽었다. 그러나 최고의 영국 국교회 사립학교에서 공부한 그녀는 13세가 되자 자신의 부친이 추방당한 영국 국교회로 돌아갔다. 그 결정은 스피탈필즈의 장로교 목회자 가정에 상당한 충격을 주었다.

수잔나는 이후 존 웨슬리의 부친 새뮤얼 웨슬리(Samuel Wesley)와 결혼했다. 새뮤얼 웨슬리는 비일(Veal) 씨의 사립학교에서 비국교도 사역을 하던 훌륭하지만 가난한 신학생이었다.51 비국교회주의자들과 영국 국교회 간 갈등에 지친 새뮤얼 웨슬리는 옥스퍼드의 엑시터 대학(Exeter College)의 학생이자 성직 지망생이 되었고, 1689년에는 영국 국교회 사제 서품을 받았으며, 이후 링컨셔(Lincolnshire)주 엡워스(Epworth) 교구를 배정받았다. 그곳에서 수잔나는 19명의 아이를 낳았는데, 그중 한 명이 존 웨슬리다.

1688년의 '명예혁명'(Glorious Revolution) 이후에도 갈등은 이어졌다. 네덜란드의 오렌지공(公) 윌리엄이 군대를 이끌고 침략하자 잉글랜드, 웨일즈, 스코틀랜드, 아일랜드의 왕이었던 가톨릭교도 제임스 2세는 프랑스로 도피했다. 윌리엄과 제임스 2세의 갈등은 1688년부터 1701년 왕위계승법(Act of Settlement)이 제정될 때까지 더 깊어져갔다. 이 갈등은 상징적으로 수잔나와 새뮤얼 웨슬리 사이의 갈등으로도 나타났다.

존 웨슬리의 출생 전 그의 부모는 자신들의 결혼생활의 지속마저 위협할 정도로 심각하고도 강력했던 정치적 갈등을 겪게 된다. 그 사건은 수잔나의 비국교도주의적 본능과 새뮤얼 웨슬리의 영국 국교회주의적 양심이 충돌해 어떤 폭발을 가져왔는지 보여준다. 1702년에 수잔나는 새뮤얼이 1688년 제임스 2세와의 충돌 끝에 왕이 된 오렌지공(公) 윌리엄을 축복하는 기도에 "아멘"을 하지 않았다. 수잔나는 윌리엄을 합법적 권한이 없음에도 왕위를 찬탈한 사람으로 여겼기 때문이다. 이 일에 대해 새뮤얼은 "만약 그렇다면 당신과 나는 갈라서는 것이 마땅하오. 우리가 각각 다른 왕을 섬긴다면, 우리는 각각 다른 침대를 쓰는 것이 마땅하오"라는 반응을 보였다. 새뮤얼은 홀로 런던으로 가 수개월을 살다, 윌리엄이 죽고 새

---

51   Edward Veal, Stepney, England, d. 1683.

뮤엘과 수잔나 모두 왕으로서의 정통성을 인정한 앤 여왕이 즉위한 후에야 엡워스로 돌아왔다. 수잔나는 그로부터 3개월이 지난 1703년에 존 웨슬리를 잉태했다.

이렇게 잠시 웨슬리의 가계를 통해 청교도의 영향을 살펴본 것은, 존 웨슬리가 어디서 청교도적, 칼빈주의적, 비국교도적 성향을 많이 얻게 되었는지를 보여주기 위해서다. 즉 주로 모계를 통해서지만, 그 외에도 학구적이고 고교회파적이며 영국 국교회적인 부친을 통해 그러한 성향을 갖게 된 것이다. 이제 다시 웨슬리의 글로 돌아가보자.

b. 아우구스티누스와 칼빈이 웨슬리의 은총론에 끼친 영향

칼빈의 일반은총 교리는, 구원의 은혜보다 시간적으로 앞서는 선행은총에 대한 웨슬리의 가르침의 배경을 형성한다. 이 교리는 아우구스티누스의 신학을 토대로 하는데, 그의 글은 우리가 웨슬리에게서 볼 수 있는 것과 같은 강력한 은총의 교리로 가득하다.

아우구스티누스는 아담이 타락 전에는 누렸으나 타락 후로는 상실한 은혜에 대해 가르쳤다. 펠라기우스가 인간의 자연적 능력을 강조하자 아우구스티누스 및 전통적 일치를 이룬 기독교 교리는 이를 단호히 거부했다. 펠라기우스는, 그리스도의 모범은 특별히 구원의 은혜가 없어도 인간에게 어떤 자연적 능력이 있는지를 본질적으로 조명해주는 역할을 한다고 생각했다.

아우구스티누스와 같이 웨슬리는 그의 가장 긴 논문 『원죄의 교리』에서 볼 수 있듯, 타락한 인간은 하나님의 은혜가 없이는 자신을 의롭게 하는 일에 전적으로 무능함을 강조했다.

일반은총 교리가 답해야 할 익숙한 질문들은 다음과 같다. '거듭나지 않은 사람은 어떻게 어느 정도 신뢰할 만한 지식을 가지고, 다양한 문화에서 일반적으로 선하다고 평가할 만한 행동을 할 수 있는가? 기독교 신자는 세상 사람이 죄 된 환경에서도 비교적 질서 있게 살아가고 있는 현실을 어떻게 설명할 것인가? 자연적 인간은 타락했음에도 어떻게 자연과 역사에 대해 상당한 지식을 가지고 있으며, 또 양심을 통해 선과 악을 구분할 수 있는 상당한 능력을 가지고 있는가? 보편적인 종교의 역사를 통해 알 수 있듯 인간이 하나님을 향해 가진 끊임없는 갈망은 어떻게 설명할 수 있는가? 그리스도인은 유대교나 이슬람교와 같은 유일신 종교들에 대해 어떻게 설명할 것인가?'

c. 일반은총은 죄에서 구원하지 못함

웨슬리는 사람이 아담의 타락으로 상실한 하나님의 형상을 회복하기 위해서는 하나님의 은혜에 전적으로 의존해야 함을 가르쳤다. 은혜는 사람의 지성을 조명하고, 의지를 변화시키며, 타락한 인간을 하나님의 용서와 거룩한 삶으로 이끌기 위해 언제나 예비되어 있다. 웨슬리는 사람이 어떤 선이라도 행하려면 은혜가 필수조건임을 주장했다. 은혜 없이 신앙에서 비롯되지 않은 행위는 모두 죄로 오염되어 있다. 올바른 동기에서 비롯되지 않아, 하나님의 의로우신 목적을 충족시킬 수 없기 때문이다. 신앙을 통해 하나님의 은혜를 받지 않는다면, 어떤 선한 행위도 의와 구원에 충분치 않다.

아우구스티누스와 이후의 웨슬리처럼, 칼빈도 자연적 인간은 스스로의 힘으로는 어떤 선한 일도 할 수 없음을 가르쳤고, 구원의 은혜는 일반적이지 않고 특별한 것임을 강하게 주장했다. 칼빈은 자신의 특별은총 교리와 함께 일반은총 교리를 발전시킨 것이다.

칼빈에 의하면, 일반은총은 사람을 의롭게 하거나 죄를 용서하거나 인간 본성을 성화시키지 않는다. 이 점에서 칼빈과 웨슬리는 전적으로 일치한다. 일반은총은 죄의 파괴적인 힘을 억제하고, 세상의 도덕적 질서를 어느 정도 유지한다. 그리고 사람들에게 다양한 은사와 적성을 부여해 질서 있는 삶을 살아가게 한다. 또 과학과 예술의 발전을 가능하게 하고, 의롭게 되지 못한 죄인에게도 말할 수 없는 복을 쏟아붓는다.

선의를 지닌 일부 개혁주의 사상가들은 칼빈과 웨슬리의 유사성에 대한 이러한 견해에 반대할지 모르지만, 나는 웨슬리 자신의 글을 통해 그가 일반은총에 대해 어떻게 아우구스티누스와 칼빈의 족적을 분명히 따르고 있는지 보여주고자 한다.

칼빈과 웨슬리의 신학적 차이가 현대의 복음주의자들을 분열시키는 가장 중대한 문제일 수 있는 현재 상황을 고려하면 이러한 노력은 중요하다. 문제는 부분적으로 개혁주의 복음주의자들이 웨슬리의 『원죄의 교리』나 그가 예정과 선택에 대해 자세히 설명한 글을 읽어본 사람이 거의 없다는 데 있다. 이 시리즈는 오늘날 대부분의 웨슬리 해석자들보다 더 이러한 중요한 논문들의 내용을 밝히는 데 노력할 것이다. 이는 복음주의 가족 간 불필요한 불화를 바로잡는 데 절대적으로 필요하기 때문이다. 웨슬리는 칼빈과 자신을 단지 "머리카락 하나 두께 차이"[52]로 묘사했다.

d. 은총의 필연성 강조에서 웨슬리는 개혁주의와 일치함

칼빈 이후 개혁주의 신학은 일반은총이 모든 사람에게 주어짐을 더 강조하게 되었다. 이는 회개하고 믿어 구원의 삶을 살아가는 자에게 주어지는 특별은총에 대한 칼빈의 교리를 보완할 뿐 모순되지 않는다.

---

52 Letters, May 14, 1765, *LJW* 4:297.

아브라함 카이퍼는 정통 개혁주의가 가르쳐온 세 가지 형태의 일반은 총을 다음과 같이 구분했다.

1. 모든 물리적 창조세계에 미치는 보편적 일반은총
2. 모든 인간에게 적용되는 보편적 일반은총
3. 하나님과의 언약 아래 살아가는 모든 사람이 참여하는 일반은총의 언약

오웬과 에드워즈에서 알렉산더, 워필드, 바빙크를 아우르는 다른 개혁주의 신학자들은 일반은총이라는 주제를 상세히 설명했다.

웨슬리를 포함해 지금까지 언급한 모든 신학자에 의하면, 모든 피조세계와 역사에 보편적으로 주어지는 이 은혜는 구원의 효력을 나타내지 못한다. 일반은총은 결코 죄책을 제거하지 않는다. 또 사람의 본성을 갱신하지 않으며, 단지 개인적이거나 사회적인 죄의 부패시키는 힘을 억제하는 효과를 나타낼 뿐이다.

은혜를 인간에게 자연스러운 것으로 여기거나, 우리의 타락한 본성에 내재된 것으로 생각하는 것은, 웨슬리의 의도에 전적으로 반하는 것이다. 은혜는 우리가 타락한 상태에서 아무런 공로 없이 받는 전적인 선물이며, 우리의 어떤 자연적 능력이나 응답 이전에 주어진다.[53]

웨슬리가 구원론적 의미를 일반은총에 부여했다고 주장하는 것은 사실에 반하는 것이다. 웨슬리의 글은 그런 주장을 지지하지 않는다. 일반은총의 토대 위에서 사람이 회개와 신앙을 통해 하나님께 온전히 돌이킬 수 있다는 중도파 아르미니우스주의의 주장 역시 마찬가지다. 그런 주장은 아르미니우스의 글에서 발견되지 않는다.

53　"On Working Out Our Own Salvation," B 3:202–3, sec. 1.

더 중요한 점은, 도르트 신조는 "타락한 자연인은 (자연의 빛을 이해하는 수단인) 일반은총을 잘 활용할 수 있거나, 또는 타락 후에도 이 은총은 여전히 남아 있어 이것을 선용하면 더 큰 은혜, 즉 구원의 은혜나 구원 그 자체를 받을 수 있다"는 잘못된 가르침을 배격한다.[54] 이 점에 대해 웨슬리는 언제나 도르트 신조에 동의했다.

e. 자연이 아닌 은총으로: 웨슬리의 펠라기우스 논박

웨슬리가 받아들인 아우구스티누스의 가르침인 예비적 은혜란, 인간의 자연적 능력이나 스스로 움직이는 능력이 아니라, 자연을 통해 역사하시는 하나님의 은혜를 말한다. 웨슬리에 의하면, "인간의 의지는 자연 그대로 내버려두면 오직 악을 행하는 데만 자유롭다." 그러나 "모든 사람이 어느 정도의 자유의지를 회복하게 된 것은 은총에 의해서다."[55]

은총은 자연적 자유의지를 가르치지 않는다. "나는 현재 인간의 타락한 상태에서는 자연적 자유의지라는 것을 생각할 수 없다. 나는 오직 모든 사람에게 초자연적으로 회복된 어느 정도의 자유의지가 있음과 '세상에 와서 각 사람에게 비추는' 초자연적인 빛이 있음을 주장할 뿐이다."[56]

사람들은 예비적 은혜를 때때로 펠라기우스주의적 의미에서 인간의 자연적 능력으로 오해하기도 한다. 그런 잘못된 생각이 루터란과 개혁주의 복음주의자들을 불편하게 만들었다는 사실은 이해할 만하다. 그런 오

---

54 Canons of the Council of Dort, 7.
55 "Some Remarks on Mr. Hill's Review," JX:392, sec. 16.
56 PCC, JX:229–30, sec. 45; 이와 유사하게 웨슬리는 자신과 플레처에 대해 이렇게 주장한다. "(우리는) 자연적 자유의지를 전적으로 부인한다. 우리 두 사람은 인간의 의지는 자연적으로 내버려두면 오직 악을 행하는 일에만 자유롭다고 끊임없이 주장해왔다. 그러나 우리 두 사람은 모든 사람이 은혜에 의해 회복된 어느 정도의 자유의지를 지니고 있음을 믿는다." "Some Remarks of Mr. Hill's 'Review of All the Doctrines Taught by Mr. John Wesley,'" JX:392.

해로 인해 사람들은 마치 웨슬리가 그 자신이 반대한 내용을 주장한 것처럼 말하곤 한다. 즉, 인간에게는 선을 행할 수 있는 보편적이고 자연적인 능력이 있다고 넌지시 가르쳤다는 것이다. 메소디스트 설교자들은 은혜 없이는 "선을 행하는 자는 없나니 하나도 없다"(롬 3:12)는 것을 매우 잘 이해하고 있었다. 웨슬리의 『원죄의 교리』를 충분히 점검해보지 않고서 웨슬리를 비난한 개혁주의자들은, 마치 웨슬리가 아우구스티누스의 선행 은총 교리를 왜곡해 신자들이 먼저 주도권을 쥐고 자신의 구원에 기여해야 한다고 생각하게 만든 것처럼 부적절하게 염려하곤 했다. 우리가 하나님께서 십자가를 통한 구원 사역으로 공로 없는 자에게 베푸시는 은혜에 협력할 때, 우리는 그 협력을 가능하게 한 것이 하나님의 은혜라는 사실을 결코 잊지 않는다. 복음주의 가족이 더 큰 화합을 이룰 수 있게 하려면 우리는 그런 오해를 극복할 수 있어야 한다.

은혜는 본래 타락한 자유의지에 내재되어 있는 본질적인 것이 아니다. 그럼에도 하나님의 은혜는 자유의지와 늘 함께하는 선물이 되어 능력을 부여하고 이끌어준다. 이렇게 말하는 것이 은혜를 단지 자연의 또 다른 표현으로 축소하는 것은 아니다. 은혜는 여전히 은혜로 남는다. 은혜는 우리가 선천적으로 소유하는 어떤 것이 아니다. 그것은 우리에게 주어진다. 은혜는 조지아(Georgia)의 구석기인들로부터 아프리카 밀림의 호텐토트족(Hottentots)에 이르기까지 모든 사람에게 풍성하게 주어진다.

은혜는 사람이 자유를 행사하는 모든 곳에서 역사해, 타락으로 왜곡된 인간 본성에서 믿음, 소망, 사랑이라는 응답을 이끌어낸다. 예비적 은혜는, 웨슬리가 펠라기우스주의를 수없이 부인했음에도 마치 그가 넌지시 인정한 것처럼 왜곡되기 쉬운 가르침이다.

일반은총은 타락한 인간에게 하나님의 존재와 속성에 대한 예비적 지식을 경험할 수 있는 조건을 제공한다. 또 모든 인간에게 하나님이 계시며 그는 선하고 거룩하시다는 근본적 진리에 대해 숙고해볼 가능성을 제공한다.[57] 이 일반은총은 하나님을 앎으로 구원에 이르게 하는 지식을 주는 것이 아니라, 신앙에 의해 예수 그리스도를 통한 구원의 은혜로 나아갈 수 있도록 마음의 문을 열어줄 뿐이다.[58] 사람은 일반은총, 예비적 은총의 영향을 받으면서도 그리스도의 성육신, 십자가, 부활, 회개, 믿음, 소망, 사랑에 대해 알게 하는 구원의 은혜에 대해서는 전적으로 무지할 수 있다.

3. 은혜와 양심

a. 양심의 정의

양심은 "우리가 스스로의 생각, 말, 행동을 의식해 그것이 잘한 것인지 잘못한 것인지, 선했는지 악했는지, 그리고 그 결과 칭찬받을 만한지 책망받을 만한지를 판단하는 기능이다."[59] 또 양심은 사람이 자신의 행동이 선한지 악한지 알게 하는 의식의 한 형태다. 모든 사람이 이러한 의식을 가지고 있다. 현명한 사람이라면 누구도 자신의 행동을 도덕적으로 돌아볼 능력이 완전히 결여되어 있지는 않다. 의식이 있는 모든 사람은 자신을 돌아보아, "이 정도는 그리 좋지는 않지만 그런대로 허용할 만하다"라고 판단할 수 있는 기능을 가지고 있다.[60]

만약 자유에 본질적으로 있어야 할 양심이 없다면, 우리는 스스로의 행동을 평가할 능력조차 지니지 못할 것이다. 양심은 문화에 어떤 영향

---

57 "The Imperfection of Human Knowledge," B 2:568–69, 서문.
58 B 1:118, 213.
59 J VII:187.
60 "On Working Out Our Own Salvation," B 3:207, sec. 3. 4.

을 받았는지와 관계없이 모든 사람이 지닌, 스스로를 판단하는 능력이다.

예비적 은혜는 양심을 통해 역사한다. 양심은 왜곡될 수도 있는 반면, 하나님께서는 양심을 통해 점진적으로 끊임없이 역사해 사람이 더 큰 은혜를 받을 수 있도록 준비시키신다.

양심은 자연의 선물이 아닌 우리의 참된 자아를 알게 하는 은혜의 선물로, 모든 사람에게 보편적으로 존재한다. 양심은 일반은총 없이도 작용하는 자연적 기능이 아니라, 인간의 모든 자연적 기능을 뛰어넘는 "하나님의 초자연적 은사"다.[61] 사람들은 예비적 은혜를 "통속적으로 '자연적 양심'으로 부른다. 그러나 … 더 적절히 표현하면 그것은 '선행은총'이다."[62] 그것은 구원의 은혜보다 시간적으로 앞서고, 칭의의 은혜와 엄격히 구분되기 때문이다. 사람은 도덕적 자각을 가능하게 하는 선행은총을 통해 회개와 더 분명한 자기 지식으로 인도를 받는다. 이 기능을 가상적인 "자연적 양심"의 기능이라고 말하는 것은 부적절한 설명이다. 이는 양심이 다양한 인간 문화를 통해 반영되는 은혜의 선물이라는 사실을 감추어버리기 때문이다. 이 양심의 작용이 회개로 이어지려면 반드시 "죄를 깨닫게 하는 은혜"가 더해져야 한다.[63]

양심을 통해 우리는 선을 행할 자연적 자유가 아닌, 선을 행하기 원하는 소망을 경험할 뿐이다. 양심은 우리의 타락한 본성이 중요한 무엇인가를 결여하고 있음을 우리에게 알려준다. 그것은 바로 하나님의 용서하시는 은혜다. 이런 방식으로 율법의 마침이 되시는 그리스도는, 선과 악의 예비적 자각에 의해 우리 마음에 계속 새로이 새겨지고 있다.

---

61 "On Conscience," B 3:481, sec. 1. 1–4.
62 "On Working Out Our Own Salvation," B 3:207, sec. 3. 4.
63 "On Working Out Our Own Salvation," B 3:204, sec. 2. 1.

이러한 예비적 은혜의 교리는 웨슬리의 세례관을 형성하는 토대가 된다. 그는 비록 성인 세례를 지지했지만, 유아 세례 역시 은총이 시간적으로 앞서 작용한다는 사실을 표현하는 사례로 보았다. 즉, 은혜는 사람이 반응할 능력을 갖추기 전이나, 견진성사를 받을 책임성 있는 나이가 되기 전에도 역사하고 있다는 것이다. 하나님께서 사람을 변화시키는 활동에 자신의 가족을 포함시키는 것에는, 그가 책임성 있는 나이가 되었을 때 하나님께서 구원의 은혜를 주실 것을 기대하는 마음이 표현되어 있다. 유아 세례를 통해 어린아이를 신앙 공동체로 맞아들이는 것은, 구약 시대에 하나님과의 언약 공동체 가입 의식으로 할례를 주었던 것과 맥을 같이한다. 유아 세례는 아이를 먼저 신앙 공동체로 인도하지만, 동시에 그 아이가 자라 책임성 있는 나이가 되어 회심을 통해 마음의 할례를 경험하게 되기를 기다린다.

비록 가족을 통해 일찍부터 계시의 역사에 대한 성경의 증언에 기초해 영적인 양육을 받더라도, 양심에 의한 지식은 그리스도의 복음에 대한 특별한 깨달음을 포함하지 않을 수 있다. 양심에 의한 지식은 "도덕적 선과 악의 차이에 대한 어느 정도의 분별력"과, "하나님을 기쁘시게 하고자 하는 어느 정도의 소원, 어떻게 하는 것이 그분을 기쁘시게 할 수 있는지에 대한 어느 정도의 깨달음, 그리고 하나님의 마음을 상하게 했을 때 그것에 대한 어느 정도의 자각"을 포함할 뿐이다.[64]

b. 오직 성자만이 구원하심

비록 양심은 죄인을 회개의 가능성에 가까워지게 하지만, 구원은 오직 구원자만이 베푸실 수 있다.

---

[64] "Heavenly Treasure in Earthen Vessels," B 4:169, sec. 1. 1.

"양심은 모든 사람에게서 발견되기 때문에, 그 점에서는 자연적이라고 할 수 있을지도 모른다. 그러나 적절히 말하면, 그것은 자연적인 것이 아니라, 하나님께서 사람의 모든 자연적 재능을 뛰어넘어 초자연적으로 주시는 선물이다. 양심은 자연적인 것이 아니라, '참 빛 곧 세상에 와서 각 사람에게 비추는 빛'(요 1:9)이신 하나님의 아들이 주시는 것이다."[65]

어떤 정도의 은혜든 은혜를 거부하는 데 대해서는 변명의 여지가 없다. "모든 사람의 영혼이 본성적으로 죄로 죽어 있다는 사실을 인정하더라도, 그것은 아무런 변명이 되지 않는다. 단지 자연 상태에 머물러 있는 사람은 아무도 없기 때문이다. 사람이 성령을 소멸시키지 않는 한, 하나님의 은혜를 전혀 받지 못하는 사람은 아무도 없다. 살아 있는 사람 중 사람들이 흔히 부적절하게 자연적 양심이라고 부르는 것을 가지고 있지 않은 사람은 아무도 없다."[66]

우리는 이미 구원의 은혜를 다루었고, 이후 9장에서는 성화의 은혜를 더 깊이 다룰 것이다. 이제는 웨슬리가 상당히 주의 깊게 설명한 예정론이라는 주제를 살펴보고자 한다.

---

[65] "On Conscience," B 3:482, sec. 1. 5.
[66] "On Working Out Our Own Salvation," B 3:207, sec. 3. 4.

더 깊은 이해를 위한 독서 자료

Callen, Barry L. *God as Loving Grace*. Nappanee, IN: Evangel, 1996.

Cho, John Chongnahm. "John Wesley's View of Fallen Man." In *Spectrum of Thought*, edited by Michael Peterson, 67–77. Wilmore, KY: Francis Asbury Press, 1982.

Collins, Kenneth. "Prevenient Grace and Human Sin." In *Wesley on Salvation*. Grand Rapids: Zondervan, 1989.

Dorr, Donal. "Total Corruption and the Wesleyan Tradition: Prevenient Grace." *Irish Theological Quarterly* 31 (1964): 303–21.

Dunning, H. Ray. *Grace, Faith and Holiness*. Kansas City: Beacon Hill, 1988.

Harper, Steve. "Prevenient Grace." In *John Wesley's Theology Today*. Grand Rapids: Zondervan, 1983.

Langford, Thomas. "Wesley's Theology of Grace." In *Practical Divinity: Theology in the Wesleyan Tradition*, 24–48. Nashville: Abingdon, 1982.

Lawton, George. "Grace in Wesley's Fifty- Three Sermons." *PWHS* 42 (1980): 112–15.

Luby, Daniel Joseph. *The Perceptibility of Grace in the Theology of John Wesley: A Roman Catholic Consideration*. Rome: Pontificia Studiorum Universitas A.S. Thomas Aquinas in Urbe, 1994.

Nicholson, Roy S. "John Wesley on Prevenient Grace." *Wesleyan Advocate* (1976): 5–6.

Nilson, E. A. "Prevenient Grace." *LQHR* 184 (1959): 188–94.

Smith, J. Weldon, III. "Some Notes on Wesley's Doctrine of Prevenient Grace." *RL* 34 (1964): 68–80.

Wood, A. Skevington. "The Contribution of John Wesley to the Theology of Grace." In *Grace Unlimited*, edited by Clark Pinnock, 209–22. Minneapolis: Bethany Fellowship, 1975.

구원의 순서

Collins, Kenneth J. *The Scripture Way of Salvation: The Heart of John Wesley's Theology*. Nashville: Abingdon, 1997.

Deschner, John. *Wesley's Christology*. Dallas: SMU Press, 1960; reprint with foreword, Grand Rapids: Zondervan, 1988.

Williams, Colin. "The Order of Salvation: Prevenient Grace." In *John Wesley's Theology Today*, 39ff. Nashville: Abingdon, 1960.

하나님의 은혜와 인간의 책임

Cobb, John B., Jr. *Grace and Responsibility: A Wesleyan Theology for Today*. Nashville: Abingdon, 1995.

Gunter, W. Stephen. *The Limits of "Love Divine": John Wesley's Response to Antinomianism and Enthusiasm*. Nashville: Kingswood, 1989.

Houghton, Edward. *The Handmaid of Piety and Other Papers on Charles Wesley's Hymns*. New York: Quack Books in association with the Wesley Fellowship, 1992.

Hulley, Leonard D. *To Be and To Do: Exploring Wesley's Thought on Ethical Behavior*. Pretoria: University of South Africa, 1988.

_____. *Wesley: A Plain Man for Plain People*. Westville, South Africa: Methodist Church of South Africa, 1987.

Marquardt, Manfred. "John Wesley's 'Synergismus.'" In *Die Einheit der Kirche: Dimensionen ihrer Heiligkeit Katholizitat und Apostolizitat: Festgabe Peter Hein*, 96–102. Weisbaden: Steiner Verlag, 1977.

Schilling, Paul. "John Wesley's Theology of Salvation." In *Methodism and Society in Theological Perspective*, 44–64. Nashville: Abingdon, 1960.

6장

예정

6장 예정

A. 웨슬리의 예정과 선택의 교리

사람들의 고정관념과 달리 웨슬리는 예정과 선택의 교리를 가르쳤다. 그러나 그것은 도르트 종교회의(Synod of Dort)가 고백한 절대적 이중예정과 다르다.

1. 예정은 설교 주제가 될 수 있는가?

예정이라는 주제는 접근하기도 어렵지만 충분히 이해하기는 더 어렵다. 웨슬리가 남긴 문서 자료 중 오직 두 주제가 일반 독자에게 상당한 지적 부담을 주는데, 예정이 그중 하나고, 다른 하나는 원죄 교리다. 두 주제 모두에서 웨슬리는 메소디스트 신도회 내에서 상당한 영향력을 행사한 비국교회주의자들과 복잡한 논쟁에 휘말렸다. 그는 그저 도전을 피할 수만은 없었다. 비록 웨슬리는 예정 논쟁에만 집중할 수는 없는 형편이었지만, 논쟁이 벌어진 곳에서는 때때로 그 주제에 대해 주의 깊게 설교했다.

오늘날에는 예정이 긴급한 문제가 아니지만, 18세기 후반과 19세기 초반 글들의 일부만 살펴보아도 당시 이 논쟁이 얼마나 치열했는지 충분히 알 수 있다. 지금도 예정이라는 주제는 영국 국교회주의·아르미니우스주의·웨슬리안 계통의 복음주의자들과, 영원한 구원 보장을 특별히 강조하는 일부 침례교·개혁주의 복음주의자들 사이의 대화를 어렵게 하는 신학의 핵심 요소로 남아 있다.

비록 현대인들에게는 예정의 교리가 골동품 반지 같은 것이 되었지만, 더 깊이 들어가면 이 주제는 여전히 하나님의 전지(全知)하심, 영원하심,

주권적 능력을 성경적으로 이해하기 원하는 사람에게 근본적으로 중요하다. 중요한 질문은 다음과 같은 것이다. '구원의 은혜는 어떻게 인간의 자유를 강제하지 않고 주어질 수 있는가? 과거와 미래의 모든 순간을 보시는 전지하신 하나님께서 어떻게 미래에 누가 구원받을지 모르실 수 있는가?'

비록 경솔한 생각이지만, 우리는 이 논쟁을 전적으로 회피하거나 무시하려는 마음을 갖기 쉽다. 예정은 나누어진 그리스도의 몸에 여전히 불화를 일으키는 많은 문제를 한데 모아 놓은 것 같은 주제다. 그것은 인간의 실존, 자유, 하나님의 주권, 섭리와 같은 관련 주제에 대해서도 큰 통찰력을 준다.

2. 칼빈주의와 웨슬리 신학의 접점

a. 1745년 8월 2일 자 교리 연회록

1745년 8월 2일 자 교리 연회록에는 다음과 같이 기록되어 있다. "질문 23. 어느 면에서 우리는 칼빈주의와 맞닿아 있는가? 대답. (1) 모든 선의 원천을 하나님께서 값없이 주시는 은혜로 돌린다는 점에서다. (2) 자연적 자유의지에 대한 모든 주장과 은혜 이전의 모든 능력을 부인하는 점에서다. (3) 인간의 모든 공로를 부정하며, 심지어 하나님의 은혜로 인해 사람이 소유한 것이나 행한 일에 대해서도 그렇다는 점에서다."[1] 주의 깊게 주목해보라. 이 모든 것은 칼빈이 중점적으로 가르친 교리로서, 웨슬리가 강하게 확언해 메소디스트들의 표준 교리로 만들고 초기 교리 연회록에도 기록되게 함으로 이후에도 메소디스트 표준 교리의 핵심이 되게 한 것이다.

---

1   Minutes, August 1745, J VIII:285; JWO 152; 참고. JWO 347–50, 425–28, 447–50.

하나님의 은혜를 받기 전에는 인간의 어떤 행동도 진정으로 자유롭지 못하다.

사람은 하나님께서 값없이 주시는 은혜에 의해서가 아니면 어떤 선도 행할 수 없기에, 모든 자연적 자유의지와 은혜 이전의 모든 능력은 부정된다.

사람의 어떤 행위도 은혜를 받기에 적합한 공로가 될 수 없고, 심지어 하나님의 은혜로 행한 행위조차도 그러하다.

이 모든 중요한 주장에서 웨슬리는 초기 기독교의 일치된 가르침을 따랐고, 10세기가 지난 후 칼빈 역시 그 가르침을 따랐다. 539년의 제2차 오랑주(Orange) 공의회는 한목소리로 다음을 결의했는데, 웨슬리도 이를 긍정했다.

1. 제20조. 사람은 하나님 없이는 선을 행할 수 없다.

2. 제6조. 만약 누군가가 하나님의 은혜와 관계없이 믿고, 의지하고, 바라고, 노력하고, 일하고, 기도하고, 경계하고, 연구하고, 추구하고, 구하고, 찾고, 문을 두드리기만 하면, 하나님이 우리에게 자비를 베푸신다고 말하면서, 우리가 신앙과 의지와 능력을 받아 해야 할 이 모든 일을 행할 수 있는 것은 우리 안에서의 성령의 주입과 영감에 의한 것이라고 고백하지 않는다면, 또는 누군가 은혜의 도움을 사람의 겸손이나 순종에 달려 있는 것으로 만들면서 우리가 순종적이고 겸손하게 된 것이 은혜의 선물이라는 사실에 동의하지 않는다면, 그는 "네게 있는 것 중에 받지 아니한 것이 무엇이냐"(고전 4:7), "내가 나 된 것은 하나님의 은혜로 된 것이니"(고전 15:10)라고 한 사도의 말을 부인하는 것이다.

3. 제18조. 은혜는 먼저 공로가 선행되지 않는다.

웨슬리를 펠라기우스주의자나 반(半)펠라기우스주의자로 잘못 주장하는 사람은, 마땅히 그가 쓴 『원죄의 교리』를 읽어보아야 한다. 웨슬리를 인간의 자연적 능력을 강조한 낙천적이고 인본주의적인 아르미니우스주의자였을 것으로 잘못 주장하는 사람이 있다면, 이는 그가 메소디스트 연합체의 모든 설교자를 지도하는 교과서와 같았던 1745년 8월의 교리 연회록에 대해 알지 못하고 있음을 드러낼 뿐이다.

b. 1743년 8월 24일 자 교리 연회록

1743년 8월 24일에 웨슬리는 횟필드(Whitefield)와의 교리적 평화 제의(eirenicon)를 시도했는데, 웨슬리에게 강력한 예정 교리가 있음을 알지 못했던 사람들은 이 일을 놀랍게 여겼다.

> 이중예정론에 대해 나는, 하나님께서 세상을 창조하시기 전 바울을 택해 복음을 전하게 하신 것처럼, 무조건적 선택을 통해 특정한 사람이 특정한 일을 하게 하신 것을 믿는다. 또 무조건적 선택을 통해 이스라엘처럼 어떤 나라가 특별한 혜택을 받게 하신 것과 무조건적 선택을 통해 어떤 나라들이 복음을 들을 수 있게 하신 것을 믿는다. … 하나님께서 무조건적 선택을 통해 어떤 사람들이 세상적인 일과 영적인 일 모두에서 많은 특별한 유익을 누리게 하신 것을 믿는다. 그리고 나는 (비록 사실임을 입증할 수는 없으나) 하나님께서 무조건적 선택을 통해 어떤 사람[즉 "택자"(The Elect)]들은 영원한 영광을 누리게 하셨다는 것도 부인하지 않는다. 그러나 나는 그렇게 영원한 영광으로 선택받지 못한 모든 사람이 영원히 멸망할 수밖에 없다거나, 영원한 저주를 피할 가능성조차 갖지 못했거나 갖지 못하는 사람이 한 사람이라도 있다는 주장은 믿을 수 없다."[2]

---

2 *JJW* 3:85; 참고. *CH*, B 7:134-35, 701. 웨슬리가 칼빈과 칼빈주의에 대해 호의적으로 언급한 내용은 B 1:453; *LJW* 6:146, 153, 210을 보라.

웨슬리의 언급은 다음의 핵심 요소에서 칼빈과 전적으로 일치한다.

하나님은 무조건적 선택을 통해 특정한 사람이 특정한 일을 하게 하신다.

하나님은 무조건적 선택을 통해 이스라엘같이 어떤 나라들은 특별한 혜택을 받게 하신다.

하나님은 무조건적 선택을 통해 어떤 사람은 세상적인 일과 영적인 일 모두에서 특별한 유익을 누리게 하신다.

그는 비록 사실임을 입증할 수는 없으나 하나님께서 무조건적 선택을 통해 어떤 사람들은 영광을 누리게 하신다는 것을 부인하지 않는다.

그러나 웨슬리는 다음의 주장에 대해서는 동의할 수 없음을 밝혔는데, 이는 서방 기독교가 제2차 오랑주 공의회에서 같은 주장을 거부한 것과 궤를 같이한다.

하나님이 어떤 사람을 영원한 멸망으로 선택하셨다.

은혜에 의해 영원한 저주를 벗어날 가능성조차 없는 사람이 있다.

웨슬리를 무조건적 선택의 교리를 반대하는 온건한 아르미니우스주의자로 여기는 사람들은 메소디스트 교리의 표준이 된 교리 연회록을 읽어볼 필요가 있다. 메소디스트들이 단지 이 마지막 두 주장에 대해서만 칼빈주의자들과의 더 깊은 논의를 필요로 함을 알 수 있을 것이기 때문이다. 웨슬리의 가르침은 (오리게네스, 알렉산드리아의 키릴로스, 아우구스티누스 등이 활동했던) 초기 기독교 교부 전통의 성경 해석 방법과 일치하는데, 그 내용은 생명으로의 예정은 긍정하면서도, 은혜의 역사를 간과할 정도로 영원한 형벌로의 예정을 포함하는 이중예정론을 거부한 제2차 오랑주 공의회에서 명확히 선언되었다.

웨슬리가 인정하지 않은 마지막 두 가지는 아우구스티누스가 펠라기우스와 씨름한 후 제2차 오랑주 공의회(AD 539) 기간 동안 논쟁의 쟁점이 되었다. 공의회는 아우구스티누스가 펠라기우스주의에 반대해 주장한 내용 대부분을 승인했으나, 이중예정론은 거부했다.

3. 영국 국교회 신조의 예정론을 삭제함

웨슬리는 영국 국교회 39개 신조를 수정해 미국 메소디스트 신조를 작성할 때, 예정과 선택에 대한 국교회 신조 제17조를 완전히 삭제했다. 그러나 이것이 제17조 전부를 반대했음을 의미하지는 않는다. 그는 "우리는 하나님께서 성경에서 우리에게 말씀하신 하나님의 약속을 받아들여야 한다"와 같은 내용에 대해서는 전적으로 동의했을 것이기 때문이다. 그러나 하나님께서 세상을 창조하시기 전 "우리에게는 숨겨진 목적을 따라 인류 중에서 그리스도를 통해 선택하신 자들을 저주와 형벌에서 구원하시기로 작정하셨다"는 주장에 대해서는 보완적 설명을 하기 위해 노력했다. 그 어조는 미국 메소디스트들의 신앙고백으로서 반론의 여지가 없을 정도로 충분하다고는 할 수 없었기 때문이다.[3]

웨슬리는 제임스 허비에게 보낸 편지에서, 영국 국교회 신조 제17조는 "예정이라는 용어를 정의하지 않았으므로 예정을 긍정하지도 부정하지도 않는 데 반해, 제31조는 제17조를 완전히 전복시키고 파괴한다"[4]고 주장했다. 또 그는 "셀론(Sellon) 씨는 제17조가 절대적 예정을 주장하지 않음을 분명히 보여주었다. … 나는 제17조에 반대하는 설교를 한 적이 없

---

3 *LJW* 1:23, 279; 2:69, 88, 192; 3:200, 249.
4 *LJW* 3:379; 영국 국교회 신조 제31조, "그리스도께서 십자가에서 완결하신 단 한 번의 봉헌에 대하여"는 "그 외에 죄에 대해 보상할 수 있는 것은 아무 것도 없다"고 고백한다 (*DSWT* 122).

고, 그렇게 할 생각조차 품은 적이 없다. 그러나 힐(Hill) 씨는 제31조에 반대하는 설교를 한 적이 없다"고 적었다. 제31조는 하나님께서 모든 인류를 구원하기 원하신다는 사실을 명쾌하게 주장한다.5

영국 국교회 신조 제17조는 사실상 선택을 긍정한다. 그것은 극단적이지 않은 온건한 예정의 교리다. 웨슬리는 휫필드와의 평화 제의6에서 어떤 사람은 하나님의 영원한 목적에 따라 예정되었다고 주장했다. 오직 택자만이, '귀히 쓰는 그릇'(딤후 2:20-21)과 같이, 하나님의 목적에 따라 적당한 때에 역사하시는 성령에 의해 부르심 받아 영원한 구원으로 인도된다. 은혜에 의해 그들은 이 부르심에 응답해, 자유로이 칭의를 얻고 양자가 되어 하나님의 자녀가 된다. 택자는 하나님의 형상으로 변화되어 선을 행하고, 결국 하나님의 자비로 영원한 행복을 얻는다. 영국 국교회 신조 제17조는, 이러한 가르침이 신앙을 일으켜 세우고 굳게 해 하나님께 대한 사랑을 강렬하게 불붙게 하기 때문에, "경건한 사람에게는 참으로 달콤하고 기쁘며 말할 수 없는 위로가 된다"고 말한다. 그러나 "그리스도의 영이 없는 의심 많고 육적인 사람"에게는 동일한 가르침이 "하나님의 예정에 대한 선언을 계속" 상기시켜, "가장 더러운 삶의 어리석음"을 경고한다. 웨슬리 자신은 영국 국교회 목사로서 이 조항에 반대하지 않고 따랐으나, 그 내용을 1784년 미국 메소디스트 연회에 강요하지는 않았다.

이중예정론에 대한 웨슬리의 반대는, 영국 국교회 신조를 주된 대상으로 삼기보다, 그보다 더 극단성을 띤 도르트 종교회의 이후 개혁주의 전통을 겨냥했기 때문이다.

---

5 "Some Remarks on Mr. Hill's 'Review of All the Doctrines Taught by Mr. John Wesley,'" JX:383; 참고. "Answer to Roland Hill's Tract," LJW 5:213, 329; 6:305–6; JJW 5:476; B 1:206n.; 4:7n.; "Remarks on Mr. Hill's Review," B 1:206n, 451n, 643n; 4:7n; 9:402–15.

6 B 3:542–45, 590–98; 11:407–9, 500–1.

4. 영원한 작정의 역설

웨슬리는 하나님의 영원한 사랑이 성육신의 동기가 되었음을 강조했다. 하나님께서는 죄의 역사를 미리 아셨기에, 세상을 창조하시기 전 영원부터[7] 그 아들이 인간이 되어 모든 사람에게 하나님의 사랑을 믿을 것인지 아닌지를 선택하게 함으로, 그 결과로서 영원한 생명 또는 하나님으로부터의 영원한 분리를 선택할 기회를 제공하기로 작정하셨다.[8]

웨슬리에 의하면, 건전한 예정 교리는 일방적 · 결정론적인 "원인과 결과의 사슬"이 아니라, 시간 내에서 하나님의 뜻이 이루어져가는 섭리적 순서, 즉 "계속해서 이어지는 구원의 여러 과정의 순서를 통해 하나님께서 역사하시는 방법"을 말한다.[9] 웨슬리는 성경이 예정을 말씀한다고 가르쳤다. 그러나 그는 성경이 말씀하는 예정은 하나님의 절대적 작정이 아닌, 하나님의 섭리와 예지(豫知)와 주권을 찬양한다고 보았다.

인간의 자유의 타락을 전제하는 영원한 작정이라는 역설적 개념은, 전지하신 하나님께서 시간 속 모든 사건을 영원한 현재로 보신다는 예지를 전제할 때만 가능하다. 하나님께서는 구원의 계획을 세우시기 위해 인간이 자유를 잘못 사용해 타락할 때까지 기다리실 필요가 없다. 그분은 사람이 타락할 것을 영원 전부터 아시기에, 세상을 창조하시기 전부터 그 해결 방법을 고안하실 수 있기 때문이다.[10] "구원은 조건적이지만, 그럼에도 그것은 영원한 작정에 근거해 있는 구원이다."[11]

---

7 "The Signs of the Times," B 2:521–23, sec. 1. 1; *ENNT* 딤전 1:9.
8 *WC* 19.
9 "On Predestination," sec. 4, B 2:416; 참고. 1:87, 327, 375–76, 413–21; 3:545–48; JWO 349–50, 425–26.
10 *WC* 20; PCC, J X:237–38.
11 같은 곳.

웨슬리는 하나님의 작정을 기계적으로 이해하는 것에 반대해, 하나님께서 죄인이 자유로 죄를 선택하게 될 것을 미리 아셨을 뿐임을 강조했다. 데쉬너는 이렇게 말한다. "웨슬리가 성화의 맥락에서 타락을 생각할 때는 타락 전 선택설(supralapsarian) 입장을 취해, 하나님은 타락을 미리 아셨을 뿐 아니라 해결책을 마련하셨다고 가르친다. 즉, 하나님은 작정하시고 미리 아신 후 창조와 타락과 성육신을 허락하셨는데, 이는 인간을 타락 전 아담보다 더 거룩하고 행복하게 하시려는 중요한 목적을 실행하기 위해서라는 것이다!"[12]

웨슬리는 1765년 5월 14일 자 편지에 "내 동생과 나는 30년 전부터 '절대적 이중예정론을 단지 또 하나의 견해가 아닌, 그리스도인 경험의 토대를 전복시키고, 가장 통탄할 만한 죄를 일으키는 위험한 오류로 여겨 온 힘을 다해 반대하는 것이 우리의 의무라고 생각했고' 그렇게 가르쳐왔다"[13]고 적었다. 그는 이중예정론을 "메소디즘을 죽이는 독 … 거짓으로 메소디즘을 철저히 파괴하고, 가장 경건한 동료들마저 슬픔에 빠지게 하고 영혼을 위태롭게 하는 … 큰 성공을 거둔 가장 치명적인 원수"로 여겼다.[14]

B. 칼빈과 머리카락 하나 두께 차이

1. 하나님은 모든 것을 값없이 주심

설교 "값없이 주시는 은총"의 성경 본문은 로마서 8:32, "자기 아들을 아끼지 아니하시고 우리 모든 사람을 위하여 내주신 이가 어찌 그 아들과

---

12 *WC* 22.
13 *JJW* 5:116.
14 J XIII:150.

함께 모든 것을 우리에게 주시지 아니하겠느냐"라는 말씀이다 [설교 #110 (1739), B 3:542–63; J #128, VII:373–86].

a. 아들과 함께 모든 것을 값없이 주시는 하나님

웨슬리안 복음주의자들이 어떻게 칼빈주의자들과 다른지 궁금해하는 사람들에게 이 설교는 훌륭한 지표를 제공한다. 사실상 몇 가지 차이밖에 없다. 웨슬리는 그 외 대부분에서는 존 뉴턴(John Newton)에게 "특별 예정과 최종적 견인"을 믿는 것이, "그리스도께 대한 사랑 및 은총의 사역"과 양립 가능함을 인정할 정도로 칼빈과 상당히 유사한 입장을 취했다. 그는 편지에 자신과 칼빈이 "머리카락 하나 두께 차이"밖에 없다고 적었다.[15]

그러나 이 설교에서는 도르트 종교회의와 메소디스트 부흥운동 사이의 거리가 분명하게 드러난다. 이 미세한 차이를 정확히 파악하는 사람은, 왜 웨슬리안이 칼빈주의자들과 교리적으로 매우 가까우면서도, 섭리를 통한 은혜 이해에서는 상당한 차이가 있는지를 즉시 알 수 있을 것이다.[16]

b. 전통적 기독교의 일치된 가르침

몇몇 전통적 칼빈주의자들을 예외로 하고, 현대의 많은 개혁주의 복음주의자들은 도르트 신조의 이중예정론을 엄격히 따르지 않는다. 특히 주류 장로교인들 사이에서 절대적 이중예정론이 설교의 주제가 되는 경우는 드물다. 과거에 이중예정론을 위해 열심히 싸웠던 전통에서도 오늘날 그 교리는 점점 소외당하고 있다. 이 주제에 대한 오늘날의 논쟁은 18세기의 논쟁을 수사학적으로 공명하는 정도의 수준에서 계속되고 있다.

---

15 Letters, May 14, 1765, *LJW* 4:297; 참고. B 1:453; *LJW* 6:146, 153, 210.
16 *LJW* 5:238, 250, 322, 344; 6:34–35, 75–76; Letter to Thomas Maxfield, B 9:422–23을 보라.

메소디스트 부흥운동의 중심적 가르침은, 아우구스티누스 이전 시대에 일치를 이루었던 초기 기독교 전통의 은혜와 자유의지에 대한 이해에 기초하고 있다. "값없이 주시는 은총"에 대한 웨슬리의 설교는 메소디스트 신도회에게 절대적 이중예정 교리가 초래하는 의도하지 않은 부작용을 경고하기 위한 것이다. 이 설교는 예정론에 관한 많은 논쟁의 제1차전으로, 그 후 오랫동안 이어질 논쟁의 시작을 알리는 포성이었다.

당시 메소디스트 신도회에는 이중예정 교리를 철저히 믿는 사람들이 있었다. 조지 휫필드와 아우구스투스 토플래디, 그리고 여러 다른 사람이 이중예정 교리와 연관된 여러 요소를 맹렬히 옹호한 것이다. 웨슬리가 칼빈주의자들과 벌인 논쟁은, 값없이 주시는 은총 논쟁이 있었던 1739년부터 시작해, 1778년과 그 이후로 칼빈주의 예정론에 대항하기 위해「아르미니우스주의 매거진」(The Arminian Magazine)을 출판하기까지 40년 이상 간헐적으로 반복되었다. 그러나 웨슬리가 "아르미니우스주의"로 무엇을 의미했는지는, 이후 논쟁자들이 아닌 웨슬리 자신의 글에 기초해 해석하는 것이 최선이다.

웨슬리는 "아르미니우스주의"라는 용어로, 인간의 자유롭고 협력적인 반응을 일으키고 고무하는 하나님의 은혜 교리를 통해 극단성을 완화시킨 칼빈주의를 의미했다. 이 은혜의 교리는 절대적 이중예정론이라는 가혹한 교리와 전혀 다른 성격을 지녔다. 웨슬리는 40년에 걸친 논쟁 중 상당한 시간 동안 기꺼이 이중예정론에 대해, 비록 악용되기 쉬우나 논의할 여지는 있는 의견 정도로 다소 호의적으로 생각했다.

그뿐 아니라 웨슬리 신학은 초기나 이후 기독교에서 교회적 합의를 이루는 데 실패한 극단적인 아우구스티누스주의적 요소를 제외하면, 개혁주의 성경 해석의 다른 표준적 특징 대부분을 지니고 있다.

웨슬리는 이 설교가 논쟁을 일으키게 되리라는 것을 알고 하나님의 인도하심을 구했다.[17] 그는 설교 "값없이 주시는 은총" 앞에 "독자들에게"라는 별도의 서문을 덧붙여, 자신은 "반드시 이 진리를 온 세상에 선포해야 한다"고 느꼈으며, "너그러움과 사랑과 온유한 마음"으로 응답해주기를 소망한다고 밝혔다.[18]

c. 하나님께서 "모든 사람을 위해" 행하신 십자가의 대속

성부 하나님께서는 어떤 의미로 "자기 아들을 아끼지 아니하시고 우리 모든 사람을 위하여 내주셨다"고 할 수 있는가? 십자가에서의 그리스도의 대속 사역은, 사람이 수용해 그것이 효력을 발휘하든 그렇지 않든, 모든 사람을 위한 것이기 때문이다(롬 8:32). 대속의 행위와 함께 주어지는 선물은, 우리로 대속을 받아들일 수 있도록 인도해주시는 은혜다.

이것은 '보편 구원론'(universal salvation, 구원받지 못하는 사람이 아무도 없다는 잘못된 주장이다–역주)이 아닌, 대속의 은혜를 보편적으로 베푸신다는 것이다[성경적인 이 가르침은 '보편 속죄론'(universal atonement)이라 부른다–역주]. 보편 속죄론은 사람이 대속의 은혜를 무시하거나 거부할 수 있는 자유의 여지를 인정한다. 앞으로 살펴보겠지만, 그것은 지옥에 대한 예수님의 가르침과도 일치한다.

웨슬리안과 이중예정론자들은 모두, 은혜가 선한 열매를 맺게 하지만, 그런 행위가 사람을 의롭게 하지는 못한다는 사실에 동의한다. 가장 논란이 되는 쟁점은 대속의 은혜가 모든 사람을 위한 것인지, 일부만을 위한 것

---

17 Letters, to James Hutton and the Fetter Lane Society, April 30, 1739, 25:640. 아우틀러는 웨슬리가 이 논쟁에서 자신이 맡은 적극적 역할을 제대로 자각하지 못했다고 판단했다(B 3:543). 이 글에는 '제비뽑기'가 언급되어 있다.
18 "Free Grace," B 3:544.

인지에 있다. 메소디스트 부흥운동이 엄청난 영향력을 발휘하고 있을 때 웨슬리는 하나님의 주권적 은혜는 모든 사람에게 값없이 주어질 뿐 아니라(free in all), 모든 사람을 위해 값없이 주어짐(free for all)을 가르쳤다.[19] 값없이 주시는 하나님의 은혜는 사람이 죄와 싸우는 모든 곳에서 그것을 이길 충분한 은혜를 주신다.[20]

그 출발점은 자신의 자비를 모든 사람에게 베풀기 원하시는 전능하신 하나님의 자유에 있다. 우리가 아직 죄인 되었을 때 그리스도는 불경건한 자들을 위해 죽으셨다. 우리가 죄로 죽어 있을 때, 하나님께서는 "자기 아들을 아끼지 아니하시고 우리 모든 사람을 위하여 내주셨다"(롬 8:32).

하나님께서 자기 아들을 내주신 은혜는, 소수가 아닌 모든 사람을 위해 작용하도록 작정되었다. 예비적 은혜든 협력적 은혜든, 모든 은혜는 심지어 우리가 거부할 때에도 충분하고도 값없이 모든 사람에게 베풀어진다. 앞서 살펴본 것처럼, 누구도 예비적 은혜로는 구원받을 수 없고, 오직 칭의의 은혜로 구원받는다.

d. 우리가 아직 죄인 되었을 때

놀라운 은혜의 역설은, 아직 우리가 죄인일 때 그리스도의 대속의 은혜가 모든 사람에게 값없이 주어진다는 데 있다. 모든 사람은 죄의 저주 아래 있다. 그러나 우리가 죄로 죽어 있을 때, 하나님은 우리에게 값없이 모든 것을 주셨다.[21]

칭의의 은혜는 인간의 어떤 공로, 선행, 성품, 선의, 선한 목적이나 의도에 좌우되지 않는다. 그 반대로 은혜가 모든 선행을 일으키는 선한 의

19　B 1:122.
20　"Free Grace," B 3:544, secs. 2–4.
21　"Free Grace," B 3:545–46, secs. 3–5.

지를 이끌어낸다. 선행은 은혜의 열매이지 뿌리가 아니며, 은혜의 결과이지 원인이 아니다.[22]

2. 이중예정론이 초래하는 실질적 유혹

이중예정론의 핵심 전제는, 하나님께서 일부는 영원한 구원으로, 일부는 영원한 저주로, 즉 양자 모두의 운명을 이미 정해놓으셨다는 것이다. 따라서 "하나님의 영원하고 불변하며 불가항력적인 작정에 의해, 인류의 일부는 틀림없이 구원을 받는 반면, 그 나머지는 틀림없이 저주를 받는다."[23] 이 주장은 택자는 구원하고, 유기된 자는 저주하신다는 하나님의 두 가지 작정을 말한다. 이것이 이중예정론에서 "이중"이라는 말의 의미다.

하나님께서 일부를 생명으로 예정하셨다는 말은, 나머지는 멸망으로 예정하셨다는 그 필연적인 결과보다 더 주장하기 쉽다.

하나님의 작정, 선택, 예정, 유기 등 사람이 그것을 어떻게 부르든 그 주장에는, 하나님께서 시간이 시작되기 전에 단지 예지만 하신 것이 아니라, 선택받은 모든 사람과 유기될 모든 사람을 결정해놓으셨다고 하는 가혹한 요소가 내포돼 있다.[24]

웨슬리는, 사람이 이중예정론에 대한 가정을 지적인 면에서 아무런 해가 없는 것처럼 받아들이면서, 그것이 초래하는 부정적인 결과를 무시해도 좋다고 상상하는 것은 착각일 뿐이라고 생각했다.[25]

---

22 "Free Grace," B 3:545, sec. 3.
23 "Free Grace," B 3:547, sec. 9, 이는 도르트 종교회의가 주장한 내용이다.
24 "Free Grace," B 3:545–47, secs. 5–8.
25 "Free Grace," B 3:545–48, secs. 4–10.

3. 이중예정론이 초래하는 여덟 가지 문제

절대적 이중예정론자들의 성경 해석은 도덕적 책임성뿐 아니라 신정론, 복음전도, 하나님의 속성, 창조세계의 선함, 인간의 자유에서 너무나 값비싼 대가를 치를 수밖에 없다. 웨슬리는 절대적 이중예정론이 하나님께 대한 성경적 교리일 수 없음을 보여주는 일련의 주장을 펼쳤다.

1. 절대적 이중예정론은 설교를 불필요하고 헛된 것으로 만들 수 있다. 만약 영원 전부터 하나님의 작정으로 구원과 멸망이 결정되어 있다면, 구도자들에게 결단을 촉구할 필요가 어디에 있는가? 인간이 은혜에 반응할지의 여부가 시간이 시작될 때부터 이미 정해져 있다면, 설교는 헛될 것이다.[26]

2. 이중예정론은 거룩한 삶을 파괴하는 경향이 있다. 이 교리는 듣는 사람들로 자신의 운명이 이미 변경할 수 없도록 정해져 있다고 믿게 만들기에, 성경이 강조하는 거룩함을 추구할 주된 동기, 즉 "장래의 상급에 대한 소망과 심판에 대한 두려움"을 제거해버린다. 그 결과 말씀을 선포하고 성례를 행하는 목적이라 할 수 있는 거룩함에 대한 열망과 은혜에 대한 적극적 응답을 약화시킨다.[27]

우리가 병에 걸려 어떤 조치를 취하든 관계없이 죽을지 살지를 안다고 해보자. 극단적 예정론자들은 자신의 운명은 이미 정해졌기에 믿음, 소망, 사랑이 꼭 필요한 것은 아니라고 결론 내릴 가능성이 커진다. 마찬가지로 웨슬리는 자신의 운명이 예정되었다고 생각하는 사람은, 회개하거나 은혜 안에서 자라가야 할 필요를 경시할 가능성이 크다고 가르쳤다.

---

26 "Free Grace," B 3:548, sec. 10.
27 "Free Grace," B 3:548–49, sec. 11.

3. 자신들의 주장과는 달리 이중예정론자들의 설교는, 신자가 신앙으로 위로받는 원천인 성령의 위로하시는 사역을 방해하는 경향이 있다. 자신을 사실적으로 돌아보는 사람 중에는 집착이 불가피하게 절망으로 기우는 경향이 있다. 하나님께서 인간의 응답 여부와는 아무 관계 없이 누가 구원받을지를 일방적으로 결정하신다는 주장은 위로가 되지도, 도덕적 자극이 되지도 않는다.[28]

유기된 사람만이 아니라, 진지한 의문을 품는 사람도 절망에 빠지기 쉽다. 그 의도가 무엇이든 이중예정 교리는, 하나님께서 그리스도 안에서 인간을 사랑하기로 선택하셨는가 하는 것보다 개인이 선택받았는가 하는 주관적인 면에 더 초점을 맞추게 만든다. 이 교리는 신자는 교만으로, 죄인은 절망으로 이끄는 경향이 있다. 또 확신을 위해 매 순간 성령의 증거에 의존하는 것의 중요성을 축소시키는 경향이 있다. 그렇게 되면 택자에게 훈계하는 것은 불필요한 일이고, 유기된 자에게 훈계하는 것은 어리석은 일이 된다.[29]

웨슬리는, 이중예정 교리는 온유함과 사랑을 약화시켜, 은혜에서 배제되었다고 생각하는 사람을 대할 때 날카로운 기질과 마음의 냉랭함을 가중시키는 석연치 않은 역사를 가지고 있다고 생각했다. "그 교리가 우리의 영혼 속 성령의 사역을 방해하고, 악을 키우며, 모든 선한 성품을 약화시키지 않는가?"[30] 웨슬리는, 복음의 증거는 타락한 사람의 입장을 공감함으로 헤아리고 율법의 요구를 성취하지 못하는 절망의 깊이를 이해함으로, 값없이 주시는 은혜에 대한 말씀을 전해주는 것이 좋다고 생각했다.[31]

---

28   "Free Grace," B 3:549–50, secs. 13–15.
29   "Free Grace," B 3:549, secs. 13–14.
30   Letter to Lady Maxwell, September 30, 1788, *LJW* 8:95.
31   "Free Grace," B 3:549–51, secs. 13–17.

4. 이중예정론은 가난한 사람을 먹이는 일과 같은 자비의 일에 대한 열심을 파괴하는 경향이 있다. 사람은 자신이 선택받은 사실이 결코 흔들리지 않는다면, 헐벗은 사람을 입히거나 감옥에 갇힌 사람을 방문하는 일에 덜 열심을 갖게 된다. 만약 사람이 이미 선택받아 구원이 보장되고, 하나님께 받은 의가 결코 철회되지 않는다면, 왜 애써 선을 행하겠는가? 웨슬리는 탐욕스러운 청교도들과 비열한 비국교도들을 많이 만나보았기에, 이중예정론이 부도덕한 율법폐기론으로 기우는 경향이 있다는 사실을 경험적으로 확신했다.[32]

비록 칼빈 자신은 선행을 평가절하할 의도가 전혀 없었음에도, 그의 추종자들은 때때로, 사람이 만약 예정되었다면 자신의 태도를 합리화해 독선적인 태도로 불의를 행하기가 더 용이하다는 결론을 내리곤 했다. 이중예정 교리는, 성경이 요구하는 사랑으로써 역사하는 믿음보다 더 값싼 해법을 찾게 만든다.[33]

5. 이중예정론은 기독교의 계시를 터무니없고 불필요한 것으로 만들어 계시의 역사의 필요성을 감소시키는 경향이 있다. 만약 모든 사람의 운명이 처음부터 정해져 있다면, 사람이 무슨 이유로 계시의 역사나 십자가를 필요로 한단 말인가?[34]

6. 나아가 이중예정론은 성경 해석의 오류에서 비롯되었다. 성경을 바르게 해석하는 가장 확실한 방법은 '신앙의 유비'(analogy of faith)를 통한 것인데, 이는 뜻이 명확한 성경 구절의 가르침을 통해 성경의 모호하거나 논란이 되는 구절을 균형 있게 해석하고 확증하는 방법이다. 이중예정론

---

32 "Free Grace," B 3:550–51.
33 "Free Grace," B 3:551, sec. 18; 참고. 1:481.
34 "Free Grace," B 3:551–52, sec. 19.

을 성경의 다른 모든 말씀을 해석하는 열쇠로 여기는 사람들은, 점점 순종, 믿음, 소망, 사랑과 같이 성경이 매우 중시하는 다른 가르침들을 옹호하기 힘들어진다. 조직신학적인 면에서 살펴보면, 그들은 예정에 관한 성경 구절을 인용할 때, 하나님께서 모든 사람을 위해 베푸시는 대속의 은혜를 간과한다. 웨슬리는 이중예정론의 과도함은, 성경을 균형 있게 이해하지 못하고, 아우구스티누스 이전 초기 기독교가 받아들인 것과 같은 성경에 대한 더 온전한 증언을 바르게 풀어내지 못하는, 매우 편협해 모두가 동의할 수 없는 성경 해석 전통에서 비롯되었음을 확신했다. 그런 방식으로 이중예정론은 성경이 성경 자체와 충돌하게 하는 오류에 빠졌다. 성경은 매우 자주 인간의 책임적 자유를 가르치면서 모든 사람에게 하나님의 구원 사역에 응답할 것을 요구한다. 만약 하나님께서 모든 구체적인 일을 처음부터 작정하셨다면, 그것은 은혜에 반응해 결단할 것을 강조하는 성경 구절들을 거짓된 것으로 만든다. 이중예정론은 성경을 성경과 충돌하게 해 신앙의 유비를 교란시킴으로, 많은 성경의 가르침을 유효하게 하는 올바른 성경 해석에 문제를 일으킨다.[35]

7. 이중예정론은 하나님을 모독하는 경향이 있다. 그것은 너무나 쉽게 하나님을 모든 사람에게 구원을 제시해놓고 소수의 택자에게만 구원을 주는 거짓말쟁이로 만들고, 예수님을 거짓으로 모든 사람을 돌보겠다고 약속한 위선자로 만든다. 만약 하나님께서 태초에 모든 사람이 구원받는 것을 의도하지 않았는데 성자가 그런 취지의 말씀을 하셨다면, 그것은 조롱밖에 되지 않는다. 이중예정론은 하나님을 주고 싶어 하지 않으면서도 줄 것처럼 말하고, 실제로는 별로 가지고 있지 않음에도 모든 사람에

---

35 "Free Grace," B 3:552–54, secs. 20–22.

대한 한없는 사랑을 가진 것처럼 가장해, 자신의 가련한 피조물을 조롱하는 자로 만든다.[36]

8. 가혹한 이중예정론은 하나님의 도덕적 속성을 전복시킨다. 하나님의 주권을 그런 식으로 추정하는 것은 자비, 동정, 진리, 정의, 사랑과 같은 하나님의 다른 도덕적 속성들을 파괴한다. "이런 신성모독적인 내용 때문에 나는 (이중예정을 주장하는 사람들은 사랑하지만) 이중예정 교리를 혐오한다."[37]

그것은 하나님의 진실성을 옹호할 수 없게 만든다. 사람이 어떤 응답도 하기 전에 영원한 멸망으로 작정해놓은 분이 어떻게 의롭거나 자비롭다고 할 수 있는가? 이중예정론이 옳다면, 자비로운 하나님이라는 분이 실상은 마귀보다 더 기만적이고 잔인하며 변덕스러운 폭군이 되고, 인간은 그저 로봇에 불과한 존재가 된다.

이중예정론은 마귀가 하는 일을 불필요하게 만든다. 이중예정이 사실이면, 하나님은 마귀보다 더 나쁘기 때문이다. 성경은, 하나님의 주권은 그분의 사랑에 의해 이끌림 받는다고 가르치고, 사랑을 하나님의 가장 중요한 속성으로 여긴다. 절대적 이중예정론은 하나님의 다양한 속성 중 사랑의 수위성(首位性)을 허문다.[38]

36　"Free Grace," B 3:554–59, secs. 23–30.
37　"Free Grace," B 3:558–59, sec. 29.
38　PCC 45–48, J X:229–31; 요일 4:8b; 절대적 작정 교리에 대해서는 B 2:416, 545–47을 보라; 참고. LJW 5:83; 6:296; 7:99.

C. 웨슬리의 긍정적 예정 교리

1. 설교 "예정에 대하여"

설교 "예정에 대하여"의 성경 본문은 로마서 8:29-30, "하나님이 미리 아신 자들을 또한 그 아들의 형상을 본받게 하기 위하여 미리 정하셨으니 … 또 미리 정하신 그들을 또한 부르시고 부르신 그들을 또한 의롭다 하시고 의롭다 하신 그들을 또한 영화롭게 하셨느니라"라는 말씀이다 [설교 #58 (1773), B 2:413–21; J #58, VI:225–30]. 이 설교에서 웨슬리는 성경적 예정 교리를 긍정적으로 해석한다.

웨슬리는 예정에 대해 생각할 수 있을 만한 모든 해석이 아니라, 단지 제2차 오랑주 공의회가 거부한 극단적인 아우구스티누스적 관점을 거부한 것이었다. 그는 도르트 종교회의의 극단적 입장은 성경을 잘못 해석했고, 따라서 비성경적·비이성적 주장이었기 때문에 초기 기독교에서도 지지를 받지 못했다고 생각했다.

웨슬리 자신의 예정 교리는 "하나님이 미리 아신 자들을 또한 그 아들의 형상을 본받게 하기 위하여 미리 정하셨으니 이는 그로 많은 형제 중에서 맏아들이 되게 하려 하심이니라 또 미리 정하신 그들을 또한 부르시고 부르신 그들을 또한 의롭다 하시고 의롭다 하신 그들을 또한 영화롭게 하셨느니라"라는 로마서 8:29-30의 본문에 기초해 있다.

웨슬리는 이 성경 구절에서 하나님의 은혜에 의해 가능케 된 인간의 자유를 보존하도록 신중하게 완화시킨 예정의 교리를 발견했다. 그런 구절들은 사람을 겸손하게 만드는 것이 당연함에도, 많은 사람이 오히려 그 구절들을 잘못 이해한 결과 무자비하고 교만한 태도를 갖곤 했다. 이 성경 구절을 테오도르 베자(Theodore Beza)가 타락 전 선택설로 해석한 것은, 하나님의 주권에 독선적으로 집착한 데서 비롯된 부적절한 논리적 귀결이다.[39]

2. 하나님의 미리 아심

a. 하나님께서 미리 아신 자들을 미리 정하심

하나님께서는 모든 사람에게 은혜 베풀기를 원하시지만, 모든 사람이 이 비할 데 없는 선물을 받기로 결정하지는 않는다. 웨슬리는 하나님의 선택하시는 사랑에 대한 성경적 교리를 전적으로 부정하지 않고, 이중예정을 필요로 하지 않는 예정론을 가르쳤다.[40]

하나님께서 신자를 선택하시는 것은, 우리가 하나님의 은혜를 수용하기로 선택하는 것을 조건으로 삼으신다. 하나님께서는 우리 앞에 생명과 죽음의 선택권을 주신다(신 30:19). 생명을 택하는 영혼은 살 것이고, 죽음을 택하는 영혼은 죽을 것이다. 중요한 것은 선택이다. 사람이 버림받는 것은, 하나님께서 그들을 저주하셨기 때문이 아니라, 그들이 하나님께서 충분히 베푸시는 은혜에 부적절하게 반응했기 때문이다.[41]

하나님께서는 수용하는 모든 사람에게 은혜를 값없이 주시지만, 누구

---

39 웨슬리는 이 구절이 바울의 난해한 본문임을 인정하면서, 베드로가 "그 모든 편지에도 이런 일에 관하여 말하였으되 그 중에 알기 어려운 것이 더러 있으니 무식한 자들과 굳세지 못한 자들이 다른 성경과 같이 그것도 억지로 풀다가 스스로 멸망에 이르느니라"(벧후 3:16)라고 말한 것이 이 구절을 염두에 두었던 것이 아닌지 곰곰히 생각해보았다. 이후 웨슬리는, 이 이중예정 교리 때문에 "수세기 동안 생각이 '불안정한' 사람뿐 아니라 세상에서 가장 박식한 많은 사람, 복음의 진리에 굳게 서 있는 것처럼 보였던 많은 사람이 성경을 '억지로 끼워맞추다' 스스로 멸망에 이르렀다"고 생각했다(B 2:415).
40 "On Predestination," B 2:417–24.
41 "Free Grace," B 3:549–59, secs. 14–30.

에게도 강요하시지는 않는다. 웨슬리는 성경에서 예정에 관한 본문을 이해할 때 초기 기독교가 합의를 이룬 전통적인 방식을 따랐다. 그 본문들은 "하나님 아버지의 미리 아심을 따라 … 택하심을 받은자들"(벧전 1:2)에서와 같이, 하나님은 누가 믿을지 미리 아셨다고 말씀한다.

택하심을 받은 사람들은, 하나님의 은혜나 자신의 선택 중 어느 하나가 없이 택하심을 받은 것이 아니다. 그들은 하나님의 미리 아심을 따라 택하심을 받았으나, 그것은 은혜에 응답하라는 초대장 자체를 무효화하는 작정 없이 이루어졌다. 택하심은 하나님의 선물인 인간의 자유를 무시하지 않는다. 신자는 "하나님 아버지의 미리 아심을 따라" 택하심을 받았다. 절대적 이중예정이라는 작정에 따라 택하심을 받은 것이 아니다. 이를 이해하기 위해서는 미리 아심과 미리 정하심 사이의 관계를 더 자세히 살펴볼 필요가 있다.

b. 하나님의 '미리 아심'은 '미리 정하심'을 의미하는가?

하나님의 지식과 인간의 지식은 시간이라는 특성에서 차이가 있다. 오직 하나님만이 영원하시고 모든 것을 아시기에, 시간 내에서 일어나는 모든 일을 동시에 현재적으로 아신다. 하나님께서는 값없이 주시는 은혜에 부정적으로나 긍정적으로 반응하는 모든 사람에 대해 미리 알고 계신다.

하나님께는 모든 시간이 마치 영원한 현재와 같다. 따라서 우리가 시간의 흐름에 따라 예지(foreknowing)와 후지(afterknowing)로 구분하는 것은, 엄격히 말하면 하나님이 시간을 보시는 방식이 아니라, 우리의 지식의 한계에 기초한 자기중심적 표현이다.

하나님께서는 창조로부터 역사의 완성에 이르기까지 모든 사람의 마음에 있는 것을 다 아신다.[42] 하나님의 예정하시는 뜻이라는 모호한 말의 의미를 정의하고 해석하며 명확히 하고 설명할 수 있는 것이 바로 하나님의 미리 아심이다.[43] "하나님이 미리 아신(foreknow) 자들을 또한 그 아들의 형상을 본받게 하기 위하여 미리 정하셨으니(predestinate)"(롬 8:29)라는 말씀에서 예지와 예정의 순서에 주목해보라.[44]

성경은 예정이 시간의 흐름에 매여 있는 우리가 경험하는 시간적 순서가 아니라, "하나님의 미리 아심을 따라" 일어난다고 말씀한다. 하나님의 미리 아심의 범위는 우리의 기억, 동기, 상상 등 모든 것에 미친다. 이것이 무소부재하시고 전지전능하셔서 매 순간 각 사람의 내면에서 일어나는 모든 우발적인 생각까지 보고 아시는 하나님께는 전혀 문제가 되지 않는다.

우리가 죄를 짓는 것은, 하나님께서 우리가 그렇게 할 것을 미리 아셨기 때문이 아니다. 하나님은 단지 시간 속에서 일어나는 일을 영원한 예지로 아실 뿐이다. 인간의 자유를 훼손하지 않으시면서도, 시간 속 모든 순간과 요소를 아시는 하나님은, 우리가 죄를 선택할 것도 아신다. 사람은 태양이 빛나는 것을 알지만, 그것을 안다고 해서 태양이 빛나는 것은 아니다. 그런 방식으로 하나님께서도 사람이 범죄할 것을 아신다.[45]

하나님의 미리 아심은 결코 인간의 행동을 필연적으로 일으키는 절대적 원인이 아니다. 그것은 단지 인간이 어떤 행동을 할지, 그들이 무엇을 결정할 것인지와 그로 인해 어떤 결과가 따를지를 미리 아시는 것일 뿐이다. 하나님의 미리 아심은 우리의 죄를 인식하시는 것일 뿐, 일방적으로

---

42 "On Predestination," B 2:416–17, sec. 5.
43 "On Predestination," B 2:420–21, sec. 15.
44 "On Predestination," B 2:418, sec. 7.
45 "On Predestination," B 2:417, sec. 5.

일으키시는 것이 아니다. 인과관계의 첫 단계에서 하나님은 모든 결과의 첫 원인, 모든 움직임의 원동자(first mover)이신 것이 사실이다. 그러나 하나님은 자유를 지닌 인간을 창조하셨고, 그로 인해 인간 스스로는 자신들 나름의 또 다른 인과관계를 형성해나간다. 그것이 자유의 의미다. 인간에게서 그 자유를 없애버리면, 남는 것은 기계이지 자유로운 존재로서의 인간이 아니다.

c. 하나님의 영원하신 뜻은 시간의 순차적 흐름에 매이지 않음

우리가 로마서 8:29-30을 정반대 순서로 재배열해 끝에서부터 처음까지, 즉 영화에서부터 하나님의 예지까지의 순서로 살펴보면 그 의미를 이해하기가 훨씬 쉬워진다. 영화로운 구원을 받은 사람 중 그리스도께서 피로 값 주고 사시지 않은 사람은 아무도 없다. 누구도 부르심을 받지 않고는 의롭다 하심을 받지 못한다. 의롭게 된 사람은 먼저는 외적 부르심을, 그리고 그 후에는 내적인 부르심을 받았다. 그 부르심을 받은 사람 중 신앙에 의해 하나님의 아들의 형상을 본받지 못할 사람은 없다. 그렇게 성화의 은혜를 입은 사람 중 누구도 하나님께서 그것을 미리 알지 못한 상태에서 그렇게 된 사람은 없다. 하나님께서는 모든 과거를 현재처럼 보시고, 시간의 모든 순간마다 현존해 계시기 때문이다.

이러한 과정에서 하나님의 도덕적 형상은, 부르심을 받은 사람 속에서 자유로이 표출될 수도 있고 거부당할 수도 있다. 이 모든 것은 하나님의 영원한 예지에 따라 일어나며,[46] 그 목적은 사람이 영원한 복에 참여하게 하기 위한 것이다.[47] 이 교리는 베드로전서 1:2과 로마서 8:29-30에 근

---

46 은혜언약 아래에서의 서로 다른 시대 구분에 대해서는 B 3:492–93; *LJW* 5:268을 보라.
47 "On Predestination," B 2:418–20, secs. 7–14.

거해 있다. 따라서 사도 바울은 로마서에서, 각 단계가 이전 단계에 의해 결정되는, 변경할 수 없는 일련의 원인과 결과의 상호작용을 말하는 것이 아니다. 그는 "예정론의 원인과 결과의 사슬"을 설명하려 한 것이 아니라, "단지 하나님께서 역사하시는 방법", 즉 구원의 과정을 계속적으로 이루어가는 하나님의 섭리의 순서를 설명해, 하나님의 역사를 "처음에서 시작해 끝까지 살펴보거나, 또는 끝에서 시작해 처음까지 되돌아볼 수 있도록" 하기 위한 것이다.[48]

이는 예정에 대한 웨슬리의 심오한 가르침이다. 19세기의 메소디스트의 설교와 변증이 이러한 이해를 적절히 옹호하지 못한 것은 안타까운 일이다. 그 내용은 웨슬리의 설교 "예정에 대하여"에서 이미 명확히 표현된 것이다. 따라서 웨슬리가 어떤 선택과 예정의 교리도 가르치지 않았다고 말하는 것은 그를 전적으로 오해한 것이다.

하나님께서는 자신의 지식이 악의 직접적 원인이 된다는 비난에서 자유로우시면서도, 모든 것을 "영원한 현재"로 보시면서 영원 전체를 동시에 아신다.[49] 이중예정론적 성경 해석은 하나님을 인간의 조잡한 시간 순서 개념과 지나치게 결부시킨다. 웨슬리는 과거나 미래가 없으신 하나님의 초(超)시간적 본성을 가르침으로 그러한 추정에 수정을 가한다.

d. 하나님의 미리 아심은 도덕적 책임성을 침해하지 않음

하나님께서는 미리 아심에 따라 믿음을 선택한 자에게 영원한 생명을 주시기 원하신다. 하나님의 택하심은 "하나님 아버지의 미리 아심을 따라

---

48 "On Predestination," B 2:416, sec. 4. 이 방법은 이후 마지막으로부터 전체를 조망해가는 볼프하르트 판넨베르크(Wolfhart Pannenberg)의 종말론 논증을 예기한다. *Revelation as History* (New York: Macmillan, 1968)를 보라.

49 "On Predestination," B 2:417, sec. 5.

성령이 거룩하게 하심으로 순종함과 예수 그리스도의 피 뿌림을 얻기 위하여"(벧전 1:2) 이루어졌다.

죄의 원인은 죄인이지, 그에게 자유를 주신 하나님이 아니다. 죄인은 범죄함으로 어리석게도 하나님을 배반한다. 자유가 없다면 누구도 도덕적 책임성을 지녔다고 생각할 수 없다. 자유를 지녔다는 것이, 우리가 말하는 인격이 있다는 것이다.

하나님은 누가 대속의 은혜를 받아들일지, 또는 거부할지를 영원 전부터 아신다. 하나님은 자신이 베푸시는 은혜를 수용하도록 강제하지 않으신다. 대속은 모든 사람을 위한 것이지만, 모두가 수용하지는 않는다.

웨슬리는 바울의 글에 대한 이러한 이해는 초기 기독교 교부들 전체가 예외 없이 받아들인 방식으로, 아우구스티누스 이후 시기에 와서야 더 명확해졌음을 확신했다. 이것이 동방과 서방 교부들이 합의를 이루었던 정통신학이다. 이것이 사도적 교부, 특히 알렉산드리아의 클레멘트, 오리게네스, 닛사의 그레고리우스, 아타나시우스, 요하네스 크리소스토무스, 대(大)키릴로스, 그리고 초기의 일치된 공의회 전통이 이해한 예정론이다.[50]

3. 아들의 형상을 본받게 하기 위하여 미리 정하심

하나님의 미리 정하심은, 그분이 미리 아신 자들로 "그 아들의 형상"을 본받게 하는 것을 목적으로 삼는다. 미래에 언젠가는 자유로이 진실되게 하나님의 아들을 믿게 될 모든 사람에게는, 그들이 그 아들의 형상을 본받고, 외적·내적 죄에서 구원받으며, 거룩하게 살게 될 것이라는 약속이 주어져 있다.

---

50 DPF X:265; 참고. 에베소 공의회, AD 431; 제2차 카르타고 공의회, AD 529; 예정론에 대한 나의 다른 저술로는 *The Transforming Power of Grace* (Nashville: Abingdon, 1993)를 보라.

하나님께서 미리 아시고, 또 이 같은 의미에서 미리 정하신 사람들은, 시간 속에서 효과적으로 하나님의 은혜의 말씀에 의해 외적인 부르심을 받고, 또 성령에 의해 내적인 부르심을 받는다. 이로 인해 그들은 값없이 의롭다 하심을 받고 하나님의 자녀가 된다. 하나님의 작정이란, 곧 "믿는 자는 구원을 받을 것인데, 이는 하나님께서 믿을 것을 미리 아신 자들을 은혜의 말씀에 의해 외적으로 부르시고, 성령에 의해 내적으로 부르심으로 이루어질 것이다"[51]라는 의미다.

하나님의 선택하고 예정하시는 은혜에 대한 웨슬리의 가르침은, 미국의 개혁주의와 메소디스트 교리 간 거친 논쟁에서 거의 언급되지 않는 독특한 주장이다. 그의 가르침은 성화론과 관련된 많은 까다로운 문제를 해결한다. 그것은 거룩한 삶을 추구하면서도 충분히 그렇게 살지 못하는 사람이 하나님의 선택하시는 사랑에서 위로를 얻을 수 있음을 의미한다.

하나님께서 값없이 칭의와 성화의 은혜로 부르신 자들은 값없이 은혜를 받는다. 신자의 성화는 하나님의 아들의 형상을 본받을 때 일어난다. 그 본받음의 과정은, 시간 속에서 하나님의 뜻에 온전히 복종하는 것을 목적으로 하며, 영화에서 온전한 결실을 맺는다. 하나님께서는 그들을 "빛 가운데서 성도의 기업의 부분을 얻기에 합당하게"(골 1:12) 하시고, "창세로부터 그들을 위해 예비된 나라"(마 25:34)를 그들에게 주신다."[52]

"미리 정하신 그들"(롬 8:30)은, 하나님께서 은혜의 효과적 부르심에 궁극적으로 응답해 신자가 될 것을 미리 아신 자들을 의미한다. 하나님께서는 그들 자신은 미리 알지 못할 때도, 그들이 회개하고 믿으며 성화될 것을 미리 아신다. "미리" 아심이란 "사람의 방식을 따라 말한 것이다. 하나

51　"On Predestination," B 2:418, sec. 8.
52　"On Predestination," B 2:418–19, sec. 10.

님께는 사실상 시간적 전과 후라는 것이 없고" 모든 시간이 영원히 현재기 때문이다.[53]

a. 수잔나의 편지(1725)에 담긴 웨슬리의 예정 이해의 핵심

17773년에 아일랜드에서 선포한 이 설교 "예정에 대하여"의 핵심은, 웨슬리가 옥스퍼드 대학교 학생이던 시절(1725) 그 모친 수잔나가 그에게 보낸 편지의 내용을 상기시킨다.

> 나는 하나님께서 영원 전부터 어떤 사람을 영원한 생명으로 택하셨음을 굳게 믿는다. 또 나는 로마서 8장의 말씀대로 이 택하심이 그분의 미리 아심에 기초하고 있다고 겸허히 생각한다. … "즉, 하나님께서는 영원한 예지를 통해, 자신의 힘을 바르게 사용해 하나님께서 베푸신 자비를 받아들이게 될 것을 미리 아신 사람을 … 미리 정하시고, 자신의 양자와 특별한 소유로 삼으신다는 것이다. 하나님께서는 그들로 그 아들의 형상을 본받게 하시기 위해, 외적인 말씀인 복음의 선포와 내적으로는 성령에 의해 그들을 부르신다."[54]

수잔나 웨슬리의 이 탁월한 통찰력은 그 아들의 마음에 굳게 자리 잡는다. 그것이 오랜 시간이 지나 명확한 주장으로 표현된 때가 1773년이다.

이러한 예정론에서는, "믿는 사람은 누구나 구원받고, 멸망당하지 않는다"는 성경의 말씀과, 하나님은 모든 사람을 구원하기 원하신다는 말씀 사이에 어떤 모순도 발생하지 않는다. "오! 인생들이여 … 이 단순한 설명으로 만족하자. 천사들조차 그 깊이를 헤아릴 수 없는 이 신비와 다투려 들지 말자."[55]

---

53 "On Predestination," B 2:418, sec. 7.
54 Letter from Susannah Wesley to John Wesley, August 18, 1725, B 25:179–80.
55 "On Predestination," B 2:421, sec. 16.

D. 예정론에 대한 진중한 고찰

웨슬리는 예정에 대해 가장 자세하게 다룬 자신의 논문에서 성경 본문이 직접 말씀하게 함으로 예정에 대한 논의를 시작했다. 그는 자신과 생각이 다른 사람들에게 공감하면서 대화하는 공감의 은사가 있었다. 이 대화는 "예정론에 대한 진중한 고찰"("Predestination Calmly Considered", 1752; JWO:427-72; J X:204-59)이라는 논문에서 볼 수 있다 [우리말 번역본은 한국웨슬리학회 편역, 『존 웨슬리 논문집 (II)』(과천: 구세군사관학원대학교, 2019), 417-488에 수록됨-역주]. 논문은 많은 이중예정론자의 원자료를 직접 인용하고 있다.

웨슬리에게 유기에 대한 가르침이 전혀 없는 것은 아니다. 그러나 그는 유기는 하나님의 섭리와 은혜에 대한 반응 여부에 기초해 있으며, 은혜는 자유를 허용할 뿐 강제하지 않는다고 주장했다. 또 은혜의 선물을 거절하는 사람을 심판하시는 하나님은 공의로우시다고 생각했다. 웨슬리는 메소디스트 연합체에게 예정을 전적으로 무시하라고 가르치지 않았다. 오히려 올바른 성경적 토대 위에서 예정을 이해할 것을 강조했다.

1. 하나님의 은혜는 불가항력적인가?

a. 불가항력적 은혜 교리의 경험적 토대

웨슬리는 예정의 교리가 불가항력적 은혜를 주장할 때 나타나는 심리적 완강함을 경험적인 측면에서 설명했다. 그가 말하고자 하는 요점은 예정론의 논리가 아니라, 그에 동반되는 느낌이다. 그는 이중예정의 교리는 은혜의 크나큰 능력에 의해 구원받은 신자의 경험에 깊이 뿌리를 두고 있음을 확신했다. 자신 속에서 은혜의 강제력을 경험한 사람은, 하나님께서 언제나 모든 신자에게 불가항력적으로 역사하신다고 추측하기 쉽다. 이처럼 웨슬리는 이중예정론에 어떤 심리적 타당성과 힘을 부여했는데, 그것은 하나님께서 은혜로 부르실 때는 그 부르심이 너무나 강력해 불가항력적으로 보인다는 것이다.[56]

그런 상황에서는 우리의 자유의지가 전적으로 수동적인 것 같고, 은혜는 단순히 일방적으로 역사해 우리 영혼을 자비로 가득하게 하는 것처럼 보인다. 그들이, 은혜는 우리를 두렵고 떨림으로 구원을 이루어가야 할 반응적 존재로 만드는 것이 아니라 전적으로 무력하게 만들어 은혜를 수용하게 한다고 추측하는 것도 이해할 만하다. 이러한 심리적 추론은, 자신에게 일어난 일을 바르게 이해할 수 있는 유일한 방법은, 하나님께서 세상을 만드시기 전부터 이미 어떤 사람은 구원으로, 또 어떤 사람은 유기로 처음부터 결정해놓으셨다고 추정하는 것이라고 성급하게 가정한다. 그 후에는 이런 생각을 점점 체계화해 성경 해석과 논리와 사고 전체의 틀로 삼는다.[57]

이처럼 웨슬리는 이중예정론이 지나치게 경험적이고 감정적인 추론에서 비롯되었음을 지적함으로 극단적 경건주의자들과의 논쟁을 역전시킨다. 그의 설득력 있는 지적은, 이제까지 이중예정론으로 다른 사람들을 공격해온 사람들을 직접적으로 겨냥한 것이다.

b. 성령은 강제적으로 역사하시지 않음

이 세상에는 다시 타락하는 것이 불가능할 정도로 강력하거나 최고도인 거룩함은 없다. 그러나 타락한 사람은 은혜에 의해 누구라도 회개하면

---

56 PCC 1–4, JWO 427–28.
57 같은 곳.

용서받는다. 웨슬리는, 하나님께서 "때때로 어떤 영혼들에게 불가항력적으로 역사하실 수 있음"을 인정했으나, 그렇다고 해서 "언제나 그렇게만 역사하신다"고 추측해서는 안 된다고 가르쳤다.[58]

성령께서 역사하시는 일반적인 방법은 강제적이지 않다. 성령을 거스르는 것이 가능하다는 사실은, 목이 곧은 사람에 관해 말씀하는 사도행전 7:51에서 분명히 드러난다. 그럼에도 하나님께서 오래 참으시는 것이다.

c. 경험적 추론을 섣불리 체계화하는 것의 위험성

웨슬리는 이중예정에 관한 주장이나 저술, 논거를 주의 깊게 체계적으로 살펴보았다. 흔히들 웨슬리를 조직신학자로서의 내적 일관성을 결여한, 비체계적이고 경험만 강조하는 설교자로 일축하곤 한다. 그러나 예정에 관한 이 논문은 그가 논리적 정합성을 얼마나 중시했는지를 보여준다.

이 책의 주된 목적은 그의 신학 체계의 내적 일관성을 보여주는 것이다. "예정론에 대한 진중한 고찰"은 그가 신학을 표현한 전형적 방식인 짧은 교육적 설교 형태가 아니라, 계획적으로 작성한 이성적 논문이다. 이 논문은 과거 옥스퍼드 대학교 교수였던 그가 노년에 접어들었음에도 상황적으로 필요할 때면 세밀한 교리적 작업에 뛰어들어 논리정연하면서도 효율적으로 사고할 수 있었음을 보여준다.

언뜻 보기에는 이중예정론의 체계가 더 합리적이고, 반대편의 논리는 빈약하게 보일지 모른다. 더 우세한 논리적 명료함과 도덕적 확실성이 이중예정론을 꿰뚫고 있는 것처럼 보일 수 있다. 이중예정론에서 하나님은 처음부터 모든 것을 결정해놓으셨고, 그 이후에는 무조건적 유기, 절대적 선택, 불가항력적 은총, 영원한 견인을 통해 예정하신 대로 행하신다. 하

---

58 PCC 81, JWO 468; 참고. LJW 5:83; B 2:489–90; JJW 3:85–86; JWO 427–28, 448 이하., 469–70.

나님과 인간의 관계에 대한 복잡하지 않은 설명과 미묘함이 적은 신학을 갈망하는 사람들은 자신의 그런 심리적 성향을 숨길지도 모른다. 특히 하나님의 주권이 신학의 중심 요소라면, 이중예정론의 성경 해석의 논리는 난공불락인 것처럼 보인다. 그러나 은혜와 자유 사이의 밀접한 내적 연관성을 이해하기 원하는 사람은, 그 둘 사이의 상호작용을 밝혀 더 복잡하면서도 필연성에 덜 매여 있는 설명을 추구한다.

웨슬리는 예정을 더 조화롭고 인격적인 방식으로 설명하고자 했다. 그러기 위해서는 단지 하나님의 전능하신 능력 외에도 고려해야 할 많은 요소가 있었다. 은혜와 자유의 접점에 대한 설명은, 이중예정이라는 절대적 작정에 대한 주장보다 더 복잡한 논증을 필요로 한다.

하나님과 그 백성의 언약 관계는 독백이 아닌 대화 같은 것이다. 그것은 연역적이기보다 변증법적이다. 그 상호관계를 쌍방향적으로 이해하는 것은 더 엄밀하고 다면적인 분석을 필요로 한다. 그렇게 할 때 웨슬리의 예정론은, 언뜻 보면 매우 일관성을 지닌 듯 보이는 이중예정론이라는 손쉬운 대안보다 덜 부조리한 것이 된다.[59]

2. 이중예정론자들의 글이 스스로 말하게 함

웨슬리는 대체로 이중예정론자들의 글이 스스로 말하게 하고자 했다. 그는 종종 1559년의 프랑스 신앙고백, 칼빈의 『기독교강요』, 1618년의 도르트 신조, 1646년의 웨스트민스터 신앙고백을 인용했다.[60]

논쟁이 시작되면 웨슬리는 주로 원문에 초점을 맞추었다. 그러나 논쟁이 점점 열기를 띠면 때때로 이중예정론자들의 주장을 다듬고 편집하되,

---

59 PCC 1–16, JWO 427–33; 참고. B 9:423, 520–21.
60 PCC 1–9, JWO 427–30.

하나님은 죄의 창시자가 아니시며, 선택의 교리에 의하더라도 구원받은 자의 자유의지는 여전히 보존된다는 그들의 결정적인 주장을 삭제했다.[61]

웨슬리는 1752년 무렵까지의 약 200여 년에 걸친 이중예정론의 전통을 잘 알고 있었다. 그는 칼빈의 『기독교강요』에서 전통적 개혁주의 예정론을 발견해, 그 개요를 다음과 같이 요약했다. "모든 사람은 동일한 결말을 맞이하도록 창조되지 않고, 일부는 영생으로, 다른 일부는 영벌로 예정되었다. 모든 개인이 각각 영생이나 영벌로 결정된 채 창조되었기 때문에, 우리는 그가 택하심(생명으로 예정)을 받았거나 유기(저주로 예정)되었다고 말한다."[62] 웨슬리는 종종 웨스트민스터 신앙고백을 인용했다. "하나님의 작정에 따라 그분의 영광을 나타내기 위해 어떤 사람과 천사는 영원한 생명으로, 또 어떤 사람과 천사는 영원한 죽음으로 예정되었다."[63]

웨슬리는 이중예정론을 다음과 같이 정의했다. "하나님께서는 오직 자신의 기뻐하시는 뜻에 따라 이 세상의 기초를 놓으시기 전에 이미 세상 끝날까지 태어날 모든 사람의 운명을 작정해놓으셨다. 이 작정은 하나님 편에서 보면 변하지 않으며, 사람 편에서 보면 불가항력적이다. 인류의 일부는 반드시 죄와 지옥에서 구원받고, 그 외 나머지는 어떤 도움도 받지 못하고 어떤 희망도 없이 영원히 멸망하도록 정해져 있다."[64]

이것이 웨슬리가 공정하게 설명하고 상세히 분석해 논박하려 했던 이중예정론이다. 은혜가 어떻게 인간의 자유와 만나 저항 속에서도 그것을 인도해가는지를 연구하고자 했던 웨슬리의 과업은 실로 엄청난 것이었다. 이 일을 해내기 위해 그는 이중예정론자들의 성경 해석이 균형 있고 근

---

61 JWO 425–26.
62 PCC 7, JWO 429; Calvin, *Institutes*, 3.21.5.
63 PCC 7, JWO 429.
64 PCC 14, JWO 432.

거가 확실한지의 여부와, 그들이 어느 정도까지 공의, 지혜, 사랑, 진실성과 같은 하나님의 속성을 훼손하고 있는지를 살펴보아야 했다.

그는 무조건적 선택을 주장하는 사람들은, 논리적으로 동시에 무조건적 유기를 주장할 수밖에 없다고 보았다.[65] 만약 오직 택자만 구원받는다고 주장하는 사람이 있다면, 이에 뒤따르는 결론은 하나님께서 택하시지 않은 사람은 반드시 저주를 받을 수밖에 없다는 것이 되기 때문이다. "당신은 가서 유기된 사람과 택함 받지 못한 사람 사이를 구분할 방법이 있는지 찾아보라."[66] 웨슬리는 "유기 없이 선택만 있을 수는 없다. 하나님께서 택하지 않고 지나쳐버리신 사람은 유기된 것이다"라고 주장한 칼빈 자신의 논리에 호소했다.[67] "무조건적 선택에는 반드시 유기라는 갈라진 발굽이 함께 있을 수밖에 없다."[68]

3. 하나님의 선택의 조건

a. 성경에 나타난 택하심의 두 가지 의미

이중예정론을 논박하려면 성경에서 두 가지 보완적 의미를 지닌 선택을 구분해야 한다. 첫째, 성경에서 선택은 하나님께서 고레스나 바울을 선택하신 것처럼 특별한 사명을 위해 특정한 개인을 지명하신 것을 의미할 수 있다. 이 선택은 영원한 구원으로의 선택이 아니다. 예를 들어, 가룟 유다는 제자로 부르심을 받았으나, 구원받거나 거룩하게 되는 복은 받지 못했다.[69]

---

65 *JJW* 2:353; 3:84–86.
66 PCC 12, JWO 431.
67 *Institutes* 3.23.1; PCC 9, JWO 430.
68 PCC 15, JWO 432.
69 PCC 16, JWO 433.

다른 구절에서 선택은 영원한 구원으로의 선택을 의미한다. 그러나 이 선택은 무조건적 선택이 아니라, 신앙으로 수용해야 한다는 조건적 선택이다.[70] 따라서 신앙을 가진 사람은 하나님의 선택하시는 사랑에 참여할 수 있으나, 신앙이 없는 사람은 참여하지 못한다.

b. 십자가를 통한 하나님의 선택과 인간의 반응적 선택

주관적인 관점에서 보면 구원을 결정짓는 요소는, 언제나 은혜에 의해 오직 믿음을 통해 무엇을 선택하느냐, 즉 모든 사람을 위한 하나님의 선택하시는 사랑에 바르게 반응했는가 하는 것이다.[71] 이스라엘 백성의 경우에서 알 수 있듯, 하나님의 선택이 실제로 온전하게 실현되려면, 사람이 하나님의 택하심을 바르게 수용하는 것이 반드시 필요하다.[72] 따라서 성경에서 택하심은 배타적으로 하나님의 일방적 선택만이 아니라, 은혜에 의해 사람이 하나님의 택하심을 바르게 수용하는 반응을 포함한다.[73]

성경은 누가 영원한 행복에 참여하게 될지 하나님께서 영원 전에 절대적으로 결정해놓으셨다고 말씀하지 않는다. 성경은 죄인이 영원한 행복을 얻을 수 있는 것은, 하나님께서 모든 사람에게 값없이 은혜를 베풀어 모든 사람을 사랑하기로 하신 하나님의 작정에 기초해 있으며, 모든 사람이 적절한 때에 그 은혜에 바르게 반응해야 함을 말씀한다.

> 혼인 잔치에 초청받았으나 합당하게 응답하지 않는 사람은 잔치에 참여할 수 없다(마 22:8).

---

70 PCC 17, JWO 433.
71 JJW 5:116.
72 JWO 433–34; 참고. "Principles of a Methodist," B 9:59–63.
73 PCC 19, JWO 434.

지혜에 귀 기울이지 않은 사람은 지혜가 그를 거절할 것이다(잠 1:23-29).

이스라엘은 "너희가 만일 그를 버리면 그도 너희를 버리시리라"라는 예언의 말씀을 받았다(대하 15:2).

하나님의 백성은 그들이 하나님의 명령을 어떻게 행하는지의 여부로 복이나 저주를 선택해야 한다(신 11:26-28).

하나님께서는 자신을 사랑해 자신의 명령을 지키는 사람에게 언약적 사랑을 지속하신다(신 7:12)

은혜의 반석 위에 집을 지어야 그 토대가 무너지지 않는다(마 7:24-25).[74]

c. 하나님께서 정하신 조건

웨슬리는 구원을 조건적인 것으로 만든다며 자신을 비난하는 사람들에게, 그 조건은 자신이 아니라, 하나님과의 언약을 받아들이는 데 반드시 요구되는 것이 무엇인지 분명히 규정짓는 하나님의 계시의 말씀이 제시하는 것이라고 응수했다.[75]

"너희가 내 … 계명을 준행하면 … 내 언약을 이행하리라 … 내 규례를 멸시하며 내 언약을 배반할진대 … 내가 너희를 치리니"(레 26:3, 9, 15, 17). 하나님께서는 "모든 사람의 조건적 구원을 위해 필요한 모든 것을 행하셨다. 그 조건은 그들이 믿는 것이다."[76] 성경에 자주 나오는 '만일'로 시작하는 말씀은 모두 조건적이다. "나는 그리스도의 의로우심을 대가(price)로, 믿음을 조건(condition)으로 의롭다 칭함을 받았다. 하나님께서는 우리를 믿음 때문에가 아니라, 믿음을 통해 용납하신다. 우리가 의롭다 칭함 받

---

74 PCC 19, JWO 434.
75 B 11:108–17, 444–57; SS 1:128.
76 "An Extract from A Short View of the Difference between the Moravian Brethren, (So Called,) and the Rev. Mr. John and Charles Wesley," J X:202.

고, 하나님께 용납받은 것은 그리스도로 인해, 믿음을 통해서다."[77] 구원은 우리의 바른 응답을 조건으로 한다.

그러나 십자가를 통한 하나님의 대속의 행위 자체는 조건적인 것이 아니다. 십자가에서의 하나님의 은혜는 어떤 사람이 믿지 않는다고 해서 무효화될 수 없다. 성자 예수 그리스도라는 선물은 사람이 받아들이든 거부하든 십자가에서 객관적으로 주어졌다. 십자가에서 이루어진 일은 모든 사람을 위한 것이지만, 그중 일부만 하나님의 택하심의 사랑에 믿음, 소망, 사랑으로 반응한다.

4. 예지와 예정

"세상의 모든 일을 동시에 아시며, 영원의 모든 순간을 단번에 보시는 분"은 오직 하나님뿐이다. 오직 하나님만이 전지하셔서 예지를 통해 자유로이 은혜에 반응하게 될 신자를 "창세 전에 택하심을 받은 자"로 말씀하실 수 있다.[78] 하나님은 우리의 의지가 어떻게 반응할지 미리 아신다. 하나님은 영원하시고, 모든 것을 아시며, 과거뿐 아니라 미래의 순간에도 현존해 계셔서, 자유의 특정한 행동의 결과를 미리 아시기 때문이다. 그러나 그것이 하나님께서 우리의 자유의 행동을 일방적으로 결정하심을 의미하지는 않는다.

만물의 근원과 수여자 되시는 하나님은 세상을 지금과 다르게 만드실 수 있었을 것이다. 그렇더라도 창조주로서 자신의 의도와 모순되게 행하

---

77   "Some Remarks of Mr. Hill's 'Review of All the Doctrines Taught by Mr. John Wesley,'" J X:390.
78   PCC 17-18, JWO 433. 이 언급은 '예지'와 '예정'을 결정적으로 구분하고 있다. 하나님은 영원한 분이시므로 미래를 예지하신다. 오직 하나님만이 우리가 자유를 어떻게 사용할지 아신다. 그러나 그것이 자유의 자기 결정권을 제한하지는 않는다. 웨슬리는, 은혜는 자유를 훼손하지 않고 오히려 가능하게 한다고 주장했다.

실 수는 없다. 자유로우시면서도 전능하신 하나님은 공상의 세계가 아닌, 우리가 눈으로 보고 있는 이 실제 세상을 창조하기로 결정하셨다. 이 세상에는 인과관계의 복잡한 질서에 포함되어 있는 자연적 원인들이 존재하며, 또 외적 결정인자의 탓으로만 돌릴 수 없도록 인과관계 내에서 부분적으로나마 스스로 결정할 수 있는 자유로운 존재들이 있다.[79] 그들에게 자유는 전능하신 하나님께서 허락하신 범위 안에서 허용된다.[80]

5. 무조건적 선택의 교리는 성경적인가?

a. 모든 사람이 초대 받으나 일부만 수용함

일방적으로 결정되는 유기에 대한 주장은, 모든 사람이 구원으로 초대된다고 하는 성경적 가르침과 모순된다. 하나님은 본래 모든 사람의 구원을 바라시고, 또 의도하신다.[81] 성경은 이렇게 말씀한다.

> 하나님의 뜻은 "아무도 멸망하지 않고 다 회개하기에 이르는" 것이다(벧후 3:9).
>
> 주님께서는 "누구든지 주의 이름을 부르는 자"에게 구원의 풍성한 은혜를 주신다(롬 10:13).
>
> 아담의 죄로 모든 사람이 정죄를 받게 된 것처럼, 그리스도의 순종은 모든 사람이 하나님과 화해하게 하기 위해 제공되었다(롬 5:18-19).
>
> 복음은 "온 세상 … 만민에게" 전파되어야 한다(막 16:15).
>
> 그리스도는 "모든 사람"을 위해 죽으셨다(고후 5:15).
>
> 그리스도는 "세상 죄를 지고 가는 하나님의 어린 양"이시다(요 1:29)

---

79 JWO 474–76, 489–90.
80 PCC 120, JWO 432–34.
81 PCC 19, JWO 434.

그리스도는 단지 우리의 죄만이 아니라 "온 세상의 죄"를 위한 화목제물이시다(요일 2:2). 그 외에도 웨슬리는 끈기 있게 다음의 성경 구절들을 풀이해나간다. 마태복음 22:9("네거리 길에 가서 사람을 만나는 대로 혼인 잔치에 청하여 오라 한대"), 누가복음 19:41-42("성을 보시고 우시며 이르시되 너도 오늘 평화에 관한 일을 알았더라면 좋을 뻔하였거니와 지금 네 눈에 숨겨졌도다"), 요한복음 5:16, 34, 40("그러므로 안식일에 이러한 일을 행하신다 하여 유대인들이 예수를 박해하게 된지라 … 나는 사람에게서 증언을 취하지 아니하노라 다만 이 말을 하는 것은 너희로 구원을 받게 하려 함이니라 … 그러나 너희가 영생을 얻기 위하여 내게 오기를 원하지 아니하는도다"), 사도행전 17:24-27("우주와 그 가운데 있는 만물을 지으신 하나님께서는 천지의 주재시니 … 만민에게 생명과 호흡과 만물을 친히 주시는 이심이라 … 이는 사람으로 혹 하나님을 더듬어 찾아 발견하게 하려 하심이로되"), 디모데전서 2:3-4("이것이 우리 구주 하나님 앞에 선하고 받으실 만한 것이니 하나님은 모든 사람이 구원을 받으며 진리를 아는 데에 이르기를 원하시느니라"), 디모데전서 4:10("이를 위하여 우리가 수고하고 힘쓰는 것은 우리 소망을 살아 계신 하나님께 둠이니 곧 모든 사람 특히 믿는 자들의 구주시라"), 요한1서 4:14("아버지가 아들을 세상의 구주로 보내신 것을 우리가 보았고 또 증언하노니"). 이 구절들은 모두 그리스도께서 모든 사람을 구원하기 위해 세상에 오셨으며, 모든 사람을 위해 죽으셨다고 말씀한다. 비록 일부의 사람만 받아들인다 하더라도, 그리스도의 대속은 모든 사람을 위한 것이다. 그리스도는 "온 세상의 죄"를 속하기 위한 화목제물이시다(요일 2:2). 다음의 성경 구절이 말씀하는 것처럼, 십자가에서 일어난 일은 일부가 아닌 모든 사람을 위한 것이다. 마태복음 18:12("만일 어떤 사람이 양 백 마리가 있는데 그중 하나가 길을 잃었으면 그 아흔아홉 마리를 산에 두고 가서 길 잃은 양을 찾지 않겠느냐"), 요한복음 3:17("하나님이 그 아들을 세상에 보내신 것은 세상을 심판하려 하심이 아니요 그로 말미암아 세상이 구원을 받게 하려 하심이라"), 요한복음 12:47("내가 온 것은 세상을 심판하려 함이 아니요 세상을 구원하려 함이로라"), 로마서 14:15("만일 음식으로 말미암아 네 형제가 근심하게 되면 이는 네가 사랑으로 행하지 아니함이라 그리스도께서 대신하여 죽으신 형제를 네 음식으로 망하게 하지 말라"), 고린도전서 8:11("그러면 네 지식으로 그 믿음이 약한 자가 멸망하나니 그는 그리스도께서 위하여 죽으신 형제라"), 고린도후서 5:14-19("한 사람이 모든 사람을 대신하여 죽었은즉 … 그가 모든 사람을 대신하여 죽으심은 … 하나님께서 그리스도 안에 계시사 세상을 자기와 화목하게 하시며 … 화목하게 하는 말씀을 우리에게 부탁하셨느니라"), 히브리서 2:9("죽음의 고난 받으심으로 말미암아 영광과 존귀로 관을 쓰신 예수를 보니 이를 행하심은 하나님의 은혜로 말미암아 모든 사람을 위하여 죽음을 맛보려 하심이라"), 베드로후서 2:1("그러나 백성 가운데 또한 거짓 선지자들이 일어났었나니 이와 같이 너희 중에도 거짓 선생들이 있으리라 그들은 멸망하게 할 이단을 가만히 끌어들여 자기들을 사신 주를 부인하고 임박한 멸망을 스스로 취하는 자들이라").[82]

b. 영원한 작정

하나님의 영원한 작정은, 구원받은 사람을 믿게 하신다는 것이 아니라, 믿는 사람을 구원하신다는 것이다. 로마서 9:21의 토기장이와 진흙 비유는, 하나님께서 사람을 창세 전에 무조건적으로 유기하실 권한이 아니라, "자비를 베푸실 조건을 결정할 권한"을 가지고 계심을 말씀한다. 하

---

82 PCC 19–23, JWO 434–35.

나님께서는 과거에 어떤 특권을 지녔는지와 관계없이 자신이 자비를 베풀기 위해 정한 조건을 만족시키는 모든 사람, 심지어 이방인에게도 자비를 베푸신다.[83]

하나님께서 "바로의 마음을 완악하게 하셨다"(출 7:3)는 표현은, 더 깊이 연구해보면 사실상 하나님께서 "사탄이 그 마음을 완악하게 하도록 허락하셨다"는 의미다.[84] 하나님께서는 마음이 완악한 신자들이 불신앙 속에서 마음이 완고해지는 것을 허락하신다. "그들을 내 손에서 빼앗을 자가 없느니라"(요 10:28)라는 주님의 말씀은, 하나님의 은혜에 의해 주님을 따르고 순종하기로 결심한 신자에게 주신 것이다.

6. 부적절한 결정론의 논리를 논박함

a. 결정론은 하나님의 공의를 부인함

하나님께서 자유를 가진 사람을 그가 은혜에 어떻게 반응할지에 대해 전혀 고려하지 않은 채 영원한 형벌로 저주하신다면, 그가 공의로우시다고 할 수 있는가? "외부의 힘에 의해 이리저리 움직인 기계에 상을 주거나 벌을 준다면, 그런 것을 정의롭다고 할 수 있는가?"[85] 성경에서 "하나님은 자신이 하는 일이 공의로움을 인간에게 알리기를 기뻐하신다."[86]

만약 사람이 은혜를 수용할지 거부할지 전혀 고려하지 않은 채 영원한 작정이 이미 존재하고 있다면, 어떻게 하나님을 공의로운 재판관으로 생각할 수 있겠는가? 이미 결정되어 있다면, 성령께서 은혜에 대한 반응을

---

83 PCC 24-33, JWO 435-41.
84 PCC 55, JWO 453-54.
85 PCC 37, JWO 442.
86 PCC 22, JWO 435; J X:216.

일으키기 위해 우리 마음에서 활동하셔야 할 이유가 있는가? 공의로우신 하나님은 값없이 제공된 은혜를 거부하는 자 외에는 누구도 저주하지 않으신다.[87]

b. 하나님의 공의의 훼손

만약 유기로의 절대적 예정이 사실이라면, 하나님의 약속의 진실성이 문제가 된다. 만약 창세 전 하나님의 작정에 의해 회개하는 것이 절대적으로 불가능하게 되었다면, 어떻게 하나님께서 모든 사람을 회개로 부르는 것을 진실하다 할 수 있겠는가? 선을 행할 능력을 부여하시지 않은 사람을 선을 행하지 않는다는 이유로 저주하신다면 공의롭다고 할 수 없다. 죄에서 벗어날 어떤 방법도 주어지지 않았다면, 죄를 지었다는 이유로 저주하는 것 역시 공의롭다고 할 수 없다. 오직 악한 일밖에 할 수 없는 사람에게 악한 일을 했다고 저주한다면 어떻게 공의롭다고 할 수 있겠는가?[88] 믿을 능력이 없는 사람에게는 불신앙조차 저주의 근거가 될 수 없다.[89]

하나님의 전능하심은 인간의 자유를 훼손함으로써가 아니라 그것을 다루시는 방법에서 드러난다.[90] 이중예정론은 하나님의 공의와 인간의 자유 모두를 훼손하지 않고는 주장할 수 없다.[91] 이중예정론은 회개와 신앙을 목적으로 삼는 모든 설교를 어리석은 것으로 만들면서, 부주의하게도 하나님의 전능하심, 자비, 진실성, 성실성을 손상시킨다.

---

87 PCC 22, JWO 435; J X:216.
88 PCC 31, JWO 439; J X:221.
89 PCC 35–36, JWO 441; J X:223.
90 LJW 6:287; 1:184.
91 단일론(Monotheletism)은 그리스도께서 오직 한 가지 의지만 가지셨다고 주장하는 이단이다. 정통 기독교는 신인(God-man)이신 그리스도께서 인간적 의지와 신적 의지 모두를 가지셨지만, 끊임없는 성별을 통해 인간의 의지를 자유로이 복종시키신다고 가르친다. 웨슬리는 이중예정론을 구원에서 오직 하나님의 의지만 작용한다고 주장하는 새로운 형태의 단일론으로 여겼다.

c. 하나님은 언약에 신실하심

하나님께서 언약에 신실하시다는 사실은 우리를 향한 변함없는 사랑을 통해 드러난다. 믿음으로 바르게 응답하는 모든 사람을 구원하신다는 하나님의 뜻은 만고불변하다.[92]

"성경은 하나님의 작정의 불변성에 대해 다음과 같이 말씀한다. 하나님께서는 불변하는 작정을 통해 거룩한 신자는 구원하고, 완고해 회개하지 않는 불신자는 저주하기로 결정하셨다." "하나님은 결코 변하지 않는 방식으로 신앙은 사랑하시고 불신앙은 미워하신다."[93]

신앙을 통해 자신의 사랑에 바르게 응답하는 모든 사람을 구원하시기로 한 하나님의 작정은 결코 변하지 않는다.

하나님께서는 비할 데 없는 신실함으로 약속을 이루시고, 언약을 지키실 것이다. 그러나 언약의 하나님은 처음부터 사람의 반응을 요구하실 뿐 아니라, 은혜로 이를 가능하게 하신다.[94]

7. 하나님의 지혜, 공의, 자비, 능력, 신실하심

a. 하나님의 전능하심은 자비와 충돌하지 않음

성육신은 하나님께서 자신을 낮추어 우리에게 오심을 보여준다. 지혜의 하나님은 인간의 상황에 맞게 스스로를 조정하신다. 하나님께서는 강제가 아니라, 연인이 상대방을 초청하고 이끌며 설득하듯 우리 마음 속에서 책망과 탄식과 설득을 통해 온화한 방법으로 역사하신다. 자유라는 것

---

92 PCC 58, JWO 455.
93 PCC 58–59, JWO 455; J X:238.
94 PCC 59–78, JWO 455–67.

이 잔인한 공상에 불과한 닫힌 세계를 창조하시기보다, 강제함 없이 사람에게 구원의 은혜를 베푸심으로 인간의 자기 결정을 가능하게 하시고, 인간의 선택에 의한 자유로운 상호작용을 기꺼이 환영하시는 분은 지혜의 하나님이시다.[95]

하나님께서는 은혜로 사람을 구원하시기 위해, 먼저 일반은총에 의해 세상 모든 사람에게 선과 악을 구분할 수 있는 빛을 비추신다. 다음으로는 죄를 깨닫게 하는 은총에 의해 그들의 의지가 죄에 빠지면 책망하신다. 그 후에는 그들의 의지를 강제적으로가 아니라 온화하게 자극해 하나님의 은혜에 협력적으로 반응하게 하신다. 또 그들의 의지를 설득하고, 선한 욕망을 일으키며, 그들이 영원한 생명과 죽음 사이에서 선택하게 하시고, 생명을 선택하도록 그들을 설득하신다.[96]

b. 영원한 작정이란 신자는 구원하고, 불신자는 저주하신다는 결정임

인간의 인격은 스스로 움직이지 못하고 단지 외부의 힘에 의해 움직이는 돌이나 포탄 같은 것이 아니다. 누구도 포탄을 두고 결과에 책임이 있다고 여기지 않는다. 마찬가지로 사람이 저항할 수 없는 힘에 의해 어쩔 수 없이 무엇인가를 행했다면, 그것 때문에 상이나 벌을 받기에 합당하다고 할 수 없다.[97] 은혜가 자유를 가능하게 한다는 사실을 보여주는 가장 적절한 비유는, 당구공과 같은 자연적 인과관계가 아니라, 한 인격이 자유를 가진 다른 대상에게 말을 걸고 설득하는 대인관계, 상호작용, 대화와 같은 것이다.

하나님의 일부 속성을 손상시키는 방법으로는 하나님의 영광을 높일

---

95 PCC 51–52, JWO 449–50.
96 PCC 52–54, JWO 450–52.
97 PCC 37, JWO 442; J X:224.

수 없다. 하나님께서 주권적 의지로 누군가 죄를 지을 수밖에 없도록 미리 정해놓으셨기 때문에, 공의로우신 하나님께서 영광 받으신다는 주장은 설득력이 없다. 어떤 사람이 말 한마디로 수많은 사람을 살릴 수 있음에도 "나는 그들을 살리지 않을 것이다. 내가 그것을 원하지 않기 때문이다"라는 말로 그들을 살리기를 거절하고 단지 소수의 사람만 살린다면, 우리는 그에 대해 무엇을 말하겠는가?

하나님께서 그렇게 일방적으로 행하신다고 주장하는 것은 하나님의 자비를 높이지도 못한다.[98] 하나님의 주권은 창세 전부터 어떤 사람은 구원하고, 또 어떤 사람을 저주함으로써가 아니라, "영원 전부터 '믿는 사람은 누구나 구원받도록' 작정하심", "시간, 장소, 만물의 창조 방식, 유무형의 피조물의 수와 종류 등 창조에 대한 제반 사항을 결정하심", "각 사람에게 천부적 재능을 배분해주심", "성령의 다양한 은사를 나누어주심" 등을 통해 충분히 드러난다.[99]

8. 자유의지에 대한 옹호

웨슬리는 하나님께서 비록 타락의 가능성이 있으나 선하게 창조하신 자유를 인간에게 부여하셨고, 사람이 그 자유를 악용해 악을 선택했기에, 하나님은 자유의 창시자이지 죄의 창시자가 아니며, 인간에게는 자유의지가 있음을 주장했다. 하나님의 형상을 반영할 수 없는 피조물이라면 기계와 다를 바 없다는 것이다.

인간의 자유는 인간이 가진 유한성이라는 한계 내에서 하나님의 자유를 반영하도록 창조되었다. 말하거나 생각할 수 있는 아무런 능력 없이 하

---

[98] PCC 52–53, JWO 450–51.
[99] PCC 53–56, JWO 451–53.

나님의 선하심을 오직 수동적으로만 반영하는 무기물과 달리, 인간은 자유가 있기에 하나님의 선하심을 의식적·이성적으로 반영할 수 있다.[100]

만약 자유를 제거한다면, 그것은 창조세계에서 하나님의 영광의 가장 위대한 발현을 제거하는 것이다. 성경은 반복적으로 우리 각 사람이 생명과 죽음, 선과 악 사이에서 올바른 선택을 해야 한다고 말씀한다(창 3:17; 신 7:9-12; 마 7:26). 자유는 무생물에게는 불가능한 방식으로 하나님을 영화롭게 하고 반영하는 일을 가능하게 한다.

웨슬리는 특히 "하나님께서 인간의 의지에 선천적 자유를 부여해주셨기 때문에, 그 의지는 선이나 악을 행하도록 강요당하거나, 절대적 필연성에 의해 결정되지 않는다"[101]는 사실을 인정한 개혁주의의 웨스트민스터 신앙고백 옹호자들의 글을 인용하기를 즐겼다.

9. 반(半)펠라기우스주의에 대한 웨슬리의 반대

a. 피조물의 자유에서 드러나는 창조주의 영광

하나님께서 우리의 자유 없이 우리를 구원하신다는 가정은, 하나님께서 우리의 자유와 함께, 그 자유를 발휘하게 하는 가운데 우리를 구원하신다는 것보다 더 하나님을 높이는 것이 될 수 없다. 하나님께서 기계를 불가항력적으로 구원하시는 것은, 자유를 가진 존재를 그가 동의하거나 거절할 수 있는 상태에서 은혜로 구원하는 것보다 하나님께 더 영광이 되지 않는다.[102]

어떤 사람은 만약 인간의 자유의지에 조금이라도 어떤 능력이 부여된

---

100 PCC 49, JWO 447.
101 Westminster Confession IX.1.
102 PCC 49, JWO 448; J X:231.

다면, 그 능력은 하나님을 벗어난 것이고, 따라서 하나님께서 구원의 모든 영광을 취하시는 것이 아니라, 일부의 영광은 인간의 의지로 돌아가게 된다고 주장한다. 그러나 웨슬리는 반(半)펠라기우스주의를 암시하는 모든 주장에 반대해, "하나님과 함께 일할 수 있는" 모든 능력은 오직 은혜에 의해 하나님에게서 온 것이라고 답한다.

"하나님과 함께 일할 수 있는" 자유를 지닌 인격의 창조는, 하나님께 더 큰 영광을 돌리는 근거가 된다. 그렇게 할 수 있는 능력 자체를 주시는 분이 하나님이시기 때문이다. 하나님께서는 자신의 은혜에 협력할 수 있는 인간의 자유를 배제하는 것이 아니라 오히려 창조하시고 구속하시며 그 자유에 새로운 능력을 부여하신다.[103]

b. 은혜 없이는 하나님께 어떤 협력도 할 수 없음

하나님께서 협력할 수 있는 능력과 가능성을 주시지 않으면, 사람은 하나님께 어떤 협력도 할 수 없다. 따라서 하나님의 은혜가 인간의 자유에 은혜와 협력할 능력을 부으신다고 말하는 것은, 하나님의 은혜를 부정하는 것이 아니다. 자유를 바르게 사용하면 하나님의 영광을 손상시키지 않고 더 높여드릴 수 있다.

웨슬리는 '협력'(cooperation)이라는 말로, 인간의 타락한 자유가 하나님께 먼저 나아가 주도권을 쥐고 하나님과의 관계의 회복을 이룰 수 있는 자연적 능력을 의미한 것이 아니다. 오히려 '협력적 은혜'(cooperating grace)라는 말로, 하나님의 은혜에 의해 인간의 자유가 하나님의 구원 계획에 응답할 수 있게 되어 하나님과의 상호작용이 가능하게 되었음을 의

---

103 PCC 43-49, JWO 446-48.

미했다.[104] 즉, 하나님의 은혜를 통해 인간의 의지가 하나님의 의지에 동조할 수 있게 되었다는 것이다.[105]

10. 구원받은 사람도 다시 타락할 수 있음

과거 한때 참으로 믿어 선한 양심을 일으키는 신앙을 부여받은 사람도 이후에 다시 타락할 수 있다(겔 18:24, "만일 의인이 돌이켜 그 공의에서 떠나 범죄하고 악인이 행하는 모든 가증한 일대로 행하면 살겠느냐 그가 행한 공의로운 일은 하나도 기억함이 되지 아니하리니 그가 그 범한 허물과 그 지은 죄로 죽으리라"; 딤전 1:18-19, "아들 디모데야 내가 네게 이 교훈으로써 명하노니 전에 너를 지도한 예언을 따라 그것으로 선한 싸움을 싸우며 믿음과 착한 양심을 가지라 어떤 이들은 이 양심을 버렸고 그 믿음에 관하여는 파선하였느니라").

한 번 참 감람나무에 접붙임을 받았던 사람도 이후 하나님을 믿지 않음으로 구원의 가지에서 꺾일 수 있다(롬 11:16-22, "제사하는 처음 익은 곡식 가루가 거룩한즉 떡덩이도 그러하고 뿌리가 거룩한즉 가지도 그러하니라 또한 가지 얼마가 꺾이었는데 돌감람나무인 네가 그들 중에 접붙임이 되어 참 감람나무 뿌리의 진액을 함께 받는 자가 되었은즉 그 가지들을 향하여 자랑하지 말라 자랑할지라도 네가 뿌리를 보전하는 것이 아니요 뿌리가 너를 보전하는 것이니라 그러면 네 말이 가지들이 꺾인 것은 나로 접붙임을 받게 하려 함이라 하리니 옳도다 그들은 믿지 아니하므로 꺾이고 너는 믿으므로 섰느니라 높은 마음을 품지 말고 도리어 두려워하라 하나님이 원 가지들도 아끼지 아니하셨은즉 너도 아끼지 아니하시리라 그러므로 하나님의 인자하심과 준엄하심을 보라 넘어지는 자들에게는 준엄하심이 있으니 너희가 만일 하나님의 인자하심에 머물러 있으

104　JWO, 서문, 13–16; 참고. 119, 425.
105　PCC 43–49, JWO 446–48.

면 그 인자가 너희에게 있으리라 그렇지 않으면 너도 찍히는 바 되리라"). "그리스도 안에 계속 머물러 있지 않은" 가지는 버려져 불에 태워진다(요 15:6). 한때 우리 주 예수 그리스도를 알았던 사람도 다시 세상에 얽매일 수 있다(벧후 2:20, "만일 그들이 우리 주 되신 구주 예수 그리스도를 앎으로 세상의 더러움을 피한 후에 다시 그중에 얽매이고 지면 그 나중 형편이 처음보다 더 심하리니"). 성령에 참여해 성령의 열매를 맺었던 사람도 은혜에서 타락해 과거의 더러움으로 되돌아갈 수 있다(히 6:4-6, "한 번 빛을 받고 하늘의 은사를 맛보고 성령에 참여한 바 되고 하나님의 선한 말씀과 내세의 능력을 맛보고도 타락한 자들은 다시 새롭게 하여 회개하게 할 수 없나니 이는 그들이 하나님의 아들을 다시 십자가에 못 박아 드러내놓고 욕되게 함이라").[106]

심지어 가장 적극적으로 성결의 은혜를 받은 사람도 다시 타락할 수 있다(히 10:26-29, "우리가 진리를 아는 지식을 받은 후 짐짓 죄를 범한즉 다시 속죄하는 제사가 없고 오직 무서운 마음으로 심판을 기다리는 것과 대적하는 자를 태울 맹렬한 불만 있으리라 모세의 법을 폐한 자도 두세 증인으로 말미암아 불쌍히 여김을 받지 못하고 죽었거든 하물며 하나님의 아들을 짓밟고 자기를 거룩하게 한 언약의 피를 부정한 것으로 여기고 은혜의 성령을 욕되게 하는 자가 당연히 받을 형벌은 얼마나 더 무겁겠느냐 너희는 생각하라"). 우리가 시작할 때에 확신한 것을 끝까지 견고히 잡고 있으면 우리는 최종적으로 그리스도께 참여하는 자가 된다(히 3:14). 성경은 스스로 삼가 우리가 가진 것을 잃지 말고(요이 1:8), 아무도 우리 면류관을 빼앗지 못하도록 우리가 가진 것을 굳게 잡으라고 말씀한다(계 3:11).[107] 하나님의 은혜는 전능하지만 불가항력적이지는 않다.[108]

---

[106] PCC 68-79, JWO 458-68.
[107] PCC 73-78, JWO 463-67.
[108] PCC 81, JWO 468.

11. 도르트 종교회의와 웨슬리의 가르침 비교

a. 도르트 신조 제1-5조

웨슬리는 "모든 사람은 아담 안에서 범죄하여 저주 아래 놓여 있으며 영원한 죽음을 받기에 마땅하다. 따라서 하나님께서 온 인류를 죄와 저주 아래 내버려두시고 그 죄로 인해 심판하시더라도, 그분은 누구에게도 어떤 불의를 행하시는 것이 아니다"라는 도르트 신조 제1조의 요점에 반대하지 않았다.

웨슬리는, '하나님의 사랑이 우리에게 이렇게 나타난 바 되었으니 하나님이 자기 독생자를 세상에 보내심은 그를 믿는 자마다 멸망하지 않고 영생을 얻게 하시기 위함'이라는 제2조와, 로마서 10:15, "보내심을 받지 아니하였으면 어찌 전파하리요"라는 말씀을 인용한 제3조에도 반대할 수 없었다.

마찬가지로 제4조에 대해서도, "이 복음을 믿지 않는 사람에게는 하나님의 진노가 머물러 있다. 그러나 참되고 살아 있는 믿음으로 복음을 받아들이고 구주 예수님을 영접하는 사람은 예수님을 통해 하나님의 진노와 멸망에서 구원을 얻고, 또 영생을 선물로 받는다"는 바울의 가르침을 굳게 붙들었다.

"다른 모든 죄와 마찬가지로 불신앙의 원인이나 책임은 하나님이 아니라 사람에게 있다. 반면 예수 그리스도를 믿는 믿음과 그분을 통한 구원은 하나님께서 값없이 주시는 선물이다. 이는 '너희는 그 은혜에 의하여 믿음으로 말미암아 구원을 받았으니 이것은 너희에게서 난 것이 아니요 하나님의 선물이라'(엡 2:8), '그리스도를 위하여 너희에게 은혜를 주신 것은 다만 그를 믿게 하려 하심이라'(빌 1:29)라는 말씀과 같다"는 제5조에도 반대할 만한 내용이 전혀 없다.

b. 도르트 신조 제6-10조

제6조에서는 "시간 안에서 어떤 사람은 하나님에게서 믿음의 선물을 받는데 어떤 사람은 받지 못하는 것은, 하나님의 영원한 작정에서 기인한다"라는 첫 문장을 제외하고, "하나님께서는 그분의 택하신 사람들의 마음이 아무리 완고하더라도 부드럽게 하셔서 그들로 믿게 하신다"는 나머지 내용에는 동의했다. 웨슬리는 "지옥에 대하여"라는 설교에서 "하나님께서는 공의로운 판단에 따라" 은혜에 저항하는 사람들을 "그 완악함과 완고함 속에 내버려두신다"고 인정했다. 또 도르트 신조와 유사한 표현을 사용해 영혼은 하나님의 영원한 계획에 의해 위로를 받는다고 말한 영국 국교회 신조 제17조에도 반대하지 않았다.

도르트 신조에 대한 웨슬리의 반대는 "하나님께서는, 스스로의 잘못에 의해 본래의 죄 없는 상태를 벗어나 죄와 파멸에 떨어진 모든 인류 중 정해진 숫자의 개개인을, 창세 전에 이미 자신의 주권적이고 선하시고 기뻐하시는 뜻에 따라 순전히 은혜로 그리스도 안에서 구원으로 선택하셨다"고 하는 제7조의 첫 문장에 초점을 맞춘다.

웨슬리는, 은혜는 "미리 내다본 신앙이나 신앙의 순종, 거룩함, 또는 다른 어떤 선한 자질이나 기질을 근거로 주어지는 것이 아니다. … 하나님께서는 (우리가 거룩하고 흠이 없기 때문이 아니라) 우리로 사랑 안에서 그 앞에 거룩하고 흠이 없게 하시려고 우리를 택하셨다(엡 1:4)"고 주장하는 제9조에도 대부분 반대할 이유가 없었다. 그런 것을 은혜의 근거로 삼는다면 행위의 의를 주장하는 것이기 때문이다. 그러나 동일한 에베소서 1:4에 대한 웨슬리의 주해는, "하나님께서는 예수 그리스도를 믿을 것을 미리 아신 우리, 즉 유대인과 이방인 모두를 선택하셨다"고 설명해, 그가 도르트 신조와 해석을 달리했음을 보여준다.

c. 도르트 신조의 다른 주장들

웨슬리는 구원의 확신과 그 열매를 다루는 도르트 신조 제13조와 제14조가 "선택"이라는 용어 대신 "공로 없는 자에게 베푸시는 은혜"라는 용어를 사용했다면 이를 특히 소중히 여겼을 것이다. 그 내용은 다음과 같다.

하나님의 자녀는 이 선택을 깨닫고 확신을 가질 때, 날마다 하나님 앞에서 겸손해야 할 더 큰 이유를 발견하고, 다 알 수 없는 하나님의 자비의 깊이를 경탄하며, 먼저 그처럼 큰 사랑을 보이신 하나님을 열렬히 사랑하게 된다. 따라서 이러한 선택의 교리나 이에 대한 묵상이 하나님의 자녀로 그분의 명령을 행하는 일에 나태하게 하거나 육적으로 자신을 신뢰하게 만든다는 것은 사실이 아니다. 하나님의 의로우신 심판에 의해, 그런 일은 주로 경솔하게 선택의 은혜를 당연한 것으로 여기면서 안일하고도 뻔뻔한 태도로 자신이 선택 받았다고 말하지만, 정작 택자의 길로 행하지 않는 사람에게서 일어난다.

하나님의 지혜로우신 계획에 따라 하나님의 선택에 관한 이 교리는 신구약에서 선지자들과 그리스도 자신과 사도들에 의해 선포되었고, 또 성경에 기록되었다. 오늘날에도 하나님께서 특별히 이 교리를 맡기신 교회가 이것을 가르치고 있다. 우리는 호기심을 가지고 높으신 하나님의 숨겨진 일들을 캐묻는 태도가 아닌 경건하고 거룩한 태도로, 적절한 때에 신중하게 이 교리를 배워야 한다. 이 배움은 하나님의 지극히 거룩하신 이름에는 영광이 되고, 그분의 백성에게는 생명력 넘치는 위로가 되도록 해야 한다.

웨슬리는 유기를 주장하는 제15조 전체는 아니지만 많은 부분에 반대했다. 즉, 하나님께서는 죄인들을 "자신들의 잘못에 의해 떨어진 공통의 비참함 속에 내버려두시고, 그들에게는 구원의 신앙과 회심의 은혜를 베풀지 않음으로써 (그들이 선택한 길에 내버려두어 하나님의 의로우신 심판아래 처하게함으로) 최종적으로 그들을 정죄하고 영원히 벌하기로 작정하셨다. 이는 그들의 불신앙과 다른 모든 죄악으로 인해 하나님의 공의를 나타내시기 위함이다"라는 내용이다. 웨슬리는 죄인에 대한 하나님의 공의로우신 심판이 결코 하나님을 죄의 창시자로 만들지 않는다는 도르트 신조의 내용에는 확고히 동의했다.

웨슬리는 제16조의 내용에는 대부분 동의했다. 그 내용은 다음과 같다.

> 그리스도를 믿는 살아 있는 믿음, 확고한 내적 확신, 평온한 양심, 어린아이 같은 순종의 열정, 그리스도로 인해 하나님께 영광 돌려드리려는 마음을 아직 실제적으로 경험하지는 못했으나, 그럼에도 하나님께서 그 모든 것을 우리 안에 일으키시겠다는 약속과 함께 주신 은혜의 방편들을 활용하는 사람은, 유기라는 말을 듣고 놀라거나, 자신을 유기된 자로 간주해서는 안 된다. 오히려 부지런히 은혜의 방편들을 지속적으로 활용하고, 더 풍성한 은혜의 때를 간절히 바라며, 경외심과 겸손한 태도로 그 은혜 주시기를 기다려야 한다.

제17조 "신자의 자녀"에 대해서는, "그 자녀가 부모와 함께 참여하는 은혜언약에 의해, 하나님을 경외하는 부모는 자기 자녀의 선택과 구원에 대해 의심하지 말아야 한다"는 이중예정론적 주장만 제외하면, 웨슬리의 가르침은 대체로 도르트 신조의 내용과 동일하다.

도르트 신조와 웨슬리의 가르침을 비교한 것은, 칼빈주의와의 "머리카락 하나 두께 차이"가 어떤 면에서 작고, 어떤 면에서 큰지를 명확히 하기 위한 것이다. 사람들은 흔히 그 머리카락의 두께가 무한히 넓은 것으로 생각하지만, 사실상 웨슬리를 비난해온 사람들이 상상한 것보다는 제한적이다.

E. 예정론자와 그 친구의 대화

1. 이중예정론은 죄를 필연적인 것으로 만듦

웨슬리는 이중예정론자들과의 대화체 글을 통해 우호적이지만 강한 정신력을 지닌 대화 상대로 그들에게 다가간다. 그 글의 제목은 "예정론자와 그 친구의 대화"(A Dialogue between a Predestinarian and His Friend, J X:259–66)다.

이 대화의 목적은 논쟁에서 종종 "그것은 예정론자들이 말하는 것이 아니다"라고 주장하는 이중예정론자들에게 답하는 것이었다. 그들의 주장을 논박하기 위해 웨슬리는 [특히 츠빙글리,[109] 칼빈,[110] 웨스트민스터 요리문답, 피터 마터 버미글리(Peter Martyr Vermigli),[111] 제롬 잔키우스(Jerome Zanchius),[112] 요하네스 피스카토(Johannes Piscator),[113] 윌리엄 트위스(William Twisse)[114] 등이 저술한] 가장 중요한 개혁주의 문서들을 이중예정론자들과의 대화의 통로로 삼아 그 글들을 직접 인용했다. 그들은 모두 개혁주의 이중예정론의 대변자로 높이 평가받는 인물들이다.

a. 하나님은 죄를 필연적인 것으로 만드셨는가?

웨슬리는 핵심 자료들을 통해 절대적 이중예정론의 가장 중요한 주장을, '하나님은 인간의 모든 행동을 포함해 어떤 예외도 없이 앞으로 발생

---

109 "On Divine Providence," B 2:534–50.
110 *Institutes* 1.16.3, 8; 1.17.5; 3.23.1–2, 6; 3.24.8, 12–13.
111 Commentary on Romans.
112 "On the Nature of God."
113 "Disputation on Predestination."
114 *Vindiciae Gratiae Potestatis et Providentiae Dei*, 3, 22.

할 모든 일을 영원 전부터 예정하셨다'는 것으로 정리했다.[115] 칼빈은 "인간의 의지는 하나님의 의지에 의해 다스림을 받는다. 따라서 하나님이 예정하신 대로 수행할 뿐이다"[116]라고 적었다.

이런 주장은 죄를 필연적인 것으로 만드는 경향이 있다. 이 주장에 따르면, 하나님은 아담과 하와로 유혹을 받아 죄에 빠지게 하기 위해 그들을 만드셨다는 것이 된다. 또 하나님의 작정은 그분의 예지가 아닌 의도(will)에 기초한 것이 된다. 하나님께서 택하시지 않은 모든 사람은 유기로 예정되었다면 하나님은 왜 유기된 자에게 회개를 요구하시는가? 오직 그들의 눈과 귀를 더 멀게 하시기 위함인가? 만약 유기될 자가 누구이며, 몇 명이 유기될 것인지 창세 전부터 정해져 있다면, 그들에게 회개를 요구하는 것은 아무런 의미가 없다.[117]

결국 이중예정론자에게는 다음의 세 가지 선택만 가능하다. 첫째, 이중예정을 모호하게 설명하는 것이다. 둘째, 모순이 되는 모든 주장마저 받아들이고 그것까지 믿는다고 솔직히 인정하는 것이다. 셋째, 이중예정 자체를 부인하고, 하나님의 값없이 주시는 은혜가 모든 사람을 위한 것임을 긍정하는 것이다. 웨슬리는 이중 처음 두 가지는 지성과 도덕적 분별력을 포기하지 않고서는 결코 주장할 수 없다는 결론을 내린다.[118]

b. 하나님은 타락을 미리 아셨을 뿐 명령하시지 않았음

웨슬리는 하나님께서 인간이 타락할 것을 미리 내다보셨다는 주장에는 동의했으나, 직접 명령하셨다는 주장에는 동의할 수 없었다. 하나님께

---

115 DPF, J X:260.
116 Calvin, *Institutes* 1.16.8.
117 DPF, J X:259-64.
118 DPF, J X:260.

서는 타락을 허용하신 것이지, 신적 작정으로 명령하신 것이 아니다.

만약 하나님께서 아담이 타락할 수밖에 없도록 미리 정해놓으셨다거나, 죄의 원인이 되신다거나, 인간 창조에 의해 스스로 자신의 영광에 누가 되게 하셨다면, 그야말로 참으로 "무시무시한 작정"이다.[119] 성경에서는 절대적이고 무조건적인 선택과 유기를 발견할 수 없다. 성경에 없는 그런 교리가 미카엘 세르베투스(Michael Servetus)를 화형시키는 암울한 결과를 초래한 것이다.[120]

웨슬리는 인간에게 반역에 대한 책임과 순종의 가능성 모두를 주시고, 또 죄인을 불쌍히 여겨 보편적으로 베푸시는 은혜를 거부할 수도, 수용할 수도 있게 하시는 하나님의 허용적 의지를, 이중예정론자들이 주장하는 하나님의 불가항력적 의지와 대조했다. 만약 타락이 "하나님의 허락이 아닌 결정에 의해"[121] 발생했다면, 죄는 필연적인 것이 된다.

c. 아우구스티누스 이전 기독교의 일치된 가르침

하나님의 값없이 베푸시는 은혜와 인간의 자유의지의 관계에 대한 아우구스티누스 이전 동방 교부들의 가르침은 설명하기가 더 난해하고 어렵다. 웨슬리의 해석은 자신이 스스로 고안해낸 것이 아니라, 아우구스티누스 이전 동방 교부들의 가르침을, 사랑으로 역사하는 믿음을 통해 은혜에 의해 얻는 칭의에 대한 종교개혁의 가르침과 연결한 것이다.

니케아 공의회 이전 기독교가 가르친 인간의 자유를 설득하는 은총의 교리는 18세기에 메소디스트 부흥운동을 통해 재발견되었다. 웨슬리는

---

119 DPF, J X:261–62; *JJW* 6:131.
120 DPF, J X:266.
121 DPF, J X:261, Calvin, *Institutes* 3.24.8를 인용함.

이중예정론의 모순에 반대하는 개신교인은, 은총의 절대적 필요성을 간과하는 '반(半)펠라기우스주의'라는 또 다른 오류에 빠질 가능성이 있음을 알고 있었다. 그는 나쁜 말을 듣기 싫어하는 사람은 참 제자가 될 수 없음을 경고했다. 칼빈주의자들이 극단적 아우구스티누스주의의 반(反)펠라기우스주의 성경 해석에 호소할 때, 웨슬리는 그들과 반대편에서 (알렉산드리아의 클레멘트, 오리게네스, 아타나시우스, 초기 아우구스티누스 등) 펠라기우스 이전 동방 교회 교부들에게 호소할 준비가 되어 있었다. 가장 원숙하고 오염되지 않은 시기의 기독교 신학을 알기 원하는 사람은, 아우구스티누스가 5세기에 펠라기우스주의와 논쟁하기 이전의 자료를 살펴보아야 한다. 즉, 5세기 서방의 라틴 기독교 전통을 뛰어넘어 그보다 앞선 기독교를 연구해야 한다.

펠라기우스의 도전에는 빈틈없는 응수가 필요했고, 아우구스티누스는 능숙하게 논박했다. 그러나 아우구스티누스에게서 나타난 정반대의 극단 역시 바로잡아 더 광범위한 수정을 가하기 위해서는 이레나이우스, 요하네스 크리소스토무스, 닛사의 그레고리오스, 나지안주스의 그레고리오스 등이 가르친 아우구스티누스 이전 초기 기독교의 일치된 가르침을 살펴보아야 한다. 그 가르침은 초기의 동방과 서방 정통 기독교의 것으로, 특히 웨슬리가 자라난 영국 국교회가 매우 소중히 여긴 전통이다.

웨슬리는 근대의 결정론뿐 아니라 극단적인 형태의 이중예정론이 아우구스티누스가 생각한 것보다 훨씬 이슬람교의 결정론에 가깝다고 생각했다. 교회사 첫 4세기 동안 동방 교회는 모든 형태의 확고한 결정론에 반대했다.[122] "아우구스티누스는 절대적 이중예정론을 때로는 옹호했고, 때

---

[122] LS, pt. 2.

로는 반대했다. 그러나 첫 4세기 동안에는 초기 기독교 전체가 이중예정론에 반대했고, 동방 교회 전체는 오늘날까지도 반대하며, 영국 국교회 역시 교리문답, 신조, 국교회 설교집, 특히 국교회의 가장 거룩한 순교자들인 후퍼(Hooper) 주교, 라티머(Latimer) 주교 등이 반대했다."[123]

웨슬리는 비국교도들과 국교회 반대자들 다수가 부흥운동에 참여하고 있던 상황에서, 펠라기우스의 터무니없는 주장이 아우구스티누스에게서 정반대의 극단적 반응을 초래하기 전 초기 기독교의 일치된 가르침에 다시 한 번 호소한 것이다.

2. "이중예정론의 부정적 결과에 대한 입증"

웨슬리는 "이중예정론의 부정적 결과에 대한 입증"(The Consequence Proved, 1771; J X:370–74)에서, "인류에서 아마도 스무 명 중 한 명 정도 택함을 받고, 열아홉 명 정도는 유기된다. 택자는 무엇을 하든 구원받지만, 유기된 자는 무엇을 할 수 있든 저주를 받을 것이다"[124]라고 주장한 이중예정론자 아우구스투스 토플래디의 논문에 답했다.

"절대적 이중예정 교리에는 그런 부정적 결과가 따르지 않는다"는 격렬한 반응이 나오자, 웨슬리는 토플래디의 주장을 끝까지 살펴본 후 "나는 이중예정론에는 토플래디가 언급한 것과 같은 그런 부정적인 결과가 자연스럽고도 필연적으로 뒤따른다는 사실을 조용히 인정할 수밖에 없다"는 논리적 결론을 내렸다.

---

123 DPF, J X:265. 크리소스토무스에 의하면, 가룟 유다는 처음에는 예수님의 약속을 받은 "하나님 나라의 자녀"였으나, 이후에는 자신의 의지적 선택에 의해 "지옥의 자식"이 되었다. 따라서 가룟 유다조차도 유기로 예정되지 않았다.
124 "The Consequence Proved," J X:370.

만약 하나님의 사랑이 무조건적이고 변경 불가능하며, 선택이 이미 확고하게 내려져 있다고 해보자. 그렇다면 비택자들은 "불꽃이 튀거나 돌이 구르는 것이 죄가 될 수 없는 것처럼 … 자신들이 피할 수 없는 죄를 지었다는 이유로" 유기될 수는 없다.[125] 만약 "그들이 스스로의 힘으로는 결코 하나님과 이웃을 사랑할 수 없도록" 결정되어 있다면, 어떻게 그들에게 책임이 있다고 할 수 있겠는가? 만약 그들에게 불신앙을 벗어날 가능성조차 주어지지 않았다면, 그들의 불신앙에 "완고하다"는 용어를 붙이는 것은 타당하지 않다. "온 세상의 심판자이신 하나님께서 어떻게 사실상 자신이 내린 결정과 행동을 이유로 그들을 영원한 지옥불에 던지실 수 있는가?"[126]

웨슬리는 젊은 시절부터 이중예정론에는 민감한 반응을 보였다. "나는 단 한 시간도 이중예정론을 사실이라고 믿은 적이 없고, 그것과 연결된 교리들에 대해서도 마찬가지다. 최소한 이 점에서 내 생각은 바뀐 적이 없다. … 나는 어떤 유기의 작정도 믿지 않는다. … 하나님께서 누군가를 선택에서 배제하기로 작정하셨다는 것을 믿지 않는다. … 나는 절대적으로 선택 받지 않은 모든 사람은 필연적으로 저주를 받을 수밖에 없음을 의미하는 그런 절대적 예정을 믿지 않는다. … 나는 절대적 견인의 교리를 믿지 않는다. … 나는 행위에 의한 구원을 믿지 않는다."[127]

---

125 "The Consequence Proved," J X:372.
126 "The Consequence Proved," J X:373–74.
127 "Some Remarks of Mr. Hill's 'Review of All the Doctrines Taught by Mr. John Wesley,'" J X:379.

F. 성도의 견인에 대한 진지한 생각

"사랑으로써 역사하는 믿음"(갈 5:6)은 하나님께서 신자를 구원하시겠다는 언약을 이행하시는 데 필요한 유일한 조건이다. 의롭다 칭함 받은 신자가 마치 칭의 이전의 자연적 상태로 되돌아가 자신의 삶으로 칭의의 은혜의 효력을 무효화할 수 있는가? 이 질문에 답하는 것은 "매우 어렵다."[128] 이 문제는 논란의 소지가 있는 해석을 일으키는 성경 본문들을 주의 깊게 점검해야만 해결할 수 있다. 웨슬리는 이러한 성경 본문들을 "성도의 견인에 대한 진지한 생각"[Serious Thoughts upon the Perseverance of the Saints (1751, J X:284–98). 우리말 번역본은 한국웨슬리학회 편역, 『존 웨슬리 논문집 (I)』(서울: 한국웨슬리학회, 2009), 175-91에 수록됨–역주]에서 점검한다.

1. 신자도 믿음에서 파선할 수 있음

하나님께서 이스라엘 백성과 세우신 언약은, 그들이 하나님의 율법을 준수한다는 조건을 지킬 때 유지된다. 에스겔은 이 점을 매우 사실적으로 언급했다. "만일 의인이 돌이켜 그 공의에서 떠나 범죄하고 악인이 행하는 모든 가증한 일대로 행하면 살겠느냐 그가 행한 공의로운 일은 하나도 기억함이 되지 아니하리니 그가 그 범한 허물과 그 지은 죄로 죽으리라"(겔 18:24).

바울은 믿음과 착한 양심을 가졌다 이후 믿음에서 파선한 사람을 언급한다(딤전 1:18-19). '파선'은 전적 상실을 의미하는 비유다.[129] '믿는 자는 구

---

[128] "Serious Thoughts upon the Perseverance of the Saints," J X:285.
[129] "Serious Thoughts upon the Perseverance of the Saints," J X:287.

원받는다'는 것은, 한 번 믿은 사람은 이후에 결코 믿음을 버릴 수 없음을 의미하지 않는다. 한 번 믿었을 뿐 아니라 사랑으로 역사하는 믿음을 통해 계속적으로 믿는 사람은 "구원을 받지만", "믿지 않는 자"가 만약 계속 불신앙에 머문다면 "저주를 받을 것이다."[130]

2. 신자의 타락

성도의 견인에 대한 웨슬리의 가르침은, 그가 성도를 어떻게 이해했는지에 기초해 있다. 그는 성도를 다음과 같이 이해했다.

> "여호와를 사랑하는" 사람(시 31:23),
> 그 길을 하나님께서 보전하시는 사람(잠 2:8),
> 그 죽음을 여호와께서 귀중히 여기시는 사람(시 116:15)으로서,
> 불경건한 세상과 구분되고
> 마음을 정결하게 하는 신앙을 부여받아
> 선한 양심을 지니고
> 참 감람나무인 교회에 접붙임을 받은 자,
> 참 포도나무이신 그리스도의 가지가 된 자,
> 우리 주 되신 그리스도를 앎으로 세상의 더러움을 피한 자,
> 예수 그리스도의 얼굴에 있는 하나님의 영광을 아는 빛을 받은 자,
> 성령의 열매에 참여하는 자이며,
> 하나님의 아들을 믿음으로 살고, 언약의 피로 성화 된 사람이다.[131]

---

130 "Serious Thoughts upon the Perseverance of the Saints," J X:288.
131 "Serious Thoughts upon the Perseverance of the Saints," J X:285.

성경은 이런 사람을 성도로 칭한다. 그러나 이런 성도가 믿음에서 타락할 수 있는가? 웨슬리는 타락한다는 말에, 간혹 죄에 빠지는 것만이 아니라 영원한 멸망에 빠지는 것을 포함시켰다.

지금까지 말한 '거룩함'(hagios)의 성경적 정의에 포함되는 요소들은 신앙에 달려 있고, 하나님은 은혜로 신앙의 근거를 충분히 공급해주신다. 사람은 신앙을 지속해야 한다. 즉, 단지 한순간 갖는 것뿐 아니라 그 후로도 계속 신앙을 지켜내야 한다(딤전 1:18-19, "아들 디모데야 내가 네게 이 교훈으로써 명하노니 전에 너를 지도한 예언을 따라 그것으로 선한 싸움을 싸우며 믿음과 착한 양심을 가지라 어떤 이들은 이 양심을 버렸고 그 믿음에 관하여는 파선하였느니라"). 변치 않는 유일한 분이신 하나님은 자신의 약속을 이루어, 신앙을 조건으로 마음의 정결함이 더해가게 하실 것이다.

세례를 받아 교회 공동체에 들어온 사람도 타락할 수 있다. 참 포도나무의 가지로서 훌륭하게 섬겼던 사람도 가지에서 잘려나갈 수 있다(요 15:1-6, "나는 참 포도나무요 내 아버지는 농부라 무릇 내게 붙어 있어 열매를 맺지 아니하는 가지는 아버지께서 그것을 제거해버리시고 무릇 열매를 맺는 가지는 더 열매를 맺게 하려 하여 그것을 깨끗하게 하시느니라 너희는 내가 일러준 말로 이미 깨끗하여졌으니 내 안에 거하라 나도 너희 안에 거하리라 가지가 포도나무에 붙어 있지 아니하면 스스로 열매를 맺을 수 없음같이 너희도 내 안에 있지 아니하면 그러하리라 나는 포도나무요 너희는 가지라 그가 내 안에, 내가 그 안에 거하면 사람이 열매를 많이 맺나니 나를 떠나서는 너희가 아무것도 할 수 없음이라 사람이 내 안에 거하지 아니하면 가지처럼 밖에 버려져 마르나니 사람들이 그것을 모아다가 불에 던져 사르느니라"). 성화의 은혜에 반응하기 시작한 사람도 그 은혜에서 타락할 수 있다(히 6:4-6, "한 번 빛을 받고 하늘의 은사를 맛보고 성령에 참여한 바 되고 하나님의 선한 말씀과 내세의 능력을 맛보고도 타락한 자들은 다시 새롭게 하여 회개하게 할 수 없나니 이는 그들이 하나님의 아들을 다시 십자가에 못 박아 드러내놓고 욕되게 함이라"; 히 10:26-29, "우리가 진리를 아는 지식을 받은 후 짐짓 죄를 범한즉 다시 속죄하는 제사가 없고 오직 무서운 마음으로 심판을 기다리는 것과 대적하는 자를 태울 맹렬한 불만 있으리라 모세의 법을 폐한 자도 두세 증인으로 말미암아 불쌍히 여김을 받지 못하고 죽었거든 하물며 하나님의 아들을 짓밟고 자기를 거룩하게 한 언약의 피를 부정한 것으로 여기고 은혜의 성령을 욕되게 하는 자가 당연히 받을 형벌은 얼마나 더 무겁겠느냐 너희는 생각하라"). 웨슬리는 한 번 믿었던 "성도도 타락해" 최종적으로 영원히 멸망할 수 있다고 결론지었다.[132]

하나님의 어떤 약속도, 그에 대한 사람의 반응이 부적절한 것이 될 정도로 무조건적으로 주어진 적은 없다. 어떤 약속도 그 조건이 충족되지 않은 상태에서 이행이 요구되지는 않는다. "조건을 이행하라. 그러면 약속은 확실히 이루어진다. 믿으라. 그러면 구원을 받을 것이다."[133] 하나님의 의로우심은 배타적으로 법적인 전가 비유에서만 발견할 수 있는 것이 아니라, 신자가 실제로 의롭게 살아가도록 행동을 변화시켜 마땅한 성숙으로 나아가게 하는 양육의 비유에서도 발견할 수 있다. 웨슬리는 하나님의 주권적 은혜와 인간이 처한 곤경의 깊이를 매우 심각하게 여기는 견해를 약화하지 않고도, 유럽의 종교개혁보다 훨씬 더 은혜의 역할을 인간의 역동적 자유와 밀접하게 연결시켰다.

3. 하나님에게서 돌아섬

a. 사랑으로 역사하는 믿음을 조건으로 하는 성도의 견인

예수님은 예루살렘이 자신을 거부하는 것을 보고 탄식하셨다(눅 13:34,

---

132 "Serious Thoughts upon the Perseverance of the Saints," J X:285.
133 "Serious Thoughts upon the Perseverance of the Saints," J X:290.

"예루살렘아 예루살렘아 선지자들을 죽이고 네게 파송된 자들을 돌로 치는 자여 암탉이 제 새끼를 날개 아래에 모음같이 내가 너희의 자녀를 모으려 한 일이 몇 번이냐 그러나 너희가 원하지 아니하였도다"). 극단적 아우구스티누스 전통은 불가항력적 은총(irresistible grace)을 주장했지만, 아우구스티누스 이전 동방 교회 전통은 하나님의 가항력적 은총(resistible grace)과 인간의 응답(responsiveness)의 중요성을 가르쳤다. 만약 이것이 중요하지 않다면, 성경은 신자에게 "믿지 아니하는 악한 마음을 품고 살아 계신 하나님에게서 떨어질까 조심"(히 3:12)하라는 의미심장한 요구를 할 수 없었을 것이다. 웨슬리는 바로 이 전통을 옹호했다.[134]

"나는 너무나 강력한 구원의 은혜가 한동안 번개처럼 저항할 수 없도록 역사하는 예외적인 경우가 있다는 사실을 부인하지 않는다."[135]

1743년 8월 24일 자 일지의 시작 부분에서 웨슬리는 이 점에 대해 명쾌하게 적었다.

> 신앙을 일으키고 그로 인해 영혼을 구원하는 은혜는 그것이 주어지는 순간에는 불가항력적이라고 믿는다. 대부분의 신자는 하나님께서 자신의 죄를 불가항력적으로 깨닫게 해주신 때를 기억할 것이다. 또 다른 때도 하나님께서 자신의 영혼에 불가항력적으로 역사하시는 것을 발견할 것이다. 그러나 나는 그런 순간의 전과 후에는 하나님의 은혜가 저항을 받을 수 있고, 또 저항을 받아왔다고 믿는다. 그리고 일반적으로 하나님의 은혜는 불가항력으로 역사하지 않아 우리가 그 은혜에 순응할 수도, 그러지 않을 수도 있다고 믿는다.[136]

---

134 *LJW* 5:83; B 2:489–90; *JJW* 3:85–86; JWO 427–28, 448–49, 468–69.
135 "The General Spread of the Gospel," B 2:489, sec. 12.
136 *JJW* 3:85.

구원의 약속과 견인은 신자가 예비적 은혜, 죄를 깨닫게 하는 은혜, 협력적 은혜, 성화의 은혜에 지속적으로 의존하는 믿음을 조건으로 한다. 만약 신앙을 유지하는 것을 중단한다면, 그는 하나님의 약속을 받을 권리를 박탈당한다.[137] 웨슬리는 그리스도의 대속의 보편적 효력에 대한 성경적 가르침을 유지하면서도, 사람들이 단 한 번의 신앙적 순종의 효력을 만능인 양 여기는 비성경적 오류로 나아가지 않게 하기 위해 노력했다.[138]

b. 신앙을 지켜내는 한 성도의 견인은 확고함

신자는 언약의 조건인 하나님의 약속에 대한 적극적 신뢰를 유지하는 한 하나님께서 자신을 끝까지 견인하실 것임을 확신할 수 있다.[139] 인간은 하나님의 은혜 없이 하나님께로 돌이킬 수는 없으나, 하나님께서 베푸시는 은혜를 거부할 수는 있다.[140]

유아에게는 걷는 법을 배우는 것이 큰 도전이지만, 젊은이가 많은 유혹을 뚫고 고된 길을 계속 나아가는 것은 더 큰 도전이다.

웨슬리는 아담 클라크(Adam Clarke)에게 보낸 1790년 11월 26일 자 편지에 다음과 같이 썼다. "하나님의 은혜를 받는 것보다 그것을 유지하는 것이 더 중요합니다. 우리 중 셋의 하나도 그렇게 하지 못합니다. 이 점을 온전한 사랑을 맛본 모든 사람에게 강하고 분명하게 말해야 합니다. 만약 우리의 지역 설교자나 리더가 직간접적으로 그것에 반대한 것을 입증할 수 있다면, 더는 지역 설교자나 리더로 활동하지 못하게 해야 합니다."[141]

137　B 1:233–34; 3:156, 169; 9:407; 11:398; *SS* 2:149.
138　"Serious Thoughts upon the Perseverance of the Saints," J X:292–98.
139　*LJW* 5:83.
140　"Serious Thoughts upon the Perseverance of the Saints," J X:290–94.
141　Letter to Adam Clarke, November 26, 1790, *LJW* 3:633.

웨슬리는 메소디스트 연합체에서 지도자의 자리에 있는 사람 중 누구도 인간의 삶을 온전히 새롭게 하시는 성령의 능력에 대해 심각하게 의심하는 일이 없기를 바랐다. 그 가르침은 메소디스트 부흥운동의 핵심으로 여전히 남아 있다.

4. 믿음으로 얻는 구원에 대한 소고

a. 무조건적 예정에 대한 주장은 신앙을 위태롭게 함

노년에 이른 웨슬리는 1779년에 쓴 "믿음으로 얻는 구원에 대한 소고"(Thoughts on Salvation by Faith, J XI:492–95)에서, 자신과 동생은 올더스게이트 이후 40년이 넘도록 "너희는 그 은혜에 의하여 믿음으로 말미암아 구원을 받았으니"(엡 2:8)라는 "우리가 끊임없이 가르쳐온 주제"의 중요성을 역설해왔다고 주장했다. "그것이 글과 시 모두를 통해 우리가 매일같이 주제로 삼은 것이다. … 우리는 공적으로든 사적으로든 다른 것은 거의 말하지 않았다."[142] 그것을 말함으로 인해 "우리는 거리에서 돌팔매질을 당했고, 여러 차례 겨우 목숨을 건지기도 했고 … 유별난 괴물 취급을 받기도 했다."

웨슬리 형제는 사랑으로써 역사하는 믿음을 매우 강조한 것으로 인해, 행위에 의한 구원을 가르친다는 비난을 받았다. 그러나 그들은 은혜에 의해 믿음으로 얻는 구원의 진리가, "사도가 가르친 다른 말씀인 '거룩함이 없이는 아무도 주를 보지 못하리라'(히 12:14)라는 말씀과 충돌하지 않도록" 두 말씀 모두를 함께 붙들기 위해 40년 동안 변치 않고 꾸준히 노력했

---

142 "Thoughts on Salvation by Faith," J XI:492–93.

다.¹⁴³ "누구도 이 세상에서 하나님의 율법에 자신을 순응시키는 … 개인적 거룩함이 없이는 영광 가운데 '주를 보지' 못할 것이다." 이는 "비치우스(Witsius)의 모든 억지 주장"으로 무효화할 수 없는 사도적 증언이다.¹⁴⁴

b. 무조건적 작정은 신앙과 행위 모두를 배제함

웨슬리는 이중예정론의 흑백논리에 당혹해했다. "한 가지 생각이 떠올라 문제가 즉시 해결되었다. '핵심은 이것이다. 즉, 모든 사람이 구원이나 저주로 절대적으로 예정되었다고 믿는 사람은, 행위에 의한 구원과 절대적 작정에 의한 구원 사이의 어떤 중간 지대도 보지 못한다.' 그 결과 그들은 절대적 작정에 의한 구원을 부인하는 사람은 누구나 (자신들의 흑백논리에 따라) 행위에 의한 구원을 주장할 수밖에 없다고 생각하는 것이다."¹⁴⁵ 이중예정론을 거부하는 사람은 행위에 의한 구원을 주장할 수밖에 없다고 결론 내리는 것은 매우 근시안적 해석이다.

웨슬리는 만약 구원이 절대적 작정에 의해 이루어진다면, 그것은 행위에 의한 것도 아니지만, 동시에 신앙에 의한 것도 아니라는 빈틈없는 논리를 전개했다. "무조건적 작정은 행위뿐 아니라 신앙도 배제하기 때문이다."¹⁴⁶ 만약 "믿는 자는 구원받는다"는 것이 성경적 조건임을 인정한다면, 은혜의 사역에는 자유로운 응답적 협력의 요소가 따르지 않을 수 없다. 은혜에 자유로이 응답하는데도 사랑으로써 역사하지 않는 신앙은 있을 수 없기 때문이다.¹⁴⁷

---

143 TSF, J XI:495.
144 Letter to James Hervey, *LJW* 3:383.
145 TSF, J XI:493.
146 TSF, J XI:494.
147 같은 곳.

이것이 "무조건적 작정을 주장하는 사람이라면 누구나, 우리가 행위에 의한 구원을 가르친다고 말할 수밖에 없는" 이유다. 이중예정론의 흑백논리는 그들이 제3의 대안을 상상조차 할 수 없도록 가로막기 때문이다.[148] 웨슬리는 "사랑으로써 역사해 내적이면서도 외적인 성결을 일으키는 믿음에 의해서가 아니면 누구도 최종적으로 구원받을 수 없다"고 결론 내린다.[149] 이와 같이 전통적 기독교의 가르침은 "한편에서는 율법폐기론자들의 주장과, 다른 한편에서는 행위에 의한 칭의의 교리와 맞선다."[150]

---

148 TSF, J XI:494.
149 TSF, J XI:495.
150 FA, pt. 1, B 11:111, sec. 2. 4.

더 깊은 이해를 위한 독서 자료

Cell, George Croft. "The Very Edge of Calvinism." In *The Rediscovery of John Wesley*, 242–72. Reprint, New York: University Press of America, 1935.

Gunter, W. Steven. *The Limits of Divine Love: John Wesley's Response to Antinomianism and Enthusiasm*. Chap. 14, on conditional election, 227–67. Nashville: Kingswood, Abingdon, 1989.

Pinnock, H. Clark, ed. *A Case for Arminianism*. Grand Rapids: Zondervan, 1989.

Rack, Henry. "Horrible Decrees." In *Reasonable Enthusiast*, 420–71. London: Epworth, 1989.

Shipley, David C. "Wesley and Some Calvinist Controversies." *Drew Gateway* 25, no. 4 (1955): 195–210.

Walls, Jerry L. "The Free Will Defense: Calvinism, Wesley, and the Goodness of God." *Christian Scholar's Review* 13 (1983): 19–33.

7장

믿음으로 말미암는 구원의 교리

7장 믿음으로 말미암는 구원의 교리

그리스어 'soter'는 '구원자'를 말하며, 그것에서 파생된 'soteriology'(구원론)는 구원에 대한 연구를 의미한다. 웨슬리는 '구원론' 같은 전문용어의 사용은 되도록 피하고, 보통 사람을 위해 평범한 용어를 사용하고자 노력했다. 그럼에도 실제로 그가 기독교에 끼친 가장 중요한 공헌은 구원의 교리를 통한 것이다.

지금까지 우리는 기독론에 대해 살펴보았다. 이 장에서는 예수 그리스도의 구원 사역에 대해 더 자세히 살펴볼 것이다.

웨슬리의 첫 44개의 설교문은 이후 『표준설교집』(Standard Sermons)으로 지정되어 메소디스트 연합체의 교리적 표준으로 여겨졌다. 표준설교들 대부분은 구원론의 기본 주제에 분명하게 초점을 맞춘다. 웨슬리는 하나님의 은혜에 응답해 즉각적이고도 신중한 결단을 내리도록 요구했다.

그는 기독교의 구원론에 새로운 기여를 하고자 하거나, 그렇게 보이려 하지 않았다. 구원의 교리에 대한 모든 핵심적 가르침은 사도들에게서 유래했고, 이를 초기 기독교가 일치된 목소리로 명확히 가르쳤다고 생각했기 때문이다. 그 가르침은 오랜 시간이 지나는 동안 많은 도전을 받았음에도 비교적 온전한 상태로 살아남았다. 웨슬리는 회개와 믿음으로 초대하시는 성경의 하나님의 말씀을 도덕적·인격적·사회적인 면에서 실천적으로 실현하는 데 노력을 기울였다.

웨슬리는 하나님과 소원해진 사람이 어떻게 (자연적 능력으로 살아가는) 자연적 인간에서 (율법에 따라 살아가는) 율법적 인간으로, 그리고 (복음에 의해 살아가는) 복음적 인간으로 변화되어가는지 그 과정을 한 단계 한 단계 명확히 설명했다. 이제 자연적 인간, 율법적 인간, 복음적 인간에 대한 웨슬리의 구분을 살펴보는 것으로 그의 구원론 연구를 시작해보자.

A. 은혜의 세 단계

1. 자연적 인간, 율법적 인간, 복음적 인간

a. 종의 영과 양자의 영

웨슬리의 힘있는 비유적 설교 "종의 영과 양자의 영"(한국웨슬리학회 편 『웨슬리설교전집』에서는 "노예의 영과 입양의 영"으로 번역했으나, 이 책에서는 한글 개역개정 성경의 표현 그대로 "종의 영과 양자의 영"으로 번역함-역주)의 성경 본문은 8:15, "너희는 다시 무서워하는 종의 영을 받지 아니하고 양자의 영을 받았으므로 우리가 아빠 아버지라고 부르짖느니라"라는 말씀이다 [설교 #9 (1746), B 1:248–66; J #9, V:98–111]. 웨슬리가 이 설교로 하나님의 "아버지"(*Abba*) 되심을 선포한 장소는, 그의 부친의 무덤이었다.

이 설교는 웨슬리의 가장 중요한 설교 중 하나로, 구원론에 관한 핵심 설교들의 내용을 체계적으로 이해하기 위해 진지하게 연구할 가치가 있다. 이 설교의 핵심을 바르게 이해하면, 다른 주제에 대해서도 웨슬리를 명확히 이해하는 데 큰 도움이 된다.

종의 영의 무의식적인 형태를 자연적 상태, 종의 영의 의식적 형태를 율법적 상태라고 한다면, 양자의 영은 하나님의 자녀로 입양된 복음적 상태를 말한다.

성경 본문인 로마서 8:15은 인간 존재가 거쳐가는 세 가지 구분되는 단계를 보여준다. 그 첫 단계는 대부분의 인류가 속해 있는 자연적 자아의 상태다.[1]

죄인인 우리가 마음으로 하나님을 "아버지"라고 부르도록 배우는 것은 그리스도인의 삶의 핵심이다. 이렇게 하나님을 인격적으로 아버지로 부르는 일은 복음적 인간에게만 가능하다. 그러나 우리는 어떻게 자기 죄를 의식하지 못하던 상태에서 출발해, 죄를 의식하는 단계를 거쳐, 믿음, 소망, 사랑의 복된 상태로의 믿기 어려운 변화의 과정을 거치는가?[2]

b. 자연적 인간

이 설교는 인간의 상태를 자연적, 율법적, 복음적 상태라는 세 가지 단계로 설명한 전통적인 바울 및 아우구스티누스의 순서를 따라 구성되어 있다 (p. 347의 도표 참고-역주).

과거 아우구스티누스는 인간의 상태를, 타락한 가운데 있는 자연적 이성의 능력에서 시작해, 하나님의 요구 아래 묶인 종의 상태, 그리고 그리스도 안에서의 자유의 상태라는 세 가지 변화의 과정으로 설명한 적이 있다.[3] 루터 역시 그와 유사하게, 사람이 죄를 의식하지 못하는 자연적 타락의 상태, 율법 아래 매인 상태, 은혜 아래의 상태로 변화해가는 과정을 분

---

1 "The Spirit of Bondage and of Adoption," B 1:250, sec. 1. 3.
2 "The Spirit of Bondage and of Adoption," B 1:249, 서문 1.
3 *The Spirit and the Letter.*

석했다.[4]

엄밀히 말해, 루터에게 율법은 죄를 억제하고, 죄를 자각하도록 이끄는 두 가지 용법밖에 없다. 그러나 협화신조(The Formula of Concord) 제6조는 율법의 용법을 다음과 같이 세 가지로 제시했다. (1) "[마치 사납고 다루기 힘든 사람을 철장으로 가두듯] 율법은 사납고 반항적인 사람들을 억제해 외적 규율이 유지되게 한다." (2) "율법은 사람들로 자신의 죄를 자각하게 한다." (3) "그들이 중생한 후에는 … 율법은 그들의 삶 전체를 규제하고 방향을 제시해주는 확고한 원칙이 된다."[5] 율법의 이 세 용법은 웨슬리가 제시한 자연적 인간, 율법적 인간, 복음적 인간의 순서와 대체로 일치한다.

칼빈도 이와 유사하게 율법의 세 용법을 기술했다. 율법은 (1) "하나님의 의, 즉 오직 하나님께서 받으실 만한 의가 어떤 것인지를 드러내, 모든 사람의 불의를 경고하고 입증하고 깨닫게 하며, 최종적으로 죄인을 정죄한다."[6] (2) "무시무시한 위협과 형벌의 공포를 통해, 강압이 없다면 정직과 의로움에 전혀 관심 갖지 않을 사람들을 억제한다."[7] (3) 율법의 제3용법은 … 성령께서 그 마음에 이미 거하며 다스리시는 신자들과 관계있다. … 율법은 그들이 따르기 원하는 주님의 뜻을 날마다 더 진실되고 확실하게 배우게 하고, 그들을 이 지식 안에서 확고하게 하는 가장 훌륭한 도구가 된다."[8]

---

4 Martin Luther, *The Freedom of a Christian*, MLS, 42–85; 웨슬리가 루터를 언급한 다른 곳은 *JJW* 1:409, 467, 475; B 2:78, 556–57; 3:335, 449, 505; 11:318–19; JWO 366–67을 보라.
5 Triglot Concordia, Formula of Concord, Epitome 6. 1.
6 Calvin, *Institutes* 2.7.6.
7 같은 책, 2.7.10.
8 같은 책, 2.7.12.

키에르케고르를 읽어본 사람이라면, 그가 말한 인간 실존의 세 가지 단계를 기억할 것이다. 즉, 미적 쾌락의 원리를 따르는 단계, 윤리적 선택의 단계, 종교적 자각의 단계다. 이 중에서 종교적 자각의 단계는 (소크라테스와 같이 자연적 종교를 통해 얻은 깨달음과 그리스도를 통한 복음적 자각으로 나뉘는데) 주로 고통의 문제를 다룬다.[9] 웨슬리는 키에르케고르보다 앞서 이러한 변화의 심리적 역학을 예리하게 분석했다.

틸리히(Tillich)의 설명 역시, (1) 소외의 상태에 있으면서도 그것을 알지 못하는 자율적 인간 실존, (2) 외부의 일깨움에 의해 자신으로부터의 소외를 자각하는 타율적 실존, (3) 최종적으로 인간이 스스로를 인간 존재의 토대에 기초하게 하고 자신이 수용되었음을 받아들인 결과, 비록 소외의 잔재는 남더라도 더는 자신에게서 소외되지 않게 되어 이를 극복하는 신율적(theonomous) 실존으로의 변화를 말하는 동일한 순서를 가지고 있다.[10]

c. 자연적 삶이 율법적 삶을 거쳐 복음적 삶으로 변화되는 과정

다음 도표는 웨슬리가 설명한 인간의 세 단계의 핵심을 담고 있다. 각 단계들 사이의 관계를 주의 깊게 이해하면 웨슬리 구원론의 다른 내용도 더 잘 파악할 수 있다. 계속해서 더 자세히 논의할 때 잘 기억할 수 있도록 찬찬히 숙고하면서 숙지하기를 바란다.

---

9 Sören Kierkegaard, *Stages along Life's Way* (Princeton, NJ: Princeton University Press, 1988).
10 Paul Tillich, *Systematic Theology*, 3 vols. (Chicago: University of Chicago Press, 1951).

하나님과 인간의 관계의 세 단계

자연적 상태: 종의 영	율법적 상태: 무서워하는 종의 영	복음적 상태: 양자의 영
미적 실존: 나는 무엇을 원하는가?	윤리적 실존: 나는 무엇을 해야 하는가?	종교적 실존: 하나님께서 나를 위해 무엇을 하시는가?
잠든 상태: 도덕적 위험에 대해 무지함	각성 상태: 깊은 구렁에서 도무지 벗어날 수 없음을 인식	안식 상태: 속박에서 벗어났음을 깨달음
자신에 대해 무지: 고난을 회피하나 성공하지 못함 신앙이 없음 자율 상태 두려움 없이 떳떳함	혐오스러운 자기 인식: 비극적이면서 도덕적인 선택으로 고통받음 종의 신앙 타율 상태 무서운 정죄 아래 있음	은혜를 통한 자유: 고통 중에도 기뻐함 자녀의 신앙 신율 상태 신앙으로 두려움을 극복함
기꺼이 죄를 지음: 자연적 자아의 헛된 평안 자유롭다는 망상 전적인 암흑에 있음 사탄과 싸우지도 이기지도 못함	원하지 않아도 죄를 지음: 도덕적 자아의 내적 전쟁 죄의 종 됨 지옥불을 바라보는 고통 사탄과 싸우나 패배함	기꺼이 죄를 멀리함: 화해를 이룬 자아의 평화 참된 자유 천국빛을 바라보는 기쁨 사탄과 싸워 승리함
선행은총 아래 있음: 하나님을 사랑하지도 두려워하지도 않음 단순함 자유롭다고 상상함	죄를 깨닫게 하는 은혜 아래 있음: 하나님을 두려워하기만 함 단순함이 끝남 노예 상태임을 인식함	칭의의 은혜 아래 있음: 하나님을 사랑함 신생 자녀 됨을 인식함

웨슬리는 키에르케고르보다 한 세기, 틸리히보다는 두 세기 전에 자신의 방법으로 인간 실존의 세 단계를 제시했는데, 이는 대체로 바울의 해설에 토대를 둔 것이다.

웨슬리는 많은 글에서 이 단계를 제시했지만, 가장 명확하게 설명한 곳이 설교 "종의 영과 양자의 영"이다. 명목상의 그리스도인과 온전한 그리스도인,[11] 율법에 매인 종의 신앙과 하나님의 자녀의 신앙, 율법의 의와 신앙의 의의 구분에서도 동일한 순서가 분명하게 나타난다. 인간 실존의 세 단계는 은혜에 의해 믿음을 통해 얻는 구원을 선포하는 중요한 설교들, 특히 "성경적인 기독교" "믿음에 의한 칭의" "성령의 증거" "신생"에서 반복적으로 나타난다.

웨슬리는 바울의 로마서에 기초해 이 모든 설교를 작성했다. 이러한 전통적 해석자들 각각은 자연적 인간과 자연적 이성의 상태를 다루는 로마서 1장과 2장에 대한 주석으로 시작해, 율법 아래 종 된 인간의 상태를 다루고(2장과 3장), 로마서 3:24을 기점으로 복음적 실존으로 나아가, 그 이후의 내용은 그리스도 안에서의 새로운 삶을 제시한다. 웨슬리는 그리스도 안에서의 새로운 삶을 설명할 때 로마서 8장에 초점을 두었다.

2. 자연적 인간

a. 타락한 인간의 자연적 상태

자연적 상태의 특징은 죄가 편히 활동할 수 있을 정도로 죄에 속박된 상태로, 자연적 인간은 자신이 처한 곤경을 인식하지 못한다. 이는 도덕적으로 잠들어 있거나 윤리적으로 무감각한 상태, 자신이 얼마나 심각한 도

---

11 이 책 p. 363의 '명목상의 그리스도인과 온전한 그리스도인' 이하를 보라, B 1:131-34.

덕적 위험에 처해 있는지를 의식하지 못하는 상태다.[12]

절벽 가까이에서 놀고 있는 아이를 생각해보라. 자신이 처해 있는 위험을 알아차리지 못하는 것은, 상황을 덜 위험하게 해주기는커녕 매우 큰 위험을 초래한다. 이것이 자연적 자아의 상태다. 이 사람은 무한히 깊은 도덕적 구렁텅이(최후의 심판)의 가장자리에서 위험하게 놀고 있는데도, 그것을 전혀 인식하지 못하고 있다. 그 구렁텅이는 하나님께서 우리의 모든 행동에 대해 요구하시는 의의 기준이 있음을 의미한다.

성경이 제시하는 (가족과의 분리, 형벌의 선고, 영적 죽음과 같은) 설득력 있는 일련의 비유들은, 실제 역사에서 모든 사람이 본래 창조된 본성에서 타락해 죄의 끈질긴 연대기로 빠져들었음을 수사학적으로 잘 드러낸다.[13] 죄인은 오직 쾌락만 추구하면서 인격적 책임성 자각을 의도적으로 회피함으로, 처음에는 자연적인 것이 아니었던 타락한 자아의 쾌락 추구를 자연적인 것인 양 인식한다. 그 결과, 자신에 대해 도덕적으로 진지하지 못한 상태가 되어 하나님 앞에서 자신의 도덕적 상태를 조금도 알지 못하고, 자신이 스스로를 기만하고 있다는 사실조차 느끼지 못하게 된다.[14]

사람은 이같이 타락한 자연적 상태에서는 하나님의 요구와 심판에 대해 완전히 무지하며, 따라서 자신에 대해서도 깊이 무지한 상태로 남아 있다. 그는 자신의 도덕적 결함에 대해 전혀 두려워하지 않으며, 하나님의 공의에 대해서는 더더욱 그러하기에, 자신이 도덕적 파산 상태임에도 전혀 불안해하지 않는다. 또 하나님의 요구를 두려워할 정도로 그것을 충분

12　B 2:19; 참고. Sören Kierkegaard, *The Sickness unto Death: A Christian Psychological Exposition for Upbuilding and Awakening*, Kierkegaard's Writings, vol. 19 (Princeton, NJ: Princeton University Press, 1983), pt. 1.
13　참고. B 1:250–55, 263–66, 401–2, 433–34; 2:76–77; 4:171–72.
14　"The Spirit of Bondage and of Adoption," B 1:252, sec. 1. 2.

히 이해하지 못하므로 자신 스스로를 떳떳하다고 상상한다. 나아가 자신이 성취한 업적들로 자만하면서 자신이 선천적으로 선하다고 생각한다.[15]

b. 도덕적으로 무지함

'자연적 인간'은 윤리적으로 잠들어 있는 상태다. 그는 자신이 처해 있는 도덕적 위험을 전혀 의식하지 못한 채, 자신의 삶에 아무것도 잘못된 것이 없다고 생각하면서 안전하고 평화로운 삶을 살아간다. 자신이 누군가에게 해를 끼쳐온 사실이나 사회 구조와 가정, 나라, 문화가 깊이 망가진 것, 되돌릴 수 없도록 상실된 것에 대해서도 알지 못한다.[16]

이 만성적 타락을, 자신에게 도덕적 문제가 있음을 알지 못하는 "무지"의 상태로 설명하는 것은 적절하다. 웨슬리는 함께 오랜 시간(1716-46년)을 보낸 학식 있는 사람들에게서보다 이러한 무지가 강하게 드러나는 곳은 없다고 생각했다.[17] 대학은 학식 있는 사람들이 스스로의 도덕적 파산의 깊이를 깨닫는 장소가 되지 않기 위해 무지를 한층 더 강화시키는 경향이 있다. 더 많은 교육은 이 딜레마는 해결하지 못하면서 오만한 태도만 더 하게 할 수도 있다. 학계만큼 사람들이 스스로의 도덕성에 자신감을 갖고 있는 곳은 없다. 학계는 만성적 죄인들이 자신의 능력과 자유에 대해 이성적으로 논의할 무한한 능력은 물론, 교육, 기술, 발명을 통해 인류가 처한 곤경을 타개할 수 있다고 여기는 망상이 만연해 있는 곳이다.

c. 영혼이 죽어 있음

웨슬리는 "이성적인 사람들"(지식층)에게 직설적으로 말했다. "당신

---

15 "The Spirit of Bondage and of Adoption," B 1:252, sec. 1. 2.
16 "The Spirit of Bondage and of Adoption," B 1:249, sec. 1. 1.
17 "The Spirit of Bondage and of Adoption," B 1:253, sec. 1. 4.

들의 영혼은 교만, 허영, 자기 고집, 호색, 세상에 대한 사랑의 죄로 죽었다. 당신들은 하나님에 대해 전적으로 죽었다. 당신들과 하나님 사이에는 어떤 교류도 없다. … 당신들의 영혼은 '선악을 구별하는 감각이 없다.' … 내 영혼은 '잘못된 삶으로 죽음의 길을 좇는' 당신들로 인해 괴로워하고 있다."[18]

이러한 것이 '자연적' 인간의 상태다. 여기서 '자연적'이라는 말은 타락한 본성을 가졌다는 의미다. 자연적 인간은 인간의 지혜와 선함에 대한 망상으로 자기만족에 빠지는 만성질환에 걸려 있다. 그의 관심의 초점은 본능의 만족, 자아 강도(ego strength), 자기 확신에 있고, 이 관심은 쾌락적 원리와 고통을 피하고자 하는 확실한 동기에 이끌림받는다. 이 단계에 있는 사람은 자신을 훌륭한 사람으로 생각하면서, 타인도 자신을 그렇게 여길 것으로 기대한다.[19]

웨슬리는 자기기만에 빠져 자신이 저속함, 편견, 광신, 완고함, 미신에서 자유롭다고 생각하는 이 자연적 인간을 묘사하기 위해 신랄한 반어법을 사용했다. 그들은 스스로에 대해 자연적 자유의지로 행하고, 그 자유로 자아를 실현하는 사람이라고 상상한다. 그런 것이 죄로 요동치는 역사에 대해 무지한 자연적 자아의 망상이다.

d. 스스로 속이는 자들의 의식 일깨우기

현대의 사회적 용어로 말하자면, 사람은 자기 자신의 사회적 죄악, 인종차별, 문화적 편견, 특정 성별 중심주의, 경제적 관심 등에 대해 잘 인식하지 못한다. 즉, 자기 스스로에게 얼마나 깊이 속고 있는지를 볼 수 없다.

18　EA, sec. 50–51, B 11:64; 참고. JWO 49–50, 128–29, 405.
19　"The Spirit of Bondage and of Adoption," B 1:253, sec. 1. 5.

이웃으로부터의 소외는 물론이고, 창조주로부터의 소외는 더욱 의식하지 못한다. 혹 심각하거나 불안한 것을 생각해내더라도, 그것을 회피할 방법을 찾아낸다.[20] 자신이 비틀거리며 죽음을 향해 나아가는 일은 결코 일어날 수 없다고 생각한다.[21]

그는 자신이 죄인임을 전혀 알지 못하므로, 죄에 맞서 싸울 수도 없다. 웨슬리는 이것이 대부분의 인류가 처해 있는 도덕적 무감각과 무의식 상태라고 보았다.

그런 사람은 명목상의 종교인, 겉보기에는 괜찮은 죄인, 종교 의식에 참여하면서 경건의 모양은 보여주지만 경건의 능력은 없는 사람, 어떤 기준으로도 잴 수 없을 만큼 죄의식이 희박한 사람 등일 수 있다.[22] 웨슬리에게 "의식을 일깨우는 것"이란 죄에 대한 자연적 무감각에서 점점 도덕적으로 민감해지는 것으로의 근본적인 변화를 말한다.[23] 현재 단계의 자연적 인간은 하나님을 사랑하지도, 두려워하지도 않는다.

그렇다면 도덕적으로 표류하던 사람이 어떻게 하면 도덕적으로 진지한 사람으로 변화될 수 있는가? 각 사람이 변화되는 과정은 모두가 유일하고 독특하다.[24]

3. 율법적 인간: 율법 아래의 삶

a. 하나님께서 두려운 섭리로 사람의 마음을 만지심

"하나님께서는 어떤 두려운 섭리나, 성령의 나타나심으로 증거하신

---

20 "The Spirit of Bondage and of Adoption," B 1:253–54, sec. 1. 6.
21 "The Spirit of Bondage and of Adoption," B 1:254, sec. 1. 7.
22 B 1:688–91; 3:313–14; 4:57–58; 11:63–64, 237–40, 251–52, 258–60, 483–84; *CH*, B 7:188–93, 194–200; FA, B 11:250–51, 268, 273.
23 B 1:330n.
24 "The Spirit of Bondage and of Adoption," B 1:254–55, sec. 1. 7–8.

말씀으로 어둠과 죽음에 잠들어 있던 사람의 마음을 만지신다." 어떤 변화가 일어나 잠든 자를 도덕적 혼수상태에서 흔들어 깨운다. 그 결과 도덕적 이해의 눈이 열려 자신이 어떻게 타락, 불의, 비정함에 빠져 있는지 보게 된다.[25]

마치 지옥의 불 못에서부터 번득이듯 무시무시한 빛이 그의 영혼을 비춘다. "소멸하는 불"(히 12:29)이신 거룩하신 하나님의 앞에서 그의 죄의식은 걷잡을 수 없이 커져간다. 하나님의 의로우심을 처음 깨닫자마자 그 의가 모든 것을 심판하는 불이심을 알게 된다.[26] 과거에는 평화로웠던 사람이 이제는 자신이 자유를 오용해온 사실을 알고 비통해한다. 이러한 고통은 그 자체가 성숙의 과정이다. 드디어 도덕적 자각이 일깨워진 것이다. 전에는 거짓된 평화로 안심하던 죄인이, 이제는 하나님의 섭리에 의해 자신이 처해 있는 위험을 의식하지 않을 수 없게 되었다.

이제 회개의 가능성이 생겨난다. 광범위한 변화의 필요성을 두려울 정도로 느낀다. 하나님의 은혜의 섭리로 참회의 징후가 시작된다. 회개는 차분하게 이루어지는 과정을 통해서도, 갑작스레 이루어지는 사건을 통해서도 이루어질 수 있다. 회개가 이루어지는 방법은 매우 다양해 어떤 사람은 순간적으로, 또 어떤 사람은 점진적 과정을 통해 이루어질 수 있다. 사람의 삶에서 하나님께서 어떤 섭리를 통해 사람을 회개하도록 이끄실 것인지는 예측할 방법이 없다. 모든 사람이 이 변화를 겪는 것도 아니다. 어떤 사람은 자신이 절벽 앞에 있음을 보고도 못 본 척하기도 한다.

25　"The Spirit of Bondage and of Adoption," B 1:255, sec. 2. 1; 참고. 2:4, sec. 4. 1.
26　"The Spirit of Bondage and of Adoption," B 1:255, sec. 2. 1; 참고. 5:443.

b. 하나님의 손에 빠져들어 가는 것의 무서움

율법적 자각의 핵심은, 마지막 날 자신의 모든 헛된 말과 마음의 모든 잘못된 상상까지도 심판하실 거룩하신 하나님 앞에서 하듯 자신의 모든 행동을 따져보는 것이다. 거룩하신 하나님은 우리 영혼의 가장 은밀하게 숨겨진 곳도 꿰뚫어 보신다. 어떤 것도 그분의 빛을 피해 숨을 수 없다. "살아 계신 하나님의 손에 빠져들어 가는 것이 무서울진저"(히 10:31).

이제는 쾌락적이고 자연적인 망상 아래 있을 때 결코 깨닫지 못했던 방식으로 하나님의 요구사항의 무게와 심각성을 깨닫는다. 율법은 하나님께서 무엇을 요구하시는지, 우리가 무엇을 행해야 하는지를 가르쳐주지만, 그것을 행할 능력을 주지는 않는다. 율법은 외적 행위로만이 아니라 내면적으로도 "간음하지 말라"고 요구한다. "살인하지 말라"는 계명 역시 자기 자신의 분노의 원인부터 다스릴 것을 요구하는 내면적인 명령으로 심화된다. 율법 자체는 비록 선한 것을 의도함에도, 죄인에게는 자기 소외를 더 심화시킬 뿐이다. 하나님은 사람이 자신의 본 모습을 보지 못하게 만드는 자기기만에 속지 않으신다. 우리는 자신의 자아 전체가 병들어 있음을 깨닫는다.[27] 모든 것을 꿰뚫는 투광이 우리 죄를 드러낸다. 그러나 그 빛은 하나님의 자비의 빛이 아니다. 우리를 판단하시는 그분 앞에서 모든 것이 드러나고 모든 가식이 밝혀져 우리는 마치 벌거벗은 것처럼 느낀다. 어떤 속임도 불가능한 전지하신 하나님께 우리 속에 있던 모든 것이 폭로된다. 전에는 자신이 순수하다는 망상으로 스스로를 가렸으나, 이제는 그 무화과나무 잎사귀들이 사라져버린 듯 자신을 가릴 것이 전혀 없는 무방비 상태를 경험한다.[28]

---

27 "The Spirit of Bondage and of Adoption," B 1:255–56, sec. 2. 2.
28 "The Spirit of Bondage and of Adoption," B 1:255–56, sec. 2. 2–3.

c. 죄책에 대해 깨우침을 받음

다음으로 웨슬리는 새롭게 일어나는 죄책에 대해 면밀한 심리학적 설명을 덧붙인다. 율법의 심판에 대해 그가 제시하는 가장 충격적인 시각적 비유는, 마치 제사에서 희생제물을 둘로 쪼갰던 것처럼, 하나님의 날카로운 요구가 죄인 전체를 열어 문자적으로 둘로 쪼개는 것처럼 묘사한다.[29]

죄인은 죄의식과 형벌에 대한 두려움의 폭풍에 휩싸인다.[30] 아무리 벗어나려 발버둥쳐도 점점 더 소용돌이에 빠져들어 갈 뿐이다. 그는 이 괴로움과 죄의식 속에서 시편 저자와 함께 "선을 행하는 자가 없으니 하나도 없도다"(시 14:3; 참고. 롬 3:10)라는 말씀의 의미를 깨닫는다. 율법은 우리의 일거수일투족을 감시하면서 감추어진 모든 죄를 폭로한다. 그리고 한순간도 쉬지 않고 외적인 행실과 내면적 동기 모두에서 죄인을 압박한다.

d. 무서워하는 종의 영

이것이 바울이 말씀하는 "무서워하는 종의 영"(롬 8:15), 즉 죄의식과 두려움에 매인 상태다. 이는 죄인이 겪는 "전형적인 죄책의 경험"[31]으로, 이 상태에서는 어떤 사소한 잘못도 자신의 삶 전체가 소외되었음을 보여주는 상징이 되고, 어떤 사소한 사건도 자신이 우주 속에서 느끼는 완전한 죄의식을 반영한다. 경험의 아주 작은 한 조각이, 인류 역사가 지닌 죄의 엄청난 무게를 이해하는 창이 되는 것이다.

한때 자연적이고 쾌락적인 자아로서 나의 것이라고 여겨 의기양양했

---

29 "The Spirit of Bondage and of Adoption," B 1:256, sec. 2. 3. 심장 절개 수술을 받은 적이 있는 나에게는 이 비유가 특히 통절한 느낌으로 다가온다.
30 SS 2:246–48, 261.
31 '전형적인 죄책의 경험'에 대해서는 Thomas C. Oden, *The Structure of Awareness* (New York: Abingdon, 1969), pt. 1, chaps. 2–3을 보라.

던 의지의 자유에 무슨 일이 생긴 것인가? 나는 스스로의 의지를 잘못 사용한 결과, 죄에 속박되었음을 알고 상처받은 영혼이 되어 고뇌를 느낀다. 또 과거에 사랑했던 쾌락에서 더는 즐거움을 느끼지 않고 싫증을 느낀다. 또 전적인 무방비 상태, 형벌에 대한 두려움, 죽음에 대한 공포, 복의 상실로 마귀적 슬픔에 사로잡힘과 그로 인한 절망, 저주받아 회환과 절망에 처한 존재가 되었다는 느낌으로 메스꺼워 한다. 내가 저주 받았다고 느끼고, 스스로를 변화시킬 수 없음으로 인해 절망하며, 공의로운 재판관이 내리실 마지막 심판을 두려워한다. 죄를 깨닫지 못해 누렸던 평안은 사라지고, 절망의 종이 되어 이 모든 것을 강하게 느낀다.[32]

이러한 것이 율법 아래 있는 인간의 의식을 지배하는 것이다. 웨슬리는 로마서 7장에 기초해 율법 아래 있는 인간이 처한 곤경을 숨기지 않고 드러낸다. 나는 율법 아래에서 스스로 만든 감옥에 갇힌다. 속박은 저항하면 저항할수록 더 고통스럽게 느껴질 뿐이다. 사슬을 끊으려 발버둥쳐도 성공하지 못한다.[33] 나는 율법을 완벽히 지킴으로 이 난국을 벗어나 이전의 잃어버린 상태로 되돌아가려고도 생각한다. 그러나 율법은 너무나 광범위해 결코 성취하지 못한다. 영원히 거룩하신 하나님 앞에서 나는 언제나 부족할 뿐이다. 따라서 루터가 『노예의지론』(*The Bondage of the Will*)[34]에서 설명한 것과 동일한 절망을 느낄 뿐이다.

e. 오호라 나는 곤고한 사람이로다

"오호라 나는 곤고한 사람이로다 이 사망의 몸에서 누가 나를 건져내랴 우리 주 예수 그리스도로 말미암아 하나님께 감사하리로다 그런즉 내 자신

---

32 "The Spirit of Bondage and of Adoption," B 1:257, sec. 2. 6; 2:233–35; 3:211–26.
33 "The Spirit of Bondage and of Adoption," B 1:257–59, sec. 2. 6–9.
34 *MLS*, 166–207; *SS* 2:255.

이 마음으로는 하나님의 법을 육신으로는 죄의 법을 섬기노라 그러므로 이제 그리스도 예수 안에 있는 자에게는 결코 정죄함이 없나니"(롬 7:24-8:1).[35]

지금까지 이 말씀을 수없이 반복해서 듣고도 아무런 깨달음이 없었더라도, 이 의미를 깨닫게 되면 복음을 들을 준비를 갖춘 것이다. 이 개인적 정죄의 깊이를 깨닫는 순간, 그는 하나님의 속죄 사역이 왜 필요한지와 그것이 바로 자신을 위한 것임을 깨달을 수 있게 된다.

이 준엄한 개인적·도덕적 자각을 경험하지 못하고, 하나님의 심판 아래 있어본 적이 없는 사람은, 복음을 들을 만큼 죄를 깨닫게 하는 은총으로 충분히 준비되지 못한 것이다. 용서의 선언은 오직 심판자 앞에서 자기 죄를 깨달은 자에게만 적합하다. 복음은 아무런 공로 없는 자에게 베푸시는 하나님의 용서다.[36]

4. 복음적 실존: 은혜 아래의 인간

a. 율법의 저주에서 복음의 영광으로

성령은 죄를 깨닫게 하는 은혜를 통해 우리를 칭의로 이끄신다.[37]

회개의 가능성은 사람이 자신의 소외를 더 깊이 깨달을수록 더 커진다. 회개의 방법은 특정한 시점에 하나님의 섭리로 율법에 의해 괴로움을 경험한 사람에게 제공된다. 회개는 '자연적 인간'에게는 불가능하다.

이 새로운 삶은 적절한 때 말씀을 통해, 즉 설교를 통해 말씀이 분명히 선포되거나, 성령의 지도하심 아래에서 성경을 읽을 때 제공된다.

죄 용서에 의해 우리는 죄의 원천으로 나아가 죄의 뿌리를 근절할 수

---

35 "The Spirit of Bondage and of Adoption," B 1:258, sec. 2. 8.
36 "The Spirit of Bondage and of Adoption," B 1:258–60, sec. 2. 9–10.
37 B 1:200–1, 291–92, 350–52, 477–81; 2:22–23; 3:204; *CH* 7:180–84, 210–34; *SS* 1:185–86, 257.

있는 가능성을 얻는다. 우리는 과거에 얽매였던 악한 삶 전체를 부인하고 복음을 수용한다. 회개와 신앙으로 새로운 삶을 수용하는 것이다.

그때 비로소 죄의 속박이 끝나고 죄 된 삶에 더는 붙들리지 않게 된다. 더는 정죄가 없고 은혜 아래서의 새로운 삶이 시작된다. 은혜 아래 있는 삶은 하나님의 의의 길 안에서 날마다 하나님의 은혜를 발견하는 삶이다.[38]

b. 어떻게 이 변화가 일어나는가?

이 절망적 삶에서 새로운 삶으로의 변화는 어떻게 일어나는가? 하나님의 칭의의 은혜가 인간의 삶에 개입함으로써 일어난다.

하나님께서는 십자가 희생을 통해 우리 죄를 담당해 우리 대신 죄인이 되심으로 우리의 죄를 책임 지셨다. 우리는 신앙으로 그리스도의 죽음과 부활에 동참한다.

신앙은 십자가를 통해 모든 사람에게 제공된 은혜를 개인적으로 수용하는 긍정적 반응이다.

십자가에서 일어나는 일은 완결된 행위다. 성령께서는 은혜로 가능하게 된 자유로운 응답을 통해 십자가의 은혜가 적용되게 하신다. 공로 없는 자에게 주시는 은혜를 신뢰하는 것은, 하나님께 반응하는 온전한 삶의 첫걸음이다.[39] 그것이 신생의 영적인 삶을 만들어낸다.[40]

c. 인생의 세 단계 요약

타락한 자연적 인간은 하나님을 사랑하지도, 두려워하지도 않는다. 율법적 인간은 하나님을 오직 두려워하기만 한다. 은혜 아래의 복음적 인간

---

38 "The Spirit of Bondage and of Adoption," B 1:258–60, sec. 2. 9–10; *CH* 7:201–10.
39 B 1:118, 404, 662–63; 2:167; 3:119; 4:26.
40 "The Spirit of Bondage and of Adoption," B 1:260–63, sec. 3.

은 하나님의 종만이 아닌 자녀가 되어, 하나님께서 우리를 사랑하시듯 하나님을 사랑한다. 하나님의 은혜에 의해 종의 상태가 극복됨으로 율법을 뛰어넘어 새로운 관계가 형성된다.

이것이 세 단계로 펼쳐지는 하나님의 은혜 사역에 대한 웨슬리의 가르침의 핵심이다.

d. 구원과 세례

이 시리즈의 제3권 『목회신학』은 웨슬리의 세례에 대한 가르침을 제시한다. 그러나 여기서는 우선 하나님께서 단지 회개하고 믿으라고만이 아니라, 회개하고 믿고 세례를 받으라고 말씀하신 사실(행 2:38)에 주목할 필요가 있다. 세례를 받는 것은 하나님의 은혜에 의해 예수 그리스도의 죽음과 부활에 참여함을 의미한다. 세례에 의해 신자는 성령 안에서의 새로운 삶으로 들어간다. 신자는 하나님의 종만이 아니라 자녀가 되어 하나님의 가족이 된다. 세례로 이러한 삶이 시작된다.

이 새로운 삶은 반복적으로 성찬을 받으면서 성숙해간다. 세례를 출생에 비유한다면, 성찬에 참여하는 삶은 새로 태어난 생명을 끊임없이 양육해가는 것에 비유할 수 있다. 그 결과가 성령의 열매다.

5. 양자의 영

웨슬리의 가르침에서 양자 삼음과 확신은 매우 밀접하게 연결되어 있다. 우리가 믿음으로 칭의의 은혜를 받으면, 성령께서는 우리가 하나님의 자녀가 되었음을 증거해주신다. 성령께서 우리에게 전달해주시는것이 바로 성자께서 우리 죄를 담당하심으로 인해 우리가 하나님의 자녀가 되었다는 사실이다. 성부께서는 우리를 위한 성자의 자기희생을 받아들

이신다.⁴¹

따라서 우리는 즉각적·직접적으로 종의 영에서 양자의 영으로 옮겨져 새롭게 영적으로 태어남으로 하나님의 가족이 된다. 더는 죄의 종과 노예가 아니라, 하나님 나라를 유업으로 받는 하나님 자녀가 된 것이다.⁴² 우리는 하나님께서 주시는 이 영생의 유업을 감사함으로 받아들인다.

기록된 말씀과 우리의 마음을 통해 주시는 성령의 증거에 귀 기울이는 한, 우리는 이 같은 하나님의 자녀 됨이 철저하고도 확실한 은혜의 선물임을 느낀다. 우리는 성령께서 십자가의 진리를 증거해 우리를 위해 성자께서 이루신 사역을 알게 하실 뿐 아니라, 우리 영과 더불어 우리가 하나님의 자녀 되었음을 증거하심을 통해 우리가 하나님과 화해되었음을 확신하게 된다.⁴³

6. 복음적 자유

a. 자유의 삶을 살게 하는 복음의 빛

복음 아래에서의 삶은 자유를 경험하는 삶이다. 이 자유는 도덕적 무지에서 비롯된 망상적 자유가 아니라, 하나님의 용서에 근거해 이웃을 사랑하게 하는 참된 자유다. 그것은 죄책으로부터의 자유일 뿐 아니라, 십자가가 가능하게 하는 사랑으로 역사하는 믿음의 삶으로의 자유다. 이 자유로 죄의 권세는 깨어진다. 구원받은 삶에도 죄는 깨어진 파편 같은 형태로 남아 있을 수 있다. 그러나 죄는 본래 가졌던 힘을 잃었다. 죄의 결과와 영향은 남아 있을 수 있으나, 신자를 다스릴 권세는 상실했다.⁴⁴

---

41 "The Spirit of Bondage and of Adoption," B 1:260–63, sec. 3.
42 "The Spirit of Bondage and of Adoption," B 1:423–24; 3:497–500.
43 "The Spirit of Bondage and of Adoption," B 1:260–63, sec. 3.
44 같은 곳.

이제 정죄는 없다. 하나님과 화해한 영혼에게는 빛이 비추인다. 빛이 밝게 비추도록 명령하신 하나님은 그 마음을 밝히심으로 하나님께서 용서하신 사실을 증거하신다. 이것이 웨슬리가 말하는 복음적 삶, 은혜 아래에서의 삶, 더는 정죄함 없이 평안을 누리는 새 삶이다. 이 빛은 하나님의 자녀가 되게 하는 양자의 영에서 비롯된다.

자연적 인간과 복음적 인간의 상태, 자연적 인간의 망상적 자유와 복음적 인간의 참된 자유에는 놀랄 만한 차이가 있다. 도덕적 절망과 혼란 속에서 잃어버린 자유는 더 온전한 형태로 다시 회복되었다. 소멸된 평안 역시 더 온전한 형태, 하나님과의 화해에 기초한 '샬롬'(shalom)으로 회복되었다. 이 평안이 죄책과 회한을 종결 짓고 두려워하는 종의 영을 극복하게 한다.[45] 자연적 자아의 가짜 평안은 하나님과 화해한 자아의 참된 평안과 대조된다.[46]

b. 아빠 아버지

이 새 사람은 하나님을 "아빠 아버지"(롬 8:15)로 부를 수 있게 되어, 삶의 매 순간을 이 아버지께서 주시는 선물로 받는다. 우리는 하나님을 율법의 철저한 요구를 우리에게 지우시는 의로우신 재판관으로만이 아니라, 자비로 우리를 돌보시고 교육하시며 교정하시고 사랑해주시는 아버지로 받아들인다.

하나님은 여전히 율법의 요구를 거두지 않는 거룩한 분이심에도, 우리는 그리스도께서 율법에 대한 능동적 순종과 십자가에서 죽기까지 순종하신 고난을 통해 우리의 죄를 스스로 담당하셨음을 알고, 믿음으로 그 모

---

45 SS 1:288.
46 "The Spirit of Bondage and of Adoption," B 1:262, sec. 3. 5.

든 은혜에 참여한다. 우리는 그리스도의 의로 옷 입고 자유, 평안, 빛, 진리, 용서의 새로운 삶을 살아간다. 이 모든 비유는 십자가를 통해 깨달은 진리에 의존해 있다.[47]

이 신뢰 속에서 우리는 더는 도덕적으로 무지하지 않음에도 전적으로 안식한다. 죄의 역사를 사실적으로 인식하면서도, 하나님의 용서를 신뢰하므로 평안을 누린다.

c. 부친의 무덤에서 한 설교

변화의 순서는 자아에 대한 무지에서 시작해 죄에 대한 자각과 최종적으로는 자유롭게 하는 은혜로 나아가는 것이다.

이러한 내용을 담은 핵심 설교 "종의 영과 양자의 영"은 웨슬리가 1742년 6월 10일에 부친이 오랫동안 교구 목사로 섬겼던 엡워스(Epworth)에서 선포한 것이다. 더 주목할 만한 점은, 그가 교회 묘지에 있는 부친의 무덤에서 설교했다는 것이다! 설교의 내용은 우리가 어떻게 하나님을 "아빠 아버지"(롬 8:15)로 부를 수 있는가에 대한 것이었다. 웨슬리는 사랑하고 존경하는 마음으로 자신의 부친을 떠올리면서 청중에게 하늘에 계시는 아버지 하나님의 화해하시는 사랑을 선포한 것이다.

이 설교는 웨슬리 설교 중 신학적으로 가장 명쾌한 내용을 담고 있으며, 타락한 상태로 잠들어 있는 악인, 지옥으로부터 번득이는 불빛, 자유로이 걷게 하는 빛, 구원받은 삶의 기쁨 등 생생한 이미지로 가득하다.

또 이 설교는 죄인이 어떻게 자기기만에서 깨달음으로, 그 후에는 하나님의 자녀의 영광스러운 자유로 옮겨가는지, 그리고 거짓된 평안(false peace)에서 평안의 상실(no peace)을 거쳐 참된 평안(true peace)을 갖게 되

---

[47] "The Spirit of Bondage and of Adoption," B 1:264, sec. 4. 1.

는지 변화의 과정을 보여준다. 웨슬리의 많은 부흥설교는 바로 이 과정을 명확히 다루고 있다.[48]

7. 명목상의 그리스도인과 온전한 그리스도인

명목상의 그리스도인과 온전한 그리스도인의 차이에 관한 이 설교의 성경 본문은, 사도행전 26:28의 "네가 적은 말로 나를 권하여 그리스도인이 되게 하려 하는도다"라는 말씀이다 [설교 #2 (1741), B 1:131–41; J V:17–25].

명목상의 그리스도인은 경건의 모양은 가졌으나 능력은 갖지 못한 사람이다. 이에 반해 온전한 그리스도인은 한결같이 칭의와 성화의 은혜 안에 거하면서 날마다 복음적 삶을 살아가는 사람이다.[49] 이는 웨슬리의 모든 설교 중 오늘날 가장 중요하게 선포해야 할 내용이다.

성경 본문은 아그립바 왕이 기소를 당한 바울에게 말한 놀라운 말이다.[50] 바울이 말씀을 선포하자, 왕이 그의 말을 듣다 "네 말에 설득 당해 내가 거의 그리스도인이 될 뻔했다"(Almost thou persuadest me to be a Christian, 영어 흠정역 성경)라고 말한다. 웨슬리는 이 말에 착안해 거의 그리스도인이 된 사람과, 하나님의 화해하시는 사랑을 온전히 듣고 믿는 사람의 차이를 살펴보았다.

a. 명목상의 그리스도인

명목상의 그리스도인(the almost Christian, 직역하면 '거의 그리스도인'이다-역주)은 경건의 모양은 지녔으나 능력은 없다. 경건의 능력은 하나님의

---

48 "The Spirit of Bondage and of Adoption," B 1:265–66, sec. 4. 3–4.
49 "The Almost Christian," B 1:131–33, sec. 1; 참고. "Scriptural Christianity," B 1:167, sec. 2. 5; 참고. FA, B 11:176, 267–68, 536–37.
50 *JJW* 2:478; 3:484.

용서와 성결의 영에서 비롯된다.[51]

명목상의 그리스도인은 지칠 줄 모르는 성실함으로 안식일을 지키고, 거짓말하지 않으며, 선을 행할지도 모른다.[52] 그는 간음하지 않고 도둑질하지 않으며 더 의로운 사회 질서를 추구하되, 모든 열심을 다해 그렇게 할 수도 있다.[53] 또 공적 예배에 참여하고, 성찬을 받고, 다른 사람에게 전혀 해를 끼치지 않을 지도 모른다.

그렇다면 무엇이 부족한가? 하나님을 섬기려는 열정인가? 그렇지 않다. 그 열정은 대단할 수 있다. 뜨거운 종교적 헌신인가? 그것도 아니다. 종교적 의무감은 숨막힐 정도로 투철할 수 있다.[54] 그러나 율법으로 인한 공포와 죽음은 기독교가 아니다.

왜 그런 사람은 명목상의 그리스도인일 뿐 온전한 그리스도인이 아닌가? 온전한 그리스도인으로서의 필요충분조건은, 하나님의 자비로운 자기 계시에 대한 온전한 신뢰임에도 그것을 결여하고 있기 때문이다.

b. 명목상의 그리스도인에게 부족한 것은 무엇인가?

명목상의 그리스도인은 지식적으로는 거의 복음적 실존의 직전까지 다가서 있을지도 모른다. 그럼에도 하나님께서 자신을 위해 행하신 일의 온전한 의미를 결코 깨닫지 못했다. 그는 매우 훌륭한 사람이나 매우 도덕적인 인물로 보일지 모른다. 그럼에도 무엇인가가 부족하다.

'명목상의 그리스도인'은, 진리와 정의에 관심을 기울이고, 모든 이에

---

51 "The Almost Christian," B 1:132, sec. 1.4; 참고. "Hypocrisy in Oxford," B 4:400, sec. 2. 2; B 1:508; 2:465; 3:317.
52 "The Spirit of Bondage and of Adoption," B 1:264, sec. 4. 1.
53 "The Almost Christian," B 1:135, sec. 1. 9.
54 "The Almost Christian," B 1:132, sec. 1.

게 공정하기를 추구하며, 진리를 말하고, 가난한 사람에게 관심을 갖는 사람들에게서 발견되는 인간적 정직함을 지니고 있다. 하나님의 백성과 원수였던 블레셋 사람들조차 선한 사람들에게서 이런 특징들을 기대한다.[55] "마귀의 신앙과 이교도의 삶이, 대부분의 사람이 훌륭한 그리스도인이라 부르는 특징을 지니고 있다는 것은 사실이다!"[56]

웨슬리는 스스로가 오랫동안 구원의 은혜의 기쁨을 결여한 채 명목상의 그리스도인으로 최대한 엄격한 삶을 살았다. 그는 솔직하게 젊은 시절의 자신을 명목상의 그리스도인의 주요 사례로 들었다.[57]

c. 온전한 그리스도인

'온전한 그리스도인'은 하나님을 향한 사랑으로 채워지는데, 이 사랑은 언제나 신앙을 통해 이웃을 사랑하는 것으로 역사하고 구체화된다. 그리스도인은 하나님을 온전히 사랑해, 그 모든 애정이 생명을 주신 그분께로 향하는 사람이다. 그는 하나님을 향한 나뉘지 않은 사랑으로 모든 것을 주신 하나님만 섬기면서 다른 모든 것을 상대화할 뿐 우상화하지 않는다.

그는 이제 하나님을 향한 사랑 안에서만 다른 모든 것을 사랑한다. "세상에 대하여 십자가에 못 박히고", "온 마음을 기울이고 모든 애정을 쏟으며, 영혼의 모든 능력을 다하고 그 모든 기능을 최대한 활용해" 하나님을

---

55 "The Almost Christian," B 1:132, sec. 1.
56 "Hypocrisy in Oxford," B 4:399, sec. 1. 9.
57 "The Almost Christian," B 1:131–35, sec. 1; 참고. *JJW*, January 29, 1738. 1738년 1월 29일 자 일지에서 웨슬리는 "다른 사람을 회심시키기 위해 미국으로 갔던 나 자신이 하나님께 돌이키지 못한 상태였다"고 적었으나, 이후에는 "내가 그런 상태였는지는 확실하지 않다"는 평가를 덧붙였다. 1739년 1월 4일 자 일지 시작 부분에서 그는 자신이 아직 온전한 사랑의 상태에 이르지 못했다는 의미로 또다시 "나는 지금 그리스도인이 아니다"라고 적었다. 올더스게이트 체험이 있은 지 5개월 후 그는 동생에게 쓴 편지에서 (종의 신앙과 자녀의 신앙의 구분에 기초해) "나는 지난 5월 24일까지는 그리스도인이 아니었다"고 적었다. 참고. Letter to Charles, June 17, 1766; "In What Sense We Are to Leave the World," sec. 2. 3.

사랑한다.[58]

d. 사랑할 수 있는 자유

하나님의 용서하시는 사랑은 우리를 속박에서 자유롭게 하셔서 이웃, 즉 우리 곁에 있는 사람들을 사랑하는 일에 온 관심을 기울일 수 있게 하신다. 값비싼 대가를 치르시면서도 죄인을 사랑하시는 하나님의 사랑을 경험했기에, 우리는 우리 삶에서 가까이 있는 사람들을 온전히 사랑할 준비를 갖춘다. 이웃은 우리가 선택하는 것이 아니다. 우리는 예기치 못하게 이웃과 만나고 부딪히는데, 그는 마치 깜짝 선물같이 갑자기 우리 앞에 나타난다. 사람들과의 만남은 마지막 날 우리가 주님과 만날 것을 기쁨 중에 대망하는 가운데 이루어진다.[59]

온전한 그리스도인은 십자가를 통해 계시된 하나님의 의를 신뢰하는 믿음으로 살아간다. 신앙은 단지 하나님께 대한 어떤 견해나 개념적 명제에 지적으로 동의하는 것만이 아니다. 그보다 훨씬 중요한 것이 성령의 능력으로 하나님의 아들이신 예수 그리스도께 자신을 의탁하는 것이다.[60] 신앙은 그리스도의 공로로 죄 사함을 받았고 하나님의 은혜로 회복되었다는 사실에 대해 하나님을 확고히 신뢰해 확신을 갖는 것이다.[61] 이 확신에서, 할 수 있는 한 감사함으로 하나님의 부르심에 순종하고 하나님의 선물을 받겠다는 자발적 의지가 생겨난다.[62]

신앙의 열매는, 죄책과 두려움에 더는 매이지 않고 이웃을 사랑할 수

---

58 "The Almost Christian," B 1:137, sec. 2. 1; 갈 6:14.
59 "The Almost Christian," B 1:138, sec. 2. 2.
60 "The Almost Christian," B 1:138–39, sec. 2. 3–6.
61 "The Almost Christian," B 1:137–40, sec. 2; "The Doctrine of Salvation," "Faith and Good Works," sec. 14.
62 B 1:418–19, 634–35, 9:101–2.

있도록 자유를 주는 신생에 의해 삶이 포괄적으로 새롭게 재정립되는 것이다.[63] 이것이 중생하고 날마다 그리스도 안에서 새 생명을 받는 온전한 그리스도인의 삶이다.

B. 구원의 조건

1. 하나님 나라로 가는 길

설교 "하나님 나라로 가는 길"의 성경 본문은 마가복음 1:15의 "회개하고 복음을 믿으라"라는 말씀이다 [설교 #7 (1746), B 1:217–32; J #7, V:76–86].

구원의 조건은 회개하고 믿는 것이다. 복음서 이야기는 시작 부분부터 "때가 찼고 하나님의 나라가 가까이 왔으니 회개하고 복음을 믿으라"(막 1:15)라는 구원의 조건을 분명하게 명시한다. 하나님 나라로 가는 길을 진지하게 묻는 사람들에게 성경은 회개하고 믿어야 함을 명확히 말씀한다.[64]

a. 하나님 나라는 참된 기독교를 의미함

하나님 나라가 무엇인지를 묻는 것은, 참된 기독교의 본성 즉 하나님과 인류를 향한 마음의 상태를 묻는 것이다.[65] 하나님 나라는 단지 외적 행위, 신조, 교리만이 아니라 실천을 포함하는 참된 기독교를 말한다.[66] 참된 기독교를 적절히 이해하는 데는 외적인 의식, 도덕적 훈계, 종교에 대한 개념적 논리만으로는 충분하지 못하며, 행위에 대한 바른 이해를 반드

---

63 "The Almost Christian," B 1:138–42, sec. 2; 갈 5:6; "The Law Established through Faith, I," sec. 2. 3.
64 이 설교는 웨슬리가 1742년 6월 6일에 행한 것으로, 그가 엡워스의 부친의 무덤에서 행한 설교 시리즈 중 첫 번째다.
65 B 1:217–25; 3:520.
66 *LJW* 5:5.

시 포함해야 한다.[67]

하나님 나라는 먹는 것과 마시는 것, 외적인 선이나 다른 외적인 것이 아니라, "성령 안에 있는 의와 평강과 희락"(롬 14:17)이다.[68]

b. 참된 기독교는 하나님과 이웃을 사랑하는 것임

1. 참된 기독교의 첫 번째 가지는 하나님께 대한 적극적인 사랑, 즉 모든 행복을 하나님 안에서 발견하고, 하나님 외의 다른 것을 구하지 않고 하나님만으로 기뻐하며, 어떤 경쟁자도 없이 온 마음을 하나님께 드리는 것이다.[69]

2. 참된 기독교의 두 번째 가지는 이웃, 즉 하나님께서 만드신 모든 영혼, 심지어 자신이 알지 못하는 사람, "악하고 배은망덕하다고 생각하는 사람, 악한 생각으로 당신을 이용하고 박해하는 사람도 배제하지 않고" 자기 자신처럼 사랑해, 마치 사람이 자신의 행복을 갈망하듯 "언제나 변함없이 그들의 행복을 간절히 바라는 것"이다.[70] 그러한 사랑은 겸허한 내적 의로움과 모든 사람에게 적극적으로 선을 행하는 외적 의로움에 의해 율법을 성취한다.[71]

c. 하나님과의 평화

하나님 및 이웃과 바른 관계에 있는 사람의 마음은 거룩함의 능력을 부여받으며, 그 거룩함은 행복을 불러들이고 또 일으킨다. 거룩함이 성령 안

---

67 "The Character of a Methodist," sec. 1; "A Caution against Bigotry," sec. 2. 3. 그렇다고 해서 참된 기독교가 교리에 대한 무관심을 의미하지는 않는다는 사실은, "The Doctrine of Original Sin," B 1:220n, secs. 3. 1; 4. 4에서 분명하게 나타난다.
68 "The Way to the Kingdom," B 1:221, sec. 1. 7; LJW 2:269–70; 8:218.
69 "The Way to the Kingdom," B 1:221, sec. 1. 7–8; "The Righteousness of Faith," sec. 2. 9.
70 "The Way to the Kingdom," B 1:222, sec. 1. 8–9.
71 FA, B 11:250–51, 268, 273; CH, B 7:194–200.

에서의 평강과 희락을 낳기 때문이다(롬 14:17). 이는 오직 하나님만이 주실 수 있고 세상이 빼앗을 수 없는 평안으로, 자연적 이해를 초월해 영적으로만 분별할 수 있으며, 두려움을 내쫓는다. 성령께서는 사람이 하나님의 자녀가 되었음을 내적인 증거를 통해 증거하신다(롬 8:16).

하나님과의 평화는 사람이 오랫동안 원수 되었던 거룩하신 분과 화해한 것을 의미한다. 그로 인한 평안은 하나님 나라에 속해 있고 참된 기독교 신앙을 지닌 것에 대한 중요한 증거다. 오직 하나님만이 이 평안을 주시기 때문이다. 한 번 주어진 평안은 우리가 그것을 무시하거나 거부하기로 결정하지 않는 한 소멸되거나 고갈되지 않는다. 우리가 신앙을 지속하는 한, 은혜는 이 평안이 지속되게 하신다.[72] 신앙은 내세의 능력을 미리 맛보게 하고, 의와 평강과 희락의 삶을 가능케 한다. 이 복된 삶은 주님을 사랑하는 자에게 주어질 영원한 복을 예기하게 한다.[73]

d. 거룩한 삶과 행복

십자가를 통한 하나님과의 화해의 열매인 평안은 성령에 의한 마음의 기쁨을 가져와, 하나님 안에서의 고요하고 겸허한 즐거움을 누리게 한다. 참된 그리스도인은 자신의 죄가 하나님의 은혜로 온전히 가려졌음을 알기에 행복하다.[74]

이처럼 성결과 행복이 결합되어 나타나는 것은 그가 하나님의 다스림 아래 있음을 의미한다. 그것이 하나님 나라로 불리는 이유는, 하나님께서 우리 마음에서 다스리시기 때문이다. 하나님을 자신의 마음의 왕좌에 모

---

72 B 1:349, 458, 477; 2:162; *SS* 2:394.
73 "The Way to the Kingdom," B 1:231, sec. 2. 11–13.
74 "The Way to the Kingdom," B 1:223–24, sec. 1. 11.

시는 사람은 즉시 의와 평강과 희락으로 충만하게 된다.[75]

하나님 나라는 하늘 나라로도 불리는데, 이는 하늘에서 내려와 우리를 성부 하나님께로 이끌어가시는 성자를 통해 우리의 닫혀 있던 영혼에 하늘의 세계가 펼쳐지기 때문이다. 이러한 하나님 나라는 매 순간 가까이에 있다. 성자께서 오심으로 하나님 나라가 이미 도래했기 때문이다. 그 나라는 회개하고 그분의 약속을 믿는 사람에게는 멀리 있지 않다.[76]

e. 회개가 기독교의 현관이라면, 거룩함은 기독교 자체임

사람이 회개하기 위해서는 먼저 자신이 죄인임을 깨달아야 한다.[77] 회개로 번역되는 '메타노이아'(*metanoia*)는 180도로 돌아서는 것, 즉 죄에서 은혜로 돌아섬을 의미한다.[78] 회개는 자신의 도덕적 상태를 진지하게 돌아보게 만들어, 영혼이 하나님의 자비로 향할 수 있도록 준비시킨다.[79] 회개는 하나님의 통치의 영역으로 들어가는 첫 단계다. 웨슬리는 토머스 처치(Thomas Church)에게 보낸 편지에서 구원의 길을 다음과 같이 요약했다. "다른 모든 교리를 포함하는 우리의 주된 교리는 세 가지, 즉 회개와 신앙과 거룩함의 교리입니다. 회개가 기독교의 현관이라면, 신앙은 그 문이

---

75 "The Way to the Kingdom," B 1:224, sec. 1. 12.
76 Letter to a Gentleman at Bristol, January 6, 1758, *LJW* 3:246–48.
77 "The Way to the Kingdom," B 1:225, sec. 2. 1; 참고. 『로마 교리서』(*Roman Catechism*)에 대해 다룬 "Of Repentance and Obedience," J X:94–102; B 1:47, 245, 335–37, 403, 480–81, 653; 2:230–31; 4:299–300.
78 회개는 자신에 대해 참되고 깊게 아는 것을 의미하므로, 사람은 성화의 은혜에서 자라갈수록 자신이 죄인임을 더 깊이 자각한다. "The Righteousness of Faith," sec. 2. 6; "The Repentance of Believers"를 보라.
79 "The Way to the Kingdom," B 1:225–27, sec. 2. 1–2; "The Righteousness of Faith"; 참고. B 1:126–27, 252–53, 335–36; 3:113; 4:411–12.

며, 거룩함은 기독교 그 자체입니다."[80] 기독교는 사랑으로 역사하는 신앙이 일으키는 거룩한 삶이다.[81]

1. "회개라는 말로 나는 죄에 대한 자각을 의미한다. 이 자각은 변화에 대한 참된 열망과 진정한 결심을 일으킨다."[82] 웨슬리는 "회개에 합당한 열매"(마 3:8; 눅 3:8)를, "형제를 용서하고, 악을 그치고 선을 행하며, 하나님의 규례들을 행하고, 하나님께서 이미 주신 은혜의 분량에 따라 하나님께 총체적으로 순종하는 것"으로 설명했다. 그럼에도 그는 "나는 이러한 것들을 아직 선행으로 부를 수 없다. 그런 것들은 신앙과 하나님께 대한 사랑에서 비롯된 것이 아니기 때문이다"라고 덧붙였다.[83]

2. 신앙은 회개 및 회개에 합당한 열매와 구분될 뿐 분리되지는 않는다. "회개와 회개의 열매 모두 어떤 의미에서는 칭의에 필요하지만, 이중 어떤 것도 신앙과 같은 의미로, 또는 신앙과 같은 정도로 요구되지는 않는다. … 이중 어떤 것도 신앙만큼 칭의와 직접적이고 즉각적인 관계에 있지는 않다."[84]

신앙은 하나님의 자비를 수용하는 것이다. 신앙은 단지 지식적 동의가 아니라, 십자가와 부활을 통해 선포된 말씀이 자신을 위한 것, 자신에게 개인적으로 주어진 것이며, 자신을 전적으로 변화시킬 수 있음을 신뢰하는 것이다.

회개하고 믿는 사람은, 하나님을 사랑함으로 이웃의 필요에 응답하는

---

80 Letter to Thomas Church, June 17, 1746, *LJW* 2:268. 웨슬리가 설교 "The Spirit of Bondage and the Spirit of Adoption"에서 제시한 순서 역시 동일하다.
81 Letter to Thomas Church, June 17, 1746, *LJW* 2:268; 참고. 7:396–97.
82 Letter to Thomas Church, February 2, 1756, *LJW* 2:187.
83 같은 곳; 참고. J IX:112.
84 "The Spirit of Bondage and of Adoption," B 1:253-54, sec. 1. 6.

참된 기독교의 길에 들어선 것이다. 이러한 사랑은 신앙을 통해 가능해진다.[85]

신앙은 칭의를 위해 직접적으로 요구되는 데 비해, "회개는 신앙을 갖게 하고 지속시키기 위해 간접적으로 요구되고 … 회개의 열매는 회개하게 하고, 지속적으로 회개하게 하기 위해 더 간접적으로 요구된다. 또 그런 의미에서라 하더라도, 회개와 회개의 열매는 시간과 기회가 허락될 때라는 전제 아래서만 요구된다."[86] 하나님 나라로 가는 발걸음은 회개로 시작해 신앙으로 이어진다.[87]

3. 거룩한 삶은 회개한 신자가 참된 기독교 신앙으로 하나님의 다스림 안에 거하고 있음을 확증한다. 회개와 신앙에 따르는 거룩한 삶은 참된 기독교 그 자체다. 이 주제는 성화를 다룰 때 더 자세히 살펴볼 것이다.

C. 믿음으로

믿음에 대한 웨슬리의 세 설교 "믿음에 대하여"(B #106), "믿음의 발견에 대하여"(B #117), "보이는 것으로 행하는 것과 믿음으로 행하는 것"(B #119)은 모두 1788년에 출판되었다.

설교의 공통 주제는, 자연적 감각이 볼 수 없는 것을 믿음의 눈은 볼 수 있다는 것이다. 믿음은 신자로 영적으로 깨어나, 눈으로 보이는 것 너머에 있는 눈으로 볼 수 없는 영원한 세계를 보게 하는 생생한 영적 감각이다.[88]

---

85 "The Way to the Kingdom," B 1:230–31, sec. 2. 9–13; 참고. 회개의 은혜를 간구하는 기도의 찬송가, *CH* 7:188–201; 죄를 자각하고 슬퍼하는 사람을 위한 찬송가, *CH* 7:210–34.
86 "Principles of a Methodist Farther Explained," J VIII:428, sec. 2. 1; 참고. "The Scripture Way of Salvation," B 2:162–69, sec. 3; B 1:349, 458, 477; 2:162; *SS* 2:394.
87 Letter to Thomas Church, February 2, 1745, *LJW* 2:224–25, sec. 2. 1; 참고. 2:188; 5:168.
88 B 4:30–38, 53–56; EA, B 11:46–47, 54; JWO 275–76, 293–95, 386–88, 395–96.

1. 믿음에 대하여 (1): 믿음의 종류와 단계

설교 "믿음에 대하여 (1)"의 성경 본문은 히브리서 11:6의 "믿음이 없이는 하나님을 기쁘시게 하지 못하나니"라는 말씀이다 [설교 #106 (1788), B 3:491–501; J #106, VII:195–202]. 이 설교는 이교도 신앙의 단계에서 시작해 구원의 신앙 단계에 이르기까지의 다양한 단계의 신앙을 다룬다.

은혜를 수용하는 일에서의 인간 역량의 한계로, 신앙이 인간의 역사 속으로 들어오는 과정에서 여러 단계의 은혜의 섭리 시대가 나타난다.[89]

> 하나님이 존재하시며 공의로우심을 나타내는 일반 계시는 모든 사람에게 알려져 있다. 모든 사람에게 생명의 수여자가 있음을 계시한 이 섭리 시대를 일반적으로 이방인 시대라 칭한다.

> 율법을 통해 이스라엘 백성에게 주신 역사적 계시가 있다. 하나님의 말씀을 통해 주어진 이 섭리 시대를 모세 시대라 부른다.

> 하나님의 어린 양을 알아보고 곧 오실 분을 가리키며 회개를 가르쳐 그리스도의 오심을 기다린 시기로, 세례 요한의 시대가 있었다.

> 최종적으로 예수 그리스도를 믿는 온전한 신앙이 도래해, 양자의 영을 받은 사람들에게 해당되는 기독교 시대가 있다.[90]

2. 구원의 신앙이 아닌 미숙한 믿음의 형태들

이처럼 다양한 은혜의 섭리가 중첩되어 있는 세상에서는 구원의 신앙과 구별되는 여러 형태의 미숙한 믿음이 존재한다.

---

89 웨슬리는 섭리시대에 관한 설명에서 존 플레처(John W. Fletcher)가 쓴 *The Doctrines of Grace and Justice*, 1777, sec. 1, pp. 1–13를 의존했다.
90 "On Faith, Hebrews 11:6," B 3:493, 서문 3.

a. 이성적인 인간의 일반적인 믿음

(1) 실험에 근거해 작업하는 과학자는 대체로 믿음의 사람으로 여겨지지 않지만, 과학 연구에도 믿음이 필요하다. 자연을 이해할 수 있다고 가정하고 가설을 세워 과학적 연구의 영역으로 들어서는 데는 대단한 도약이 필요하다. 과학적 신념은 종종 물리적 세계의 인과관계를 유의미하게 밝힐 수 있다고 믿는 근본적이고 검증되지 않은 가정에서 출발한다.[91]

(2) 이론을 중시하는 사람들에게서 자주 볼 수 있는 이신론자의 믿음은, "진흙과도 뒤섞일 만큼 저속한 정욕"에 사로잡혀 쾌락주의로 기우는 쪽과,[92] 물질과 구분되는 영적인 하나님이 계실 수 있다고 생각하면서도 성경의 계시를 통해 하나님을 아는 지식은 배척하는 이상주의적이면서 도덕적인 믿음으로 기우는 쪽으로 나뉜다. 쾌락적 이성주의자와 도덕적 이성주의자 모두 하나님 안에서의 소망을 부인하고, 구원의 신앙과 다른 자신들만의 미숙한 신앙의 형태를 고집스럽게 붙든다.[93]

b. 이교도의 신앙

이방인들의 소박한 믿음(이교도의 신앙)은 이스라엘의 역사를 통해 주신 하나님의 계시 없이, 이성과 양심을 통한 추측으로 작용한다. 이교도의 선함은 비록 빛이 결여되어 있음에도 진실하기에 역사 속 하나님의 계시에 의해 모인 신앙 공동체를 종종 부끄럽게 한다.[94] "하나님의 존재와 속성

---

91 한동안 이 믿음의 형태는 "우주에는 오직 물질 외에는 아무것도 존재하지 않는다"고 가정했다. "On Faith, Hebrews 11:6," sec. 1. 1.
92 "On Faith, Hebrews 11:6," sec. 1. 2.
93 같은 곳.
94 B 1:119; 3:494-95; SS 1:39.

을 믿는 것이 이교도의 신앙이다."[95] 이교도의 신앙은 모든 사람이 가진 양심과 이성의 빛에 기초해 작용한다.

3. 유대교와 이슬람교의 유일신 신앙

a. 이슬람교 신앙

이슬람교의 유일신론적·도덕적 신앙은 때때로 그리스도인을 부끄럽게 한다.[96] 웨슬리는 중세 이슬람 신비주의자 이븐 투파일(Abu Bakr Ibn Al-Tufail)의 글이, 종교를 유일신교라는 기준으로 본다면, 마치 "하나님의 내적인 음성에 의해 참된 종교의 모든 본질적 요소를 배운" 사람이 것처럼 "순수하고 오염되지 않은 종교의 모든 원리"를 담고 있다고 평가했다.[97]

b. 유대교 신앙

웨슬리는 유대교와 기독교의 차이를 다음과 같이 설명했다. "구약성경과 오실 그리스도를 믿는 것이 유대인의 신앙이라면, 그리스도께서 나를 위해 자신을 내어주셨음을 믿는 것은 그리스도인의 신앙이다."[98] 웨슬리는 판단을 하나님께 맡기면서 현대의 유대인을 가혹하게 비난하려 하지 않았다. 기름 부음 받은 메시아를 알아보지 못하게 하는 "마음의 완고함이 그대로 남아 있지만"(고후 3:14), "우리는 그들을 심판할 자리에 있지 않기 때문이다."[99] 그럼에도 모세를 비롯해 이스라엘과 예언자들의 역사

95　Letter to Theophilus Lessey, January 1787, *LJW* 7:362.
96　"On Faith, Hebrews 11:6," B 3:500, sec. 2. 3; 참고. *LJW* 6:118; *CH* 7:608; *LJW* 1:277; 5:250; 6:123, 371.
97　"On Faith, Hebrews 11:6," B 3:494, sec. 1. 4. 웨슬리는 그를 하이 이븐 요크턴(Hai Ebn Yokton)으로 알았다. 그는 1734년에 *The Life of Ebenezer Yokton, An Exact Entire Mystic*을 읽었다. 참고. "Original Sin," sec. 2. 4.
98　Letter to Theophilus Lessey, January 1787, *LJW* 7:362; 참고. *LJW* 7:307.
99　"On Faith, Hebrews 11:6," B 3:495, sec. 1. 6.

를 통해 하나님의 역사적 계시를 받아 메시아적 소망을 간직했던 이스라엘 백성들에게 놀라운 신앙이 있었다는 사실은 분명하다.

찰스 웨슬리는 유대인들의 신앙에 대해 다음과 같이 애정을 담아 말했다. "그들은 우리가 가장 너그러운 마음으로 기도해주어야 할 대상이다."[100] 또 그는 새로운 이스라엘에 대한 역사적 기대를 다음과 같이 적었다.

> 그분의 명령으로 다시 지음 받아
> 예루살렘은 일어서리라
> 모리아산 위의 성전은
> 다시 하늘에 닿으리라
> 그때에 당신의 종들을 보내
> 동서남북에서 히브리인들을 부르시어
> 방황하던 그들로 돌아오게 하소서
> 모든 방랑자로 오게 하소서
> 어떤 알 수 없는 곳에 도망자들이 있든
> 모든 사람이 그들을 도와
> 당신의 거룩한 산을 오르게 하소서
> … 무수한 이스라엘 사람이 인침을 받고
> 모든 민족이 한자리에 모임으로
> 신비가 이루어져
> 하나님의 가정이 완성됨을 보게 하소서[101]

---

100 *CH* 7:615.
101 *CH* 7:617.

4. 초기적 기독교 신앙

a. 세례 요한의 신앙

구약과 신약을 연결해 메시아의 강림을 더욱 확실히 가리킨 것은, 회개를 선포한 기독교 발생 직전의 가르침이다. 이러한 가르침은 성령을 통해 곧 오실 성자 그리스도를 믿었던 유일하고도 독특한 선구자 세례 요한에게서 나타난다.[102]

b. 정통 교리에 대한 지식적 신앙

(1) 중세 스콜라주의의 정통 신앙은, 비록 때때로 성경에 계시되지 않은 교리를 추가해 종종 회개와 믿음과 거룩한 삶에 해당하지 않는 것들을 가르쳤지만, 신앙을 지식적 동의로 여기면서 이론적으로는 구원에 필요한 모든 것을 포함하고 있다.

(2) 마찬가지로, 개신교 및 가톨릭 스콜라주의는 공식적으로는 성경에서 발견되는 것만이 구원에 필요하다고 믿는 점에서 옳다. 그러나 개신교와 가톨릭 정통주의 모두가 신앙을 진리에 대한 이론적 확신으로 축소하는 한, 그것은 구원의 신앙의 깊이에 이르지 못한다.

단지 추상적인 명제적 진리에 대한 이성적 동의에 불과한 신앙은 사람을 구원하지 못한다. 심지어 마귀도 하나님께서 우리 가운데 오셨다고 하는 계시의 진리를 알고 있기 때문이다. 웨슬리는 그런 지식에 불과한 신앙을 "마귀의 신앙"으로 지칭했다.[103]

웨슬리는 로마 가톨릭교회와 개신교에 속한 많은 사람이 사랑으로 역사하는 구원의 신앙을 받았다는 사실을 부인하지 않았다. 그러나 동시에

---

102 "On Faith, Hebrews 11:6," B 3:494–95, sec. 1. 3–6.
103 마귀의 신앙에 대해서는 B 1:119–20, 138–39; 9:52–53; SS 1:38, 63, 284를 보라.

그는 두 전통 모두 구원의 신앙을 바르게 가르치는 일을 암울할 정도로 경시해온 사실 역시 알고 있었다.[104] 단지 머리로만 믿는 신앙은 가슴으로 믿는 신앙이 아니다. 지식으로서의 신앙은 비록 바른 교리를 믿더라도 구원하는 신앙은 아니다.

c. 비굴한 종의 신앙

웨슬리는 하나님을 두려워할 뿐, 아버지로서 사랑하거나 하나님 자녀의 거룩한 삶을 살지 못하는 사람들에게, "하나님께서 당신을 불러 그분을 섬기는 영예로운 일을 하게 하셨기에, 당신은 이미 하나님을 크게 찬양할 이유를 가지고 있다. 두려워 말고 계속 그분께 부르짖으라. '그러면 이보다 더 큰 일들을 보게 될 것이다'"라고 강조했다.[105]

종의 신앙 또는 확신을 갖지 못하고 율법 아래서 서성이는 신앙은, 하나님께 대한 두려움을 갖게 하고 의를 행하도록 자극한다.[106]

가족 내에서 종은 자녀와 다른 위치에 있다. 종의 신앙은, 하나님의 자녀로 입양되어 "이제 내가 육체 가운데 사는 것은 나를 사랑하사 나를 위하여 자기 자신을 버리신 하나님의 아들을 믿는 믿음 안에서 사는 것이라"(갈 2:20)라고 확신할 수 있도록 준비시킨다.[107]

5. 구원의 신앙

하나님의 자녀가 갖는 자녀의 신앙은, "모든 하나님의 자녀로 '이제 내가 사는 것은 나를 사랑하사 나를 위하여 자기 자신을 버리신 하나님의 아

---

104 "On Faith, Hebrews 11:6," B 3:495–97, sec. 1. 7–10.
105 "On Faith, Hebrews 11:6," B 3:497, sec. 1. 11; 요 1:50.
106 "The Spirit of Bondage and of Adoption," sec. 4. 3–4.
107 "On Faith, Hebrews 11:6," B 3:498, sec. 1. 12.

들을 믿는 믿음 안에서 사는 것이라'라고 바르게 개인적으로 고백하게 하는 신적 확신"이다.[108]

이 구원의 신앙을 갖게 되면 신자는 "그 순간부터" 더는 종이 아니라 하나님의 자녀로 "받아들여져 살아간다." "그들은 하나님께서 그분의 독생자를 그들의 마음에 계시하심으로 하나님의 자녀의 신앙을 갖게 된다."[109]

우리는 하나님의 자녀이기에 "하나님께서 양자의 영을 우리 마음에 주셔서 '아빠 아버지'로 부르짖게 하셨다(롬 8:15). 즉, 하나님께 대한 어린아이와 같은 신뢰와 그분을 사랑하는 마음을 주셨다." 성령께서 주시는 이 내적 증거를 "종은 지니지 못한다. 그렇더라도 아무도 그를 낙심하게 해서는 안 되며, 사랑으로 권고해 그가 매 순간 그것을 기대하게 해야 한다."[110] 지금까지 그들이 어느 단계의 신앙에 이르렀든, 그들은 계속 전진해 양자의 영을 충만히 받은 하나님의 자녀가 되어야 한다.[111]

다양한 종교의 역사를 살펴보면 초기적 신앙의 형태가 매우 다양함을 알 수 있다. 그런 형태의 신앙은 종종 죄의 역사에서 고질적이라 할 수 있는 우상숭배와 뒤섞여 있다. 따라서 우리는 그런 신앙을 부정적으로도 볼 수 있고, 참 하나님을 믿는 신앙을 받아들이도록 준비시키는 측면에서 긍정적으로도 볼 수 있다. "당신이 유물론자의 신앙, 이교도의 신앙, 이신론자의 신앙으로 만족해야 할 이유는 전혀 없다. 나아가 종의 신앙에 머물러야 할 이유도 전혀 없다. … 양자의 영을 받기까지 계속 나아가라."[112]

---

108 "On Faith, Hebrews 11:6," B 3:497, sec. 1. 11.
109 "On Faith, Hebrews 11:6," B 3:498, sec. 1. 12.
110 "On Faith, Hebrews 11:6," B 3:496–98, secs. 10–12. '엘렝코스'(*elenchos*, 확신)의 어원과 해석에 대해서는 B 2:160–61, 167–68, 368–69; 4:187–88; 9:95, 177; FA, B 11:106–7, 444를 보라.
111 다양한 신앙의 정도(degrees of faith)에 대한 설명은 B 3:175–76, 491–98; 9:111, 164–65; *LJW* 2:214; 5:200; *JJW* 1:481–83; 2:328–29; JWO 68–69, 356–62를 보라.
112 "On Faith, Hebrews 11:6," B 3:498, sec. 13.

지금부터 살펴볼 두 편의 설교는 구원의 신앙에 대한 주제를 계속 이어가고 더 확장한다.

6. 믿음의 발견에 대하여

설교 "믿음의 발견에 대하여"의 성경 본문은 히브리서 11:1의 "믿음은 … 보이지 않는 것들의 증거니"라는 말씀이다 [설교 #117 (1788), B 4:28-38; J #110, VII:231-38]. 이 설교에서 웨슬리는 감각을 통한 지식과 구원의 신앙을 구분한다.

a. 감각을 통한 지식

어떤 사람은 사람이 선천적 개념들을 가지고 태어난다고 생각하지만, 웨슬리는 "처음부터 오감으로 인식되지 않는 이해는 존재하지 않는다"[113]는 로크(Locke)의 주장에 동의했다. 우리가 습득하는 자연에 관한 모든 지식은 오감을 통해 얻는다.[114]

오감은 활동 영역에서 차이가 있다. 시각은 청각보다 훨씬 먼 영역에까지 미친다. 사람은 달을 볼 수 있지만, 달에 떨어지는 유성의 소리는 들을 수 없다. 청각이 미치는 범위는, 냄새를 맡거나 맛을 보거나 촉각으로 느끼는 것보다 훨씬 넓다.[115] 그러나 오감이 아무리 예민해도, 그중 어느 것도 시공간이라는 제한된 세계를 벗어나지 못한다.[116] 오감이 작용하는 대상은 보이는 세계뿐이다.

---

113 Aristotle, *On the Soul* 3.7 (430); 4:29n.; EA, B 11:56, sec. 32.
114 "On the Discoveries of Faith," B 4:29, sec. 1.
115 "On the Discoveries of Faith," B 4:29-30, secs. 1-2; EA, B 11:46-47, sec. 7.
116 "On the Discoveries of Faith," B 4:30, secs. 2-3.

b. 믿음을 통한 지식

믿음은 육체의 오감과 달리 보이는 세계를 넘어 보이지 않는 것들의 증거를 본다.[117] 설교 "성경적 구원의 길"에서 살펴본 것처럼, 신앙은 "육신의 눈이나 자연적 감각과 기능으로 인식할 수 없는, 보이지 않는 것들에 대한 초자연적 증거로 … 영적인 사람은 이 믿음을 통해 하나님을 안다."[118] 보이지 않는 증거를 알아보고 수용하는 일은 신앙을 통해 이루어진다.

하나님께서는 신앙을 통해 "감각의 결함을 보완하게 하셨다." 자연적 감각의 역할이 끝나는 곳에서 신앙의 역할이 시작된다.[119] 보이지 않는 것들을 보는 능력은 "신앙의 본질이며, 사랑과 순종은 신앙에 없어서는 안 되는 속성이다."[120]

c. 보이지 않는 것들의 증거

어떤 종류의 지식이 보이지 않는 것들의 증거를 필요로 하는가? 영혼의 기원과 운명, 영적 세계, 성육신, 하나님의 도덕적 속성, 삼위일체, 장차 올 심판 같은 것이 믿음을 통해 알 수 있는 지식이다. 사람들은 이런 내용을 단지 지적 개념으로 오해할 수 있다. 그러나 더 정확히 말하면, 그 내용은 단지 생각에 머무는 것이 아니라 실제로 존재하는 대상을 다룬다.

믿음으로 우리는 우리가 영혼을 가지고 있으며, 하나님의 형상으로 창조되었으나 타락했기에 "자기 영혼을 소생시키는 일에 전적으로 무능하게 되었음"을 안다.[121] 믿음으로 우리는, 영적 세계에 속한 다른 존재들이

117　*CH* 7:194–95, 315–18, 489–90, 515–16.
118　EA, B 11:46, sec. 6; B 1:119–21, 138–39; *LJW* 3:385; 4:174–76.
119　"On the Discoveries of Faith," B 4:30, sec. 4.
120　Minutes, 1744, June 25, Q8, JWO 138.
121　"On the Discoveries of Faith," B 4:30–31, sec. 5.

있는데, 그들 중 일부는 하나님과 함께하는 복된 상태에 있지만, 불행과 불의 속에서 하나님께 반역하는 다른 존재들도 있음을 알고 이해하며 "본다."[122] 믿음으로 우리는, 모든 피조물을 초월해 계시는 하나님이 육신이 되셨고 우리를 구원하기 위해 죽으셨음을 안다. 믿음으로 우리는 하나님께서 권능, 지혜, 공의, 자비, 거룩함이 무한하심을 안다.

믿음으로 우리는, 한 분이신 하나님이 성부, 성자, 성령이심을 안다.[123] 믿음으로 우리는, 의로운 자들은 그리스도와 함께 거할 것을 안다. 믿음은 의인이 하나님의 나라를 유업으로 받고, 악인은 떠나 지옥 불이라는 말에 함축된 파국으로 치닫게 될 것을 미리 내다본다.[124] 성령께서는 우리로 죄를 깨닫게 하고 하나님의 심판을 두려워하게 하며 하나님의 사랑을 신뢰하도록 가르쳐, 하나님 나라를 위해 준비할 수 있게 하신다.[125] 감각적 경험은 이러한 일들에 대해 도움을 주지 못한다. 참 신앙의 눈으로 보면 이 모든 것이 보이지 않는 것들을 증거한다.

d. 구원의 신앙으로의 성장

우리가 하나님을 두려워함으로 순종하는 한, 이전 설교에서 보았듯 그것은 종의 신앙이다. 그렇다면 하나님의 자녀의 위대한 특권인, 감사와 사랑으로 하나님께 순종하게 되기까지 믿음 안에서 더 성장해가야 한다.

성령께서는 우리의 영과 더불어 우리가 화해의 은혜를 베푸시는 하나님의 자녀가 되었음을 증언하신다.[126] 하나님의 자녀의 믿음은 신생에서

---

122 "On the Discoveries of Faith," B 4:31, sec. 6.
123 "On the Discoveries of Faith," B 4:31–32, sec. 7.
124 "On the Discoveries of Faith," B 4:32, sec. 8.
125 "On the Discoveries of Faith," B 4:34, sec. 11.
126 "On the Discoveries of Faith," B 4:35–36, secs. 13–14.

시작되어 의심과 두려움,[127] 그리고 "모든 내적이고 외적인 죄, 즉 악한 말과 행동뿐 아니라 악한 욕망과 기질"에서도 건짐 받는 "'아비들'(요일 2:13-14)의 신앙으로 점점 성장해간다.[128]

건강한 신앙은 점진적인 단계를 거치면서, 아직 염려와 죄책을 지닌 그리스도 안에서의 어린아이의 신앙에서, 자신의 행동과 삶으로 하나님의 거룩하심을 반영하는 성숙한 신앙으로 꾸준히 성장해간다.[129]

그리스도 안에서 성숙해가는 그들은 "힘을 얻고 더 얻어"(시 84:7) 하나님의 말씀의 지식에서 자라, "하나님의 은혜를 끊임없이 의식"하면서, 영원히 하나님과 함께 거하며 통치할 소망과 온전한 확신으로 살아간다.[130] 그들은 쉬지 않고 기도하고 날마다 자기 십자가를 지면서,[131] "모든 성도와 함께 지식에 넘치는 그리스도의 사랑을 알고 그 너비와 길이와 높이와 깊이가 어떠함을 깨달아"(엡 3:18-19) 알게 된다. "우리가 믿음을 발휘하면 할수록 믿음은 더욱 성장한다."[132]

7. 보이는 것으로 행하는 것과 믿음으로 행하는 것

믿음에 대한 세 번째 설교 "보이는 것으로 행하는 것과 믿음으로 행하는 것"은, 초점을 히브리서 11:1("보이지 않는 것들의 증거")에서 고린도후서 5:7의 "우리가 믿음으로 행하고 보는 것으로 행하지 아니함이로다"라는 말씀으로 옮긴다 [설교 #119 (1788), B 4:48–59; J #113, VII:256–64]. 믿음은 눈으로 보아 아는 감각을 통한 지식과 전혀 다른 종류의 지식으로 행한다.

---

127 "On the Discoveries of Faith," B 4:36, sec. 15.
128 "On the Discoveries of Faith," B 4:37, sec. 16.
129 *LJW* 2:215; 3:213–321; JWO 231–34.
130 "On the Discoveries of Faith," B 4:37–38, sec. 17.
131 *SS* 2:292.
132 Minutes, 1744, June 25, Q13, JWO 138; 참고. *CH* 7:690–94.

a. 믿음으로 행하는 것

범죄함으로 죽었던 사람들이 이제 살아나 영적인 것을 보는 새로운 감각을 지닌다. 하나님의 자녀가 된 이들은, 더는 입법자 하나님의 종으로서 두려움으로 행동하지 않아도 된다.[133] 사람은 먼저 성령으로 나지 않으면 믿음으로 행할 수 없다. 성령으로 날 때 믿음으로 행해야 할 이유를 발견하는 새로운 감각이 주어지기 때문이다.[134] "이 믿음에 의해 우리는 마음의 모든 불안, 상한 영혼의 번민, 불만, 두려움, 마음의 슬픔에서 건짐 받는다."

그리스도인은 "믿음으로 행하고 보는 것으로 행하지 않는다"(고후 5:7). 육신의 오감만으로 행하지 않고, 은혜로 주어진 구원의 신앙의 새로운 감각으로 행한다. 이 설교는 은혜로 인해 믿음으로 한 걸음 한 걸음 나아가는 삶을 간결하게 묘사한다.[135]

누구도 스스로는 이 믿음을 가질 수 없고, 오직 하나님에게서만 받을 수 있다. "사람은 스스로 믿음을 가져보고자 노력하면 할수록 그것이 '하나님의 선물'임을 더 깊이 확신하게 될 것이다."[136] 위로부터 나는 신생이 없는 사람은 오감이 알려주는 것만 알고, 눈에 보이는 것으로만 살아갈 것이다.[137] 보고 듣고 맡고 만지고 맛보는 감각만으로는 하나님으로 가득한 영적 세계에 대해 아무것도 알 수 없다.[138] 우리의 외적인 감각은 흙집에서 살아가는 우리를 돕지만, 우리는 육신보다 더 중요한 영혼을 지니고 있

---

133 "Walking by Sight and Walking by Faith," B 4:49, sec. 1; 참고. "The Witness of the Spirit, 1," sec. 1. 12; "On Faith, Hebrews 11:6," sec. 1. 10.
134 "Walking by Sight and Walking by Faith," B 4:49, sec. 2.
135 "Walking by Sight and Walking by Faith," B 4:49–52, secs. 1–9.
136 EA, B 11:47–48, secs. 8, 10.
137 B 3:327; 4:30, 48–52, 288.
138 "Walking by Sight and Walking by Faith," B 4:50–51, secs. 4–7.

다.¹³⁹ 육신의 감각은 "눈에 보이지 않는 세계와는 아무런 관계가 없다. 그것은 영적 세계를 인식하지 못한다."¹⁴⁰

b. 믿음을 비추는 빛

우리는 역사를 통해 원시문명의 조야한 믿음에서, 노아나 소크라테스의 믿음에까지 다양한 믿음의 단계가 있었음을 볼 수 있다.¹⁴¹

하나님의 존재에 대한 어렴풋한 의식은 종교의 역사 속 모든 시대에 있었다. 그러나 이 모든 "불빛"은, 우리가 하나님의 아들을 믿는 믿음으로 행할 수 있게 하는 온전한 계시의 빛에 비하면 희미한 여명에 지나지 않는다. 이러한 선행적 믿음의 다양한 형태는, 예수 그리스도 안에서 우리에게 오신 하나님을 믿는 신앙을 통해 온전케 된다.¹⁴²

오감이 실패한 곳에서 신앙은 빛을 발한다. 믿음으로 행하는 것은 "그리스도와 함께 하나님 안에 감추어진"(골 3:3) 생명을 볼 수 있도록 "우리의 눈을 열어준다."¹⁴³ 보이는 것은 일시적이지만 보이지 않는 것은 영원하다. 믿음으로 사는 사람들은 매 걸음을 믿음으로 내딛고, 모든 상황을 보이지 않는 세계와 연결해 판단한다. 그들은 일시적인 세상에 머물고 있지만, 영원한 나라의 시민임을 잊지 않는다. 또 세상이나 세상의 것을 사랑하지 않고, 영원한 영광을 갈망하며, 언제나 "위로부터 난 것"을 추구한다.¹⁴⁴

참 신앙은, 비록 칭찬할 만한 것이더라도 도덕적 예의 바름이나 남에게 해를 끼치지 않는 것으로 이루어지지 않는다. 하나님의 규례를 형식

---

139 "Walking by Sight and Walking by Faith," B 4:50, sec. 6; 참고. "Sermon on the Mount, 8," sec. 21.
140 "Walking by Sight and Walking by Faith," B 4:50, sec. 6; 참고. "Witness of the Spirit, I," sec. 1. 12; "On the Discoveries of Faith," sec. 8.
141 "Walking by Sight and Walking by Faith," B 4:51–52, secs. 8–10.
142 "Walking by Sight and Walking by Faith," B 4:53–54, secs. 11–12.
143 "Walking by Sight and Walking by Faith," B 4:54, sec. 13.
144 "Walking by Sight and Walking by Faith," B 4:56–57, secs. 16–17.

적으로 지키는 것으로도 이루어지지 않는다. 참 신앙은 "영원 속에서 살고 행하며, 그로 인해 하나님과 이웃을 사랑하고 겸손함, 온유함, 순종으로 살아간다. 이것이 그의 '생명이 그리스도와 함께 하나님 안에 감추어지는' 것이다(골 3:3). 이것을 경험하는 사람은 '하나님 안에 거하고, 하나님도 그의 안에 거하신다'(요일 4:16)."[145] 참 신앙은 믿음으로 하나님과 이웃에 대한 사랑으로 행하여, 하나님의 뜻이 하늘에서와 같이 땅에서도 이루어지게 한다. 그러나 눈으로 보는 것으로만 행하는 사람들은 이를 광기로 여긴다.[146]

믿음으로 살아가는 것은, 세상의 분요함 속에서 하나님을 잊는 어리석음과 반대되는 것이다. 이 분요함은 믿음에 의해 알 수 있는 보이지 않는 세계에 대해 고의적 부주의함을 가져온다.[147] 믿음으로 살아가는 사람은 분요함을 피해 끊임없이 하나님께 귀를 기울이고, 언제나 하나님을 생각하며, 항상 영원을 바라보고, 보이지 않는 것들에 대한 관심을 놓치지 않는다.[148] 이러한 것이 보이는 것으로 행하지 않고 믿음으로 행하는 삶이다.

---

145 "Walking by Sight and Walking by Faith," B 4:57, sec. 18.
146 "Walking by Sight and Walking by Faith," B 4:57–58, sec. 19.
147 "Walking by Sight and Walking by Faith," B 4:58, sec. 20.
148 "Walking by Sight and Walking by Faith," B 4:59, sec. 21.

8장

중생

8장 중생

A. 신생

중생은 새롭게 태어나게 하시는 성령 하나님의 사역으로, 용서받은 죄인은 이를 통해 하나님의 자녀가 되어, 마음으로 하나님을 사랑하고 섬기게 된다. 양자의 영을 받음으로 이루어지는 이 중생은 하나님을 "아빠 아버지"로 부를 수 있게 한다.[1]

1. 거듭나게 하시는 성령의 역사

a. 신앙으로 촉진되는 새 생명

신생은 새 생명뿐 아니라 새로운 의지와 정서를 일으킨다. 하나님의 자비는 거듭난 사람에게 새로운 영적 본성을 주셔서, 인류에게 주셨던 본래의 하나님의 형상을 반영할 새로운 능력을 갖게 하신다.[2] 세대를 뛰어넘는 원죄와 자범죄, 개인적이고 사회적인 죄의 역사를 통해 왜곡된 인간 안에 있는 하나님의 형상은, 새 생명을 주시는 성령의 능력에 의해 새로워진다.[3] 거듭나게 하시는 성령의 역사는 질그릇 같은 우리로 하나님의 사랑, 능력, 선하심을 새롭게 나타낼 수 있게 하신다. 이 새 생명은 사랑으로 역사하는 믿음을 통해 촉진된다.

---

1 Letter to Rev. Mr. Potter, November 4, 1758, J IX:89–90; Letter to Rev. Mr. Downes, November 17, 1759, J IX:104.
2 B 1:279, 415–16, 432–35; 2:186–201; 4:173; *CH*, B 7:234–83.
3 *CH*, B 7:553–81.

신생은 성령의 능력으로 전인(全人)이 의롭게 갱신되는 것이다.[4] 성령의 역사는 세례 받은 신자의 삶을 갱신하고 능력을 부으시기 위해 삶의 모든 국면에서 역사하신다. 우리가 "신성한 성품에 참여"(벧후 1:4)한다는 것은, 이 거듭나게 하시는 은혜로 하나님의 생명에 참여함을 의미한다.

b. 칭의에서 신생으로

칭의에서 신생으로의 은혜의 흐름에 대한 웨슬리의 가르침은 설교 "신생"에 나오는 다음 네 가지 기억할 만한 문장에 그 특징이 잘 드러난다.

> 십자가가 하나님께서 우리를 위해 행하신 일이라면, 신생은 우리 안에서 하나님께서 외부에서 행하신 일의 효력을 발생시킨다.
>
> 칭의가 신자와 하나님의 관계를 변화시킨다면, 신생은 신자의 영혼 가장 깊은 곳의 동기와 성향을 변화시킨다.
>
> 칭의가 죄 용서를 통해 전인(全人)을 하나님의 사랑으로 회복시킨다면, 신생은 신앙에 의해 전인을 하나님의 형상으로 회복시킨다.
>
> 칭의가 죄의 책임을 제거한다면, 신생은 죄의 권세를 제거한다.[5]

c. 칭의와 중생은 동시에 이루어지지만 성격이 다름

위 네 가지 공식 문장은 웨슬리 구원론의 요약이다. 이를 다시 정리하면 다음과 같다. 십자가에서 이루신 대속을 통한 하나님의 칭의 사역은 개념적으로는 신생과 구분되지만, 시간적으로는 구분되지 않는다. 칭의와 중생은 시간적으로는 분리할 수 없지만, 그 성격이 다르다. 신자는 먼저

---

[4] Letter to the Bishop of Gloucester, B 11:459–539.
[5] *LJW* 1:327; 3:358; 4:38, 65; *CH*, B 7:234–83; B 1:279, 415–16, 432–35; 2:186–201; 4:173; 11:520–27.

칭의의 경험을 하고, 이후에 다시 중생의 경험을 하는 것이 아니다. 시간적인 측면에서 사람이 거듭나는 것은 칭의의 은혜를 받음과 동시에 이루어지는 것이지, 이후에 뒤따르는 것이 아니다.[6]

이 거듭남에서 능동적으로 일하시는 분은, 새 생명을 분여하시는 하나님의 영이시다. 십자가 대속에 기초해 그리스도의 의의 선물을 전가(imputation) 받은 것이, 성령께서 실제적으로 마음과 동기와 행동을 새롭게 하시는 이 분여(impartation)의 기초가 된다. 신앙은 성자께서 베푸시는 대속의 은혜로 시작되고, 성령께서 능력을 부어주시는 성화의 은혜로 지속된다. 우리는 십자가에서 공식적·법적으로 제공된 은혜가 중생을 통해 개인적으로 적용되는 경험을 한다.

2. 하나님의 자녀가 됨

a. 법적, 생물학적, 가정적 비유의 조화

칭의는 법정의 비유를 사용해 예수 그리스도를 신뢰하는 신앙에 의해 우리가 의롭게 여겨져, 죄로 인한 책임과 형벌에서 자유롭게 됨을 말한다.

중생은 새로운 영적 본성, 하나님의 은혜와 사랑에서 비롯되고 또 거기서 동기를 부여받는 새 생명의 출생을 생동감 있게 묘사하는 생물학적 비유다. 회개한 신자의 도덕적 본성은 영적으로 촉진되고 활기를 띠어 믿음, 소망, 사랑의 삶을 사는 것이 가능해진다.

양자 삼으심은 하나님의 가족이 되는 것을 가리키는 가정적 비유다. 양자가 된다는 것은, 용서받은 죄인이 하나님의 가족으로 환영 받고 아무런 값없이 입양되어 하나님의 자녀가 됨으로 가족의 특권을 온전히 공유

---

6 "On God's Vineyard," B 3:506–8, sec. 1. 6–10.

해 가정의 유업의 계승자 및 영생의 상속자가 되고, 죄의 역사를 통해 다스려온 악한 세력에서 구원받음을 의미한다. 이처럼 거듭남의 비유는 칭의 및 양자 삼으심과 밀접하게 연결되어 있다.

b. 한 아버지를 모신 새로운 가족

이 양자 삼으심은 하나님이 아버지가 되시는 새로운 관계를 의미한다. 양자 삼으심의 비유는, 이 새로운 생명과 관계에 의해 빚쟁이나 압제자의 외적 지배에서 자유를 얻고, 우리가 자녀가 되었음을 증거하시는 성령의 증거를 지닌 하나님의 자녀가 되었다는 사실을 따뜻하고 사랑이 넘치는 어투로 친밀감 있게 표현한다. 새로운 가족으로의 입양은, 지금은 관계가 회복되었지만 그 전에는 관계가 잘못되어 있었음을 전제한다. 마치 탕자가 다시 가정으로 돌아옴으로 가정의 유산에 대한 온전한 권리를 회복하는 것과 같다.

우리는 거듭나 이 가족의 일원이 되었기에 하나님의 아들과 딸이다. 주님의 식탁에서 우리는 말씀, 성례, 영적 훈련을 공급받으며 살아간다. 혹 죄에 빠질 때도 여전히 성례의 상징과 책망을 동반한 말씀을 통해 하나님과의 관계를 회복하고 갱신하게 하는 신앙 공동체의 도움을 받는다.

3. 신생

설교 "신생"의 성경 본문은 요한복음 3:7의 "네가 거듭나야 하겠다"라는 말씀이다 [설교 #45 (1760), B 2:186–201; J # 45, VI:65–77]. 핵심은 "꼭 그래야 한다"(must)는 당위성을 나타내는 표현에 있다.

웨슬리가 설교 "신생"에서 명쾌하게 다루는 문제는 다음과 같다.

신생은 칭의와 동일한 것인가?

죄에 대해 죽는다는 것은 무엇을 의미하는가?

하나님의 형상으로 새롭게 된다는 것은 무엇을 의미하는가?

사람이 죄로 기울어지는 성향을 지니고 있다면, 어떻게 죄를 이길 수 있는가?

거듭남은 왜 반드시 필요한가?

사람은 어떤 의미에서 거듭나야 하는가?

신생은 세례와 어떤 관계인가?[7]

a. 칭의와 신생의 논리적 순서

우리는 먼저 칭의 된 후에 거듭나는 것이 아니라, 칭의 될 때 거듭난다. 칭의와 중생이라는 두 비유는 서로 밀접하게 하나로 연결되어 있다. 여기서 칭의와 중생의 관계는, 칭의가 먼저 일어나고 어느 정도 시간이 흐른 후 중생이 일어난다는 식의 시간적 순서를 말하는 것이 아니다.

시간적 순서에서는 칭의와 중생 중 어떤 것이 다른 것보다 앞서지 않는다. 시간적으로는 칭의가 신생보다 앞선다고 말할 수 없다. 그러나 생각의 순서, 즉 논리에서는 둘 사이에 구분이 있다. 하나님께서 그리스도의 의를 전가함으로 의롭게 하시는 것은, 성령께서 우리에게 새 생명을 선물로 주시기 위한 논리적 조건과 전제가 된다. 칭의는 하나님께서 우리를 위해 행하시는 사역으로, 성령께서는 그 사역을 토대로 우리 안에서 역사해 우리로 하여금 우리를 위한 하나님의 사역에 응답할 수 있게 하신다.[8] 이 두 가

---

7   "The New Birth," B 2:188, 서문 2.
8   "The New Birth," B 2:187, 서문 1; 참고. "The Great Privilege of Those That Are Born of God," 서문 1; "Justification by Faith," sec. 2. 1.

지 은혜는 역동적으로 함께 역사한다. 성자와 성령께서 우리의 구원을 위해 함께 일하시는 것이다.[9]

칭의는 오직 은혜에 의해 믿음을 통해서만 이루어진다. 신생은 칭의의 은혜에 응답함으로 시작되는 새로운 삶에 특별한 은혜의 활력이 부어진다는 사실에 초점을 맞춘다.

관료후원적 종교개혁 전통은 칭의에 대해 정확하게 가르쳤으나, 때로 신생을 충분히 강조하지 못했다. 그러나 성경은 "반드시" 거듭나야 한다고 말씀한다. 칭의와 중생은 경험적으로 서로 분리될 수 없다. 웨슬리가 메소디스트 반회와 신도회를 통해 추구한 것은, 그 두 은혜를 함께 붙드는 것이었다.[10]

b. 하나님의 자연적·정치적·도덕적 형상의 갱신

우리는 본래 죄인이 될 수밖에 없도록 창조된 것이 아니다. 창조주께서는 우리를 선하게 창조하셨음에도, 이후 우리 자신의 잘못된 선택의 결과로 죄인이 되었다. 우리가 선하게 창조되었다는 사실은, 영원히 변치 않고 선할 것이라는 의미가 아니다.[11] 여기서 '우리'는 인류 전체를 말한다.

웨슬리안 복음주의 전통은 인간에게 있는 하나님의 형상을 자연적 형상, 정치적 형상, 도덕적 형상의 세 가지로 구분한다. 본래 인간은 하나님의 자연적 형상으로 지음 받아 자유로운 자기 결정적 의지와 불멸성을 지녔다. 인간은 어느 정도의 자연적 자유의지를 지녔다는 점에서도 하나님의 형상인 것이다. 만약 타락하면, 이 의지는 더는 자발적으로 도덕적 선

---

9 "The New Birth," B 2:198, sec. 4. 3.
10 "The New Birth," B 2:187–88, 서문.
11 "The New Birth," B 2:189, sec. 1. 2.

을 행할 수 없게 된다.[12]

하나님의 정치적 형상은, 인간에게 세상에 안정된 질서를 부여하고 다스리며, 땅을 책임적으로 관리하거나 통치하는 것이 허락되고, 또 요구된다는 것을 의미한다. 우리는 사회질서를 정의와 바른 통치로 나아가게 할 어느 정도의 정치적 역량을 지녔다는 점에서 하나님의 정치적 형상으로 지음 받았다.[13]

가장 중요한 것은, 우리가 하나님의 의와 거룩함을 닮은 도덕적 형상으로 지음 받았다는 사실이다. 거룩하신 하나님의 형상을 도덕적으로 반영한다는 것은 무엇을 의미하는가? 죄의 역사가 시작되기 전, 인간의 본성은 마치 다이아몬드와 같아서 하나님의 거룩한 영광을 아름답게 반영할 수 있었다. 그러나 타락한 후에는 하나님의 거룩함을 반영할 능력이 근본적으로 손상되고 축소되었다. 죄의 역사로 인해 우리에게 있던 자연적·정치적·도덕적 형상은 완전히 상실되지는 않았으나 극도로 훼손되었다.[14]

4. 타락하지 않을 수 있으나 타락하기 쉬운 상태

인간은 하나님의 형상으로 지음 받았기에 타락하지 않을 수 있으나 타락하기 쉬운 상태였다.[15] "타락하기 쉽다"(liable)는 것은 유혹에 넘어지기 쉽다는 것을 말한다. 우리가 가진 자유는 그런 성향과 민감성을 가지고 있었다. 만약 타락할 가능성조차 없었다면, 우리는 자유로운 존재가 아니었을 것이다.

---

12 "The New Birth," B 2:188, sec. 1. 1.
13 같은 곳.
14 같은 곳.
15 "The New Birth," B 2:189, sec. 1. 2.

이 구분을 이해하면 웨슬리의 인간론을 더 잘 파악할 수 있다. 하나님께서는 타락 전 인간의 삶에 은혜와 능력을 부어 하나님 앞에 책임 있는 존재로 만드셔서, 하나님의 자연적·정치적·도덕적 형상을 반영하게 하셨다. 그러나 타락하지 않을 수 있는 능력은 언제든 변화를 겪을 수 있었고, 자유에 의해 영원히 달라질 수 있었다.[16]

어떤 사람도 결코 변하지 않도록 지음 받지 않았다. 변화할 수 있는 자유로운 자기 결정 능력을 지닌 채 지음 받았다는 것은 인간성의 본질적 요소이기 때문이다. 이 변화 가능성을 통해 인간의 역사는 사실상 더 나쁘게 바뀌었다. 그것이 인간의 타락 이야기다. 창조 시에 어떤 선한 것이 주어졌든 그것은 타락할 수 있었고, 하나님의 명령을 바르게 듣고 반응하는 일에 실패할 수 있었다.[17] 만약 타락하지 않을 수 있었다면, 타락하기 쉽다는 것은 타락의 필연성을 의미하지 않는다. 만약 타락하기 쉬운 상태였다면, 타락하지 않을 수 있었다는 것이 결코 변할 수 없음을 의미하지 않는다.

5. 모든 사람이 죽었기에 모두가 거듭나야 함

a. 죄로 인한 필연적 죽음

아담과 하와의 타락으로 인해 모든 사람은 죽었고, 또 죽을 수밖에 없게 되었다. 인간의 죄의 역사는 스스로를 새 생명으로 일깨울 수 없게 된 영적 죽음의 역사다.[18] 첫 인간의 사례에서 원형적으로 나타난 영적 죽음은, 죄의 역사를 통해 세상에 만연하게 되었다. 그들에게 찾아온 죽음은 단지 육체의 죽음만이 아닌 영적 죽음으로, 그들은 하나님 안에서의 생명

---

16 "The New Birth," B 2:190, sec. 1. 3.
17 "The New Birth," B 2:189, sec. 1. 1.
18 *DOS* IX:404–9.

을 상실했고 그들에게 있던 하나님의 형상은 훼손되었다.[19] 첫 타락과 이후 모든 사람이 각각 타락한 결과는 큰 파장을 일으켜 후대 사람들에게 큰 고통을 초래했다.[20]

우리가 거듭나야 하는 이유는 추상적으로가 아니라 역사를 통해 가장 잘 설명할 수 있다. 우리는 처음부터 이 구체적인 죄와 죽음의 역사에 예외 없이 모두가 동참하고 있기 때문이다. 우리가 자유로 행하는 각각의 모든 행위는 타락의 영향 아래 있다.[21] 이것이 중생에 관한 모든 가르침의 토대다. 아담 안에서 죽은 모든 사람은 반드시 거듭나야만 다시금 하나님의 선하심을 반영할 수 있게 된다. 우리는 가장 중요한 영적 뿌리가 소멸되었다는 의미에서 죽었기 때문에 다시 태어나야 한다. 이는 지금 우리에게 하나님의 도덕적 형상이 전혀 없다는 것이 아니라, 철저히 훼손되고 산산조각 나 단지 파편 형태로만 남아있음을 의미한다.[22]

b. 신생 이전 유대인의 전형인 세례 요한

설교 "신생"에서는 성경이 말씀하는 역사에 대한 비평적 해석자로서의 신선한 웨슬리의 모습이 어렴풋이 나타난다. 그는 구약과 신약의 중간 시대에 성경적 상징이 어떤 변화를 겪는지에 특히 관심이 있었다. 예를 들자면 유대인의 할례와 그리스도인의 세례 사이의 유사점 같은 것이었다. '거듭난다'는 표현은 예수님께서 니고데모와의 대화에서 처음 사용하신 것이 아니라, 후기 유대 전통에서 유대교로 개종한 비유대인들에게 이미

---

19 "The New Birth," B 2:190, sec. 1. 3.
20 "The New Birth," B 2:190, sec. 1. 4.
21 타락의 영향력이 어떻게 더 확대되어 가는지에 대한 설명은 "Original Sin," sec. 1. 3; "On the Fall of Man"; "On Living without God," sec. 15를 보라.
22 "The New Birth," B 2:190, sec. 1. 4.

사용하던 것이다.[23]

개종자들은 준비 행위로서 세례와 유사한 정결 의식에서부터 할례와 언약 공동체로의 실제적 가입에 이르기까지의 과정을 모두 거친다. 정결 의식이 끝나면 개종자들에게 거듭났다고 말한다. 유대교로 개종한 사람들은 옛 삶의 방식에 대해 죽고 새로운 삶의 방식으로 다시 태어났다는 상징으로 세례를 받는다.[24]

이 전통은 세례 요한이 행한 세례가 어떤 급진적 성격을 띠고 있었는지를 밝혀준다. 요한이 세례를 베푼 대상은 비유대인이 아닌 유대인이었기 때문이다! 그것은 그리스도께서 곧 오실 것을 선포한 요한에 대해 많은 논란을 일으켰다. 세례 요한이 외치기 이전부터 이방인들은, 이후 그리스도인들의 세례의 원형이 된 이 정결과 씻음이라는, 마음을 겸허하게 하는 의식을 통해 유대교로 개종했다. 요한이 베푼 세례는, 택하신 백성은 누구나 지금 회개해야 한다는 메시지였다.[25]

6. 거듭남의 신비

a. 거듭남의 방법은 모르지만 거듭난 사실은 알 수 있음

우리는 어떤 방식으로 거듭나는가? 성경은 신생이 이루어지는 "방식"을 우리가 경험적으로 이해할 수 있는 용어로 기술하지 않는다. 오히려 그 반대로 성령께서 이 갱신의 과정에서 어떻게 역사하시는지는 우리가 알지 못하나, 그럼에도 그 일이 일어난 사실은 알 수 있다고 말씀한다.[26] 누

---

23 "The New Birth," B 2:190–91, sec. 2. 1–2.
24 "The New Birth," B 2:190–91, sec. 2. 1–3.
25 "The New Birth," B 2:191, sec. 2. 3.
26 "The New Birth," B 2:191, sec. 2. 1.

구도 성령께서 신생을 일으키시는 정확한 방식을 객관적으로 설명할 수는 없지만, 그리스도 안에서의 새 생명이 존재한다는 사실은 의심의 여지 없이 확실하다.

성경은 성령께서 임의로 부는 바람처럼 역사하신다고 비유한다. 누가 성령께서 어디서 어떻게 움직이신다고 말할 수 있겠는가? 우리는 성령께서 마치 바람과도 같이 이곳에 계신다는 것은 알지만, 그분이 행하시는 일을 정확히 설명하지는 못한다. 아무리 많은 기상학적 증거를 수집하더라도, 우리의 개념에는 혼란과 모순이 남아 있고, 우리의 자료에는 큰 구멍들이 있을 수밖에 없다. 하나님은 우리가 객관적으로 연구할 수 있도록 정확히 자신을 보여주시지 않는다. 영이신 하나님은 연구실에서 해부할 수 있는 대상이 아니시기 때문이다. 그런 연구가 가능한 것은 눈에 보이는 대상뿐이다. 하나님은 눈에 보이는 어떤 대상으로 축소될 수 없는 분이시다.[27]

우리가 태어나보기 전에는 태어난다는 것이 어떤 것일지 상상할 수 있는 방법이 없다. 만약 우리가 어머니 태중에 있다면, 지금 자신이 있는 이곳 바깥에 무엇인가가 있다는 것을 어느 정도는 알 수 있으나, 자신을 위해 무엇이 계획되어 있는지 실제적으로 알 수는 없다. 그 앎은 성숙해가면서 진행되는 놀라움의 과정이다.[28] 이 과정은 성령께서 사람을 일깨워 하나님의 신실한 자녀로 삼으실 때 일어나는 변화와 유사하다.[29]

성령께서는 영적 자각이 없었던 우리를 영적으로 새로 태어나게 함으로 우리로 예기치 못했던 새 생명을 느끼게 하신다. 신생은 "전능하신 하

27　"The New Birth," B 2:191, sec. 2. 2.
28　"The New Birth," B 2:192–93, sec. 2. 4.
29　"The New Birth," B 2:193, sec. 2. 4.

나님의 성령에 의해 영혼 전체에 일어나는 변화"로, 영혼이 하나님의 형상을 따라 새로워지고, "세상에 대한 사랑이 하나님께 대한 사랑으로, 교만이 겸손으로, 분노가 온유함으로 바뀌며, … '세상적·육신적·마귀적'인 마음이 '그리스도의 마음'으로 바뀐다."30 또 하나님과의 화해의 결과로 치유와 평강을 일으키는 새로운 영적 자각과 생명이 주어진다.

b. "거듭나야 하겠다": 신생은 구원에 반드시 필요함

주님께서 니고데모에게 하신 "거듭나야 하겠다"(요 3:7)라는 말씀은, 중생이 반드시 필요함을 알려주는 성경의 명령이다.31 하나님의 현재적 통치와 미래적 통치 아래 살아가는 데 필요한 정확한 요구사항은 "거듭나야 하겠다"라는 문구에 담겨 있다. 죄인은 행복을 되찾는 비결로서 하나님의 거룩함을 반영하는 능력을 다시 부여받기 전에는 하나님의 형상을 회복할 수 없다.32

사람은 악한 정욕과 성품이 "그 영혼을 다스리는 동안에는 행복할 수 없다. 그러나 우리의 본성의 성향이 변화되기 전, 즉 우리가 거듭나기 전에는 그런 것들이 필연적으로 우리를 다스릴 수밖에 없다."33 "성경적 거룩함은 다름아닌 우리의 마음에 새겨진 하나님의 형상이다."34

인간의 타락은 스스로의 어리석은 선택의 결과일 뿐, 필연적인 것이 아니다.35 인간의 역사가 처음부터 처하게 된 근본적인 곤경(죄라는 수수께끼)을 염두에 두지 않으면 왜 신생이 꼭 필요한지 설명할 수 없다. 아담은

---

30 "The New Birth," B 2:193–94, sec. 2. 5; 빌 2:5; 약 3:15.
31 *DOS* IX:307–14; 참고. B 1:214.
32 Letter to "John Smith," June 1746, *LJW* 2:71.
33 "The New Birth," B 2:195–96, sec. 3. 3.
34 "The New Birth," B 2:194, sec. 3. 1.
35 "The New Birth," B 2:188, sec. 1. 1.

자유를 부여받았고, 하나님을 신뢰하면서 매일을 살아갈 수 있는 충분한 은혜를 공급받았다.[36] 그러나 그 자유로 아담은 타락했고, 아담과 함께 그의 모든 후손도 타락했다. 자유는 그에 따른 결과를 초래하기 때문이다. 우리가 자유를 오용한 결과는 우리 이후에 살아갈 사람들에게 문제를 초래하지만, 사람은 그 문제를 근본적으로 해결하지 못한다.

타락한 아담의 후손에게는 그들의 자유가 거듭나는 것이 필요하다.

c. 하나님의 거룩함을 반영하는 능력의 회복

성경은 "화평함과 거룩함을 따르라 이것이 없이는 아무도 주를 보지 못하리라"(히 12:14)라고 말씀한다. 하나님의 거룩함을 반영할 능력이 없는 사람은 영원히 불행할 것이다. 거룩함은 영원한 행복을 얻기 위해 반드시 필요한 조건이기 때문이다.[37]

이 구절은 주님을 영화롭게 하기 위해서는 "거룩함이 반드시 필요하다"고 말씀한다. 그렇기 때문에 "신생은 필요하다. 거듭나지 않으면 누구도 거룩할 수 없기 때문이다."[38]

영원한 행복에 참여하기 위해서는 모든 선의 원천과 목적이신 하나님을 온전히 향유하면서 하나님 앞에 책임성 있는 삶을 살아야 한다. 이 복은 쾌락적·인본주의적·개인주의적·자기도취적 행복이 아니라, 영원이라는 준거에서 본 행복이다.[39] 신생을 통해 바라는 목적은, 마음에서 하나님의 형상이 날마다 새로워짐으로 거룩함과 구원과 행복에서 더욱 성숙해가는 삶이다.

---

36 "The New Birth," B 2:189–90, sec. 2. 3–4.
37 "The New Birth," B 2:194, sec. 3. 1.
38 "The New Birth," B 2:195, sec. 3. 2.
39 "The New Birth," B 2:195, sec. 3. 2–3.

7. 신생과 세례

a. 성경은 거듭남을 위해 세례를 반드시 요구하는가?

세례는 엄격히 말해 거듭남과는 다르다. 그러나 그리스도 안에서의 새 생명은 세례를 통한 은혜를 필요로 한다.

사도 베드로는 사도행전 2:38에서 이를 분명히 말씀한다. "너희가 회개하여 각각 예수 그리스도의 이름으로 세례를 받고 죄 사함을 받으라 그리하면 성령의 선물을 받으리니."

세례는 중생의 징표다.[40] 중생이 세례가 의미하는 내용이라면, 세례는 그 징표다.[41] 세례는 중생의 은혜를 받아들였음을 가리키는데, 이 수용은 세례 시 아버지와 아들과 성령의 이름으로 지시된 것이다.[42] 웨슬리는 물, 물이 상징하는 죽음과 장사, 물에 의한 정결 의식, 새 생명으로 일어남과 같은 세례의 물질적 표현을 경시하는 과도한 영적 해석을 경계했다. 풍부하고 생명을 주며 쉽게 접할 수 있는 물을 통해 더러움을 씻는 물질적 표현이 없는 세례는 있을 수 없다.[43]

b. 전통적 기독교의 세례에 대한 가르침

웨슬리가 속한 영국 국교회의 신조는 세례를 다음과 같이 분명하게 가르친다.

> 세례는 신앙고백의 징표이자 신자와 불신자를 구별하는 표시일 뿐 아니라, 중생과 신생의 징표. 이러한 수단이 되는 세례를 올바르게 받는 사람은 교회에

---

40 B 2:196–200; 1:428–30; FA, B 11:107; 참고. 11:253; JWO 321–25.
41 FA, B 11:48–49; B 1:143, 415, 428–30; 2:196–200.
42 "Of the Church," B 3:49–50.
43 "The New Birth," B 2:196–97, sec. 4. 1; 참고. "Treatise on Baptism," 1756.

결합되며, 죄 용서와 성령에 의해 우리를 하나님의 자녀로 받아들이신다는 약속이 가시적으로 표현되고 인쳐진다. 그리고 하나님께 드리는 기도를 통해 신앙이 굳어지며 은총이 더해진다 (제27조).

다른 곳에서 웨슬리는 세례를 다음과 같이 정의한다.

세례란 무엇인가? 세례는 우리를 하나님과의 언약에 들어가도록 하는 입회의 성례전이다. 세례는 적합한 성례전을 제정할 권한을 홀로 가지신 그리스도께서 제정하신 것으로, 징표·인·보증·은혜의 방편으로서 모든 그리스도인이 반드시 받아야 하는 의무다. … 이 성례에 사용되는 물질은 물이다. 물은 더러움을 씻어내는 자연적 능력을 가지고 있기에 세례의 상징으로 사용하기에 매우 적합하다. 세례는 사람을 씻거나, 물에 잠그거나, 또는 물을 뿌림으로 영원히 복되신 삼위일체인 성부와 성자와 성령의 이름으로 행해진다. 물로 씻거나, 물에 잠그거나, 또는 물을 뿌림으로 세례를 행한다고 말하는 것은, 성경이 분명한 교훈을 통해서든, 그것을 명확히 입증할 사례를 통해서든, 그 세 방법 중 어떤 것을 통해 세례를 베풀어야 한다고 확정적으로 말씀하지 않기 때문이다. … 세례에 의해 우리는 하나님과의 언약에 들어간다. … 세례에 의해 우리는 교회의 일원으로 받아들여지며, 그 결과 교회의 머리 되시는 그리스도의 지체가 된다. 유대인들이 할례에 의해 하나님의 백성으로 받아들여진 것처럼 그리스도인은 세례에 의해 받아들여지는 것이다. 성경은 "누구든지 그리스도와 합하기 위하여 세례를 받은 자는 그리스도로 옷 입었느니라"(갈 3:27)라고 말씀한다. 즉, 우리가 그리스도와 연합되어 하나가 되는 것이다(고전 12:13; 엡 4:13).[44]

세례의 다음과 같은 특징에 주목하라.

- 입회의 성례전

---

[44] "A Treatise on Baptism," JWO 319; J X:188, sec. 1. 1-3.

- 그리스도께서 제정하심
- 하나님과의 언약에 들어감
- 징표·인·보증
- 은혜의 방편
- 모든 그리스도인의 의무
- 물이라는 물질적 요소
- 씻는 자연적 능력
- 성부와 성자와 성령의 이름으로 행해짐
- 교회의 일원으로 받아들여짐
- 그 결과 교회의 머리 되시는 그리스도의 지체가 됨

c. 내적·영적 은혜의 외적·가시적 징표

세례는 "한 분이신 우리 주님께서 그분의 교회에 끊임없이 부어주시는 내적·영적 은혜의 외적 징표로 지정하신 것이다. 세례는 또한 주님을 부지런히 찾는 사람에게 믿음과 소망을 주시는 소중한 방편이다."[45] 더 간단히 말해, 세례는 "내적·영적 은혜의 외적·가시적 징표다."[46]

중생에서 매우 중요한 죽음과 거듭남이라는 비유는 세례에 깊이 함축되어 있다.[47] 세례가 나타내는 것은, 우리가 죽었다 부활하신 주님과 함께 살아나는 것이다(로마서 6장).

성령에 의한 신생은 세례를 통해 경험적이고 공적인 것이 된다. 그러나 세례는 단지 공적인 신앙고백 그 이상으로, 세례 자체가 은혜의 역사

---

45 "Of the Church," B 3:49.
46 참고. 16세기 영국 국교회 신학자인 Richard Hooker, *Of the Lawes of Ecclesiastical Politie*, 참고. BCP; Art. 29, On Baptism.
47 "On Baptism," JWO 317–32.

다. 세례에는 죄의 자백과 신앙고백이 동반된다. 그러나 세례는 은혜에 의해 믿음을 통해, 그리고 신생을 입증하는 믿음의 증거들을 통해 효력을 나타낸다. 세례는 사탄의 세력을 온전히 거부할 것을 요구한다.

따라서 세례에서는 비록 성숙하거나 온전하게, 또는 경험적으로 소유하지는 못했더라도 초기적 신생의 삶이 요구된다.

세례는 성경에 있는 하나님의 명령이기에, "효력을 지닌 은혜의 징표"다.[48] 세례는 그것이 상징하는 것을 일으키도록 돕는다. 그러나 단지 세례를 받았기 때문에 당연히 거듭났다고 주장할 수는 없다. 왜 그런가? "때때로 내적 은혜 없이 외적 징표만 있을 수도 있기 때문이다."[49]

d. 새로운 삶을 통해 세례의 의미대로 살아가기

웨슬리는 종교개혁, 특히 영국 국교회의 역사적 가르침이라는 기준에 따라 메소디스트 부흥운동에 참여한 자신의 청중 대부분이 이미 세례를 받은 사람들이라고 추정했다. 그는 이미 설교에서 세례를 받은 사람은 자신이 세례를 받았다는 것을 나타내야 함을 반복적으로 강조했다. 즉, 세례 받은 사람은 세례가 제공하고 또 가리키는 성령의 거듭나게 하시는 은혜를 적극적으로 기쁘게 수용했다는 의미에서 거듭나야 한다.

세례에서 주어진 은혜는 우리의 행위와 선택에 의해 실제적으로 확증되기를 요구하는, 우리가 참여해야 하는 은혜다. 세례가 은혜의 방편이라는 것은 영국 국교회 신조의 기본적 가르침이다. 세례는 참된 하나님의 규

---

[48] Westminster Confession, art. 25.
[49] "The New Birth," B 2:197, sec. 4. 2.

례로, 이를 통해 거듭나게 하시는 은혜의 씨앗이 처음 심겨진다.[50]

세례는 의식을 통해 표현한 구원의 선언문으로, 세례자가 구원의 삶을 살아갈 것을 요구한다. 세례는 특별한 날 단 한 번 받지만 우리는 날마다 세례의 의미에 부합하는 삶을 살아가야 한다. 세례의 은혜는 눈에 보이는 사건인 세례 그 자체를 뛰어넘어 새로운 탄생과 행동의 변화의 시작을 의미한다.[51] 따라서 단지 세례 증서를 받는 것이 전부가 아니다. 하나님께서는 우리가 세례의 은혜에 부합하는 삶을 살아가는 것을 보기 원하신다.[52]

웨슬리는 다음과 같이 경고했다. "내가 죄인에게 '당신은 거듭나야 합니다'라고 말하면, 당신은 '아닙니다. 그는 세례 시에 거듭났기 때문에 또다시 거듭날 수는 없습니다'라고 말한다. 아! 이 무슨 말장난인가? 그가 과거에 하나님의 아들이었다는 것이 무슨 소용이 있는가? 지금 '마귀의 자식'인 것이 분명한데. … 더는 말장난하지 말라. 그는 마음이 전적으로 변화를 받아야 한다. 그 사람이나 당신이 그런 변화를 받지 않고 죽는다면 … 세례를 받은 것이 유익이 되기는커녕 더 큰 저주를 초래하게 될 것이다."[53] 세례의 은혜를 받았다고 주장하면서도 그렇게 살지 않는 사람에게 확실히 보장해줄 수 있는 것은 아무것도 없다.

e. 성령의 인침을 통해 하나님의 온전한 형상을 회복함

"'성령의 인침을 받는다'는 말의 온전한 의미는 다음 두 가지다. 첫째, 도장을 강하고 확실하게 찍으면 인주가 인장을 통해 온전한 형상을 갖

---

50 XXXIX, BCP; 세례와 그 이후의 결정 사이의 관계에 대해서는 *LJW* 4:235; 5:330; *JWO* 318–31; *CH*, B 7:646–48을 보라.
51 B 3:435–36.
52 "The New Birth," B 2:196–98, sec. 4. 1–2.
53 FA, pt. 1, B 11:107, sec. 1. 5.

게 되는 것처럼, 성도가 하나님의 온전한 형상, 그리스도의 온전한 마음을 소유하게 되는 것이다. 둘째, '소망의 충만한 확신'(full assurance of hope), 또는 영광 중에 하나님과 함께할 것에 대한 명확하고도 불변하는 확신을 갖는 것이다. 이 두 가지는 … 각각 주어질 수도 있다. 나는 이 두 가지가 함께 연결되면 그것이 성령의 인침이라고 믿는다. 그러나 여기에도 다양한 정도의 차이가 있다."[54]

여기서 인주는 신자가 은혜를 수용하는 것을, 인장은 하나님께서 영혼에 새기시는 내용을 물질로 표현한 것이다. 사람이 하나님의 은혜를 받아들이면 그것은 반드시 하나님의 형상을 새기게 된다. 세례는 은혜를 수용했다는 징표와 인으로서 필요하다. 세례에서 하나님의 은혜는 약속의 형태로 부어진다. 이 은혜를 받아들이면 그 결과 "소망의 충만한 확신"을 갖게 된다.

8. 은혜로 호흡함

확실히 우리는 세례를 통해 참된 은혜를 받는다. 그러나 세례에서 은혜의 사역은 완성되지 않고, 단지 시작될 뿐이다. 세례의 은혜는 우리를 새로운 마음의 할례가 일어나는 새로운 응답 공동체 속에 있게 한다. 우리는 우리 안에서 역사하시는 성령님께 자발적으로 반응해야 한다. 세례는, 우리에게 내적 변화를 일으켜 일상의 행동을 통해 그것을 외적으로 실현해내게 만드는 마음의 갱신을 가능하게 할 뿐 아니라 그것을 요구한다.[55]

---

54 Letter to Hannah Ball, October 4, 1771, *LJW* 5:280; 참고. B 9:64.
55 "The New Birth," B 2:199, sec. 4. 4. 내적인 죄와 외적인 죄의 구분에 대해서는 B 1:239-40, 245-46, 336-44; 2:215-16을 보라.

a. 시작과 지속

출생과 성장의 비유는 상호보완적이다. 신생은 새로운 영적 삶의 시작이다. 누구도 영적 출생이 없이 하나님의 자녀로서 새로운 삶을 향유하거나 가족에 포함될 수 없다. 그런 의미에서 영적 출생은 하나님께서 십자가를 통해 보여주신 사랑에 응답하는 신앙을 의미한다. 그러나 사람은 계속 태어나기만 하지는 않는다. 한 번 태어나 하나님의 가족이 된 후에는 그 안에서 계속 성장해간다.[56]

어머니의 태 속에 있는 충분히 자란 태아를 생각해보라. 그는 온전한 기능을 가지고 있어 사람으로서 충분히 모든 가능성을 발휘할 준비가 되어 있으나 아직 태어나지 않았다. 그 아기가 스스로 숨 쉬기 시작하는 것은 오직 태어난 이후부터다. 아기는 태어나자마자 숨을 쉬기 시작하고, 그때부터 계속 숨을 쉰다. 이러한 호흡은 지속적인 과정으로 성장을 계속하는 데 기초가 된다. 웨슬리가 신자들에게 이루어지게 하고자 관심을 기울인 것이 바로 이 지속적인 성장, 즉 처음 거듭난 후 지속적으로 은혜를 받는 삶이다. '호흡'은 은혜 위에 은혜를 지속적으로 받으면서 하나님의 은혜에 늘 새롭게 응답하는 신자의 삶을 강조하기 위한 웨슬리의 핵심적 비유다.

b. 영적 호흡, 영적 시력, 영적 청력

출생하기 전까지 사람의 눈은 닫혀 있다. 이때는 눈이 있어도 보지 못하고 귀가 있어도 하나님의 섭리의 소리를 들을 수 없지만, 출생한 후에는 호흡하고 보기 시작한다.[57] 아기는 출생 전에도 태 속에서 살아 있었다.

---

56 "The New Birth," B 2:191, sec. 2. 3.
57 "The New Birth," B 2:192, sec. 2. 4; 참고. "The Great Privilege of Those That Are Born of God," 1; FA, J V:24–26.

그러나 출생 후에는 태 밖에서 호흡하기 시작한다. 물리적 행위인 호흡은 영적 출생을 상징한다. 성령께서는 영혼에 이러한 생명을 불어넣으신다.

신생은 전에는 활동하지 않았던 영적 감각들이 깨어나게 한다. 영적 호흡, 영적 시력, 영적 청력은 모두 신생을 통해 주어지는 선물로, 이것을 받은 사람은 성령께서 불어넣으시는 생명의 숨결을 받고, 바른 길을 보며, 하나님의 음성을 들을 수 있게 된다.[58]

태어나는 것이 어떤 느낌일지 상상해보라. 태어나는 순간 갑자기 자유로이 활동할 수 있는 세계가 펼쳐진다. 태어나자마자 전에는 보지 못했던 세상을 본다. 이처럼 영적 출생을 통해 사람은 전에는 듣지 못했던 새로운 소리를 들을 수 있게 된다. 즉, 성경을 통해 하나님의 말씀을 듣고, 또 매일의 삶에서 성령의 음성을 듣는다.

신생은 경청과 주목을 가능하게 한다. 영적 감각은 신앙과 함께 주어진다. 이 새로운 영적 출생은 사람의 영적 감각을 점점 활성화한다. 거듭났다고 해서 즉시 영적 시각과 청각이 최대치로 작용하는 것은 아니지만, 영적으로 보고 듣는 일을 시작한다. 출생은 단지 시작일 뿐이지만, 출생 없이는 어떤 것도 불가능하다.

c. 출생과 호흡

신생은 거룩함 속에서 성장하는 생명의 출발점이다.[59] 웨슬리는 중생을 점진적 성화의 과정과 동일시한 윌리엄 로를 논박하면서, 신생은 성화의 점진적 성장 과정의 출발점임을 주장했다. "신생과 성화의 관계는, 우리의 자연적 출생과 그 이후의 성장의 관계와도 같다."[60] 따라서 중생과 성

---

58 "The New Birth," sec. 4. 4, B 2:199–201.
59 B 2:194–95, 198; 3:506–7; 4:521–22.
60 "The New Birth," B 2:198, sec. 4. 3.

화는 엄밀히 구분된다. 중생이 시작하는 순간이라면, 성화는 그 후로 지속되는 것이다. 중생은 출생, 성화는 그 이후의 계속적 호흡과 유사하다.

우리를 영적으로 살아 있게 하는 호흡의 기능은, 단 한 번이 아니라 지속적으로 은혜를 받는 것이다. 담배 연기로 가득해 산소가 부족한 방의 숨 막히는 분위기에서 신자가 고의로 죄를 범하는 경우를 생각해보라. 회개하고 믿고 세례 받은 후 또다시 타락한 사람이라도, 다시 자유를 되찾아 방문을 열고 은혜의 공기를 들이마실 수 있다. 타락하고 넘어진 사람에게는 세례의 은혜를 보완해주는 주의 만찬이라는 치료제가 있다.

만약 죄가 하나님의 알려진 율법을 고의로 위반하는 것을 의미한다면, 은혜의 삶은 성령께서 주시는 능력을 끊임없이 부여받아 걸음마다 하나님의 공급하심을 신뢰하며 신앙의 길을 걸어가는 삶이다.[61]

영혼을 사랑하는 사람은 사람들에게 거듭나야 함을 솔직하게 말해줄 수 있는 방법을 강구해야 한다. 세례나 교회 출석이나 도덕적 노력이 신생을 대신할 수 없기 때문이다.[62]

이제까지 설교 "신생"을 살펴보았다. 다음으로 설교 "신생의 표적"을 살펴볼 차례다.

B. 신생의 표적

설교 "신생의 표적"의 성경 본문은 요한복음 3:8의 "성령으로 난 사람도 다 그러하니라"라는 말씀이다 [설교 #18 (1748), B 1:415–30; J #18, V:212–23].

---

[61] "The New Birth," B 2:198–201, sec. 4. 3–4.
[62] "The New Birth," B 2:200–1, sec. 4. 4.

성령께서는 우리의 죄를 철저히 정복하기 위해 역사하기 원하신다. 개신교 교리 중에서 웨슬리의 특별한 가르침은, 그가 신자의 삶에서 최소한의 형식적 변화가 아닌 온전하고 근본적인 변화를 기대했다는 데 있다.

하나님의 구원 사역이 궁극적으로 은혜의 신비로 남더라도, 신생의 표적과 가시적 열매는 분명해야 하기 때문이다. 하나님께서 우리를 새롭게 하기 위해 일하시므로, 우리에게는 그런 변화를 나타내는 증거가 없을 수 없다.[63] 신생의 첫 번째 표적은 믿음이다.

1. 믿음

a. 성령으로 난 자

예수님께서 그리스도이심을 마음으로 믿는 사람은 누구나 하나님에게서 난 사람이다. 거듭나게 하는 신앙, 구원의 신앙은 단지 계시된 명제들에 지적으로 동의하는 것이나[64] 사변적 지식이 아니라, 그리스도의 공로를 통해 자신의 죄를 용서받았고, 자신이 하나님의 사랑으로 회복되었음을 믿어 하나님을 신뢰하는 마음의 성향을 포함한다.[65] 이는 신앙의 지적 요소를 부인하는 것이 아니라, 신앙의 삶은 지적 동의보다 더 깊은 것을 포함함을 의미한다. 십자가 대속은 인류를 위해 객관적으로 행해졌지만, 신앙을 통해 자신의 것으로 적용되고 수용될 때 자신의 구원을 위한 공로가 된다.

성령으로 난 자마다 성령 안에 거하고, 성령 안에서 성장한다. 그들은 신앙을 통해 성령의 능력을 부여받는 한 죄를 짓지 않고 살아간다. 신앙의

---

63 "The Marks of the New Birth," B 1:417, 서문.
64 FA, B 11:177.
65 "The Marks of the New Birth," B 1:418, sec. 1. 3.

열매는 내적·외적 죄를 이기는 능력으로, 신자는 이로 인해 하나님과 평화를 이루고 사람들의 행복에 이바지한다.

b. 성령 안에 거함: 신자 속에 있는 하나님의 씨앗

웨슬리는 "하나님께로부터 난 자마다 죄를 짓지 아니하나니 이는 하나님의 씨가 그의 속에 거함이요 그도 범죄하지 못하는 것은 하나님께로부터 났음이라"(요일 3:9)라는 말씀을 매우 중요하게 여겼다.[66] 이 성경 구절을 바르게 이해하는 유일한 길은, 하나님께로부터 나게 하는 중생의 은혜가 실질적으로 무엇을 의미하는지를 경험적으로 점검하는 것이다. 그럴 때 중생의 열매가 죄에서의 자유임을 알게 된다. 웨슬리는 요한1서의 저자가 마치 하나님께로부터 난 자마다 '습관적으로는' 죄를 짓지 않는다고 말씀한 것처럼 본문에 억지 해석을 덧붙이지 않는다. 그는 헬라어 성경 본문이 평이하게 말씀한 내용 그대로를 고수하고자 했다.[67]

"하나님의 씨"는 신앙과 세례에 의해 하나님께로부터 남으로 "내적으로 그리고 전적으로 변화된" 신자의 내면에 새롭게 새겨진 하나님의 본성과 형상을 가리킨다. 이 갱신은 칭의와 중생의 은혜 안에서 성숙해가는 자아를 온전히 씻어주실 것을 약속한다. 이 갱신에서 우리는 마음의 고요함, 위로, 평화를 얻는다. 이 평화는 우리 자신과의 평화일 뿐 아니라, 우리가 먼저 사랑으로 이웃에게 다가가 그들과의 관계를 변화시키는 평화이기도 하다.[68]

---

66 "The Marks of the New Birth," B 1:420–21, sec. 1. 5–6.
67 "하나님께서는 신자의 산 믿음으로 인해 영적 생명을 끊임없이 그 영혼에 불어넣으시고, 신자의 영혼은 사랑과 기도의 숨결로 끊임없이 하나님께 반응하므로, 신자는 죄를 짓지 않는다." *ENNT* 911.
68 "The Marks of the New Birth," B 1:420, sec. 1. 5.

2. 소망

a. 성령께서 주시는 소망

신생의 두 번째 표적은, 우리가 순수함과 경건한 성실함으로 살아가고 있음을 증거하는 양심의 증거와 함께, 우리가 하나님의 자녀임을 증거하는 산 소망이다. 이 확신, 즉 우리가 하나님의 자녀가 되었으며, 영생을 얻게 되었다는 확고한 느낌을 주는 것은, 단지 우리가 성경적으로 살고 있음을 알려주는 양심의 소리만이 아니라, "우리 영과 더불어 우리가 하나님의 자녀인 것을 증언"(롬 8:16)하시는 성령의 직접적 증거다.

성령께서 우리의 영 안에서 직접 증거하시고, 또 우리의 영과 더불어 간접적으로 증거하시는 이중적 증거가, 마지막 심판과 하나님께서 주실 영광에 대한 소망을 낳는다.[69] 궁극적 소망은 신앙의 여정을 끝낸 후 받게 될 최종적 선물인 하나님 나라를 상속받는 것이다.[70]

b. 소망 안에서 기뻐함

이 소망에는 강력한 기쁨이 있다. 이 소망은 마치 갖지 못할 것에 집중하면서 절망하는 우울한 기대가 아니라, 아직 받지 못했으나 궁극적으로 받게 될 선물인 영원한 행복과 하나님을 직접 뵐 것에 대한 고요하지만 황홀감을 주는 기대다.[71]

고난은 역사 속에서 이미 성취되기 시작한 하나님의 섭리적 목적과 연관 지어 이해해야 한다. 이 세상의 역사는 완전하지 않고, 역사의 종말은 아직 오지 않았다. 이 과도기를 지나는 동안 신앙은 어떤 가뭄이나 폭풍우

69　B 1:406–7, 411–12, 422–25; 2:223.
70　"The Marks of the New Birth," B 1:422–23, sec. 2. 1–3.
71　"The Marks of the New Birth," B 1:423–25, sec. 2. 4–5.

가 오더라도 신자를 붙들어주는 산 소망을 일으킨다.[72]

이러한 소망에 기초해 있는 신앙은 사랑으로 나아간다.

3. 사랑

신생의 세 번째 표적은 사랑으로, 이는 이웃을 돌보기 위해 자신을 쏟아붓는다. 우리가 이웃을 사랑하는 것은, 하나님께서 언제나 우리를 사랑해주셨기 때문이다. 우리가 원수까지 사랑하는 것은, 하나님께서 우리가 의의 원수였을 때조차도 우리를 사랑해주셨기 때문이다.[73] 신앙의 열매인 사랑은 특히 원수라고 생각하는 사람을 대할 때 시험을 받는다. 우리는 원수조차도 앞으로 있을 하나님과의 최종적 화해와 연결 지어 생각할 수 있어야 한다. 이렇게 신자는 성령에 의해 마음에 부어지는 하나님의 사랑으로 인해 자신이 만나는 모든 사람을 기꺼이 사랑할 수 있게 된다.[74]

4. 신생의 표적에 대한 자각

각 사람은 하나님을 신뢰하고, 고난 중에 소망을 품으며, 곤궁에 처한 이웃을 사랑하는 것과 같은 신생의 표적이 참으로 자신에게 있는지 진실하게 점검해보아야 한다. 이 같은 것이 신생의 가시적 증거이기에, 참 신자는 구원의 확신 없이 자신이 하나님 아버지와 화해되었는지 알지 못한 채 어둠 가운데 있을 필요가 없다. 우리는 온 마음을 다해 기쁨으로 하나님의 사랑에 끊임없이 응답하는 삶을 실천하면서 믿음, 소망, 사랑으로 살

---

72 "The Marks of the New Birth," B 1:422–25, sec. 2.
73 *LJW* 5:101, 203, 258, 323.
74 "The Marks of the New Birth," B 1:425–27, sec. 3.

아가야 한다.[75]

이처럼 증거들을 점검함으로 성령에 의해 하나님께로부터 난 사람은 자신이 "양자의 영"을 받아 "하나님의 자녀" 되었다는 사실을 알 수 있다 (롬 8:15-16). "하나님의 값없이 베푸시는 자비에 의한 이런 특권들은 일반적으로 (우리 주님께서 앞 절에서 '물과 성령으로 나는' 것으로 언급하신) 세례에 뒤따른다.[76] 그럼에도 우리는 마치 세례의 은혜에 바른 행동으로 반응하는 것을 경시하듯 너무나 가볍게 "나는 과거에 세례를 받았기 때문에 지금도 하나님의 자녀다"라고 말하거나, 단지 세례 의식에 참여한 것을 신생으로 착각하지 말아야 한다. 이는 진지한 관찰자로 하여금 "세례 받은 호색가"가 참 하나님의 자녀라고 할 수 있는지 물을 수밖에 없게 한다.[77]

C. 하나님께로부터 난 자의 특권

하나님께로부터 난 자에게는 위대한 특권이 주어진다. 설교 "하나님께로부터 난 자의 특권"의 성경 본문은 또다시 요한1서 3:9의 "하나님께로부터 난 자마다 죄를 짓지 아니하나니"라는 말씀이다 [설교 #19 (1748), B 1:431–43; J #19, V:223–33].

1. 신분적 변화와 실제적 변화

신생을 통해 우리는 은혜와 하나님의 자비를 들이쉬고, 우리 생명의 활기를 내쉬는 매일의 호흡을 시작한다.

---

75 "The Marks of the New Birth," B 1:427–30, sec. 4.
76 "The Marks of the New Birth," B 1:417, 서문.
77 "The Marks of the New Birth," B 1:429, sec. 4. 3.

칭의는 십자가에서 우리를 위해 행하신 사역을 토대로, 신앙을 통해 우리와 하나님의 관계를 객관적으로 변화시킨다. 그러한 효력은 우리의 결정에 의한 것이 아니라, 오직 은혜의 선물이다.[78] 이 하나님과의 새로운 관계[79]는, 그 선물에 응답하는 새로운 영적 삶을 살 것을 명령하면서, 우리 안에 참된 변화가 일어나는 것을 목적하고 또 추구한다. 따라서 칭의가 관계적 변화라면, 칭의 이후에 따르는 신생과 성화의 은혜 안에서의 성장은 실제적인 행동의 변화를 통한 응답을 요구한다.[80]

a. 죄인의 회복을 위한 삼위일체 하나님의 역사

성자 하나님은 십자가에서 성부 하나님과 타락한 인류 간 새로운 관계를 위한 토대를 놓으셨다. 신생에 의해 우리는 실제로 그 관계로 태어나고, 십자가의 대속에 의해 이루어진 관계적 변화에 상응하는 실제적 행동의 변화를 통해 그 관계 안에서 성장한다.

성령 하나님은 타락한 인간을 온전하고도 세밀하게 변화시켜 인간의 행위에 하나님의 형상이 반영되게 하신다. 하나님께서 이 새 생명을 주실 때 받아들이는 것이, 하나님께로부터 난다는 것의 의미다. 이렇게 삼위일체 하나님은 함께 협력해 우리를 위해 일하셔서, 성자를 통한 칭의와 성령을 통한 성화에 의해 우리에게 구원을 주신다.

웨슬리는 칭의와 중생의 관계를 다음과 같이 선명하게 구분했다. 우리가 칭의에 의해서 하나님의 은혜로 회복된다면, 중생에 의해서는 하나님의 형상으로 회복된다. 십자가에서 행하신 하나님의 칭의의 사역이 우리와 하나님의 관계를 변화시킨다면, 신생은 사람의 가장 깊은 내면의 동

---

78 "The Great Privilege of Those That Are Born of God," B 1:431, 서문 1–2.
79 웨슬리는 '관계적'(relational)이라는 의미를 나타내는 용어로 고풍스런 'relative'를 사용했다.
80 "The Great Privilege of Those That Are Born of God," B 1:431, 서문 2.

기와 영혼의 성향을 변화시킨다. 칭의가 하나님께서 성자를 통해 우리를 위해 행하시는 사역이라면, 신생은 하나님께서 성령을 통해 우리 안에서 일하기 시작하시는 것이다. 칭의가 죄책을 제거한다면, 신생은 죄의 권세를 제거한다. 우리 안에 하나님의 형상이 회복되면 죄의 권세는 무력해진다.[81]

b. 하나님을 감지함

웨슬리는 설교 "하나님께로부터 난 자의 특권"에서 다시 한 번 출생과 성장의 비유를 사용했다. 태중의 아기는 세상이 자신을 둘러싸고 있어도 태 밖에 있는 세상에 대해 아무것도 알지 못한다. 그가 가진 감각이 아직은 제대로 기능하지 못하기 때문이다. 마찬가지로 타락한 인간은 영적 감각이 아직 각성되지 않고 활성화되지 못해 제대로 기능할 수 없기에 영적 세계에 대해 거의 또는 전혀 알지 못한다. 마찬가지로 거듭나지 않은 사람은, "모든 존재가 그분 안에서 '살고 기동하며 존재'(행 17:28)하며 하나님으로 인해 살고 있음에도, 하나님을 감지하거나 느끼지 못한다. 그는 하나님의 임재에 대한 어떤 내적 의식도 가지고 있지 않다."[82]

하나님께로서 난 사람은 하나님을 감지하며, 전에는 사용하지 못했던 영적 감각을 사용해 은혜에 민감하게 반응한다. 새롭게 난 사람은 "일종의 영적 반응으로 자신이 받은 은혜에 대해 끊임없는 사랑과 찬양과 기도를 되돌려 보낸다."[83]

---

81 "The Great Privilege of Those That Are Born of God," B 1:431–32, 서문 2–4.
82 "The Great Privilege of Those That Are Born of God," B 1:433–34, sec. 1. 6.
83 "The Great Privilege of Those That Are Born of God," B 1:435, sec. 2. 1. 웨슬리는 '반응'(re-action)이라는 용어를 사용한 것으로 알려진 가장 초기 인물 중 하나였다. 참고. *OED*.

2. 거듭난 자의 특권: 죄를 이기는 은혜

a. 율법에 대한 고의적 위반인 죄

하나님께로서 난 사람의 특권은 무엇인가? 은혜에 바르게 반응하고 은혜의 활력으로 영적 호흡을 계속하는 한, "하나님께로부터 난 자는 죄를 짓지 않는다"(요일 3:9).[84] 그리스도인의 삶에 주어지는 특별한 은혜는 죄의 권세에서 건짐 받아 거룩하고 행복한 삶을 살게 된다는 것이다.[85]

"나는 여기서 평이하고 일반적인 의미의 '죄'를, 실제적이고 '고의적인 율법 위반', 즉 계시되고 기록된 하나님의 말씀과 하나님의 명령으로 알고 있는 것의 위반으로 이해한다." 하나님께로서 난 자는 은혜에 의해 이런 죄를 이길 능력을 부여받는다.[86]

b. 죄를 짓지 않을 충분한 능력을 부여하는 은혜

웨슬리는 다음과 같이 적었다. "사도 바울은 믿는 자는 '죄에 거하지 않는다'(롬 6:1-2)고 분명히 말하지 않았는가? 그리고 사도 요한은 '하나님의 아들이 나타나신 것은 마귀의 일을 멸하려 하심이라 하나님께로부터 난 자마다 죄를 짓지 아니하나니'(요일 3:8-9)라고 가장 분명하게 그것을 말하지 않았는가? … 이것을 말씀한 이는 우리가 아닌 주님이시다. … 이것이 우리가 (바울과 함께) 그리스도인의 완전이라고 부르는 것의 높이와 깊이로, 하나님의 사랑을 맛본 모든 사람이 온 영혼을 다해 간절히 바라야 할 상태다."[87] 웨슬리는 "하나님께로서 난 자는 누구나 죄를 짓지 않는다"

---

84 "Marks of the New Birth," B 1:419, sec. 1. 3.
85 "The Great Privilege of Those That Are Born of God," B 1:435–36, sec. 2. 1.
86 "The Great Privilege of Those That Are Born of God," B 1:436, sec. 2. 2.
87 EA, sec. 53–56, B 11:65–67.

는 사실을 단언함으로 모든 신자는 죄를 짓지 말아야 한다는 또 하나의 새로운 율법을 부과한 것이 아니다. 오히려 그는 하나님께서 은혜로 신자에게 죄를 짓지 않을 수 있는 능력을 주신다는 기쁜 소식을 선포하고 있다.

c. 특권에 따르는 책임: 유혹을 이기라

하나님께서는 신생을 선물로 주심과 함께 거듭난 자가 계속해서 죄의 유혹을 이길 수 있도록 충분한 은혜를 끊임없이 제공하신다. 이 하나님의 씨가 우리 안에서 자라가는 한, 원수는 우리에게 치명적인 해를 끼칠 만큼 가까이 다가오지 못한다. 따라서 은혜는 죄의 유혹과 그 결과에서 우리를 지키는 보호막과 울타리가 된다.[88]

타락은 유혹과 함께 시작된다. 그러나 유혹은 저항할 수 있는 것임을 기억하라. 죄로 유혹받는다는 것이 죄를 지을 수밖에 없다는 뜻은 아니다. 죄가 우리를 우상숭배에 기울어지도록 꾀더라도, 우리는 그 유혹에 동의하지 않을 수 있다.

다윗의 간음과 베드로의 부인에 대한 성경의 기록에서 알 수 있듯, 신자라고 해서 죄에서 무조건 보호받는 것은 아니다. 우리가 은혜를 경시하고 마음이 악에 기울어지도록 방치하면, 성령의 지속적인 증거를 받기에 실패한 나머지 신앙을 상실한다. 이러한 영적 감각의 상실은 필연적인 것이 아니라, 우리가 깨끗한 영적 공기로 호흡하지 않고 오염된 공기를 선택한 결과다. 우리 자신의 선택의 결과로 다시 타락한 것이다. 과거에 칭의의 은혜를 받은 사람이, 이후로 은혜에 아무런 반응조차 하지 않아도 영원히 시온에서 평안히 쉴 수 있으리라는 보장은 없다. 자유는 언제나 유혹에

---

[88] "The Great Privilege of Those That Are Born of God," B 1:436, sec. 2. 2.

넘어질 수 있다.[89] 하나님께서는 충분한 은혜로 우리를 도와 죄를 이길 수 있게 하시지만, 시험에 저항하는 노력을 하는 것은 우리 자신의 책임이다.

d. 어떤 타락도 돌이킬 수 없는 것이 아님

하나님께로서 난 사람이 은혜 아래서 자신을 지키며 살아도 일시적으로 타락할 수는 있다. 그러나 어떤 타락도 돌이킬 수 없는 것은 아니다. 웨슬리는, 우리는 타락하기 쉽지만 여전히 죄를 이길 수 있다는 것을 하나의 공식처럼 강조했다.[90] 우리는 예비적 은혜, 칭의와 성화의 은혜와 같이 언제나 충분히 제공되는 은혜로 죄를 짓지 않을 수 있다. 어떤 큰 시험이라도 우리가 은혜로 이길 수 없는 시험은 없다.

어떤 사람은 한순간 이 은혜를 받고도 다음 순간에는 유혹에 굴복할 수 있다. 결과를 미리 예측하거나, 자유가 은혜의 다양한 가능성에 어떻게 반응할지 예상할 수 있는 방법은 없다. 그러나 신자의 특권은 그가 신생의 삶을 살아가는 한, 비록 죄가 여전히 그를 유혹할 수는 있더라도, 신생 이전에 가졌던 절대적 지배력은 상실한다는 것이다. 죄가 신자 속에 남아 있더라도 그들을 지배하지는 못한다.[91]

3. 은혜에서 죄로 떨어지는 과정

a. 은혜는 어떻게 타락을 막는가?

신자는 믿음으로 사는 한 죄를 짓지 않는다. 그러나 다음과 같은 순서를 거쳐 은혜에서 죄로 떨어질 수 있다. 하나님의 씨가 하나님에게서 난 사

---

89 B 2:142, 226.
90 "The Great Privilege of Those That Are Born of God," B 1:436–41, sec. 2. 4–10.
91 같은 곳.

람 속에 머물러 있다. 그 씨는 죽지 않는 한 신앙으로 다시금 각성될 수 있다. 유혹은 인간이 가진 유한성과, 육체와 영혼의 접점을 통해 다시 일어날 수 있고, 마귀로 인해 더 거세어질 수 있다.[92]

그런 일이 일어나면 성령께서는 양심을 통해 우리를 권고하신다. 이 권고로 인해 우리는 우리가 부모 없이 방황하는 자들이 아니라 아버지 하나님의 자녀임을 기억한다. 그러나 우리가 은혜에 신실하게 반응하기를 멈추면 은혜 안에서의 성장은 언제든 멈출 수 있다. 우리가 유혹을 받을 때마다 성령께서는 언제나 우리를 권고하신다. 성령의 음성에 귀 기울이는 사람은 초기의 경고 신호를 듣고 신앙을 지키는 한 죄에 빠지지 않을 수 있다. 반면 유혹에 동조하는 사람은 죄에 빠져 성령을 근심하시게 할 수 있다.

유혹에 넘어진 자유는 점차 "유혹에 조금씩 굴복해 이제 거기서 즐거움을 느끼기 시작한다."[93] 성령께서는 탄식하시고, 우리의 신앙은 약해지며, 하나님을 향한 우리의 사랑은 식는다. 성령은 더 날카롭게 경고하신다. 비록 우리가 양심의 소리를 외면하려 해도 온전히 또는 계속 성공하지는 못한다.

b. 만성적 퇴보조차 은혜의 능력을 이기지 못함

우리가 성령의 음성에서 더 심각하게 돌아서면 악한 성품과 비열한 신경증적 행동 방식이 습관적인 것이 될 수도 있다.[94] 그러나 그런 일이 생긴다고 해서 우리가 성령의 돌보심에서 완전히 벗어나는 것은 아니다. 그런 때에도 성령께서는 타락한 사람을 포기하지 않고 계속 책망하고 바로잡

---

92 B 1:438–41, 484, 693; 3:24–25, 156–71; 4:194, 533.
93 "The Great Privilege of Those That Are Born of God," B 1:440, sec. 2. 9.
94 B 1:416, 420–21, 557–58.

으며 가르치신다.

그러나 우리가 잘못된 행동을 계속 저지를수록 우리의 심리적 상태는 점점 성령의 음성을 들을 수 없는 완고한 상태가 된다. 결국 악한 정욕[95]이 암처럼 퍼져 절망적인 자기 고집 속에서 믿음, 소망, 사랑의 살아 있는 능력이 소멸되고 주님의 능력이 우리를 떠나시면, 우리는 죄에 빠질 수 있다. 그러나 그런 때도 우리 속에 심겨진 하나님의 씨는 남아 있어 신앙에 의해 다시금 소생할 수 있다.[96]

c. 날마다 만나는 유혹

유혹에 넘어지는 모든 단계마다 선택은 우리가 하는 것이기에 타락이 필연적이지는 않다. 유혹에 자발적으로 동조한 사람도 처음에는 스스로 그것을 중단할 수 있지만, 점점 깊이 동조할수록 죄에서 돌아서기는 더 힘들어진다. 우리가 죄에 동조한다면 그것은 우리의 책임이다. 하나님께로서 난 사람은 점차 더 깊은 유혹으로 나아가기로 택하지 않는 한 죄를 짓지 않을 수 있다.[97]

하나님께로서 난 사람은 자신을 지켜 원수가 자신을 좌우할 수 있을 정도로 가까이 다가오지 못하게 해야 한다. 칭의의 은혜를 받고 하나님께로서 난 사람은 날마다 새로운 은혜를 들이쉬고 사랑을 내쉬는 끊임없는 호흡을 통해 은혜 안에서 자라야 한다.[98]

그리스도인의 양육은 용서받은 죄인이 교만이나 탐심 등으로 유혹받을 때 악한 세력에 동조하지 않게 해 유혹을 이기도록 돕는 데 초점을 둔

---

95 악한 정욕은 변화를 받아 사랑으로 역사하는 믿음에 의해 거룩하게 되어야 한다. *SS* 2:362n.
96 "The Great Privilege of Those That Are Born of God," B 1:440–41, sec. 2. 9–10; *SS* 2:275.
97 "The Great Privilege of Those That Are Born of God," B 1:438–39, sec. 2. 6–8.
98 "The Great Privilege of Those That Are Born of God," B 1:438–41, sec. 2. 6–10.

다. 모든 유혹에서도 신앙을 지속하는 사람은 구원의 은혜를 저버리지 않는다. 비록 신앙이 연약한 형태로 남아 있더라도 구원의 은혜를 잃지 않는다. 신자는 상호 책임성을 지닌 소그룹 모임에서 특별한 방식으로 자신이 초기 단계의 유혹을 받고 있지 않은지 스스로를 주의 깊게 점검해야 한다. 신자는 유혹에 빠지지 않도록 지켜주시고, 유혹에 저항하는 데 도움이 되는 은혜의 방편을 주시도록 기도해야 한다.[99] 외적이고 실제적인 범죄로 나아가게 만드는 것은 언제나 내면에서의 신앙의 상실이다.[100] 우리가 계속해서 하나님과 이웃을 사랑하지 않는다면, 성령께서는 "점차 우리를 떠나 우리 마음의 어둠 속에 우리를 내버려두실 것이다."[101]

은혜로 충만하여 사랑으로써 역사하는 믿음으로 살아가는 영혼은 내적·외적인 죄의 여지를 허용하지 않는다.[102] 이것이 하나님께로서 난 자의 위대한 특권이다.

---

99 "The Great Privilege of Those That Are Born of God," B 1:441–43, sec. 3.
100 "The Great Privilege of Those That Are Born of God," B 1:442, sec. 3. 2; 참고. B 2:203, 206; SS 2:246.
101 "The Great Privilege of Those That Are Born of God," B 1:442, sec. 3. 3.
102 B 1:559–60; 3:122–23, 303–4, 385–86, 612–13; JWO 68, 123–32, 231–32, 279–80, 376.

더 깊은 이해를 위한 독서 자료

구원론

Collins, Kenneth. "Convincing Grace and Initial Repentance." In *Wesley on Salvation*. Grand Rapids: Zondervan, 1989.

Mason, C. E. "John Wesley's Doctrine of Salvation." Master's thesis, Union Theological Seminary, 1950.

Schilling, Paul. "John Wesley's Theology of Salvation." In *Methodism and Society in Theological Perspective*, 44–64. Nashville: Abingdon, 1960.

마음의 변화

Brown, Robert. *John Wesley's Theology: The Principle of Its Vitality and Its Progressive Stages of Development*. London: E. Stock, 1965.

Clapper, Gregory S. *As If the Heart Mattered: A Wesleyan Spirituality*. Nashville: Upper Room, 1997.

_____. *John Wesley on Religious Affections: His Views on Experience and Emotion and Their Role in the Christian Life and Theology*. Metuchen, NJ: Scarecrow, 1989.

_____. *The Renewal of the Heart Is the Mission of the Church: Wesley's Heart*. Nashville: Upper Room Books, 1997.

Collins, Kenneth J. *John Wesley: A Theological Journey*. Nashville: Abingdon, 2003.

Fowler, James W. "John Wesley's Development in Faith." Chap. 6 of *The Future of the Methodist Theological Traditions*. Nashville: Abingdon, 1985.

9장

성화

9장 성화

성화의 교리는 초기 기독교 전통에서 풍부하게 발견되므로, 초기 기독교 저술가들에 주의를 기울이지 않는 사람들만이 그것을 웨슬리 신학의 독특한 특징으로 여긴다. 성화의 교리는 루터, 칼빈, 그리고 청교도와 경건주의 저술가들 뿐 아니라 영국 국교회 공식 문서들에서 끊임없이 발견된다.

그럼에도 성화에 대한 강조는 특히 메소디스트 부흥운동을 통한 웨슬리의 영적 유산의 가장 중요한 특징이 되었다. 하나님의 은혜에 의해 일반 신자에게도 성화가 온전히 이루어질 수 있다는 웨슬리의 가르침은 은사주의 운동, 가톨릭 복음주의 운동, 성결 운동, 오순절 운동 등 19세기의 다양한 부흥운동의 발흥에 큰 영향을 끼쳤다.

현대인들이 웨슬리의 가르침에 당혹스러워하는 주된 이유는 그의 성화론 때문이다. 그러나 성화론 하나로만 웨슬리의 가르침 전체를 평가하는 것은 웨슬리를 바르게 이해하는 것이 아니다. 동시에 웨슬리의 성화론을 무시하는 사람은 그의 가장 중요한 가르침을 놓치는 것이다. 웨슬리는 『그리스도인의 완전에 대한 평이한 해설』(Plain Account of Christian Perfection)에서 자신이 40년간 성화에 대해 가르쳐온 내용을 정리했다. 그는 그 기간 동안 자신의 가르침이 한결같았다고 생각했다.

A. 그리스도인의 완전에 대한 평이한 해설

1. 죄의 근절

a. 웨슬리의 가르침은 한결같았는가?

웨슬리는 옥스퍼드 대학교 시절부터 『그리스도인의 완전에 대한 평이한 해설』(J XI: 366-446)을 쓴 1763년까지 성화와 그리스도인의 완전에 대한 자신의 견해가 실질적으로 바뀌지 않았다고 확신했다.

그는 자신이 성령께서 우리의 행동을 부분적으로가 아니라 온전히 변화시키기 원하시며, 그 시점이 지금 당장이 아니라면 우리가 더 온전히 하나님께 반응하게 될 때 그렇게 하시리라는 기대를 언제나 가지고 있었다고 생각했다. 웨슬리의 성화론은 설명하고 변호하는 과정에서 본질적 내용이 아닌 표현에서 적절한 수정이 있었다. 도전에 응수하면서 몇 가지 사소한 수정을 가한 것 외에는 변함없이 일관되게 유지한 것이다. 웨슬리는 다양한 상황에서 각기 다른 반대에 대처해 성화론을 옹호하기 위해 같은 내용을 다른 방식으로 주장하곤 했다.[1]

웨슬리는 메소디스트 연합체에 속한 모든 설교자에게 반드시 거룩함에 이르는 길을 "항상 강력하고 분명하게" 가르쳐야 하며, 모든 속회 리더는 성화의 교리에 깊은 주의를 기울여 그것을 자신의 것으로 체화하기 위해 "끊임없이 노력해야 한다"고 강조했다.[2]

b. 위대한 위임

웨슬리는 당대의 기독교가 우리 안에서 행하기 원하시는 성령의 사역

---

1 *PACP*, secs. 1–5, J XI:366–67.
2 *PACP*, sec. 26, J XI:443.

의 온전한 의미를 충분히 이해하고 가르치지 못했다고 확신했다. 메소디스트들은 거룩한 삶을 단지 가르치기만 하는 것이 아니라 그렇게 살아야 한다. 웨슬리의 목회는 거룩한 삶이 온전히 실현되어 경험적 실재가 되게 하기 위한 것이었다.

웨슬리는 성화의 교리는 "하나님께서 메소디스트라 불리는 사람들에게 맡기신 위대한 위탁물로, 하나님께서 이 교리를 전파하게 하시기 위해 그들을 일으키셨다"[3]고 생각했다.

그는 1740년판 『메소디스트 찬송가』(Hymns and Sacred Poems) 서문에서 "이 찬송가는 그리스도인의 완전에 대해 우리가 제시한 것 중 가장 강력한 해설이다"라고 적었다.

웨슬리는 그리스도인의 완전에 대한 가르침이 상당한 오해를 불러일으킨 사실을 인정하면서도, "이 주제에 관해 이 서문에 직간접적으로 포함되어 있지 않은 것 중 시로든 산문으로든 우리가 더 발전시킨 것은 없다. 그러므로 지금 우리가 가르치는 교리가 옳건 그르건 간에 그것은 우리가 처음부터 가르쳐온 그대로다"[4]라고 주장했다.

비록 이후에 해명이 됐지만, 사람들의 오해를 불러일으킨 웨슬리의 두 가지 주장은, (1) 온전한 사랑으로 행하는 사람은 "악한 생각에서 자유롭게 되므로, 그 마음에 더는 악한 생각이 들어오지 못한다"는 것과, (2) "수많은 유혹이 사방에서 에워싸도 그에게 해를 입히지 못하기에, 그는 어떤 의미로 유혹에서 자유롭다"는 것이었다.[5] 웨슬리는 이러한 오해에 대

---

3 "On Perfection," B 3:86–87, sec. 3. 12.
4 PACP, sec. 13, J XIV:381-82.
5 웨슬리의 요점은 유혹이 객관적으로 더는 찾아오지 않는다는 것이 아니라, 주관적으로 하나님의 은혜로 능력을 부여받고 바르게 훈련을 받는 신자의 의지에 의해 유혹이 마음대로 힘을 행사할 수 없게 된다는 것이다.

해, 자신이 말한 것은 그들이 유혹의 도전이 아닌 타락의 필연성에서 자유로우며, 하나님의 은혜가 충분히 주어지기에 유혹을 피할 수 있다는 의미였음을 설명했다. 신자는 "그들 속에 거하시고 그들이 무엇을 해야 하는지 매 순간 가르쳐주시는 거룩하신 분에게서 기름 부음"을 받았기 때문이다.[6]

c. 토마스 아 켐피스, 제레미 테일러, 윌리엄 로

거룩한 삶 전통에 속한 세 명의 저자인 제레미 테일러(Jeremy Taylor), 토마스 아 켐피스(Thomas à Kempis), 윌리엄 로(William Law)는 이 주제에 관한 웨슬리의 초기 사상 형성에 중대한 영향을 끼쳤다. 23세(1725)때 웨슬리는 일평생 순결한 마음으로 살아갈 것에 대한 의지적 결단을 강조한, 영국 국교회 주교 제레미 테일러의 『거룩한 삶과 죽음의 규칙과 실천』 (*Rules and Exercises of Holy Living and Holy Dying*)을 읽었다. 테일러는 독자들에게 그들의 삶의 모든 순간을 영원과 연결 지어 바라보며 온전히 하나님께 드릴 것을 권고했다. 이 책을 읽고 웨슬리는 "나는 즉시 내 모든 삶을 하나님께 바치기로 결심했다"[7]고 적었다.

나아가 웨슬리는 1726년에 토마스 아 켐피스의 『그리스도를 본받아』 (*The Imitation of Christ*)를 읽고,[8] 오직 하나를 사랑해 모든 언행에서 오직 한 가지만을 의도하며, 모든 동기를 지배하는 한 가지 욕망만 갖는 의도의 순수성과 마음의 순결성에 대한 생각에 더욱 매료되었다.[9] 그는 이 은혜로

---

6 *HSP* (1740), 서문 7, J XIV:324–25.
7 *PACP*, sec. 2, J XI:366; 테일러 주교에 대한 다른 언급은 B 3:123, 324, 580; 4:121을 보라.
8 토마스 아 켐피스에 대해서는 B 2:375; 3:39, 580; 4:105, 182; 9:85; *LJW* 3:213; 4:239, 293을 보라.
9 마음의 순결성과 의도의 순수성에 대해서는 *LJW* 1:192; 2:190, 201; B 1:306–7, 510–14, 573–77, 608–9, 672–73, 698; 3:122–23, 287–89; 4:120–23, 371–77을 보라.

운 태도는 "참으로 '영혼의 두 날개'로, 그것 없이는 하나님의 동산으로 날아오를 수 없다는 것을 깨닫게 되었다."[10]

웨슬리는 윌리엄 로의 『그리스도인의 완전』(Christian Perfection)과 『경건하고 거룩한 삶으로의 진지한 부르심』(A Serious Call to the Devout and Holy Life)을 읽은 후에도 동일하게 의도의 중요성을 깨달았다. 그는 일부분만 그리스도인이 되는 것은 불가능함을 분명히 깨닫고, 하나님께 온전히 헌신하기로 결심했다.[11] 웨슬리의 나머지 일생은, 먼저는 집에서 어머니 수잔나의 지도와, 20대 초반 성직 수임을 받기 전 옥스퍼드 대학교 학생 시절에 매우 일찍부터 깊이 영향을 받았던 가르침을 구체적으로 실천에 옮긴 삶이었다.

d. 성화의 양면성

완전하게 하시는 은혜의 교리는, 궁극적으로 인간 의지의 능력이 아닌, 그 인간의 의지를 온전히 변화시키시는 은혜의 능력에 대한 가르침이다.[12] 이 변화는 우리 안에 그리스도의 형상이 이루어지는 것과, 그리스도께서 우리를 새롭게 하실 수 있도록 우리 자신을 내어드리는 것, 양자 모두에 의해 가능하게 된다.

그리스도께서 우리 안에 그리스도의 형상을 이루신다는 관점에서 보면, 그리스도인의 완전은 그리스도의 마음이 우리 안에 시작되고, 우리가

---

10 J XI:367; 오늘날 기독교 영성은 토머스 머튼(Thomas Merton), 헨리 나우웬(Henry Nouwen), 리처드 포스터(Richard Foster)와 같은 작가들에 의해 다시 의도의 순수성에 대한 강조가 회복되고 있다.
11 PACP, sec. 4, J XI:367; "나는 계속해서 그분의 모든 율법을 내적으로나 외적으로나 모든 힘을 다해 지키기 위해 노력함으로써 내가 그분께 받아들여졌을 것이라고 생각했고, 그 당시 내가 구원받은 상태에 있다고 확신했다." 존 에머리(John Emory) 판 The Works of the Rev. John Wesley (1855), 3.71.
12 B 2:97–121; 3:70–87; JWO 252–53; 최고의 은혜에 대한 설명은 CH, B 7:49를 보라.

그리스도와 연합하는 것이다. 이는 그리스도께서 온전한 하나님이자 온전한 인간이시라는 초기 기독교의 가르침에 기초해 있다.

위로부터의 관점에서 보면, 그리스도의 마음은 "그리스도께서 가지셨던 마음으로, 이 마음이 우리를 그리스도께서 행하셨던 것처럼 행할 수 있게 한다. 이것이 모든 불결함과 내적·외적 타락에서 마음의 할례를 받는 것이다."[13]

아래로부터의 관점에서 보면, 온전하게 하는 은혜는 전적 헌신, 온전한 성별, 영혼을 채우시는 성령의 은혜에 자신을 철저하게 남김 없이 의탁하는 것이다. 의지적인 면에서 보면, "그것은 삶 전체를 하나님께 드리고자 하는 순수한 의도다. 하나님께 우리 마음 전체를 드리는 것이며, 마음이 나뉘지 않고 하나의 갈망과 계획이 우리의 모든 성품을 다스리는 것이다. 우리의 영혼, 몸, 존재의 일부가 아닌 전체를 하나님께 드리는 것이다."[14]

웨슬리의 성화 교리는 서로 연결되어 있는 성경 본문에 기초해 있는 것이 분명하다. 그것은 대체로 종교개혁자들이 '신분적 성화'(positional sanctification)로 부른 것과 밀접한 관계가 있다. 하나님께서 우리를 칭의시키시는 사역에 이미 성화가 내포되어 있으며, 우리가 그리스도의 의에 참여한다고 가르치는 칼빈주의 교리에는 성화에 대한 깊은 가르침이 있다.[15] 웨슬리는 이러한 성화 이해를 강하게 긍정하면서도, 동시에 그것이 율법무용론적 방종으로 흐를 위험성이 있다는 사실에 대해 주의를 주었

---

13 J XI:444.
14 *PACP*, sec. 5, J XI:366–67; 참고. *LJW* 4:298. 영국 국교회와 청교도 자료 모두에서 볼 수 있는 거룩한 삶 전통은 이러한 이해에 매우 중요한 영향을 끼쳤다. 참고. B 1:20–22, 37; 4:268.
15 Calvin, *Institutes* 3.11.10, 4:13; *Commentaries*, XVIII:561, XXIV:334; John Owen, *Works* 3:468–538; Thomas Goodwin, *Works*, V:85–95, 459–70; W. S. Chafer, *Systematic Theology*, V:283–85.

다. 그가 단 한 가지 칼빈주의 성화론에 대해 수정을 가한 것은, 신자는 이 세상에서 온전히 성화될 수 있고, 또 반드시 성화되어야 함을 끊임없이 강조한 데 있다.[16]

한편 찰스 웨슬리는 메소디스트 신도회가 성화의 진리를 찬송으로 부르며 드높일 수 있도록 찬송가를 만들었다.

> 나의 방황하는 생각들이 주님 안에서 하나가 됩니다.
> 내가 하는 모든 일은 오직 주님을 위한 것입니다.
> 주님의 사랑이 언제나 나와 함께합니다.
> 나의 유일한 목적은 당신의 찬양이 되는 것입니다.[17]

1738년 초 미국 사바나에서 영국으로 돌아오는 길에 웨슬리는 다음과 같이 기록했다.

> 오 주님의 사랑으로 나를 온전히 소유하소서
> 주님은 내 기쁨, 보화, 면류관이십니다!
> 내 마음에서 다른 모든 열정은 멀어지게 하소서
> 내 모든 행동, 말, 생각이 사랑이기를![18]

2. 펠라기우스주의와 마니교의 잘못을 논박함

어떤 사람은 웨슬리가 인간의 능력을 지나치게 찬양해, 심지어 펠라기우스가 그랬던 것처럼, 자연적 인류에게 스스로의 구원을 성취할 능력이

---

16 *CH*, B 7:589–93.
17 *HSP* (1739), 122.
18 *PACP*, sec. 7, J XI:369.

있다고 주장했다며 반대한다. 그러나 웨슬리는 온전하게 하는 은혜는, 인류학이나 자연적 인간의 능력이 아닌 하나님의 은혜의 교리임을 분명히 밝힌다. 인간의 의지가 하나님의 형상을 반영해 본래의 의로움을 되찾는 것은, 오직 은혜의 능력에 의해서만 가능하다. 웨슬리에게서는 펠라기우스적 요소를 조금도 찾을 수 없다.

어떤 사람은 정반대 입장에서, 인류는 죄로 너무 깊이 타락해 있어 온전한 사랑에 대한 주장은 터무니없기에, 구원받았더라도 필연적으로 악으로 향하는 의지에 대해 논의할 수밖에 없다고 주장하면서, 웨슬리의 성화론을 반대한다. 인간이 너무 악해 이 땅에서는 하나님께 온전히 반응하는 것이 불가능하다는 마니교식 주장에 대해, 웨슬리는 창조된 인류가 죄에 깊이 빠진 것은 사실이지만, 하나님께서는 은혜로 그들을 온전히 변화시키기 위해 인간의 어리석음을 다루신다고 응수했다.

신자들은 지식에서 완벽하지도 않고, 연약함이나 유한함, 유혹에서 자유롭지도 않으나, 그리스도인의 삶은 본질적으로 하나님과 이웃에 대한 온전한 사랑을 목표로 한다. 그것은 본질적으로 실현 불가능하지 않다. 동시에 그것은 지속적인 성장의 여지가 없는 완전이 아니다. 그리스도인의 완전은 라틴어의 '페르펙투스'(*perfectus*)가 아닌 헬라어의 '텔레이오시스'(*teleiôsis*), 즉 정적 완전이 아닌 동적 완전이다(더 자세한 설명은 D. 1. b 단락을 보라-역주). 성경의 헬라어 용어들은 라틴어 번역보다 성경적 그리스도인의 완전 개념을 더 적절하게 표현한다.

"우리는 오직 믿음만으로 칭의를 받지만" 그 믿음은 (아무런 열매가 없다는 의미에서) "'오직 믿음'은 아니다."[19] "오직 믿음만이 현재적 구원의

---

19   A Letter to the Rev. Mr. Home, B 11:454, sec. 2. 3.

조건"이라는 것은, "믿음이 주어지는 순간 '(모든 거룩함의 원천인) 하나님의 사랑이 마음에 부어지므로' 영혼 안에 거룩함이 시작된다"는 사실을 전제로 한다.[20] 웨슬리는 이것이 30세의 젊은 시절부터 74세가 되기까지 "내가 아무런 거리낌 없이 그리스도인의 완전이라고 부른 것에 대한 이해며, 지금도 내가 지니고 있는 관점이다"[21]라고 말했다. 그러나 그는 완전이라는 용어로 정적 상태를 의미한 적은 없다.

B. 마음의 할례

설교 "마음의 할례"의 성경 본문은 로마서 2:29, "할례는 마음에 할지니 영에 있고 율법 조문에 있지 아니한 것이라"라는 말씀이다 [설교 #17 (1733), B 1:398–414; J #17, V:202–12].

웨슬리는 조지아로 가기 전인 1733년 새해 첫 날에 옥스퍼드 대학교의 세인트 메리 채플에서, 이면적 유대인이 되는 것이 무엇을 의미하는지에 대해 설교했다. 그 핵심 사상은 "무릇 표면적 유대인이 유대인이 아니요 표면적 육신의 할례가 할례가 아니니라 오직 이면적 유대인이 유대인이며 할례는 마음에 할지니 영에 있고 율법 조문에 있지 아니한 것이라"(롬 2:28-29)라고 말씀한 바울의 글에 가장 잘 나타나 있다.

1. 이면적 유대인이 되려면

a. "마음의 할례"의 정의

웨슬리는 이면적 유대인이 되는 것 또는 "마음의 할례"를, 믿음으로 거

---

20 FA, pt 1, B 11:130, sec. 3. 10.
21 PACP, sec. 6, J XI:369.

룩한 삶을 살아가는 영혼의 습관적 기질로 정의한다. 그것은 그리스도의 의를 철저히 신뢰함으로 마음이 새롭게 되어, 성령의 전인 우리의 몸으로 온전하고 흠이 없이 하나님의 거룩하심을 나타내는 것을 의미한다. 또 죄에서와 육과 영의 더러움에서 정결케 되고, 그리스도 예수의 성품을 닮아가는 것을 뜻한다.

신자로 "하늘에 계신 너희 아버지의 온전하심과 같이 너희도 온전하라"(마 5:48)는 명령을 이루게 하는 것은, 그리스도의 대속에 대한 온전한 신뢰다. 신자의 온전함에는 우리 영에 대한 성령의 증언과 우리 양심의 증거를 통해 주시는 하나님과의 화해에 대한 소망의 확증이 동반된다.

마음의 할례는 마음을 전적으로 하나님께 드리는 것이다. 즉, 우리의 존재의 근원과 목적이 되시는 분과의 관계 속에서 모든 생각, 말, 행동, 마음의 움직임을 바르게 하고, 우리의 사랑을 받기에 합당하신 그분으로 인해 모든 것을 사랑함으로, 행하는 모든 것이 하나님께 영광이 되게 하는 것이다. 우리가 사랑하는 모든 것은 하나님께 대한 사랑과 연결되어 있다. 우리는 먼저 하나님을 온전히 사랑해야 하며, 그것은 하나님께 대한 사랑을 중심으로 다른 모든 것들을 사랑하게 한다. 이런 방식으로 우리 의지는 새롭게 되어 창조된 모든 것을 통해 창조주께 영광을 돌린다. 선하게 여겨지는 어떤 일도 영원히 선하신 그분과의 관계 속에서만 행하고자 한다.

마음의 할례는 전적인 성별, 온전한 성화를 의미한다. 마음의 할례를 받은 사람은 그리스도의 영 안에서 끊임없이 실질적으로 새로워진다.[22] 모든 말과 행실의 원천은 마음이기 때문에, 성도가 받아야 할 것은 육신의 할례가 아닌 마음의 할례다.

---

22 "The Circumcision of the Heart," B 1:401–2, 서문 1–3.

b. 언약 공동체에 참여함

할례는 남자아이들이 하나님의 백성의 헌신된 일원으로 구별되어 언약 공동체에 가입하는 히브리인들의 의식에서 비롯되었다. 마음의 할례는, 성령 하나님께서 어떻게 우리에게 신생을 주셔서 우리를 새로운 언약 공동체에 속하게 하시는지를 보여주는 일종의 비유다.[23]

신약에서의 할례 논쟁은 사람이 언약 공동체에 들어가는 방법에 관한 논쟁이었다. 세례는 남성만이 아니라 그리스도의 죽음과 부활에 참여하는 모든 남성과 여성을 위한 의식이라는 점 외에는 할례와 유사한 역할을 한다.[24] 토라는 "네 하나님 여호와께서 네 마음과 네 자손의 마음에 할례를 베푸사 너로 마음을 다하며 뜻을 다하여 네 하나님 여호와를 사랑하게 하사 너로 생명을 얻게 하실 것이며"(신 30:6)라고 약속한다. "하나님의 모든 명령에는 약속이 내포되어 있다."[25] 하나님께서는 명령하실 뿐 아니라, 그것을 행할 수 있도록 충분한 은혜를 주시기 때문이다.

예수님께서는 율법의 대의는 온 마음과 뜻과 힘을 다해 하나님을 사랑하고 또 이웃을 자기 자신처럼 사랑함으로, 무엇을 두려워하거나 바라거나 구하거나 피하든 그 모든 것을 생명을 주신 분과의 바른 관계 속에서 행해야 한다는 것이라고 말씀하셨다. ("표면적 할례나 세례, 또는 모든 다른 외적인 형태"와 구별되는) 마음의 할례는 하나님과 이웃을 사랑하는 구별된 마음을 의미한다.[26]

23　JWO 318–31.
24　"The Circumcision of the Heart," B 1:402–9, sec. 1.
25　"On Perfection," B 3:80, sec. 2. 11.
26　"The Circumcision of the Heart," B 1:402, sec. 1.

2. 날마다 회개, 믿음, 소망, 사랑을 지속함

a. 그리스도와 함께 죽음: 날마다의 회개

마음의 할례를 받은 사람의 특징은, 날마다 자신 및[27] 세상의 우상에 대해 죽음과 온유와 "겸손"이며, 이것이 믿음, 소망, 사랑을 가능하게 한다.

교만과 자기기만을 소멸시키는 회개의 삶은, 구원의 믿음을 받아들일 수 있도록 우리 마음을 준비시킨다. 이 믿음은 성령께서 "그 어떤 사랑보다 뛰어난 하나님의 크신 사랑"으로 이끄시기 위해 우리에게 은혜의 방편 주실 것을 바라게 하고, 또 소망을 가질 것을 요구한다.[28]

은혜는 먼저 하나님의 자비에 대한 말씀을 듣지 못하도록 막는 교만을 제거한다. 이 낮아짐을 통해 우리는 우리의 자연적 능력이 얼마나 하나님의 선하심에서 멀어져 있는지와, 왜 우리가 스스로를 구원하거나 자신에게 유익한 일을 충분히 할 수 없는지 알게 된다.[29]

회개는 "우리는 가장 나은 상태에서도 온통 죄와 허영심뿐이고 … 우리 영혼에는 온전한 부분이 없으며, 우리 본성의 모든 토대가 잘못되어 있다"는 실제적 자기 인식을 가져온다.[30]

성화의 은혜는 사람에게서 겹겹이 쌓인 뿌리 깊은 자기 중심주의의 층들을 씻어내기 위해 역사한다. 자신의 독단적인 관점에서 모든 것을 바라보려는 경향은 잘려나간다. 할례에 내포된 절단의 이미지는 비유적으로 회개의 삶과 연결된다. 할례는 남성 생식기 일부를 잘라냄으로 이루어지는데, 이는 중요한 생식기능이 거룩한 목적을 위해 구별됨을 가리키는 성

---

27 B 2:245; *SS* 1:165; 2:289.
28 *LJW* 1:248; 2:107, 110, 186.
29 B 1:403–4, 409–10, 479–80.
30 "The Circumcision of the Heart," B 1:403, sec. 1. 2.

화의 비유다.

b. 그리스도와 함께 살아남: 날마다 믿음, 소망, 사랑에서 자라감

겸손한 회개 후에는 은혜에 의해 우리를 죄에서 건지시고 하나님과 화해시키시는 그리스도를 확고히 신뢰하는 믿음이 뒤따른다.[31]

믿음은 성령께서 자신이 약속하신 사역을 우리 안에서 이루실 것을 조용히 기대하는 소망으로 이끈다. 이 소망은 성령께서 우리 삶이 철저히 재정립되도록 은혜의 방편을 충분히 제공하실 것이라는 사실에 대한 기대다.[32] 하나님의 약속을 상속받을 것이라는 소망의 기쁨이 없다면, 우리는 자신의 끊임없는 연약성과 장애물을 넘어서서 성령의 이끄심을 통해 자기 부인 및 자기 십자가를 지는 삶으로 나아갈 수 없다. 소망은 "하나님께 모든 좋은 것을 받을 것이라는 생생한 기대"로 인내한다.[33]

사랑은 온전함을 완성하고 율법을 이루어, 온 마음과 뜻과 힘을 다해 하나님을 사랑하고 또 이웃을 자신과 같이 사랑하는 삶을 마음으로 그려볼 뿐 아니라 가능케 한다.

3. 절반만 그리스도인일 수 있는가?

a. 양자택일

"절반만 그리스도인"이라는 말은 모순어법이다. 사람은 복음을 믿거나 믿지 않거나 둘 중 하나다. 참되게 믿고 자신의 태도를 근본적으로 바꾸거나, 또는 진정한 신앙을 갖지 않거나 둘 중 하나다. 사람은 온전히 그리

---

31 "The Circumcision of the Heart," B 1:410, sec. 2. 2.
32 "The Circumcision of the Heart," B 1:411–12, sec. 2. 5–8.
33 "The Circumcision of the Heart," B 1:406, sec. 1. 9.

스도인으로서 하나님의 자녀이든, 그렇지 않으면 여전히 비굴하고 율법적이며 대가만 따지는 명목상의 그리스도인이든 둘 중 하나다.[34]

마음으로 그리스도인이 된다는 것은, 단순히 세례를 받는 데서 그치지 않고, 나아가 세례의 은혜가 무엇인지 이해한다는 것이다. 그리스도인은 세례 받은 사람으로서 그 결과를 매우 중요하게 여기는 사람이다.

세례의 은혜를 받은 사람이라도 자신이 받은 세례의 의미를 부인하거나, 경시하거나, 잊어버리거나, 무시할 자유가 있다. 그들은 말하는 것이 금지되지 않으며, 은혜에서 떨어져 나가는 것이 불가능하도록 강압 받지 않는다. 세례의 은혜는 조용히 신생과 날마다 그리스도의 죽음과 부활에 참여하는 삶을 가리킨다. 사람이 한 번 공식적으로 세례를 받으면 성화의 은혜를 뚜렷이 경험하게 되는지는, 하나님께서 충분한 은혜를 주시는지의 여부가 아니라, 그가 그 은혜를 바르게 받아들이는지에 달려 있다.[35]

하나님께 대해 죽어 있고 세상에 대해 살아 있는 자에게 "하나님 앞에서 온전하라"는 것은 지키기 어려운 요구로 들린다. 은혜가 없다면 누가 세상에 대하여 죽을 준비를 하겠는가? "그 말을 아무 소용도 없고 의미도 없는 방식으로 해석하지 않는다면", 듣는 사람은 그런 말을 "어리석게" 여기며 돌아설 것이다.[36] 그런 것을 가르치는 사람은 "새로운 교리를 가르치는 사람으로 치부될 위험을 감수해야 한다." 대부분의 사람은 "비록 기독교 신앙을 고백하면서도 기독교의 본질에서는 거리가 멀게 살아왔기 때문에", 그들에게 참된 기독교와 거짓된 기독교를 구분하는 진리가 제시되면, 그들은 즉시 "네가 어떤 이상한 것을 우리 귀에 들려주는구나"(행

---

34 "The Almost Christian," B 1:131–35, sec. 1; J V:17–25.
35 "The Circumcision of the Heart," B 1:402–9, 서문 3, sec. 1.
36 "The Circumcision of the Heart," B 1:402, 서문 2.

17:20)라고 외칠 것이다.[37]

b. 다른 모든 것을 배설물로 여김

여기서 웨슬리의 설교 "관용의 정신"(#39)에 나오는 성화에 관한 질문을 떠올려보면 유익할 것이다. 웨슬리는 이 설교에서, 진리를 자유주의적으로 왜곡하는 것을 방지하기 위해, 그 생명이 그리스도와 함께 하나님 안에 감추어진(골 3:3) 모든 사람에게 일련의 효과적인 질문을 던진다.

> 당신의 믿음은 사랑의 열정으로 가득 차 있는가? 당신은 "온 마음과 뜻과 영혼과 힘을 다해" 하나님을 사랑하는가? 나는 "모든 것보다"라는 말을 사용하지 않는데, 그것은 성경적이지 않고 부정확한 표현이기 때문이다. 당신은 하나님 안에서만 행복을 구하고 있는가? 그리고 구하는 것을 발견했는가? 당신의 영혼은 끊임없이 "주를 찬양하며 구주 하나님을 기뻐하고 있는가?"(눅 1:46-47)
>
> 하나님께서 당신 영혼의 중심을 차지하고 계신가? 하나님이 당신이 바라는 모든 것인가?
>
> 당신은 당신의 "보물을 하늘에 쌓고"(마 6:20), "다른 모든 것을 배설물로" 여기는가?(빌 3:8) 하나님께 대한 사랑이 당신의 영혼에서 세상을 사랑하는 마음을 내쫓았는가? 그러면 당신은 "세상에 대하여 십자가에 못 박힌"(갈 6:14) 것이다. 당신은 아래에 있는 모든 것에 대하여 "죽었고", "당신의 생명은 그리스도와 함께 하나님 안에 감추어져 있다"(골 3:3). … 만약 그렇다면 당신의 마음은 나의 마음과 같다. [그러면 나와 손을 잡자(왕하 10:15)]."[38]

이것이 관용의 정신이다.

---

37 "The Circumcision of the Heart," B 1:401, 서문 1; 행 17:18–19.
38 "Catholic Spirit," B 2:88, sec. 1. 14.

C. 메소디스트의 성격

1. 주장과 반대

a. 성경은 은혜에 대한 지속적 반응을 명시하는가?

1739년에 웨슬리는 "메소디스트"로 불린 사람들을 구분 짓는 표지를 설명했다. 이 이름은 그가 좋아하거나 선택한 것이 아니라 단지 덮어씌워진 것이었지만 그는 그것을 통해서도 하나님께서 섭리하시도록 기꺼이 맡겨드렸다.[39] 웨슬리는 "메소디스트라는 이름을 싫어했던" 사람도 더 나은 분별력을 갖게 되어 "하나님의 은혜로 메소디스트의 참모습을 사랑할 수 있게 되기를" 소망했다.[40]

웨슬리의 논문 "메소디스트의 성격"[The Character of a Methodist, 1739, J VIII:339-47, 우리말 번역본은 한국웨슬리학회 편역, 『존 웨슬리 논문집 (I)』(서울: 한국웨슬리학회, 2009), 55-66에 수록됨-역주]은, 완전하게 하시는 은혜를 가장 훌륭하게 설명한 그의 사역 초기의 글이다. 이 글은 구원의 은혜에 대해 온전하고도 변함없이 반응하는 그리스도인의 삶을 가장 명확하게 묘사한다. 그는 빌립보서 3:12의 "내가 이미 얻었다 함도 아니요"라는 역설적인 성경 본문을 중심으로 자신의 생각을 설명해나간다.

웨슬리가 다른 사람들에게 이루어지고 가능케 되기를 바랐던 그 은혜를 자신 스스로는 이미 이룬 것처럼 우쭐댔다고 추측해서는 안 된다. 그는 자신이 부흥운동을 통해 삶이 전적으로 변화된 많은 이에게서 발견한 것과 같이 하나님의 은혜에 온전히 응답하는 삶을 살고 있다고 한 번도 공개

---

39 참고. Letter to the Bishop of Gloucester, B 11:531–34; *LJW* 1:152, 158, 262; 2:375, 380; 8:47.
40 "The Character of a Methodist," J VIII:339, 서문 4.

적으로 주장한 적이 없기 때문이다.⁴¹

이후 윌리엄 도드(William Dodd)가 "웨슬리 씨는, 메소디스트는 완전해서 죄를 짓지 않는다고 주장한다"며 자신을 공격하자, 그는 다음과 같이 반박했다. "그것은 '웨슬리 씨에 대해' 말한 것이 아닙니다. 나는 내가 온전하지 못한 사람임을 모두에게 말해왔는데도, 당신은 나를 메소디스트로 인정하는군요. 나는 내가 설명한 그 모습에 이르지 못했음을 솔직히 당신에게 말씀드립니다. 당신은 본인이 그렇지 않다고 하는데도 굳이 그것을 주장하려 합니까?"⁴²

b. 온전한 그리스도인의 정의와 관계없는 것

웨슬리는 무엇이 메소디스트(또는 온전한 그리스도인)가 아닌지를 설명함으로 오해를 피하고자 했다. 하나님 앞에서 언제나 책임성 있는 삶을 살고자 노력하는 사람도 옷차림, 식습관, 독특한 어법, 몸동작, 용어, 어떤 외부적 특징에 의해 즉시 구별되지는 않는다. 사람들이 예상할 수 있는 옷차림을 한 경건주의자들의 경우처럼, 몇 가지 외부적 표식이나 행동을 통해 그들을 구별할 실마리는 거의 없다.⁴³

웨슬리에 의하면, "메소디스트"를 구분 짓는 것은, 기독교의 근간과 관계없는 정치적 · 지적 견해나 어떤 정서가 아니다. 메소디스트는 다른 모든 교리를 규정짓는 하나의 특별하고 소중한 교리적 해석을 지닌 것으로 구분되지도 않는다. 그런 문제에 대해서는 서로 다른 진지한 견해를 존중하면서 자유로이 생각하고 다른 사람의 생각하는 방식도 인정하도록

---

41 "The Character of a Methodist," J VIII:339–40, 서문 1–4.
42 Letter to the Editor of Lloyd's Evening Post, March 5, 1767, LJW 3:43.
43 "The Character of a Methodist," J VIII:340–41, secs. 1–3.

요구된다.44 그런 외적 증거들로 메소디스트를 구별할 수 없다면 무엇으로 구별할 수 있는가?

c. 메소디스트란 무엇인가?

웨슬리는 삶의 태도를 통해 메소디스트를 설명하기를 선호했다. 혹 전심으로 하나님을 사랑하는 사람을 본 적 있는가? 웨슬리는 그것이 "메소디스트"라는 말로 자신이 의미한 것이라고 말한다. 웨슬리에 의하면, 메소디스트를 구분 짓는 것은 쉬지 않고 기도하고, 온 마음과 뜻과 영혼과 힘을 다해 하나님을 사랑하며, 가난한 이웃을 섬기고, 세상의 악한 것에 현혹되지 않는 것이다. 그런 사람의 마음에는 하나님께서 사랑을 풍성하게 부어주신다.45

하나님의 은혜가 그의 삶의 기쁨이자 의미와 가치의 근원이다. 그는 여러 가지 장애를 만나도 하나님께서 주신 선물로 즐거워하며, 시편 기자와 함께 다음과 같이 부르짖는다. "하늘에서는 주 외에 누가 내게 있으리요 땅에서는 주밖에 내가 사모할 이 없나이다 내 육체와 마음은 쇠약하나 하나님은 내 마음의 반석이시요 영원한 분깃이시라"(시 73:25-26).46

모든 것을 감싸는 하나님의 사랑이 그의 두려움을 내쫓는다. 그는 "주신 이도 여호와시요 거두신 이도 여호와시오니 여호와의 이름이 찬송을 받으실지니이다"(욥 1:21)라고 말하면서 범사에 감사한다.

그는 평안하든 고통 중에 있든, 병들었든 건강하든, 살았든 죽음에 처했든, 자신이 모든 것을 의탁한 분께 감사한다. 그는 아무것도 염려하지

---

44 "The Character of a Methodist," J VIII:340–41, secs. 1–4.
45 "The Character of a Methodist," J VIII:341–43, secs. 4–8.
46 "The Character of a Methodist," J VIII:341, sec. 5.

않고, 절망하거나 강박적으로 자신의 장래를 염려하지 않는다.[47]

d. 진정한 기독교를 나타내는 삶의 태도

온전히 구별된 신자는, 자신을 의롭다 칭하시고 하나님의 자녀로 삼아 산 소망을 주신 하나님의 사랑 안에서 행복을 누린다. 그는 어떠한 상황에서든 자족하면서 하나님의 뜻을 따를 준비가 되어 있다. 또 육체의 일을 그치고 성령의 열매를 맺으며, 마음으로 바라는 모든 것이 하나님께로 향한다.[48]

온전한 신자를 특징짓는 다른 삶의 태도에는 어떤 것이 있는가?

- 자신을 무한히 돌보시는 하나님께 모든 염려를 맡긴다.
- 하나님께 반응해 끊임없이 자신을 하나님께 산 제물로 드린다.
- 모든 재능을 이웃을 실질적으로 섬기는 봉사에 사용해 거래에서든, 가정에서든, 오락에서든, 신앙에서든 두려움이 아니라 감사함으로 하나님께서 원하시는 일 행하기를 기뻐하면서 하나님의 영광을 위해 할 수 있는 모든 일을 행한다.[49]
- 그 마음이 자유롭다.
- 하나님의 계명을 기뻐한다.
- 가장 가까이 있는 사람을 자신과 같이 사랑하고, 하나님을 사랑하는 마음으로 이웃을 대하며, 심지어 원수도 계층 구분이나 사회적·인종적·성별적 편견 없이 사랑한다.
- 자신의 가족을 위하듯 이웃의 유익을 위해 필요한 것을 공급한다. 자신을 미워하는 자들에게 선을 행하는 것이 자신의 능력 밖의 일이라면, 그들을 위해

---

47 "The Character of a Methodist," J VIII:342–43, secs. 6–7.
48 "The Character of a Methodist," J VIII:342, secs. 6–7.
49 "The Character of a Methodist," J VIII:343, sec. 9.

기도하기를 쉬지 않는다.
- 함께하시는 하나님께 쉬지 않고 기도한다.
- 무엇이든 선하고 온전하며 의로운 것에 대해 생각한다.
- 하나님께서 자신을 사랑하고 섬겨주신 것같이 이웃을 섬기는 것 하나만을 근본적으로 바란다.[50]
- 세상을 사랑하지 않는다. 주변의 문화가 얼마나 나빠져 가든 하나님으로 인해 만나는 모든 사람을 소중히 여기는 일에 집중한다.
- 세상 사람들이 살아가는 방식에 절망하지 않는다.
- 하나님의 사랑이 그 마음을 모든 불친절한 성품과 악한 기질에서 깨끗하게 한다.[51] 사랑이 그 삶을 다시 회복시키고, 의지의 모든 부분에 스며들어 미움, 다툼, 교만을 내쫓고, 친절, 오래 참음, 겸손을 일깨운다.
- 순수한 의도를 지니고 있고, 영혼의 눈이 순수하기에 몸 전체가 빛으로 가득하다.[52]
- 하나님의 통치가 그의 안에서 시작되었다.
- 이 모든 것에도 그는 자신 스스로를 자랑할 어떤 이유도 찾아내지 못한다.[53]

　이러한 것이 하나님 앞에서 온전히 살아가는 사람에게서 점점 성숙해 가는 특징이다.

2. "순전한 옛 기독교"

　이것이 메소디스트, 즉 단지 이름만 그리스도인이 아닌, 내면과 외면이 하나님의 형상으로 새롭게 되어 마음과 삶으로 그리스도인이 된 사람

50　"The Character of a Methodist," J VIII:343–44, secs. 8–10.
51　"The Character of a Methodist," J VIII:343, sec. 9; B 3:110–11.
52　순수한 의도에 대한 언급은 B 1:573–77, 608–9, 672–73; 4:120–23, 371–77을 보라.
53　"The Character of a Methodist," J VIII:343–44, secs. 10–11.

이다.⁵⁴ 메소디스트의 표지는 그 생명이 그리스도 안에 감추어진 모든 사람에게서 발견된다. 여기서 묘사한 것은, 삶을 통해 하나님께 진정으로 반응하는 사람에게서 나타나는 것과 동일한 특징들일 뿐, 그것과 다른 또 하나의 목록을 열거한 것이 아니다. 메소디스트는 매우 진지한 태도로 그러한 약속을 이행하는 자다.⁵⁵ 이것이 "순전한 옛 기독교"이며, 메소디스트들이 어떤 다른 방식으로 다른 그리스도인들과 구별되는 것이 아니다.⁵⁶ 그들은 단지 온전한 마음으로 그리스도인의 삶을 살고자 할 뿐이다.⁵⁷

웨슬리는 이러한 그리스도인의 완전의 모범을 기본적으로는 성경에서, 그리고 부수적으로는 그것을 설득력 있게 가르친 니케아 공의회 이전 저자들에게서 발견했다. 1767년 3월, 웨슬리는 다음과 같이 적었다. "35~6년 전[1729년]에 나는 알렉산드리아의 클레멘트가 묘사한 온전한 그리스도인의 특징에 감탄했다.⁵⁸ 25~6년 전[1739년]에는 더 성경적인 방식으로 성경이 사용하는 용어를 사용해 그리스도인의 완전의 성격을 직접 묘사하기로 했다. 그것이 내가 '메소디스트의 성격'이라는 제목을 붙인 글이다."⁵⁹

---

54   LJW 2:71–75; 4:237; B 3:202–3; 4:275, 398; 9:35.
55   "The Character of a Methodist," J VIII:346–47, secs. 16–18.
56   "The Character of a Methodist," sec. 17, J VIII:346. 웨슬리는 메소디스트들의 신앙을 "순전한 옛 기독교"로 칭한다. B 9:469; 참고. LJW 4:131.
57   "The Character of a Methodist," J VIII:347, sec. 18.
58   Clemen Alexandrinus, Christ the Educator and Stromateis.
59   Letter to the editor of Lloyd's Evening Post, March 5, 1767, LJW 5:43.

D. 그리스도인의 완전

1. 내가 이미 얻었다 함도 아니요

설교 "그리스도인의 완전"의 성경 본문은 빌립보서 3:12의 "내가 이미 얻었다 함도 아니요 온전히 이루었다 함도 아니라"라는 말씀이다 [설교 #40 (1741년 또는 그 이전), B 2:97–124; J #40, VI:1–22].[60]

a. 성경이 말씀하는 완전하게 하는 은혜

완전하게 하는 은혜는 완전하게 설명하기 어려운 교리임을 인정할 수밖에 없다. 1741년까지 웨슬리는 그리스도인의 완전 교리에 대해 이론적 도전을 받았고, 심각한 반대를 논박해야 했다. 때때로 그는 이 가르침을 옹호하는 것에 대해 포기하고 싶은 유혹을 받았을 것이다. 메소디스트 연합체에 속한 사람 중에도 왜 그렇게 논쟁적이고 왜곡되기 쉬운 교리를 가르치는지 의아하게 여기는 사람들이 있었다.

그러나 웨슬리의 변함없는 대답은, 이 가르침이 성경에서 일관되게 발견된다는 것이었다. '텔레이오테스'(*teleiotēs*, 완전하게 하는 은혜)가 혹 어떤 사람들을 불쾌하게 하더라도, 그 용어가 반복적으로 성경에서 나온다는 사실 자체는 부정할 수 없다. 그것을 성경 본문에서 삭제하거나 곡해할 수도 없다. 성경의 언어에서 너무나 자주 반복되기 때문에, 성경의 중심 주제를 포기하지 않고는 피해갈 수가 없다. 그것이 예수님의 말씀과 바울, 베드로, 요한의 글에 그렇게 깊이 새겨져 있지 않았더라면 더 수월하게 무

---

60 바울은 12절에서 자신은 아직 완전에 도달하지 못했고 목표를 이루지 못했다고 말하지만, 잠시 뒤 15절에서는 "그러므로 누구든지 우리 온전히 이룬[*téleioi*, 즉 "온전히 자란, 영적으로 성숙한, 성숙한 이해를 가진"] 자들은 이렇게 생각할지니"라고 말한다. 웨슬리의 관심은 12절과 15절 사이의 표면상의 모순을 해결하는 데 있었다.

시하거나 폐했을 지도 모른다. 그러나 그것이 성경 전체에서 중요하게 다루어진다는 사실이 웨슬리의 양심을 압박했다.[61]

웨슬리는 이러한 반대에 대응하면서 더 확신을 가지고 그리스도인의 완전의 교리를 견고하게 다져갔다. 성령께서는 모든 어중간한 상태를 거부하시고, 인간 본성을 전적으로 갱신시키고자 하신다. 성령께 중생의 은혜를 받은 사람은 그 즉시 모든 외적·내적 죄를 이길 힘을 얻고, "그리스도의 장성한 분량이 충만한 데"(엡 4:13)까지 성장해간다.[62]

b. 완성된 것이 아니라 완성되어가는 완전

헬라어 '텔레이오테스'(teleiotēs, 골 3:14; 히 6:1)는 대체로 "완전"으로 번역되지만, 성숙과 완성에 대한 비유로도 해석되어왔다. 그리스도인의 완전을 설명하기에 적절한 용어는, 더 성장할 것이 없는 정적인 의미의 라틴어 '페르펙투스'(perfectus)가 아니라, 그 전과 후를 비교할 때 쉽게 알아차릴 수 있도록 점점 성장해가는 동적인 의미의 헬라어 '텔레이오테스'다.

라틴어 '페르펙투스'는 이전의 헬라어 '텔레이오테스'를 왜곡하고 과장하는 경향이 있다. 그런데 영어는 헬라어보다는 라틴어에 더 깊이 뿌리를 두고 있기 때문에, 이것이 오늘날의 '그리스도인의 완전' 이해에 치명적인 차이를 초래하고 말았다.

웨슬리 자신은 매일 성경을 묵상할 때 언제나 라틴어 불가타 성경이나 영어 킹제임스 성경이 아닌 헬라어 성경을 사용했다. 이와 달리 우리는 현대의 용어로 "완전"을 말할 때, 라틴어화된 영어의 영향을 받아 정적인 개념의 완전을 생각한다. 웨슬리가 "완전"을 언급할 때는 라틴어의 '완성된'

---

61 Letter to William Dodd, March 12, 1756, LJW 3:167–72.
62 B 1:239–40, 245–46, 336–44; 2:215–16.

완전이 아니라, 헬라어의 '완성되어가는' 완전을 말한 것이다. 그리스도인의 완전은, 특히 아우구스티누스 이전 동방 교회 교부들이 가르친 것처럼 "사랑의 충만함에 대한 끝없는 열망"으로의 성별이다.[63]

c. 그리스도인의 완전이 아닌 것

웨슬리는 거친 논쟁의 과정을 통해 신중하게 용어를 선택해야 함을 배웠다. 그는 무엇이 성경이 말씀하는 그리스도인의 완전이 아닌지를 끈기 있게 설명하면서 다음과 같은 자세한 목록을 제시했다.

(1) 무지에서 자유롭지 않음

완전하게 하는 은혜에 대한 성경의 약속은 무지에서의 자유를 명령하거나 암시하지 않는다. 제한된 지식은 유한한 인간 본성에 본질적인 것이며, 제한된 지식을 지닌 사람도 은혜를 전적으로 받아들이는 일은 가능하다. 유한한 인간은 누구도 무한한 지식을 가질 수 없다. 인간의 이성은 단지 "현재 세상과 관련된 것에 대한" 대략적인 지식만 제공할 뿐이다.[64] 성도들은 다른 사람보다 하나님에 대하여 더 많이 알 수 있지만, 그럼에도 평범한 인간으로서 그들이 알지 못하는 것은 너무나 많다.[65]

(2) 실수에서 자유롭지 않음

성경이 말씀하는 완전하게 하는 은혜는, 우리의 유한성과 무지에 따르는 피할 수 없는 결과인 실수에서도 자유롭지 않다. 사랑 안에서 온전한 성숙함을 지니고 살아가는 사람도 사실관계 파악과 인식에서 실수를 저

---

63   Outler, Introduction; "Christian Perfection," B 2:98, sec. 1. 1.
64   "Christian Perfection," B 2:100–2, sec. 1. 1–4.
65   "Christian Perfection," B 2:101, sec. 1. 3.

지른다.[66] 요한이 "너희는 … 모든 것을 아느니라"(요일 2:20)라고 말씀한 것은, "너희의 영혼의 건강을 위해 필요한 모든 것"을 안다는 의미일 뿐이다.[67] "누구나 사는 동안 실수를 범할 수 있다. … 가장 완전한 자도 그가 실제로 범하는 죄로 인해 계속 그리스도의 공로를 필요로 하기에, 단지 형제들만이 아니라 자신을 위해서도 '우리 죄를 사하여주옵소서'라고 간구할 필요가 있다."[68]

(3) 연약성에서 자유롭지 않음

완전하게 하는 은혜를 신중하게 받았더라도 그것이 연약성에서의 자유를 의미하지는 않는다.[69] 웨슬리는 "연약성"이라는 말로 느린 이해력, 좋지 못한 기억력, 우둔한 사고, 표현력의 결함 등을 가리켰다.[70] 이런 것들은 자유가 유혹에 넘어져 습관적으로 형성된 것 외에는, 도덕적 선택의 문제가 아니다.

(4) 유혹에서 자유롭지 않음

완전하게 하는 은혜는 신자들을 유혹에서 건지지도 않는다. 예수님께서 유혹을 받으셨듯 우리도 유혹을 받는다. 시험과 유혹은 이 길을 걷는 모든 사람을 에워싸지만, 은혜 위에 또 은혜를 받음으로 하나하나 적절한 방식으로 상대해야 한다.[71] 어떤 유혹이든 그것을 이길 방법은 언제나 있다.

(5) 죄를 지을 필연성은 없음

죄를 짓는 것은 필연적이지 않다. "은혜로우신 하나님의 섭리가 우리

---

66 JWO 254-58, 284-90.
67 "Christian Perfection," B 2:102, sec. 1. 4-5.
68 Minutes, 1758, August 15, JWO 177.
69 B 1:241-42; 2:482-83; 4:166-67.
70 "Christian Perfection," B 2:103, sec. 1. 7.
71 "Christian Perfection," B 2:104, sec. 1. 8.

에게 주시는 시련은, 은혜 안에서 자라게 하고, 특히 믿음과 인내와 하나님께 대한 의탁을 더하게 하는 귀중한 수단일 수 있다."[72] 사람은 은혜 안에서의 성장 과정 중 어느 단계에 있든지 죄를 짓는 것이 불가능하거나 다시 태만에 빠질 수 없는 상태는 아니다.

이런 잘못된 주장들은 성경이 말씀하는 하나님의 은혜에 대한 온전한 반응이 무엇을 의미하는지에 대해 잘못 판단한 것이다.

거룩함의 길에 들어선 모든 사람은 영적 교만의 교묘함에 대항해 죄의 유혹이 일어나자마자 즉시 승리할 수 있도록 경계해야 한다. 사람이 하나님의 뜻에 온전히 응답하면 죄가 힘을 잃는다. 그렇게 은혜에 응답함으로 은혜가 그 의지에 점점 더 크게 영향력을 발휘하는 사람은, 어떤 유혹이 발생하든 바르게 대처할 준비를 갖춘다. "세상과 육체와 마귀는 그의 발 아래 놓인다. 그는 성령의 권능으로 이러한 원수들을 경계하며 이긴다."[73]

2. 그리스도인의 완전이란 무엇인가?

a. 신자는 어떤 의미에서 이 세상에서 완전한가?

위로부터 새롭게 난 사람에게는 과거에는 방해받지 않고 활동하던 죄의 통치가 깨진다. 신자의 삶에서 지속되는 죄를 정당화할 근거는 어디에도 없다.[74]

전적으로 믿음으로 살아가는 삶을 견고하게 지속하는 것은 본질적으로 불가능하지 않다. 만약 불가능하다면 성경이 거룩함을 요구하는 것은

---

72 Letter to Hester Ann Roe, October 6, 1776, *LJW* 6:234.
73 Confession, art. 11, United Methodist *Book of Discipline* (1988), 72.
74 "Christian Perfection," B 2:106, sec. 2. 3.

모순이 되었을 것이다.[75]

신자를 향한 요구는 은혜 없이 거룩하라는 것이 아니라, 은혜를 통해 하나님의 거룩하심을 반영하라는 것이다.[76] 하나님은 거룩하시다. 하나님께 구원받은 사람은 마치 거울과도 같이 하나님의 선하심과 거룩하심을 반영할 수 있게 된다.[77] 하나님의 거룩하심을 반영하는 일은 대체로 여러 급진적 변화를 포함하는 신앙 성장 단계를 거쳐 이루어진다.

b. 신앙 성장의 각 단계에 적합한 완전함

웨슬리에게서 발전적 성화의 교리를 찾는다면 이 설교가 그것을 가장 잘 해설한 설교임을 발견할 것이다. 이 설교에서 웨슬리는 그리스도인의 삶을 어린아이에서 청년, 청년에서 아비들(요일 2:13-14)로 성장해가는 점층적 단계로 볼 수 있음을 설명한다.

성장의 각 단계마다 그 단계에서 기대되는 특정한 완전함이 있다. 신생아의 완전함이 청년에게 적합하지는 않다. 누구도 지혜로운 노인에게서나 기대할 만한 책임성을 청년이 보여줄 것으로 기대하지는 않는다. 어린아이에게 적합한 성숙이 있고, 청소년에게 적합한 다른 종류의 성숙이 있으며, 어른에게 적합한 성숙은 또 다르다.

사람들은 사랑의 온전함을 주로 성숙한 연륜과 연결 지어 생각하지만, 웨슬리는 심지어 갓난아기에게조차도 나름대로 그 단계에 적합한 완전함이 있음을 지적한다. 성숙이라는 개념은 각 성장 단계에서 무엇이 가능한가 하는 기준에 따라 이해하는 것이 마땅하기 때문이다.[78]

75　"Christian Perfection," B 2:107, sec. 2. 7.
76　*JJW* 2:90, 275; 5:283–84.
77　"Christian Perfection," B 2:105–9, sec. 2. 1–10.
78　"Christian Perfection," B 2:105–6, sec. 2. 1–2.

그럼에도 하나님의 은혜는 여러 가지가 아닌 한 가지다. 그것은 한 분이신 하나님의 선물이기 때문이다.

c. 성화는 아이의 성장과도 같은 지속적 과정임

"우리 국교회(그리고 고린도 교회나 에베소 교회와 같이 사도 시대의 교회를 포함해 모든 교회)의 신자 대부분은, 그리스도 안에서 어린아이에 지나지 않는다. 청년은 그보다 적고, 아비는 훨씬 더 적다. 그럼에도 우리에게는 몇 명의 아비가 있고, 우리는 분명 우리의 오순절이 완연히 오기를 기도하고 기대해야 한다."[79]

이 모든 것은 우리가 라틴어 '페르펙투스'의 정적 완전이 아닌, 헬라어 '텔레이오테시스'의 동적 완전 교리를 가지고 있음을 명백히 한다.[80] 그 핵심은 더는 성장이 없는 고정된 완전 상태에 도달하는 데 있지 않다. 그런 완전은 매우 비(非)웨슬리적인 것이다. 그리스도인의 완전은 은혜 안에서의 끊임없는 성장의 과정으로, 거기에는 여러 단계의 급진적 완성과 실현의 순간이 포함되어 있다. 즉, 점진적 과정 중에 하나님의 무한한 사랑을 경험하고 나타내는 여러 특별한 순간이 있다(원칙적으로 그 순간은 언제든 있을 수 있다)는 것이다.

성화의 은혜를 받는 과정은 말 그대로 과정이기 때문에, 마치 정지되어 있는 사진처럼 고이 담아둘 수 있는 것이 아니다. 성화의 과정은 계속적인 변화가 일어나는 이야기이자, 개인이 살아내야 하는 역사와도 같은 것이다.

---

79 *LJW* 6:221; 참고. B 1:503.
80 "Christian Perfection," B 2:105–6, sec. 2. 1–2.

d. "나는 죄가 없다"는 주장은 속죄를 왜곡함

요한1서의 "만일 우리가 죄가 없다고 말하면 스스로 속이고 또 진리가 우리 속에 있지 아니할 것이요"(1:8)라는 말씀은, 성화의 역동성을 잘못 이해한 것이 아니다. 오히려 "나는 죄가 없다"고 말하는 것은, 자신을 모든 죄에서 깨끗하게 하는 데 성자 하나님의 속죄 사역을 필요로 하지 않는다는 것을 의미한다. 그리스도를 필요로 하지 않는다는 것은, "스스로 속이고"(요일 1:8) "하나님을 거짓말하는 이로 만드는 것"(요일 1:10)이다. 그러나 우리가 죄를 자백하면 하나님은 우리를 용서하실 뿐 아니라 우리를 깨끗하게 하셔서 더는 죄를 짓지 않을 수 있게 하신다.

죄에 대하여 죽은 그리스도인은 이제 의에 대하여 살아난다. 죄 없이 사는 것은 모든 그리스도인이 누리는 특권이다. 그리스도인은 누구나 하나님의 은혜에 의해 이런저런 유혹을 이기고, 모든 악한 생각과 성품에 대해 온전한 승리를 얻도록 노력하라는 초청과 함께 그럴 수 있는 능력을 받았기 때문이다.[81]

예수님은 유혹을 받으셨으나 죄는 없으셨다(히 4:15). 부활하신 주님께서 신자의 삶에 살아 계시는 한, 어떻게 신자가 죄에서 완전히 자유를 얻지 않을 수 있겠는가?[82] 사람이 얼마나 거룩함의 길을 걸었든 그다음으로 더 나아가야 할 지점, 은혜에서 은혜로 더 성장할 여지는 언제나 남아있다. 지금까지 얼마나 성숙했든 앞으로도 계속 성숙할 수 있는데, 이는 은혜 안에서의 성숙이 영속적인 과정이기 때문이다.[83]

성경이 말씀하는 '텔레이오테스'는 더는 발전할 수 없음이 아니라, 신

---

81 "Christian Perfection," B 2:117; 3:313–15, 320–21, sec. 2. 21.
82 "Christian Perfection," B 2:116–18, sec. 2. 22–24.
83 "Christian Perfection," B 2:121, sec. 2. 30.

자가 힘을 얻고 더 얻어 앞으로 계속 나아가고 있음을 의미한다. 바울은 그들이 처음에는 사랑의 하나님을 거울로 보는 것같이 희미하게 보지만(고전 13:12), 그 형상이 점점 영광에서 영광으로 변화할 것인데 이러한 변화는 주의 영으로 말미암아 가능하다고 말씀한다(고후 3:18).

3. 완전에 대하여

설교 "완전에 대하여"의 성경 본문은 히브리서 6:2의 "완전한 데로 나아갈지니라"라는 말씀이다 [설교 #76 (1784), B 3:70–87; J #76, V:411–24]. 이 설교는 그리스도인의 완전에 대한 웨슬리의 성숙한 가르침을 가장 통찰력 있게 제시한다. 노년의 웨슬리는 1784년에 자신이 평생 주장하거나 반대해온 내용을 이 후기 설교에 압축해 담아냈다.

a. 하나님의 완전하심과 신자의 완전한 사랑

우리는 하나님이 아니므로, 그리스도인의 완전은 오직 하나님께만 가능한 그 완전을 의미하지 않는다. "영혼이 몸에 거하는 동안 사람이 이룰 수 있는 가장 높은 완전함은 무지, 실수, 수없이 많은 다른 연약성을 배제하지 않는다."[84] 아담과 하와의 모든 후손은 하나님의 율법을 위반한 모든 잘못으로 인해 십자가에서 행하신 하나님의 사역을 필요로 한다.[85] 평범한 사람들을 온전하게 하는 은혜에 대한 묘사는 성경 전체에서 풍성하게 나타난다.

그리스도인의 완전은 천사가 아닌 인간의 역사의 무대에서 이루어진다. 이 세상에서의 완전한 사랑의 삶은 천사의 완전도, 아담의 완전도 아

---

84 "On Perfection," B 3:72–73, sec. 1. 1–2.
85 같은 곳.

니다. 우리는 은혜에서 떨어져 죄의 역사에 빠져든 물질적 피조물이기 때문이다. 천사들은 시공간에 제한되어 있는 사람처럼 인식에서 실수를 범하기 쉬운 존재가 아니다.

b. 그리스도인의 완전은 사랑임

"그리스도인의 완전은 '사랑'이라는 한 단어에 모두 포함되어 있다." 그것은 곧 하나님과 이웃에 대한 사랑이다.[86] 그리스도인의 완전은 "온 마음을 다해 하나님을 사랑함으로, 모든 악한 성질이 파괴되고, 모든 생각과 말과 행동이 하나님과 이웃을 향한 순결한 사랑에서 흘러나오고, 또 그 사랑을 목적 삼는 것을 말한다."[87]

사랑은 예수 그리스도의 마음을 품고(빌 2:5) 성령의 열매를 맺는 것(갈 5:22-23)이다. 사랑하는 사람은 하나님의 도덕적 형상을 따라 "참된 의와 거룩함"으로 지으심을 받은 새 사람을 입는다(엡 4:24). 그는 거룩한 마음에서 비롯된 거룩한 삶으로 내적으로든 외적으로든 의의 길로 행한다(벧전 1:15).[88] 사랑은 은혜의 제단에 우리 자신을 산 제물로 드림으로 그리스도께서 우리 죄를 위해 단번에 드리신 희생에 동참하고, 종국에는 모든 죄에서의 구원(마 1:21)에 참여하는 것이다.[89]

그리스도와 함께 십자가에 못 박히고, 그리스도의 영을 가진 사람은 "이웃(즉 모든 사람)을 사랑하되 자신과 같이 사랑하고, 또 그리스도께서 우리를 사랑하신 것같이 사랑한다. 특히 자신을 악의로 대하며 핍박하는 사람을 사랑한다. … 그의 영혼은 자비, 친절, 온유함, 유순함, 오래 참음

---

86 "On Perfection," B 3:74, sec. 1. 4.
87 Minutes, 1758, August 15, JWO 177; 참고. EA, B 11:66–67; FA, B 11:278.
88 LJW 3:380; 5:56; B 11:239, 416.
89 "On Perfection," B 3:74–76, sec. 1. 4–12.

으로 가득한 사랑 그 자체다."[90] "'사랑으로써 역사하는 믿음'(갈 5:6)이 바로 그리스도인의 완전의 길이와 너비와 높이다."[91]

4. 죄와 유한성을 혼동하는 것의 위험성

a. 피조물의 유한성은 죄가 아님

"이 세상에서는 무지, 실수, 유혹, 혈과 육에서 비롯된 수없이 많은 연약성에서 자유를 얻는 … 그런 완전은 있을 수 없다."[92]

하나님의 은혜에 온전히 응답하는 것이 가능한가 하는 질문은, 죄를 어떻게 정의하는지에 따라 답이 달라진다. 웨슬리는, 완전한 사랑의 가능성을 말하는 것에 격분하는 사람들은 죄를 비의도적인 것까지 포함하는 것으로 정의하는 경향이 있다고 생각했다. 이러한 잘못은 죄와 유한성을 혼동한 데서 비롯된다. 이 혼동이 완전하게 하는 은혜에 대한 대부분의 논쟁의 중심에 자리하고 있다.

그러나 성경에서 죄는 알려진 하나님의 율법을 고의로 위반하는 것이다.[93] 사도 요한은 "죄는 율법의 위반"(요일 3:4)이라고 말씀한다. 유혹과 결탁해 죄를 지은 사람은, 달리 선택할 수 있었음에도 그렇게 한 것이다.

b. 죄는 고의적 위반이므로 필연적이지 않음

하나님의 율법에 대한 어떤 위반은 고의성이 없기에 엄격히 말해 죄가 아니다. 어떤 위반은 피할 수 없는 질병, 무의식적인 실수, 인간의 유한성

90 　*HSP* (1745), J XIV:329, 서문. 5.
91 　*HSP* (1739), J XIV:321, 서문. 5; B 1:559–60; 3:122–23, 303–4, 385–86, 612–13; JWO 68, 123–32, 231–32, 279–80, 376.
92 　*HSP* (1745), J XIV:328, 서문. 1.
93 　죄의 의지적 성격에 대해서는 B 1:181, 124, 233, 315, 416; 3:71, 85를 보라.

이라는 제한적 조건에서 비롯된 것일 수 있다. 이 정의에 의하면 고의적이지 않은 판단의 착오, 연약성, 무지는 의도성이 있는 고의적인 죄와 합리적으로 구별된다.

웨슬리는, 만약 죄를 알려진 율법의 고의적 위반으로 정의한다면, 성경을 진지하게 받아들이는 사람은 누구나 "죄에서 구원받을 가능성을 부인"할 수 없게 된다고 생각했다. 죄는 언제나 고의적인 요소를 지니고 있다. 죄는 고의성을 지니고 범하는 것이지, 강제되는 것이 아니다. 즉, 죄는 유혹에 자발적으로 빠지는 것이다.[94]

완전하게 하는 은혜의 교리에 따르면, 사람은 누구도 인간의 연약성, 질병, 사고, 어떤 일의 결과를 알 수 없는 상태나 인간의 유한함에서 오는 부정확함을 벗어날 수 없다. 이 모든 것은 성경적 의미의 죄, 즉 알려진 하나님의 율법에 대한 고의적 위반과 뚜렷이 구분된다.

5. 거룩한 삶의 살아 있는 모범이 있는가?

a. 거룩한 삶이 실제로 존재하는가?

웨슬리는 거룩한 삶의 살아 있는 모범이 없다는 주장에 답하면서, 그렇게 사는 사람이 많지 않고, 많은 사람은 가짜며, 어떤 사람들은 그런 은혜를 받고도 잃어버렸음을 인정했다. 그럼에도 그는 어떤 사람은 오랫동안 그런 은혜를 경험해오고 있다고 생각했다.[95] 물론 그들은 완전하게 하는 은혜를 부인하는 극단적 회의론자들이 무비판적으로 주장하는 완전, 즉 무지나 실수나 연약함조차 배제된 의미의 죄 없는 상태에는 미치지 못할 수 있다. 만약 회의론자들이 주장하는 것처럼 사람에게 본질적으로 불

---

94 "On Perfection," B 3:79–80, sec. 2. 9.
95 "On Perfection," B 3:81–83, sec. 2. 12–15.

가능한 상태를 완전으로 정의한다면, 어느 누구도 그런 완전에는 결코 이를 수 없을 것이다.[96]

웨슬리는, 우리가 정직하게 관찰하고 경험할 수 있는 범위 내에서 하나님의 뜻대로 이웃을 사랑하고, 온 뜻과 힘과 영혼을 다해 하나님을 사랑하면서, 온전하고 변함없이 한결같은 태도로 거룩함의 길을 걷는 사람들이 있다고 생각했다.[97]

그러나 그렇게 사는 사람이 어디에 있는지 실제로 지목할 수 있는가? 그런 종류의 사람을 실제로 보았거나, 엄밀히 관찰하고 살펴본 적이 있는가? 웨슬리는 1767년에 동생 찰스에게 다음과 같이 말했다. "우리가 지난 20년 동안 가르쳐온 것에 대해 산 증인이 한 사람도 없다면, 더는 이것을 가르치지 못할 것이다."[98] 완전하게 하는 은혜를 입증할 살아 있는 성도가 아무도 없고, 또 있을 수도 없다는 사실이 입증된다면, 그것은 그런 성도에 대해 반복적으로 말하는 사도들의 말씀과 대치되는 것이다.

b. 왜 온전한 그리스도인은 자신을 나타내려 하지 않는가?

웨슬리는 자신이 하나님의 은혜에 온전히 응답하는 삶을 사는 사람들을 알고 있다고 주장하면서도, 충분한 이유가 있기에 그들의 이름을 공개하지 않을 것이고, 그들 역시 이름이 밝혀지는 것을 바라지 않을 것이라고 답했다. 만약 이름을 공개한다면, 냉소하고 헐뜯기 좋아하는 사람들은, 비록 성화의 은혜에 온전히 반응하며 살고 있는 사람이라 하더라도 그들이 피할 수 없는 연약성, 질병, 실수 등을 문제 삼아 무자비하게 물고 늘어

---

96 "On Perfection," B 3:83, sec. 2. 16.
97 "Short Account of the Life and Death of the Rev. John Fletcher," J XI:364.
98 Letter to Charles Wesley, February 12, 1767, *LJW* 5:41.

질 것이기 때문이다. 반대자들은 마치 피라냐같이 달려들어 그들을 집어삼키려 할 것이다.

그리스도인의 삶의 가장 훌륭한 모범이 되는 사람이 자신의 삶을 알리지 않는 데는 또 하나의 분명한 이유가 있다. 자신을 그렇게 나타내 보인다면 그것은 그들이 추구해온 삶과는 반대로 교만을 드러내는 것이 될 수 있기 때문이다. 그럼에도 웨슬리는 알려지지 않은 채 그리스도인의 삶을 구현하는 사람들이 있음을 확신했다.

웨슬리는 복음이 명확히 약속하고 있는 그러한 삶이 본질적으로 불가능하다고는 믿을 수 없었다. 만약 그렇다면, 복음은 잔인한 말장난이 되고 말 것이다. 나아가 그리스도인의 완전에 대한 부적절한 가르침은, 교만을 일으킬 수 있을 뿐 아니라, 마치 인간에게서 유한성의 한계를 허무는 것으로 쉽게 착각할 수 있기에 언제나 위험성이 내재해 있다.

c. 헤롯의 추적

웨슬리는 메소디스트 연합체 내에 성화의 은혜에 온전히 반응해 그리스도 안에 감추어진 생명으로 살아가는 경건한 사람들이 있음을 확신했지만, 반대자들에게 중상모략의 빌미를 줄 수 있기에 그 목록을 작성하려 하지 않았다. 온전한 그리스도인이 있음을 알리는 것은 그들에게 호의를 베푸는 것이 아니다.

그런 질문을 하는 사람에게는 이렇게 대답할 수 있을 것이다. "내가 그런 사람을 안다고 하더라도 당신에게 알려주지 않을 것이다. 당신은 헤롯처럼 그 사람을 해치기 위해 찾고 있기 때문이다." 그러나 진지하게 질문하는 사람에게는 우리는 다음과 같이 답한다. "결코 반박할 수 없는 확실한 모범이 있다 하더라도, 그 수가 그리 많지 않은 이유는 수없이 많다. 만약 그를 모든 사람의 공격의 표적이 되게 한다면, 그를 얼마나 불편하게 하는 일이 되겠는가! 또 그것이 다른 사람들, 곧 하나님을 알지 못하는 사람만이 아닌 신자에게조차 얼마나 시험이 되겠는가! 그들이 그런 사람을 우상시하지 않는 것이 얼마나 힘들겠는가! 또 이는 그것을 부정하는 자에게도 아무런 유익이 되지 않는다! 그들은 "모세와 선지자들에게 듣지 아니하면 비록 죽은 자 가운데서 살아나는 자가 있을지라도"(눅 16:31) 생각을 바꾸지 않을 것이기 때문이다.[99]

웨슬리는 1766년 7월 9일에 동생 찰스에게 쓴 편지에서 "그리스도인의 완전을 지나치게 높은 상태로 오해하는 것에 대해" 경계했다. "나는 내가 믿는 완전을 담대하게 선포할 수 있다. 오백 명이나 되는 증인을 만나보았기 때문이다. 네가 가르치는 [불가능하고, 너무 높으며, 추정적인] 완전에 대해 너는 어떤 증인도 만나보지 못했다." 그렇다면 부정확한 기준을 가지고 "완전한 사람이 어디 있는가?"라고 묻는 "휫필드 씨와 똑같은 잘못에 빠지게 되지 않을까?" 만약 왜곡되고 성취 불가능한 기준을 들이댄다면 "이 땅에서 몸을 가진 사람 중에는 … 네가 설명하는 것 같은 완전은 있을 수 없다. … 그렇기에 … 완전의 기준을 그렇게 높이는 것은, 실상은 그리스도인의 완전을 부인하는 결과를 초래한다."[100]

d. 왜 그리도 죄를 좋아하는가?

웨슬리는 그리스도인의 완전이라는 가르침에 반대하는 사람들도 라틴어 '페르펙투스'에서 비롯된 정적인 완전 개념만 배제하면, 그리스도인의 완전 교리의 핵심 대부분에 동의한다는 사실을 중시했다. "만약 우리

---

99 Minutes, 1747, June 17, Q12, JWO 170; 마 2:16–18; 눅 16:31.
100 *LJW* 5:20.

가 죽을 때까지 죄, 아주 조금의 죄가 남아 있다고 인정한다면, 그들도 하나님과 사람들에 대한 사랑, 그리스도의 마음, 성령의 열매, 보편적인 거룩함, 전적인 헌신, 영과 혼과 육의 성화, 모든 생각과 말과 행동을 하나님께 산 제사로 드리는 것, 이 모든 것을 기꺼이 인정할 것이다."[101]

이 설교는 스스로를 돌아보게 하는 다음과 같은 일련의 질문들로 끝난다. '은혜에 온전히 반응하고자 하는 사람들을 비난하는 사람들은 왜 그렇게도 몹시 분을 내는가? 온 마음으로 하나님을 사랑하는 사람들에게 어떤 합리적인 반대의 이유를 댈 수 있는가? 성령의 온전한 열매를 받아들이는 것에 그토록 적의를 품는 이유는 무엇인가? 왜 그리도 죄를 좋아하는가?'[102] 혹 우리의 해석이 틀렸다 하더라도 우리가 모든 죄와의 싸움을 포기하지 않도록 우리의 실수를 떠안고 살 수 있도록 용납하라.

웨슬리는 거룩한 삶이 가능함을 행동으로 보이는 것이 메소디스트들이 부름 받은 이유임을 끊임없이 주장했다. 그들은 이 성경적 가르침이 충분히 믿을 수 있는 것임을 실제로 보여주기 위해 부름 받은 사람들이다.

한편, 현대의 웨슬리안 설교자들에게 그리스도인의 완전의 교리를 가르칠 것인지 또는 어떻게 가르칠 것인지를 결정하는 문제는 양심의 문제로 남는다. 성만찬이 죄인을 위한 것임을 이해하는 목회자라면 모든 평신도에게 하나님께 완전히 반응하고 있음을 입증하는 증거를 요구하지는 않을 것이다. 그럼에도 목회자는 하나님께 온전히 반응해야 한다는 사실을 가르쳐야 한다. 그러나 그것이 정적인 의미의 완전이어서는 안 된다.

---

101 "On Perfection," B 3:85, sec. 3. 10.
102 "On Perfection," B 3:86–87, sec. 3. 12.

6. 성결의 은혜는 순간적인가 점진적인가?

a. 순간적으로 심겨지는 씨앗

농부가 씨를 심을 때 얼마나 많은 시간이 걸리는가? 잠깐이다. 그러나 씨앗이 자라려면 얼마나 시간이 걸리는가? 어느 정도 시간이 지나야 한다. 내적 성화는 "우리가 칭의를 받은 순간, 영혼에 모든 덕의 씨앗이 순간적으로 심겨지는 것으로 시작한다. 그 시점부터 신자는 점진적으로 죄에 대하여 죽고 은혜 안에서 자라간다. 그러나 그 영과 혼과 육이 성결하게 되기 전에는 죄성, 즉 모든 죄의 씨앗이 여전히 그 안에 남아 있다."

성결의 은혜는 더 일찍 사모하지 않는 사람에게는 "대체로 죽음 직전까지 주어지지 않는다." 그러나 우리는 "[우리가 지금까지 알아온] 대부분의 신자가 죽음에 가까워질 때까지 성결의 은혜를 받지 못했다"는 사실을 알고, 그 은혜를 더 일찍 받기를 사모하도록 가르쳐야 한다. "대부분의 사람이 죽음 직전에야 성결의 은혜를 받는다는 것"이 죽음 직전이 아니면, 즉 "오늘은 그 은혜를 받을 수 없다는 것을 뜻하지는 않는다."[103]

b. 순간적 성결 전후의 점진적 성장

웨슬리는 성령의 순간적 사역을 부인하지 않았다. 사람이 중생의 변화된 삶의 씨앗을 받아들이는 것은 성령의 순간적 역사에 의한 것이다. 그 씨앗은 시간이 지남에 따라 점점 자라 새로운 열매를 맺는다.[104] "나는 그리스도인의 완전은 언제나 단순한 신앙에 의해, 순간적으로 영혼 속에 이루어진다고 믿는다. 그러나 그 순간 전후에는 점진적인 성장이 이루어진

---

[103] Minutes, 1745, August 2, Q1–4, JWO 152–53. 점진적 성화와 순간적 성화에 대한 다른 언급은 B 1:35, 350–51; 2:160, 168–69, 220; 3:178; *LJW* 5:16, 333을 보라.
[104] *LJW* 5:16, 333; B 2:168–69; 3:178.

다."[105]

웨슬리를 비난하는 사람들이 그의 성화에 대한 이해가 "구원에 관한 일을 너무 갑작스럽게 단번에 끝내 버린다"며 비판하자, 그는 "나는 은혜와 선함에서 점진적으로 성장해가는 것이, 우리가 현재 하나님께 진실함을 나타내는 것임을 믿는다"[106]라는 말로 답했다.

> 따라서 우리는 (몇몇 사람이 주장한 것같이) 이 온전한 구원이 참된 신자에게 오직 단번에 주어진다고 단언하지는 않는다. 그럼에도 하나님의 자녀의 영혼에는 분명 하나님의 점진적인 사역뿐 아니라 순간적인 사역이 있다. 그리고 한 순간에 자신의 죄를 용서받은 것을 분명히 의식하거나, 그 이후로도 계속 지속될 성령의 증거를 한순간에 받은 것에 대해서는 구름같이 둘러싼 허다한 증인이 있다. 그러나 죄 용서와 성령의 증거를 받은 그 순간, 동시에 새롭고 깨끗한 마음까지 함께 받는(즉, 중생과 성결이 같은 순간에 이루어지는–역주) 경우는 어디에서도 결코 본 적이 없다.[107]

c. 그리스도인의 완전에 대한 간결한 생각

1767년 1월 27일, 웨슬리는 "그리스도인의 완전에 대한 간결한 생각"(Brief Thoughts on Christian Perfection)이라 부르는 한 쪽 분량의 아침 묵상을 적었다. 거기서 그는 완전하게 하는 은혜를 받는 '방식'과 '시간'에 대해 적었다. "완전이라는 말로 나는 우리의 성품, 말, 행동을 다스리는, 하나님과 이웃에 대한 겸손하고 온유하며 인내하는 사랑을 뜻한다." 그는

---

[105] "Brief Thoughts on Christian Perfection," 1767; FA, B 11:70–71, 137–38; B 3:204.
[106] LLBL, B 11:338, sec. 7, 런던 주교 에드먼드 깁슨(Edmund Gibson)의 비판을 논박한 것이다, B 1:201.
[107] HSP (1740), J XIV:326, 서문. 9. 이 점이 이후 존 웨슬리와 찰스 웨슬리 사이에 상당한 차이를 야기한다. To Charles he wrote on February 12, 1767: "칭의와 죽음 사이에 순간적 성화가 있을까 없을까? 나는 있다고 답하지만, 너는 (자주) 그렇지 않다고 말하는 것으로 보인다." LJW 3:41.

은혜에서 떨어지는 것은 불가능하다고 "부분적으로 표현하거나 암시하는 영국 국교회 찬송가의 여러 표현"을 수정하고 싶어 했다. "나는 '죄 없는'(sinless)이라는 표현에 반대하지도 않지만, 그렇다고 이를 주장하지도 않는다. … 완전하게 하는 은혜를 받는 시간에 대해서는, 나는 그 순간이 일반적으로는 죽음의 순간, 즉 영혼이 몸을 떠나기 직전이라고 믿는다. 그러나 그 순간이 죽기 10년이나 20년, 혹은 40년 전일 수도 있다. 나는 그 시점이 대개는 칭의를 받고서 오랜 시간이 지난 뒤라고 생각하지만, 칭의 받은 지 5년 후나, 겨우 5개월 후일 수도 있다고 생각한다."[108]

E. 교리 연회록[109]

1. 성화의 정의

1744~47년에 있었던 가장 초기 메소디스트 연회들의 회의록은 이후 '대(大)연회록'이나 '교리 연회록'으로 불리는 기록의 기초가 된다.[110]

메소디스트의 모든 기본 교리는 대화를 통한 문답 형식으로 다듬어졌

---

108 "Brief Thoughts on Christian Perfection," J XI:446.
109 JWO 134-76.
110 초기 연회들의 기록 또는 연회록은 흔히 '교리 연회록'(Doctrinal Minutes)이나 '대연회록'(Large Minitues 또는 Larger Minutes)으로 불린다. 1749년에는 처음 여섯 차례 연회의 기록을 묶어 '교리 연회록'이라는 제목으로 출판했고, '장정 연회록'[Disciplinary Minutes (Dublin: Powell, 1749)]은 별도로 분리했다. 이 연회록에서 웨슬리는 1744~47년 연회들에서의 모든 교리적 결정을 체계적으로 발췌해 정리했다. '대연회록'들은 1744~53년까지의 연회록의 개요를 계속 덧붙여나가는 방식으로 웨슬리 생전에 여섯 번에 걸쳐 출판되었다. 20세기에 들어와 영국의 웨슬리안목회 지망생들은 1979년판 대연회록을 표준 문서로 읽고 그것에 서명함으로 동의해야 했다. JJW 3:302n.; B 20:177. 1780년판 연회록은 웨슬리 자신이 메소디스트 설교자들로 구성된 위원회와 함께 편집했다. 그들은 "어떤 것을 삭제하거나 수정해야 하는지를 결정하기 위해 모든 조항을 하나씩 검토했다." JJW 6:289. 1765년 이후로는 연회록이 매년 출판되었는데, 이는 "모든 일을 공개적으로 하기 위한" 것이었다. JJW 6:301. 참고. LJW 5:52, 228, 252, 259, 262; 6:215; 7:40, 210, 255, 375; 8:68, 149.

다. 웨슬리의 지도 아래 설교자들은 함께 모여 특정한 신학과 규율에 대해 논의해 결정을 내렸다.[111] 그들은 대화를 통해 메소디스트 부흥운동 초기부터 칭의, 믿음에 의한 구원, 특히 성화와 같은 핵심 교리에 대해 모두가 합의하고 동의한 가르침을 확립했다.

성화는 성령의 사역으로, 하나님은 이를 통해 은혜로 깨어진 인간 상태를 온전하게 고치시고, 실패의 삶을 성취로 이끄시며, 신자의 모든 능력을 진정으로 새롭게 변화시켜, 이 세상에서 부분적으로가 아니라 온전히 죄에 승리하게 하신다.[112] 성화는 은혜에 의해 신자의 의지로 하여금 철저하고도 지속적으로 그리스도의 의를 의지하게 하는 신앙의 움직임이다.

칭의의 순간 시작되는 성화는 그 은혜를 진지하게 구하는 모든 사람에게 주어진다. 성화의 유일한 조건은 신앙이다.[113] 성화는 우리의 모든 것으로 하나님을 사랑하며, 모든 내적인 죄가 제거되는 것이다.[114] 1747년판 연회록에서는 성화가 "하나님의 형상, 그리고 의와 참된 거룩함으로 새로워지는 것"으로 정의되어 있다. 신앙은 "성화의 조건이자 수단이다. 우리가 믿기 시작할 때 구원이 시작된다. 그리고 믿음이 더 성장할수록 거룩함에서도 자라 더욱 새로워진다."[115] 신앙은 거룩으로의 부르심과[116] '거룩함 … 없이는 아무도 주를 보지 못하리라'(히 12:14)라는 성경 말씀을 폐지하지 않는다."[117]

---

111 *DSWT* 21–29.
112 *The Pentecost Hymns of John and Charles Wesley*, ed. Timothy L. Smith (Kansas City: Beacon Hill, 1982), 1–85.
113 B 11:130, 133.
114 Minutes, 1747, June 16, JWO 167–72.
115 Minutes, 1744, June 26, Q1–2, JWO 140.
116 "The Law Established through Faith, I," B 2:26, sec. 2. 1.
117 B 11:115–16.

a. 죄 용서와 마음의 순결

사람은 믿음으로 말미암아 먼저 칭의를 받은 이후에, 믿음이 아닌 다른 무엇에 의해 성화되는 것이 아니다. 사람은 애초부터 "사랑으로써 역사하는 믿음"(갈 5:6)에 의해 칭의 되고 또 성화된다.[118]

이와 같이 믿음은 구원 이후의 모든 과정에서도 성화의 은혜를 수용하는 데 꼭 필요한 조건이다. 구원은 죄 용서를 받음으로 시작해 계속적인 거룩한 삶으로 이어지며, 그 완성은 천국에서 이루어진다. 신앙의 삶은 칭의의 은혜로 시작해 은혜 안에서의 성장 과정으로 이어진다. 신앙은 이 과정의 시작만이 아니라, 그 이후의 삶 전체에서도 필요하다.

용서가 구원이 시작된 것이라면, 거룩함은 믿음으로 구원이 지속되는 것이다.[119] 칭의 된 사람은 죄 용서를 받고 하나님의 은혜로 회복되었기에, 신앙을 지키는 한 하나님과 함께하는 영원한 행복을 약속받았다.[120]

이러한 설명은, 초기 옥스퍼드 홀리 클럽이 성화를 칭의의 전제 조건으로 여겼던 것과는 다르다. 1737년이 될 무렵까지 웨슬리는 오직 은혜에 의해 믿음을 통해 칭의를 받는다는 개신교 교리의 급진적 성격을 더 깊이 이해하게 되었다. 이 신앙은 성령의 열매 안에서 기뻐하는 감격적인 삶을 통해 그 영향력을 나타낸다.

"사랑 안에서 완전해진다"는 것은 하나님을 "우리의 온 뜻과 영혼과 힘을 다해 사랑하는 것"을 의미하며, 그 결과는 하나님에게서 난 사람이 더는 죄를 짓지 않게 되는 것이다.[121] 비록 누가 사랑 안에서 완전하게 되었는

---

118   칭의와 성화의 관계에 대하여는 B 1:124, 187, 191, 431–34; 2:158, 418; 3:505–7; 4:519–21을 보라.
119   *SS* 2:451–53; 2:163–64; 3:178.
120   B 3:266.
121   Minutes, 1744, June 26, Q6–8, JWO 141.

지 확실히 알 수는 없지만, 순교 외에 "그 본질상 가장 좋은 증거는 … 성품과 말과 행동이 거룩하고 흠잡을 데 없는 … 책잡을 수 없는 행실이다."[122]

2. 율법폐기론을 바로잡는 성화의 교리

a. 믿음으로 율법을 폐하지 말라

율법폐기론은 "믿음으로 율법을 무용하게 하는 교리"다. 율법폐기론자들은 "그리스도께서 도덕법을 폐하셨다. … 그리스도인의 자유는 하나님의 명령에 순종하는 것에서 해방되는 것임에도, 어떤 일이 명령되었다는 이유로 행한다면 그것이 바로 속박되어 있는 것이다. 신자는 하나님이 정하신 규례들을 지키거나 선을 행해야 할 의무가 없다"고 주장한다.[123]

바울은 율법폐기론적 경향에 대항해, "도덕법이든 의식법이든 관계없이 율법의 행위로는 누구도 칭의나 구원을 받을 수 없으며", 여기에는 "그리스도를 믿는 믿음에서 비롯되지 않은 모든 행위"가 포함된다고 가르치면서도, 더 정확히 말해 그리스도께서 폐하신 율법은 "모세의 의식법"임을 밝힌다.[124] "복음의 진리는 칼빈주의와 율법폐기론 모두와 매우 가까이 있지 않은가? 그렇다. 말하자면, 머리카락 하나 두께 정도의 미묘한 차이가 있을 뿐이다. 그러므로 우리가 그들에게서 최대한 멀리 떨어지기 위해 그들이 주장한 것은 아무것도 동의하지 않는다면 그것은 매우 어리석고 죄를 범하는 것이다." 웨슬리안은 "모든 선을 하나님의 값없이 주시는 은혜에 의한 것으로 여기고, 자연인의 자유의지나 은혜보다 앞서는 모든 능력을 부인하며 사람의 모든 공로를 부인하는 점에서" 칼빈에 동의한다. 또

---

122 Minutes, 1744, June 26, Q9, JWO 141.
123 Minutes, 1744, June 25, Q19–26, JWO 139–40; *JJW* 3:503–11.
124 Minutes, 1744, June 25, Q19–26, JWO 139–40.

우리는 "그리스도의 공로와 사랑을 높이고, 항상 기뻐하는 면에서는 … 거의 율법폐기론의 경계선에까지 다가선다"고 말한다.[125]

신자가 온전한 구원의 선물을 기다리는 바른 방법은, "하나님께서 성화의 은혜를 주시는 통로로 지정하신 일반적인 은혜의 방편들을 활용하는 것이다. 그 방편들은 특히 기도, 성경 연구, 성찬 참여, 금식과 같은 것들이다."[126]

b. 율법폐기론자들의 성화론을 논박함

"선을 행하고 하나님의 모든 규례에 참여하는 것에서 면제되는 것을 의미하는 … 그런 완전은 이 세상에 없다."[127] 우리는 "기회 있을 때마다 주님을 기념함으로 성찬을 받고, 성경을 연구하며, 금식할 뿐 아니라, 오래 참고, 자기 육체를 쳐서 굴복시키고, 개인적으로든 공적인 모임에서든 기도로 자신의 마음을 주님께 쏟아놓는다." 우리는 그리스도인의 이러한 특권을 부인하는 것이 마치 완전인 양 상상하면서 그릇되이 가르치는 사람들을 거부해야 한다.[128]

교리 연회록은, 성화의 은혜를 추구하면서 온전하고 건전하게 거룩한 삶으로 나아가는 올바른 방법은, 성경을 연구하고, 계명을 지키며, 은혜의 방편을 활용하는 것임을 가르친다. 성령은 깨어진 우리 인간의 삶에 찾아와 우리와 함께하고자 하신다. 온전한 구원을 방해하는 요인은 하나님의 성령이 아니라 우리에게 있다.

"선행은 이 [칭의] 신앙을 뒤따르지, 신앙보다 앞설 수 없다. 성결한

---

125 Minutes, 1745, August 2, Q22–25, JWO 151–52.
126 Minutes, 1745, August 2, Q6–11, JWO 153.
127 HSP (1745), J XIV:328, 서문. 1.
128 HSP (1745), J XIV:328, 서문. 2.

마음에서 솟아나와 지속적으로 선을 행하는 것을 의미하는 성화는 더더욱 그렇다. 그러나 완전 성화는 마지막 날의 [최종적인] 심판보다는 앞선다(히 12:14)."[129] 성령의 사역은 마지막 날이 오기 전 깨어진 인간의 삶을 온전히 새롭게 함으로 마지막 심판을 단순히 수동적으로만 기다리지 않게 한다.

찰스 웨슬리의 찬송 중 상당수는 "진리의 도가 비방을 받게"(벧후 2:2) 만드는 열광주의자들과 율법폐기론자들에 반대해 기독교 교리를 증명하고 보호하기 위해 쓴 것이다.[130] 존 웨슬리는 "믿음이 성결을 낳는 것이 아니라, 믿음과 성결을 반대되는 것으로 설명한" 토머스 막스필드(Thomas Maxfield)의 율법폐기론을 책망했다.[131]

3. 이 세상에서 성화가 가능한가?

1747년 6월 16일 자 교리 연회록은 "완전 성화"라는 매우 중요한 용어를 설명한다.[132]

완전 성화는 일반적으로 죽음 직전에 있는 신자에게 이루어지지만, 그 이전에도 받을 수 있다. 죽음만큼 살아 있는 믿음을 시험하는 것은 없다. 다른 어떤 경험도 우리를 죽음보다 더 철저한 회개로 이끌지 못한다. 그래서 온전한 성화는 죽음에 가까이 이르기 전까지는 실현되지 못하는 경우가 많다. 죽음은 언제나 신앙의 최종적 도전과 시험이기 때문이다.[133] 그렇

---

129 Letter to Thomas Church, February 2, 1745, *LJW* 2:187; 참고. 1:318-19. 이는 칭의의 은혜를 통해 이루어지는 온전한 용서와, 마지막 날 "최종적 칭의"에서 그 온전한 용서를 최종적으로 실행하는 것 사이의 구분이다.
130 *HSP* (1762), J XIV:334, 서문.; 참고. *CH*, B 7:269n.
131 Letter to Thomas Maxfield, November 2, 1962, *LJW* 4:193.
132 또 B 3:169, 174-79; 2:122-24; *SS* 1:151; 2:172-91, 457을 보라.
133 *LJW* 1:120; 6:213; 11:528.

더라도 하나님은 은혜에 풍성하시므로 죽기 전에도 그것을 허락하신다. 만약 그렇지 않다면, 사람이 거룩함의 길로 행하려면 먼저 죽어야 한다는 이상한 주장으로 혼란을 겪을 것이다.

웨슬리는 부흥운동에서의 경험을 바탕으로, 삶의 한 시점에서 칭의의 은혜를 받은 많은 사람이, 죽음 직전까지는 믿음에 대해 철저하게 점검해 본 적이 전혀 없었다, 죽음 직전에서야 거룩함을 얻기 위해 준비를 갖춘다는 사실을 알게 되었다. 그러나 사람이 성화의 은혜를 받기 위해 죽을 때까지 기다려야 한다고 주장한 적은 결코 없었다.[134] 성화에 대한 논쟁은 '우리가 죽음의 순간 이전에 모든 죄에서 구원받을 것을 기대해야 하는가?'라는 질문에 결정적으로 달려 있었다. 교리 연회록은 바로 그것이 성경의 약속임을 주장한다.[135]

연회록은 "우리가 아는 신앙 안에서 죽은 많은 사람이 죽기 직전까지는 전적으로 성화되지 않았고, 사랑 안에서 온전하게 되지 않았다"는 것과, "사도 바울은 '성화'라는 용어를 칭의 받은 모든 신자에게도 지속적으로 적용했다는 사실"을 인정한다. "따라서 우리가 칭의의 상태에 대해서는 거의 항상 말하면서도, 완전 성화에 대해서는 온전하고 명백한 용어로 말하는 경우가 드문 것이 당연하다."[136]

웨슬리는 실제로 다수의 신자가 성경에서 약속된 완전한 사랑을 이루었음을 확신했다. 그가 성화에 대한 약속을 믿게 만든 것은 성경이다. 웨슬리는 교회에서 드려온 기도와 성경의 약속에서 은혜의 온전한 현현에 대한 소망에 관해 들을 수 있었다. 또 부흥운동을 통해 죽기 전에도 온전

---

134 Minutes, 1747, June 16, JWO 169.
135 Minutes, 1747, June 17, Q3–8, JWO 168–69; 신 30:6; 겔 36:25, 29; 엡 3:14–19; 5:25, 27; 고후 7:1; 요 17:20, 23; 살전 5:23.
136 Minutes, 1747, June 17, Q2, JWO 167–68.

히 거룩함의 길로 행하고, 거리낌 없이 온전한 사랑의 삶을 살아가는 성도들을 실제로 만나보았다고 확신했다.[137]

4. 완전한 사랑을 반드시 증거해야 하는가?

a. 반대하거나 부적절하게 강조해서는 안 됨

연회록은 완전 성화를 언제나 가르칠 필요는 없지만, 그렇다고 해서 가르치기를 회피하거나 포기하지 말아야 한다는 데 동의한다. 웨슬리는 메소디스트 설교자들에게 완전 성화를 가르칠 것을 필수적으로 규정하지는 않았으나, 그것에 대해 반대하지는 말 것을 요구했다.

오늘날에도 메소디스트 설교자들은 '텔레이오테스'를 반드시 가르쳐야 한다고 강요받지는 않으나, 강단에서 그것에 반대하는 설교를 하지 않는 것이 메소디스트 표준 교리 해석의 강한 전통으로 남아 있다.

그리스도인의 완전을 현대의 도덕적 범주로 가져오면, 그 중요한 가르침이 현대인의 정신에 거의 스며들지 못하고 있음은 명백하다. 사회 변혁의 영역은 예외적이었지만, 오늘날에는 그곳에서도 그리스도인의 완전 교리가 영향력을 충분히 발휘하지 못하고 있다. 그러나 그리스도인의 완전의 진리는 복음의 역사의 깊은 지층과도 같아서, 심지어 지금은 세속화되어버린 사회에서조차도 종종 그 영향력을 느낄 수 있다.

b. 완전하게 하는 은혜를 증거할 때의 주의점

우리는 "자신이 모든 죄에서 구원받았다고 말하는 사람에게 은근히 역겨움을 느끼기 쉽다." 거기에는 그럴 만한 이유가 있는데, 특히 "그 말과 실

---

[137] *JJW* 2:90, 275; 5:283–84; 8:307.

제 모습이 다를 때" 그와 같이 되기 쉽고, 이 외에도 "하나님의 역사를 믿는 데 더디고 준비되지 않은 마음"이 부분적 원인일 수 있다.[138]

완전하게 하는 은혜를 증거할 때는 절제가 있어야 한다. "누군가 이 은혜를 받았다고 해보자. 그러면 당신은 그에게 그것을 다른 사람에게 말하라고 권하겠는가? 하나님을 알지 못하는 자들에게는 말하지 않는 것이 낫다. 그들로 반박하고 하나님을 모독하도록 자극하는 것밖에 되지 않을 것이기 때문이다."[139] 자신이 완전하게 하는 은혜를 받았다고 믿는 사람은 자신의 경험을 말할 때 진심 어린 겸손, 온유함, 겸허한 자기 인식을 가지고 있어야 한다. 젊은 설교자들이 그리스도인의 완전에 대해 공적으로 말할 때는 지나치게 이론적으로 상세히 들어가기보다, 성경에 나타난 명확한 약속을 통해 설명하도록 권고받았다.[140]

교리 연회록은 설교자들에게 완전하게 하는 은혜는 끊임없이 사모해야 하는 은혜지만, 그것에 관해서만 끊임없이 설교하지는 말 것을 권고한다. 이 은혜는 불필요하게 왜곡하지 않고 들을 준비가 된 사람들을 위주로 가르쳐야 한다. 완전 성화에 대해 설교할 때는 다음과 같이 해야한다.

> 앞으로 나아가지 않는 사람에게는 설교를 피하고,
> 앞으로 나아가려 하는 사람에게는 설교하되
> 항상 그것이 은혜의 약속임을 알려주어
> 강요가 아닌 이끌어주는 방식으로 하라.[141]

완전을 강조하더라도 그 방식이 비판적이거나 "가혹한 설교"는 "신자

---

138 Minutes, 1747, June 17, Q15, JWO 171.
139 Minutes, 1747, June 17, Q13, JWO 170.
140 Minutes, 1758, August 15, JWO 177.
141 Minutes, 1745, August 2, Q6–11, JWO 153.

들을 비굴한 두려움에 속박되게 하므로", "우리는 항상 완전에 대한 가르침이 오직 희망과 기쁨과 사모함을 일으키도록 가장 친절한 어조를 사용해 설교해야 한다."[142]

비록 모두에게 약속된 은혜라 하더라도, 그것을 오해 없이 전달하기는 어렵다. 메소디스트 신도회는 모든 사람에게서 완전하게 하는 은혜에 대한 바른 반응을 이끌어내려고 노력해야 하지만, 바르게 이해할 준비가 되어 있지 않은 사람에게는 계속적인 비난의 빌미를 주어 논란의 여지를 만들어서는 안 된다.

그리스도와의 연합, 마음의 순결함, 경건을 소홀히 하거나 약화시켜도 안 되지만, 완전하게 하는 은혜는 상황에 따라 절제하면서 분별력 있게 설교해야 한다. 웨슬리는 메소디스트 연합체의 모든 설교자에게 "이 세상에 사는 동안 사랑 안에서 완전하게 되기를 기대합니까?"라고 물었다.[143] 많은 웨슬리안 교단의 목사 안수식에서는 지금도 안수 대상자들에게 동일한 질문을 던진다.

c. 은혜의 범위에 대한 성경의 가르침

성경은 하나님의 은혜의 약속이 미치는 범위를 중요하게 다룬다. 완전하게 하는 은혜는 단지 성경에서 허용되는 교리가 아니라, 복음에 없어서는 안 될 필수적인 교리다. 하나님께서는 "이스라엘을 그의 모든 죄악에서 속량"(시 130:8)하실 것을 약속하셨다. 모든 더러운 것에서와 모든 우상을 섬김에서 그들을 정결케 하실 것을 약속하셨다(겔 36:25). 그리스도께서는 교회를 사랑하셔서 "자기 앞에 영광스러운 교회로 세우사 티나 주름 잡힌

---

142 Minutes, 1747, June 17, Q16, JWO 171.
143 United Methodist Book of Discipline (1988), 232.

것이나 이런 것들이 없이 거룩하고 흠이 없게"(엡 5:27) 하시려고 교회를 위해 자신을 내어주셨다. "하나님의 아들이 나타나신 것은 마귀의 일을 죄를 멸하려 하심"이다(요일 3:8). 예수님은 제자들이 하나가 되고, 사랑 안에서 온전하게 되기를 기도하셨다(요 17:22-23). "이로써 사랑이 우리에게 온전히 이루어진 것은 우리로 심판 날에 담대함을 가지게 하려 함이니 주께서 그러하심 같이 우리도 이 세상에서 그러하"기 때문이다(요일 4:17).

"하늘에 계신 너희 아버지의 온전하심과 같이 너희도 온전하라"(마 5:48)는 말씀은, 죽은 자가 아닌 살아 있는 사람에게 주신 명령이다. 만약 그것이 이룰 수 없는 것이라면 그런 명령을 주시지 않았을 것이다. 이러한 말씀들에 근거하면 성경이 결코 일어나지 않는 삶을 단지 추상적으로 말하는 것이 아니라, 현재 그리스도인의 삶을 묘사하고 있다는 사실에는 의심의 여지가 없다. 우리는 "우리 안에 아직 남아 있는 죄 된 본성"에 대해 예리하게 자각하고 있어야 한다. "그러나 이것은 단지 우리를 매 순간 더욱 간절한 마음으로 그리스도께로 돌이키게 하는 원인이 되어야 한다."[144]

d. 복음 사역자들을 위한 질문: 완전을 향해 가고 있는가?

웨슬리안 설교자들같이 "온전한 연대"에 참여하려는 사람은, 그리스도인의 완전에 대한 견해뿐 아니라, 그 은혜의 개인적 수용에 관한 중요한 질문을 받는다. "당신은 그리스도를 믿는가?" "당신은 완전을 향해 나아가고 있는가?" "당신은 그 은혜를 얻기 위해 간절히 노력하고 있는가?" "당신은 하나님과 그분의 일에 온전히 헌신하기로 결단했는가?"[145]

---

144 Minutes, 1747, June 17, Q19–21, JWO 171.
145 United Methodist *Book of Discipline* (1992), para. 425. "이 질문들은 모든 메소디스트 설교자가 연회의 정회원이 되려면 처음부터 반드시 답해야 했다. 이는 존 웨슬리가 작성한 것이며, 그 이후로도 거의 바뀌지 않았다." 227n.

메소디스트 연합체의 설교자로 지명 받기 전 그들은 이러한 질문들에 대해 신중하게 생각해보아야 했다. 이 질문들은 어떤 이들에게는 상당한 고민거리가 되었다. 마음으로부터 "당신은 완전을 향해 나아가고 있는가?"라는 질문에 답할 수 없는 사람은 설교자로 지명 받을 수 없었다. 답변은 개인적이고 진실해야 했다.

은혜에 대한 온전한 반응에 대해 위에서 말한 내용과 앞으로 말할 내용은 모두 설교자의 양심을 지도해 그 자신의 대답이 더 의미있게 하는 환경을 조성하기 위한 것이다.

웨슬리의 지침은 조급하게 양심의 부담을 덜어주기 위한 것이 아니라 양심에 활기를 불어넣어 깨어 있게 하려는 것이다. 모두가 하나님 앞에서 영혼으로 답해야 한다. 아직 자신의 신앙적 토대로 삼고 기꺼이 옹호할 만큼 성화에 대한 견고한 이해를 발전시키지 못한 사람은, 웨슬리의 성화와 완전에 대한 가르침을 다룬 이 장 전체를 면밀히 연구하면 좋을 것이다. 이런 질문들에 답하기 위해 웨슬리를 직접 인용하는 것도 좋은 방법이다.

최근의 훈련 규정은 현대의 목회 후보자들이 목회에 들어서는 길을 수월하게 해준다. 이는 목회의 시작부터 어려운 과정이 되지 않게 보호하기 위한 것이다. 온전한 연대를 위한 검증에서 감독은 "그들에게 묻는 질문들의 역사적 성격을 설명하고, 그 질문에 담긴 정신과 의도를 설명해주어야 한다."[146] 그것을 설명하는 언어에는 세심하게 계획된 의도적 모호함이 내재되어 있다. 어떤 내용은 한편으로 그 질문들의 역사적 성격을 설명해 그것을 표준으로 높이지만, 다른 한편으로 그것의 역사적 중요성을 드러낸 것이, 그것이 과거에 속한 역사적 문서이므로 너무 심각하게 받아들일

---

146 United Methodist *Book of Discipline* (1992), para. 425.

필요가 없다는 의미를 내포할 수도 있기 때문이다. 그 언어는 공교롭게도 두 가지 해석 모두를 허용한다. 그 질문들은 과거의 역사적인 것으로든, 영원히 적절한 것으로든 듣는 사람이 각자의 양심에 따라 판단할 것이다.

교리 연회록의 의도는 "온전한 연대"를 위해서는 이 질문들의 명백한 의미에 주의해야 할 필요가 있음을 나타낸다. 메소디스트 부흥운동 초기부터 메소디스트 설교자 전체가 이 질문들에 답해야 했음은 의심의 여지가 없다. 그들은 지금도 그때와 같이 진지하다.

5. 신앙고백 제11조

모든 연합감리교회 회원(United Methodists)을 포함해 웨슬리안 전통에 서 있는 많은 사람에게, 복음주의연합형제교회[Evangelical United Brethren Church, 이 교단은 1968년 감리교회(Methodist)와 통합해 현재의 연합감리교회가 됨-역주]의 신앙고백은, 웨슬리안 전통에서 헌법적으로 수정할 수 없는 교리의 축소판과도 같다. 이 신앙고백의 제11조는 성화와 완전을 자세히 정의하고, 무엇이 그리스도인의 완전이 아닌지에 대한 설명을 제공한다. 그 내용은 웨슬리안 전통 안에서 가르치는 모든 사람이 주의 깊게 연구할 가치가 있다. 아래의 내용은 그 골자를 요약한 것이다.

성화는 인간의 능력의 표현이 아닌 하나님의 은혜의 사역이며, 칭의의 은혜를 받고 거듭난 사람을 생각과 말과 행동의 모든 죄에서 씻어 정결하게 하는 성령의 사역이다.

씻음과 능력 부음이라는 두 비유는 서로를 보완한다. 우리는 능력 부음을 받을 때 하나님의 뜻대로 살고 거룩함을 위해 노력할 수 있게 된다. "우리는 성화가 말씀과 성령을 통한 하나님의 은혜의 사역임을 믿는다. 거듭난 사람은 이 사역을 통해 생각과 말과 행동의 죄에서 씻음 받고, 하나님의 뜻대로 살고 거룩함을 위해 노력할 수 있는 능력을 받는다. 거룩함이 없이는 아무도 주를 보지 못한다(히 12:14)."147

완전 성화는 완전하게 하는 은혜에 대한 온전한 반응이다. 또 이는 모든 거듭난 신자가 받을 수 있는 온전한 사랑과 의와 참된 성결이며, 죄의 권세에서 구원받아 하나님을 온 마음과 영혼과 뜻과 힘을 다해 사랑하고 이웃을 자신과 같이 사랑하는 것이다.

"우리는 예수 그리스도를 믿는 믿음을 통해 이 세상에서 이 은혜의 선물을 받을 수 있다." 성결은 단지 죽음 이후에나 가능한 것이 아니라 이 세상에서 가능하다. 성령께서는 이 은혜를 받는 과정에서 "점진적으로도, 순간적으로도" 역사하신다. 이 완전하게 하는 은혜는 "하나님의 모든 자녀가 간절히 사모함으로 구해야 하는 것이다."148

완전하게 하는 은혜의 가르침을 강하게 반대하는 사람이, 선한 양심을 가지고 메소디스트 설교단에 올라 지도하고 가르칠 수 있는지는 의문이다. 1763년의 모범 시행령(Model Deed)은, 이러한 가르침을 담은 네 권으로 된 웨슬리의 『표준설교집』(1746)과 그의 『신약성서주해』(*Explanatory Notes upon the New Testament*)를 메소디스트 설교자들이 교리적 표준으로 삼아야 함을 명확히 했다.149 완전하게 하는 은혜를 강하게 반대하는 사람은 웨슬리의 가르침에 어긋나는 것이다. 이는 완전하게 하는 은혜에 대해 특정한 이론이나 견해를 가지지 말아야 한다는 것이 아니다. 성경의 약속을 반대하지만 않는다면 그런 이론이나 견해를 가져도 무방하다.150

---

147 Confession, art. 2; 참고. *LJW* 8:256.
148 Confession, art. 11.
149 웨슬리가 이 설교의 교육적 목적을 설명하는 내용은 *DSWT* 90–93의 서문을 보라.
150 *DSWT* 21–53.

6. 성화가 감리회개신교회 장정에서 차지하는 교리적 위치

모든 연합감리교회 장정에는 메소디스트 25개 신조와 함께 1939년과 1968년의 통합 총회에서 채택한, 성화에 대한 번호 표시 없는 조항이 덧붙여져 있다. 이 조항은 감리회개신교회(Methodist Protestant church)에서 받아들인 것으로, 통합 후에는 하나의 신조로 장정에 포함되었다. 사실 이 조항은 제한 규정에 의해 명확히 보호받지도 않고, 또 비록 헌법상 25개 신조에 덧붙여져 있으나 엄밀히 말해 그 속에 포함되지는 않는다. 그럼에도 그것은 통합(1939) 이후 모든 장정에 수록되었고, 지금도 웨슬리안들이 일반적으로 받아들이는 성화에 대한 간결하고 유용한 진술로 남아 있다.

이 조항은 성화를 성자의 대속 사역과 성령의 증거하시는 사역에 의해 우리의 타락한 본성이 갱신되는 것으로 정의한다. 이는 믿음을 통해 받으며, 우리를 모든 죄에서 깨끗하게 하는 은혜. 이로써 우리는 죄의 책임에서만 구원받는 것이 아니라, 그 더러움에서 씻음 받고, 그 권세에서 건짐 받으며, 은혜로 온 마음을 다해 하나님을 사랑하고, 그의 거룩한 계명 안에서 죄 없이 살아갈 수 있다.

더 깊은 이해를 위한 독서 자료

Arnett, William M. "The Role of the Holy Spirit in Entire Sanctification in the Writings of John Wesley." *WTJ* 14, no. 2 (1979):15–30.

Cary, Clement. "Did Mr. Wesley Change His View on Sanctification?" In *Entire Sanctification*, edited by S. Coward. Louisville: Herald, 1900.

Collins, Kenneth. *A Faithful Witness: John Wesley's Homiletical Theology*, 138–47. Wilmore, KY: Wesleyan Heritage, 1993.

Dayton, Donald W. *Discovering an Evangelical Heritage*. 1976; reprint, Peabody, MA: Hendrickson, 1988.

_____. *The Theological Roots of Pentecostalism*. Metuchen, NJ: Scarecrow, 1987.

Dieter, Melvin E. "The Wesleyan Perspective." In *Five Views of Sanctification*, edited by Melvin Dieter, 11–46. Grand Rapids: Zondervan, 1987.

Dorr, Donal. "Wesley's Teaching on the Nature of Holiness." *LQHR* 190 (1965): 234–39.

Dunnam, Maxie D. *Going on to Salvation: A Study of Wesleyan Beliefs*. Nashville: Abingdon, 2008.

Dunning, H. Ray. *Reflecting the Divine Image: Christian Ethics in Wesleyan Perspective*. Downers Grove, IL: InterVarsity, 1998.

Harper, Steve. "Transformation (Effects of Salvation)" and "Growth in Grace." In *John Wesley's Theology Today*. Grand Rapids: Zondervan, 1983.

Jones, Charles E. *The Charismatic Movement: A Guide to the Study of Neo-Pentecostalism with Emphasis on Anglo-American Sources*. Metuchen, NJ: Scarecrow, 1992.

_____. *A Guide to the Study of the Holiness Movement*. Metuchen, NJ: Scarecrow, 1974.

_____. *A Guide to the Study of the Pentecostal Movement*. 2 vols. Metuchen,

NJ: Scarecrow, 1983.

_____. *Perfectionist Persuasion: The Holiness Movement and American Methodism, 1867–1936*. Metuchen, NJ: Scarecrow, 1974.

Lindström, Harald G. A. *Wesley and Sanctification*. Nashville: Abingdon, 1946.

Miley, John. *Systematic Theology*. Vol. 2. Chap. 8 on sanctification. New York: Hunt and Eaton, 1892–94.

Monk, Robert. "Sanctification." In *John Wesley: His Puritan Heritage*, 107ff., 118ff. Nashville: Abingdon, 1966.

Outler, Albert C. *The Wesleyan Theological Heritage, Essays*. Edited by T. Oden and L. Longden. "A Focus on the Holy Spirit," 159–75. Grand Rapids: Zondervan, 1991.

Page, Isaac E., and John Brash. *Scriptural Holiness: As Taught by John Wesley*. London: C. H. Kelly, 1891.

Runyan, Theodore, ed. *Sanctification and Liberation*. Nashville: Abingdon, 1981.

Weems, Lovett Hayes. *The Gospel according to Wesley: A Summary of John Wesley's Message*. Nashville: Discipleship Resources, 1982.

10장

칭의 이후에도 남아 있는 죄

10장 칭의 이후에도 남아 있는 죄

A. 신자 안에 있는 죄

1. 죄는 권세를 잃었으나 남아 있음

설교 "신자 안에 있는 죄"의 성경 본문은 고린도후서 5:17, "그런즉 누구든지 그리스도 안에 있으면 새로운 피조물이라"라는 말씀이다 [설교 #13 (1763), B 1:314-34; J #13, V:144-56]. 죄의 권세가 깨어졌음에도, 신자 안에 여전히 죄가 남아 있으면 어떤 일이 생기는가?

고의적 죄는 그 어떤 것이라도 그리스도 안에서의 삶과 조화를 이룰 수 없다. "신자가 고의로 죄를 지으면, 이는 자신이 받은 용서를 스스로 내던지는 것이다. 그가 회개하지 않는다면 칭의의 신앙을 계속 유지하는 것은 불가능하다."[1] 사람은 "해야 할 것을 하지 않는 죄나, 하지 말아야 것을 범하는 죄로 인해 하나님의 선물을 상실할 수 있다."[2] 이 "상실"은 언제나 회개의 은혜에 의해 회복이 가능하다. 그렇기에 루터와 마찬가지로 웨슬리에게 신자의 삶 전체는 회개의 삶이다. 이 회개의 은혜는 대체로 주의 만찬을 통해 주어진다. 그리고 그보다 먼저 진정한 회개와 신앙의 회복이 있어야 한다. 그리스도는 "죄가 다스리는 곳에서는 다스리실 수 없고, 죄가 허용되는 곳에는 거하지 않으시기 때문이다. 그러나 신자의 마음이 '아직 지성소와 같이 온전히 순결하지는' 않더라도, 모든 죄에 대항해 싸우는 신자의 마음에는 함께 계시며 거하신다."[3] 죄의 힘이 너무 강한 곳에서는 죄와

---

1 Minutes, 1744, June 25, Q9, JWO 138
2 Minutes, 1744, June 25, Q11, JWO 138.
3 "On Sin in Believers," B 1:323, sec. 3. 8.

싸워 이길 수 있는 은혜를 간구하라. 신자가 죄의 권세를 보고도 두려워하지 않는 것은, 그 권세가 이미 깨어졌음을 알기 때문이다.

a. 거듭난 신자도 죄를 짓는가?

웨슬리는 칭의 받고 중생한 신자는 하나님께서 주시는 충분한 은혜에 의해 죄를 짓지 않을 수 있는 능력을 부여받는다는 사실을 끊임없이 강조했다. 이러한 강조는 거룩한 삶 전통의 중심적 특징이 되었다.[4]

웨슬리는 이러한 가르침으로 인해, 신자는 '의인인 동시에 죄인'(*simul justus et peccator*)[5]이라고 가르친 루터란 전통 및 신자의 견인과 불가항력적 은혜를 강조한 칼빈 전통과의 논쟁을 피할 수 없었다. 또 "웨슬리가 가르친 죄를 짓지 않을 수 있는 능력을, 신자 속에 '남아 있는 모든 죄'의 근절과 동일한 것으로 잘못 해석해, 죄 없는 완전(sinless perfection) 또는 죄책 없는 완전(guiltless perfection)"을 가르친 모라비아교도들이나 토머스 막스필드 등 일부 극단적 완전주의자들과도 갈등을 빚었다.[6] 그들의 주장과 달리, 웨슬리는 죄는 여전히 남아 있으나 신자를 다스리지 못한다고 가르쳤다.

이를 설명하기 위해 웨슬리는 고의적 죄와 비고의적 죄, 즉 "'죄로 부르기에 적절한 죄'(알려진 하나님의 율법에 대한 고의적 위반으로, 회개하지 않으면 치명적 결과를 초래함)와 모든 '비고의적 위반'(이 경우는 그 사실을 알고도 회개하고 고치지 않을 때 책임이 따름)" 사이를 결정적으로 구

---

4   이러한 강조는 설교 "The Circumcision of the Heart"와 "The Great Privilege of Those That Are Born of God"에서 잘 드러난다.
5   B 1:233, 245n.
6   웨슬리의 설교 "On Sin in Believers"에 대한 아우틀러의 서문, B 1:314; '죄 없는 완전' 주장에 대한 웨슬리의 논박은 EA, B 11:65–66, 338–41; B 1:318–34, 416–21; 9:53–55, 397–98을 보라.

분하는 하나의 대안을 제시했다.[7] 웨슬리가 가르친, 회심 이후 신자가 죄를 짓지 않을 수 있는 특권과, 비록 죄가 다스리지는 못하더라도 여전히 남아 있는 삶의 현실 사이에는 긴장 상태가 계속 존재한다.[8]

b. 초기 기독교 및 종교개혁 전통을 모두 중시하는 교회 일치 노력

웨슬리는 초기 기독교가 일치를 이루었던 거룩한 삶을 강조하는 전통과, 은혜에 의해 오직 믿음으로 얻는 칭의를 강조한 종교개혁 전통을 최대한 연결 짓고자 계속 노력했다. 그가 둘 중 하나의 강조점에서 다른 강조점으로 넘어가면, 때때로 현재의 초점이 아닌 내용은 잠시 경시하는 듯 보일 수 있다. 그러나 웨슬리의 자료를 전반적으로 살펴보면, 그의 목적은 그 두 가지 강조점을 가장 완벽하게 종합하는 것이었다.

웨슬리는 1763년 무렵까지는 "어떤 사람들이 유포해온, 칭의 받은 사람 속에 어떤 죄도 남아 있지 않다는 잘못된 주장을 바로잡기 위해" 그 관계를 더 명확히 설명해야 할 분명한 필요를 느껴 설교 "신자 안에 있는 죄"를 작성했다(그로부터 4년 후에는 후편이라 할 수 있는 설교 "신자의 회개"를 출판했다).[9] 이 설교는, 웨슬리의 초기 설교의 내용을 오해해, 신자는 거듭난 후로는 사실상 죄에서 전적으로 자유하기에 더는 죄를 지을(심지어 유한성으로 인해 실수할) 가능성도 없다고 추론하거나, 죄 된 욕망이 있다는 사실 자체가 믿음이 부족함을 입증하는 것이라고 추론하는 것

---

7 "On Sin in Believers," B 1:315, sec. 1. 5. 이러한 구분은, 죄를 대죄(mortal sin, 치명적인 죄 또는 죽음에 이르는 죄)와 소죄(venial sin, 용서받을 수 있는 죄)로 구분한 중세 스콜라주의의 전통에서 있다. 고의적 죄와 비고의적 죄에 대한 웨슬리의 구분은 JWO 258–59, 287을 보라.

8 "On Sin in Believers," B 1:319, sec. 1. 6. 웨슬리는 이 주제를 다양한 각도에서 반복적으로 설명하고 있다. "The First-Fruits of the Spirit," sec. 3. 4–5; "Christian Perfection," sec. 2. 3–5; "Wandering Thoughts," sec. 3. 6; "On Temptation," sec. 1. 5를 보라.

9 JJW, March 28, 1763.

을 바로잡는다.[10] 웨슬리가 설교 "하나님께로부터 난 자의 특권"에서 신자는 더는 죄의 지배 아래 속박되어 있지 않음을 가르친 것을 떠올려보라. "신자 안에 있는 죄"는 그 설교에 덧붙인 중요한 부록과도 같다. 그리스도인의 완전을 가르치는 사람은, 죄에서 완전히 자유를 얻는다는 과격한 주장에 대한 교정을 위해 이 설교와 함께 "신자의 회개"를 주의 깊게 읽을 필요가 있다.[11]

혼란의 많은 부분은 "그리스도를 믿는 사람에게는 심지어 본성의 타락조차 더는 존재하지 않는다"[12]고 생각한 니콜라스 폰 친첸도르프(Nicholas von Zinzendorf)의 지도 아래 있던 "선의를 가진 사람들"에 의해 생겨났다. 계속 설명을 재촉받자, 그들은 "죄가 신자의 육체에는 아직 남아 있긴 하지만 마음에는 남아 있지 않다"고 인정했다. "시간이 지나 이 주장의 모순을 깨달은 그들은 이전의 주장을 내려놓고, 하나님에게서 난 자도 죄가 그를 다스리지는 않지만 여전히 그 안에 남아 있다는 것을 받아들였다."[13]

c. 낙심을 극복하라

웨슬리는 뿌리 깊은 죄로 인한 낙심에서 진실한 신자들을 보호하고자 노력했다. 칭의의 은혜를 경험한 후에도 종종 이전의 나쁜 행실로 되돌아감으로 인해 낙심한 사람들이, 자신이 여전히 구원의 신앙을 가지고 있는지에 대해 불안해하곤 했기 때문이다. 웨슬리는 죄와의 씨름이 칭의 이후에도 계속된다는 사실을 보여주고자 했다. 사람이 믿음에서 떨어질 때마다 자신이 과거에 구원의 은혜를 받은 적이 있는지, 혹은 다시 받을 수 있

---

10 B 1:65, 335–52; 2:164–67도 보라.
11 B 1:233, 245–46, 314–34, 336–47, 435–41; 2:165–66; 4:157, 212도 보라.
12 "On Sin in Believers," B 1:319, sec. 1. 5.
13 "On Sin in Believers," B 1:318–19, sec. 1. 5; "The Great Privilege of Those That Are Born of God," J V:227–31, sec. 2.

는지 염려하며 극심한 낙심에 빠진다면 그것은 목회에서 중대한 문제일 것이다. 웨슬리는 회개하는 사람은 하나님께서 언제나 용서해주신다는 사실과, 이 세상에서 누구도 타락할 가능성이 없는 사람은 없다는 사실을 들어 그들의 생각을 바로잡아주었다.

칭의 받은 사람이 죄의 모든 잔재와 유혹에서 자유롭게 된다는 생각은 초대교회, 교부 저자들, 또는 영국 국교회의 중심 역사에서 찾아볼 수 없는 새로운 (따라서 사도적 전승의 입장에서 보면 거짓된) 가르침이다.[14]

2. 신자 안에 죄가 없다는 주장을 성경, 경험, 전통, 이성으로 논박함

웨슬리는 사변형의 신학방법론에 기초해 자신의 주장을 펼쳤다. 그가 사변형의 신학방법론을 의도적으로 해설한 곳은, "신자 안에 있는 죄" "원죄" 등의 설교와 두 개의 "호소"("이성적이며 종교적인 사람들에게 보내는 진지한 호소", "이성적이며 종교적인 사람들에게 보내는 추가적 호소")와 같은 몇 개의 글이다.[15] 웨슬리는 칭의 받은 자에게는 어떤 죄도 남아 있지 않다는 주장을 논박하기 위해 성경, 이성, 전통, 경험이라는 네 가지 논거를 제시했다.

첫째, 칭의 이후에는 전혀 죄가 없다고 주장하는 것은 성경, 특히 육체의 소욕은 성령을 거스르고 성령은 육체를 거스른다는 사실을 가르친 바울의 모든 글에 반한다(고전 1:2; 갈 5:17).[16]

둘째, 신자에게 어떤 죄도 없다고 말하는 것은, 셀 수 없이 많은 신자의

---

14 "On Sin in Believers," B 1:317–19, sec. 1.
15 웨슬리는 성경적 교리의 표준으로 때로는 "The Repentance of Believers," sec. 1. 2에서처럼 성경, 이성, 경험을 제시하기도 했고, 다른 경우 자신의 전집 vol. 1 (1771)의 서문에서처럼 "성경, 이성, 고대 기독교 전통"을 제시하기도 했다.
16 "On Sin in Believers," B 1:321–25, sec. 3.

경험에 반한다. 거의 모든 신자는 구원의 신앙을 갖게 된 후 그 신앙을 위태롭게 만드는 죄와 끊임없이 씨름하면서, 종종 자신이 정말 구원의 신앙을 가진 적이 있는지 의심하기도 한다. 이런 일은 신앙생활에서 매우 일반적이다. 이스라엘 백성은 가나안으로 향하는 도중 홍해를 건너 물을 통과함으로 세례를 받고 새로운 삶으로 거듭난 후에도 여전히 광야에서 방황했다. 구원의 신앙을 가졌음에도 그런 "광야의 상태"를 지날 때, 신자는 자신이 소외되었다고 느끼거나, 죄책에 시달리거나, 절망할 필요가 없다.[17]

셋째, 칭의 이후에는 아무런 죄가 없다는 것은 새로운 주장으로, 초기 기독교가 결코 가르친 적이 없는 비전통적 교리다. 이는 새로운 교리로, 새롭고 전례가 없는 교리는 온전한 사도적 교리일 수 없다. 모든 이단적 주장은 사도들의 가르침 이후에 생겨난 것인데, 자신들의 주장으로 사도적 가르침을 수정하려 든다. 초기 기독교 작가들로부터 종교개혁을 지나 현대에 이르기까지 동방과 서방의 기독교를 통틀어 모든 기독교 전통은, 성도들도 계속 죄와 씨름하고 있음을 고백해왔다.[18] 웨슬리는 "무엇이든 새로운 교리"는 사도적이지 않기에 "잘못된 것이다. 오래된 종교만이 유일하게 참된 종교이며, '처음부터 전해내려온' 것과 동일하지 않은 교리는 어떤 것도 옳을 수 없다"고 주장한 빈켄티우스의 참된 기독교 교리 판별법을 적용한 것이다.[19] 웨슬리는 다음과 같이 말한다. "내가 주장하는 그리스도인의 완전은 우리 국교회 교리에 반하는 것이 아니라, 모든 국교회 성직자가 매 주일 기도해온 바로 그것, 즉 '당신의 성령의 감동으로 우리 마음의 생각을 깨끗하게 하셔서 우리가 당신을 온전히 사랑하고, 당신의 거룩

---

17 "On Sin in Believers," B 1:323, sec. 3. 7.
18 "On Sin in Believers," B 1:318–24, secs. 1. 2–4; 3. 9.
19 "On Sin in Believers," B 1:324, sec. 3. 9.

한 이름에 합당하게 찬미하게 하소서'라는 기도와 정확하게 일치한다. 이것이 내가 의미하는 그리스도인의 완전이다."[20]

마지막으로, 칭의 이후에는 죄가 없다는 잘못된 주장에 비평을 가하는 것은 우리의 이성이다. 웨슬리는 칭의 이후 죄에서 완전한 자유를 얻는다는 주장에 내재된 논리적 딜레마를 다루면서, 그런 주장의 논리적 결과는 신자가 절망에 빠지는 것일 수밖에 없음을 보여주었다. 만약 그 주장이 사실이라면, 죄 된 욕망을 느끼는 사람은 누구든 신자가 아니라는 결론에 도달한다. 그런 결론은 사람을 이러지도 저러지도 못하는 곤경에 처하게 함으로, 신앙이 아닌 절망으로 이끈다. 만약 (회개의 신앙을 인정하지 않으면서) 칭의 이후에 죄를 지으면 그 칭의가 무효가 된다고 생각하고 있는데, 자신의 내부에서 뒤섞인 동기와 죄 된 욕망을 느낀다면, 그는 신앙을 잃어버린 자라는 결론을 내릴 수밖에 없기 때문이다.

이처럼 "신자 안에 있는 죄"(그리고 "원죄"와 "진지한 호소")에서는 웨슬리의 글에 또다시 분명히 표현된 사변형의 교리적 기준이 발견된다. 이성은 사람이 구원의 신앙을 가진 후에도 죄를 지을 수 있다는 사실에 대해 성경, 경험, 전통에 동의한다.[21]

3. 육과 영의 갈등

a. 신앙의 정도

신앙생활 전체에서 육과 영이라는 두 가지 반대되는 원리는 상대를 이기기 위해 잠재적으로든 노골적으로든 고군분투한다.[22] 심지어 가장 성숙

---

20 "An Answer to Mr. Roland Hill's Tract, Entitled 'Imposture Detected,'" J X:450.
21 "On Sin in Believers," B 1:324, sec. 3. 10.
22 "On Sin in Believers," B 1:321–22, sec. 3. 1–3.

한 신자 속에서도 육과 영의 게릴라전은 그치지 않는다.[23]

성령을 따르는 사람은 누구나 내적으로 이러한 반대되는 두 가지 원리 사이에서 갈등을 느낀다. 고린도 교회 신자들은 그들의 신앙이 성장하고 있는 동안에도 육에 속한 자들로 묘사되었다(고전 3:1, 3).[24]

어떤 사람은 연약한 신앙을 갖고 있을 수 있다. 신앙에는 정도의 차이가 있다.[25] 사람이 매우 작은 신앙의 발판을 마련한 것이라 하더라도, 그 역시 구원의 신앙의 시작이며, 그것을 계기로 신앙이 더욱 강건케 되기를 기도하게 된다.[26]

앞서 살펴본 대로, 웨슬리가 설명한 "명목상의 그리스도인"은 "적은 믿음"을 가진 사람이 아니라, 하나님의 의를 신뢰하는 믿음을 전혀 가지고 있지 않은 사람이다.

우리는 "온전한 그리스도인"이 된 후에도 연약한 신앙, 부분적으로 맹목적인 신앙과 씨름할 수 있다. 신앙이 있다 해도 그 신앙은 시간이 지나야 맺을 수 있는 성화의 열매들을 즉각적으로 온전하게 맺지는 못한 상태로 있을 수 있다.

신자는 "매일 교만, 고집, 불신앙과 같이 그들의 마음에 남아 있는 죄들과 그들이 말하고 행하는 것, 심지어 최선의 행위와 가장 거룩한 일들의 실천에도 죄가 들러붙어 있음을 의식한다. 그러나 동시에 그들은 '자신이 하나님께 속해 있음을 알고' 잠시도 그 사실을 의심하지 않는다. 그들은 성

---

23 *CH*, B 7:398–406, 460–63.
24 "On Sin in Believers," B 1:321, sec. 3. 2.
25 B 3:175–76, 491–98; 9:111, 164–65; *LJW* 1:251; 2:214; 5:173, 200; *JJW* 1:481–83; 2:328–29; JWO 68–69, 356–62; 참고, B 3:266.
26 "On Sin in Believers," B 1:321–25, sec. 3. 신앙에 정도의 차이가 있음에 대해서는 "The Almost Christian," *JJW*, May 29, 1738; Minutes, August 2, 1745를 보라.

령께서 '친히 우리의 영과 더불어 우리가 하나님의 자녀인 것을 증언'(롬 8:16)하심을 느낀다."[27] 그들이 유혹과의 지속적인 분투, 육과 영의 끊임없는 싸움을 경험한다고 해서 믿음을 잃은 것은 아니다.[28]

b. 성령께서 두려움, 의심, 자기기만과 같은 마음속 죄와 싸우심

웨슬리는 1740년판 『메소디스트 찬송가』 서문에서 "믿음을 통해 값없이 주시는 칭의를 얻어 며칠이나 몇 주, 혹은 몇 개월 동안" 평강 속에 머물렀기에 "이제 더는 전쟁이 없을 것이라고 생각했던" 신자에게 또다시 시작되는 분투를 다음과 같이 통렬하게 묘사한다. 그러한 생각은 "그들의 오랜 원수, 마음속 죄들, 그들을 가장 쉽게 괴롭혔던 (분노나 정욕 같은) 죄가 다시 그들을 공격해 상처를 입히면 끝나고 만다. … 그러면 그들은 끝까지 견디지 못할 것이라는 두려움을 갖게 되고, 하나님께서 자신을 잊으신 것은 아닌지 혹은 자신이 죄 용서를 받았다는 생각으로 스스로를 속인 것은 아닌지 종종 의심하게 된다." 이런 몸부림은 은혜에 의해 칭의 받은 신자에게 흔히 있을 수 있는 일반적인 것이다.

> 그러나 얼마 지나지 않아 주님은 응답하셔서 성령으로 그들을 위로하시고, 그들의 영과 더불어 그들이 하나님의 자녀인 것을 지속적으로 증언해주신다. … 이제 그들은 자신 속에 숨겨져 있던 모든 혐오스러운 것, 교만, 자아, 지옥의 깊이를 본다. 그럼에도 [자신이 영생의 상속자임을 알기에] 그들의 영혼은, 자신에게 스스로를 도울 능력이 없음을 더 강하게 느끼게 하고, 하나님의 형상으로의 온전한 회복을 말로 표현할 수 없을 정도로 간절히 갈망하게 하는, 이 불 같은 시험에서도 구원자 하나님 안에서 기뻐한다.[29]

27　"On Sin in Believers," B 1:323, sec. 3. 7.
28　B 1:235–36; 3:105–6; SS 1:164; 2:362; CH, B 7:398–406, 460–63.
29　HSP (1740), J XIV:327, 서문 11.

4. 남아 있는 죄와 다스리는 죄의 구분

세례 받고, 신생을 얻고, 거룩함의 길을 걷기 시작한 "그리스도 안에서 어린아이들"(고전 3:1)은 여전히 타락하기 쉽다. 하나님의 용서하심으로 거룩함에 참여했으나 그가 하나님의 은혜에 성숙하게 반응하기까지는 아직 갈 길이 멀다.[30] 신자는 "죄에서 구원받았지만, 그것이 완전하지는 않다. 죄가 비록 다스리지는 못하더라도 남아 있기 때문이다."[31]

원수는 "과거에 자신이 다스리던 곳에 남아 있으나, 사슬에 결박되어 있다."[32] 사탄의 세력은 일어나 울부짖긴 하나 사슬에 묶여 있다. 그들은 계속 권세를 가진 척하지만 사실은 그렇지 않다. 원수가 사슬에 묶여 있고, 우리가 그 사실을 뻔히 아는데도, 원수가 여전히 큰 소리를 질러대며 분위기를 어지럽히는 광경을 상상해보라.[33]

죄의 결과나 잔류 효과는 아직 지속되더라도, 죄는 더는 신자의 삶을 지배할 압도적인 힘을 갖지 못한다.[34] 우리가 죄를 지어 이웃에게 해를 입히면, 그 죄의 결과는 미래에도 영향을 끼칠 수 있다. 우리는 세상을 멈추게 할 수 없다. 세상은 계속 움직인다. 용서를 받았다고 해서 즉시 과거에 지은 죄의 결과와 씨름해야 하는 일에서 면제되지는 않는다. 그러나 신앙은, 비록 마음으로 이러한 모호함과 갈등을 느끼더라도, 여전히 우리는 매

---

30 "On Sin in Believers," B 1:323–25, sec. 3. 8–10. (죄 용서를 받았으나 아직 성결하지 않은) 그리스도 안에서의 어린아이와 (온전한 구원의 은혜로 온 힘을 다해 하나님의 은혜에 끊임없이 반응하는) 그리스도 안에서의 성숙한 사람의 구분에 대해서는 "Christian Perfection," sec. 2. 1; "On Patience," sec. 10; *ENNT* 히 5:13–14; Letter to John Fletcher, March 22, 1775를 보라.
31 "On Sin in Believers," B 1:327, sec. 4. 3.
32 "On Sin in Believers," B 1:331, sec. 4. 11.
33 "On Sin in Believers," B 1:325–32, sec. 4. 남아 있는 죄와 다스리는 죄 사이의 구분에 대한 다른 설명은 "Salvation by Faith," sec. 2. 6; "The Great Privilege of Those That Are Born of God," sec. 2. 2; "The Deceitfulness of the Human Heart," sec. 2. 5; *JJW*, August 10, 1738을 보라.
34 B 1:233, 245–46, 314–34, 336–47, 435–41; 2:165–66; 4:157, 212.

일 용서의 말씀에 스스로를 내어놓는 과정에 있고, 따라서 결코 정죄함이 없음을 가르쳐준다. 비록 죄의 결과가 반향을 일으키더라도, 죄는 더는 신자의 삶을 다스릴 권세가 없다.[35]

5. "죄 없는 완전" 주장의 잘못된 전제

신자 안에 있는 죄는 매일 다루어야 할 성가신 문제이지만, 성자의 십자가의 은혜에 의해 그 권세는 근본적으로 꺾여버렸기 때문에, 더는 영속적인 권세가 없다. 사탄의 세력은 결박되었다. 웨슬리는 미래의 모든 유혹과의 싸움, 육과 영의 모든 싸움에서 전적으로 면제되는 "죄 없는 완전"(sinless perfection)에 대한 잘못된 주장을 논박했다.[36] 그는 "죄 없는 완전"이라는 용어 사용에 반대했고,[37] 그 대신 "완전한 사랑"이라는 표현 사용하기를 선호했다.[38]

그렇다면 칭의 받은 사람은 모든 죄에서 자유로운가? 원칙적으로는 그렇다. 십자가에서 하나님께서 주신 선물은 자유의 선물이기 때문이다. 그러나 문제는 하나님께서는 충분하게 주신 자유가 인간이 지닌 한계로 인해 불완전하게 수용되는 데 있다. 따라서 인간의 자유는 시간과 유한성을 벗어날 수 없고, 육과 영의 매일의 씨름에서 면제되지도 않는다. 새로운 피조물로서 우리는 피조물 됨을 벗어나는 것이 아니라, 본래 창조된 상태로 회복되는 것이다.

신자는 거룩함의 길로 걸으면 걸을수록 자신의 죄를 더 깊이 깨닫는

---

35 "On Sin in Believers," B 1:332–34, sec. 5.
36 "Principles of a Methodist," J VIII:363–65, secs. 11–13.
37 EA, B 11:65–66, 338–41; B 1:318–32, 416–21; 9:53–55, 397–98.
38 "Some Remarks on Mr. Hill's 'Review of All the Doctrines Taught by Mr. John Wesley,'" J X:411; 참고. CH, B 7:183, 187, 506–7, 520–21.

다. 자신의 결함을 가장 통렬하게 의식하는 사람이 살아 숨 쉬는 성도들이라는 사실은, 죄와 은혜의 역설이다. 자기 죄를 가장 의식하지 못하는 사람이 회개와 가장 거리가 멀다. 회개는 그리스도인의 삶 전체를 통해 지속된다.

B. 신자의 회개

웨슬리는 설교 "신자의 회개"(1767)를 통해 자신의 초기 설교들이 남긴 인상을 개선하고 명확히 하며 어느 정도 수정한다. 성경 본문은 마가복음 1:15, "회개하고 복음을 믿으라"라는 말씀이다. 나는 웨슬리의 설교 중 가장 통찰력 있는 설교에 해당하는 것이, 앞서 다룬 "신자 안에 있는 죄"와 이 "신자의 회개"라고 생각한다.

1. 죄는 어떻게 신자의 말과 행동에 들러붙는가?

a. 몸과 영혼의 결합에서 생기는 기질의 문제

신자는 여전히 하나님의 사랑과 관계없는 과도하고 무질서한 사랑의 유혹에 취약하다.[39] 아무리 신앙에 깊이 뿌리내렸다 해도, 신자는 여전히 계속되는 교만, 고집, 세상에 대한 사랑, 수치심, 거절에 대한 두려움, 악한 추측, 순결하지 않은 의도와 씨름한다.[40]

질투, 적의, 탐욕, 시샘과 같이 이웃 사랑을 방해하는 기질들은, 신앙을 가졌다고 해서 한순간에 사라지지 않는다. 사람은 여전히 하나님의 사랑을 받으면서도 이웃 사랑에는 소홀하게 만드는, 세상에 대한 우상숭배적

---

39 "The Repentance of Believers," B 1:337–38, sec. 1. 4–5.
40 "The Repentance of Believers," B 1:337–38, sec. 1. 3–5.

사랑으로 유혹받는다.[41] 신자 역시 세상의 물질이 제일이라고 생각하는 유혹에 빠지기 쉬우므로, 우상숭배와의 싸움은 끊임없이 계속된다.

매우 예민하게 균형상태를 유지해야 하는 영적 삶 전체는, 언제나 불균형으로 기울어지기 쉽다. 아이는 걷는 법을 배울 때 균형을 유지하는 것이 어려운 일임을 깨닫는다. 신앙 안에서 걷는 법을 배우는 것도 이처럼 균형을 유지하는 문제다. 그 균형은 매우 예민하다. 성화의 은혜를 받아 성장하고 있는 사람들은 불균형, 타락, "이전 행실로 되돌아가려는" 유혹을 끊임없이 받는다.[42] 이 불균형은 유한성 및 몸과 영혼의 관계로 특징 지어진 인간의 상태에 고질적인 것이다.

b. 신자는 계속 태만과 결함을 의식함

신앙에서 타락한 사람은, 신앙에 어느 정도 발을 디디고도 유혹에 미끄러져 다시 넘어진다. 죄는 비록 신자가 자각하지 못하더라도[43] 교만, 고집, 세상에 대한 사랑, 안목의 정욕, 방종, 이생의 자랑, 영광에 대한 욕구라는 감지하기 힘든 형태로 회심한 신자의 마음에 남아 있다.[44] 그런 유혹들은 칭의 받은 삶에 잠복해 저항하기 힘든 상태로 남아 있을 수 있다.[45]

자신을 인식하는 신자라면, 태만, 수없이 많은 내적 결함, 몰인정한 인간관계, 하나님의 영광을 구하지 않은 행실, 회심 후에도 계속되는 강박적 죄책감과 무력함이라는 증거들로 알 수 있듯, 죄가 언제나 자신의 말과 행동에 들러붙어 있다는 사실에 대해 완전히 무지할 수 없다.[46] 이 육과 영의

---

41 "The Repentance of Believers," B 1:339–40, sec. 1. 7–9.
42 B 3:210–26; 4:517–19; *LJW* 7:103, 351; 8:61, 111; *JJW* 5:40, 47, 54, 436; 8:31; *CH*, B 7:284–98, 628–29.
43 "The Repentance of Believers," B 1:337–39, sec. 1. 3–7.
44 "The Repentance of Believers," B 1:336, sec. 1. 1.
45 "The Repentance of Believers," B 1:339–42, sec. 1. 8–10.
46 "The Repentance of Believers," B 1:341–46, sec. 1. 11–20.

싸움은 마음, 사람의 감정과 활동, 해야 할 것을 하지 않는 죄와 하지 말아야 할 것을 하는 죄 모두에서 지속된다.

그러나 이 모든 것에도 신자가 그리스도의 대속을 믿는 신앙을 붙들고 있는 한 그에게는 결코 정죄함이 없다. 그에게는 여전히 하나님 앞에서의 중보자가 있다. 이것이 중생한 삶을 구분 짓는 특징이다.

2. 칭의 이후에도 필요한 회개와 믿음의 조화

회개와 믿음은 우선적으로 하나님 나라에 들어가기 위해, 그리고 다음으로는 그 나라에 계속 머물고 성장하기 위해 필요하다.[47] "회개하고 믿으라"는 초대는 한 번으로 그치는 것이 아니다. 신자는 처음 회개하고 믿어 그리스도인들의 공동체에 들어간 것과 똑같이, 그 후로도 계속 회개하고 믿어야 한다.

회개는 그리스도인의 매일의 관심사로, 하나님께서 "우리 마음에 남아 있는 모든 죄에서 구원하기" 원하실 뿐 아니라 그럴 능력이 있으시다는 약속을 매 순간 새롭게 받는 것이다.[48] "우리가 계속 '믿음에서 믿음으로' 나아가 내재하는 죄에서 깨끗하게 하는 믿음을 갖게 되면 … 우리는 전에 느꼈던 그 모든 죄책과 형벌 받아 마땅한 상태에서 구원받는다."[49]

회개와 믿음의 조화는 주기적이고 변증법적이다. 회개가 "나는 그분 없이 아무것도 할 수 없다"라고 말한다면, 믿음은 "내게 힘주시는 그리스도로 인해 나는 모든 것을 할 수 있다"라고 답한다.[50] 회개를 통해 우리에

---

47 "The Repentance of Believers," B 1:335–36, 서문 1–3; B 1:65, 225, 278, 335–52, 477; 2:164–67.
48 "The Repentance of Believers," B 1:347, sec. 2. 2.
49 "The Repentance of Believers," B 1:348, sec. 2. 4.
50 "The Repentance of Believers," B 1:350, sec. 2. 5.

게 필요한 것이 무엇인지 알아차린다면, 믿음을 통해서는 그 필요가 충족된다. 또 회개를 통해 우리 자신의 한계를 본다면, 믿음을 통해서는 은혜가 우리에게 부어주신 능력이 무엇인지를 본다.

3. 칭의 이후 죄에 대한 치료법

칭의의 은혜를 받더라도 우리의 삶이 즉시 온전해지지는 않는다. 만약 그랬더라면, 칭의 이후 "더 큰 구원을 기대하는 것은 어리석은 일"일 것이다.[51] 이런 이유로 "자신의 마음의 깊은 부패를 가볍게 깨달은 신자는, 그만큼 완전 성화에 대해서도 관심을 적게 갖는" 역설이 존재한다. 그리스도의 속죄 사역의 혜택이 미치는 온전한 범위를 이해하기 위해서는, 먼저 자신의 결함에 대한 깊은 인식이 있어야 한다. 우리가 "그리스도를 대제사장인 동시에 왕으로도 믿고 의지하며 살 수 있도록" 가장 큰 깨우침을 주는 것은 우리의 능력이 아닌 전적인 무력함이다.[52]

만약 칭의의 은혜의 순간적 수용과 성화의 은혜의 점진적 수용을 구분하지 않는다면, 거기에는 엄청난 피해가 따른다. 그것이 "더 큰 변화의 길을 완전히 막아버리기 때문이다."[53] 신자는 칭의의 은혜를 받은 후 어느 시점이 되면, 하나님께서 단지 죄를 용서하실 뿐 아니라 내쫓아 "악한 뿌리, 육적인 생각을 멸절하시고, 타고난 죄가 더는 신자 속에 남아 있지 않게 명령하시는" 능력의 말씀을 듣는다. 이 역시 회개와 믿음을 통해 일어나지만, 이때의 믿음은 "칭의를 위한 믿음과는 다른" 가장 온전한 구원을 가져오는 더 깊은 믿음이다.[54]

---

51 "The Repentance of Believers," B 1:350, sec. 3. 1.
52 "The Repentance of Believers," B 1:352, sec. 3. 4.
53 "The Repentance of Believers," B 1:350, sec. 3. 1.
54 "The Repentance of Believers," B 1:347, sec. 2. 2.

이것이 이 "신자의 회개"라는 제목을 붙인 중요한 설교의 핵심 주제다. 웨슬리는 이 설교에서 그동안 자신이 가르쳐온 온전한 사랑에 대한 명쾌하지 않고 모호했던 내용을 바로잡았다.

C. 타락한 자들을 부르심

설교 "타락한 자들을 부르심"은 전에 가졌던 확신을 잃어버리고 절망에 빠진 사람들을 위로하고 돕기 위한 설교다. 성경 본문은 시편 77:7-8, "주께서 영원히 버리실까, 다시는 은혜를 베풀지 아니하실까, 그의 인자하심은 영원히 끝났는가, 그의 약속하심도 영구히 폐하였는가"라는 말씀이다 [설교 #86 (1778), B 3:210–26; J #86, VI:514–27].

1. 낙심한 사람을 위한 희망

a. 믿음의 파선

"처음에는 잘 달리다 … '믿음에 파선한'(딤전 1:19)" 사람에게도 아직 희망이 있다. 그러나 변화를 간절히 바라면서도 그것이 불가능하다고 여겨 "불안을 느끼는 것"은 다른 문제다. 자신이 구원과 가장 거리가 멀다고 생각하는 사람이 실은 구원과 가장 가까울 수 있다.[55] 많은 죄인이 뻔뻔함보다는 절망 때문에 멸망한다. 한때 영적 싸움을 했던 많은 사람이 이제는 승리를 얻는 것이 불가능하다고 느껴 더는 싸우지 않는다.[56]

웨슬리는 이 설교에서 신자가 믿음을 경험한 후 장기간 광야의 상태에 빠져 있다 결국 체념하게 되는 절망의 형태에 관심을 가졌다. 그들은 오랜

---

55 "A Call to Backsliders," B 3:212, 서문 4-5.
56 "A Call to Backsliders," B 3:211, 서문 1-3.

영적 전쟁 기간에 신앙의 열매를 거의 맺지 못한 채 점점 뒤로 후퇴한다. 하나님의 은혜는 그런 사람들에게도 미친다.[57]

b. 타락한 사람이 절망하는 이유

과거에 믿음을 통해 새롭게 태어나고도 타락한 사람은, 다시 용서받는 것이 불가능하다고 여겨, 자신에게 더는 희망이 없다고 생각할 수 있다. 한 번 온전한 용서를 받았기 때문에, 그런 용서를 다시는 기대조차 할 수 없다고 생각하는 것이다. 그들의 잘못된 생각은, 세상의 통치 방식에 근거해 하나님의 통치 방식을 유추해내는 데서 기인한다.[58] 그러나 세상의 방식과 달리 하나님께서는 한없이 용서를 베푸신다.[59]

언뜻 보면 타락한 자의 우울함은 너무 깊은 곳에 근원을 두고 있어 도저히 해결할 수 없는 것같이 보인다. 그들은 자신이 성령을 모독했기 때문에 더는 용서의 소망이 없다고 생각할 수도 있다(마 12:31-32).[60] 그러나 예수님께서 말씀하신 성령 모독죄는, 성령께서 하시는 일을 사탄의 일로 돌리거나, 예수님께서 사탄의 힘으로 일하셨다고 직접적으로 단언해, 거룩하신 이름을 노골적으로 오용하는 특정한 행동을 말한다.[61]

2. 과도한 양심의 가책을 극복하라

타락으로 인해 지나치게 양심의 가책을 느끼는 사람은, 자신이 "사망에 이르지 아니하는 죄"와 구별되는 "사망에 이르는 죄"를 지었다고 생각

---

57 "A Call to Backsliders," B 3:212, 서문 4–5.
58 "A Call to Backsliders," B 3:213, sec. 1.1.
59 "A Call to Backsliders," B 3:217, sec. 2.1.
60 "A Call to Backsliders," B 3:215, sec. 1. 2; 참고. 3:555–56; LJW 5:224.
61 "A Call to Backsliders," B 3:223, sec. 2. 2 (6).

하면서 탄식할 수 있다(요일 5:16).⁶² 그러나 그 성경 본문에서 죽음은 영원한 죽음이 아니라, "높은 정도의 거룩함에서 악명 높게 타락한 사람들"에게 다가오는 육체의 죽음을 말하는 것이다.⁶³ 그들의 온전한 구원은 죽음의 순간에 이루어질 것인데, 그들이 영원한 생명을 받을 준비가 되었음을 입증하는 것은 그들의 믿음이다.⁶⁴

그들은 "한 번 빛을 받고 하늘의 은사를 맛보고 성령에 참여한 바 되고 하나님의 선한 말씀과 내세의 능력을 맛보고도 타락한 자들은 다시 새롭게 하여 회개하게 할 수 없나니"(히 6:4-6), "우리가 진리를 아는 지식을 받은 후 짐짓 죄를 범한즉 다시 속죄하는 제사가 없고"(히 10:26) 등의 말씀 때문에 양심의 불안을 느낄 수도 있다.⁶⁵ 그러나 이러한 성경 본문이 말씀하는 죄는, "예수는 사람들을 기만하는 자다"라고 공공연히 선언하는 특정한 죄다.⁶⁶ 이처럼 사람이 주님을 특정한 방법으로 부인하지 않았다면, 성경적으로는 절망할 이유가 없다.

이 외에도 웨슬리는 절망의 원인이 되는 이러한 잘못된 생각들을, 메소디스트 부흥운동에서 나타난 명백한 증거들을 통해 논박했다. 즉, 수많은 "실제 변절자"가 거룩함의 길로 회복되었고, 많은 경우 이전보다 더 큰 은혜를 받았다. 일부 사람들에게서 이러한 변화는 순간적으로 일어났다.⁶⁷

---

62 "A Call to Backsliders," B 3:214, sec. 1. 2 (1).
63 육체의 죽음과 영적 죽음(영원한 죽음, 둘째 사망)을 구분한 내용은 B 2:287–88; 3:185–86; FA, B 11:64, 215, 230, 507–8; SS 1:117, 157; CH, B 7:68–69, 86–87, 129–45, 379, 465를 보라.
64 "A Call to Backsliders," B 3:217–19, sec. 2.
65 "A Call to Backsliders," B 3:214–15, sec. 1. 2 (2–4).
66 "A Call to Backsliders," B 3:219–22, sec. 2. 8 (2).
67 "A Call to Backsliders," B 3:222–26, sec. 2.

D. 메소디스트 신조 제12조: 칭의 이후의 죄에 대하여

1. 메소디스트 신조 제12조

메소디스트 25개 신조는 미국 메소디스트 헌법의 핵심적 내용으로, 이후의 어떤 지도부도 수정할 수 없도록 되어 있다. 이 신조는 지금 우리가 논의 중인 질문에 명확하게 답한다. 따라서 우리는 존 웨슬리의 증언뿐 아니라, 웨슬리안 전통의 핵심적인 신앙고백에도 호소할 수 있다.

웨슬리는 영국 국교회 39개 신조의 제16조인 "세례 이후의 죄에 대하여"를 그대로 유지하기로 했다. 그 내용은 사실상 변경 없이 미국 메소디스트를 위해 웨슬리가 작성한 메소디스트 25개 신조에 그대로 나타나며, 단지 제목만 "칭의 이후의 죄에 대하여"로 바뀌었다.

이 외견상의 작은 수정은, 비록 하나님과 언약을 맺은 신앙의 가정의 기대에 따라 세례를 받더라도, 세례의 주된 관심은 칭의에 있음을 나타낸다. 이는 세례의 중요성을 부인하려는 것이 아니라, 세례를 은혜에 의해 믿음을 통해 받는 칭의의 새 생명과 확고하게 연결 짓기 위한 것이다.

a. 칭의 이후의 모든 죄가 성령을 대적하는 죄는 아님

제12조는 신자 안에 있는 죄를 정의했다. 은혜는 자유로운 선택을 억압하지 않기 때문에, 사람은 선행은총이든, 칭의의 은혜든, 성화의 은혜든, 하나님이 주시는 어떤 은혜에서도 떠날 수 있다. 칭의와 성화의 은혜를 받는 것은, 더는 자유롭지 않게 되는 것이 아니라, 새로운 방식으로 자유로워지는 것이다.

신자는 여전히 유혹받을 수 있고, 지속적인 무절제한 욕망을 통해 넘어지기 쉽다. 따라서 하나님께서 펼쳐가시는 은혜의 과정 중 어느 단계에 있던 죄를 지을 가능성은 언제나 남아 있다. 믿음 안에서 잘 걸어가던 사람도 죄에 빠질 수 있다. 회개로 향하는 모든 움직임은 사람의 자연적 능력이나 주도가 아니라 은혜에 의해서만 가능하다.

2. 세 가지 왜곡과 싸우기

a. 회개하는 사람에게 성례 베풀기를 거절해서는 안 됨

제12조는 다음과 같은 여러 가지 왜곡에 저항한다.

- 칭의의 은혜를 받은 후 두 번째 용서는 주어지지 않음
- 칭의 이후에 지은 죄는 용서받을 수 없음
- 모든 죄가 성령을 대적하는 용서받을 수 없는 죄임[68]

제12조는 "칭의 이후에 죄에 빠진 사람은 회개를 허락하시는 은혜를 받을 수 없다며 부인해서는 안 된다"고 규정한다.

성령을 대적하는 죄는 하나님의 말씀 듣는 것과 자기 양심을 거슬러 너무나 완고해진 결과, 자신을 용서받을 수 있는 자리에 두지 않기로 결정하는 것이다. 용서는 회개를 조건으로 주어진다. 진정으로 뉘우치지 않는 자는 용서받을 준비가 되지 않은 것이다. 십자가에서 들려주신 하나님의 용서의 말씀은, 우리가 받아들이지 않는다고 해서 선포되지 않은 것이 아니다. 그 말씀은 원칙적으로 모든 사람에게 주어진 것이기 때문이다. 그러나 회개는 하나님께서 이미 말씀하신 용서를 받아들일 준비를 갖추기 위한 주관적인 조건이다. "진정으로 회개하는 자에게만 이 용서가 주어지

---

[68] DSWT 145–47, 199–200.

기" 때문이다.[69] 삶의 변화는 회개의 진정성을 입증하기 위해 필요하다.

하나님의 용서는 칭의 이후에 지은 죄를 회개하는 사람을 거절하지 않는다. 교회가 칭의 후 지은 죄를 깊이 뉘우치는 사람에게 은혜의 방편을 제공하거나 용서 선언하기를 거절한다면 그를 부당하게 대하는 것이다.

b. 타락 후 다시 일어섬에 대하여

제12조에 따르면, "우리는 성령을 받은 후 주어진 은혜에서 떠나 죄에 빠질 수도 있고, 하나님의 은혜로 다시 일어나 우리 삶을 바꿀 수도 있다."

성만찬에서의 죄 용서를 간구하는 기도는 예배자들에게, 비록 용서는 모든 사람을 위한 것이지만, 실제로 용서를 받기 위한 전제 조건은 우리가 의지적으로 기꺼이 은혜를 수용하는 것임을 상기시킨다. 우리는 우리의 회개나 신앙과 관계없이 하나님께 죄 용서를 받는 것이 아니다.

죄 용서를 받고 구원받은 신자는 믿음이 강해지고 확고해져야 한다. 모든 신자는 성찬을 받을 때마다 자신을 새롭게 함으로 준비해야 한다. 회개는 날마다 이루어져야 한다.

c. 죄 없음에 대한 주장

제12조는 "그러므로 세상에 사는 동안 자신이 더는 죄를 지을 수 없다고 주장하거나, 죄를 범한 뒤에 참으로 회개하더라도 용서받지 못한다고 주장하는 자들은 정죄를 받을 것이다"라고 규정한다.

웨슬리가 영국 국교회의 이 신조를 메소디스트 신조에 그대로 옮긴 것은, 자신이 "신자 안에 있는 죄"(1763), "신자의 회개"(1767), "타락한 자들을 부르심"(1778)과 같은 설교에서 가르친 요점을 재차 강조하기 위해서

---

69   "The Righteousness of Faith," B 1:215; 참고. 229.

다. 웨슬리는 1784년에 영국 국교회 신조를 요약해 작성한 메소디스트 신조에서 이러한 원리를 헌법적인 것으로 고정해 수정할 수 없게 했다.

메소디스트 신조 제12조는, 은혜에 의해 믿음을 통해 칭의를 받은 사람은 더는 죄를 지을 수 없다는 과도한 주장을 배척한다. 그 동기는 회개하는 신자의 성만찬 참여를 보장하기 위한 것이다. 메소디스트 신조는 회개하여 칭의 받고 하나님의 자녀로 새롭게 태어난 사람들에게 죄 용서의 선언과 성만찬 참여를 허용하지 않는 남용에 저항한다.

우리가 지금까지 다룬 세 개의 설교를 진지하게 연구해보면, 웨슬리의 가르침에 담긴 탁월한 균형을 알 수 있다. 이 세 설교는 웨슬리가 그보다 시간적으로 앞선 설교인 "값없이 주시는 은총"과 "하나님께로부터 난 자의 특권"에서 가르친 내용을 더 명확히 하기 위해 의도적으로 작성한 것이다.[70]

---

70 영국 국교회 39개 신조를 수정한 웨슬리의 의도에 대한 더 명확한 연구는 *DSWT* 105-11을 보라.

더 깊은 이해를 위한 독서 자료

죄와 신자의 회개

Cho, John Chongnahm. "John Wesley's View of Fallen Man." In *Spectrum of Thought*, edited by Michael Peterson, 67–77. Wilmore, KY: Francis Asbury, 1982.

Dorr, Donal. "Total Corruption and the Wesleyan Tradition: Prevenient Grace." *Irish Theological Quarterly* 31 (1964): 303–17.

성화

Flew, R. Newton. *The Idea of Perfection in Christian Theology*, 313–34. Oxford: Oxford University Press, 1934.

Lindström, Harald G. A. *Wesley and Sanctification*. Nashville: Abingdon, 1946.

Oden, Thomas C. *Classic Christianity*. San Francisco: HarperOne, 2003.

Peters, John L. *Christian Perfection and American Methodism*. New York: Abingdon, 1956.

Runyan, Theodore, ed. *Sanctification and Liberation*. Nashville: Abingdon, 1981.

Sangster, W. E. *The Path to Perfection*. London: Hodder and Stoughton, 1943.

Wood, J. A. *Christian Perfection as Taught by John Wesley*. Chicago: Christian Witness, 1885.

11장

역사와 종말

11장 역사와 종말

우리는 현재 세상의 암울한 상태를, 하나님의 구속 사역이 완성된 후의 모습에 대한 약속과 연결 지어 바라볼 수 있어야 한다.

이제부터는 시간을 다루는 웨슬리의 일련의 설교들을 살펴볼 것이다. 그 설교들은 과거의 시간, 복음 전파를 위한 현재의 시간, 그리고 끝으로 미래의 시간을 다룬다. 그 후에는 최후의 심판과 새 창조에 대해 알아볼 것이다.

이 주제들은 하나님께서 미래에 이루실 상태(종말론)에 대한 전통적인 질문들을 중심으로 형성된다. 이러한 질문에 대해 웨슬리는 사변적 이론보다, 시간 안에 제한된 우리의 삶이 영원의 삶으로 중대한 변화를 겪는다는 사실에 대한 성경의 실천적 가르침을 제시한다. 목사와 교회 지도자들은 늘 이런 질문과 마주친다.

A. 복음의 보편적 전파

이러한 포괄적인 내용을 다루는 첫 번째 설교 "복음의 보편적 전파"의 성경 본문은 이사야 11:9의 "이는 물이 바다를 덮음같이 여호와를 아는 지식이 세상에 충만할 것임이니라"라는 말씀이다 [설교 #63 (1783), B 2:485 – 99; J #63, VI:277–88].

각 개인의 미래의 궁극적 목적지는 앞서 살펴본, 은혜에 의해 믿음을 통해 얻는 칭의와 밀접한 관계가 있다. 우리의 현재적 칭의는 우리가 아는 대로 역사의 종말에 있을 최종적 칭의를 고대한다. 믿음으로 현재적 칭의를 받은 사람은 그리스도의 의를 덧입을 것이다. 그러나 행위에 의한 칭의를 주장한 사람들은 자신들의 행실에 따라 심판받을 것이다.

오직 믿음으로 칭의 받은 사람들은, 오직 믿음만이 사랑을 통해 역사해, 신생 이후의 일상적인 삶을 통해 하나님의 형상을 반영한다는 사실을 자신의 삶으로 나타낼 것이다. 이처럼 윤리에 관한 문제는, 최후의 심판에서 볼 수 있듯 종말의 운명과 연결되어 있다. 지금과 종말 사이에는 최후의 심판에 이르기까지의 시간이 남아 있다. "두 개의 시간 사이에 있는" 이 기간에는 하나님의 명령이 인간의 모든 행동에 영향을 끼친다. 이 장은 아직 펼쳐지고 있는 인간 역사 속에서 종말에 이르기까지의 시간을 다룬다. 이 시기에 믿음의 백성이 해야 하는 것은 무엇인가?

웨슬리는 복음 전파의 영향으로 "물이 바다를 덮음같이 여호와를 아는 지식이 세상에 충만할"(사 11:9) 때 사회의 실제적인 변화가 있을 것으로 내다보았다.[1]

1. 현재 세상의 암울한 상태

a. 죽어가는 세상의 영적 상태

하나님의 구속 사역이 아직 완전히 이루어지지 않았다는 사실은, 현재 역사의 비참한 상태를 통해 분명하게 알 수 있다. 어둠, 무지, 불행의 가련한 장막이 온 땅을 덮고 있다.

이 불행한 상태를 있는 그대로 바라보는 사람들은 성령께서 그 속에서 역사하시지 않는다고 판단하려는 유혹을 받는다. 그들은 인간의 죄가 그렇게 완강하게 저항하는 한 어떤 방법으로도 세상이 변하지 않을 것이라

---

1   "The General Spread of the Gospel," B 2:487, sec. 7.

고 생각한다. 이것이 인간의 갱신 가능성에 대해 극도의 냉소주의와 절망감을 일으킨다.²

웨슬리는 현재 온 세상이 암울한 영적 상태에 처해 있음을 묘사할 때, 서양의 "기독교 세계"를 예외로 두지 않으면서도, 특별히 이슬람교와 근동의 대중적 종교들에도 관심을 가졌다.³

2. 복음의 능력이 세상을 변화시킬 수 있는가?

a. 성경의 약속

세상의 암울함이 점점 더 깊어져가지만 하나님의 섭리적 경륜은 그것을 통해서도 점진적으로 역사한다. 인간의 모든 저항에도 하나님의 목적은 성취되고 있다. 갈 길이 여전히 멀지만 하나님은 미래를 아신다. 성령께서 우리 안에서 이루실 사역은 아직 많이 남아 있다.⁴ 시간은 하나님의 주권에 속한다. 그리스도인들이 죄로 향하는 인간의 절망적 성향을 얼마나 실제적으로 조사해보았든, 그들은 성령 하나님의 변화시키는 능력을 평정심을 가지고 바라보아야 한다. 그분은 종국에는 이 세상을 변화시켜 하나님께서 이미 시작하신 일을 온전히 이루실 것이다.

웨슬리가 제시한 미래의 희망은, 자연주의적인 낙천주의가 아닌 하나님의 값없이 주시는 은혜에 기초해 있다.⁵ 비록 계시의 도움 없이 인간의 편협한 경험만으로는 이해할 수 없는 수수께끼로 보이더라도, 신앙은 하나님의 은혜가 온 인류의 상태를 근본적으로 바꿀 만큼 능력 있게 역사한

---

2 "The General Spread of the Gospel," B 2:487, sec. 7.
3 "The General Spread of the Gospel," B 2:486–87, secs. 3–5.
4 "The General Spread of the Gospel," B 2:486, sec. 2.
5 웨슬리의 종말론적 논증의 방식에 대해서는 B 1:169–72, 357–59, 494–95를 보라. 또한 다음의 찬송을 보라. *CH*, B 7:146–61, 716–17.

다는 사실을 성경적 계시의 기본적 전제로 믿는다.[6] 우리가 바라보는 역사의 사건은, 그 끝을 볼 수 없는 긴 과정의 시작에 불과한 하나의 작은 파편일 뿐이다. 그러나 우리는 십자가에서 우리를 만나주신 주님께서 성령을 통해 그분의 사역을 온전히 이루실 것을 신뢰하는 믿음의 눈으로 약속된 종말을 내다본다. 다가올 세상은 이미 약속되어 있다. 그 세상에서는 하나님을 아는 지식에서 비롯된 사랑이 온 땅을 덮어 끝없이 성결과 행복을 일으킬 것이다.[7]

이러한 주장이 비현실적으로 보이는가? 지나치게 낙관적으로 보이는가? 성경을 살펴보라. 성경은 타락한 인간의 자연적 의지와, 자신 스스로를 구원하는 능력에 대해서는 비관적이다. 낙관주의는 자연적 인간과 율법적 인간이 미래에 더 나은 상태를 만들어갈 수 있을 것이라는 시간적 기대의 범주에 속한다. 웨슬리는 그런 의미에서는 낙관적이지 않다. 그는 자연적 인간과 율법적 인간에게서는 어떤 구원도 기대할 수 없음을 가르치기 때문이다. 성경은 인본주의적 낙관주의와 인본주의적 비관주의 모두를 뛰어넘어, 소망이 있는 현실주의를 가르친다. 웨슬리의 가르침은, 자연적 인간의 암울한 미래와 복음적 인간의 영광스러운 미래라는 두 가지의 역설적인 사실을 함께 붙든다. 구원받은 사람이 맞이할 미래는, 은혜 아래 살고 있는 그들에게 가까이 다가오고 있다.

b. 영적 각성 운동

웨슬리는 메소디스트 부흥운동을 희망의 구체적인 징표이자 세계 역사 속 복음의 보편적인 전파의 모범으로 보았다. 메소디스트 부흥운동은

---

6 "The General Spread of the Gospel," B 2:489–92, secs. 9–16.
7 "The General Spread of the Gospel," B 2:487–89, secs. 7–9.

기독교의 광범위한 영적 각성 운동의 유일한 역사적 사례는 아니지만, 18세기 서양에서 발생한 것 중 가장 현저하게 두드러진 각성 운동이다. 사도 시대 이후와, 초기 금욕주의 시대, 그리고 관료후원적 종교개혁 시대에도 다른 영적 각성 운동들은 있었다.

웨슬리는 메소디스트 부흥운동을 통해 하나님의 은혜가 어떻게 현재적으로 역사하고 있는지를 당대의 사람들이 마음을 열고 숙고해보기를 바랐다. 은혜는 뚜렷하게 역사해 사람들의 마음을 준비시킴으로 회개와 칭의로 나아가게 했고, 머지 않아 성화의 은혜로까지 인도했다. 이러한 일들은 성부 하나님께서 성자 그리스도를 통해 십자가에서 단번에 이루신 구원의 행위를 토대로 여전히 역사하고 계심을 보여준다. 많은 사람이 성자의 대속의 은혜를 믿어 확신을 가지고 하나님을 "아빠 아버지"로 부르게 되었다.

삼위일체 하나님은 이 부흥운동의 모든 단계에서 긴박하게 활동하고 계신다. 성부 하나님은 믿음을 통해 신자를 하나님의 가족으로 받아들이신다. 성자 하나님은 속죄의 은혜를 통해 각 개인을 한 사람씩 회심시키되, 그들의 자유를 손상시키거나 파괴하지 않은 채 하나님의 은혜를 값없이 받도록 설득하신다. 이러한 일은 모든 민족, 나아가 온 세상을 회심시키실 능력이 있고 또 그렇게 하기 원하시는 성령 하나님의 능력에 의해 일어난다.[8]

c. 하나님이 역사 속에서 행하시는 일

하나님께서는 옥스퍼드 대학교에서 몇몇 젊은이들을 일으키셔서 "거룩함을 따르라 이것이 없이는 아무도 주를 보지 못하리라"(히 12:14)라는

---

8 "The General Spread of the Gospel," B 2:489–90, secs. 10–13.

말씀을 증거하게 하셨다.[9] 이때가 1730년대였다. 50년 후 이 설교가 쓰인 1780년대에는 광범위하게 일어난 복음적 부흥을 통해 하나님께서 가시적으로 일하고 계셨다.

이 불은 옥스퍼드에서 시작되어 영국, 아일랜드, 스코틀랜드, 독일, 미국으로까지 번져나갔다. 그로부터 또 50년 후인 1830년대에는 웨슬리의 메소디스트 연합체가 대각성 운동의 연장선상인 세계선교운동을 이끌게 된다. 1890년대에는 하나님의 말씀이 웨슬리안들과 이들에게서 시작된 은사주의 운동, 오순절 운동을 통해 스칸디나비아반도와 유럽 대륙뿐 아니라 러시아, 아프리카, 중국과 환태평양 지역까지 퍼져나간다.[10] 그리고 성령께서 수백만 명의 사람들의 삶을 변화시키신다.

말씀을 들은 자들이 성령에 의해 위로부터 다시 태어나면서 갱신의 누룩이 한 사람에게서 다른 사람에게로 전파되고 있다. 온 세상에 복음을 전할 때 모든 사람이 복음을 들을 수 있게 된다.

d. 복음 전파는 지속될 수 있는가?

그러한 역사가 시작됐더라도, 그것이 지속되리라고 믿을 근거가 있는가? 웨슬리는 간단한 삼단논법으로 그 근거를 제시했다. (1) 하나님께서 오만하고 무익하며 계급의식이 강한 옥스퍼드의 영국 신사들을 구원하실 수 있다면, (2) 그 어떤 죄인에게도 기적을 베푸실 수 있다. (3) 그렇다면 인간의 상태 전체가 바뀌지 못할 본질적 이유는 없다. 비록 긴 여정에 장애물들이 있더라도, 삼위일체 하나님의 목적은 인간의 완강한 저항에 끝까지 좌절되지 않을 것이다.

---

9 "The General Spread of the Gospel," B 2:490; 11:115–16, secs. 10–13.
10 "The General Spread of the Gospel," B 2:489, sec. 11.

성경의 약속이 잘못된 것이라고 가정해보자. 그런 가정에 반대되는 증거는 너무나 많다. 웨슬리는 신앙 공동체가 하나님의 목적이 필연적으로 실패할 수밖에 없다고 생각하는 것이 매우 비합리적이라고 역설했다. 하나님께서 초기 기독교 교부들을 통한 부흥과 대각성 운동과 같은 영광스러운 일을 이루시고는, 인간의 저항으로 인해 그 불씨가 완전히 꺼져버리도록 내버려두신다는 암울한 가정은 받아들이기 어렵다. 루터는 특정한 신앙의 부흥이 30년 이상 지속되지 않을 것이라는 더 암울한 예측을 했다. 그러나 웨슬리가 이 글을 쓸 때 메소디스트 부흥운동은 이미 50년 동안 지속되면서 여전히 세차게 전진하고 있었다.[11]

"하나님께서는 그분의 사역을 시작하실 때와 같이 앞으로도 지속하실 것"이라고 생각하는 것이 더 합리적이다.[12] 우리는 하나님을 아는 체험적 지식과 하나님께 대한 사랑이 온 세상으로 퍼져나가고 있음을 목격하고 있다.

웨슬리는 이 성경적이고 체험적인 기독교의 토대 위에서, 세상 모든 사람이 보편적인 성결과 행복으로 회복되고, 세상의 모든 더러움이 제거될 것을 기대할 만한 충분한 이유가 있다고 생각했다.[13] 비평가들은 이러한 믿음을 어리석게 여길지 몰라도, 웨슬리는 이 약속이 유효한지 확인하기 위해 언제나 성경으로 돌아갔다. 성경의 약속은 경험적 역사 지식(그런 지식 역시 성경의 약속을 이미 확증하고 있지만)을 통해서가 아니라, 영적 감

---

11 "The General Spread of the Gospel," B 2:492, sec. 16; 참고. "On God's Vineyard"; *LJW*, Letter to William Black, November 26, 1786.
12 "The General Spread of the Gospel," B 2:491–93, secs. 14–16.
13 "The General Spread of the Gospel," B 2:493–95, secs. 17–21; 참고. "Scriptural Christianity."

각 즉 신앙을 통해 보고 듣는 것이 거듭날 때만 이해할 수 있다.[14]

복음은 역사 너머에서만이 아니라 역사 내에서 행하시는 하나님의 구속 사역에 대한 기쁜 소식이다. 이 관점은 오늘날 때때로 '실현된 종말론'(또는 '실현된 천년왕국론')이라는 잘못된 이름으로 불린다. 성경의 약속에 따르면 복음은 완전한 확장이 이루어질 때까지 계속 전파될 것이다. 지금 우리는 희미한 여명을 보고 있지만, 하나님의 때가 되면 대낮의 밝은 빛 아래 거대한 역사적 진전이 이루어짐을 보게 될 것이다.[15]

3. 한 사람 한 사람씩

a. 성령은 먼저 개인에게서 일하심으로 사회에도 역사하심

성령은 끈기 있게 한 사람씩 다루셔서 개별적으로 그 저항을 허무시고, 죄인을 신앙으로 이끄신다. 개인의 회개와 신앙을 통해 조용하게 내적으로 이루어지는 변화는, 세상의 역사에 보이지 않는 결과를 가져온다.

성령께서 끈기 있게 일하시는 방식을 보라. 복음은 한 사람씩 전파되어 모두에게 미친다. 하나님께서 당신의 마음에서 무엇을 행하셨는지를 안다면, 하나님께서 다른 모든 곳에서 어떤 일을 하고 계신지 이해할 수 있을 것이다.[16]

이는 역사가 자동적으로 인본주의적 진전을 이룬다는 주장이나, 인간의 능력을 낙관하는 데 기초한 주장이 아니다. 그런 주장은 웨슬리와 전혀 무관하다. 이 주장 뒤에 감추어져 있는 전제는, 성자의 사역을 완성하시려

---

14 앞서 감각을 통한 지식과 영적 감각, 그리고 바라는 것들의 실상이요 보이지 않는 것들에 대한 증거로서의 믿음에 대해 논의한 내용을 보라.
15 "The General Spread of the Gospel," B 2:492–93, sec. 16.
16 "The General Spread of the Gospel," B 2:490–93, secs. 13–18.

는 성령의 확고한 의지에 대한 깊은 신뢰다.[17] 이 은혜는 그리스도인을, 세상 모든 사람에게 복음을 들을 수 있는 기회를 제공하기 위해 노력하는 성경적 기독교로 초대한다.

b. 세계 선교의 명령

웨슬리는 하나님을 아는 지식이 당시 세상에서 복음을 들을 수 없었던 나라들, 곧 "아시아, 아프리카, 미국"의 "가장 먼 곳"까지 퍼져나가는 세계 선교의 비전을 가졌다.[18] 그는 "이슬람교도들"을 향해서도 선교의 희망을 품었다. 확실히 웨슬리는 당대에도 이슬람 세계가 선교의 "대단한 걸림돌"이 됨을 알았으나, 그 걸림돌은 교육과 구호와 치료 등 사랑으로 역사하는 믿음의 행위에 의해 완화될 수 있는 것으로 보았다. 그러나 그는 그러한 변화는 오직 기독교 신앙을 고백하는 그리스도인의 변변치 못한 삶이, 사랑으로 역사하는 믿음에 의해 변화되고 "그 말이 거룩한 능력을 덧입어 성령과 능력이 나타날 때"라야 가능하다는 사실을 알려주었다.[19] 그는 "그리스도인의 거룩한 삶이 이슬람교도들이 저항할 수 없는 강력한 논거가 되기를" 바랐다.[20]

하나님은 마침내 "모든 나라에서" 새 이스라엘 백성을 모아들여 "안전히 살게 하실 것이다."[21] 이러한 일이 일어날 때 "기독교 교회에 주신 모든 영광스러운 약속"은 서서히 이루어질 것이다. 마침내 "다시는 강포한

17　"The General Spread of the Gospel," B 2:493–95, secs. 18–20.
18　"The General Spread of the Gospel," B 2:493, sec. 18.
19　"The General Spread of the Gospel," B 2:495, sec. 21.
20　"The General Spread of the Gospel," B 2:496, sec. 22.
21　"The General Spread of the Gospel," B 2:498, sec. 25; 렘 32:37–41.

일이 네 땅에 들리지 않을 것이요"(사 60:18)라는 말씀이 실현될 것이다.[22]

하나님의 나라는 우리가 독자적으로 세우는 것이 아니다. 오히려 하나님께서 죄의 역사를 바로잡는 큰 목적을 이루시기 위해 주도권을 쥐고 우리 안에서 그리고 은혜 받은 사람의 의지와 행동을 통해 역사하신다. 하나님께서는 세계 선교를 처음 시작하신 것과 동일한 방식으로 마지막 영광의 여명을 향해 흔들림 없이 섭리 사역을 진행해나가고 계신다.[23]

c. 영원의 관점에서 바라본 인간의 고난

역사 전체의 의미를 아우르는 세계관을 결여한 사람은, 특히 세상의 지속적인 악과 고통의 문제로 인해 혼란한 마음의 상태를 벗어나기 힘들 수 있다.

그로 인해 하나님의 지혜와 선하심을 인정하지 않는 사람에게 완전하고도 만족스러운 해답을 줄 수 있는 유일한 방법은, 역사의 결말에 대한 성경적 기독교의 관점을 제시하는 것이다.

세상에 얽매인 암울한 생각은 하나님의 은혜보다 인간의 저항을 더 심각하게 받아들인다. 어떤 사람은 하나님의 약속은 지나친 과장이라며 반대하는데, 피상적으로 보면 그런 주장이 사실인 것처럼 보인다. 현재 세상의 상태가 악하기 때문이다. 그러나 이 암울하고 추상적이며 비성경적인 생각은 현재의 역사를 미래 역사와 연결 짓지 않고 분리하는 데서 기인한다. 그것은 실제 역사에서 구원의 역사를 분리하기 때문에 추상적이다.

그러나 하나님의 공의는 역사의 결말의 관점에서 보아야 한다. 역사의 마지막에는 의심의 여지 없이 하나님의 심판이 있을 것이다. 그때가 올 때

---

22 "The General Spread of the Gospel," B 2:498–99, sec. 26; 사 60:18–19; 61:11.
23 "The General Spread of the Gospel," B 2:492–93, sec. 16.

까지 우리는 깨어진 인간의 상태를 온전히 바로잡기 위해 하나님께서 구원을 목적으로 점진적으로 섭리해 나가신다는 사실을 영적인 눈으로 볼 수 있어야 한다.[24]

B. "믿음에 대하여 (2)"

설교 "믿음에 대하여 (2)"는 믿음에 대한 이전 설교의 성경 본문으로 다시 돌아간다. "믿음은 … 보이지 않는 것들의 증거니"(히 11:1) [설교 #132 (1791), B 4:187-200; J #122, VII:326-35]. 이 설교는 성경이 말씀하는 죽음 이후의 삶, 신비, 그리고 죽음과 최후의 심판 사이의 중간 상태를 다룬다.

1. 죽음 이후의 영혼

a. 죽음 이후 어떤 일이 일어나는가?

복음 사역자들은 종종 죽음 직후에 어떤 일이 일어나는지에 대해 질문을 받곤 한다. 이런 질문은 인간의 보편적인 관심에서 비롯된 것으로, 신앙의 유비(성경의 각 부분을 성경 전체의 관점에서 해석하고, 또 성경 전체를 성경의 각 부분을 통해 조명하는 방법)에 따라 성경적 가르침에서 분명한 답을 얻을 수 있다.

"영혼이 몸을 떠나면 나는 어떤 방식으로 존재하는가? 나는 어떻게 나 자신을 느낄 수 있는가? … 내 청각 기관이 썩어 티끌이 되었는데 어떻게 들을 수 있는가? 뇌가 쓸모 없어졌는데 나는 어떻게 생각할 수 있는가?"[25] 죽음 이후 나는 무엇이 되어 무엇을 하는가? 영혼이 몸을 떠나 있는 죽음

---

24 "The General Spread of the Gospel," B 2:499, sec. 27.
25 "On Faith, Hebrews 11:1," B 4:189, sec. 2.

과 마지막 부활 사이의 중간 상태는 어떤 것인가?

이 설교에서 웨슬리는 신중한 성경 해석에 기초한 추측으로, 사망 시 불멸의 영혼이 처하게 될 상태를 다룬다.[26] 그는 마치 끊임없는 여행과 사역에서 만난 많은 사람의 걱정스러운 질문에 응답하듯 설명해나간다.

b. 우리가 지금은 알 수 없는 많은 것이 있음

노년의 웨슬리는 자신에 대해 다음과 같이 솔직하게 개인적인 의견을 말한다. "나는 이 땅과 기묘하게 연결되었으나, 잠시 동안만 그렇다. 조금 후에 나는 이 흙 집을 떠나 다른 상태로 들어갈 것이다." 그리고 그는 그 상태에 대해서는 살아 있는 사람은 알 수 없고, 죽은 사람은 알려줄 수 없다"[27]고 설명한다. "그때 내가 물질 세계를 인식하는 방식은 얼마나 이상하고, 또 이해하기 어렵겠는가!"[28]

우리는 보이지 않는 세상에 대해 "알 수 없는 것이 많고, 또 알 필요가 없는 것도 많다."[29] 우리가 가장 훌륭한 사고력과 가장 많은 자료를 가지고 있더라도 하나님의 계시와 약속이 없다면, 우리의 모든 생각과 인상은 단지 추측에 불과할 수밖에 없다.

c. 영광의 상태는 은혜가 없는 인간의 분별력을 능가함

적어도 분명한 사실은, 우리가 하나의 존재 방식에서 그와는 전혀 다른 존재 방식으로, 즉 생명에서 죽음으로, 시간에서 영원으로 옮겨간다는

---

26 "On Faith, Hebrews 11:1," B 4:188, sec. 1; Letter to William Law, *LJW* 3:359. Letter to Sarah Wesley, April 12, 1788, *LJW* 8:54; 참고. *LJW* 3:372; 죽음 이후의 삶에 대해서는 B 2:289–90, 595–97; 4:52–53, 288–89, 299를 보라.
27 "On Faith, Hebrews 11:1," B 4:188, sec. 2; 참고. J IV:49 이하.; *JJW*, December 15, 1788.
28 "On Faith, Hebrews 11:1," B 4:189, sec. 3.
29 같은 곳.

것이다.[30] 성경에는 의인의 영혼이 하나님을 얼굴과 얼굴로 마주하며 함께 거하는 복을 누리게 될 것을 말씀하는 내용이 많이 있다. 반면 죄인은 하나님의 영원한 복에서 한없이 멀어질 것이다.[31]

'천국은 상태인가, 아니면 장소인가?'라고 묻는 사람에게 해줄 수 있는 대답은, "그 둘 사이에는 대립이 없으며 … 천국은 하나님께서 영화 상태의 성도들과 더 직접적으로 함께하시는 장소"라는 것이다. 여기서 "장소"은 시공간 너머의 영원이라는 실재를 지칭할 수 있는 확장 가능한 비유다. 천국의 본질적 특징은 "하나님을 보고 알고 사랑하는 것"이다.[32]

그때가 되면 우리는 "하나님의 본성 및 창조와 섭리, 구속의 사역"에 대해 더 잘 알게 될 것이다. "그러한 것들에 대해 우리가 죽음과 부활 사이의 중간 상태인 낙원에서 한 시간 동안 배우는 것이, 우리가 육신에 있을 때 평생 배울 수 있는 것보다 많을 것이다."[33]

2. 계시와 영적 감각을 통한 신앙의 지식

a. 신앙을 통한 지식

세상의 끝날 우리에게 얼마나 깊은 이해가 주어질 것인가! 우리가 자연의 빛으로 미래의 세상에 대하여 알 수 있는 모든 것은 "칠흑 같은 어둠보다 조금 더 나을 뿐이다."[34] 우리는 오직 하나님의 계시에 의해서만 장차 올 세상에 대하여 알 수 있고, 계시를 통해 바른 지식을 갖기 위해 살아 있

---

30 "On Faith, Hebrews 11:1," B 4:180, sec. 4.
31 "On Faith, Hebrews 11:1," B 4:194, sec. 9; B 2:365–72; 3:41–43, 185–88, 196–97; 4:32–34.
32 Letter to Mary Bishop, April 17, 1776, *LJW* 6:213.
33 같은 곳; B 2:289–90; 3:537–41; 4:190–92, 195–97, 211–13, 288–89; 참고. *LJW* 6:26.
34 "On Faith, Hebrews 11:1," B 4:198, sec. 14.

는 믿음을 필요로 한다.[35] "우리는 하나님께서 증거하시므로 이러한 것들을 믿는다. … 그분의 증거에 의해 비록 아직 볼 수는 없어도 존재하는 일들을 안다."[36] 우리의 모든 추측은 끝날 것이다.

그때가 오기까지 우리가 영적 세계의 지식을 갖기 위해서는 육체적 감각과 전혀 다른 영적 감각을 부여받아야 한다. 하나님의 계시된 말씀을 신뢰함으로 보이지 않는 세계를 붙드는 영적 감각은 믿음이다. 믿음은 "바라는 것들의 실상이요 보이지 않는 것들의 증거"(히 11:1)이기 때문이다.

C. 신앙과 중간 상태

1. 아브라함의 품에서

a. 의인들의 영

중간 상태는 천국과 구별된다. 부자와 거지 나사로 이야기[37]가 보여주듯, 음부든 낙원이든 중간 상태에 거하는 의인과 악인의 영혼은, 지날 수 없는 구렁에 의해 장소가 나뉘어 자신의 몸과 재연합되기를 기다린다.[38] "낙원에서 선한 사람의 영혼은 그들의 수고에서 안식을 얻고, 죽음에서 부활까지 언제나 그리스도와 함께 있다."[39]

하나님과 함께하는 사람은, 주님과의 "친밀한 교제" 속에서 "끊임없이 천국에서의 삶을 위해 성숙해가면서 영원한 기쁨을 경험할 것이다. 그들은 "말로 표현할 수 없을 만큼 행복할 것이다." 그들은 이 모든 것이 "아브

---

35 "On Faith, Hebrews 11:1," B 4:198, secs. 14–15.
36 "On Faith, Hebrews 11:1," B 4:199, sec. 16.
37 "On Faith, Hebrews 11:1," B 4:189, sec. 4; 참고. #115 "Dives and Lazarus."
38 *LJW* 6:214.
39 Letter to George Blackall, February 25, 1783, *LJW* 7:168; 웨슬리가 중세 스콜라주의 및 트리엔트 공의회의 정화에 대한 주장을 비판한 내용은 B 2:292, 374–75, 581을 보라.

라함의 품에" 거한다는 성경적 표현을 통해 묘사되어 있음을 알게 될 것이다.[40] 신자들은 "계속해서 더 거룩하고 행복해지다 '그들을 위해 예비된 나라'로 들어갈 것이다."[41]

의인의 영혼은 "모든 시대에 살았던 지혜롭고 거룩한 영혼들과 교제를 나누는 가운데 지식과 거룩함과 행복이 빠르게 증가할 것이다. … 이제 그들은 어떤 것도 잊지 않을 것이다. 망각은 혈육을 입은 영에게서만 일어나기 때문이다."[42] 영혼불멸을 옹호하는 이성적 논리가 신앙적 분별력을 더해줄 수는 있더라도 하나님의 계시를 믿는 신앙의 지혜를 대신할 수는 없다.

b. 신앙에 의한 영적 존재의 인식

하나님은 가시적인 세상에서 자신의 목적을 이루어가시기 위해 영적 존재들을 사용하신다. 그들은 다른 영적 존재들과 교류한다.

그리고 거룩함 및 하나님과 인류에 대한 사랑에서 점점 진전을 이룬다. 그들은 육체적 감각으로 파악할 수 없는 존재의 서열, 미덕, 능력, 활동 영역을 깊이 감지해내는 "놀라운 감각"을 부여받았을 것이다.[43]

하나님의 사자(천사)들은 온 땅을 돌며 하나님이 기뻐하시는 일을 행하고, 악한 영들에 대항해 사람들을 도우며, 그들이 해를 입지 않도록 보호한다.[44]

신앙은 신자들이 온전하게 지음 받은 의로운 영들에 관해 무엇인가를

---

40 아브라함의 품에 대한 비유는 B 2:156; 3:35; 4:7, 33, 116, 190을 보라.
41 "On Faith, Hebrews 11:1," B 4:191, sec. 5; 참고. *LJW* 5:299, 306; 6:216, 224; *JJW* 5:195.
42 "On Faith, Hebrews 11:1," B 4:192, sec. 6.
43 "On Faith, Hebrews 11:1," B 4:192, sec. 7.
44 "On Faith, Hebrews 11:1," B 4:197, secs. 11–12.

감지할 수 있게 한다. 그 영들은 살아 있는 신자들과의 밀접한 관계 속에서 그들을 위해 중보하며, 그들을 수행하면서 그들의 이익을 도모한다. 그들은 "신자들을 섬기는 것을 허락"받은 사실로 인해 기뻐한다.[45]

천사들과 마찬가지로 천국에 있는 성도들 역시 서로를 알아보고, 성경의 족장들, 선지자들, 사도들, 순교자들과 친교를 나눌 것이다. 그들은 "하나님의 명령을 수행하기 위해서든, 하나님의 세계를 감상하기 위해서든 눈 깜빡할 사이에 우주 전체를" 다닐 수 있을 것이다.[46]

그때가 오기까지 우리는, 육체 가운데 있는 우리에게도 보이지 않는 것들에 대한 증거로 새로운 영적 감각을 주신 하나님께 감사하는 것이 마땅하다. 우리는 "다른 방법으로는 결코 알 수 없었을 이러한 일들에 대해 알게 해주신 하나님께" 감사드려야 한다.[47]

D. 시대의 표적

시간을 다루는 웨슬리의 설교 중 세 번째는 시간에서 영원으로의 중대한 전환을 다룬다. 성경 본문은 마태복음 16:3의 "너희가 날씨는 분별할 줄 알면서 시대의 표적은 분별할 수 없느냐"라는 말씀이다 [설교 #66 (1787), B 2:521–33; J #66, VI:304–13].

1. 예수님께서 말씀하신 시대와 표적

기름부음을 받은 자 그리스도께서 세상에 오실 때 하나님이신 그분은 우리 대신 죽기 위해 우리의 본성을 취하셨다. 선지자들이 예언하고 세례

---

45 "On Faith, Hebrews 11:1," B 4:197, sec. 12.
46 "On Faith, Hebrews 11:1," B 4:196, sec. 11.
47 "On Faith, Hebrews 11:1," B 4:199, sec. 17.

요한이 선포한 대로, 많은 기사와 표적이 그분의 오심을 증거했다. 곧 "맹인이 보며 못 걷는 사람이 걸으며 … 귀먹은 사람이 들으며 … 가난한 자에게 복음이 전파"(눅 7:22)되었다.[48]

우리의 생명이 그리스도 안에 감추어지면(골 3:3), 우리는 그분의 삶에 참여한다. 그분의 삶, 죽음, 부활에 동참하는 정도와 비례해 우리는 하나님의 전능하심을 더욱 분명하게 인식한다. 믿음의 눈이 새롭게 열린 사람들은 새로운 삶이 시작된 것으로 인해 기뻐한다. 곧, "못 걷는 사람이 걸으며 나병환자가 깨끗함을 받으며 죽은 자가 살아난다"(눅 7:22). 이러한 일은 부흥운동에 동참했던 신자들에게서 분명하게 입증되었다. 많은 기사가 나타났고 증거되었다. 그들은 하늘의 복을 기대했다.

그러나 군중들은 하나님의 마지막 날의 영광을 알리는 더 심오한 징조를 분별할 준비는 되어 있지 않았다. 하나님께서 성령의 사역을 통해 인류와의 화해를 온전히 이루실 것이라는 약속은 오래전부터 주어져 있었다. 하나님 나라는 조용히 자라는 겨자씨처럼, 가루 속의 적은 누룩처럼 보이지 않게 다가오고 있다.[49]

2. 이 시대의 표적

a. 대각성 운동

웨슬리가 살고 사역한 영국과 미국에서 지속된 50여 년간의 복음적 부흥기에 그런 표적은 풍부하게 나타났다.[50] 영적인 귀가 어두웠던 자들이 은혜의 속삭임을 듣고, 가난한 자들이 복음의 메시지를 들었을 뿐 아니라,

---

48 "The Signs of the Times," B 2:523–25, sec. 1.
49 "The Signs of the Times," B 2:525–27, sec. 2.
50 웨슬리가 언급한 시기는 1735년에서 1787년까지다.

그 증거들이 사랑을 통해 나타났다. 성자의 사역의 빛이 비취자 영적 소경이었던 사람들이 믿음의 눈으로 볼 수 있게 되었다. 그들은 계속해서 수십만 명씩 회심했다. 과거에 방탕했던 사람, 형식적 종교인에 불과했던 사람들의 마음이 뜨거워졌다. 그들은 사랑으로 역사하는 믿음으로 적극적인 삶을 살았기에, 살아 있는 동안에는 행복했고, 죽을 때는 마치 승리자와 같았다.[51] 이는 경험적으로는 모호하고 외적인 방식으로만 알 수 있지만, 믿음으로는 참되게 알 수 있었다. 이처럼 하나님은 성경의 약속의 빛을 통해 단순한 믿음을 가진 사람들에게 자신을 드러내셨다. 신자들은 믿음의 눈으로 지혜롭고 학식 있는 사람들보다 더 많은 것을 볼 수 있었다.

사람들을 온전하게 하는 성결의 은혜를 부어주시는 성령의 사역을 드러내는 표징은 지금도 우리 가까이에 많이 있다.[52] 이러한 사역은 점진적으로 일어나며 하나님의 때에 이루어진다. 우리의 간구가 상달되지 않는 것이 아니다. 땅끝까지 복음을 전하려는 교회의 세계 선교는 새로운 인식과 준비를 갖추고 있다.[53]

이러한 시대의 표적은 인류 역사 전체에서 방대하게 일어나고 있음에도 우리는 그중 극히 일부만을 목도할 뿐이다. 시대의 표적은 구원의 역사에서 끊임없이 나타났지만, 오늘날의 복음적 부흥에서 더 분명하게 드러나기에, 원하기만 하면 경험적 관찰로도 그 사실을 분명히 확인할 수 있다. 그러나 이 역시 믿음을 통해 영적인 눈으로만 볼 수 있다.

대각성 운동의 사회적 영향력을 주의 깊게 연구한 공정한 역사가들은, 많은 긍정적인 사회적 효과가 대각성 운동이 강력하게 주도하고 지원한

---

51 "The Signs of the Times," B 2:530, sec. 2. 8–9.
52 "The Signs of the Times," B 2:525–26, sec. 2. 1–4.
53 "The Signs of the Times," B 2:531, sec. 2. 10.

조치들에 의해 달성되었다고 종종 보고했다. 그중 노예제도 폐지, 가난한 자들에 대한 돌봄, 물질적 쾌락주의에 대한 비판, 개인의 책임성과 절약과 관대한 나눔에 대한 강조, 평화 운동, 세계의 가난과 고통에 대한 구호 등이 특히 두드러진다.

b. 왜 사람들의 마음이 완고해지는가?

그렇다면 왜 그렇게 많은 사람이 이런 표적을 알아보지 못할 정도로 아둔한가? 교만으로 가득하고, 무질서한 욕망의 지배를 받으며, 고질적으로 창조주보다 피조물을 더 사랑하는 문화에서 많은 사람의 마음이 하나님의 은혜에 대하여 완고해지는 것은 놀랄 일이 아니다.

이 음란하고 죄 많은 세대는 시대의 표적을 보지 못한다. 누구나 볼 수 있도록 증거들이 나타났어도 그들의 눈은 닫혀 있다.

새로운 표적들이 매우 밝게 빛나고, 심지어 우리 눈앞에서 환히 빛나도, 우리의 메마른 마음은 여전히 닫혀 있을 수 있다. 신생을 통해 회복되는 영적 감각이 없으면, 우리는 계시의 역사를 통해 우리 주변에서 일어나는 극적인 사건조차 알아차리지 못한다.[54]

c. 우리의 역사와 미래의 역사

우리의 역사는 타락한 역사 너머 구원의 목적이 온전히 성취될 마지막 날의 영광이 점차 다가올수록 점점 종말로 치닫는다.[55] 역사는 여전히 불완전하지만, 더 온전한 모습으로 나타날 것을 알리는 중요한 표적들을 보여준다. 우리는 역사의 이러한 움직임이 영원을 통해 완성되게 해주시도

---

54 "The Signs of the Times," B 2:525–29, sec. 2. 1–7.
55 *LJW* 6:80; B 1:215–16; 2:482; 4:33–34.

록 하나님의 은혜를 구할 수 있다. 하나님께서는 약속을 이루고 계시며, 그것을 볼 수 있는 사람에게는 온 세상이 하나님의 능력과 사랑을 힘있게 드러낸다. 복음적 부흥운동은 마지막 날의 종말론적 성취가 어떤 것일지 볼 수 있게 하는 하나의 창을 제공한다.[56]

d. 마지막 날에 대한 시간적 추론의 위험성

웨슬리는 마지막 날이 언제일지 계산한 일부 해석자들과 달리 최후의 심판이 정확히 언제 있을지 추측하지 않았다.[57] 그는 특히 "콘스탄티누스 황제가 자신을 그리스도인이라고 불렀을 때 '새 예루살렘이 하늘에서 내려왔다'"고 보는 특정한 형태의 천년왕국 해석을 거부하고, "그때는 독한 유황과 연기의 거대한 구름이 지옥에서 솟구쳐 나온 때라고 말하는 것이 더 정확할 것이다"라고 말했다.[58] 그러나 웨슬리는 메소디스트 부흥운동은 삼위일체 하나님께서 그분의 때에 약속을 최종적으로 성취하기 위해 역사하시는 신호라고 생각했다.

매우 드문 일이지만 웨슬리는 요한계시록 13장에서와 같이 천년왕국과 관련된 사건의 순서를 추측하기도 한다. 그는 요한 벵겔(Johann Bengel)을 따라 요한계시록의 '짐승'을 타락한 교회로 해석했는데, 이는 중세 교회가 특히 그레고리우스 7세 이후로 성례에 대한 가르침에서 타락했기 때문이다.[59] "'짐승'은 멸망 당하고, 사탄은 천 년 동안 결박되었다 잠시 놓여 그의 백성 곧 곡과 마곡을 모아 큰 싸움을 일으킬 것이나, 하늘에서 불이 내려와 그의 군대는 파멸될 것이다. 사탄은 결국 불과 유황 못에 던져

---

56 *LJW* 1:284.
57 *LJW* 8:63, 67.
58 "The Signs of the Times," B 2:529, sec. 2. 7; 참고. 3:449–50, 470.
59 *ENNT* 계 13:1–12.

져 밤낮 괴로움을 받을 것이다."⁶⁰ 역사의 종말에서 하나님은 승리하신다.

이러한 내용이 마지막 때 및 현재 역사에서 영원으로의 전환에 대해 웨슬리가 가르친 중요한 주제들이다. 다음 장은 마지막 장으로 천국, 지옥, 하나님의 심판, 새로운 창조에 관한 웨슬리의 가르침을 살펴볼 것이다. 종말론에 관한 더 깊은 이해를 원한다면 12장 끝부분의 독서 자료를 보라.

---

60 *WC* 124; *ENNT* 계 13장.

12장

최후의 심판과 새로운 창조

12장 최후의 심판과 새로운 창조

종말론에 대한 웨슬리의 가장 간결한 설명은 그의 유명한 "로마 가톨릭교도에게 보내는 편지"(Letter to a Roman Catholic)에서 발견된다. 이는 다음과 같이 시작한다.

> 나는 하나님께서 진정으로 회개하고 그의 거룩한 복음을 참되게 믿는 사람의 모든 죄를 용서하시는 것과, 마지막 날 모든 사람의 몸의 부활을 믿습니다. 나는 부활 후 불의한 자들은 지옥에서 영원히 고통받지만, 의로운 자들은 하나님의 목전에서 헤아릴 수 없는 기쁨을 영원토록 누릴 것을 믿습니다.[1]

이 장에서는 미래의 심판에 관한 웨슬리의 명확한 가르침을 담은 네 개의 설교 "대심판" "선한 청지기" "지옥에 대하여" "새로운 창조"를 살펴볼 것이다.

A. 대심판

이 놀라운 설교 "대심판"의 성경 본문은 로마서 14:10의 "우리가 다 하나님의 심판대 앞에 서리라"라는 말씀이다 [설교 #15 (1758), B 1:354–75; J #15, V:171–85].

이 설교는 웨슬리가 민사 법원에서 행한 유일한 설교다.[2] 순회 재판은 민사 사건과 형사 사건의 재판을 위한 상급 법원의 주기적 회합이었다. 이 재판이 열리는 곳은 어디든 매우 엄숙한 분위기가 조성되었다.

1　Letter to a Roman Catholic, JWO 495–96, sec. 10; 참고. 1:227–28; 참고. B 2:365–72; 3:41–43, 185–88, 196–97; 4:32–34.
2　February 27, 1758, in Bedford; JJW 4:254.

설교의 제목인 "대심판"은 전적으로 역사의 끝에 실제로 있을 마지막 심판을 상징하는 비유다.[3] 인간의 법정이 얼마나 엄숙하든, 그보다 훨씬 엄숙한 또 다른 법정이 언젠가 열리게 될 것인데, 바로 하나님께서 사람의 모든 동기를 판단하실 최후의 심판 때다.[4] 이 최후의 심판을 누구도 피할 수 없음을 아는 사람은, 그 냉혹한 현실 인식을 통해 자신의 도덕적 행동과 영적 감수성이 변화될 수밖에 없음을 발견할 것이다.[5]

1. 최후의 심판의 정황

a. 재판장

이 심판에 참여하는 사람은, 모든 살아 있는 사람과 과거에 살다 죽은 모든 시대의 사람들이다. 의인과 악인 모두가 심판을 받는다. 재판장은 하나님이시다. 삼위일체 교리는, 성부 하나님은 의로우신 재판장이시며, 성자 하나님은 신적 중보자시고, 성령 하나님은 사람의 마음을 읽으신다는 가르침의 토대가 된다.

성경은 지진,[6] 홍수, 무시무시한 일들과 같이 다가오는 심판의 엄중함을 알리는 징표가 있을 것이라고 말씀한다. 그 뒤 해가 어두워지고 달이 빛을 내지 않는 등 하늘의 징조가 있은 후, 마지막 나팔 소리에 죽은 자들이 일어나고, 모든 사람이 주님의 심판대 앞에 설 것이다. 주님께서는 모든 나라 백성을 모아 양과 염소를 구분하실 것이다.[7]

---

3 참고. *LJW* 4:345; 6:79; B 1:147–48, 359–66; 2:292–96; 3:187–88, 400–2; 4:141–43, 319–20.
4 B 11:316–17, 404–6, 475–76, 487–89; *CH*, B 7:132–33, 146–61, 716–17.
5 "The Great Assize," B 1:356, 서문; 참고. B 2:292–96.
6 1755년 11월 1일에 발생한 리스본(Lisbon) 대지진을 기억하면서 언급한 것이다. 참고. "Serious Thoughts Occasioned by the Late Earthquake at Lisbon," 1755; B 1:354–75.
7 "The Great Assize," B 1:358–59, sec. 1. 2–3.

비할 데 없이 공의롭고 자비로운 재판장이신 창조주 성부 하나님께서 심판을 주재하신다. 우리의 중보자는 우리의 연약함을 동정하시고, 우리와 똑같이 시험을 받으셨으나 죄는 없으시며, 우리와 함께 눈물을 흘리시고 죽음을 지켜보셨을 뿐 아니라 친히 죽음을 맛보셨다. 그분은 성육신하신 성자로서 자신의 몸으로 우리의 죄로 인한 고통을 담당하셨고, 죽기까지 복종하심으로 성부 하나님의 우편에 오르셨다.[8] 모든 것을 보시는 관찰자는 우리의 은밀한 마음과 생각을 아시는 성령 하나님이시다.

b. 재판에 걸리는 시간

심판은 모든 사건을 정당하게 다루기 위해 매우 오랜 시간이 걸릴 것이다. 창조에서 완성까지의 현재의 시간은 끝나고, 주님의 날이 시작될 것이다.

주님의 날은 죽은 자의 전면적 부활과 함께 시작될 것이다. 그러나 얼마나 오래 지속될지는 가늠할 수 없다. 주님께는 하루가 천 년과도 같기 때문이다. 따라서 이 "날"은 꼭 24시간이 아니라, 심판을 마칠 때까지 매우 길어질 수도 있는 천상의 불특정한 시간일 수 있다.

"초기 기독교 교부들 중 여러 사람은 일반적으로 '심판 날'로 불리는 것이 천 년일 것으로 추측했다. 그 정도의 시간도 실제 심판에 걸릴 시간보다 길지는 않아 보인다. 심판에는 수천 년이 걸릴 수도 있기 때문에, 오히려 실제 시간에 못 미칠 것이다. 그러나 이 또한 하나님께서 때가 되면 밝히실 것이다."[9] 심판의 장소는 지구 위 높은 곳에 있는 "크고 흰 보좌"(계 20:11)라는 것 외에는 구체적으로 알 수 없다.[10]

---

8 "The Great Assize," B 1:359, sec. 2. 1; 참고. 3:400–2.
9 "The Great Assize," B 1:360, sec. 2. 2; 참고. B 7:716–17.
10 "The Great Assize," B 1:361, sec. 2. 3.

c. 책들이 펼쳐짐

"그때에 '죽은 자들이 큰 자나 작은 자나 그 보좌 앞에 서 있는데 책들이 펴져 있을 것이다'(계 20:12). 이 책들은 하나님께서 그들에게 주신 성경과, 모든 인류에게 주신 양심의 책일 것이다. … 당신은 어떤 피난처나 보호막 없이, 어떤 위장의 가능성도 없이, 하나님의 좋은 것들을 어떻게 사용했는지 상세히 보고하게 될 것이다."[11]

성경과 양심을 통한 하나님의 명령이 이 법정의 법이다. 양심의 명령은 하나님의 명령을 반영한 것이다. 누구도 심판을 모면할 수 없고, 가면을 쓸 수도 없다. 심문은 매우 상세하고 내면적이며 또 개인적일 것이다.

d. 심판받는 사람들

심판을 받는 사람은 이 세상에 살았던 모든 사람으로, 그들은 자신의 삶 전체에서 말한 것과 행한 것을 보고해야 한다. 행동, 동기, 모든 헛된 말, 인간의 영혼의 모든 내적 활동 등 어둠 속에서 행한 모든 것이 밝히 드러날 것이다.[12]

철저히 공정하게 그들의 선하거나 악한 행위가 드러나고, 하나님의 약속을 신뢰한 신자들은 복음의 언약에 따라 전적인 용서를 받는다.[13]

대심판의 광경은 모든 사람이 각각 재판장 앞에서 온 세계의 관중이 보

---

11 "The Good Steward," B 2:293, sec. 3. 2; 참고. Letter to the Bishop of Gloucester, B 11:487–88.
12 "The Great Assize," B 1:362–63, sec. 2. 5.
13 "The Great Assize," B 1:360–63, sec. 2. 2–6. 벵겔(J. A. Bengel)은 1757년에 영어로 번역된 『요한계시록 주석』(1740)에서 천년왕국의 시작을 1836년으로 예측했다. 웨슬리는 여러 면에서 벵겔에게 큰 빚을 지고 있었고, 자신의 글에 벵겔이 작성한 연대기를 사용하기도 했다. 또 몬타누스의 어떤 면에는 공감했으나, 그의 개인적인 종말론에는 동의하지 않았다. 그는 종말의 연대를 추측하려는 시도는 주저했다. 참고. "The Real Character of Montanus"와 "The Wisdom of God's Councils," B 1:350n; 렘 31:34; 히 8:12.

는 가운데 자신이 내린 모든 도덕적 결정의 역사 전체를 기억하고 증언하며 되새기게 될 것을 보여준다. 천사들은 사랑으로써 역사하는 믿음의 증거를 보고 기뻐할 것이다.

2. 완성(consummation)

요한계시록에 기록된 환상에 의하면, 심판의 선고 후에는 세상의 일시적인 하늘과 땅을 불태우는 크고 거룩한 화재가 있을 것이다. 그러나 이 화재는 이 일시적인 하늘과 땅을 완전히 소멸시키는 것이 아니라, "마치 유리를 생성하는 과정처럼, 큰 변화를 거친 후 더는 불의 영향을 받지 않는 상태"가 되게 할 것이다.[14] 이 불의 목적은 하늘의 도성에서 영원히 사용할 수 있게 하기 위해 우주를 정화하고 준비시키는 것이다.[15] 그 후에는 의인들이 거하고 하나님께서 영원히 통치하실 새 하늘과 새 땅이 있게 될 것이다.[16]

3. 최후의 심판이 갖는 도덕적 함의

세상의 재판관은 하나님의 섭리에 의해 그분의 일꾼이 되어 "정의를 실현하고, 상처받은 자를 변호하며, 범죄자를 처벌하는" 경건한 의무를 부여받았다.[17] 세상의 모든 심판은, 겸허한 신앙을 통해 최후의 재판장이신 하나님 앞에서 자신의 책임성을 인식하는 가운데, 비할 데 없는 지혜

---

14 "The Great Assize," B 1:367, sec. 3. 2.
15 존 웨슬리가 조카 사무엘에 대해, 만일 그에게 신앙이 있다면 "참으로 정화하는 불에서 몇 년 동안 고통은 받겠지만, 결국에는 확실히 천국에 가게 되겠지!"라고 쓴 것은, 그가 로마 가톨릭교도가 된 것을 두고 농담하는 것이다. Letter to Charles Wesley Jr., May 2, 1784, LJW 7:217.
16 "The Great Assize," B 1:368, sec. 3. 3.
17 "The Great Assize," B 1:371, sec. 4. 1.

로 정의와 자비가 조화를 이루게 하시는 그분의 본을 따라 바르게 행해야 한다.

우리가 현재 신중한 도덕적 판단을 내리기 위해서는, 앞으로 심판이 다가온다는 사실과, 그 심판은 누구도 피할 수 없이 모든 사람에게 내려질 것이라는 사실을 염두에 두어야 한다.[18] 인간의 모든 판단은 비교할 수 없이 공의로우신 하나님 앞에서 불완전할 수밖에 없다.

B. 선한 청지기

재판에서의 심문 장면은, 성경이 말씀하는 최후의 심판 때 있을 공정한 심판 과정에 대한 일종의 예시가 된다. 설교 "선한 청지기"의 성경 본문은 누가복음 16:2의 선한 청지기 비유에 나오는 "내가 네게 대하여 들은 이 말이 어찌 됨이냐 네가 보던 일을 셈하라 청지기 직무를 계속하지 못하리라"라는 말씀이다 [설교 #51 (1768), B 2:293–96; J #51, VI:136–49].

1. 재판에서의 심문

a. 영혼에 대한 회계

대심판에서는 다음으로 영혼에 대한 심문이 이루어질 것이다. 모든 이의 재판장은 누구나 이해할 수 있는 분명하고 평이한 말로 다음과 같이 질문하실 것이다.

너는 너의 '영혼'을 어떻게 사용하였는가?

나는 너에게 여러 가지 힘과 기능, 이해력, 상상력, 기억력, 의지, 감정을 부여받은 불멸의 영을 맡겼다. 동시에 이 모든 것을 어떻게 사용해야 하는지 충분하고

---

18   "The Great Assize," B 1:372–75, sec. 4. 3–5.

도 분명하게 지시했다.

너는 할 수 있는 한 지시받은 대로 '이해력'을 사용했는가?

너는 '기억력'을 내 뜻에 따라 사용했는가?

너는 무엇이든 내 영광에 유익이 될 만한 지식을 습득하고 축적했는가?

너는 '상상력'을 헛된 장면을 떠올리거나 "여러 가지 어리석고 해로운 욕심"(딤전 6:9)을 품는 데 사용하지 않고, 무엇이든 너의 영혼에 유익이 되고 지혜와 거룩함을 추구하는 일에 도움이 되도록 사용했는가?

너는 '감정'을 내가 말씀으로 가르친 방식대로 정돈하고 조절했는가?

너는 마음을 내게 주었는가?

내가 네 마음의 기쁨, 네 영혼의 즐거움, 천만 가지 중 으뜸이었는가?

너는 사랑의 물줄기 전체를 원래의 근원인 사랑의 대양으로 돌려보냈는가?[19]

b. 몸의 청지기 직분

심판에서는 몸을 어떻게 관리했는지에 대한 심문이 있을 것이다.

주님은 "내가 네게 맡긴 '육체'를 어떻게 사용했는가?"라고 물으실 것이다.

나는 너에게 나를 찬양하게 하려고 '혀'를 주었다. … 너는 그것을 악한 말에 사용하지 않고 … 자신이나 다른 사람에게 필요하거나 유익한 방식으로 선하게 사용했는가? 직접적으로나 간접적으로 "듣는 자들에게 은혜를 끼치게"(엡 4:29) 했는가?

나는 너에게 다른 모든 감각과 함께 '시각'과 '청각'이라는 지식의 훌륭한 통로를 주었다. 그것들을 탁월한 목적에 부합하도록 사용했는가?

나는 네가 준비된 일들을 할 수 있도록 손과 발과 여러 '기관'을 주었다.[20]

---

19 "The Good Steward," B 2:293–94.
20 "The Good Steward," B 2:293–95, sec. 3. 3–4.

c. 소유물의 청지기 직분

일생 동안 소유물을 어떻게 관리했는지에 대한 심문이 이어질 것이다.

> 너는 내가 네 수중에 맡긴 '세상의 소유물'을 어떻게 사용했는가?
>
> 너는 영혼의 합당한 도구로서 육체를 건강하고 힘차고 활력 있게 유지하기 위해…'음식'을 사용했는가?
>
> 너는 교만이나 허영심을 조장하고 다른 사람들을 죄에 빠지게 하지 않는 편리하고 단정한 '옷'을 입었는가?
>
> 너는 종합적인 달란트인 '돈'을 어떻게 사용했는가?… 낭비하거나… 쌓아만 두지 않고… 먼저 너와 네 가족의 정당한 필수품을 공급하고, 그렇게 하고도 남는 것은 내가 받도록 지명한 가난한 사람들에게 줌으로 내게 되돌려주었는가? 나는 가난한 사람들의 필요를 공급하게 하려는 목적으로 너에게 내 재산의 일부를 맡겨, 그것을 통해 먼저는 너 자신의 필요를 공급할 권한, 다음으로는 남에게 받지 않고 베풀 수 있는 복을 주었다. 그런데 너는 자신 스스로를 내가 맡긴 재산을 통해 공급받는 가난한 사람들 중 한 사람으로 여겼는가?
>
> 너는 너의 인격의 바람직한 모든 면과 교육을 통해 얻은 모든 '유익'을 … 덕을 끼치기 위해 사용했는가?[21]

d. 시간의 청지기 직분

일평생 시간을 어떻게 관리했는지에 대한 심문도 이루어질 것이다.[22]

> 너는 시간의 모든 순간이 영원 속에서 헤아려질 것이라는 사실을 알고 매 순간이 지닌 가치를 바르게 따져가져 시간이라는 비할 데 없이 귀한 달란트를 신중

---

21 "The Good Steward," B 2:295, sec. 3. 5.
22 EA, B 11:60–62; 참고. B 2:286, 296–97; *LJW* 8:270.

하고도 세심한 태도로 사용했는가?

특히 너는 너보다 앞서 행할 뿐 아니라 너와 동행하며, 또 너를 뒤따르는 내 은혜의 선한 청지기였는가?

그렇다면 "잘하였도다 착하고 충성된 종아! … 네 주인의 즐거움에 참여할지어다"라는 칭찬이 있을 것이다 [그렇지 않다면 무서운 형벌의 선고가 있을 것이다].[23]

2. 하나님의 자비가 입증됨

하나님께서는 재판에서의 심문 과정을 통해 자신의 공의를 나타내실 것이다. "하나님의 섭리의 놀라운 역사들"이 밝히 드러나 하나님의 도덕적 완전성이 입증될 것이다. 하나님께서 왜 악을 허용하셨는지 충분히 이해할 수 있도록 드러나고, 그로 인한 결과가 분명해질 때, 의인들은 말할 수 없는 기쁨으로 즐거워하게 될 것이다.

이 과정은 하나님의 지혜, 능력, 자비가 어떻게 조화롭게 역사했는지를 보여줄 것이다. 모든 사람은 "그들의 심성, 욕망, 생각, 마음속 의도를 비롯해 그들이 살아온 삶의 모든 것이 밝히 드러날 것이다. 그렇지 않다면 어떻게 하나님의 은혜가 어떤 깊은 죄와 불행에서 그들을 건져내셨는지가 명확히 드러나겠는가?"[24]

비록 일시적 모호함이 있었으나 하나님의 공의는 결국 분명히 드러날 것이다. 그 외의 다른 방법으로는 악과 고통(신정론)에 대한 어떤 납득할 만한 설명도 불가능할 것이다.[25] 속죄받은 신자에게는 "그들이 지은 모든

---

23 "The Good Steward," B 2:296, sec. 3. 6.
24 "The Great Assize," B 1:364–65, sec. 2. 10.
25 B 2:398–99.

죄가 그들을 불리하게 하기 위한 목적으로는 한 번도 언급되지 않는다는 사실만으로도 충분할 것이다."[26] 십자가를 지신 성자의 의가 그들의 죄를 덮을 것이다.

3. 의인과 악인의 분리

모든 사람의 대(大)분리가 이루어져, 신자에게는 자비로운 무죄 방면 선고가 내려질 것이다. "그들의 모든 선한 욕망, 의도, 생각과 모든 거룩한 성품이 그들이 그리스도의 이름을 위해 받은 고난과 함께 일일이 기억될 것이다."[27]

공로 없는 자에게 베푸시는 하나님의 은혜를 거부한 악인들은 그들의 생각, 말, 행동, 기질대로 온당한 심판을 받을 것이다. 심판의 근거에는 그들이 좋아했던 모든 것, 욕망, 동기, 상황도 포함된다. 그들은 이 모든 것에 대해 무서운 형벌이 선고되는 것을 듣게 될 것이다.[28]

이런 저주 이야기는 결코 매력적이지 않다. 그러나 심판의 초점은 형벌 자체가 아닌 하나님의 공의로운 섭리를 드러내는 데 있다. 영벌의 구체적 조건에 대한 말씀은 많지 않지만, 개인의 양심은 그것을 이미 잘 알고 있다.[29] 최후의 심판은 확정적이고 변경 불가능하다. 그것이 마지막 날이기 때문이다.

---

26 "The Great Assize," B 1:365, sec. 2. 11; 겔 18:22.
27 "The Great Assize," B 1:366, sec. 2. 8; *CH*, B 7:146–61.
28 "The Great Assize," B 1:366, sec. 2. 12.
29 *LJW* 5:167, 270, 344.

C. 지옥에 대하여

설교 "지옥에 대하여"의 성경 본문은 마가복음 9:48의 "거기에서는 구더기도 죽지 않고"라는 말씀이다 [설교#73 (1782), B 3:30-44; J #73, V:381-91].

하나님을 가장 사랑하는 사람도, 성경이 악한 사람의 최종적 운명에 대해 계시하는 내용을 숙고해야 한다.[30] 예수님께서 죄의 결과로 최후의 공의로운 형벌이 내려질 것임을 반복적으로 언급하셨기 때문이다.

지옥에 대한 가르침은 악한 자들을 억제하고, 신자들을 죄에서 보호하는 수단으로 작용한다.[31] 따라서 이 가르침은 불신자뿐 아니라 신자에게도 적절하다.[32]

지옥은 "구더기도 죽지 않고 불도 꺼지지 않는"(막 9:48) 최종적 상태다. 성경의 가르침은 "하나님의 지혜와 공의에 부합하도록 무섭고도 엄중해" 이방의 헛된 신화들과는 전혀 다르다.[33]

1. 악한 자들이 잃을 것

우리는 타락한 자들이 경험할 '상실의 심판'(*poena damni*)과 '감각의 심판'(*poena sensus*)을 구분해 다룰 필요가 있다. 그들은 하나님을 잃게 될 것이다. 지옥은 하나님의 존전에서의 근본적 추방, 즉 선의 절대적 결핍으로 이해할 수 있다.[34]

상실의 심판은 악한 자의 영혼이 몸과 분리될 때 일어난다. 죽음의 순

---

30   *SS* 1:22; 2:412.
31   Letter to William Law, J IX:506–8.
32   "Of Hell," B 3:31–32, 서문 1–3.
33   "Of Hell," B 3:33, 서문 4; 참고. B 1:366–67.
34   JJW 1:139n.; 5:552; *SS* 1:22; 2:412.

간에 불의한 자는 즐거움을 주었던 모든 감각과 만족감을 주었던 모든 원천의 상실을 경험한다. 이제부터 그들에게는 어떤 아름다움도, 빛도, 음악도, 우정도 없다. 그들이 느낄 수 있는 유일한 내적 감각은 수치심과 상실감뿐이다. 가장 큰 상실은 하나님을 잃게 된 것이다. 하나님께서는 "나를 떠나라"(마 25:41)라는 선고를 내리실 것이다.[35]

2. 악한 자가 당할 고통: 구더기와 불

a. 구더기와 꺼지지 않는 불: 죄에 대한 하나님의 진노

상실의 심판 위에 감각의 심판이 더해진다. 이 심판은 구더기와 불로 묘사된다. 사람이 죽어서 묻히거나 화장되면 구더기나 불과 직면해야 한다. 세상의 구더기는 죽고 불은 꺼진다. 그러나 지옥은 황량함이 끝나지 않고, 구더기가 죽지 않으며, 불이 꺼지지 않는 곳이다. 하나님께서는 마지막 심판 날 회개하지 않은 죄가 그분의 존전에 있는 것을 용납하지 않으실 것이기 때문이다.

현재 삶에서 양심을 좀먹게 하는 것은, 영혼에 상처를 입히고 악한 성품 및 자기혐오에서 비롯된 하나님께 대한 증오를 일으키는 죄책감, 자기정죄, 수치심, 후회와 같은 것이다. 이런 것들은 이미 우리에게 하나님과 전적으로 분리되는 심판이 어떤 것일지 어느 정도 이해할 수 있게 해준다.

죄책감으로 인한 양심의 내적 고통은 죽지 않는 구더기 같을 것이다.

b. 꺼지지 않는 불

불은 물리적 괴로움을 주는 외적 고통으로,[36] 불의한 자들에게 내려질

---

35 "Of Hell," B 3:34–35, sec. 1. 1–4; B 4:58–59.
36 "Of Hell," B 3:40–41, sec. 3. 1–2.

감각적 고통이다. 그들은 진흙으로 된 발(단 2:34)을 가진 힘없는 우상들을 상실하고, 그로 인한 좌절감으로 불타오를 것이다.

그 상태는 영원하다. 선택의 시간은 끝났다. 그러나 하나님의 거룩한 진노의 불길은 소멸되지 않고 지속된다. 지옥에는 친구가 없고, 고통의 멈춤, 안도의 휴식, 안식일의 쉼이 없으며, 끊이지 않는 암흑과 고통만 있을 뿐이다. 형벌의 기간은 영원하다.[37] 이를 경고하시는 하나님의 의도는 죄를 끝내는 것이다.

불은 상징만이 아니라 실제적인 것으로도 여겨야 한다. 그러나 우리가 현재에 가지고 있는 제한된 이해력의 한계로 인해, 그 불이 "실제적"인 것으로 느껴지지 않을 수 있다.[38] 그 불은, 우리의 일시적인 분노나 해결책과는 달리 영원하신 하나님께서 하신 심판의 말씀이기 때문에, 영원한 불이다.

c. 왜 그렇게 끔찍한가?

그러나 왜 성경은 그렇게 끔찍한 표현을 사용하는가? 여기에는 최후의 순간까지 사람을 구원의 은혜로 이끌고자 하시는 섭리적 동기가 있다. 성령께서는 우리를 일깨워 회개하고 믿게 하시고, 이 땅에 사는 동안 우리가 악을 멀리하기를 바라신다. 죄에는 결과가 따름을 알리는 것이 지옥을 가르치는 실제 이유다. 죄는 마지막 순간이 되기 전까지는 치료가 가능하기 때문이다.

예수 그리스도 안에 있는 의를 신뢰하면서 회개와 구원의 신앙을 가지고 심판자 하나님께 나아오는 자들은 낙원의 복, 즉 천사의 회(會)와 온전

---

37 "Of Hell," B 3:42, sec. 3. 3.
38 B 4:19–23; 참고. *LJW* 2:98; *SS* 2:412.

케 된 의로운 자들의 영들과 함께 하나님과 얼굴을 마주하며 교제를 나누고, 영원히 생명수를 마시며, 하나님의 영광을 영원히 즐거워하는 복을 누린다. 이러한 생각들은 우리로 현재의 비참함으로 인해 절망하지 않게 하고, 하나님 안에서의 소망을 고취시키기 위한 것이다.[39]

3. 하나님의 심판을 부인한 윌리엄 로를 논박함

이 점과 관련해 존 웨슬리가 자신의 이전 멘토였던 윌리엄 로에게 보낸 중요한 편지를 살펴보고자 한다 [윌리엄 로에게 보낸 1756년 1월 6일 자 편지, *LJW* 3:332–70; J IV:466–509].

a. 하나님은 죄에 진노하심

웨슬리는 윌리엄 로가 1735년 이후에 쓴 후기 글들에서 하나님의 심판을 부정하는 계몽주의적 낙관주의라는 부패한 사상의 악취를 느꼈다. 그는 설교자들이 왜 그렇게 "부드럽게" 설교하려는 유혹을 받는지 너무나 잘 알고 있었다. 그러나 그것을 윌리엄 로에게서 보게 될 줄은 몰랐다. 로의 입장은, 하나님께는 인과응보나 죄에 대한 진노라는 것이 없다는 것이다. 여기서 우리는 로가 하나님을 이 세상에서든 내세에서든 자식을 벌하지 않으려는 양면적이고 우유부단한 신적 부모로 묘사하는 것을 볼 수 있다.[40]

그런 어리석은 주장에 대한 성경적 답변은, "주께서 그 사랑하시는 자를 징계하시고"(히 12:6), "여호와는 … 노하기를 더디 하시고 인자하심이

39　"Of Hell," B 3:42–44, sec. 3. 3; J VII:234–35, 247–55.
40　죄에 대한 하나님의 진노에 대해서는 *LJW* 3:345–48; B 1:359–66; 2:292–96; 3:187–88, 400–2; 4:141–43, 319–20을 보라.

풍부하시도다 자주 경책하지 아니하시며 노를 영원히 품지 아니하시리로다"(시 103:8-9) 등과 같은 성경의 한결같은 증언에서 찾을 수 있다.⁴¹ "하나님께서 결코 진노하지 않으셨다고 한다면, 그분과 전혀 화해할 필요가 없다는 주장이 된다"고 웨슬리는 논박했다. "나는 내가 그의 사랑하시는 성자를 믿기 전에는 하나님이 내게 진노하셨음을 알고 있다. 그러나 그것이 그의 자비를 부인하는 것은 아니다."⁴²

b. 하나님의 심판을 모면할 수 있다는 망상

심판에 해당하는 죄는 고의적인 죄다. 자유의지가 하나님의 명령을 거역하게 하는 유혹에 동조한 것이다. 사회적 죄, 우리의 의지로 피할 수 있는 습관화된 심리, 불의한 정치적 공모, 자녀 양육 불이행 등 모든 죄에는 자유의지의 오용이 있다.

그러나 로는 이에 반대해 하나님께서는 우리가 그분의 명령을 거역하더라도 진노하실 수 없다고 주장했다. 이는 하나님께 의를 행할 능력이 없으시다는 것을 암시한다. 그러나 사람의 자연적 양심조차도 의로운 법을 원한다. 더구나 하나님의 의가 우리의 자연적인 양심보다 불의할 수는 없다. 하나님께서 끈질긴 죄에 대해 분노하실 능력이 없다면, 성경이 말씀하는 최후의 심판을 사실로 인정할 방법이 없다. 지옥은 우리의 생각과 말과 행동으로 끊임없이 하나님의 의의 계명을 고의로 위반한 결과다. 우리에게는 회개할 수 있는 수없이 많은 기회가 주어져 있다.

하나님께서 불의한 자를 징계하는 그 한 가지 일을 하실 수 없다는 주장은, 사실상 어떤 일도 하실 수 없다는 것과 같다. 불순종에 대한 거절 가

---

41 To William Law, *LJW* 3:345–51, sec. 2. 3; 잠 13:24; 히 2:6–8.
42 Letter to Mary Bishop, February 7, 1778, *LJW* 6:298.

능성을 배제하기 위해 하나님의 의지를 묶어버리려 했던 윌리엄 로의 시도는 그 자체가 악하다. 그것은 하나님의 전능하심에 대한 성경의 가장 기본적인 가르침마저 거스르는 것이다. 만약 하나님께서 그분의 명령을 불순종한 사람에게 "진노"하실 수 없다고 주장한다면, 그것은 우리가 기도할 때 "전능하시다"고 고백하는 그분보다 하나님을 열등한 존재로 오해하는 것이다. "하나님은 하실 수 없다"(God cannot)는 말로 시작하는 모든 주장은, 참 하나님에 대한 주장일 수 없다.

웨슬리는 자신의 이전 멘토 윌리엄 로에게 "당신에게는 지옥도 없고, 천국도 없고, 요한계시록도 없습니다"[43]라고 말했다. 로는 "저주란 단지 사람의 내면에서 솟아나는 것일 뿐"이라고 주장하면서, 지옥을 하나님의 정의와 아무런 관계가 없는 단지 심리적인 과정으로 축소해버렸다.

웨슬리는 성경에 근거해 모든 선의 원천에서 영원히 분리되는 실제로 존재하는 지옥에 대해 말했다. 현대의 웨슬리안들이 어떤 주장을 하든, 웨슬리 자신은 우리의 최악의 상상보다 더 끔찍한 실제 지옥에 대한 예수님의 분명한 가르침을 굳게 붙들었다. 우리가 최후의 심판대 앞에 서면, 실제 심판은 우리가 가장 무섭게 상상한 것보다 훨씬 더 충격적임을 알게 될 것이다.

웨슬리는 로에게 보낸 편지에서, 피터 브라운(Peter Browne)이 『인간의 이해의 과정과 범위 및 한계』(*Procedure, Extent and Limits of Human Understanding*)[44]에서 주장한 논지를 주의 깊게 반복했다. 이는 영원한 고통의 주요 원인이 하나님으로부터의 영원한 분리라고 말한 자신의 주장을 확고히 하기 위함이었다.

---

43 To William Law, *LJW* 3:370, sec. 2. 7.
44 Peter Browne, *Procedure, Extent, and Limits of Human Understanding*; 참고. B 3:350–51.

최후의 심판을 바르게 이해하려면 의인과 악인이 미래에 부활한다는 것을 사실로 받아들여야 한다. 성경은 "그 형벌이 영원할 것임을 가장 분명한 표현을 사용해" 계시하고 있다. 단순히 시간이 있는 동안 우리에게 도전을 주는 것이 목적이었다면, 최후의 심판 장면은 성경에 포함되지 않았을 것이다.[45]

웨슬리는 로 씨가 본심으로 돌아가 "신비주의자들의 과장된 허풍과 이해할 수 없는 허튼소리를 버리고, '우리가 사랑함은 그가 먼저 우리를 사랑하셨음이라'(요일 4:19)라고 말씀하는 성경의 단순한 신앙으로 돌아오기를" 바라는 마음을 표현하면서, "이제 저는 제 영혼을 구했습니다"라는 말로 편지를 마무리했다.[46]

D. 새로운 창조

웨슬리의 설교 "새로운 창조"의 성경 본문은 요한계시록 21:5의 "보라 내가 만물을 새롭게 하노라"라는 말씀이다 [설교 #64 (1785), B 2:500–10; J #64, V:288–96].

요한계시록에서 미래의 환상은 우리의 익숙한 감각이나 자연적 이해와 동떨어진 생소한 장면을 보여준다.[47] 이 본문은 유한한 지식 너머의 신비를 가리킨다. 그러나 우리는 "신앙의 유비에 따라 성경을 성경으로 해석하면서", 할 수 있는 한 우리의 영적 감각으로 이해하기 위해 노력해야 한다.[48]

---

45 To William Law, *LJW* 3:368–70, sec. 2. 7는 피터 브라운의 *Human Understanding*, 351를 인용하고 있다; Letter of February 18, 1756, to Samuel Furly. 지옥에 대해서는 *LJW*, B 1:227–28; 2:133; 3:30–44, 168, 263; 4:33, 58–59, 665–68을 보라.
46 To William Law, 2.7, *LJW* 3:370.
47 "The New Creation," B 2:501, sec. 1.
48 "The New Creation," B 2:501, sec. 2; 또한 "Justification by Faith," sec. 2; 그리고 "The End of Christ's Coming," 3. 5를 보라.

1. 새 하늘과 새 땅

어떤 사람들은 새 하늘과 새 땅을 그릇되게 콘스탄티누스가 기독교 세계에 부를 쏟아부은("이는 하나님의 말씀 전체를 무익하게 하는 … 잘못된 방법이다") 인류 역사의 특정 시기와 동일시한다. 새 하늘과 새 땅을 콘스탄티누스와 연결 짓는 것은 지나치게 순진한 해석이다. 그보다 성경은 이 세상의 종말과 영원한 세계의 시작, 즉 "이 세상이 끝날 때 일어날 일들"을 말씀하고 있다.[49]

성경적 우주론은 하나의 하늘이 아닌 여러 하늘, 즉 (1) 대기의 하늘과 (2) 그보다 높은 (우리가 어느 정도 볼 수 있는) 별들의 하늘만이 아니라, (3) 그런 하늘들이 새롭게 될 때도 변하지 않을, 하나님이 거하시는 장소인 초월적 하늘을 말씀한다.[50]

새 하늘과 새 땅은 세상의 죄의 역사 전체를 완전히 뒤집는다. 보편적인 부활과 최후의 심판 이후에는 부활한 그리스도인들이 새로운 삶을 살아갈 새로운 창조세계가 시작될 것이다.

2. 창조세계의 보편적 회복

a. 성결과 행복이 하나가 됨

우주적 파멸 이후에는 우주적 회복이 뒤따라, 현 시대 이후의 새로운 시대가 시작될 것이다.[51] 새 하늘에서는 모든 것이 "정확한 질서와 조화"

49　"The New Creation," B 2:501–52, sec. 4.
50　"The New Creation," B 2:502–3, secs. 5–9; *CH*, B 7:161–76; 하늘에 대한 다른 언급은 B 2:289–90, 392; 4:116, 288–89를 보라.
51　또 B 2:455–50, 500–10; 9:108, 370, 407; *CH*, B 7:81, 85, 118–23, 251–55, 338–39, 536–37을 보라. 사망의 멸절에 대해서는 B 2:482를 보라.

속에서 완전하게 되어 의가 거할 것이다.[52] 이것이 하나님께서 새로운 창조세계를 시작하실, 타락이 끝난 세상의 모습이다.

현재의 물질들은 무로 돌아가기보다는 변화되어 파괴의 능력을 상실할 것이다.

> 공기는 정화되고
> 물은 깨끗해지며
> 불은 더는 파괴하거나 소멸하지 않고 정화해 "만물을 생기 있게 할 것이고"
> 땅은 온전케 되어
> 모든 것의 "본질은 바뀌지 않더라도 성질이 바뀔 것이다."[53]

이 변화는 "사람이 마음으로 상상한 것보다 훨씬 고귀한 상태를" 가져올 것이다.[54]

타락으로 잃어버린 낙원은 회복될 것이다. 웨슬리는 이 새로운 물질과 동물의 세계를, 동식물로 가득하며, 무수한 꽃들 속에서 늑대가 어린 양과 함께 누우며, "아담의 반역의 비참한 결과"에서 구원받아 평화롭게 함께 거하는 모든 종류의 동물들의 세계로 묘사했다.[55]

나아가 웨슬리는 성경 본문에 근거해 공기의 낮은 층이 더는 태풍과 거센 비바람, 무시무시한 운석들로 혼란스럽지 않을 것으로 짐작했다.[56] 땅에는 더는 사막, 잡초, 늪, 가시, 독초, 극단적인 기온으로 인한 불편함이 없을 것이다. 미래의 자연에 대한 현대 생태학자의 기대는 단순히 성경의

---

52 "The New Creation," B 2:504, sec. 10; 참고. B 4:116.
53 "The New Creation," B 2:504, sec. 10.
54 "The New Creation," B 2:503, sec. 7; *LJW* 6:187; 우주적 구원에 대해서는 B 2:455–50, 500–10을 보라.
55 "The New Creation," B 2:509, sec. 17.
56 "The New Creation," B 2:503, sec. 8; 또 "God's Approbation of His Works," 1. 10을 보라.

계시에 토대를 둔 웨슬리의 포괄적인 서술 앞에서 빛을 잃고 만다.

b. 인류에게 이루어지는 하나님의 형상의 회복

완전한 사랑, 즉 역사 내에서 이루어지는 인간 속 하나님의 형상의 회복은, 역사 너머에 있을 최종적 회복을 예기하게 한다.[57]

그리스도의 통치는 현재 이미 시작되었다. 신자는 장차 올 영광의 일부를 이미 실제적으로 맛보고 있다. 현재적 구원은 최종적 구원의 "보증",[58] 즉 앞으로 온전한 일이 일어날 것을 예기하게 하는 '착수금'과도 같은 것이다. 땅에서 이루어지는 구원은, 자연과 역사 전체의 구원을 예기한다. 부활한 인간의 생명은 하나님의 형상으로 새롭게 되어 날렵함과 민첩함과 힘에서 천사들과 같을 것이다.[59]

부활한 의인에게는 더는 죽음, 슬픔, 고통, 죄가 없고, 오직 "하나님과의 친밀하고 방해받지 않는 연합, 성령을 통한 성부 하나님과 성자 예수 그리스도와의 끊임없는 교제, 그리고 성삼위일체 하나님과 그분의 모든 피조물을 지속적으로 향유하는 삶이 있을 것이다."[60] 구원받은 자들은 "아담이 낙원에서 누린 것을 뛰어넘는 순수한 거룩함과 행복의 상태"로 회복될 것이다.[61]

---

57 B 1:57, 76; 3:175; 2:455–60, 500–10; *CH*, B 7:118–23, 251–55, 536–37.
58 "The New Creation," B 2:501, secs. 1–4.
59 "The New Creation," B 2:509, sec. 17; "The General Deliverance," 1. 5.
60 "The New Creation," B 2:510, sec. 18; "On the Trinity," sec. 17.
61 "The New Creation," B 2:510, sec. 18; 참고. B 2:39–40, 475–76; "Justification by Faith," 1.4; *LJW* 3:338; 4:98. 용서와 거룩함과 하늘 사이의 금사슬에 대해서는 B 3:149–50을 보라.

E. 결론

이 장에서 우리는 죽음 이후 영혼의 인격적 지속성과 부활한 몸, 최후의 심판과 새로운 창조를 포함해 보편적 역사의 의미에 대한 웨슬리의 가르침을 살펴보았다. 『그리스도와 구원』이라는 이 책의 제목에 어울리는 끝맺음이다.

이 시리즈의 제3권 『목회신학』에서는 교회, 목회, 영혼 돌봄, 가정 목회, 예배 공동체, 말씀과 성례 목회, 그리스도의 몸의 하나 됨, 목회 지도력 등에 대한 웨슬리의 실천적·목회적 가르침을 살펴볼 것이다. 영혼 돌봄은 특히 이웃을 돌보는 일에 초점을 둔다. 헬라어 원문에서 '이웃'은 바로 옆에 있는 사람, 곧 자신과 가장 가까이 있는 사람을 말한다.

더 깊은 이해를 위한 독서 자료

Collins, Kenneth. *A Faithful Witness: John Wesley's Homiletical Theology*, 189–204. Wilmore, KY: Wesleyan Heritage, 1993.

Cubie, David L. "Eschatology from a Theological and Historical Perspective." In *The Spirit and the New Age*, edited by R. L. Shelton and A. R. G. Deasley, 357–414. Anderson, IN: Warner, 1986.

Cushman, Robert Earl. "Salvation for All: John Wesley and Calvinism." In *Methodism*, edited by W. K. Anderson, 103–15. New York: Methodist Publishing House, 1947.

Downes, Cyril. "The Eschatological Doctrines of John and Charles Wesley." PhD diss., University of Edinburgh, 1974.

Dunning, H. Ray. *The Second Coming: A Wesleyan Approach to the Doctrine of Last Things*. Kansas City: Beacon Hill, 1995.

Harper, Steve. *John Wesley's Theology Today* Chap. 8, 107ff. Grand Rapids: Zondervan, 1983.

"John Wesley a Premillenarian," *Christian Workers Magazine* 17 (1916): 96–101.

Lindström, Harald. "Sanctification and Final Salvation." In Robert W. Burtner and Robert E. Chiles, *A Compend of Wesley's Theology*, 273ff. Nashville: Abingdon, 1954.

Marino, Bruce. "Through a Glass Darkly: The Eschatological Vision of John Wesley." PhD diss., Drew University, 1994.

Mercer, Jerry. "The Destiny of Man in John Wesley's Eschatology." *WTJ* 2 (1967): 56–65.

Monk, Robert. *John Wesley: His Puritan Heritage*, 122ff. Nashville: Abingdon, 1966.

Rall, Harris F. *Was John Wesley a Premillennialist?* 12–13. Toronto: Methodist Book and Publishing House, 1921.

Strawson, William. "Wesley's Doctrine of the Last Things." *LQHR* 184

(1959): 240-49.

West, Nathaniel. *John Wesley and Premillennialism.* Louisville: Pentecostal Publishing Co., 1894.

Williams, Colin. "Eschatology." In *John Wesley's Theology Today*, 191ff. Nashville: Abingdon, 1960.

Wilson, David D. "The Importance of Hell for John Wesley." *PWHS* 34 (1963): 12-16.

알파벳순 웨슬리 설교 목록

(200주년 기념판, 잭슨판 출처)

200주년 기념판은 'B', 잭슨판은 'J'로 표기했다. 설교 번호 앞에 샤프[#] 부호를 붙였다. 이전 웨슬리 전집에서 웨슬리 설교가 아닌데도 웨슬리 설교에 포함시켜 저자가 바로잡았거나, 다른 판에서 서로 다른 제목이나 번호를 붙였을 경우에는 별[*] 표로 표시했다.

The Almost Christian (#2, B 1:131-41 = #2, J V:17-25), Acts 26:28

Awake, Thou That Sleepest (#3, B 1:142-58 = #3, J V:25-36), Ephesians 5:14

A Call to Backsliders (#86, B 3:201-26 = #86, J VI:514-27), Psalm 77:7-8

The Case of Reason Impartially Considered (#70, B 2:587-600 = #70, J VI:350-60), 1 Corinthians 14:20

The Catholic Spirit (#39, B 2:79-96 = #2, J V:492-504), 2 Kings 10:15

*The Cause and Cure of Earthquakes (찰스 웨슬리의 설교, #129, 잭슨판에만 수록됨, J VII:386-99), Psalm 46:8

The Causes of the Inefficiency of Christianity (#122, B 4:85-96 = #122, J VII:281-90), Jeremiah 8:22

A Caution against Bigotry (#38, B 2:61-78 = #38, J V:479-92), Mark 9:38-39

Christian Perfection (#40, B 2:97-124 = #40, J VI:1-22), Philippians 3:12

The Circumcision of the Heart (#17, B 1:398-414 = #17, J V:202-12), Romans 2:29

The Cure of Evil Speaking (#49, B 2:251-62 = #49, J VI:114-24), Matthew 18:15-17

The Danger of Increasing Riches (#131, B 4:177-86 = #131, J VII:355-62), Psalm 62:10

The Danger of Riches (#87, B 3:227-46 = #87, J VII:1-15), 1 Timothy 6:9

Death and Deliverance (#133, B 4:204-14; 잭슨판에는 수록되지 않음)

Dives and Lazarus (#115, B 4:4-18 = "The Rich Man and Lazarus"라는 다른 제목, #112, J VII:244-55), Luke 16:31

The Duty of Constant Communion (#101, B 3:427-39 = #101, J VII:147-57), Luke 22:19

The Duty of Reproving Our Neighbor (#65, B 2:511-20 = #65, J VI:296-304), Leviticus 19:17

The End of Christ's Coming (#62, B 2:471-84 = #62, J VI:267-77), 1 John 3:8

The First Fruits of the Spirit (#8, B 1:233-47 = #8, J V:87-97), Romans 8:1

Free Grace (#110, B 3:542-63 = #110, J VII:373-86), Romans 8:32

The General Deliverance (#60, B 2:436-50 = #60, J VI:241-52), Romans 8:19-22

The General Spread of the Gospel (#63, B 2:485-99 = #63, J VI:277-88), Isaiah 11:9
God's Approbation of His Works (#56, B 2:387-99 = #56, J VI:206-15), Genesis 1:31
God's Love to Fallen Man (#59, B 2:422-35 = #59, J VI:231-40), Romans 5:15
The Good Steward (#51, B 2:281-99 = #51, J VI:136-49), Luke 16:2
The Great Assize (#15, B 1:354-75 = #15, J V:171-85), Romans 14:10
The Great Privilege of Those That Are Born of God (#19, B 1:431-43 = #19, J V:223-33), 1 John 3:9
Heavenly Treasure in Earthen Vessels (#129, B 4:161-67 = #129, J VII:344-48), 2 Corinthians 4:7
Heaviness through Manifold Temptations (#47, B 2:222-35 = #47, J VI:91-103), 1 Peter 1:6
Hell (#73, B 3:30-44 = #73, J VI:381-91), Mark 9:48
Human Life a Dream (#124, B 4:108-19 = #124, J VII:318-25), Psalm 73:20
The Imperfection of Human Knowledge (#69, B 2:567-86 = #69, J VI:337-50), 1 Corinthians 13:9
The Important Question (#84, B 3:181-98 = #84, J VI:493-505), Matthew 16:26
In What Sense We Are to Leave the World (#81, B 3:141-55 = #81, J VI:464-75), 2 Corinthians 6:17-18
An Israelite Indeed (#90, B 3:278-89 = #90, J VII:37-45), John 1:47
Justification by Faith (#5, B 1:181-99 = #5, J V:53-64), Romans 4:5
The Late Work of God in North America (#113, B 3:594-609 = #131, J VII:409-29), Ezekiel 1:16
The Law Established through Faith, 1 (#35, B 2:20-32 = #35, J V:447-57), Romans 3:31
The Law Established through Faith, 2 (#36, B 2:33-43 = #36, J V:458-66), Romans 3:31
Lord Our Righteousness (#20, B 1:444-65 = #20, J V:234-46), Jeremiah 23:6
Marks of the New Birth (#18, B 1:415-30 = #18, J V:212-23), John 3:8
The Means of Grace (#16, B 1:376-97 = #16, J V:185-201), Malachi 3:7
The Ministerial Office (#121, B 4:72-84 = #115, J IV:72-84), Hebrews 5:4
More Excellent Way (#89, B 3:262-77 = #89, J VII:26-37), 1 Corinthians 12:31
The Mystery of Iniquity (#61, B 2:451-70 = #61, J VI:253-67), 2 Thessalonians 2:7
National Sins and Miseries (#111, B 3:564-76 = #111, J VII:400-408), 2 Samuel 24:17
The Nature of Enthusiasm (#37, B 2:44-60 = #37, J V:467-78), Acts 26:24
The New Birth (#45, B 2:186-201 = #45, J VI:65-77), John 3:7
New Creation (#64, B 2:500-510 = #64, J VI:288-96), Revelation 21:5
Of the Church (#74, B 3:45-57 = #74, J VI:392-401), Ephesians 4:1-6
Of Evil Angels (#72, B 3:16-29 = #72, J VI:370-80), Ephesians 6:12
Of Former Times (#102, B 3:440-53 = #102, J VII:157-66), Ecclesiastes 7:10
Of Good Angels (#71, B 3:3-15 = #71, J VI:361-70), Hebrews 1:14

On Attending the Church Service (#104, B 3:464-78 = #104, J VII:174-85), 1 Samuel 2:17

On Charity (#91, B 3:290-307 = #91, J VII:45-57), 1 Corinthians 13:1-3

On Conscience (#105, B 3:478-90 = #105, J VII:186-94), 2 Corinthians 1:12

On Corrupting the Word of God (#137, B 4:244-51 = #137, J VII:468-73), 2 Corinthians 2:17

On the Death of Mr. Whitefield (#53, B 2:325-48 = #53, #133, J VI:167-82), Numbers 20:10

On the Death of Rev. Mr. John Fletcher (#133, B 3:610-29 = #133; J VII:431-52, 1785), Psalm 37:37

On the Deceitfulness of the Human Heart (#128, B 4:149-60 = #128, J VII:335-43), Jeremiah 17:9

On the Discoveries of Faith (#117, B 4:28-38; #117, J VII:231-38), Hebrews 11:1

On Dissipation (#79, B 3:115-25 = #79, J VI:444-52), 1 Corinthians 7:35

On Divine Providence (#67, B 2:534-50 = #67, J VI:313-25), Luke 12:7

On Dress (#88, B 3:247-61 = #88, J VII:15-26), 1 Peter 3:3-4

On the Education of Children (#95, B 3:347-60 = #95, J VII:86-98), Proverbs 22:6

On Eternity (#54, B 2:358-72 = #54, J VI:189-98), Psalm 90:2

On Faith (#106, B 3:491-501 = #106, J VII:195-202), Hebrews 11:6

On Faith (#132, B 4:187-200 = #122, J VII:326-35), Hebrews 11:1

On the Fall of Man (#57, B 2:400-412 = #57, J VI:215-24), Genesis 3:19

On Family Religion (#94, B 3:333-46 = #94, J VII:76-86), Joshua 24:15

On Friendship with the World (#80, B 3:126-40 = #80, J VI:452-63), James 4:4

On God's Vineyard (#107, B 3:502-17 = #107, J VII:203-13), Isaiah 5:4

*On Grieving the Holy Spirit [윌리엄 틸리(William Tilly)의 설교, #137, 잭슨판에만 수록됨, J VII:485-92], Ephesians 4:30

*On the Holy Spirit [존 갬볼드(John Gambold)의 설교, #141, 잭슨판에만 수록됨, J VII:508-20], 2 Corinthians 3:17

On Knowing Christ after the Flesh (#123, B 4:97-106 = #123, J VII:291-96), 2 Corinthians 5:16

On Laying the Foundation of the New Chapel (#112, B 3:577-93 = #112, J VII:419-30), Numbers 23:23

On Living without God (#130, B 4:168-76 = #130, J VII:349-54), Ephesians 2:12

On Love (#149, B 4:378-88 = #149, J VII:492-99), 1 Corinthians 13:3

On Mourning for the Dead (#136, B 4:236-43 = #136, J VII:463-68), 2 Samuel 12:23

On Obedience to Parents (#96, B 3:361-72 = #96, J VII:98-108), Colossians 3:20

On Obedience to Pastors (#97, B 3:373-83 = #97, J VII:108-16), Hebrews 13:17

On the Omnipresence of God (#118, B 4:39-47 = #118, J VII:238-44), Jeremiah 23:24

On Patience (#83, B 3:169-80 = #83, J VI:484-92), James 1:4

On Perfection (#76, B 3:70-87 = #76, J VI:411-24), Hebrews 6:1

On Pleasing all Men (#100, B 3:415-26 = #100, J VII:139-46), Romans 15:2

On Predestination (#58, B 2:413-21 = #58, J VI:225-30), Romans 8:29-30

On Redeeming the Time (#93, B 3:322-32 = #93, J VII:67-75), Ephesians 5:16

*On the Resurrection of the Dead [벤자민 칼라미(Benjamin Calamy)의 설교, #137, 잭슨판에만수록됨, J VII:474-85], 1 Corinthians 15:35

On Riches (#108, B 3:518-28 = #108, J VII:214-22), Matthew 19:24

On Schism (#75, B 3:58-69 = #75, J VI:401-10), 1 Corinthians 12:25

On Sin in Believers (#13, B 1:314-34 = #13, J V:144-56), 2 Corinthians 5:17

On a Single Eye (#125, B 4:120-30 = #125, J VII:297-305), Matthew 6:22-23

On Temptation (#82, B 2:156-68 = #82, J VI:175-84), 1 Corinthians 10:13

On the Trinity (#55, B 2:373-86 = #55, J VI:199-206), 1 John 5:7

On Visiting the Sick (#98, B 3:384-98 = #98, J VII:117-27), Matthew 25:36

On the Wedding Garment (#127, B 4:139-48 = #127, J VII:311-17), Matthew 22:12

On Working Out Our Own Salvation (#85, B 3:199-209 = #85, J VI:506-13), Philippians 2:12-13

On Worldly Folly (#126, B 4:131-38 = #126, J VII:305-11), Luke 12:20

On Zeal (#92, B 3:308-21 = #92, J VII:57-67), Galatians 4:18

Origin, Nature, Property, and Use of Law (#34, B 2:1-19; #34, J V:433-46), Romans 7:12

Original Sin (#44, B 2:170-85 = #44, J VI:54-65), Genesis 6:5

Prophets and Priests (#121, B 4:72-84 = The Ministerial Office, #115, J IV:72-84), Hebrews 5:4

Public Diversions Denounced (#143, B 4:318-28 = #143, J VII:500-508), Amos 3:6

Reformation of Manners (#52, B 2:300-324 = #52, J VI:149-67), Psalm 94:16

The Repentance of Believers (#14, B 1:335-53 = #14, J V:156-70), Mark 1:15

The Reward of Righteousness (#99, B 3:399-414 = #99, J VII:127-38), Matthew 25:34

*The Rich Man and Lazarus (#115, "Dives and Lazarus"라는 다른 제목, B 4:4-18 = #112, J VII:244-55), Luke 16:31

The Righteousness of Faith (#6, B 1:200-216 = #6, J V:65-76), Romans 10:5-8

Salvation by Faith (#1, B 1:117-30 = #1, J V:7-16), Ephesians 2:8

Satan's Devices (#42, B 2:138-52 = #42, J VI:32-43), 2 Corinthians 2:11

Scriptural Christianity (#4, B 1:159-80 = #4, J V:37-52), Acts 4:31

The Scripture Way of Salvation (#43, B 2:153-69 = #43, J VI:43-54), Ephesians 2:8

Self-Denial (#48, B 2:236-59 = #48, J VI:103-14), Luke 9:23

Sermon on the Mount, 1 (#21, B 1:466-87 = #21, J V:247-61), Matthew 5:1-4

Sermon on the Mount, 2 (#22, B 1:488-509 = #22, J V:262-77), Matthew 5:5-7

Sermon on the Mount, 3 (#23, B 1:510-30 = #23, J V:278-294, Matthew 5:8-12

Sermon on the Mount, 4 (#24, B 1:531-49 = #24, J V:294-310), Matthew 5:13-16

Sermon on the Mount, 5 (#25, B 1:550-71 = #25, J V:310-27), Matthew 5:17-20

Sermon on the Mount, 6 (#26, B 1:572-91 = #26, J V:327-43), Matthew 6:1-15

Sermon on the Mount, 7 (#27, B 1:591-611= #27, J V:344-60), Matthew 6:16-18

Sermon on the Mount, 8 (#28, B 1:612-31 = #28, J V:361-77), Matthew 6:19-23

Sermon on the Mount, 9 (#29, B 1:632-49 = #29, J V:378-93), Matthew 6:24-34

Sermon on the Mount, 10 (#30, B 1:650-63 = #30, J V:393-404), Matthew 7:1-12

Sermon on the Mount, 11 (#31, B 1:664-74 = #31, J V:405-13), Matthew 7:13-14

Sermon on the Mount, 12 (#32, B 1:675-686 = #32, J V:414-22), Matthew 7:15-20

Sermon on the Mount, 13 (#33, B 1:687-98 = #33, J V:423-33), Matthew 7:21-27

The Signs of the Times (#66, B 2:521-33 = #66, J VII:409-19), Ezekiel 1:16

The Signs of the Times (#66, B 2:521-33 = #66, J VI:304-13), Matthew 16:3

Some Account of the Late Work of God in North America (#113, B 3:594-608 = #131, J VII:409-29), Ezekiel 1:16

The Spirit of Bondage and of Adoption (#9, B 1:248-66 = #9, J V:98-111), Romans 8:15

Spiritual Idolatry (#78, B 3:103-14 = #78, J VI:435-444), 1 John 5:21

Spiritual Worship (#77, B 3:88-102 = #77, J VI:424-435), 1 John 5:20

The Trouble and Rest of Good Men (#109, B 3:531-41 = #109, J VII:365-32), Job 3:17

True Christianity Defended (#134, Jackson ed. only, VII:452-62), Isaiah 1:21

The Unity of the Divine Being (#120, B 4:61-71 = #114, J VII:264-73), Mark 12:32

The Use of Money (#50, B 2:263-80 = #50, J VI:124-36), Luke 16:9

Walking by Sight and Walking by Faith (#119, B 4:48-59 = #113, J VII:256-64), 2 Corinthians 5:7

Wandering Thoughts (#41, B 2:125-37 = #41, J VI:23-32), 2 Corinthians 10:5

The Way to the Kingdom (#7, B 1:217-32 = #7, J V:76-86), Mark 1:15

What Is Man? (#103, B 3:454-63 = #103, J VII:167-74), Psalm 8:4

Wilderness State (#46, B 2:202-21 = #46, J VI:7-91), John 16:22

The Wisdom of God's Counsels (#68, B 3:551-66 = #68, J VI:325-33), Romans 11:33

The Wisdom of Winning Souls (#142, 200주년 기념판에만 수록됨, B 4:305-17), 2 Corinthians 1:12

The Witness of the Spirit, 1 (#10, B 1:267-84 = #10, J V:111-23), Romans 8:16

The Witness of the Spirit, 2 (#11, B 1:285-98 = #11, J V:123-34), 2 Corinthians 1:12

우리말 웨슬리 설교 목록

우리말 웨슬리 설교 목록은 한국웨슬리학회가 번역·출판한 「웨슬리 설교전집」(총 7권), 한국웨슬리학회 편 (서울: 대한기독교서회, 2006)을 정리했다. 각 권 아래 '설교 번호, 제목: 영문 제목: 성경 본문 = 페이지' 순서로 표기했다.

제1권

설교 1 믿음으로 말미암는 구원: Salvation by Faith: 에베소서 2:8 = 15
설교 2 명목상의 그리스도인: The Almost Christian: 사도행전 26:28 = 33
설교 3 잠자는 자여 일어나라: Awake, Thou That Sleepest: 에베소서 5:14 = 47
설교 4 성경적인 기독교: Scriptural Christianity: 사도행전 4:31 = 67
설교 5 믿음에 의한 칭의: Justification by Faith: 로마서 4:5 = 93
설교 6 믿음으로 얻는 의: The Righteousness of Faith: 로마서 10:5-8 = 113
설교 7 하나님 나라로 가는 길: The Way to the Kingdom: 마가복음 1:15 = 133
설교 8 성령의 첫 열매: The First Fruits of the Spirit: 로마서 8:1 = 151
설교 9 노예의 영과 입양의 영: The Spirit of Bondage and of Adoption: 로마서 8:15 = 171
설교 10 성령의 증거 Ⅰ: The Witness of the Spirit, Discourse Ⅰ: 로마서 8:16 = 195
설교 11 성령의 증거 Ⅱ: The Witness of the Spirit, Discourse Ⅱ: 로마서 8:16 = 215
설교 12 우리 자신의 영의 증거: The Witness of Our Own Spirit: 고린도후서 1:12 = 235
설교 13 신자 안에 있는 죄: On Sin in Believers: 고린도후서 5:17 = 251
설교 14 신자의 회개: The Repentance of Believers: 마가복음 1:15 = 273
설교 15 대심판: The Great Assize: 로마서 14:10 = 297
설교 16 은총의 수단: The Means of Grace: 말라기 3:7 = 317
설교 17 마음의 할례: The Circumcision of the Heart: 로마서 2:29 = 345

제2권

설교 18 신생의 표적: The Marks of the New Birth: 요한복음 3:8 = 15
설교 19 하나님께로부터 난 자의 특권: The Great Privilege of Those That are Born of God: 요한1서 3:9 = 33
설교 20 우리의 의가 되신 주: The Lord Our Righteousness: 예레미야 23:6 = 51
설교 21 산상설교 Ⅰ: Upon Our Lord's Sermon on the Mount Ⅰ: 마태복음 5:1-4 = 69
설교 22 산상설교 Ⅱ: Upon Our Lord's Sermon on the Mount Ⅱ: 마태복음 5:5-7 = 89
설교 23 산상설교 Ⅲ: Upon Our Lord's Sermon on the Mount Ⅲ: 마태복음 5:8-12 = 109

설교 24 산상설교 IV: Upon Our Lord's Sermon on the Mount IV: 마태복음 5:13-16 = 131

설교 25 산상설교 V: Upon Our Lord's Sermon on the Mount V: 마태복음 5:17-20 = 153

설교 26 산상설교 VI: Upon Our Lord's Sermon on the Mount VI: 마태복음 6:1-15 = 177

설교 27 산상설교 VII: Upon Our Lord's Sermon on the Mount VII: 마태복음 6:16-18 = 197

설교 28 산상설교 VIII: Upon Our Lord's Sermon on the Mount VIII: 마태복음 6:19-23 = 221

설교 29 산상설교 IX: Upon Our Lord's Sermon on the Mount IX: 마태복음 6:24-34 = 245

설교 30 산상설교 X: Upon Our Lord's Sermon on the Mount X: 마태복음 7:1-12 = 267

설교 31 산상설교 XI: Upon Our Lord's Sermon on the Mount XI: 마태복음 7:13-14 = 283

설교 32 산상설교 XII: Upon Our Lord's Sermon or the Mount XII: 마태복음 7:15-20 = 295

설교 33 산상설교 XIII: Upon Our Lord's Sermon on the Mount XIII: 마태복음 7:21-27 = 311

설교 34 율법의 기원, 본성, 속성 및 용법: The Original, Nature, Properties, and Use of the Law: 로마서 7:12 = 327

설교 35 믿음으로 세워지는 율법 I: The Law Established through Faith I: 로마서 3:31 = 349

설교 36 믿음으로 세워지는 율법 II: The Law Established through Faith II: 로마서 3:31 = 369

제3권

설교 37 광신의 본성: The Nature of Enthusiasm: 사도행전 26:24 = 15

설교 38 편협(偏狹)한 믿음에 대한 경고: A Caution against Bigotry: 마가복음 9:38-39 = 35

설교 39 관용의 정신: Catholic Spirit: 열왕기하 10:15 = 59

설교 40 그리스도인의 완전: Christian Perfection: 빌립보서 3:12 = 79

설교 41 방황하는 생각: Wandering Thoughts: 고린도후서 10:5 = 109

설교 42 사탄의 계략들: Satan's Devices: 고린도후서 2:11 = 127

설교 43 성경적 구원의 길: The Scripture Way of Salvation: 에베소서 2:8 = 145

설교 44 원죄: Original Sin: 창세기 6:5 = 165

설교 45 신생: The New Birth: 요한복음 3:7 = 185

설교 46 광야의 상태: The Wilderness State: 요한복음 16:22 = 205

설교 47 여러 가지 시험을 통한 괴로움: Heaviness through Manifold Temptations: 베드로전서 1:6 = 227

설교 48 자기 부인: Self-Denial: 누가복음 9:23 = 247

설교 49 험담의 치료: The Cure of Evil-Speaking: 마태복음 18:15-17 = 265

설교 50 돈의 사용: The Use of Money: 누가복음 16:9 = 281

설교 51 선한 청지기: The Good Steward: 누가복음 16:2 = 301

설교 52 생활방식의 개혁: The Reformation of Manners: 시편 94:16 = 323

설교 53 조지 휫필드의 서거에 대하여: On the Death of George Whitefield: 민수기 23:10 = 353

제4권

설교 54 죽음과 구원: Death and Deliverance: 욥기 3:17 = 15

설교 55 먼저 그의 나라를 구하라: Seek First the Kingdom: 마태복음 6:33 = 25

설교 56 수호천사에 대하여: On Guardian Angels: 시편 91:11 = 35

설교 57 죽은 자를 위한 애도에 대하여: On Mourning for the Dead: 사무엘하 12:23 = 47

설교 58 하나님의 말씀을 부패시키는 것에 대하여: On Corrupting the Word of God: 고린도후서 2:17 = 57

설교 59 위선에 대하여: On Dissimulation: 요한복음 1:47 = 67

설교 60 안식일에 대하여: On the Sabbath: 출애굽기 20:8 = 77

설교 61 이해에 대한 약속: The Promise of Understanding: 요한복음 13:7 = 93

설교 62 하나님의 형상: The Image of God: 창세기 1:27 = 105

설교 63 영혼을 구원하는 지혜: The Wisdom of Winning Souls: 잠언 11:30 = 121

설교 64 비난받는 대중오락에 대하여: Public Diversions Denounced: 아모스 3:6 = 133

설교 65 하나님에 대한 사랑: The Love of God: 마가복음 12:30 = 147

설교 66 하늘에서와 같이 땅에서도(미완성된 설교 초고): In Earth as in Heaven: 마태복음 6:10 = 171

설교 67 한 가지만으로도 족하니라: The One Thing Needful: 누가복음 10:42 = 177

설교 68 빛의 자녀들보다 더 지혜로움: Wiser than the Children of Light: 누가복음 16:8 = 189

설교 69 선한 사람들의 괴로움과 쉼: The Trouble and Rest of Good Men: 욥기 3:17 = 203

설교 70 순수한 의도: A Single Intention: 마태복음 6:22-23 = 215

설교 71 사랑에 대하여: On Love: 고린도전서 13:3 = 225

설교 72 값없이 주시는 은총: Free Grace: 로마서 8:32 = 237

설교 73 옥스퍼드의 위선: Hypocrisy in Oxford: 이사야 1:21 = 267

설교 74 예정에 대하여: On Predestination: 로마서 8:29-30 = 283

설교 75 삼위일체에 대하여: On the Trinity: 요한1서 5:7 = 295

설교 76 중요한 질문: The Important Question: 마태복음 16:26 = 309

설교 77 국가적 죄와 비극들: National Sins and Miseries: 사무엘하 24:17 = 331

설교 78 새 교회의 초석을 놓음에 있어: On Laying the Foundation of the New Chapel: 민수기 23:23 = 347

설교 79 의에 대한 보상: The Reward of Righteousness: 마태복음 25:34 = 365

설교 80 최근 북미에서의 하나님의 사역: The Late Work of God in North America: 에스겔 1:16 = 383

제5권

설교 81 타락한 자들을 부르심: A Call to Backsliders: 시편 77:7-8 = 15

설교 82 영적 예배: Spiritual Worship: 요한1서 5:20 = 35

설교 83 영적 우상숭배: Spiritual Idolatry: 요한1서 5:21 = 53

설교 84 그리스도의 오신 목적: The End of Christ's Coming: 요한1서 3:8 = 69

설교 85 부(富)의 위험성: The Danger of Riches: 디모데전서 6:9 = 87

설교 86 열심에 대하여: On Zeal: 갈라디아서 4:18 = 113

설교 87 공평하게 숙고된 이성의 역할: The Case of Reason Impartially Considered: 고린도전서 14:20 = 129

설교 88 우주적 구원: The General Deliverance: 로마서 8:19-22 = 147

설교 89 시간을 아끼라: On Redeeming the Time: 에베소서 5:16 = 165

설교 90 인류의 타락에 대하여: On the Fall of Man: 창세기 3:19 = 179

설교 91 타락한 인류를 향한 하나님의 사랑: God's Love to Fallen Man: 로마서 5:15 = 193

설교 92 하나님이 시인하신 일들: God's Approbation of His Works: 창세기 1:31 = 211

설교 93 지옥에 대하여: Of Hell: 마가복음 9:48 = 225

설교 94 악한 천사들에 대하여: Of Evil Angels: 에베소서 6:12 = 241

설교 95 선한 천사들에 대하여: Of Good Angels: 히브리서 1:14 = 257

설교 96 복음의 보편적 전파: The General Spread of the Gospel: 이사야 11:9 = 271

설교 97 가정의 신앙생활에 대하여: On Family Religion: 여호수아 24:15 = 289

설교 98 불법의 신비: The Mystery of Iniquity: 데살로니가후서 2:7 = 305

설교 99 자녀교육에 대하여: On the Education of Children: 잠언 22:6 = 325

설교 100 믿음의 분요에 대하여: On Dissipation: 고린도전서 7:35 = 345

설교 101 인간 지식의 불완전함: The Imperfection of Human Knowledge: 고린도전서 13:9 = 357

제6권

설교 102 인내에 대하여: On Patience: 야고보서 1:4 = 15

설교 103 하나님의 사려 깊은 지혜: The Wisdom of God's Counsels: 로마서 11:33 = 27

설교 104 세상과 분리된다는 것은 무엇을 의미하나: In What Sense we are to Leave the World: 고린도후서 6:17-18 = 43

설교 105 부모에게 순종함에 대하여: On Obedience to Parents: 골로새서 3:20 = 61

설교 106 사랑에 대하여: On Charity: 고린도전서 13:1-3 = 77

설교 107 완전에 대하여: On Perfection: 히브리서 6:2 = 95

설교 108 목사에게 순종함에 대하여: On Obedience to Pastors: 히브리서 13:17 = 119

설교 109 참 이스라엘 사람: An Israelite Indeed: 요한복음 1:47 = 135

설교 110 교회에 대하여: Of the Church: 에베소서 4:1-6 = 149

설교 111 우리 자신의 구원을 성취함에 있어서: On Working Out Our Own Salvation: 빌립보서 2:12-13 = 165

설교 112 플레처 목사의 죽음에 즈음하여: On The Death of John Fletcher: 시편 37:37 = 179

설교 113 새로운 창조: The New Creation: 요한계시록 21:5 = 207

설교 114 하나님의 섭리에 대하여: On Divine Providence: 누가복음 12:7 = 219

설교 115 분열에 대하여: On Schism: 고린도전서 12:25 = 239

설교 116 세상과 벗 된 것에 대하여: On Friendship with the World: 야고보서 4:4 = 253

설교 117 아픈 자들을 심방하는 일에 대하여: On Visiting the Sick: 마태복음 25:36 = 273

설교 118 영원에 대하여: On Eternity: 시편 90:2 = 293

설교 119 시험에 대하여: On Temptation: 고린도전서 10:13 = 309

설교 120 의복에 대하여: On Dress: 베드로전서 3:3-4 = 323

설교 121 성찬을 규칙적으로 시행해야 할 의무: The Duty of Constant Communion: 누가복음 22:19 = 341

제7권

설교 122 모든 사람을 기쁘게 하는 일: On Pleasing All Men: 로마서 15:2 = 15

설교 123 옛날에 대하여: Of Former Times: 전도서 7:10 = 29

설교 124 인간이 무엇이관대?: What is Man?: 시편 8:3-4 = 43

설교 125 이웃에 대한 책망의 의무: The Duty of Reproving our Neighbour: 레위기 19:17 = 55

설교 126 더 좋은 길: The More Excellent Way: 고린도전서 12:31 = 69

설교 127 시대의 표적: The Signs of the Times: 마태복음 16:3 = 87

설교 128 교회의 예배 참여에 대하여: On Attending the Church Service: 사무엘상 2:17 = 101

설교 129 하나님의 포도원: On God's Vineyard: 이사야 5:4 = 119

설교 130 부자와 나사로: The Rich Man and Lazarus: 누가복음 16:31 = 139

설교 131 양심에 대하여: On Conscience: 고린도후서 1:12 = 157

설교 132 믿음에 대하여 I : On Faith: 히브리서 11:6 = 173

설교 133 부에 대하여: On Riches: 마태복음 19:24 = 185

설교 134 인간이란 무엇인가?: What is Man?: 시편 8:4 = 199

설교 135 믿음의 발견에 대하여: On the Discoveries of Faith: 히브리서 11:1 = 209

설교 136 하나님의 편재하심에 대하여: On the Omnipresence of God: 예레미야 23:24 = 221

설교 137 보이는 것으로 행하는 것과 믿음으로 행하는 것: Walking by Sight and Walking by Faith: 고린도후서 5:7 = 231

설교 138 하나님의 일체성: The Unity of the Divine Being: 마가복음 12:32 = 245

설교 139 목회적인 직분: The Ministerial Office: 히브리서 5:4 = 259

설교 140 기독교의 무능함에 대한 원인들: Causes of the Inefficacy of Christianity: 예레미야 8:22 = 271

설교 141 꿈과 같은 인생: Human Life a Dream: 시편 73:20 = 285

설교 142 육체를 따라 그리스도를 아는 것에 대하여: On Knowing Christ after the Flesh: 고린도후서 5:16 = 297

설교 143 단순한 눈에 대하여: On a Single Eye: 마태복음 6:22-23 = 307

설교 144 세상의 어리석음에 대하여: On Worldly Folly: 누가복음 12:20 = 321

설교 145 결혼예복에 대하여: On the Wedding Garment: 마태복음 22:12 = 331

설교 146 마음의 기만: The Deceitfulness of the Human Heart: 예레미야 17:9 = 341

설교 147 질그릇에 담긴 하늘의 보배: The Heavenly Treasure in Earthen Vessels: 고린도후서 4:7 = 353

설교 148 하나님 없는 삶에 대하여: On Living without God: 에베소서 2:12 = 361

설교 149 재물 축적의 위험성에 대하여: On the Danger of Increasing Riches: 시편 62:10 = 369

설교 150 믿음에 대하여 II: On Faith: 히브리서 11:1 = 383

존 웨슬리의 기독교 해설 2: 그리스도와 구원

Copyright ⓒ 웨슬리 르네상스 2021

초판1쇄 2021년 4월 30일

지은이 토머스 C. 오든
옮긴이 장기영
펴낸이 장기영
편 집 장기영
교정·윤문 이주련
표지 오인표 (도서출판 토비아)
인쇄 (주) 예원프린팅

펴낸곳 웨슬리 르네상스
출판등록 2017년 7월 7일 제2017-000058호
주소 경기도 부천시 호현로 467번길 33-5, 1층 (소사본동)
전화 010-3273-1907
이메일 samhyung@gmail.com

ISBN 979-11-966084-7-7
값 22,000원

이 책은 저작권법에 따라 보호받는 저작물이므로 무단 전재와 복제를 금지하며
책 내용의 일부를 이용하려면 저작권자의 동의를 받아야 합니다.